지난 10년간 독자들이 남겨 주신 리뷰 중에서
가장 많이 언급한 단어순으로 강조해서 표현했습니다.

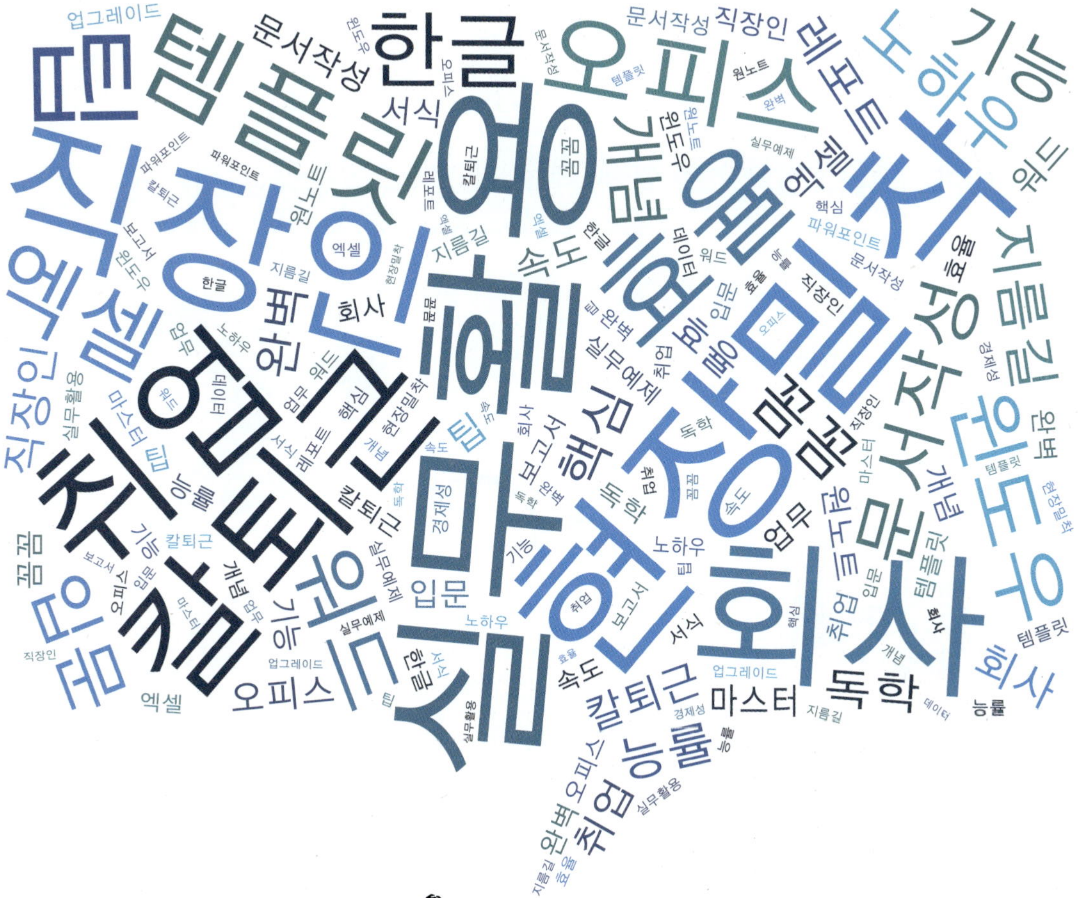

과연 회사에서 바로 통하더라!

회사통 시리즈는
직장인을 위한 '현장밀착형 입문(활용)서'이며
한빛미디어(주)의 대표 브랜드입니다.

1 단계별 학습 전략으로 쉽게, 빠르게, 바로 실무에 써먹는다

👈 핵심기능

친절한 설명,
꼼꼼한 따라 하기 화면,
적재적소에 비치한 팁이
준비되어 있습니다.
엑셀 기능을 막힘없이
속 시원히 실습할 수 있도록
안내해 드립니다.

👈 프로젝트 실습

실제 업무 현장에서
사용하는 실무형
프로젝트 예제로 기능을
막힘없이 활용할 수 있도록
도와줍니다.

👈 슈퍼 활용 가이드

실무에서 자주 부딪히는
문제를 빠르고 쉽게
해결할 수 있도록 돕습니다.
프로그램 활용 능력을
업그레이드해 보세요.

2 10년간 쌓아온 현장밀착형 절대 비급을 확보하라

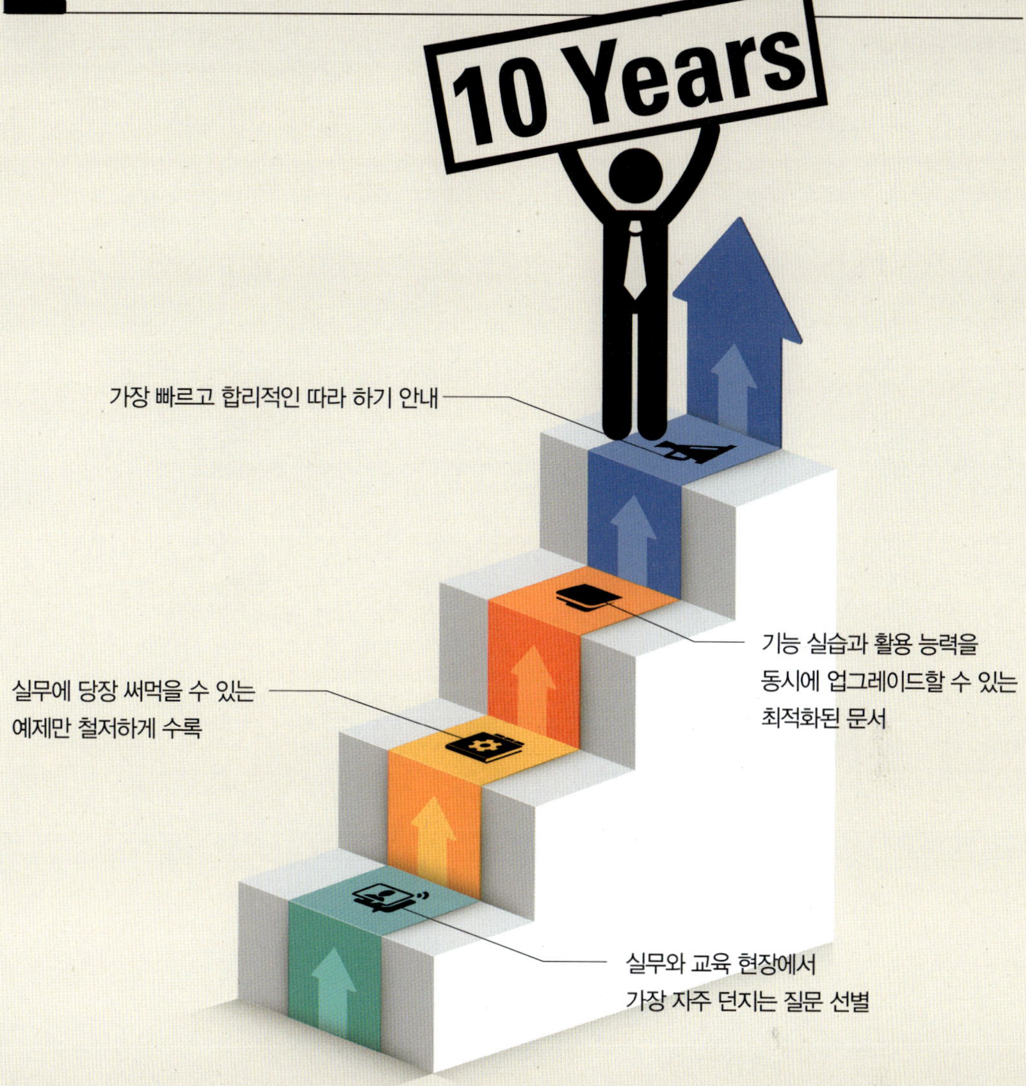

10 Years

가장 빠르고 합리적인 따라 하기 안내

기능 실습과 활용 능력을
동시에 업그레이드할 수 있는
최적화된 문서

실무에 당장 써먹을 수 있는
예제만 철저하게 수록

실무와 교육 현장에서
가장 자주 던지는 질문 선별

3 일과 삶의 균형을 잡으세요!

■ 칼퇴근　　　　■ 오피스의 신　　　　■ 연봉 레벨 업

회사에서 바로 통하는

엑셀 데이터 활용 + 분석

김경자 · 송선영 지음

한빛미디어
Hanbit Media, Inc.

지은이 **김경자** (onwings@cpedu.co.kr)

LG전자 Learning Center에 근무하면서 IT 교육과 인연을 맺어 현재는 LG전자, 한국표준협회, 토지주택공사, 중앙공무원교육원, 국토교통인재개발원, 대한상공회의소, 서울대학교, 농촌진흥청 등에서 강의하면서 엑셀 VBA를 활용한 업무 혁신 프로그램을 개발하고 있습니다. 저서로는 《엑셀 2016 매크로와 VBA》(정보문화사, 2016), 《엑셀 2013 기본+실무완성》(북스홀릭퍼블리싱, 2014), 《엑셀 2010 매크로&VBA》(영진닷컴, 2012), 《엑셀 2010 기본+실무완성》(북스홀릭퍼블리싱, 2010), 《엑셀 2007 매크로&VBA 기본+실무》(성안당, 2009) 등이 있습니다.

지은이 **송선영** (asanyer@hanmail.net)

한국표준협회, 삼성전자, 통계교육원, 중앙교육연수원, 경기도교육연수원, 우정공무원교육원, 단재교육연수원, 충북자치연수원, 경남교육연수원, 경북교육연수원, 부산교육연수원, 농촌진흥청 등의 교육 기관에서 IT 및 정보화 교육, MS 오피스 등의 강의를 진행하고 있습니다. 저서로는 《엑셀 2013 기본+실무완성》(북스홀릭퍼블리싱, 2014)이 있습니다.

회사에서 바로 통하는
엑셀 데이터 활용+분석

초판 1쇄 발행 2016년 6월 30일
초판 6쇄 발행 2019년 6월 10일

지은이 김경자, 송선영 / **펴낸이** 김태헌
펴낸곳 한빛미디어(주) / **주소** 서울시 서대문구 연희로2길 62 한빛미디어(주) IT출판사업부
전화 02-325-5544 / **팩스** 02-325-6300
등록 1999년 6월 24일 제25100-2017-000058호 / **ISBN** 978-89-6848-282-3 13000

총괄 전태호 / **책임편집** 전정아 / **기획** 배윤미 / **교정교열** 안세현 / **진행** 박지수
디자인 내지 김연정, 표지 서채홍 / **전산편집** 오정화
영업 김형진, 김진불, 조유미 / **마케팅** 송경석, 김나예, 이행은 / **제작** 박성우, 김정우

이 책에 대한 의견이나 오탈자 및 잘못된 내용에 대한 수정 정보는 한빛미디어(주)의 홈페이지나 아래 이메일로 알려주십시오. 잘못된 책은 구입하신 서점에서 교환해 드립니다. 책값은 뒤표지에 표시되어 있습니다.
한빛미디어 홈페이지 www.hanbit.co.kr / 이메일 ask@hanbit.co.kr

지금 하지 않으면 할 수 없는 일이 있습니다.
책으로 펴내고 싶은 아이디어나 원고를 메일(writer@hanbit.co.kr)로 보내주세요.
한빛미디어(주)는 여러분의 소중한 경험과 지식을 기다리고 있습니다.

엑셀은 많이 아는 것보다 잘 활용하는 것이 더 중요하다!

시간이 지날수록 엑셀에서 관리해야 하는 데이터의 양은 방대해지고 처리해야 할 업무의 양도 많아지고 있습니다. 많은 양의 데이터를 다루며 작업을 하다보면 그때그때 업무 처리에만 급급하여 엑셀 기능을 사용하게 됩니다. 당장은 문제를 해결할 수 있겠지만 매번 작업 시간이 오래 걸리고 업무의 효율도 높이기 어렵습니다. 실무에서는 엑셀의 기능을 많이 아는 것이 중요한 것이 아니라 엑셀 기능의 쓰임새를 정확히 익히고, 그 기능의 활용 방법을 습득하는 것이 더 중요합니다. 핵심적인 기능을 업무에 적절하게 활용할 수 있다면 작업 시간도 짧아지고 업무 효율도 향상될 것입니다.

핵심기능과 실무형 프로젝트 예제로 업무의 효율성을 높인다!

이 책에서는 필자가 여러 교육 기관에서 강의하면서 실무자들이 주로 질문했던 엑셀의 주요 내용을 예제로 구성했습니다. 또한 질문을 해결하고 엑셀의 기능을 활용할 수 있도록 상세한 설명을 덧붙였습니다.

PART 01은 엑셀을 이용하여 데이터를 관리하고 가공할 때 꼭 알아두어야 할 핵심기능 위주로 구성했습니다. PART 02는 각 CHAPTER별로 업무상 다운로드한 데이터를 가공하고 정리하는 방법, 함수를 이용하여 데이터의 집계를 구하고 분석하는 방법, 분석 도구를 활용하는 방법, 데이터를 요약하여 시각적으로 표현하는 방법, 대용량 데이터를 전문적으로 관리하기 위한 기초를 쌓는 방법과 반복 작업을 해결할 수 있는 매크로와 VBA 활용 방법 등으로 구성했습니다.

업무에 최적화한 엑셀 기능을 익혀 일 잘하는 직장인으로 거듭난다!

이 책은 엑셀 프로그램의 모든 기능을 다 담으려고 한 것이 아닙니다. 이미 알고 있는 기능을 더 정확하게, 효율적으로 사용할 수 있는 방법과 업무에 최적화할 수 있는 방법에 초점을 맞춰 집필했습니다. 이 책을 접하는 독자 여러분이 "아! 이 기능을 이렇게도 쓸 수 있구나!"라고 감탄사를 내뱉으며 엑셀 기능의 활용 방법을 제대로 익히고 업무를 효율적으로 해결할 수 있기를 바랍니다. 마지막으로 한 권의 책이 완성되기까지 많은 정성과 노력을 쏟은 한빛미디어 출판사 관계자분들에게 감사의 인사를 전합니다.

김경자, 송선영

핵심기능과 실무형 프로젝트 예제로 일 잘하는 직장인으로 거듭난다!

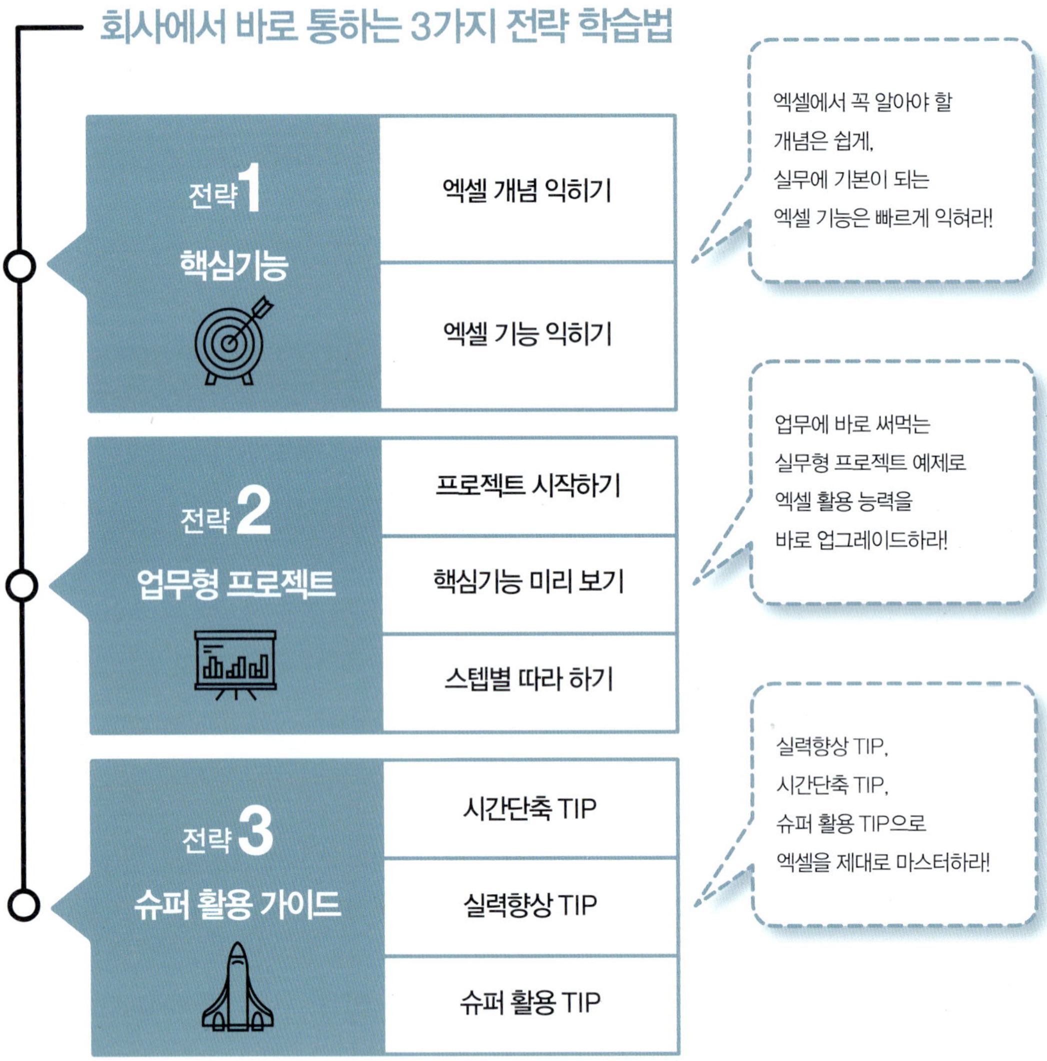

회사에서 바로 통하는 검증된 프로젝트 예제를 경험하라!

하나, 59개의 핵심기능과 프로젝트 예제
둘, 10만 행의 실무형 데이터
셋, 엑셀의 모든 버전 사용

실무형 프로젝트 활용서에서 익힐 수 있는 6가지 전략 키워드

전략 키워드 1 표
업무의 목적에 맞게 표 데이터를 관리합니다.

전략 키워드 2 필터
간편하게 특정 데이터를 추출하는 자동 필터와 복잡한 조건을 지정해 데이터를 추출하는 고급 필터로 원하는 데이터를 간편하게 추출합니다.

전략 키워드 3 피벗 테이블 + 보고서
피벗 테이블만 제대로 사용해도 원하는 보고서를 자유자재로 만들 수 있습니다.

전략 키워드 4 매크로 + 업무 자동화
매크로를 이용해 자주 쓰는 기능을 자동화하고 효율적으로 업무할 수 있습니다.

전략 키워드 5 액세스 + 대용량 데이터
액세스로 만든 대용량 데이터도 엑셀로 불러와 원하는 포맷으로 편리하게 가공할 수 있습니다.

전략 키워드 6 빅데이터
엄청난 양의 빅데이터를 다루기 위한 기본기도 더욱 강력해진 엑셀로 손쉽게 쌓을 수 있습니다.

PART 01

엑셀 데이터를 제대로 다루는 데 꼭 필요한 핵심기능 33

회사에서 바로 통하는 키워드

이동 옵션, 공백 제거, 찾기 및 바꾸기, 데이터 유효성 검사, 이름 정의, 이름 관리자, 개체 선택, 텍스트 나누기, 빠른 채우기, 중복 항목 제거, 표시 형식, 사용자 지정 표시 형식, 데이터 서식 변경, 절대 참조, 상대 참조, 혼합 참조, 이름 충돌 오류, 매크로, 조건부 서식, 선택하여 붙여넣기, 자동 합계, 셀 병합, 콤보 차트, 꺾은선형 차트, 자동 필터, 고급 필터, 정렬, 사용자 지정 목록, 부분합, 피벗 테이블

회사에서 바로 통하는 함수

COUNTA, COUNTIF, COUNTIFS, SUMIF, SUMIFS, IF, IFERROR, VLOOKUP, OFFSET, INDEX, MATCH, 데이터베이스 함수(DSUM, DAVERAGE, DCOUNTA 등)

PART 02

프로젝트로 업그레이드하는 엑셀 데이터 활용과 분석

CHAPTER 01 **업무 시간을 단축하는 외부 데이터 가공과 편집 익히기**

외부 데이터를 비롯한 업무에서 쓰는 각종 표 데이터 가공 및 관리 방법을 배울 수 있습니다.

CHAPTER 02 **수식과 함수를 활용해 데이터 집계하고 분석하기**

수식과 함수를 이용해 원하는 데이터를 집계, 분석, 추출할 수 있습니다.

CHAPTER 03 **데이터 요약과 집계에 유용한 분석 도구 활용하기**

엑셀의 정렬, 필터, 부분합, 피벗 테이블 등의 기능을 활용해 데이터를 요약, 분석하고 다양한 보고서를 작성할 수 있습니다.

CHAPTER 04 **요약 데이터 차트를 활용하여 시각 보고서 작성하기**

자동 필터, 통합, 피벗 테이블과 피벗 차트 등 엑셀의 분석 도구를 사용해 데이터 시각화에 적합한 각종 차트와 보고서를 작성할 수 있습니다.

CHAPTER 05 **빅데이터 관리를 위한 기초, 엑셀과 액세스 협업하기**

대용량의 빅데이터를 원활하게 처리하기 위한 기본기를 엑셀과 액세스의 연동 및 협업을 통해 익힐 수 있습니다.

CHAPTER 06 **반복 작업을 일괄 처리하는 매크로 프로그램 제작하기**

데이터 관리, 분석에 필요한 반복 작업을 매크로로 자동화하고 업무 처리 능력을 향상할 수 있습니다.

이 책의 구성

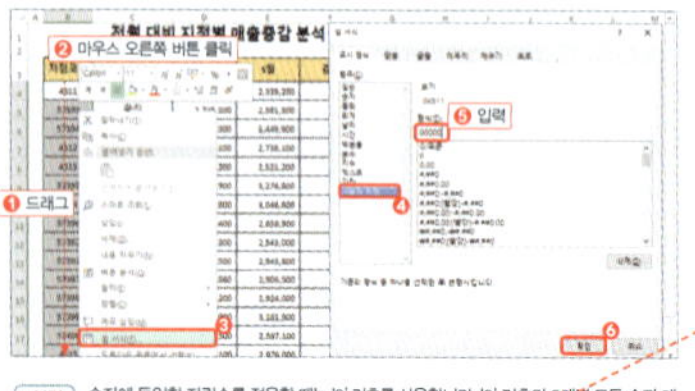

핵심기능

엑셀을 다룰 때 반드시 알아야 할 핵심기능으로 엑셀 데이터 활용과 분석의 기본 개념을 충실히 익힐 수 있습니다.

실습 파일&완성 파일

엑셀 데이터 활용과 분석에 최적화된 예제만 선별해 수록했습니다. 예제를 따라 한 후 결과를 비교해볼 수 있습니다.

슈퍼 활용 TIP

엑셀을 활용하는 데 필요한 유용한 정보, 알고 넘어가면 좋을 참고 사항을 상세히 소개합니다.

프로젝트 시작하기

실제 업무에서 바로 써먹을 수 있는 실무 예제로 프로젝트를 진행할 수 있습니다. 엑셀 활용 능력을 업그레이드해줍니다.

핵심기능 미리 보기

프로젝트를 구성하는 각 스텝에 포함된 주요 기능 및 활용 방법을 한눈에 확인할 수 있도록 구성했습니다. 프로젝트의 전 과정을 미리 살펴보고 학습할 수 있습니다.

STEP

프로젝트를 구성하는 작업 단위입니다. 스텝별로 업무형 프로젝트의 작업 과정을 익히고 실무 예제를 활용하는 데 필요한 엑셀의 핵심기능을 한 번 더 학습할 수 있습니다.

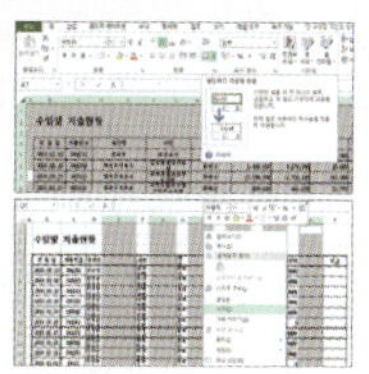

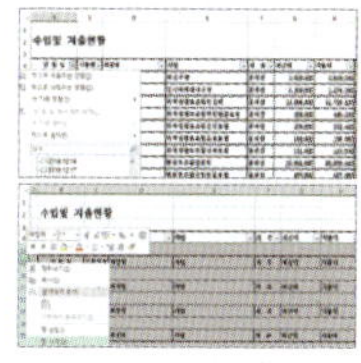
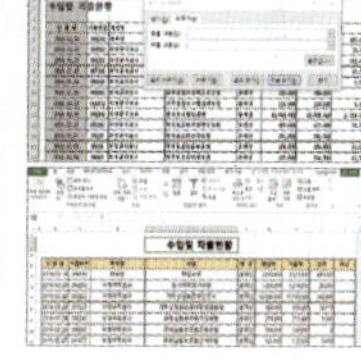

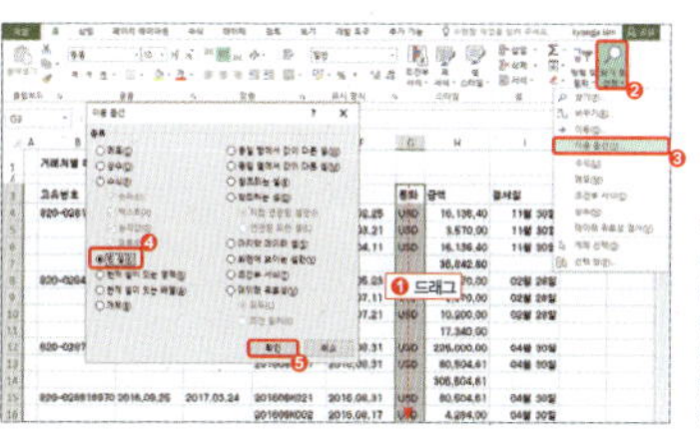
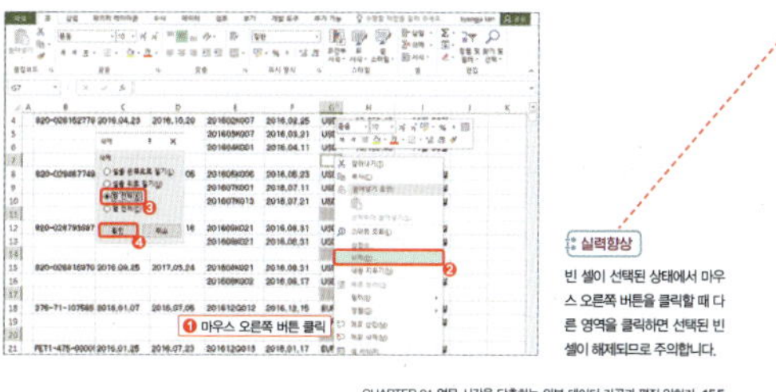

시간단축 TIP

엑셀을 활용한 업무를 좀 더 효율적으로 할 수 있으면서 작업 시간을 단축할 수 있는 내용을 팁으로 수록했습니다.

실력향상 TIP

엑셀을 다루는 데 필요한 기본 개념이나 예제 실습 중 헷갈리기 쉬운 부분, 꼭 알아두어야 할 내용을 팁으로 수록했습니다.

프로젝트로 업그레이드하는
엑셀 데이터 활용과 분석

CHAPTER 01 업무 시간을 단축하는 외부 데이터 가공과 편집 익히기　　　152

차례

CHAPTER 02 수식과 함수를 활용해 데이터 집계하고 분석하기 194

CHAPTER 04   요약 데이터 차트를 활용하여 시각 보고서 작성하기   294

차례

CHAPTER 05 빅데이터 관리를 위한 기초, 엑셀과 액세스 협업하기 350

PART 01

엑셀 데이터를 제대로 다루는 데 꼭 필요한 핵심기능 33

엑셀은 꾸준한 업데이트를 통해 현재 국내 100대 기업 근무자 중 80% 이상이 사용하고 있을 만큼 중요한 프로그램입니다. 그런데 이런 엑셀을 잘 사용한다고 할 수 있는 직장인은 얼마나 될까요? 엑셀은 사용할 줄 아는 것도 중요하지만 어떻게 제대로 잘 사용하느냐가 더 중요합니다. 다른 사람이 2시간 동안 하는 작업을 10분 이내에 끝낼 수 있다면 그게 바로 엑셀을 잘 사용할 줄 아는 것입니다.

첫 번째 PART에서는 엑셀을 잘 사용하기 위해서 데이터를 관리하고 분석할 때 꼭 알아두어야 할 핵심기능과 업무를 빠르고 효율적으로 처리할 때 응용할 수 있는 유용한 팁을 알아보겠습니다.

단축키를 활용한 셀 이동과 범위 선택하기

엑셀에서는 데이터를 입력하기 전 미리 범위를 선택하거나 입력되어 있는 데이터를 셀과 행, 열 단위로 선택해야 하는 경우가 많습니다. 마우스와 단축키를 활용해 빠르게 범위를 선택하는 방법을 알아보겠습니다.

실습 파일 | PART 01 \ 지역별 기상통계.xlsx   완성 파일 | PART 01 \ 지역별 기상통계(완성).xlsx

1 키보드로 셀을 이동해보겠습니다. [B3] 셀을 클릭한 후 Ctrl + ↓를 누릅니다. B열의 마지막 데이터가 있는 [B231] 셀로 이동합니다. 다시 Ctrl + ↑를 누르면 [B3] 셀로 이동합니다.

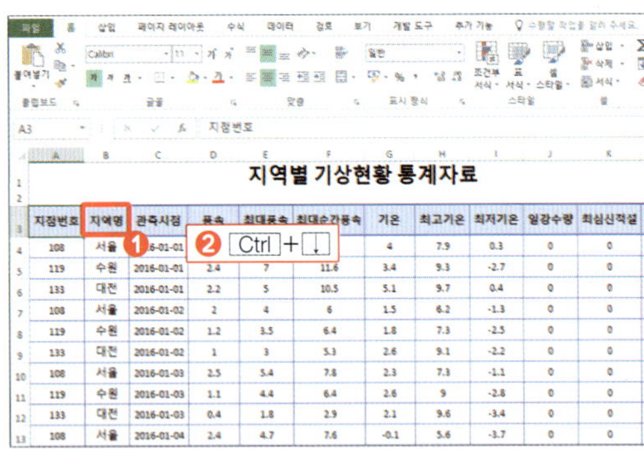
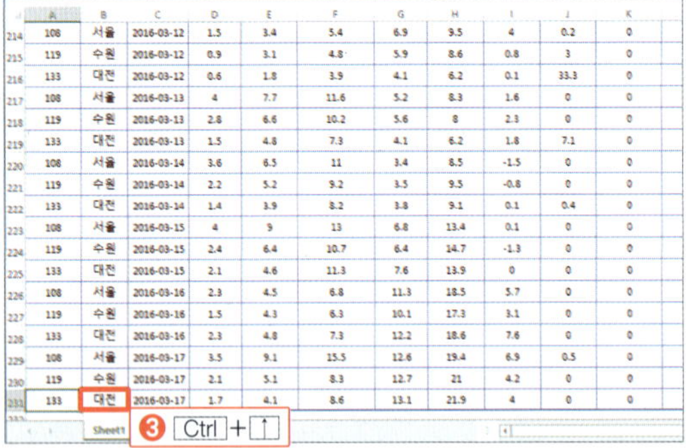

시간 단축 Ctrl + →를 누르면 데이터가 있는 마지막 열의 셀로 이동하고, Ctrl + ←를 누르면 데이터가 있는 첫 번째 열의 셀로 이동합니다. 단, 중간에 빈 셀이 있다면 빈 셀 바로 앞 셀까지만 이동합니다.

2 마우스로 셀을 이동해보겠습니다. [D4] 셀을 클릭한 후 [D4] 셀의 아래쪽 테두리를 더블클릭합니다. 아래쪽 방향으로 마지막 데이터가 있는 [D231] 셀로 이동합니다. 다시 [D231] 셀의 위쪽 테두리를 더블클릭하여 [D3] 셀로 이동합니다.

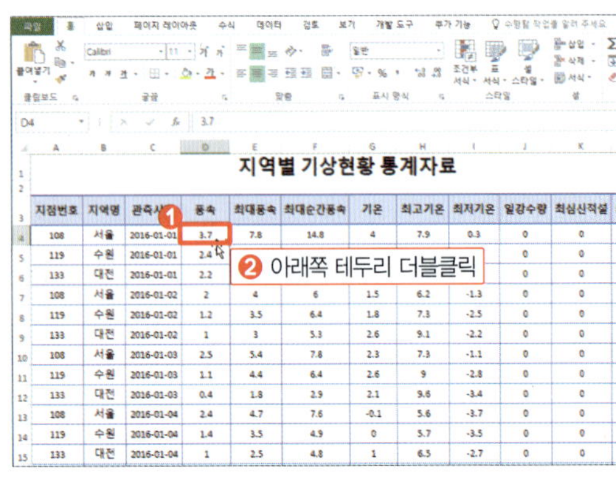
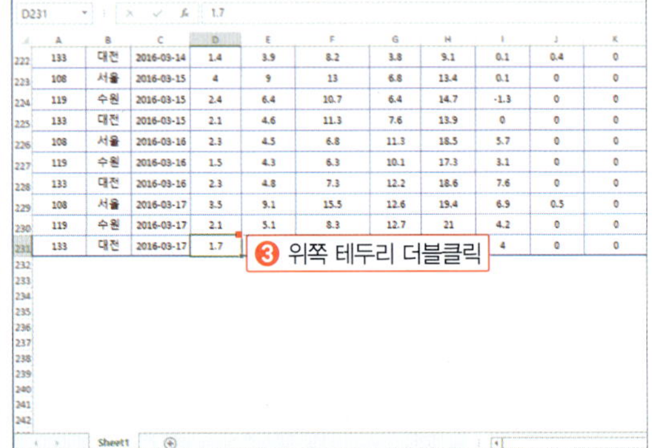

실력 향상 선택한 셀의 오른쪽 테두리를 더블클릭하면 데이터가 있는 마지막 열의 셀로 이동하고, 왼쪽 테두리를 더블클릭하면 데이터가 있는 첫 번째 열의 셀로 이동합니다. 단, 중간에 빈 셀이 있을 경우에는 빈 셀의 바로 앞 셀까지만 이동합니다. 현재 시트에 틀 고정이 되어 있다면 이 기능은 실행되지 않습니다.

3 클릭한 셀부터 마지막 데이터까지 범위를 선택해보겠습니다. [A3] 셀을 클릭한 후 Ctrl + Shift + ↓ 를 누릅니다. [A3:A231] 셀 범위가 선택됩니다. [A3:A231] 셀 범위가 선택된 상태에서 Ctrl + Shift + →를 누릅니다. [A3:L231] 셀 범위가 선택됩니다.

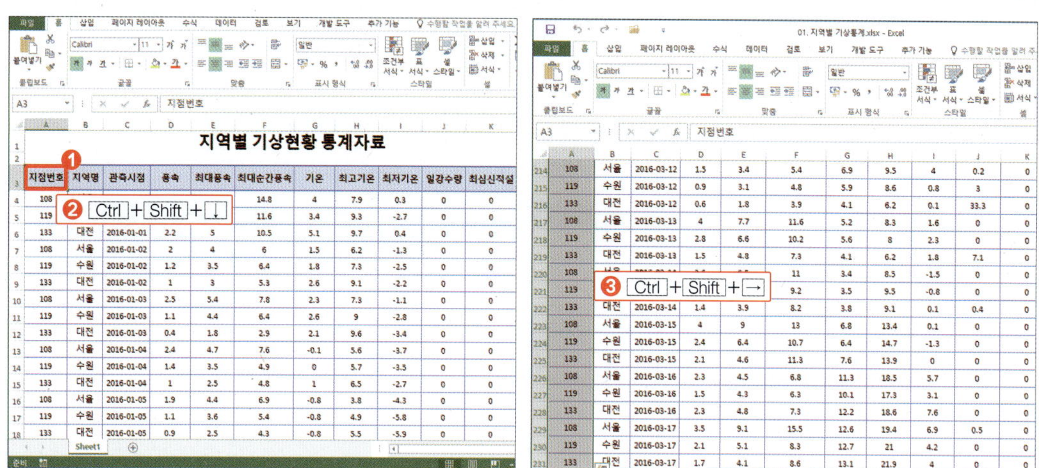

시간
단축
Shift 를 방향키와 함께 사용하면 범위가 선택됩니다. Shift 를 누른 상태에서 ↓를 한 번 누를 때마다 아래쪽 방향으로 셀이 하나씩 추가되면서 범위가 선택됩니다.

실력
향상
선택하려는 셀 범위 중에 병합된 셀이 있다면 병합된 셀까지만 범위가 선택되고 다시 한 번 Ctrl + Shift + →를 누르면 범위가 추가 선택됩니다.

4 선택할 범위의 첫 셀을 클릭한 후 Shift 를 누른 상태에서 마지막 셀을 클릭하면 원하는 영역만 빠르게 선택할 수 있습니다. [A3] 셀을 클릭한 후 Shift 를 누른 상태에서 [I231] 셀을 클릭합니다. [A3:I231] 셀 범위가 선택됩니다.

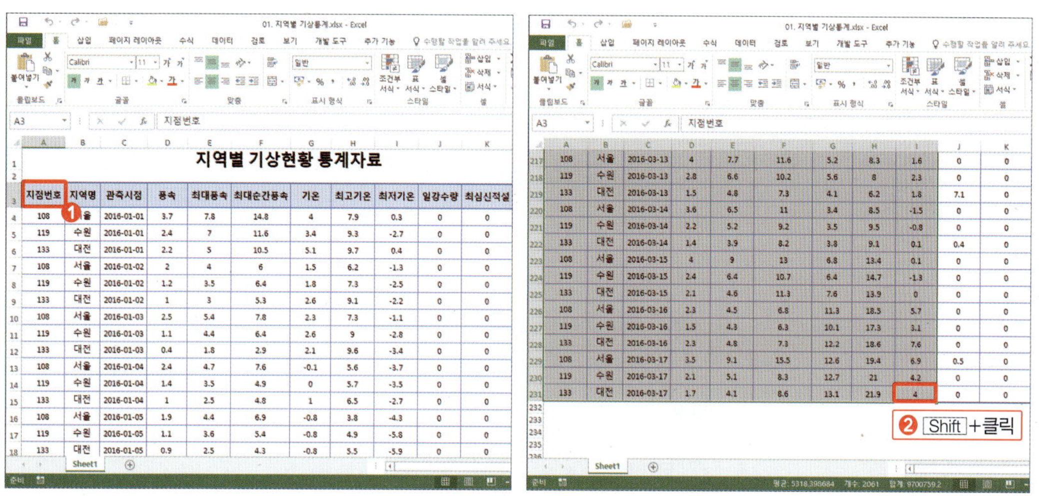

5 데이터가 입력된 셀 범위 전체를 빠르게 선택해보겠습니다. [C3] 셀을 클릭한 후 Ctrl + A 를 누릅니다. 빈 행과 빈 열 전까지 데이터가 입력된 셀 범위가 모두 선택되었습니다.

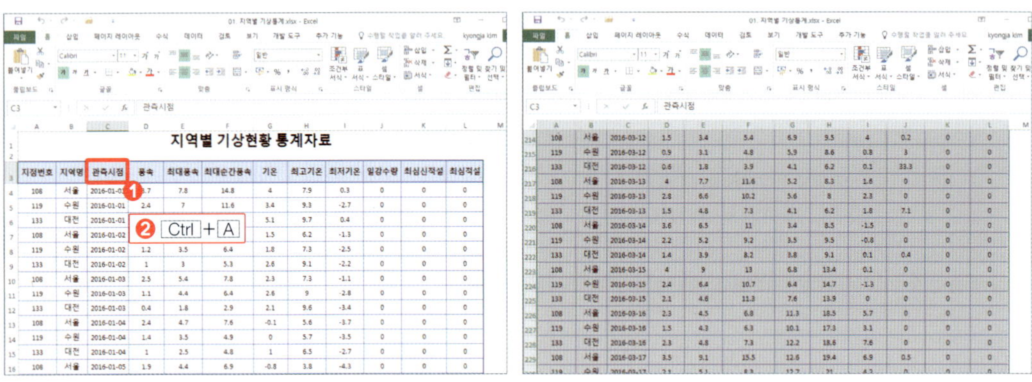

실력 향상 Ctrl + A 는 제목을 제외한 데이터 전체를 선택할 때 주로 사용합니다. Ctrl + A 를 눌렀을 때 제목까지 범위에 포함된다면 제목과 내용 행 사이에 빈 행을 삽입합니다.

슈퍼활용 TIP 단축키를 이용해 셀과 범위 선택하기

마우스를 이용하지 않고 단축키로 셀을 선택하거나 셀 범위를 선택할 수 있습니다. 특히 워크시트에 데이터를 입력하는 중이거나 선택할 셀 범위가 넓은 경우에는 키보드로 선택하는 것이 편리합니다.

단축키	기능
Enter	아래 셀로 이동, 반대 방향으로 이동하려면 Shift 를 함께 사용
Tab	오른쪽 셀로 이동, 반대 방향으로 이동하려면 Shift 를 함께 사용
Home	선택되어 있는 셀의 첫 번째 열(A)로 이동
Ctrl + Home	[A1] 셀로 이동
Ctrl + End	데이터가 입력된 마지막 셀로 이동
←, ↑, →, ↓	화살표 방향으로 한 셀씩 이동
Ctrl + ←, ↑, →, ↓	화살표 방향으로 데이터가 있는 마지막 셀로 이동
Shift + ←, ↑, →, ↓	화살표 방향으로 한 셀씩 누적으로 범위 선택
Ctrl + Shift + ←, ↑, →, ↓	선택되어 있는 셀에서부터 화살표 방향으로 데이터가 입력된 마지막 셀까지 범위 선택, 빈 셀 전까지 범위 선택
Ctrl + A	데이터가 입력된 셀 범위 전체 선택, 빈 행과 빈 열 전까지 범위 선택
Ctrl + Space Bar	선택된 셀의 열 전체 범위 선택
Shift + Space Bar	선택된 셀의 행 전체 범위 선택

빈 셀에 0을 한 번에 입력하기

빈 셀을 그대로 둔 채 데이터를 관리하면 단축키로 범위를 선택하기가 불편하고 피벗 테이블의 데이터 분석이나 그룹별 집계도 제한되는 경우가 있습니다. 이때 비어 있는 셀을 모두 '0'으로 채우면 이러한 문제를 해결할 수 있습니다. 전체 표의 빈 셀에 0을 입력하는 방법을 알아봅니다.

실습 파일 | PART 01 \ 현장 작업비.xlsx   완성 파일 | PART 01 \ 현장 작업비(완성).xlsx

1 빈 셀에 '0'을 입력해보겠습니다. [D5] 셀을 클릭한 후 Shift 를 누른 채 [G42] 셀을 클릭합니다.

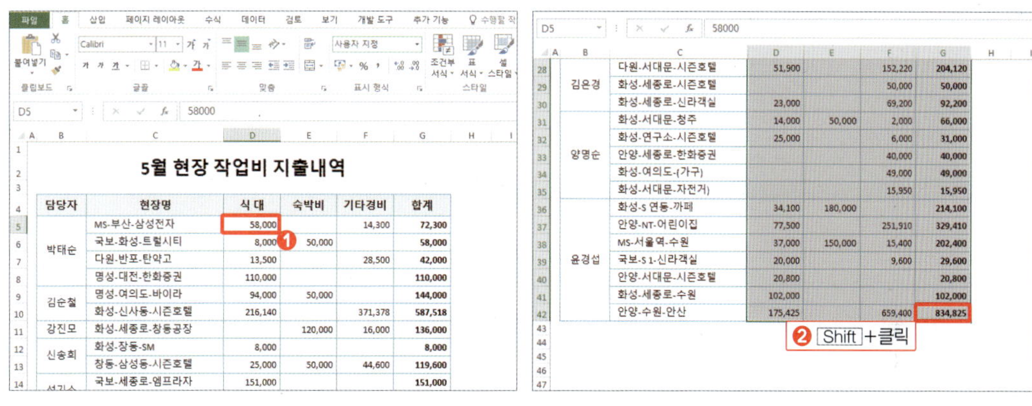

2 [홈] 탭-[편집] 그룹-[찾기 및 선택]을 클릭한 후 [이동 옵션]을 선택합니다. [이동 옵션] 대화상자에서 [빈 셀]을 클릭한 후 [확인]을 클릭합니다.

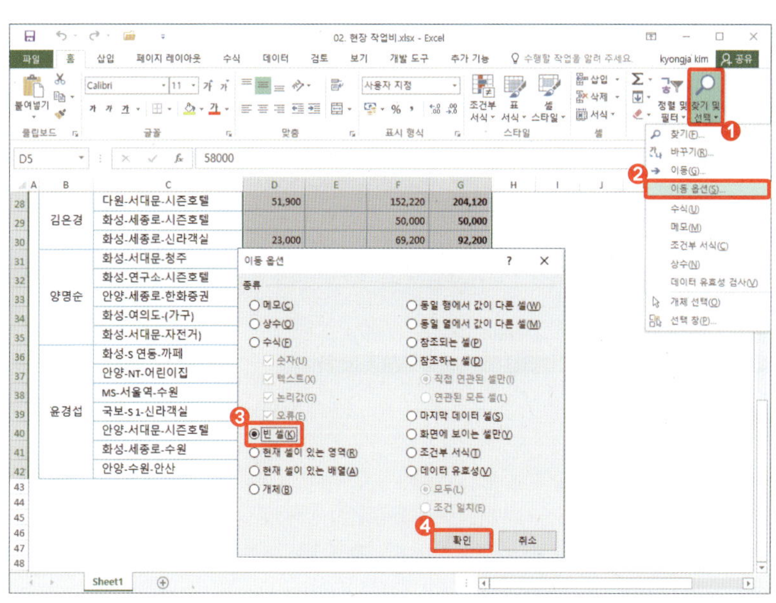

실력향상

[D5:G42] 셀 범위가 선택된 상태에서 [빈 셀]을 클릭하면 [D5:G42] 셀 범위가 아닌 곳의 빈 셀은 선택되지 않습니다.

3 선택된 범위 중 빈 셀만 선택되었고, 셀 포인터는 [E5] 셀에 있습니다. [E5] 셀에 **0**을 입력한 후 Ctrl + Enter 를 누릅니다.

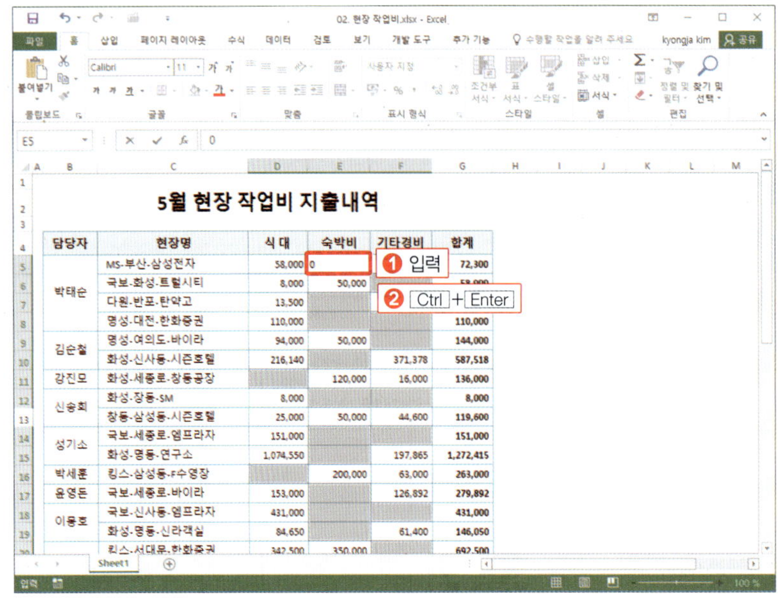

[E5] 셀에 '0'을 입력할 때 [E5] 셀을 다시 클릭하지 않도록 주의해야 합니다. 빈 셀만 선택된 상태에서 [E5] 셀을 클릭하면 선택된 셀 범위가 해제됩니다.

4 선택된 모든 셀에 '0'이 입력됩니다.

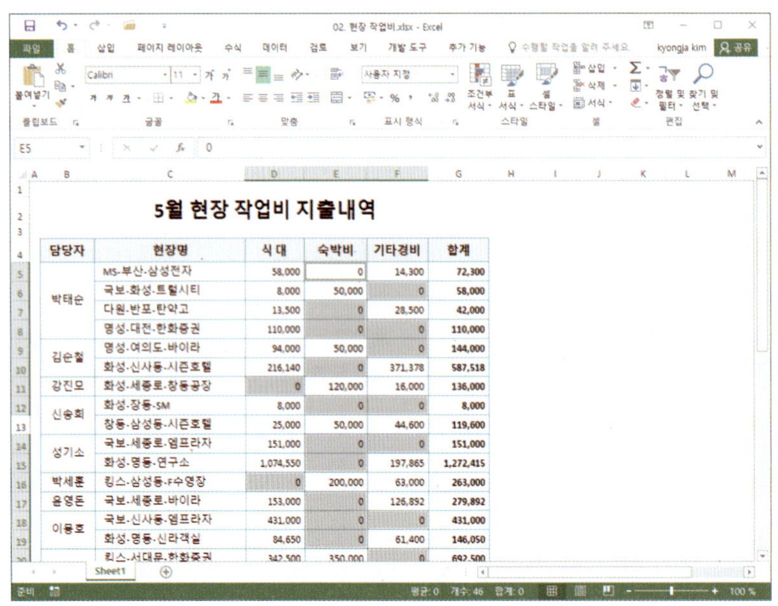

[이동 옵션]을 이용하면 텍스트(상수), 수식, 메모, 빈 셀, 화면에 보이는 셀만, 개체 등 종류별로 데이터를 선택할 수 있습니다.

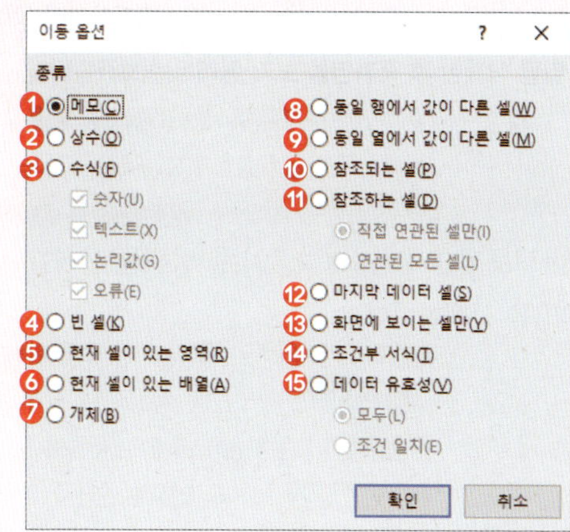

❶ **메모** : 선택된 셀 범위 또는 선택된 워크시트에서 메모가 입력된 셀을 선택합니다.

❷ **상수** : 수식을 제외하고 데이터가 입력된 셀을 선택합니다.

❸ **수식** : 수식이 입력된 셀을 선택합니다. 수식의 결과에 따라 다시 세분화하여 숫자, 텍스트, 논리 값, 오류 등을 선택할 수 있습니다.

❹ **빈 셀** : 비어 있는 셀만 선택합니다. 수식에 의해 빈 셀이 표시된 것은 제외됩니다.

❺ **현재 셀이 있는 영역** : 선택된 셀을 중심으로 빈 행과 빈 열 전까지 모든 데이터 영역을 선택합니다. 현재 셀이 있는 영역이란 현재 선택된 한 개 이상의 셀이 포함된 채워진 셀 블록을 의미합니다.

❻ **현재 셀이 있는 배열** : Ctrl + Shift + Enter 를 눌러 배열 데이터를 입력했을 때 한 배열 안에 포함된 셀들을 선택합니다.

❼ **개체** : 워크시트나 텍스트 상자에 있는 차트 및 단추를 비롯한 그래픽 개체를 선택합니다.

❽ **동일 행에서 값이 다른 셀** : 선택된 셀의 같은 행에서 값이 다른 셀들만 선택합니다.

❾ **동일 열에서 값이 다른 셀** : 선택된 셀의 같은 열에서 값이 다른 셀들만 선택합니다.

❿ **참조되는 셀** : 현재 셀의 수식에서 사용하고 있는 셀을 선택합니다.

⓫ **참조하는 셀** : 현재 셀을 사용해서 수식이 입력된 셀을 선택합니다. 현재 셀을 직접적으로 참조하는 수식이 있는 셀만 찾으려면 [직접 연관된 셀만]을 클릭하고, 현재 셀을 직접 또는 간접적으로 참조하는 모든 셀을 찾으려면 [연관된 모든 셀]을 클릭합니다.

⓬ **마지막 데이터 셀** : 현재 워크시트에서 사용된 마지막 셀의 다음 셀을 선택합니다.

⓭ **화면에 보이는 셀만** : 숨겨진 행이나 열은 제외하고 보이는 셀만 선택합니다.

⓮ **조건부 서식** : 조건부 서식이 설정된 셀을 선택합니다.

⓯ **데이터 유효성** : 데이터 유효성 검사가 설정된 셀을 선택합니다. 데이터 유효성 검사가 적용된 모든 셀을 찾으려면 [모두]를 선택하고, 현재 선택한 셀과 동일한 데이터 유효성 검사가 적용된 셀을 찾으려면 [조건 일치]를 선택합니다.

공백을 일괄 제거한 후 텍스트 맞춤 설정하기

보고서를 보기 좋게 맞추고자 글자 사이에 공백을 두고 입력했더니 맞춤에 일관성이 없습니다. 다시 편집하려면 공백을 일일이 지워야 하므로 매우 번거롭습니다. 글자 사이의 공백을 일괄 삭제한 후 국가명을 보기 좋게 맞춰보겠습니다.

실습 파일 | PART 01 \ 국가별 배포현황.xlsx　　완성 파일 | PART 01 \ 국가별 배포현황(완성).xlsx

1 국가명에 입력된 공백을 모두 제거하고 보기 좋게 바꿔보겠습니다. [C6:C39] 셀 범위를 선택합니다. [홈] 탭-[편집] 그룹-[찾기 및 선택]을 클릭한 후 [바꾸기]를 선택합니다.

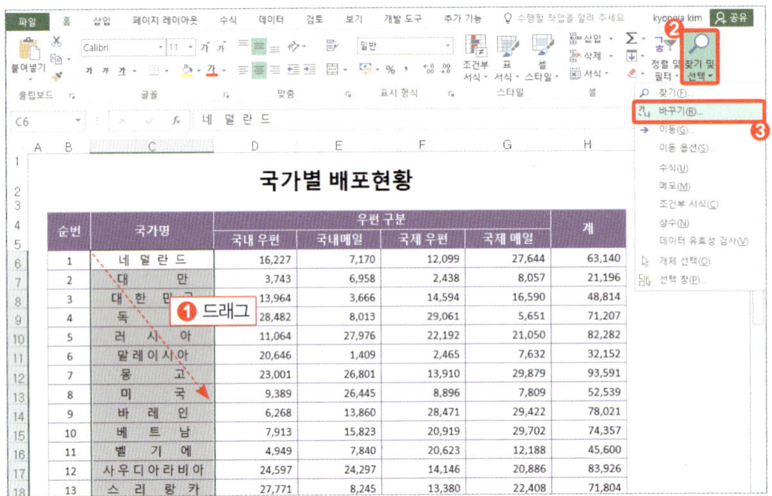

실력향상

[바꾸기]를 사용할 때 셀 범위를 미리 선택하지 않으면 시트 전체에서 [바꾸기]가 실행됩니다.

2 [찾기 및 바꾸기] 대화상자에서 [찾을 내용]에는 공백을 한 칸 입력합니다. Space Bar 를 한 번 누르면 됩니다. [바꿀 내용]에는 아무것도 입력하지 않습니다. [바꾸기]는 선택된 범위에서 [찾을 내용]에 입력된 내용을 찾은 후 [바꿀 내용]으로 변경하는 기능이지만, [바꿀 내용]이 없을 때는 [찾을 내용]을 삭제합니다. [모두 바꾸기]를 클릭합니다. 변경된 개수를 보여주는 메시지 창이 표시됩니다. 메시지 창에서 [확인]을 클릭합니다. [찾기 및 바꾸기] 대화상자에서 [닫기]를 클릭합니다.

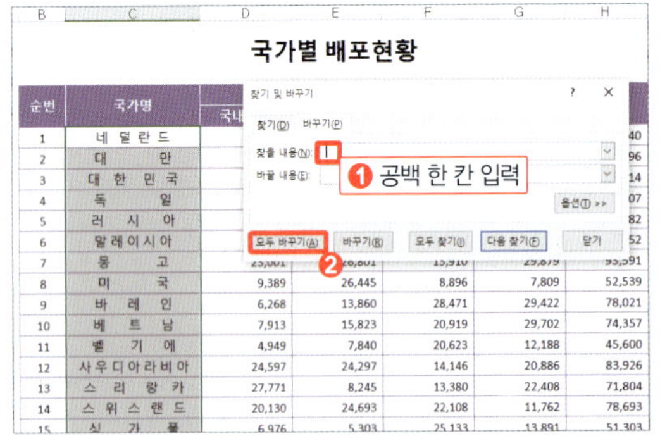

[찾기 및 바꾸기] 대화상자의 [찾을 내용]과 [바꿀 내용]에 입력된 문자는 엑셀 문서를 모두 닫기 전까지 이전에 입력된 내용이 그대로 유지됩니다. 만약 '바꿀 내용을 찾지 못했습니다'라는 메시지가 나타나면 [찾을 내용]에 보이지 않는 다른 문자가 입력된 것일 수 있으므로 Backspace 와 Delete 를 여러 번 눌러서 깨끗하게 삭제한 후 다시 [바꾸기]를 실행합니다.

3 공백이 제거된 국가명에 가로 맞춤을 설정하겠습니다. [C6:C39] 셀 범위가 선택된 상태에서 마우스 오른쪽 버튼을 클릭합니다. [셀 서식]을 선택한 후 [셀 서식] 대화상자의 [맞춤] 탭을 클릭합니다. [텍스트 맞춤]의 [가로]를 [균등 분할 (들여쓰기)]로 설정하고, [들여쓰기] 입력란에 **1**을 입력합니다. 들여쓰기를 '1'로 설정하면 셀의 왼쪽과 오른쪽 가장자리에 한 글자 정도의 여백이 생깁니다. [확인]을 클릭합니다.

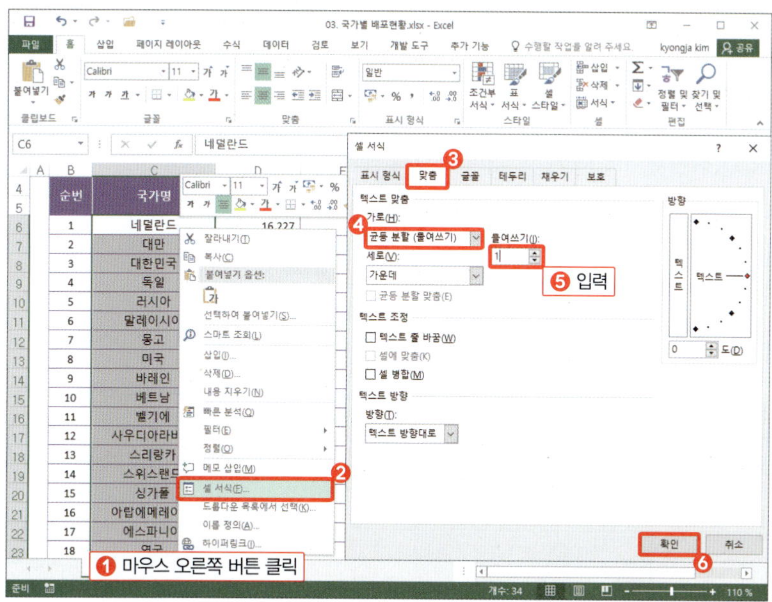

4 국가명이 깔끔하게 맞춰져 보기가 좋습니다.

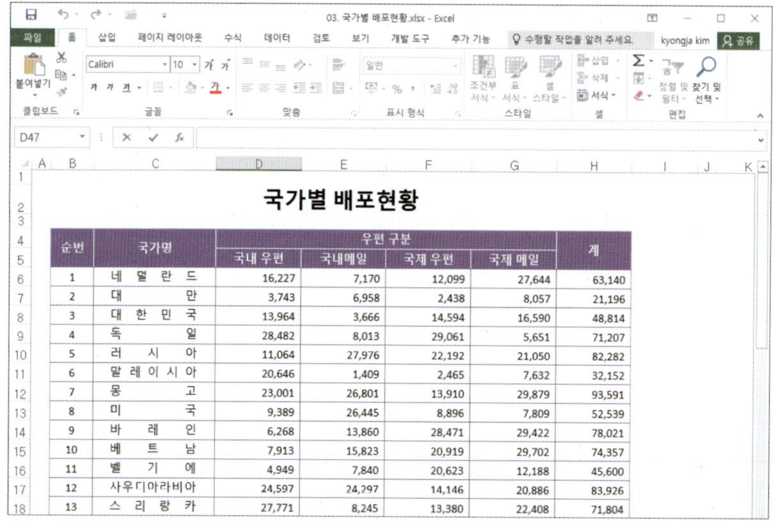

핵심기능 04

표 목록에서 특정 값을 찾아 값과 서식 동시에 변경하기

[바꾸기]에서 별표(*)는 와일드카드 문자로 인식되어 모든 데이터를 변경합니다. '0'을 바꾸면 '10' 또는 '20'도 함께 변경됩니다.

실습 파일 | PART 01 \ 제품 출하일지.xlsx   완성 파일 | PART 01 \ 제품 출하일지(완성).xlsx

1 불량이 발생하지 않은 항목에 입력된 별표(*)나 '0'을 하이픈(−)으로 변경해보겠습니다. [F5:L32] 셀 범위를 선택한 후 [홈] 탭-[편집] 그룹-[찾기 및 선택]을 클릭하여 [바꾸기]를 선택합니다. [찾기 및 바꾸기] 대화상자에서 [찾을 내용]에는 ~*을 입력하고, [바꿀 내용]에는 −을 입력합니다. 찾을 단어에 별표(*)만 입력하면 와일드카드 문자로 인식해 [F5:L32] 셀 범위의 모든 데이터가 '−'로 변경됩니다. '*'를 직접 찾을 때는 앞에 '~'을 붙여서 입력합니다. 서식 변경을 위해 [옵션]을 클릭합니다.

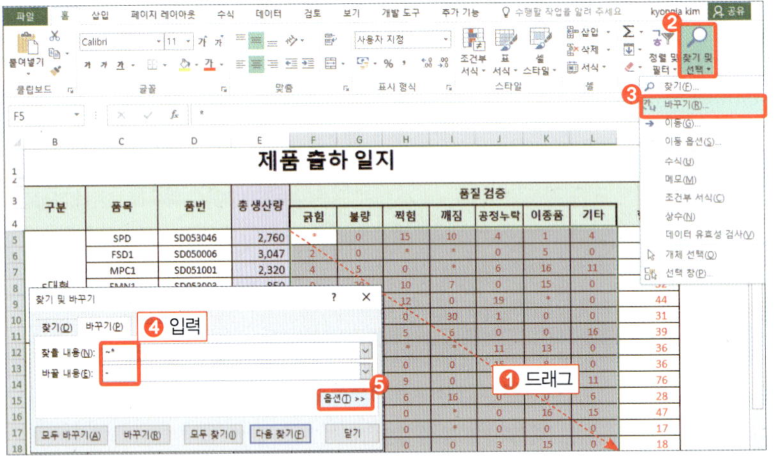

실력향상

와일드카드 문자로는 별표(*) 외에 물음표(?)를 이용하기도 합니다. 별표(*)는 모든 데이터, 물음표(?)는 한 글자를 찾아줍니다. 예를 들어 '김*'을 입력하면 '김'으로 시작되는 모든 데이터를 찾고, '김?'를 입력하면 '김'으로 시작되는 데이터 중 뒤에 한 글자가 더 있는 데이터를 찾습니다.

2 [바꿀 내용]의 [서식]을 클릭한 후 [서식]을 다시 선택합니다. [서식 바꾸기] 대화상자에서 [글꼴] 탭을 클릭합니다. [글꼴 색]을 [검정]으로 변경한 후 [확인]을 클릭합니다.

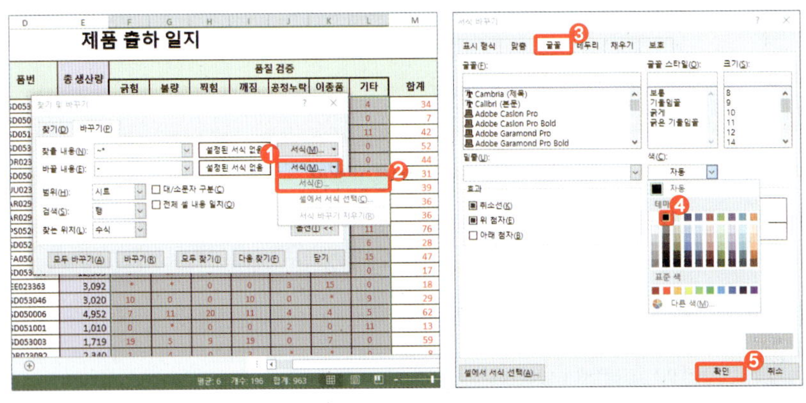

시간단축

설정된 서식을 지울 때는 [서식 바꾸기] 대화상자 하단에 있는 [지우기]를 클릭합니다.

3 서식에 미리 보기가 표시됩니다. [모두 바꾸기]를 클릭하고 변경된 개수를 보여주는 메시지 창이 표시되면 [확인]을 클릭합니다.

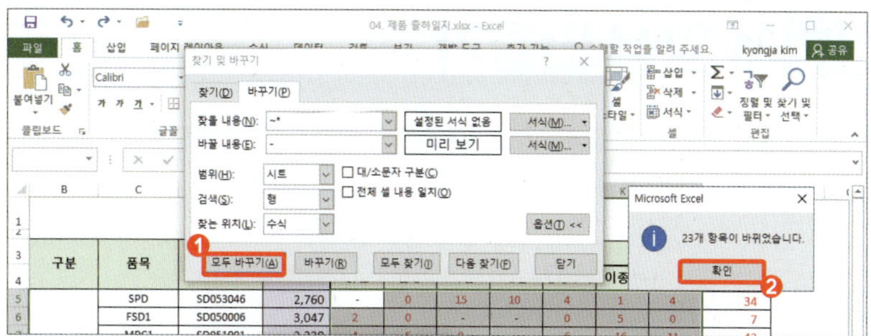

4 '0'을 찾아 '−'으로 변경해보겠습니다. [찾기 및 바꾸기] 대화상자에서 [찾을 내용]에는 0을 입력하고, [바꿀 내용]에는 −을 입력합니다. [전체 셀 내용 일치]에 체크 표시한 후 [모두 바꾸기]를 클릭합니다. 변경된 개수를 보여주는 메시지 창이 표시되면 [확인]을 클릭하고 [찾기 및 바꾸기] 대화상자에서 [닫기]를 클릭합니다.

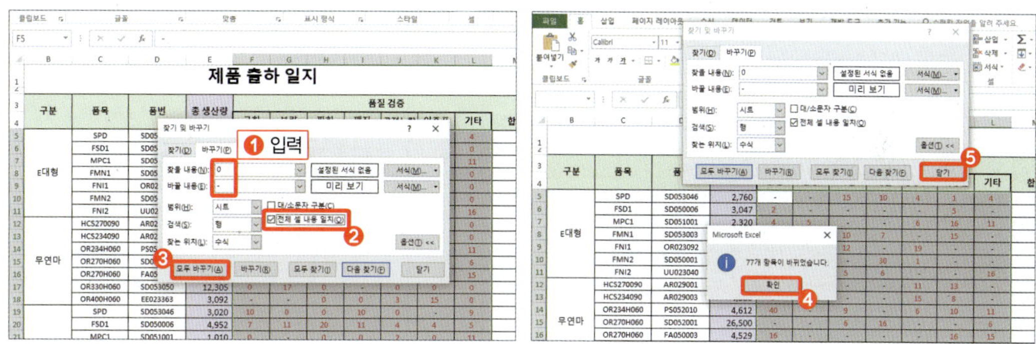

[전체 셀 내용 일치]를 선택하지 않으면 선택된 셀 범위의 숫자 중 '10' 또는 '20'과 같은 데이터도 찾아 '1−' 또는 '2−'으로 변경합니다.

5 '＊'과 '0'이 모두 '−'으로 변경되고 '−'에는 검은색 글꼴이 적용되었습니다.

구분	품목	품번	총 생산량	품질 검증							합계
				긁힘	불량	찍힘	깨짐	공정누락	이종품	기타	
E대형	SPD	SD053046	2,760	-	-	15	10	4	1	4	34
	FSD1	SD050006	3,047	2	-	-	-	-	5	-	7
	MPC1	SD051001	2,320	4	5	-	-	6	16	11	42
	FMN1	SD053003	850	-	20	10	7	-	15	-	52
	FNI1	OR023092	4,006	13	-	12	-	19	-	-	44
	FMN2	SD050001	18,370	-	-	-	30	1	-	-	31
	FNI2	UU023040	34,104	2	10	5	6	-	-	16	39
무연마	HCS270090	AR029001	2,432	12	-	-	-	11	13	-	36
	HCS234090	AR029003	4,580	5	8	-	-	15	8	-	36
	OR234H060	PS052010	4,612	40	-	9	-	6	10	11	76
	OR270H060	SD052001	26,500	-	-	6	16	-	-	6	28

데이터 유효성 검사를 사용하면 셀에 잘못된 데이터가 입력되는 것을 방지하고 목록에서 값을 선택하여 데이터를 입력할 수 있습니다. 데이터 유효성 검사는 양식을 만들 때 사용하면 유용합니다.

실습 파일 | PART 01 \ 융자금 신청서.xlsx   완성 파일 | PART 01 \ 융자금 신청서(완성).xlsx

1 주택유형을 목록에서 선택해 입력할 수 있도록 유효성 검사를 설정해보겠습니다. [K3] 셀을 클릭한 후 [데이터] 탭-[데이터 도구] 그룹-[데이터 유효성 검사]를 선택합니다. [데이터 유효성] 대화상자의 [설정] 탭에서 [제한 대상]으로 [목록]을 선택합니다. 그런 다음 [원본]에는 [R4:R8] 셀 범위를 드래그해 범위를 입력합니다. [확인]을 클릭합니다.

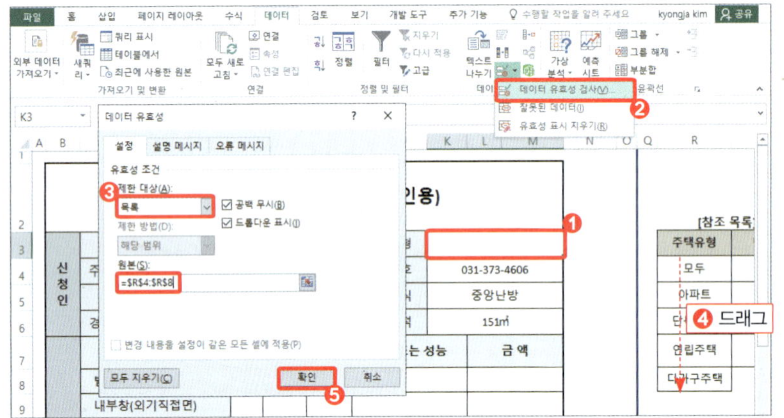

실력향상

[제한 대상]을 [목록]으로 선택하면 [제한 방법]은 비활성화되고, [드롭다운 표시]가 추가로 나타납니다.

2 [K3] 셀을 클릭하면 지정한 범위의 주택유형이 목록으로 나타납니다. 원하는 주택유형을 선택하면 자동으로 입력됩니다.

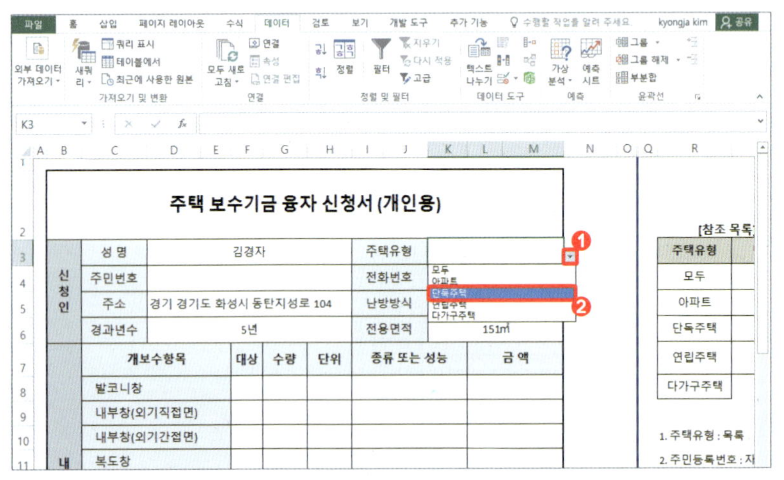

실력향상

유효성 검사에서 [목록]으로 설정된 셀은 데이터를 입력할 때 목록에서 선택하거나 목록에 지정된 데이터를 직접 입력할 수 있습니다. 단, 목록에 없는 데이터를 입력하면 오류 메시지가 표시됩니다.

3 주민번호에는 하이픈을 제외하고 13자리를 정확하게 입력할 수 있도록 유효성 검사를 설정해보겠습니다. [D4] 셀을 클릭합니다. [데이터] 탭-[데이터 도구] 그룹-[데이터 유효성 검사]를 클릭합니다. [데이터 유효성] 대화상자의 [설정] 탭에서 [제한 대상]으로 [텍스트 길이]를 선택합니다. [텍스트 길이]를 선택한 후 보이는 [제한 방법]에는 [=]를 선택하고 [길이]에는 **13**을 입력합니다. [오류 메시지] 탭을 클릭합니다. [제목]에는 **주민번호 입력오류**를 입력하고, [오류 메시지]에는 **주민번호는 하이픈(–)을 제외하고 13자리만 입력하세요**를 입력합니다. [확인]을 클릭합니다.

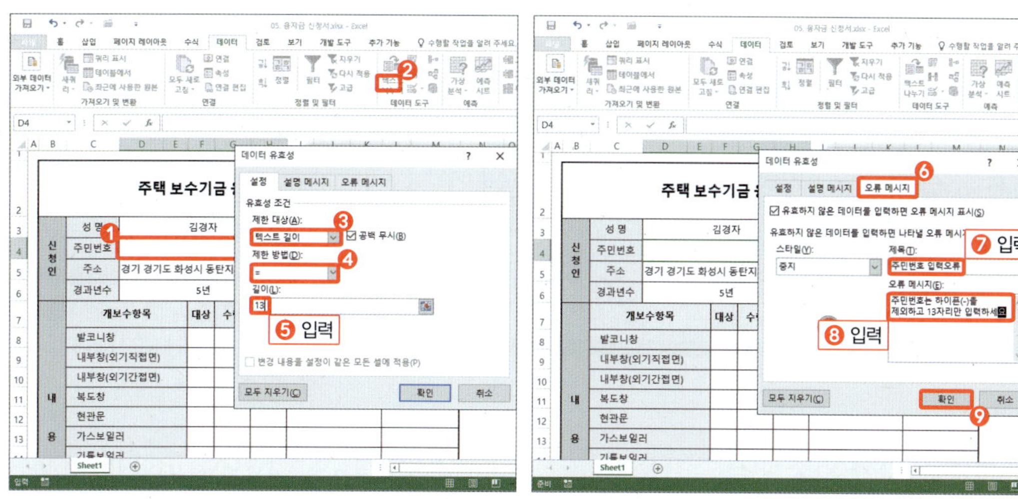

실력 향상 [데이터 유효성] 대화상자에서 [오류 메시지] 탭의 [스타일]은 기본적으로 [중지]로 선택되어 있습니다.

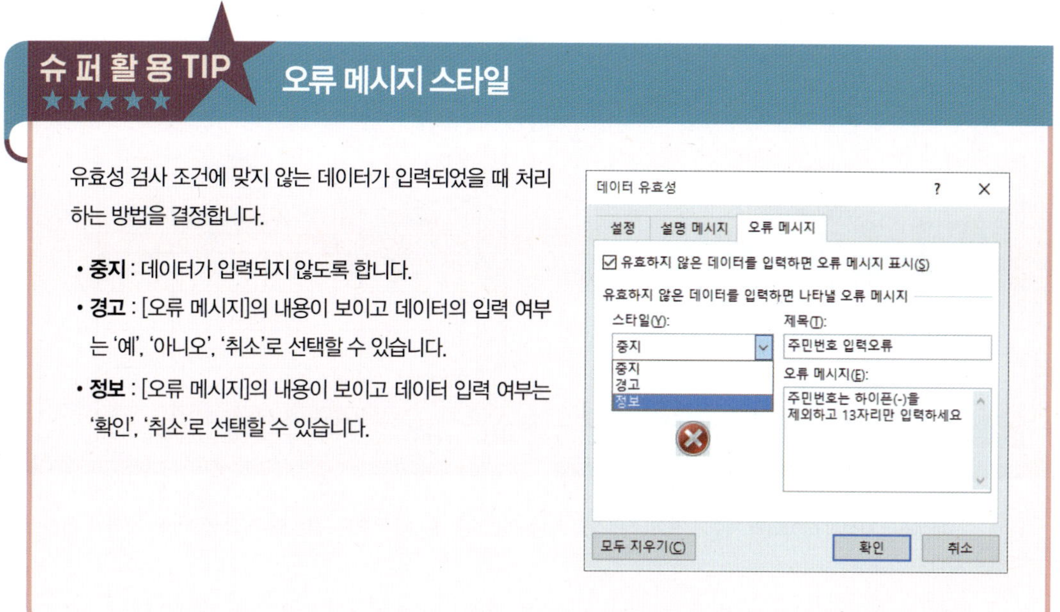

유효성 검사 조건에 맞지 않는 데이터가 입력되었을 때 처리하는 방법을 결정합니다.

- **중지** : 데이터가 입력되지 않도록 합니다.
- **경고** : [오류 메시지]의 내용이 보이고 데이터의 입력 여부는 '예', '아니오', '취소'로 선택할 수 있습니다.
- **정보** : [오류 메시지]의 내용이 보이고 데이터 입력 여부는 '확인', '취소'로 선택할 수 있습니다.

4 [D4] 셀을 클릭하고 13자리 이상의 주민번호를 입력해봅니다. 오류 메시지가 화면에 표시됩니다.

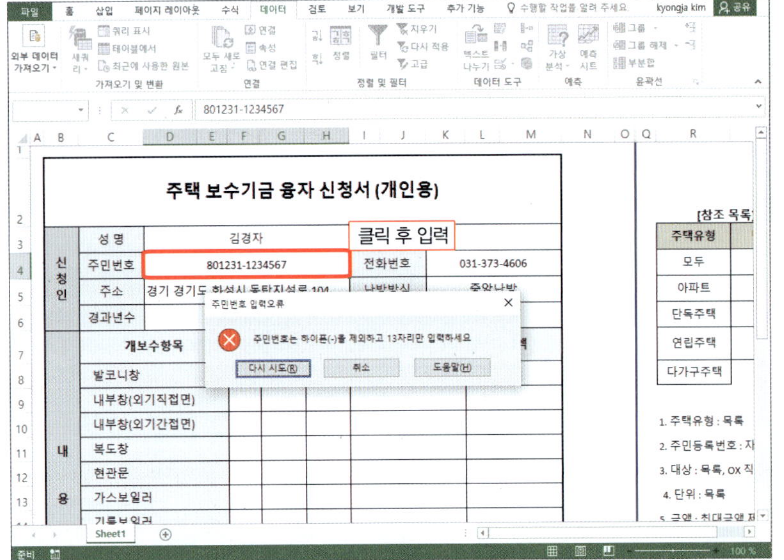

13자리의 주민번호를 입력한 후 Enter 를 누르면 자동으로 하이픈(–)이 표시됩니다.

5 대상에는 'O'와 'X' 중 하나를 선택할 수 있도록 유효성 검사를 설정해보겠습니다. [F8:F16] 셀 범위를 선택한 후 [데이터] 탭-[데이터 도구] 그룹-[데이터 유효성 검사]를 클릭합니다. [데이터 유효성] 대화상자의 [설정] 탭에서 [제한 대상]으로 [목록]을 선택합니다. 그런 다음 [원본]에 **O,X**를 입력한 후 [확인]을 클릭합니다. [F8] 셀을 클릭하면 'O'와 'X' 가 목록으로 나타납니다. 원하는 항목을 선택하면 자동으로 입력됩니다.

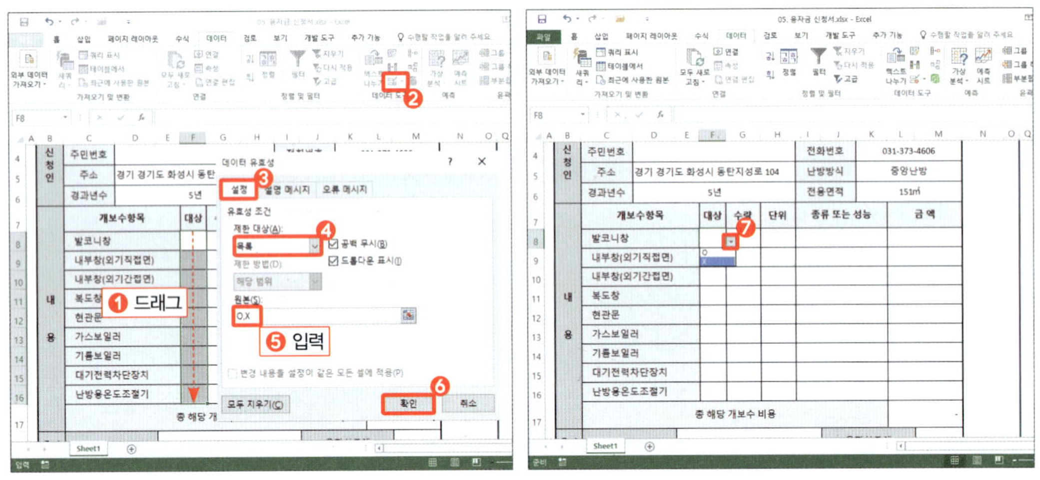

[원본]에서 지정할 데이터의 개수가 적거나 변경될 가능성이 적은 데이터 유형은 [원본]에 직접 입력하는 것이 더 편리합니다.

6 단위에는 [S4:S7] 셀 범위를 이용하여 목록 유효성 검사를 설정해보겠습니다. [H8:H16] 셀 범위를 선택한 후 [데이터] 탭-[데이터 도구] 그룹-[데이터 유효성 검사]를 클릭합니다. [데이터 유효성] 대화상자의 [설정] 탭에서 [제한 대상]으로 [목록]을 선택합니다. 그런 다음 [원본]에 [S4:S7] 셀 범위를 입력한 후 [확인]을 클릭합니다. [H8] 셀을 클릭하면 지정한 범위의 단위가 목록으로 나타납니다. 원하는 단위를 클릭하면 자동으로 입력됩니다.

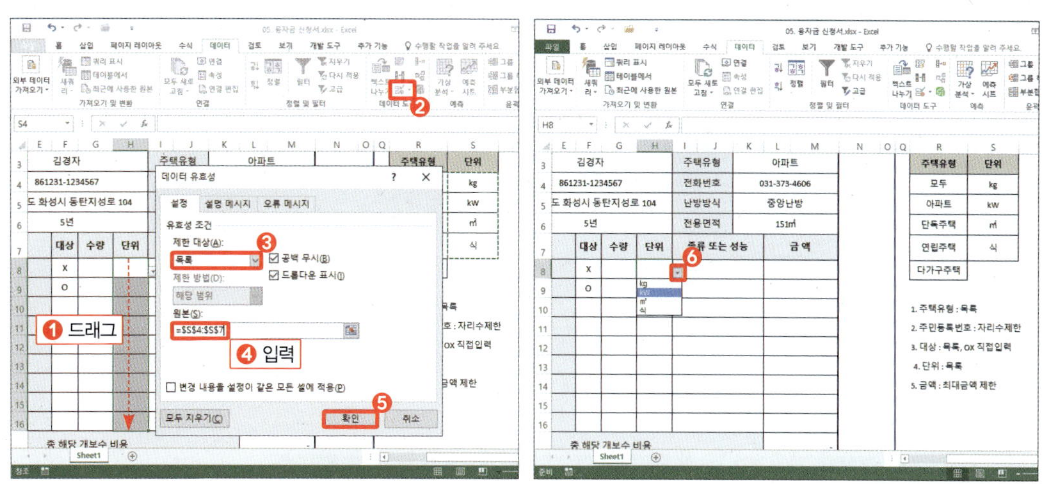

7 금액에는 3,000,000원까지만 입력할 수 있도록 최댓값을 제한하는 유효성 검사를 설정해보겠습니다. [L8:L16] 셀 범위를 선택한 후 [데이터] 탭-[데이터 도구] 그룹-[데이터 유효성 검사]를 클릭합니다. [데이터 유효성] 대화상자의 [설정] 탭에서 [제한 대상]으로 [정수]를 선택합니다. 그런 다음 [제한 방법]에는 [<=]를 선택합니다. [최대값]에는 **3000000**을 입력합니다. [오류 메시지] 탭을 클릭합니다. [제목]에는 **금액 입력 오류**를 입력하고, [오류 메시지]에는 **금액은 정수로 3,000,000원까지만 입력 가능합니다**를 입력합니다. [확인]을 클릭합니다.

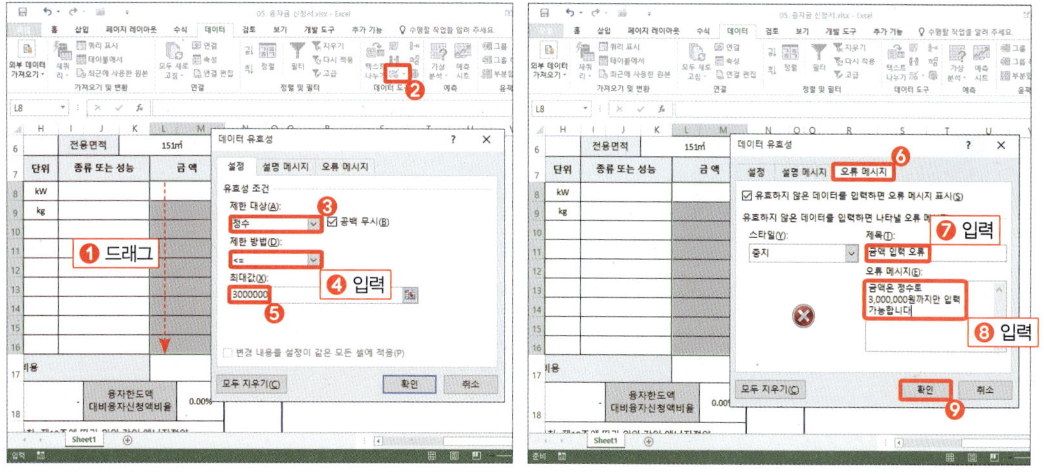

8 [L8] 셀을 클릭하고 정수가 아니거나 3,000,000을 초과하는 숫자를 입력해봅니다. 오류 메시지가 화면에 표시됩니다.

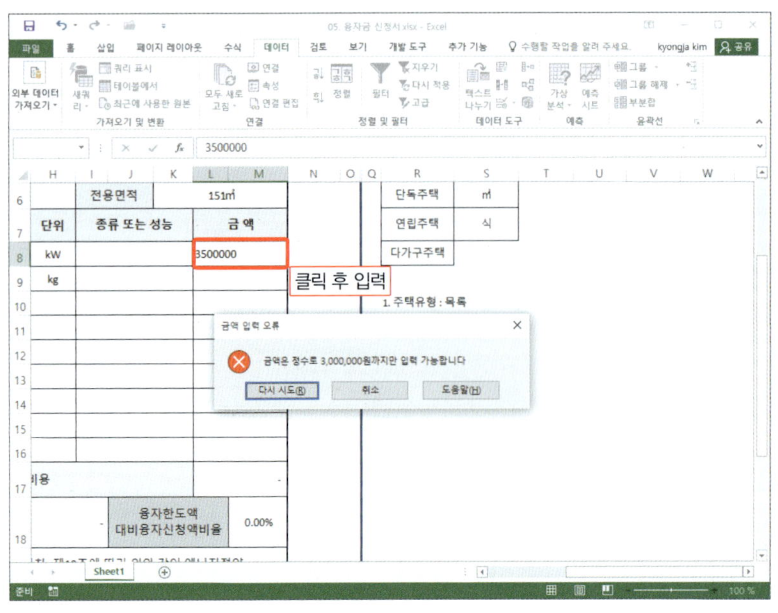

목록의 원본으로 사용할 셀 범위가 다른 시트에 있는 경우에는 셀 범위에 이름을 정의한 후 사용하면 편리합니다. 원본으로 사용할 셀 범위를 선택한 후 [이름 상자]에 사용할 이름을 입력합니다. Enter 를 누르면 이름 정의가 완료됩니다. [데이터 유효성] 대화상자에서 [제한 대상]을 [목록]으로 선택하고 [원본]에 '=정의한 이름'을 입력합니다. 이때 이름 앞에는 반드시 등호(=)가 포함되어야 합니다.

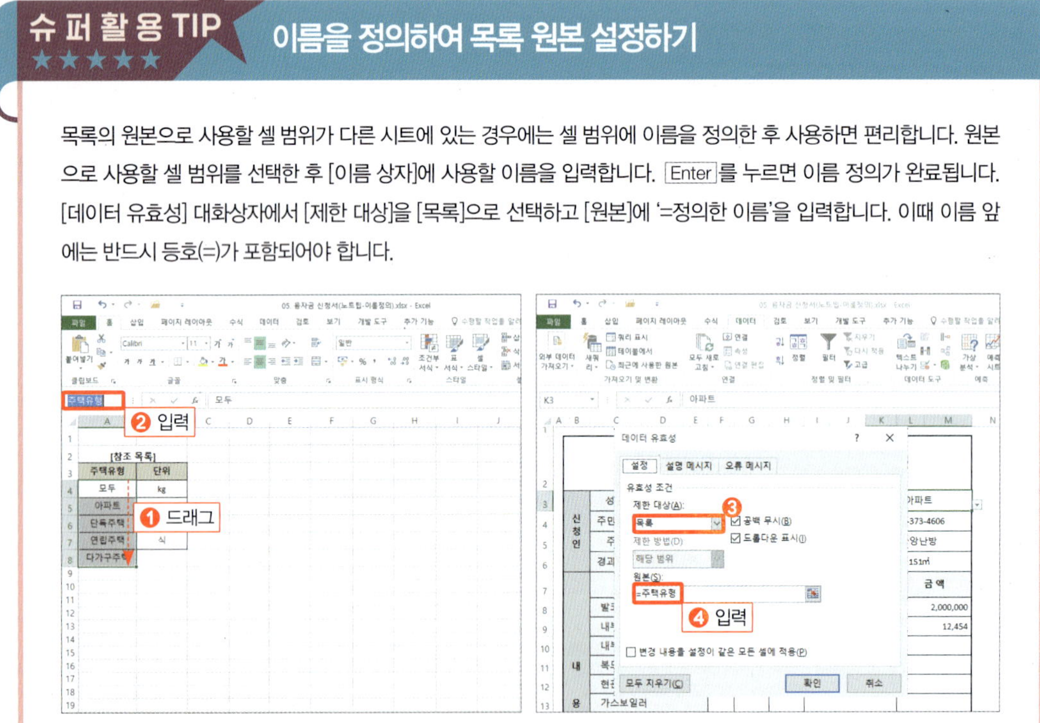

투명한 개체를 일괄 제거하고 데이터 열 분리하기

사내 ERP 시스템이나 웹에서 다운로드한 데이터를 엑셀에서 편집하다 보면 불필요한 투명 개체가 여러 개 선택되거나 한 열에 다양한 정보가 포함된 경우가 많습니다. 편집 작업을 편리하게 할 수 있도록 투명한 개체는 일괄 선택해 삭제하고, 한 열에 포함된 여러 가지 정보는 다른 열로 분리해보겠습니다.

실습 파일 | PART 01 \ 식자재 구매내역서.xlsx   **완성 파일 |** PART 01 \ 식자재 구매내역(완성).xlsx

1 화면에 보이지 않는 투명한 개체를 일괄 선택하여 삭제해보겠습니다. 투명한 개체가 많은 시트에서 [홈] 탭-[편집] 그룹-[찾기 및 선택]을 클릭하고 [이동 옵션]을 선택합니다. [이동 옵션] 대화상자에서 [개체]를 선택한 후 [확인]을 클릭합니다.

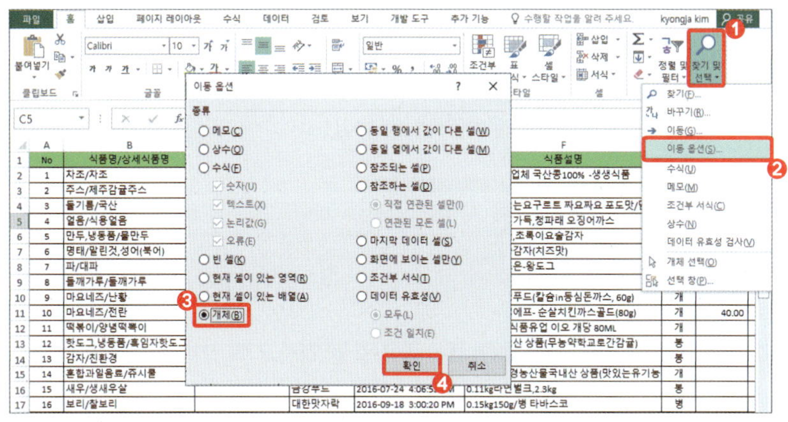

시간단축

[이동 옵션] 대화상자에서 [개체]를 선택할 때 PC의 성능에 따라 선택 시간이 오래 걸릴 수 있습니다.

2 선택된 시트의 투명한 개체가 모두 선택되었습니다. Delete 를 눌러 모두 삭제합니다.

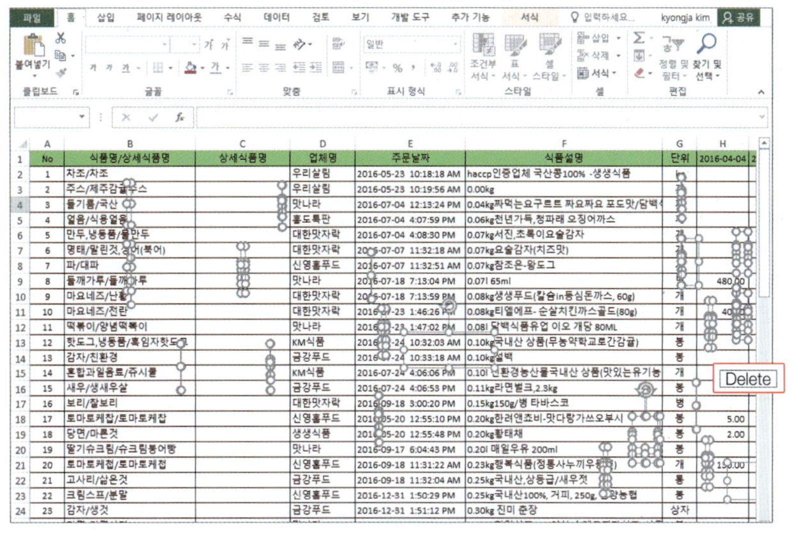

시간단축

투명 개체가 시트에 많이 분포되어 있다면 파일 용량은 크게 차이가 나지 않으나 셀에 데이터를 입력하거나 수식을 수정할 때는 업데이트 속도가 느려집니다.

투명 개체가 분포된 영역을 알고 있거나 영역이 좁은 경우 [개체 선택]을 이용하여 셀 영역을 직접 드래그로 선택하는 방법이 있습니다. [홈] 탭-[편집] 그룹-[찾기 및 선택]을 클릭하고 [개체 선택]을 선택합니다. 마우스 포인터가 화살표 모양으로 변경됩니다. 이 상태에서 투명 개체가 있는 영역을 드래그하여 선택합니다. 마우스 포인터를 다시 원래 상태로 되돌릴 때는 임의의 셀을 더블클릭합니다.

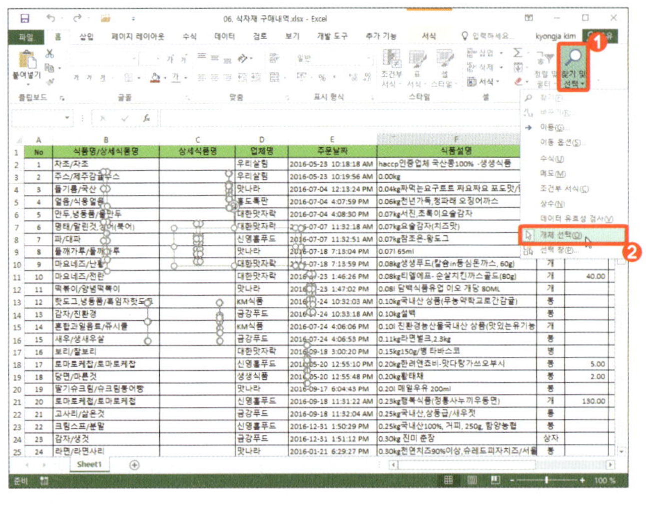

3 B열에는 식품명과 상세식품명이 함께 입력되어 있습니다. '/' 기호를 기준으로 열을 분리하여 상세식품명은 C열에 입력되도록 텍스트 나누기를 적용해보겠습니다. [B2:B60] 셀 범위를 선택한 후 [데이터] 탭-[데이터 도구] 그룹-[텍스트 나누기]를 클릭합니다. [텍스트 마법사 1단계]에서 [구분 기호로 분리됨]을 선택합니다. [다음]을 클릭합니다.

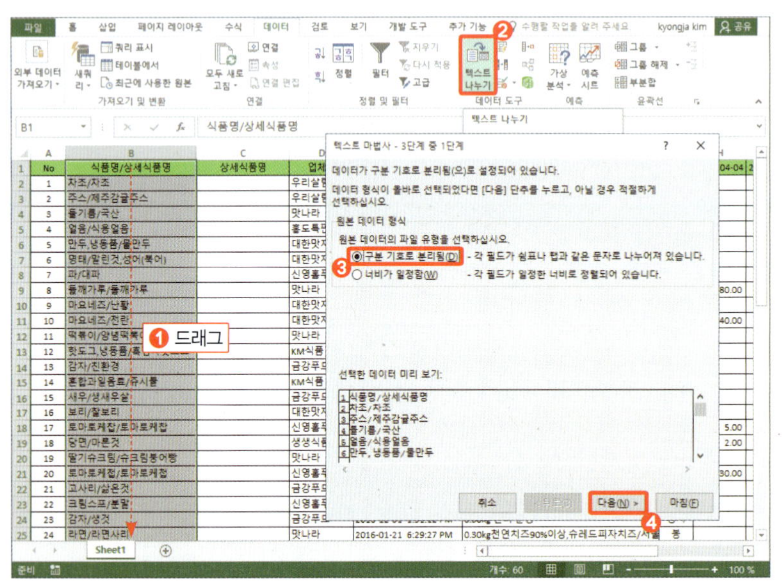

실력향상

식품명과 상세식품명은 슬래시(/)로 구분되어 있으므로 [구분 기호로 분리됨]을 선택합니다. 텍스트 마법사는 1단계에서 어떤 항목을 선택하느냐에 따라 2단계에서 나타나는 화면이 다릅니다.

4 [텍스트 마법사 2단계]의 [구분 기호]에서 [기타]에 체크 표시합니다. 입력란에 /를 입력한 후 [다음]을 클릭합니다. [텍스트 마법사 3단계]에서 [열 데이터 서식]은 두 개 열 모두 [일반]으로 선택합니다. [마침]을 클릭합니다.

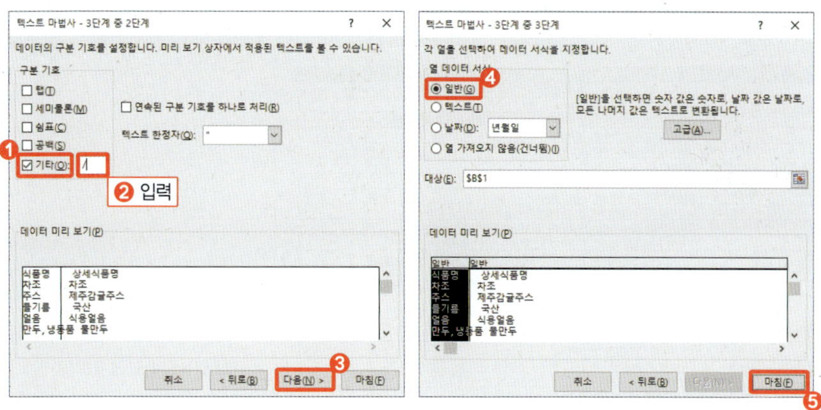

실력 향상 만약 한 셀에 구분 기호로 지정된 '/'가 두 개 이상 있다면 해당 셀만 세 개 이상의 열로 분리됩니다. [열 데이터 서식]을 [일반]으로 선택하면 전체 셀 데이터가 숫자일 경우 '숫자'로, 문자가 포함되어 있으면 '문자'로 설정됩니다.

5 '해당 영역에 이미 데이터가 있습니다. 기존 데이터를 바꾸시겠습니까?'라는 메시지가 나타나면 [확인]을 클릭합니다.

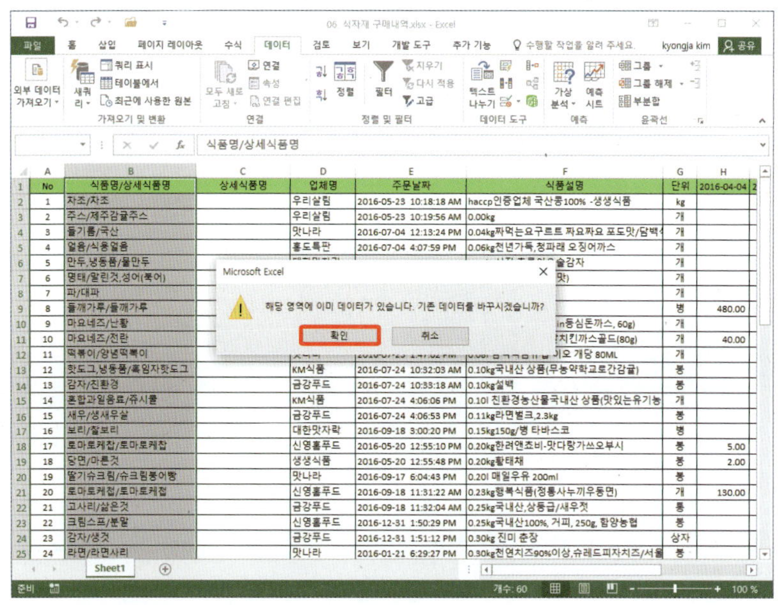

실력 향상 텍스트 마법사 3단계에서 결과가 표시될 셀을 [B2] 셀로 선택했기 때문에 원본 데이터의 보존 여부를 묻는 메시지가 나타났습니다. 만약 3단계에서 결과가 표시될 셀을 데이터가 없는 빈 셀로 선택했다면 이 메시지 창은 표시되지 않고 바로 텍스트 나누기가 완료됩니다.

6 데이터가 분리되어 상세식품명은 C열에 입력되었습니다.

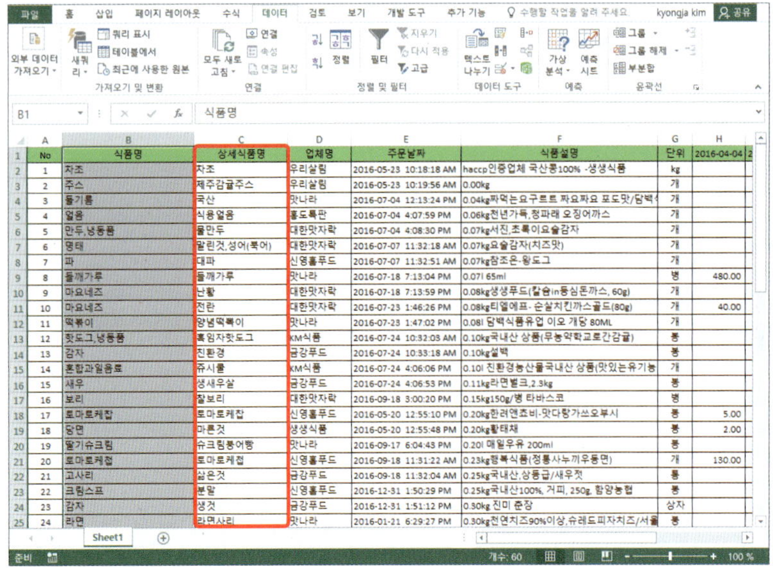

7 E열의 주문날짜에서 날짜만 남기고 시간 데이터는 일괄 제거해보겠습니다. [E2:E60] 셀 범위를 선택한 후 [데이터] 탭-[데이터 도구] 그룹-[텍스트 나누기]를 클릭합니다. [텍스트 마법사 1단계]에서 [너비가 일정함]을 선택하고 [다음]을 클릭합니다. [텍스트 마법사 2단계]에서는 자동으로 구분선이 표시됩니다. [다음]을 클릭합니다.

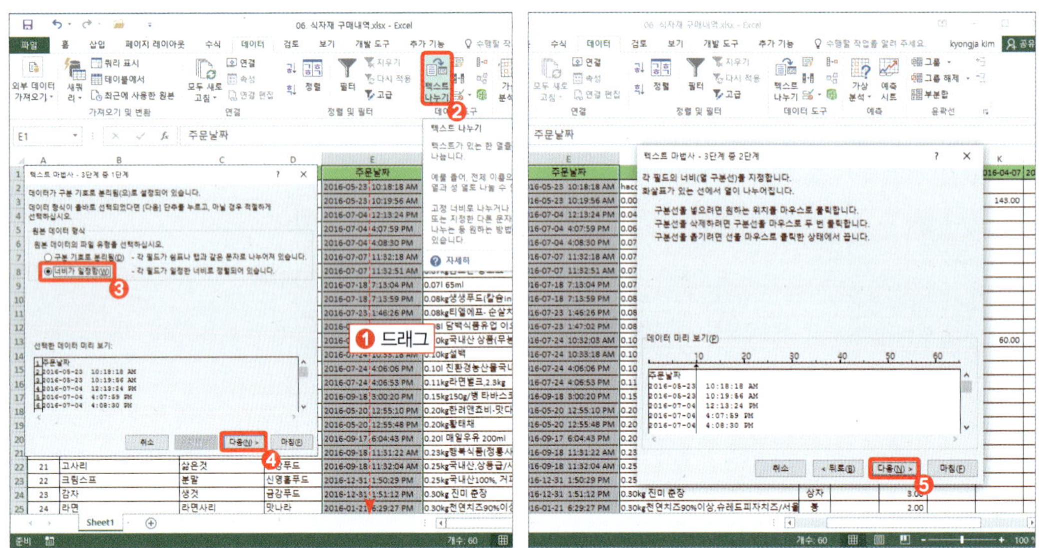

실력향상 주문날짜에서 [구분 기호로 분리됨]을 선택하여 '공백'을 기준으로 텍스트 나누기를 할 경우 세 개의 열로 분리되므로 [너비가 일정함]으로 선택하는 것이 좋습니다.

시간단축 구분선 위치를 옮기려면 선을 클릭한 후 드래그하여 이동합니다. 잘못 클릭하여 생긴 구분선은 밖으로 드래그하거나 구분선을 더블클릭하여 삭제합니다.

8 [텍스트 마법사 3단계]에서 첫 번째 열 데이터 서식은 [일반]으로, 두 번째 열 데이터 서식은 [열 가져오지 않음(건너뜀)]으로 선택합니다. [마침]을 클릭합니다.

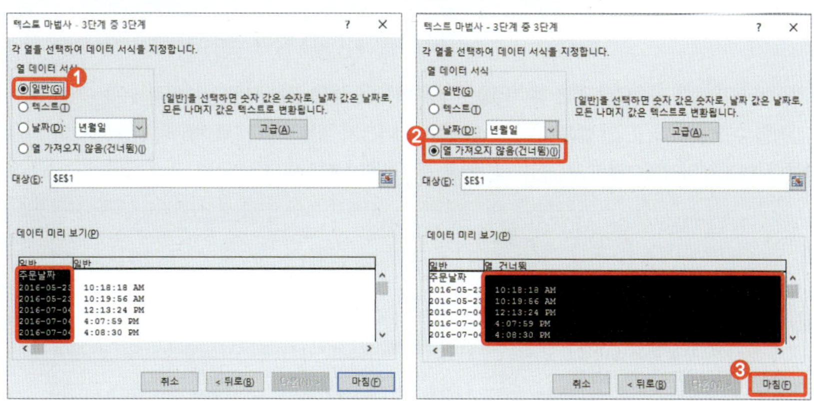

9 E열의 주문날짜에서 시간은 삭제되고 날짜만 남았습니다.

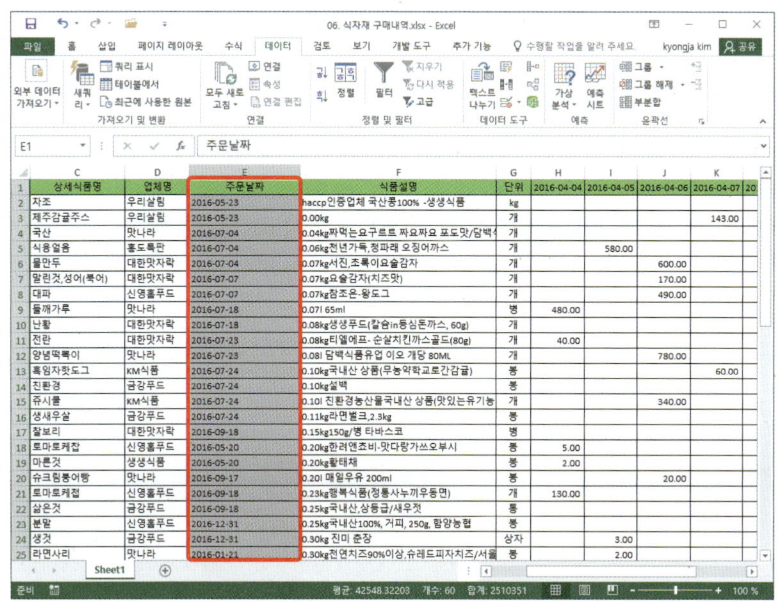

실습 파일 | PART 01 \ 식자재 구매내역(팁-빠른채우기).xlsx

빠른 채우기는 첫 번째 입력된 데이터를 기준으로 주변 데이터를 분석하여 다음 셀의 값을 자동으로 입력해주는 기능입니다. 채우기 핸들로 실행할 수 있습니다. [C2] 셀에 '차조'를 입력합니다. [C2] 셀을 클릭한 후 채우기 핸들에서 마우스 오른쪽 버튼을 클릭한 상태에서 아래쪽으로 드래그합니다. [빠른 채우기]를 선택합니다.

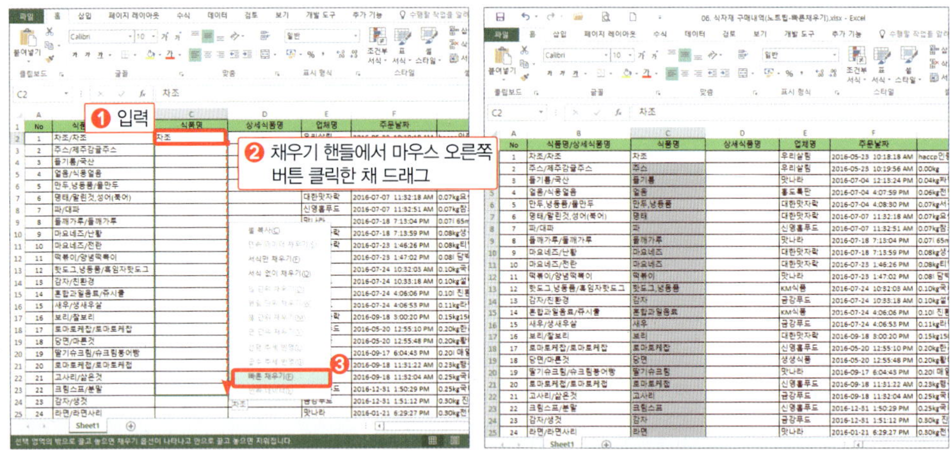

상세식품명은 B열 뒤쪽 데이터를 추출해야 하므로 셀에 두 개의 값이 미리 입력되어 있어야 합니다. 만약 한 개만 입력할 경우 [B2] 셀의 내용이 '차조/차조'로 앞 뒤 내용이 모두 동일해서 앞쪽 내용을 추출할 것인지 뒤쪽 내용을 추출할 것인지 구분되지 않습니다. [D2] 셀에 '차조'를, [D3] 셀에 '제주감귤주스'를 입력합니다. [D2:D3] 셀 범위를 선택한 후 채우기 핸들에서 마우스 오른쪽 버튼을 클릭한 채 [C62] 셀까지 드래그합니다. [빠른 채우기]를 선택합니다. 빠른 채우기 기능으로 식품명과 상세식품명을 분리했습니다.

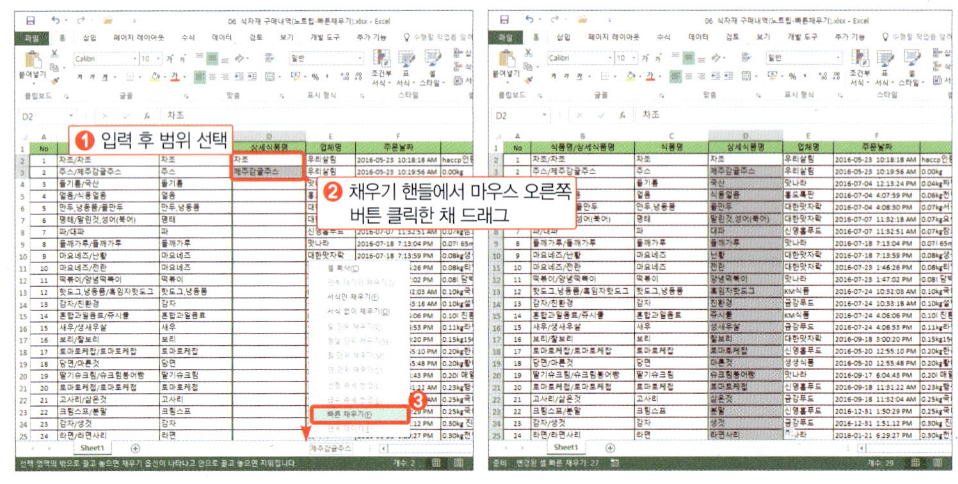

연결된 그림으로 크기가 다른 표를 한 시트에 붙여넣기

행 높이와 열 너비가 서로 다른 두 표를 한 시트에 작성하면 쉽게 편집하기 어렵습니다. 서로 다른 시트에 내용을 작성한 후 [연결된 그림]으로 복사하여 한 시트에 표시해보겠습니다. 또한 보고서에서 사용하지 않는 빈 행과 빈 열을 모두 숨겨서 깔끔한 보고서로 완성해보겠습니다.

실습 파일 | PART 01 \ 주간 업무보고.xlsx　　**완성 파일** | PART 01 \ 주간 업무보고(완성).xlsx

1 [주간업무] 시트는 전주와 금주를 비교하는 보고서의 전체 내용이고, [세부표 내용] 시트에는 주요 품목 개발 현황과 금주 주요 품목 개발 목표가 표로 정리되어 있습니다. [세부표 내용] 시트의 내용을 [주간업무] 시트에 연결된 그림으로 붙여 넣어보겠습니다. [세부표 내용] 시트에서 [B4:H12] 셀 범위를 선택합니다. Ctrl + C 를 눌러 복사합니다. [주간업무] 시트의 [B24] 셀을 클릭한 후 [홈] 탭-[클립보드] 그룹-[붙여넣기]를 클릭하고 [기타 붙여넣기 옵션]에서 [연결된 그림]을 선택합니다.

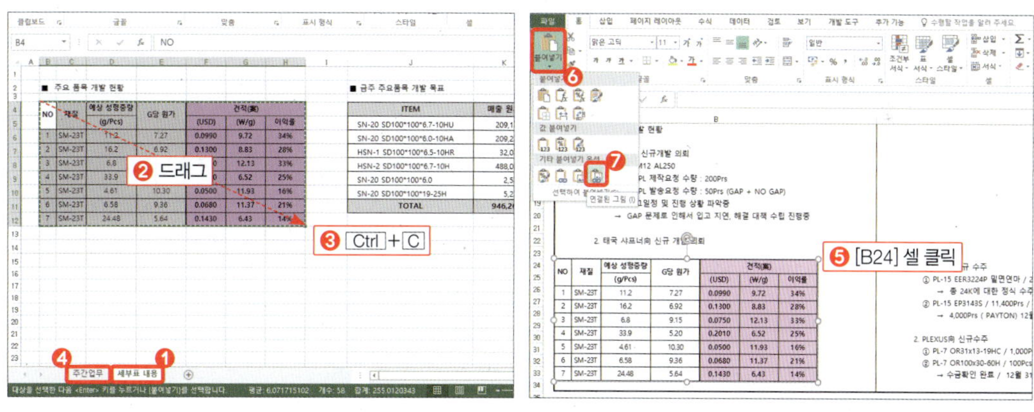

> **시간단축** [B24] 셀에서 마우스 오른쪽 버튼을 클릭하여 [선택하여 붙여넣기]-[기타 붙여넣기 옵션]에서 [연결된 그림]을 선택해도 됩니다.

2 같은 방법으로 [세부표 내용] 시트의 [J4:L11] 셀 범위를 선택합니다. Ctrl + C 를 눌러 복사합니다.

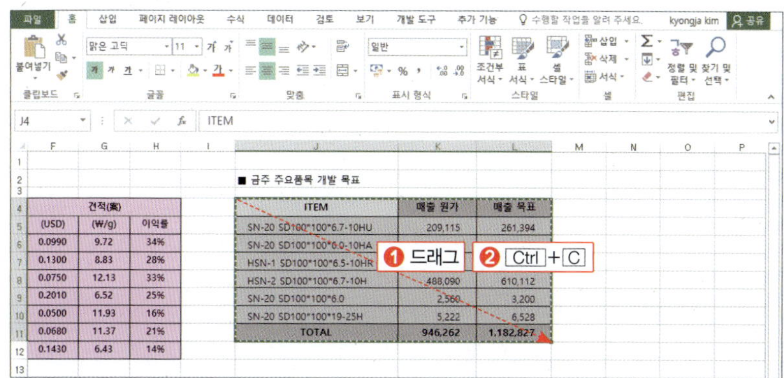

3 [주간업무] 시트의 [C13] 셀을 클릭합니다. [홈] 탭-[클립보드] 그룹-[붙여넣기]를 클릭한 후 [기타 붙여넣기 옵션]에서 [연결된 그림]을 클릭합니다. 붙여 넣은 그림을 적절한 위치로 이동하여 정렬을 맞춥니다.

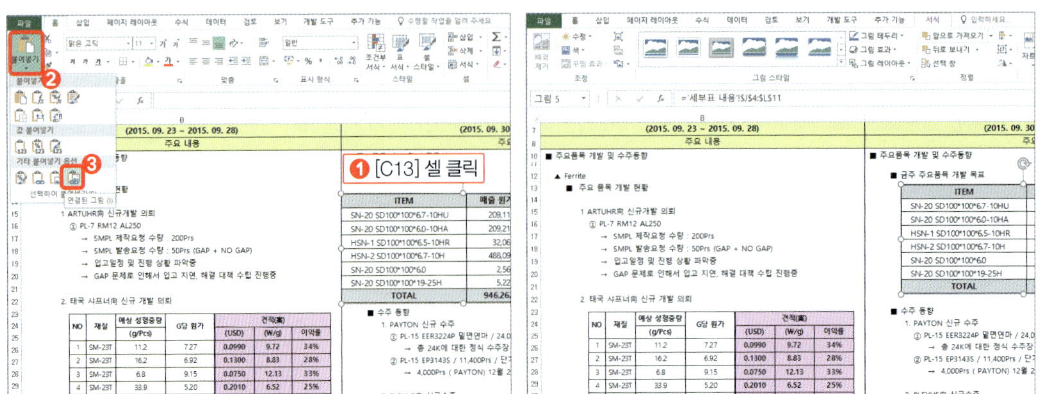

> **실력향상** 연결된 그림으로 붙여 넣은 그림은 원본 데이터를 수정하면 자동으로 변경됩니다. 만약 원본 시트가 삭제되면 그림은 그대로 유지되지만 더 이상 수정할 수 없습니다.

> **실력향상** [세부표 내용] 시트는 삭제하지 않고 숨겨놓는 것이 좋습니다. [세부표 내용] 시트에서 마우스 오른쪽 버튼을 클릭한 후 [숨기기]를 선택합니다.

4 [주간업무] 시트에서 사용하지 않는 행과 열을 모두 숨겨보겠습니다. 36행을 클릭한 후 Ctrl + Shift + ↓ 를 누릅니다. 36~1,048,576행까지 모두 선택됩니다. 마우스 오른쪽 버튼을 클릭하여 [숨기기]를 선택합니다.

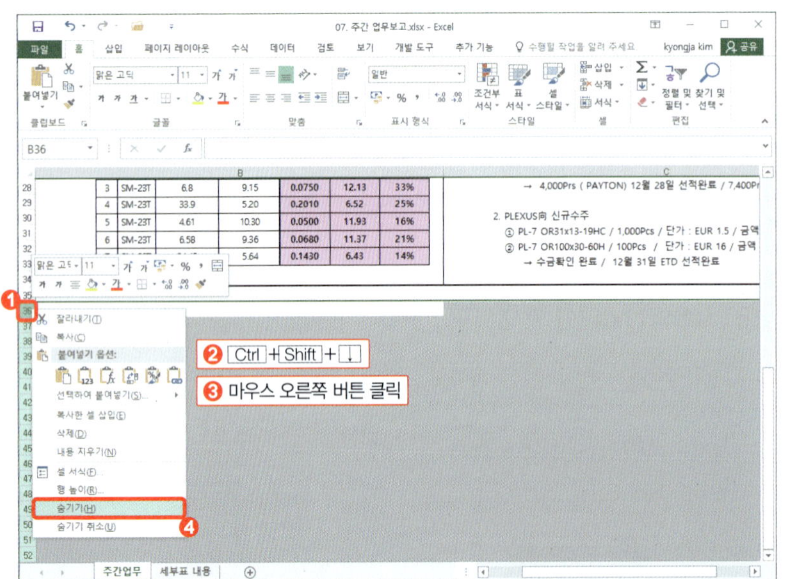

> **실력향상** 숨긴 행을 다시 표시할 경우 현재 시트의 전체 셀을 선택한 후 행 머리글에서 마우스 오른쪽 버튼을 클릭하고 [숨기기 취소]를 선택합니다. [숨기기 취소]는 행과 열 머리글에서 마우스 오른쪽 버튼을 클릭해야 표시됩니다.

5 E열을 선택합니다. Ctrl + Shift + → 를 누릅니다. E열부터 XFD열까지 모두 선택됩니다. 마우스 오른쪽 버튼을 클릭합니다. [숨기기]를 선택합니다.

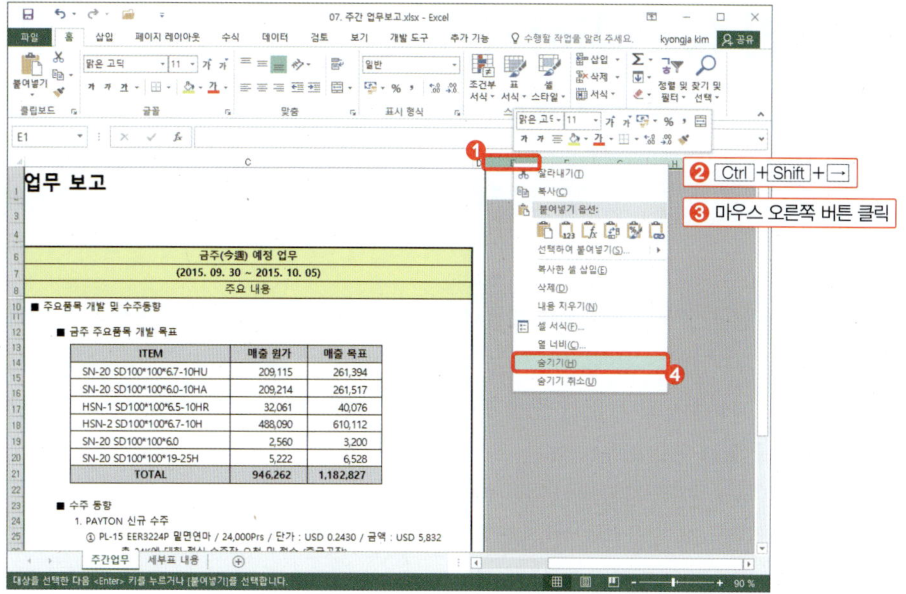

6 사용하지 않는 행과 열을 모두 숨겨서 깔끔한 보고서가 완성되었습니다.

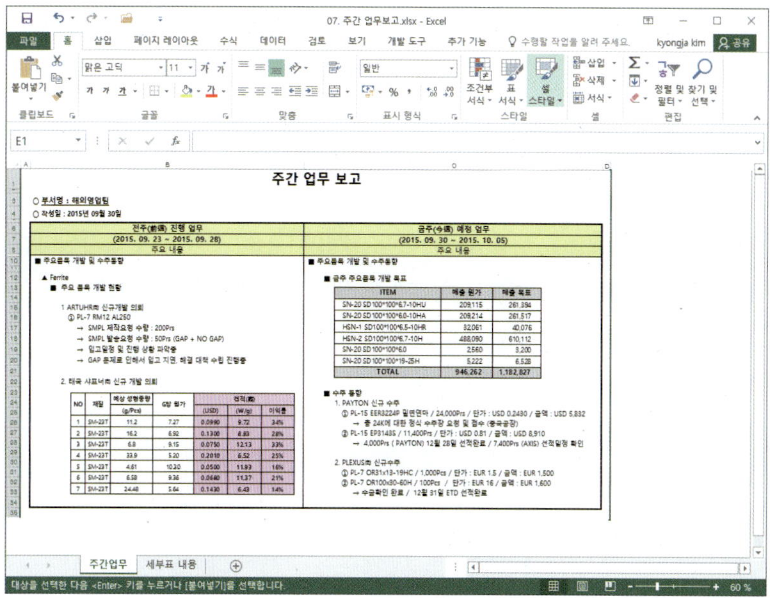

수식을 적용하여 값을 이동하고 빈 행 정리하기

반복해서 나타나는 데이터를 삭제하고 수식을 적용해 값을 다른 열로 이동해보겠습니다. 중복된 항목과 열을 삭제해 깔끔한 표를 만들어보겠습니다.

실습 파일 | PART 01 \ 거래내역 정리.xlsx   완성 파일 | PART 01 \ 거래내역 정리(완성).xlsx

1 이 표에는 한 개의 품목에 납기와 수량이 서로 다른 행에서 A열의 품목과 B열의 거래처가 두 번씩 반복해서 나타납니다. 이 표의 A열에는 '품목', B열에는 '거래처', C열에는 '일자', D열에는 '개수'가 표시되도록 정리해보겠습니다. [D1] 셀에 **일자**, [E1] 셀에 **개수**를 각각 입력합니다. [E2] 셀에 **=D3**을 입력합니다.

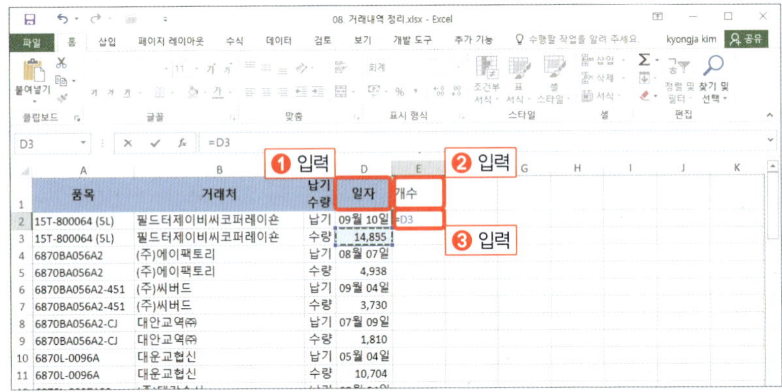

시간단축

'=D3'을 입력하면 [D3] 셀 값이 그대로 [E2] 셀에 표시됩니다.

2 [E2:E3] 셀 범위를 선택한 후 채우기 핸들을 더블클릭합니다. [E105] 셀까지 수식이 복사됩니다. [E2] 셀에는 수식이 입력되어 있고, [E3] 셀은 빈 셀이므로 수식과 빈 셀이 반복해서 입력됩니다.

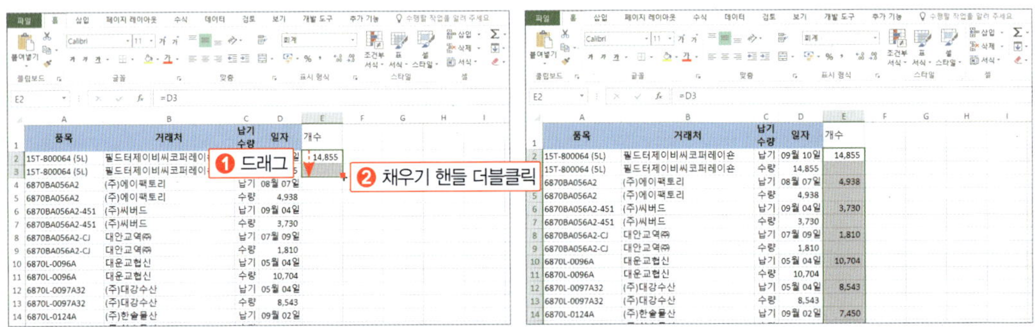

시간단축 수식이나 값을 복사할 때 채우기 핸들에서 드래그하면 드래그하는 셀까지 복사되고 더블클릭하면 왼쪽 열을 기준으로 빈 셀 앞까지 복사됩니다. 만약 왼쪽 열이 모두 비어 있다면 그 다음 기준인 오른쪽 열을 기준으로 복사됩니다.

실력향상 [E2] 셀만 선택하여 수식을 복사하면 D열의 날짜 데이터도 숫자로 변환되어 복사됩니다. 수식을 복사한 후 E열에 빈 셀이 있어야 다음 작업에서 중복되는 품목과 거래처를 일괄 삭제할 수 있습니다.

3 중복되는 품목과 거래처 행을 삭제할 경우 수식이 입력된 E열에 오류가 표시됩니다. 행을 삭제해도 오류가 발생하지 않도록 수식을 값으로 변경해보겠습니다. E열을 선택한 후 Ctrl+C를 눌러 복사합니다. E열이 그대로 선택된 상태에서 다시 Ctrl+V로 붙여넣기합니다. [값 붙여넣기]에서 [값]을 선택합니다.

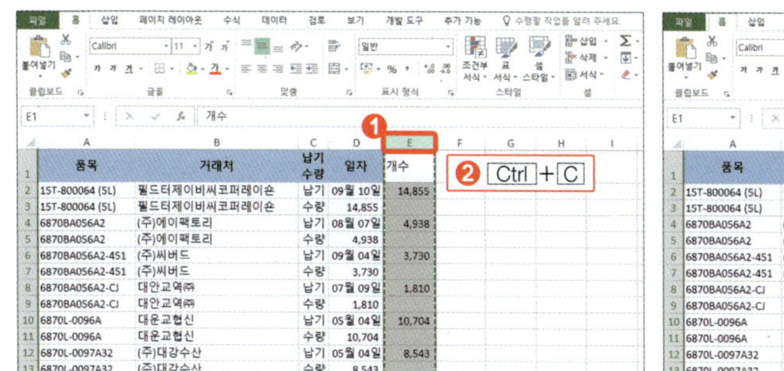
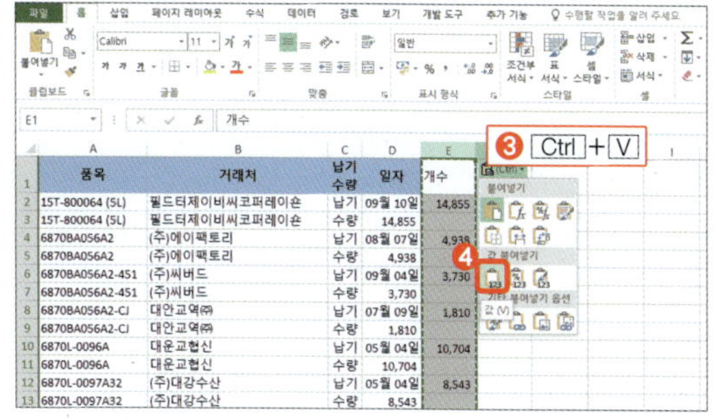

슈퍼활용 TIP ★★★★★ 붙여넣기 옵션

셀이나 범위를 복사한 후 붙여 넣을 때 선택할 수 있는 옵션입니다.

❶ **붙여넣기** : 셀 내용은 물론 서식, 수식, 메모 등 셀 전체를 붙여 넣습니다. [붙여넣기] 대화상자에서 [모두]를 선택한 것과 동일합니다.

❷ **수식** : 값과 동일한 결과로 표시되지만 수식도 함께 복사합니다.

❸ **수식 및 숫자 서식** : 수식과 함께 숫자 서식도 복사합니다.

❹ **원본 서식 유지** : 원본 데이터의 서식을 그대로 함께 복사합니다.

❺ **테두리 없음** : 테두리 서식만 제외하고 복사합니다. [선택하여 붙여넣기] 대화상자에서 [테두리만 제외]를 선택한 것과 동일합니다.

❻ **원본 열 너비 유지** : 원본 데이터의 열 너비를 그대로 적용합니다.

❼ **바꾸기** : 행과 열의 구조를 바꿔서 복사합니다. [선택하여 붙여넣기] 대화상자에서 [행/열 바꿈]을 선택한 것과 동일합니다.

❽ **값** : 원본 데이터의 값만 복사하되, 수식의 결과 값만 복사합니다.

❾ **값 및 숫자 서식** : 값과 함께 숫자에 사용된 서식도 복사합니다. 수식이 있을 경우 결과 값이 복사됩니다.

❿ **값 및 원본 서식** : 원본 데이터의 모든 것을 복사하되, 수식만 결과 값으로 대체하여 복사합니다.

⓫ **서식** : 적용된 서식(글꼴, 맞춤, 표시 형식, 테두리, 채우기 색 등)만 복사합니다.

⓬ **연결하여 붙여넣기** : 원본 데이터와 연결하여 복사합니다. 즉, 원본 데이터를 수정하면 복사한 데이터도 자동으로 수정됩니다.

⓭ **그림** : 그림 형식으로 복사합니다.

⓮ **연결된 그림** : 원본 데이터를 그림 형식으로 원본 데이터와 연결하여 복사합니다. 이때 원본 데이터가 변경되면 이 데이터도 자동으로 변경됩니다.

4 중복되는 품목과 거래처를 삭제해보겠습니다. E열을 선택한 후 [홈] 탭-[편집] 그룹-[찾기 및 선택]을 클릭한 후 [이동 옵션]을 선택합니다. [이동 옵션] 대화상자에서 [빈 셀]을 선택한 후 [확인]을 클릭합니다. 선택된 셀에서 마우스 오른쪽 버튼을 클릭하여 [삭제]를 선택합니다. [삭제] 대화상자에서 [행 전체]를 선택한 후 [확인]을 클릭합니다.

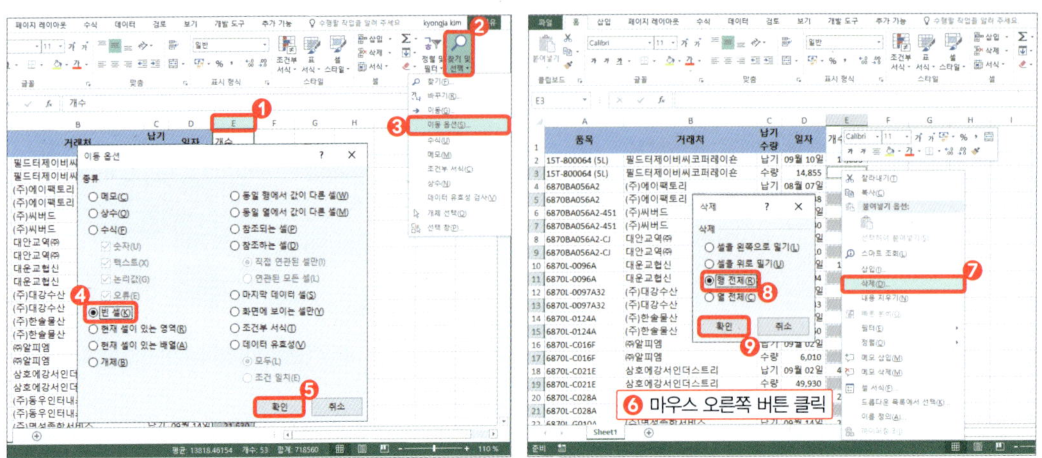

실력향상 E열을 선택한 상태에서 빈 셀을 선택했으므로 E열 중에서 빈 셀만 선택됩니다. 마우스 오른쪽 버튼을 클릭할 때 반드시 선택된 빈 셀 위에서 클릭해야 선택된 빈 셀이 해제되지 않습니다.

5 E열을 기준으로 빈 셀의 행 전체가 삭제되어 품목과 거래처는 한 개씩만 남았습니다.

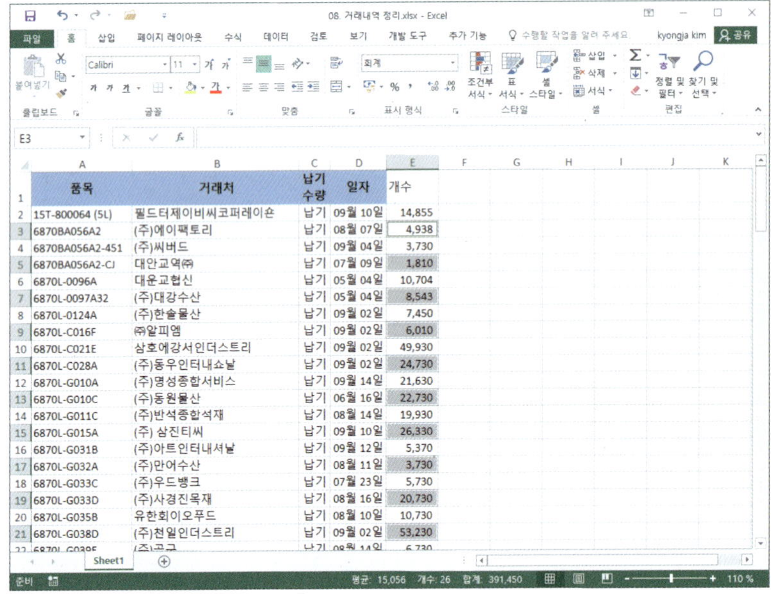

6 D열의 서식을 E열로 복사해보겠습니다. D열을 선택한 후 [홈] 탭–[클립보드] 그룹–[서식 복사]를 클릭합니다. 마우스 포인터가 서식 복사 도구 모양으로 바뀌면 E열을 선택합니다. D열의 표시 형식이 그대로 E열에 적용되어 표 서식이 바뀌었는데, 개수도 날짜 형식으로 변경되었습니다. 개수를 숫자 형식으로 변경하기 위해 [홈] 탭–[표시 형식] 그룹–[쉼표 스타일]을 클릭합니다. 다시 개수가 표시됩니다.

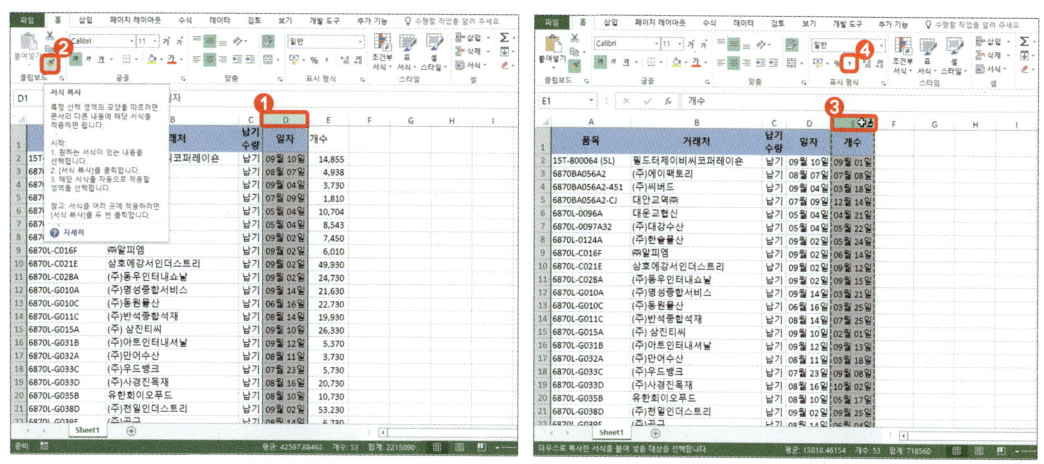

시간
단축

[서식 복사]는 한 번 클릭하면 한 번 붙여넣기를 할 수 있고 더블클릭하면 여러 번 붙여넣기를 적용할 수 있습니다. 더블클릭으로 서식 복사가 된 경우에는 Esc 를 누르거나 [서식 복사]를 한 번 더 누르면 해제됩니다.

7 C열 선택합니다. 마우스 오른쪽 버튼을 클릭한 후 [삭제]를 선택합니다. C열이 삭제됩니다.

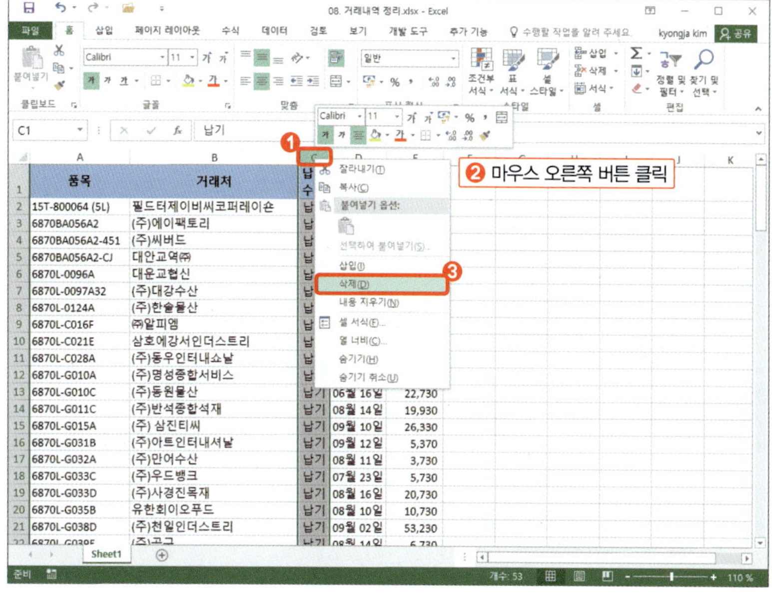

핵심기능 09

세 개의 시트를 한 번에 편집하고 서식 변경하기

시트의 내용은 다르지만 각 항목이 입력된 위치가 워크시트마다 모두 동일하다면 여러 개의 시트를 동시에 선택한 상태에서 편집할 수 있습니다. 각각의 시트가 한 번에 편집됩니다.

실습 파일 | PART 01 \ 1분기 실적.xlsx   완성 파일 | PART 01 \ 1분기 실적(완성).xlsx

1 세 개의 워크시트에는 각각 1월, 2월, 3월 데이터가 입력되어 있습니다. 각 시트에 입력된 데이터에 행과 열을 편집하고 셀 서식을 설정해보겠습니다. [1월] 시트를 선택한 후 Shift 를 누른 상태에서 [3월] 시트를 선택합니다. [A:B] 열을 선택한 후 마우스 오른쪽 버튼을 클릭하여 [삽입]을 선택합니다. A열 앞에 두 개의 빈 열이 삽입됩니다.

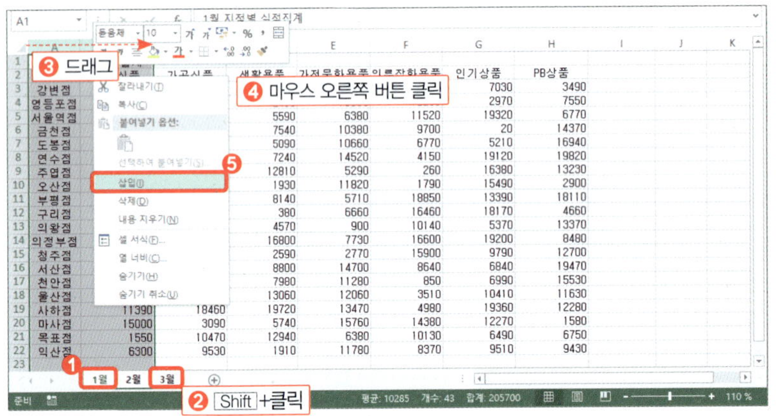

시간단축

① 시트 이동 단축키
Ctrl + Pageup,
Ctrl + Pagedown

② 행/열 삽입과 삭제 단축키
• 삽입 : Ctrl + 더하기(+)
• 삭제 : Ctrl + 빼기(−)

실력향상 시트를 선택할 때 Ctrl 을 함께 누르면 떨어져 있는 시트를 선택할 수 있고, Shift 를 함께 누르면 연결된 시트를 선택할 수 있습니다. 현재 파일의 모든 시트를 선택할 때는 시트 이름 위에서 마우스 오른쪽 버튼을 클릭한 후 [모든 시트 선택]을 클릭합니다.

2 A열의 너비를 적절하게 줄이고 [B2] 셀에 **번호**를 입력합니다.

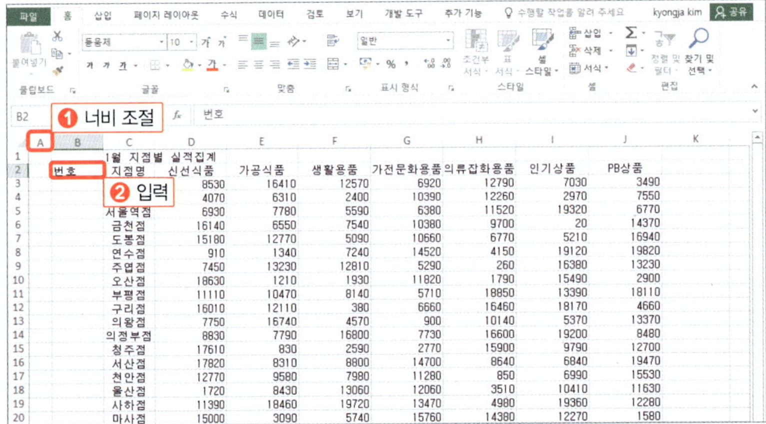

3 [B3] 셀에 **1**, [B4] 셀에 **2**를 입력합니다. [B3:B4] 셀 범위를 선택한 후 채우기 핸들을 더블클릭합니다. 연속된 번호가 입력됩니다.

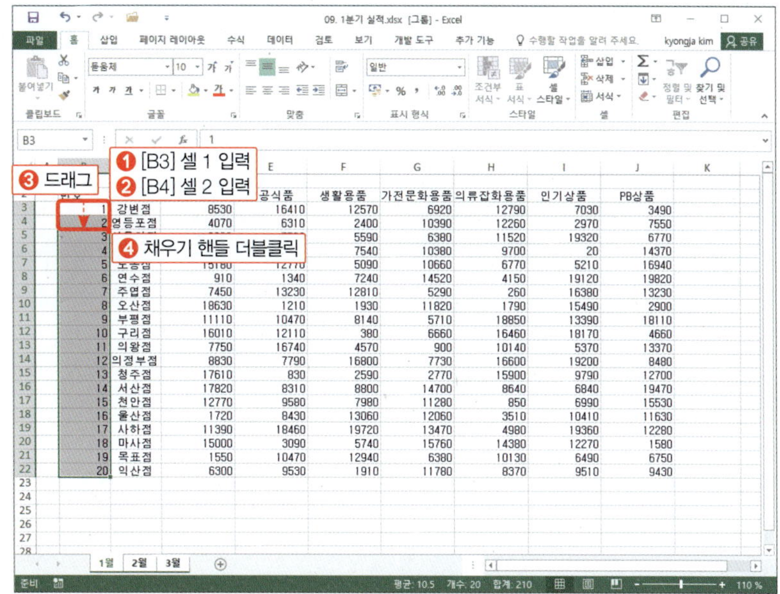

실력향상

두 개 이상의 시트를 선택한 상태에서 채우기를 하면 [채우기 옵션]이 나타나지 않습니다. 따라서 1씩 증가하는 숫자를 채우려면 '1'과 '2'를 셀에 입력한 후 두 개의 셀을 범위로 선택하여 채우기합니다.

4 2행을 선택한 후 마우스 오른쪽 버튼을 클릭하여 [삽입]을 선택합니다. 1행과 2행 사이에 빈 행이 삽입됩니다. [K3] 셀과 [B24] 셀에도 각각 **합계**를 입력합니다. [D4:K24] 셀 범위를 선택하고 [홈] 탭-[편집] 그룹-[자동 합계]를 클릭한 후 [합계]를 선택합니다. [표시 형식] 그룹에서 [쉼표 스타일]을 클릭합니다.

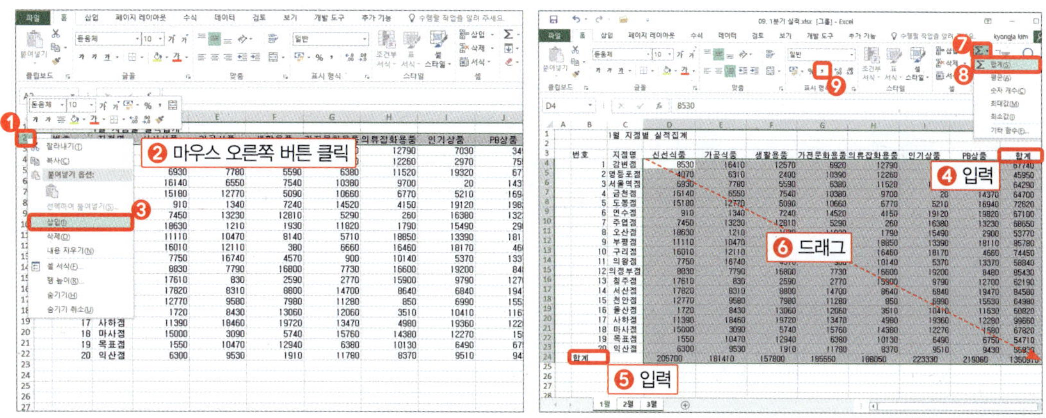

시간단축 합계 도구를 사용할 때 합을 구할 숫자 데이터와 합을 표시할 빈 셀까지 함께 범위로 선택합니다. 마지막 빈 행과 마지막 빈 열에 각각 합계가 입력됩니다.

5 제목이 입력된 [C1] 셀을 클릭합니다. 글꼴을 [맑은 고딕], 크기를 [18]로 변경합니다. [B1:K1] 셀 범위를 선택한 후 [홈] 탭-[맞춤] 그룹-[병합하고 가운데 맞춤]을 클릭합니다. [B3:K24] 셀 범위를 선택한 후 [홈] 탭-[글꼴] 그룹-[테두리]를 클릭합니다. [모든 테두리]를 선택합니다.

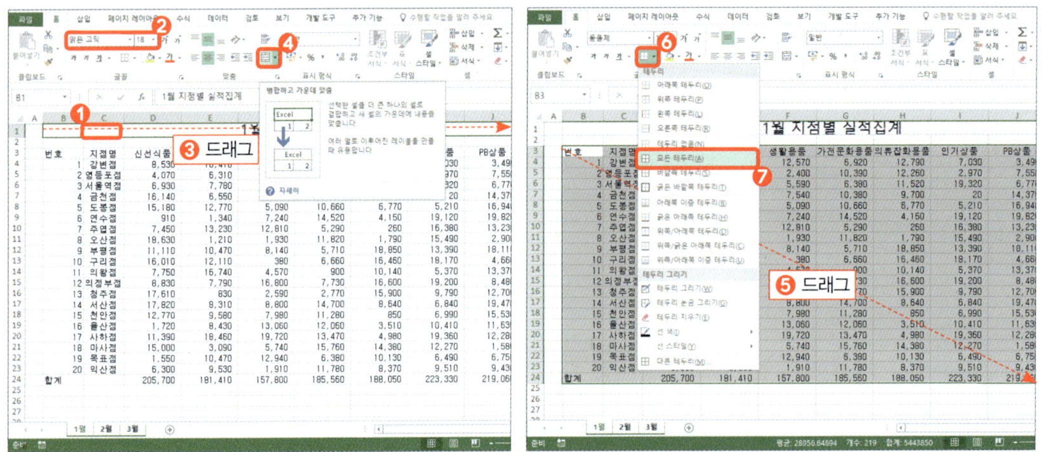

실력
향상
셀을 병합하지 않고 제목을 표 너비 기준으로 가운데 맞춤할 경우 [B1:K1] 셀 범위를 선택합니다. [셀 서식] 대화상자의 [맞춤] 탭을 클릭하고 [텍스트 맞춤]의 가로로 [선택 영역의 가운데로]를 선택합니다.

6 [3:24] 행을 선택합니다. 선택된 임의의 행 머리글 경계선을 클릭한 채 드래그하여 높이를 동일하게 조절합니다.

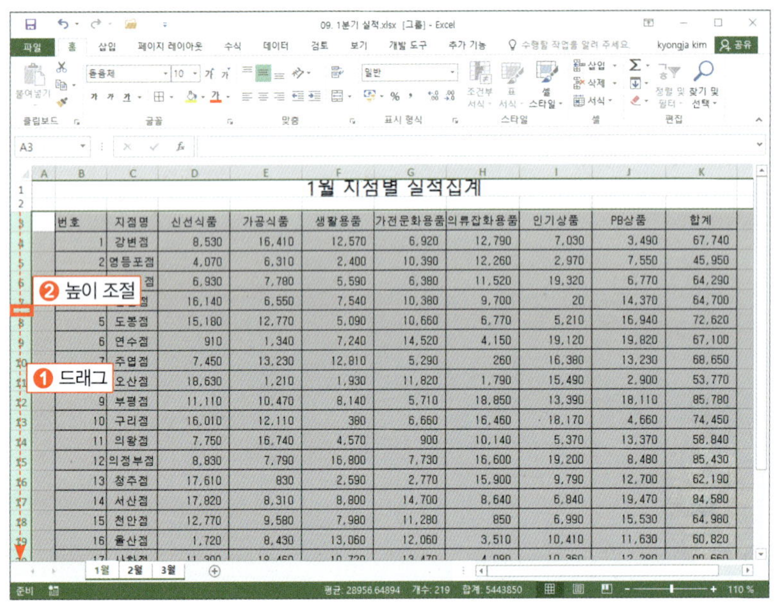

시간
단축
여러 개의 행 머리글 또는 열 머리글을 선택한 상태에서 행 머리글이나 열 머리글을 드래그 하면 한 번에 셀의 크기를 동일하게 조절할 수 있습니다. 열 머리글과 행 머리글에서 드래그 하지 않고 더블클릭하면 입력된 글자에 맞춰 크기가 조절됩니다.

7 B열과 C열도 열 머리글 경계선을 클릭한 채 드래그하여 열 너비를 적절하게 조절합니다. [D:K] 열을 선택한 후 범위 내 임의의 열 머리글 경계선에서 드래그하여 열 너비를 동일하게 조절합니다.

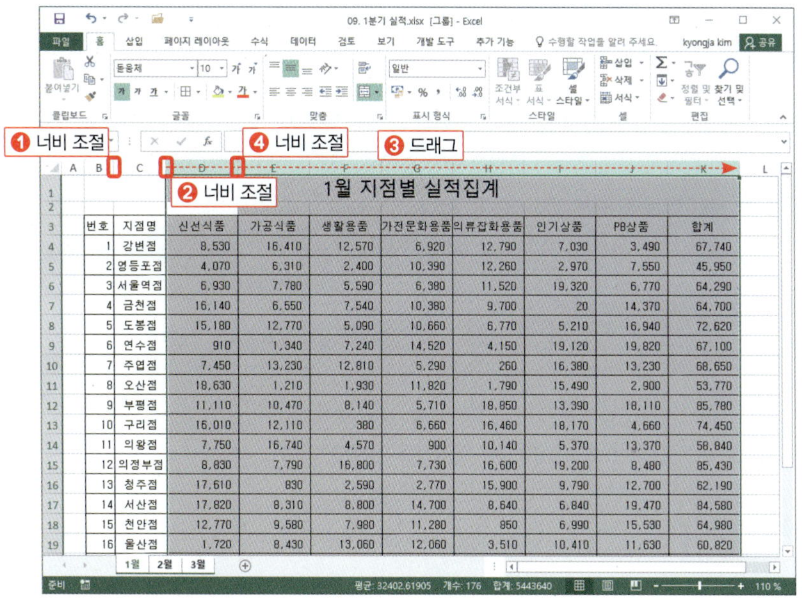

8 2월과 3월 시트를 각각 선택하여 결과를 확인합니다. 1월 시트와 동일하게 각 시트의 서식도 변경되었습니다.

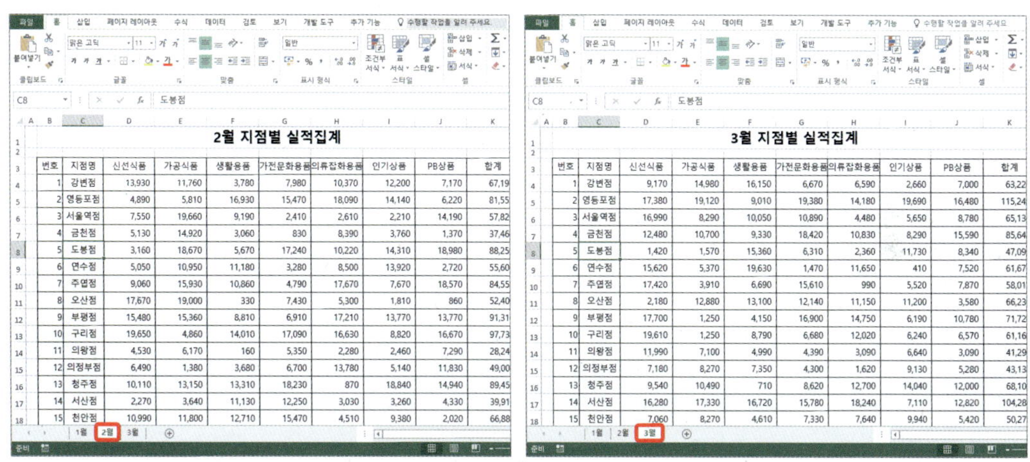

사용자 지정 표시 형식으로 표 시각화하기

셀에 직접 입력한 데이터나 수식에 의해 표시된 값에 표시 형식을 적용하면 표 데이터를 시각화하여 강조하거나 조건에 따라 색상을 차별화할 수 있습니다. 표시 형식은 셀에 입력된 문자와 숫자 값을 화면에서 어떻게 보여줄지 결정하는 것으로 표시 형식으로 문자나 기호를 추가해도 입력된 원본 데이터는 변경되지 않습니다.

실습 파일 | PART 01 \ 지점별 매출증감 분석.xlsx　　**완성 파일** | PART 01 \ 지점별 매출증감 분석(완성).xlsx

1 지점코드가 모두 5자리로 표시되도록 표시 형식을 설정해보겠습니다. [B4:B18] 셀 범위를 선택한 후 마우스 오른쪽 버튼을 클릭하여 [셀 서식]을 선택합니다. [셀 서식] 대화상자의 [표시 형식] 탭에서 [사용자 지정]을 선택합니다. [형식] 입력란에 **00000**을 입력한 후 [확인]을 클릭합니다.

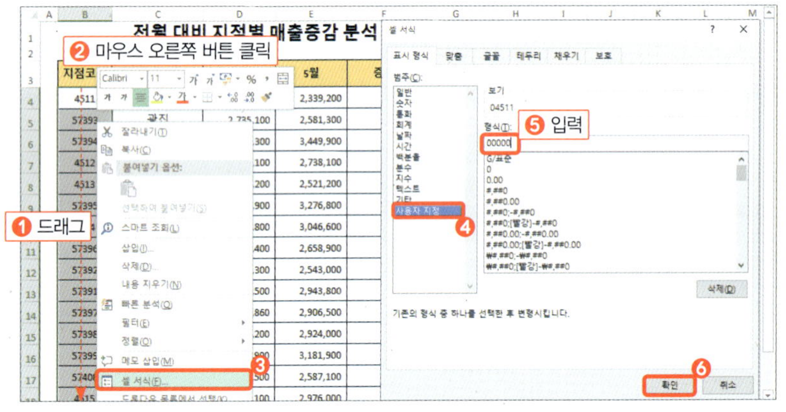

시간단축

[셀 서식] 대화상자를 표시하는 단축키는 Ctrl + 1 입니다.

실력향상

[범주]에서 제공하지 않는 표시 형식은 [사용자 지정]에서 정해진 기호를 이용하여 직접 정의할 수 있습니다.

실력향상 숫자에 동일한 자릿수를 적용할 때는 '0' 기호를 사용합니다. '0' 기호가 5개면 모든 숫자 데이터는 5자리로 표시됩니다. 만약 셀에 입력된 숫자의 자릿수가 부족하면 오른쪽을 기준으로 셀에 입력된 숫자를 먼저 표시하고 부족한 왼쪽 자리에는 0으로 채워서 표시합니다.

슈퍼활용TIP '#'과 '0' 기호의 차이점

사용자 지정 표시 형식에서 숫자를 표시하는 대표적인 코드로 '0'과 '#'이 있습니다. 이 두 개의 코드는 모두 숫자의 자리를 표시하는 기호입니다. '0'은 해당 자리에 숫자가 없을 때 '0'을 대신 표시하고, '#'은 유효하지 않은 '0'을 표시하지 않습니다. 숫자에서 천 단위 구분 기호를 사용할 때 '#,##0' 표시 형식을 많이 사용합니다. 셀에 '0'이 입력된 경우 숫자 '0'을 0으로 표시합니다.

입력 값	#,### 표시 형식	0,000 표시 형식	#,##0 표시 형식
1234	1,234	1,234	1,234
123	123	0,123	123
0	표시되지 않음	0,000	0

2 지점명에 '강남', '광진' 등으로 입력된 데이터가 '서울 ○○지점'으로 표시되도록 표시 형식을 설정해보겠습니다. [C4:C18] 셀 범위를 선택한 후 마우스 오른쪽 버튼을 클릭하여 [셀 서식]을 선택합니다. [셀 서식] 대화상자의 [표시 형식] 탭에서 [사용자 지정]을 선택합니다. [형식] 입력란에 **서울 @지점**을 입력합니다. [확인]을 클릭합니다.

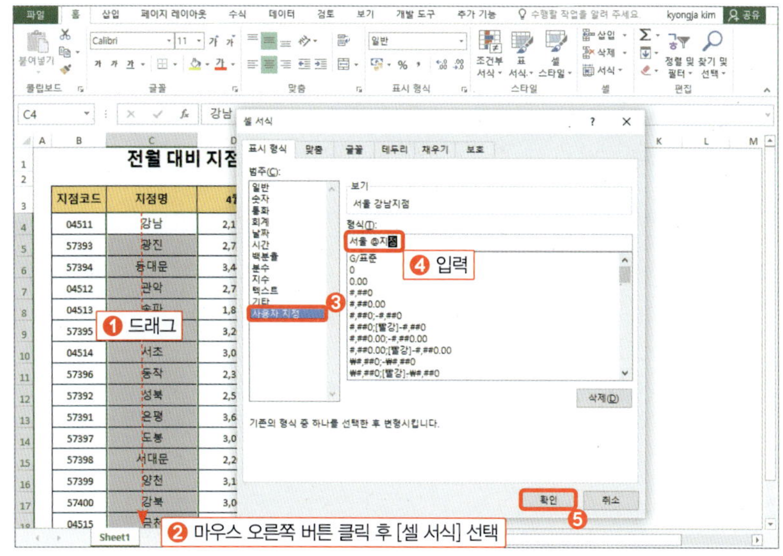

실력향상

'@' 기호는 문자를 표시하는 기호로 @ 기호 앞에 입력되는 문자는 셀 데이터 앞에 표시되고, @ 기호 뒤에 입력되는 문자는 셀 데이터 뒤에 표시됩니다.

3 증감에는 5월과 4월 실적의 차액을 구하고 차액이 음수일 경우에는 파란색으로 표시해보겠습니다. [F4] 셀에 **=E4-D4** 수식을 입력합니다. [F4] 셀 채우기 핸들에서 더블클릭하여 [F18] 셀까지 복사합니다. [F4:F18] 셀 범위가 선택된 상태에서 마우스 오른쪽 버튼을 클릭하여 [셀 서식]을 선택합니다. [셀 서식] 대화상자의 [표시 형식] 탭에서 [숫자] 범주를 선택합니다. [음수] 목록에서 빨간색으로 음수를 표시하는 [-1,234]를 선택합니다. 이 표시 형식은 선택한 목록에 음수가 있을 때만 적용됩니다.

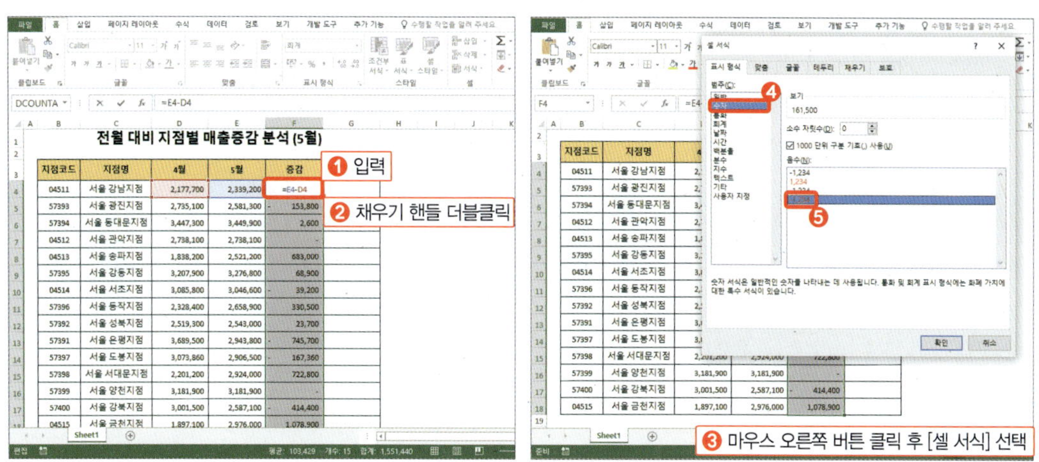

4 음수를 파란색으로 변경하기 위해 [사용자 지정]을 클릭합니다. [형식] 입력란에 표시되는 '[빨강]'을 **[파랑]**으로 변경합니다. [확인]을 클릭합니다.

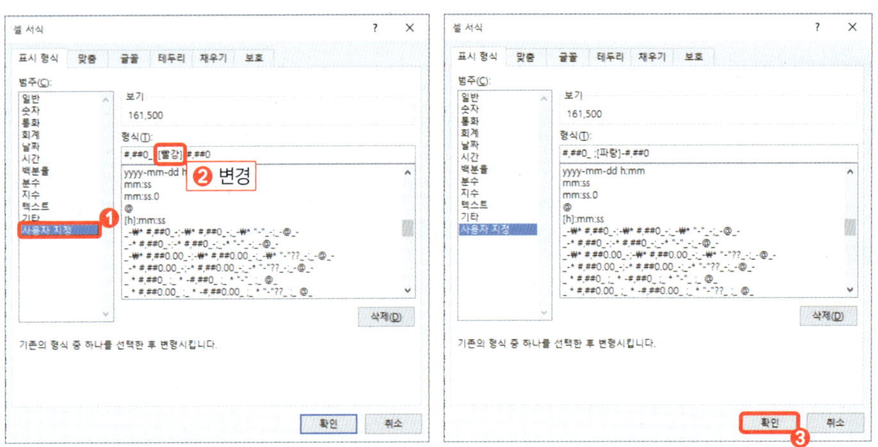

 셀에 두 개 이상의 표시 형식을 적용할 경우 형식을 구분하는 기호로 세미콜론(;)을 사용하고 특정한 조건이 없을 때는 '양수;음수;0;문자' 기준으로 적용됩니다. 표시 형식에서 색상은 대괄호([ ])로 묶어서 표시하고 색상 이름은 [검정], [파랑], [녹청], [녹색], [자홍], [빨강], [흰색], [노랑]만 사용할 수 있습니다.

5 증감률에는 전월대비 증감 비율을 구하고 표시 형식을 '▲6.90%', '▼5.96%' 등으로 표시해보겠습니다. [G4] 셀에 **=F4/D4** 수식을 입력한 후 [G4] 셀의 채우기 핸들을 더블클릭하여 [G18] 셀까지 복사합니다.

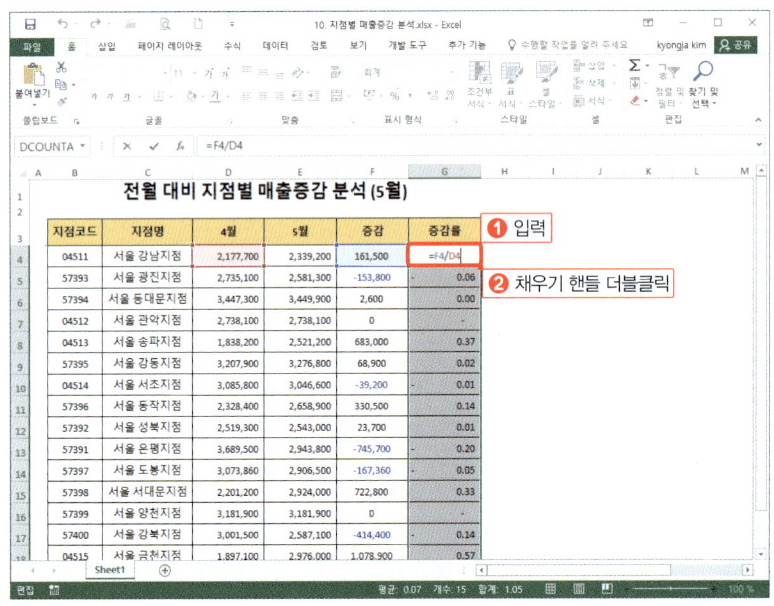

지점코드	지점명	4월	5월	증감	증감률
04511	서울 강남지점	2,177,700	2,339,200	161,500	=F4/D4
57393	서울 광진지점	2,735,100	2,581,300	-153,800	0.06
57394	서울 동대문지점	3,447,300	3,449,900	2,600	0.00
04512	서울 관악지점	2,738,100	2,738,100	0	-
04513	서울 송파지점	1,838,200	2,521,200	683,000	0.37
57395	서울 강동지점	3,207,900	3,276,800	68,900	0.02
04514	서울 서초지점	3,085,800	3,046,600	-39,200	0.01
57396	서울 동작지점	2,328,400	2,658,900	330,500	0.14
57392	서울 성북지점	2,519,300	2,543,000	23,700	0.01
57391	서울 은평지점	3,689,500	2,943,800	-745,700	0.20
57397	서울 도봉지점	3,073,860	2,906,500	-167,360	0.05
57398	서울 서대문지점	2,201,200	2,924,000	722,800	0.33
57399	서울 양천지점	3,181,900	3,181,900	0	-
57400	서울 강북지점	3,001,500	2,587,100	-414,400	0.14
04515	서울 금천지점	1,897,100	2,976,000	1,078,900	0.57

6 [G4:G18] 셀 범위를 선택한 후 마우스 오른쪽 버튼을 클릭하여 [셀 서식]을 선택합니다. [셀 서식] 대화상자의 [표시 형식] 탭에서 [사용자 지정]을 선택합니다. [형식] 입력란에 **[빨강]▲0.00%;[파랑]▼0.00%;0**을 입력합니다. [확인]을 클릭합니다.

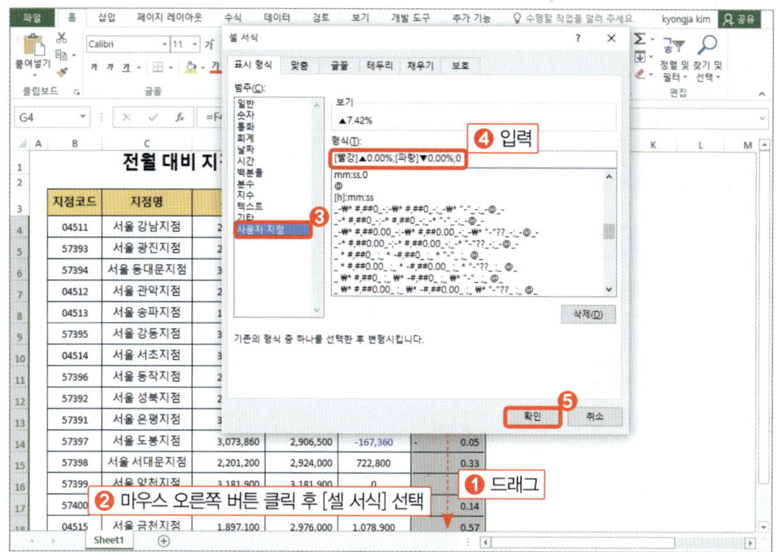

슈퍼 활용 TIP ★★★★★ 두 개 이상의 표시 형식을 지정할 때 적용 순서

사용자 지정 표시 형식은 한 셀에 총 네 개까지 지정할 수 있으며 각 표시 형식 구분 기호로 세미콜론(;)을 사용합니다. 순서는 '양수;음수;0;문자'로 지정하되, 네 개를 모두 지정할 필요는 없습니다. 예를 들어 두 개의 표시 형식을 지정하면 첫 번째 표시 형식은 '양수 및 0'에 적용되고, 두 번째 표시 형식은 '음수'에 적용됩니다. 한 개의 표시 형식만 지정하면 모든 숫자에 적용됩니다. 또한 문자 데이터는 '문자' 표시 형식을 생략할 경우 [일반] 표시 형식이 적용됩니다.

양수일 때 표시할 형식;음수일 때 표시할 형식;0일 때 표시할 형식;문자일 때 표시할 형식

예) #,##0;[파랑]△#,##0;0;@지점

양수일 때는 세 자리 구분 기호 쉼표만 표시되고, 음수일 때는 파란색으로 '△' 기호와 함께 표시됩니다. 0일 때는 0으로, 문자일 때는 문자 뒤에 '지점' 글자가 함께 표시됩니다.

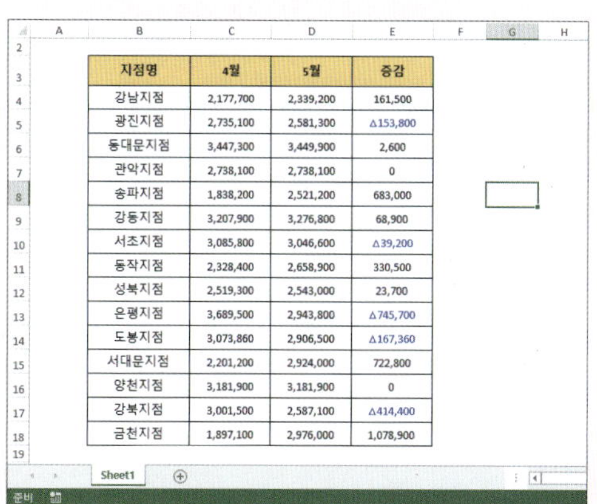

지점명	4월	5월	증감
강남지점	2,177,700	2,339,200	161,500
광진지점	2,735,100	2,581,300	△153,800
동대문지점	3,447,300	3,449,900	2,600
관악지점	2,738,100	2,738,100	0
송파지점	1,838,200	2,521,200	683,000
강동지점	3,207,900	3,276,800	68,900
서초지점	3,085,800	3,046,600	△39,200
동작지점	2,328,400	2,658,900	330,500
성북지점	2,519,300	2,543,000	23,700
은평지점	3,689,500	2,943,800	△745,700
도봉지점	3,073,860	2,906,500	△167,360
서대문지점	2,201,200	2,924,000	722,800
양천지점	3,181,900	3,181,900	0
강북지점	3,001,500	2,587,100	△414,400
금천지점	1,897,100	2,976,000	1,078,900

표시 형식에 사용되는 코드는 다음과 같으며 해당 코드를 여러 가지로 조합하여 사용자가 직접 표시 형식을 지정할 수 있습니다.

기호	기능	입력 데이터	표시 형식	화면 표시
#	숫자를 표시하는 기호로 무효의 0을 표시하지 않습니다. 소수점을 기준으로 왼쪽 값의 자릿수가 '#' 기호보다 많은 경우는 입력된 데이터를 초과하여 모두 표시하지만 소수점 기준으로 오른쪽에 입력하는 데이터는 지정한 '#' 기호 개수만큼만 표시합니다.	12345.10	#,###.##	12,345.1
0	숫자를 표시하는 기호로 무효의 0을 모두 표시합니다.	123.1	0,000.00	0,123.10
?	숫자를 표시하는 기호로 무효의 0은 공백으로 처리하여 자릿수를 맞추고자 할 때 사용합니다.	12.67 5.3	??.??	12.67 공백5.3공백
@	문자의 자리를 표시합니다.	홍길동	@님	홍길동님
_(언더바)	'_' 기호 다음에 오는 기호 너비만큼 공백을 줍니다. '#,##0_엑'으로 하면 '엑' 문자 크기의 공백이 숫자 다음에 들어갑니다.	1230	#,##0_엑	1,230공백
*	* 기호 다음에 입력된 데이터를 셀이 채워질 때까지 반복합니다.	123	*_#	_ _ _123
;	항목을 구분하는 기호로 '양수;음수;0;문자'를 구분합니다.	▲#,##0;▼#,##0;–;@		
yy yyyy	연도를 두 자리 또는 네 자리로 표시합니다.	2016-01-04	yy yyyy	16 2016
m mm	월을 한 자리 또는 두 자리로 표시합니다.	2016-01-04	m mm	1 01
d dd	일을 한 자리 또는 두 자리로 표시합니다.	2016-01-04	d dd	4 04
ddd dddd	요일을 영문 세 글자 또는 영문 전체로 표시합니다.	2016-01-04	ddd dddd	mon monday
aaa aaaa	요일을 한글 한 글자 또는 세 글자로 표시합니다.	2016-01-04	aaa aaaa	월 월요일
[조건 값]	숫자 데이터에 조건을 지정할 수 있습니다. 조건은 〉, 〈, 〉=, 〈=, 〈 〉, =의 비교 연산자로 입력할 수 있습니다.	12300	[〉=10000]#","###0	1,2300
[파랑] [빨강]…	셀에 있는 데이터의 색상을 지정합니다. [검정], [파랑], [녹청], [녹색], [자홍], [빨강], [흰색], [노랑] 중에서 지정할 수 있습니다. 그 이외의 색은 [색n]으로 표기합니다. n은 1~56까지 지정할 수 있습니다.			

7 증감률에 양수, 음수, 0의 표시 형식이 모두 다르게 적용되었습니다.

전월 대비 지점별 매출증감 분석 (5월)

지점코드	지점명	4월	5월	증감	증감률
04511	서울 강남지점	2,177,700	2,339,200	161,500	▲7.42%
57393	서울 광진지점	2,735,100	2,581,300	-153,800	▼5.62%
57394	서울 동대문지점	3,447,300	3,449,900	2,600	▲0.08%
04512	서울 관악지점	2,738,100	2,738,100	0	0
04513	서울 송파지점	1,838,200	2,521,200	683,000	▲37.16%
57395	서울 강동지점	3,207,900	3,276,800	68,900	▲2.15%
04514	서울 서초지점	3,085,800	3,046,600	-39,200	▼1.27%
57396	서울 동작지점	2,328,400	2,658,900	330,500	▲14.19%
57392	서울 성북지점	2,519,300	2,543,000	23,700	▲0.94%
57391	서울 은평지점	3,689,500	2,943,800	-745,700	▼20.21%
57397	서울 도봉지점	3,073,860	2,906,500	-167,360	▼5.44%
57398	서울 서대문지점	2,201,200	2,924,000	722,800	▲32.84%
57399	서울 양천지점	3,181,900	3,181,900	0	0
57400	서울 강북지점	3,001,500	2,587,100	-414,400	▼13.81%
04515	서울 금천지점	1,897,100	2,976,000	1,078,900	▲56.87%

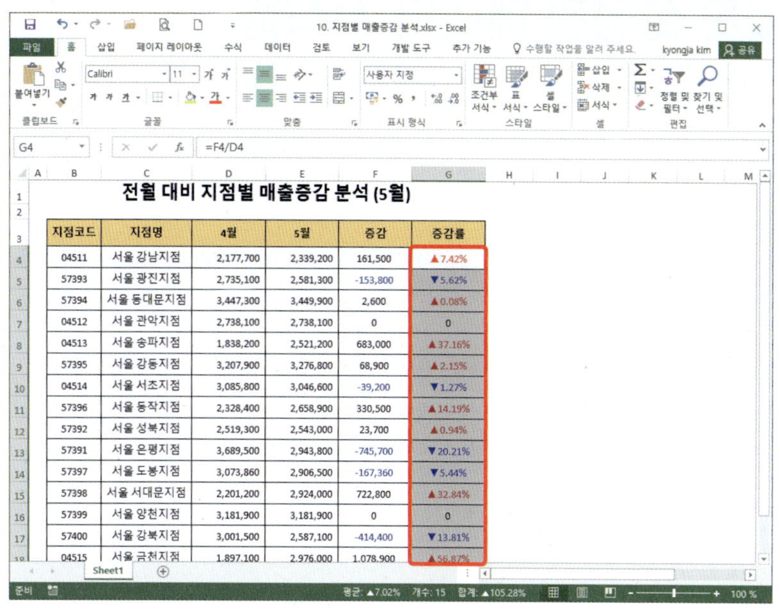

슈퍼활용 TIP ★★★★★ 조건이 있는 표시 형식

조건을 지정하여 표시 형식을 지정하면 순서에 상관없이 조건을 기준으로 표시 형식이 적용됩니다. 조건은 숫자에만 적용할 수 있으며 비교 연산자와 값을 입력하고 대괄호로 묶어서 입력합니다.

[조건] 표시 형식;[조건] 표시 형식

예) [>=100000000]#",”####",”###0;[>=10000]#",”###0

네 자리마다 구분 기호로 쉼표를 표시하는 형식입니다.

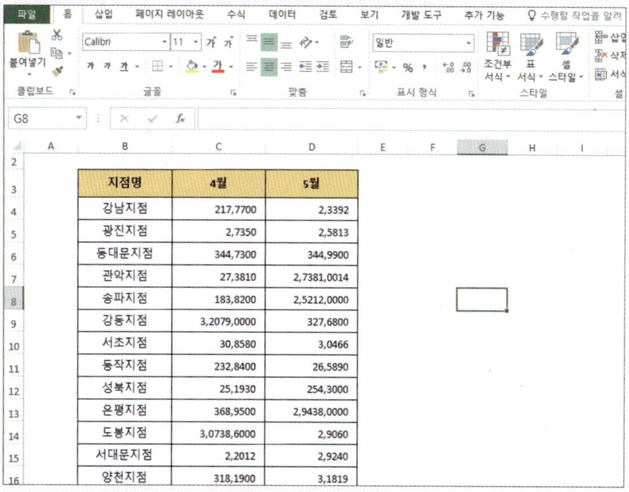

지점명	4월	5월
강남지점	217,7700	2,3392
광진지점	2,7350	2,5813
동대문지점	344,7300	344,9900
관악지점	27,3810	2,7381,0014
송파지점	183,8200	2,5212,0000
강동지점	3,2079,0000	327,6800
서초지점	30,8580	3,0466
동작지점	232,8400	26,5890
성북지점	25,1930	254,3000
은평지점	368,9500	2,9438,0000
도봉지점	3,0738,6000	2,9060
서대문지점	2,2012	2,9240
양천지점	318,1900	3,1819

잘못 설정된 데이터 서식을
텍스트 나누기로 변환하기

엑셀에서 직접 만든 데이터가 아닌 외부 데이터는 형식을 엑셀의 [셀 서식]에서 변경할 수 없습니다. 이때는 [텍스트 나누기]를 이용해서 변환해야 합니다.

실습 파일 | PART 01 \ 거래처 현황.xlsx　　완성 파일 | PART 01 \ 거래처 현황(완성).xlsx

1 사내 시스템에서 다운로드한 거래처 정보 중 사업등록번호에는 '000-00-000' 표시 형식이 적용되지 않고, 날짜의 표시 형식도 변경되지 않습니다. 이는 외부 데이터를 엑셀 파일 형식으로 저장할 때 사업자등록번호와 날짜가 텍스트 형식으로 설정되었기 때문입니다. 서식을 적용할 수 있도록 B열의 데이터 형식을 숫자로 변환해보겠습니다. B열을 선택한 후 [데이터] 탭-[데이터 도구] 그룹-[텍스트 나누기]를 클릭합니다. [텍스트 마법사 1단계]에서는 [구분 기호로 분리됨]을 선택합니다. [다음]을 클릭합니다.

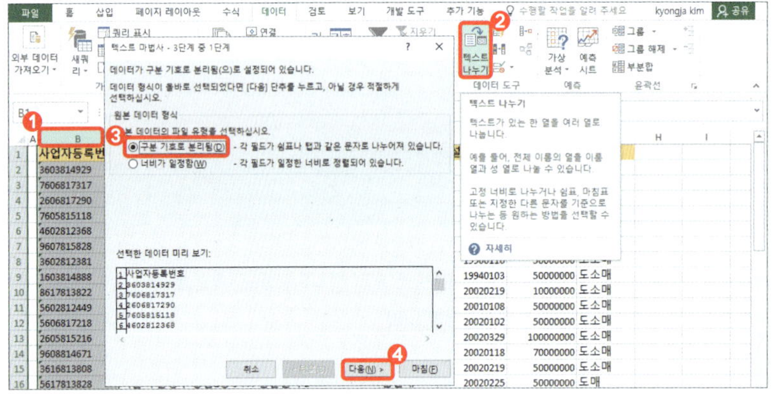

실력향상

여기에서는 열 데이터를 분리하지 않고 텍스트 마법사의 3단계 기능만 사용합니다.

2 [텍스트 마법사 2단계]에서는 텍스트 마법사의 1단계~2단계 기능을 사용하지 않기 위해 구분 기호의 체크 표시를 모두 해제합니다. [다음]을 클릭합니다. [텍스트 마법사 3단계]의 [열 데이터 서식]을 [일반]으로 선택한 후 [마침]을 클릭합니다. 데이터가 숫자 형식으로 변경되었습니다.

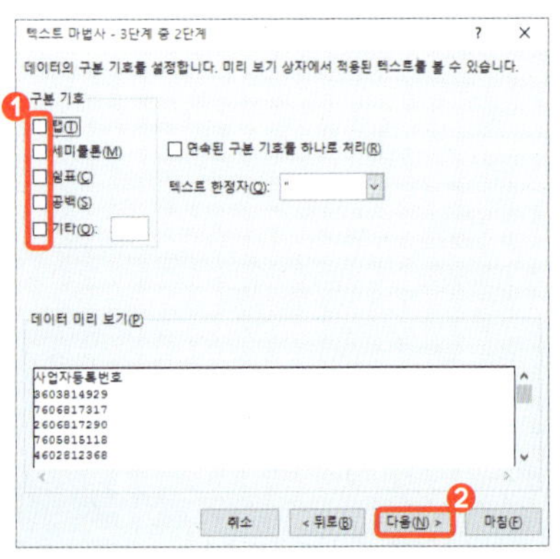

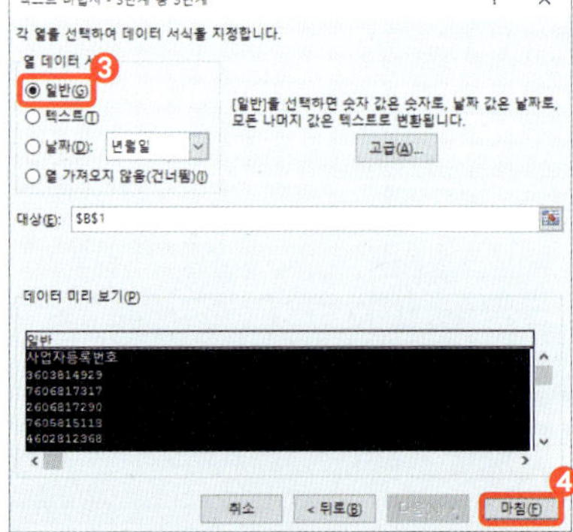

실력향상

[열 데이터 서식]을 [일반]으로 설정한 경우 셀에 입력된 데이터가 모두 숫자이면 '숫자', 문자가 포함되어 있다면 '문자' 형식으로 변경됩니다. 숫자와 문자 형식을 구분할 때는 [가로 텍스트 맞춤]을 해제한 후 셀 내 데이터 정렬을 살펴봅니다. 셀 데이터 입력 기준이 왼쪽이면 문자, 오른쪽이면 숫자 형식입니다.

3 B열이 선택된 상태에서 마우스 오른쪽 버튼을 클릭하여 [셀 서식]을 선택합니다. [셀 서식] 대화상자의 [표시 형식] 탭에서 [사용자 지정] 범주를 선택하고 [형식]란에 **000-00-00000**을 입력합니다. [확인]을 클릭합니다.

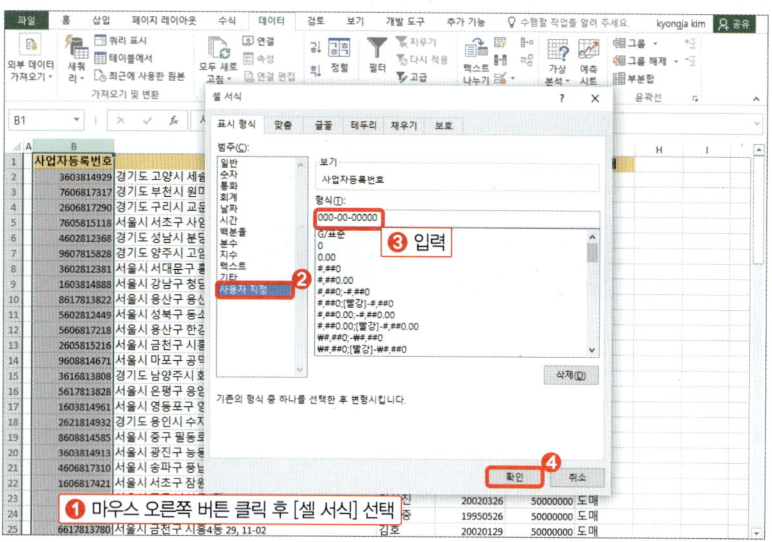

4 E열의 날짜 형식을 변경해보겠습니다. E열을 선택한 후 [데이터] 탭–[데이터 도구] 그룹–[텍스트 나누기]를 클릭합니다. [텍스트 마법사 1단계]에서는 [구분 기호로 분리됨]을 선택합니다. [다음]을 클릭합니다.

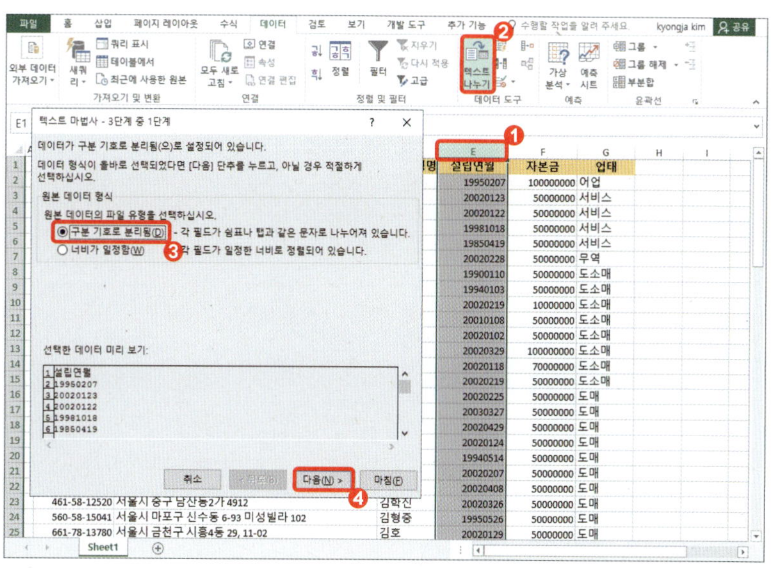

실력 향상 E열의 설립연월을 셀 서식에서 그대로 날짜 형식으로 지정하면 셀에 '#####'으로 표시됩니다. 이 기호는 열 너비가 좁아서 표시되는 것이 아니고 해당 숫자로는 날짜를 표시할 수 없다는 의미입니다.

5 [텍스트 마법사 2단계]에서는 구분 기호의 체크 표시를 모두 해제합니다. [다음]을 클릭합니다. [텍스트 마법사 3단계]의 [열 데이터 서식]을 [날짜]로 선택합니다. [마침]을 클릭합니다.

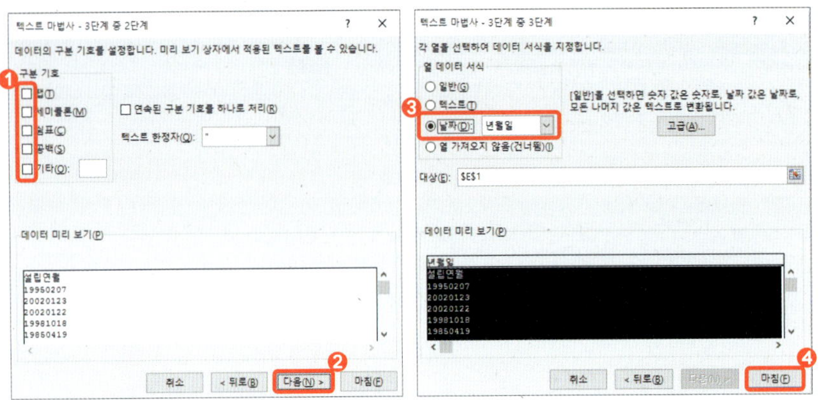

실력 향상 [열 데이터 서식]에서 [날짜]로 설정할 때는 날짜의 순서를 지정할 수 있습니다. [날짜]의 목록 단추를 클릭하면 [월일년], [일월년], [월년일] 등으로 변경할 수 있는데, 이 순서는 셀에 입력된 숫자 데이터를 연도로 사용할 것인지, 월로 사용할 것인지 등을 지정하는 것으로 표시 형식과는 관련이 없습니다. [년월일] 외에 다른 형식으로 설정하면 텍스트 형식을 날짜 형식으로 변환할 수 없습니다.

6 날짜로 변환되어 연월일 구분 기호로 하이픈(−)이 표시됩니다. 셀 서식에서 표시 형식을 변경해보겠습니다. E열이 선택된 상태에서 마우스 오른쪽 버튼을 클릭한 후 [셀 서식]을 선택합니다. [셀 서식] 대화상자의 [표시 형식] 탭에서 [사용자 지정] 범주를 선택하고 [형식]란에 **yyyy년 mm월**을 입력합니다. [확인]을 클릭합니다.

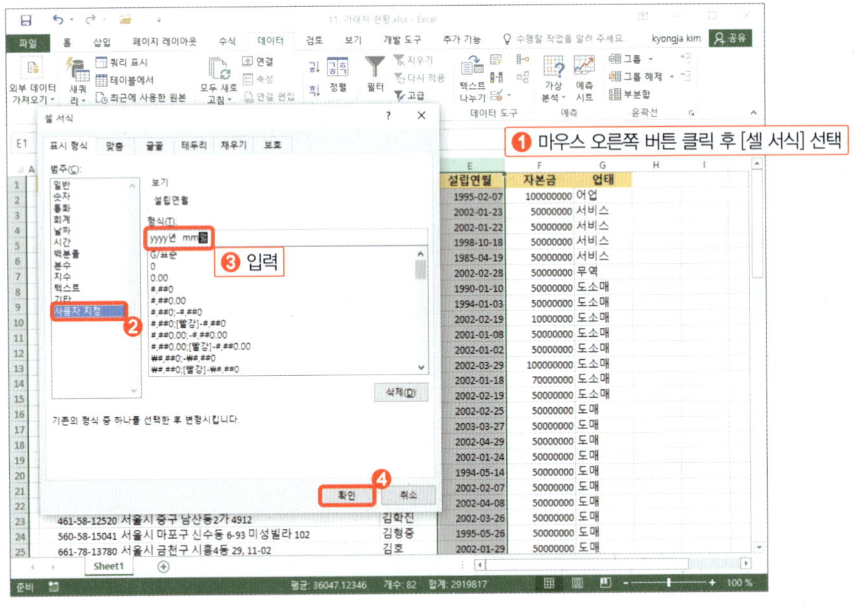

실력 향상 날짜는 y(년), m(월), d(일)을 이용하여 필요한 영역만 표시할 수 있으며 대소문자는 구분하지 않습니다. 셀에 날짜와 한글 요일을 함께 표시할 경우에는 표시 형식을 'yyyy년 mm월 dd일(aaa)'로 지정하면 '2016년 01월 03일(일)'로 표시됩니다.

절대 참조 수식을 적용하여 이윤 구하기

절대 참조를 이용해 제품별 단가 산출내역에서 원가합계와 이윤비율을 곱하여 이윤을 구해보겠습니다. 셀을 참조하여 입력한 수식을 복사했을 때 복사한 수식의 셀 주소가 바뀌면 상대 참조, 바뀌지 않으면 절대 참조, 행과 열 중에서 하나만 바뀌면 혼합 참조라고 합니다.

실습 파일 | PART 01 \ 제품별 단가 산출내역.xlsx   **완성 파일** | PART 01 \ 제품별 단가 산출내역(완성).xlsx

1 원가합계는 각 제품에 따라 다르지만 이윤비율은 한 셀을 여러 수식에서 동일하게 참조해야 하므로 절대 참조를 지정합니다. [J6] 셀에 **=I6*K2**를 입력합니다.

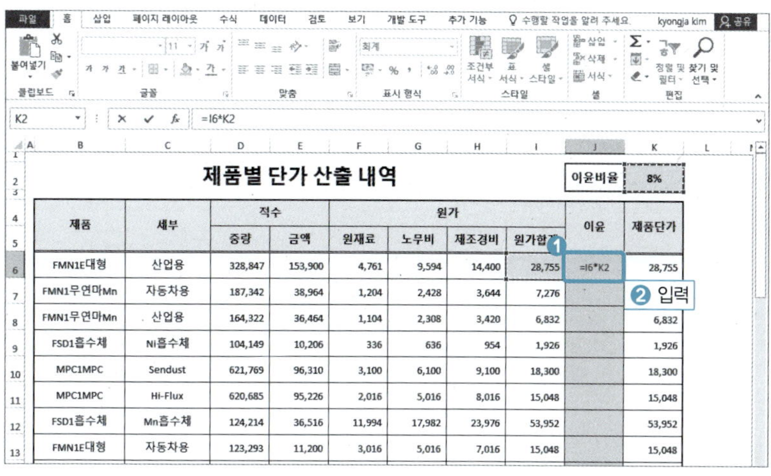

2 이윤비율 값인 [K2] 셀이 'K2'로 수식에 입력된 상태에서 F4 를 누릅니다. 행 번호와 열 이름 앞에 '$' 기호가 추가되어 절대 참조로 지정됩니다. Enter 를 누릅니다.

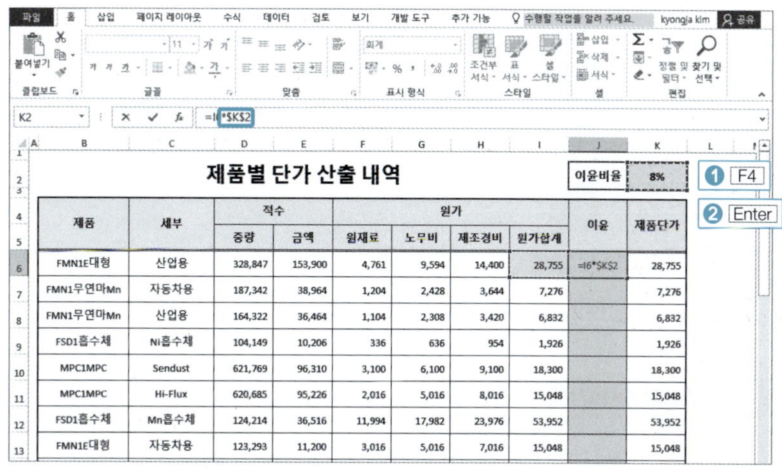

셀을 참조하여 입력한 수식을 복사했을 때 복사한 수식의 셀 주소가 바뀌면 상대 참조, 바뀌지 않으면 절대 참조, 행과 열 중에서 하나만 바뀌면 혼합 참조라고 합니다. 셀 참조 방식을 변경하려면 '$' 기호를 직접 입력하거나 F4 를 누릅니다. 상대 참조(A1)로 지정된 셀 주소에서 F4 를 누르면 절대 참조($A$1)로 바뀌고, 절대 참조에서 F4 를 누르면 행 고정 혼합 참조(A$1)로 바뀌며, 다시 F4 를 누르면 열 고정 혼합 참조($A1)로 바뀝니다. 열 고정 혼합 참조에서 F4 를 누르면 다시 상대 참조(A1)로 바뀌는 순환 형태로 진행됩니다.

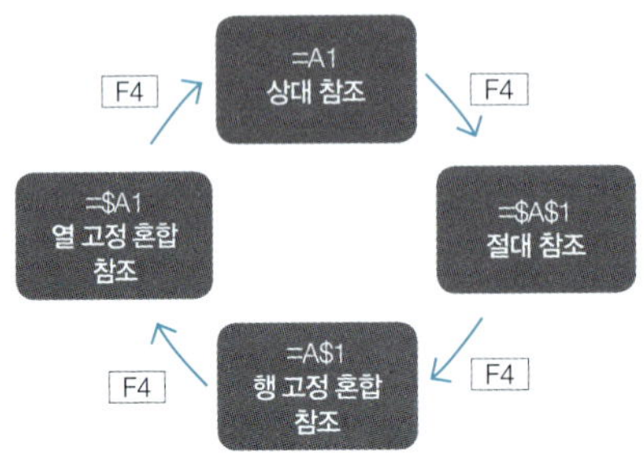

절대 참조는 행 번호와 열 이름 앞에 모두 $ 기호가 붙은 형태로 항상 특정 위치의 셀을 나타내므로 절대 참조 방식으로 입력된 수식은 복사하더라도 상대 참조처럼 셀 주소가 바뀌지 않습니다. 한 셀이나 동일한 범위를 여러 셀에서 참조할 때 절대 참조를 사용합니다.

3 수식을 복사하기 위해 [J6] 셀의 채우기 핸들을 더블클릭합니다. 수식이 복사되면서 서식도 함께 복사되어 테두리 선이 변경되었습니다. 채우기 옵션 단추를 클릭하여 [서식 없이 채우기]를 선택합니다.

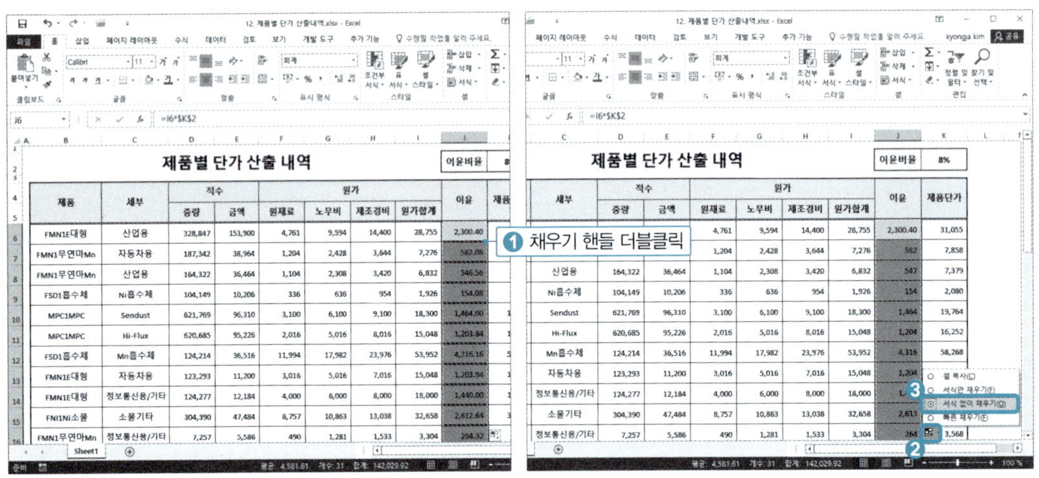

실력 향상 수식을 복사할 때 테두리가 변경되는 것을 원치 않는다면 [J6:J36] 셀 범위를 선택한 후 '=I6*$K$2'를 입력합니다. 그런 다음 Ctrl + Enter 로 수식을 입력하면 테두리가 변경되지 않습니다.

시간 단축 채우기 옵션 단추는 다른 작업을 진행하면 자동으로 사라집니다. 따라서 수식을 복사한 후 바로 클릭해 옵션을 변경해야 합니다.

4 [J6] 셀에 소수점 서식이 적용되어있습니다. [J6:J36] 셀 범위가 선택된 상태에서 [홈] 탭-[표시 형식] 그룹-[쉼표 스타일]을 클릭합니다.

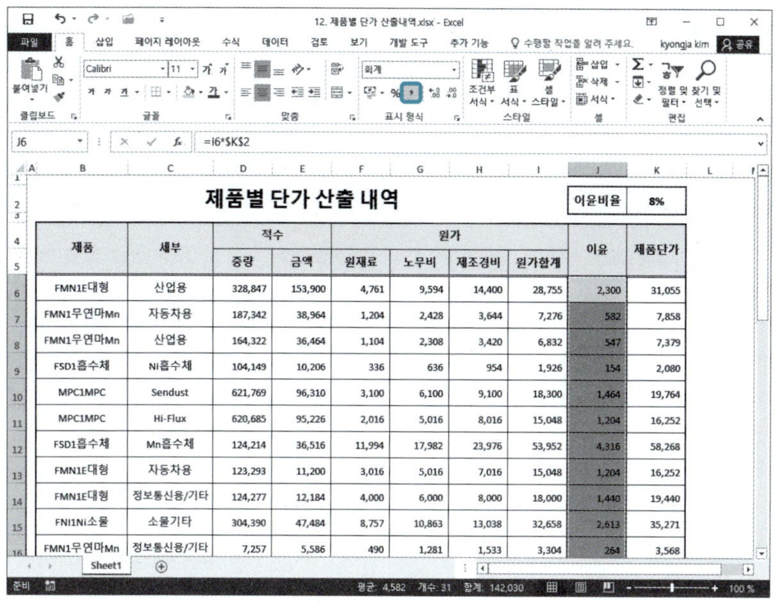

슈퍼 활용 TIP ★★★★★   셀에 수식 표시하기

수식이 입력된 셀에는 기본적으로 수식의 결과가 표시됩니다. 수식은 수식 입력줄에 표시되는데, 셀에 수식을 직접 표시해야 할 때는 [수식] 탭-[수식 분석] 그룹-[수식 표시]를 클릭합니다. [수식 표시]가 설정되어 있으면 셀에는 수식이 표시되고 서식은 표시되지 않으므로 수식 표시는 필요한 경우에만 설정하는 것이 좋습니다. 수식 표시와 해제 단축키는 Ctrl + ` 입니다.

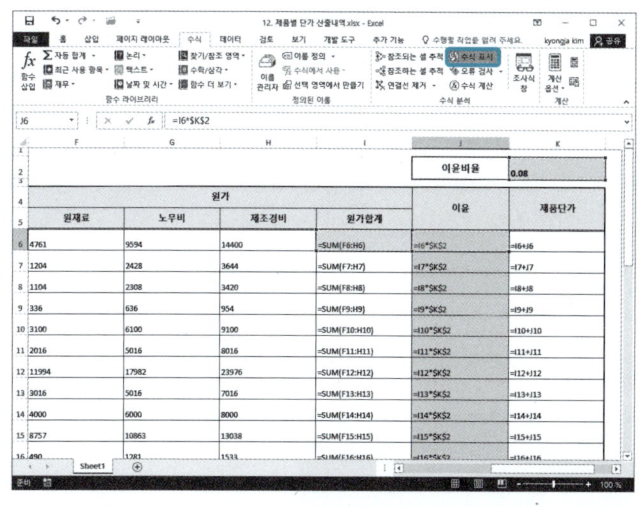

셀 범위를 이름으로 정의하여 집계 표 작성하기

셀 주소는 열 이름과 행 번호로 구성되므로 상대 참조 수식을 복사하면 셀 주소가 바뀝니다. 그러나 셀 주소를 일반적인 문자로 정의하면 상대 참조 수식이 적용되지 않아 절대 참조 수식으로 편리하게 계산할 수 있습니다. 이렇게 특정한 영역을 이름으로 지정하는 것을 '이름 정의'라고 합니다.

실습 파일 | PART 01 \ 급여 항목별 집계.xlsx **완성 파일** | PART 01 \ 급여 항목별 집계(완성).xlsx

1 [급여DB] 시트에서 기본급부터 실지급액까지 각 범위를 이름으로 정의하여 집계 표를 작성해보겠습니다. [H3:N62] 셀 범위를 선택한 후 [수식] 탭-[정의된 이름] 그룹-[선택 영역에서 만들기]를 클릭합니다. [선택 영역에서 이름 만들기] 대화상자의 [첫 행]에 체크 표시한 후 [확인]을 클릭합니다.

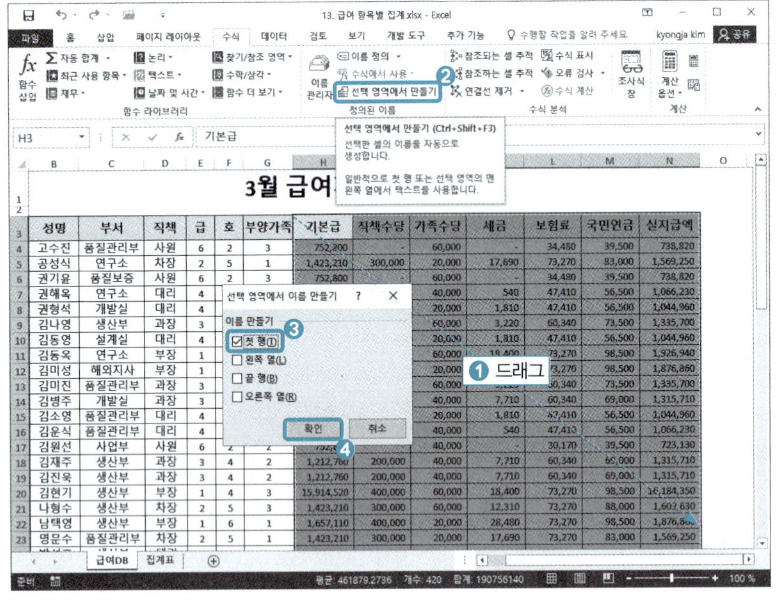

실력향상

이름을 정의할 때는 이름을 정의할 셀이나 범위를 선택한 후 [이름 상자]에 직접 이름을 입력하고 Enter를 눌러도 됩니다. 이름 정의할 셀이나 범위가 여러 개이고 목록으로 나열되어 있다면 [선택 영역에서 만들기]를 사용합니다.

시간단축

[H3:N62] 셀 범위를 선택한 상태에서 [선택 영역에서 만들기]를 실행하면 각 열의 첫 번째 셀은 이름 문자로 사용되고, 두 번째 셀부터 마지막 셀까지는 이름 범위로 적용됩니다.

2 정의된 이름은 [이름 상자]의 목록 단추를 클릭하여 확인할 수 있습니다.

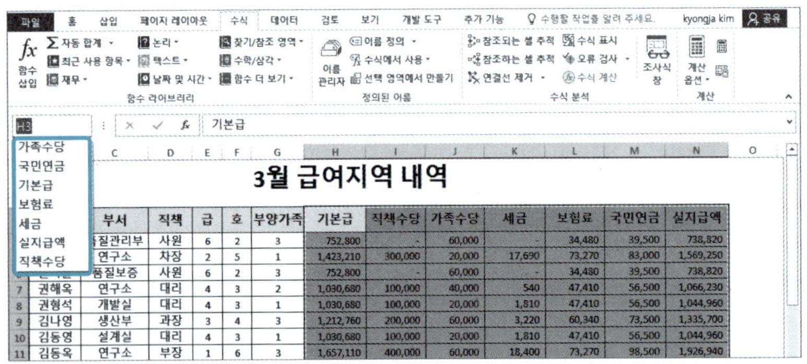

실력향상

정의된 이름은 [수식] 탭-[정의된 이름] 그룹-[이름 관리자]에서도 확인할 수 있습니다.

3 [집계표] 시트를 선택합니다. 구분별로 합계를 구할 때는 SUM 함수를 사용하여 '=SUM(기본급)', '=SUM(직책수당)' 등으로 수식을 입력할 수 있는데, 이 경우에는 이름 정의한 셀 범위가 고정되어 있어 수식을 복사할 수 없습니다. [C5] 셀에 수식을 한 번만 입력한 후 [C10] 셀까지 복사하여 계산할 수 있도록 SUM과 INDIRECT 함수를 중첩해보겠습니다. [C5] 셀을 클릭합니다. **=SUM(INDIRECT(B5))**를 입력합니다. INDIRECT 함수에 의해서 [B5] 셀에 입력된 문자가 이름으로 사용되어 '=SUM(기본급)' 수식이 계산됩니다. [D5] 셀을 클릭합니다. **=AVERAGE(INDIRECT(B5))**를 입력합니다.

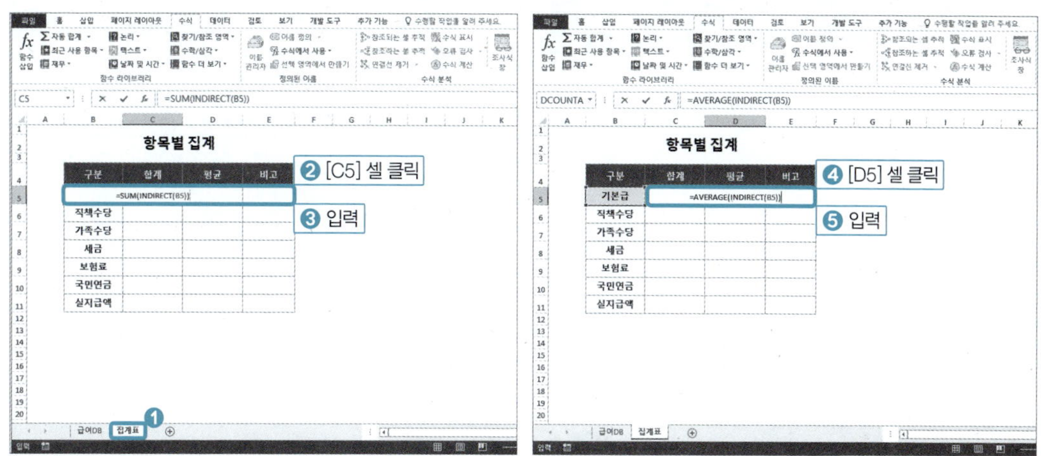

실력 향상 INDIRECT 함수는 문자열 형태로 지정된 셀 주소나 이름을 실제 셀 주소나 이름으로 만듭니다.

INDIRECT(문자열, 참조 유형)

• 문자열 : 셀 주소 또는 이름 형태의 문자열로 '"A"&1'이 입력되면 [A1] 셀로 인식합니다. 'B5'가 입력되면 [B5] 셀에 입력되어 있는 문자를 셀 주소나 이름으로 사용하게 됩니다.

• 참조 유형 : 논리 값을 TRUE로 지정하거나 생략하면 'A1' 스타일로, FALSE로 지정하면 'R1C1' 스타일로 참조합니다. R1C1 스타일은 행과 열의 이름을 모두 숫자로 표시하는 것을 의미합니다.

4 [C5:D5] 셀 범위를 선택합니다. 채우기 핸들을 더블클릭하여 수식을 복사합니다. 정의된 이름으로 항목별 집계가 계산되었습니다.

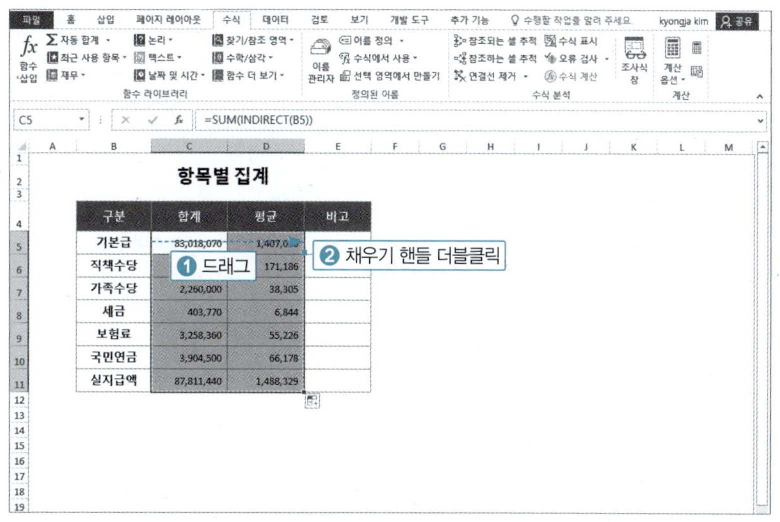

이름을 지정할 때는 규칙을 따라야 합니다. 이름의 첫 글자는 반드시 문자(가나다, ABC 등)로 시작해야 하며 문자 뒤에는 숫자를 사용할 수 있습니다. 특수 문자와 공백은 사용할 수 없으며, 언더바(_)는 사용할 수 있습니다.

1 이름을 정의할 셀이나 셀 범위를 선택하고 [이름 상자]에 정의할 이름을 직접 입력합니다. 이름을 입력한 후 반드시 Enter 를 눌러야 합니다.

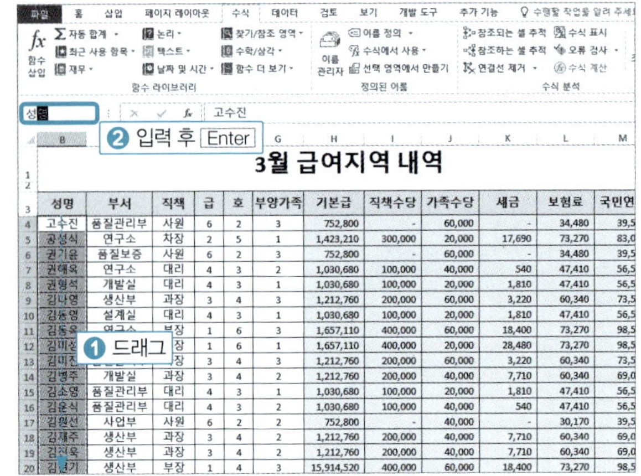

2 이름을 정의할 셀이나 셀 범위를 선택하고 [수식] 탭-[정의된 이름] 그룹-[이름 정의]를 클릭합니다. [새 이름] 대화상자가 나타나면 [이름]에 정의할 이름을 입력하고 [확인]을 클릭합니다.

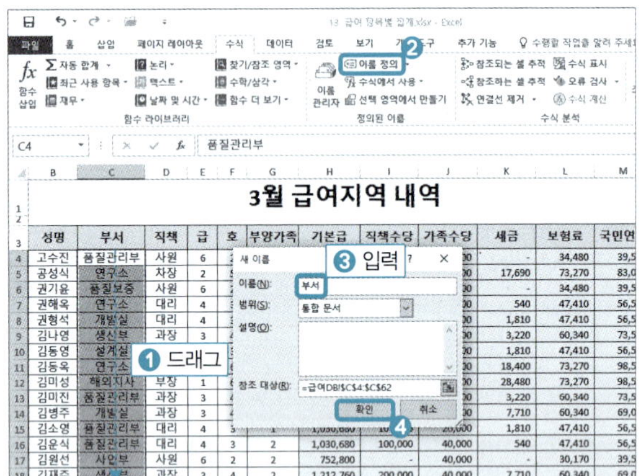

3 정의된 이름을 편집하거나 삭제할 때는 [수식] 탭-[정의된 이름] 그룹-[이름 관리자]를 사용합니다.

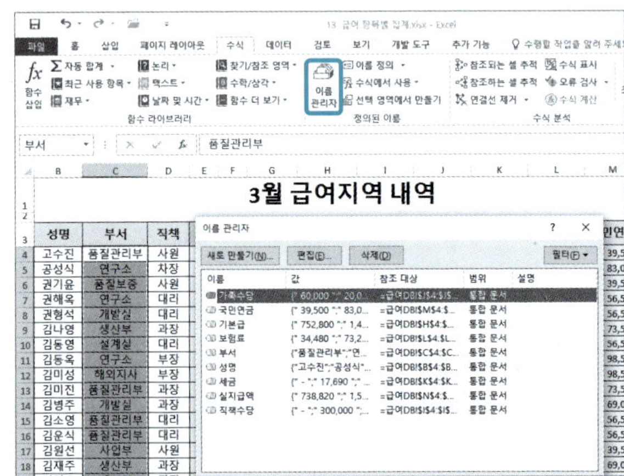

시트 복사할 때 발생하는 숨겨진 이름 충돌 오류 해결하기

이름을 정의하여 수식이나 함수에 입력하면 식을 간략하게 줄일 수 있는 장점이 있지만 간혹 정의된 이름으로 인해 시트를 복사할 때마다 이름 충돌 오류 메시지가 나타나기도 합니다. 오류가 난 정의된 이름을 삭제하여 이름 충돌 오류를 해결할 수 있는 방법에 대해서 알아보겠습니다.

실습 파일 | PART 01 \ 실행계획 손익분석.xlsx, 이름 삭제 매크로.txt   **완성 파일** | PART 01 \ 실행계획 손익분석(완성).xlsx

1 [손익분석] 시트는 복사할 때마다 해당 이름이 이미 있다는 이름 충돌 오류 메시지가 나타납니다. 이러한 오류 메시지가 나타나면 [예]를 클릭하거나 [아니오]를 클릭하여 새로운 이름을 입력해야 메시지 창이 사라집니다. 충돌한 이름이 여러 개일 경우에는 오류가 난 이름 개수만큼 메시지 창이 나타납니다. 오류가 난 정의된 이름을 삭제해보겠습니다. [수식] 탭-[정의된 이름] 그룹-[이름 관리자]를 클릭합니다.

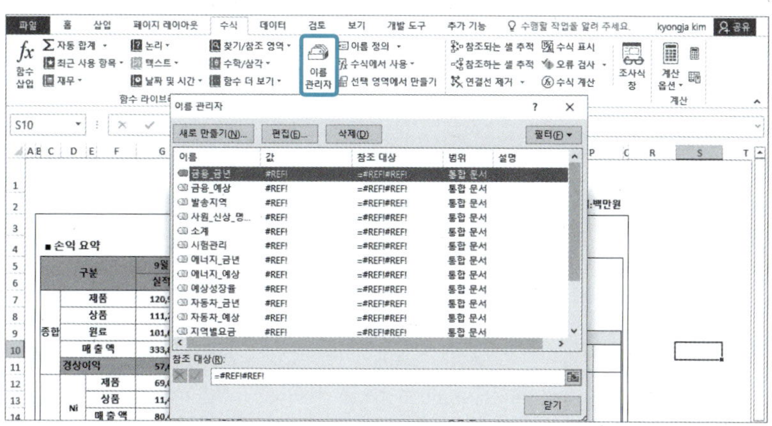

2 오류가 난 이름을 삭제하기 위해 첫 번째 이름을 클릭한 후 Shift 를 누른 상태에서 마지막 이름을 클릭합니다. [삭제]를 클릭합니다.

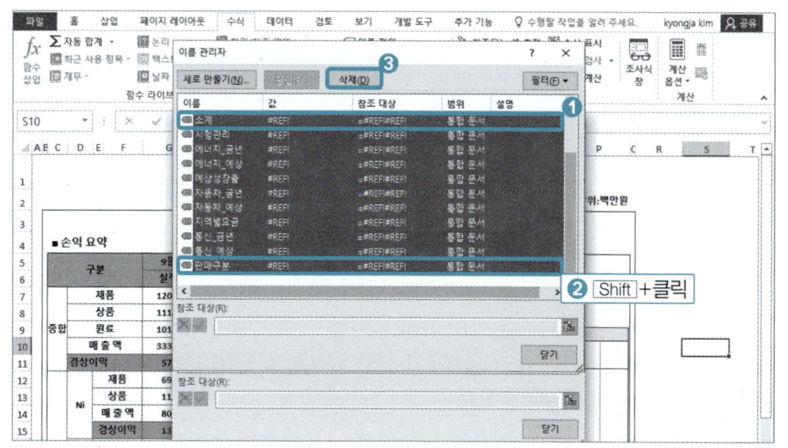

시간단축

Shift 를 누른 상태에서 이름을 클릭하면 연속적으로 이름을 선택할 수 있고, Ctrl 을 누른 상태에서 이름을 클릭하면 비연속적으로 이름을 한 개씩 추가 선택할 수 있습니다.

3 삭제 확인 메시지가 나타나면 [확인]을 클릭합니다. 오류가 난 이름을 모두 삭제한 후 [이름 관리자] 대화상자에서 [닫기]를 클릭합니다.

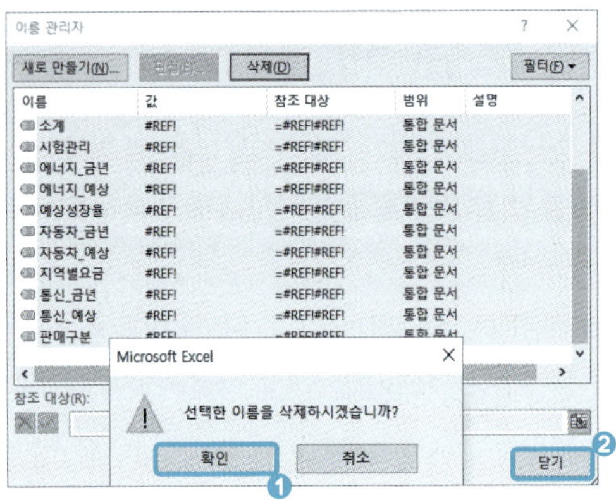

4 [이름 관리자]에서 보이지 않았던 숨겨진 이름이 남아 있어도 이름 충돌 오류가 날 수 있습니다. 숨겨진 이름은 [이름 관리자]에서 삭제할 수 없으므로 매크로를 이용하여 삭제해야 합니다. 매크로는 직접 코딩하지 않고 작성해둔 매크로를 복사하여 사용하겠습니다. '이름 삭제 매크로.txt' 파일을 엽니다. 파일의 내용을 모두 선택하여 복사합니다.

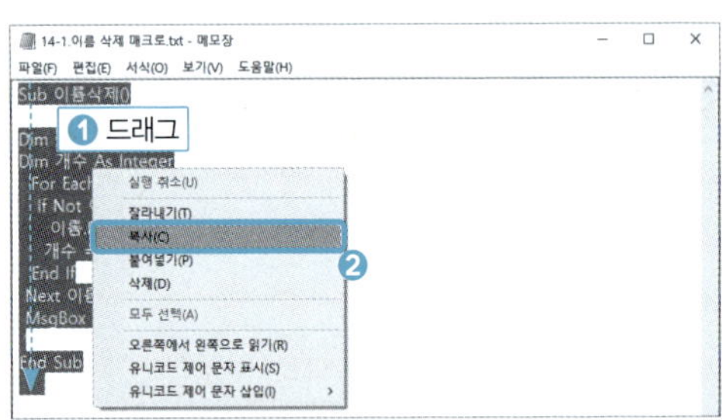

실력향상

'실행계획 손익분석.xlsx' 파일은 [이름 관리자]에서 오류가 난 이름을 모두 삭제하더라도 시트를 복사했을 때 또 다시 오류 메시지가 나타납니다. 숨겨진 이름이 있기 때문입니다. 외부 데이터를 다운로드한 경우 숨겨진 이름이 문서에 남아서 이러한 오류를 유발하기도 합니다.

5 엑셀로 돌아와서 Alt + F11 을 누르면 비주얼 베이식(Visual Basic) 편집기 창이 나타납니다. 비주얼 베이식 편집기 창에서 [삽입]-[모듈]을 클릭합니다.

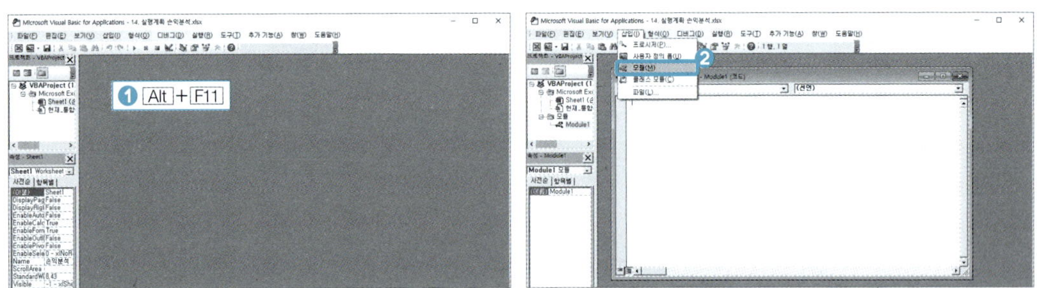

실력향상 비주얼 베이식 편집기 창은 매크로를 작성하고 편집할 수 있는 창으로 [개발 도구] 탭-[코드] 그룹-[Visual Basic]을 클릭해도 나타납니다. [개발 도구] 탭은 기본적으로 표시되어 있지 않으므로 탭을 표시하려면 [파일] 탭-[옵션]-[리본 사용자 지정]을 선택한 후 [리본 메뉴 사용자 지정] 목록에서 [개발 도구]를 선택합니다. [모듈]은 매크로 코드가 입력되는 창으로 메모장처럼 매크로 코드를 입력할 수 있습니다.

6 삽입된 모듈에 복사한 내용을 붙여넣기합니다. 붙여 넣은 내용 안에 커서를 두고 [Sub/사용자 정의 폼 실행]을 클릭합니다. 매크로가 실행되면서 숨겨진 이름을 모두 삭제했습니다. 삭제가 완료되었다는 메시지가 나타납니다. [확인]을 클릭합니다.

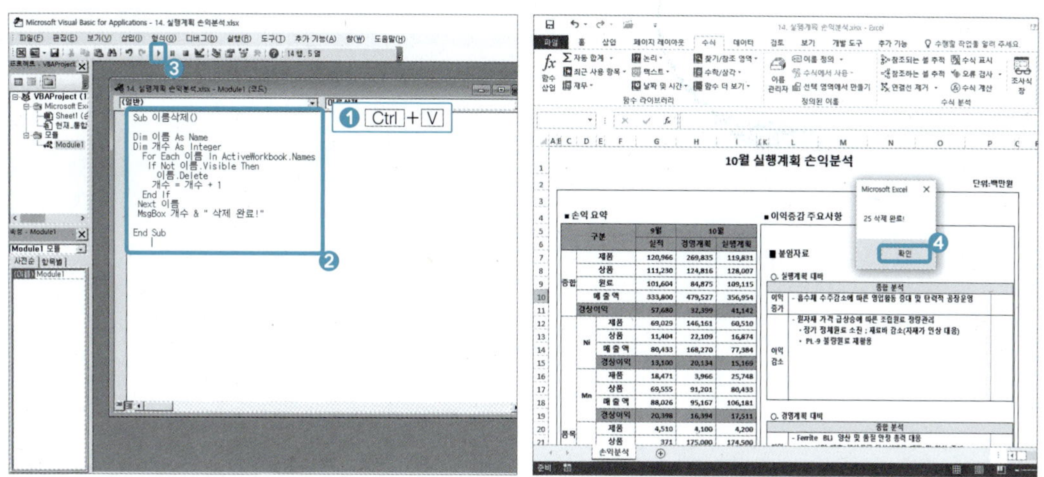

> **시간 단축** 매크로를 워크시트에서 실행할 경우 [보기] 탭 –[매크로] 그룹 –[매크로 보기]를 클릭합니다. [매크로] 대화상자에서 [이름삭제] 를 선택한 후 [실행]을 클릭합니다.

7 숨겨진 이름이 모두 삭제되었으므로 비주얼 베이식 편집기 창에 복사해둔 매크로는 삭제하는 것이 좋습니다. [프로젝트] 창의 [Module1]에서 마우스 오른쪽 버튼을 클릭합니다. [Module1 제거]를 클릭 합니다. '제거하기 전에 Module1을 내보내시겠습니까?'라는 메시지가 나타납니다. Module1에 있는 내 용을 *.bas 파일로 백업해둘 것인지 확인하는 메시지입니다. [아니오]를 클릭합니다. 숨겨진 이름까지 모두 삭제된 엑셀 파일은 시트를 복사해도 이름 충돌 메시지가 나타나지 않습니다.

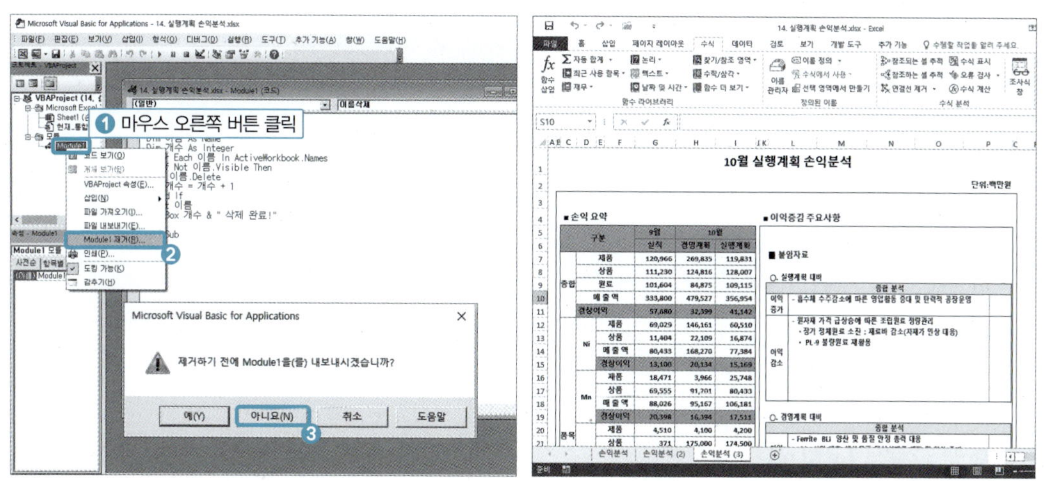

> **실력 향상** 매크로를 포함한 상태에서 통합 문서를 저장하면 'Excel 매크로 사용 통합 문서(*.xlsm)'로 파일 형식이 변경됩니다. 현재 파일 에서는 '이름삭제' 매크로가 더 이상 필요하지 않으므로 매크로를 제거합니다.

'이름삭제' 매크로는 현재 통합 문서에 포함된 모든 이름을 한 개씩 비교하여 숨겨진 이름을 확인합니다. 숨겨진 이름이라면 삭제하고 삭제 완료된 개수를 메시지 창으로 표시해줍니다. 각 코드의 설명은 다음과 같습니다.

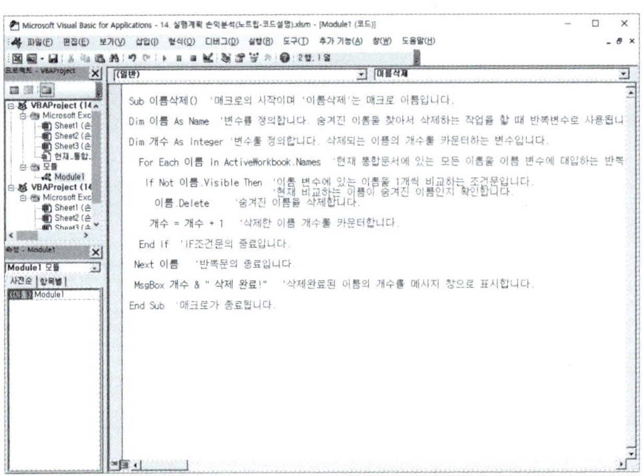

❶ Sub 이름삭제( )

❷ Dim 이름 As Name

❸ Dim 개수 As Integer

❹ For Each 이름 In ActiveWorkbook.Names

❺ If Not 이름.Visible Then

❻ 이름.Delete

❼ 개수 = 개수 + 1

❽ End If

❾ Next 이름

❿ MsgBox 개수 & " 삭제 완료!"

⓫ End Sub

❶ 매크로의 시작입니다. '이름삭제'는 매크로 이름입니다.

❷ 숨겨진 이름을 찾아서 삭제하는 작업을 할 때 반복 변수로 사용하기 위해 변수를 선언합니다.

❸ 변수를 정의합니다. 삭제될 이름의 개수를 세는 변수를 선언합니다.

❹ 현재 통합 문서에 있는 모든 이름을 이름 변수에 대입하는 반복문의 시작입니다.

❺ 이름 변수에 있는 이름을 한 개씩 비교하는 조건문으로, 현재 비교하는 이름이 숨겨진 이름인지 확인합니다.

❻ 숨겨진 이름을 삭제합니다.

❼ 삭제한 이름 개수를 세어 누계를 변수에 저장합니다.

❽ IF 조건문의 종료입니다.

❾ 반복문의 종료입니다.

❿ 삭제 완료된 이름의 개수를 메시지 창으로 표시합니다.

⓫ 매크로가 종료됩니다.

혼합 참조로 여러 범위의 비율 동시에 구하기

혼합 참조는 셀 주소의 열이나 행을 고정하는 방식으로 '$A1' 또는 'A$1'로 사용합니다. 수식을 행 방향, 열 방향으로 모두 복사해야 할 때 주로 사용하며, 셀 주소에서 $ 기호가 붙은 부분은 변경되지 않습니다.

실습 파일 | PART 01 \ 주택 보급 통계.xlsx　　**완성 파일** | PART 01 \ 주택 보급 통계(완성).xlsx

1 첫 번째 표에서는 전체 물량 대비 각 지역의 배정물량 비율을 8행과 10행에 각각 구해 넣어야 합니다. 절대 참조를 사용하면 비율 수식을 두 번 입력해야 하지만 혼합 참조를 사용하면 한 번만 입력해도 값을 구할 수 있습니다. [C8:G8] 셀 범위를 드래그합니다. Ctrl 을 누른 상태에서 [C10:G10] 셀 범위를 추가로 드래그합니다. **=C9/$G9**를 입력한 후 Ctrl + Enter 를 누릅니다. 범위를 선택하면 셀 포인터는 [C10] 셀에 있으므로 [C10] 셀의 비율을 구하는 수식을 입력해야 합니다. [C8:G8] 셀 범위와 [C10:G10] 셀 범위에 비율이 구해집니다.

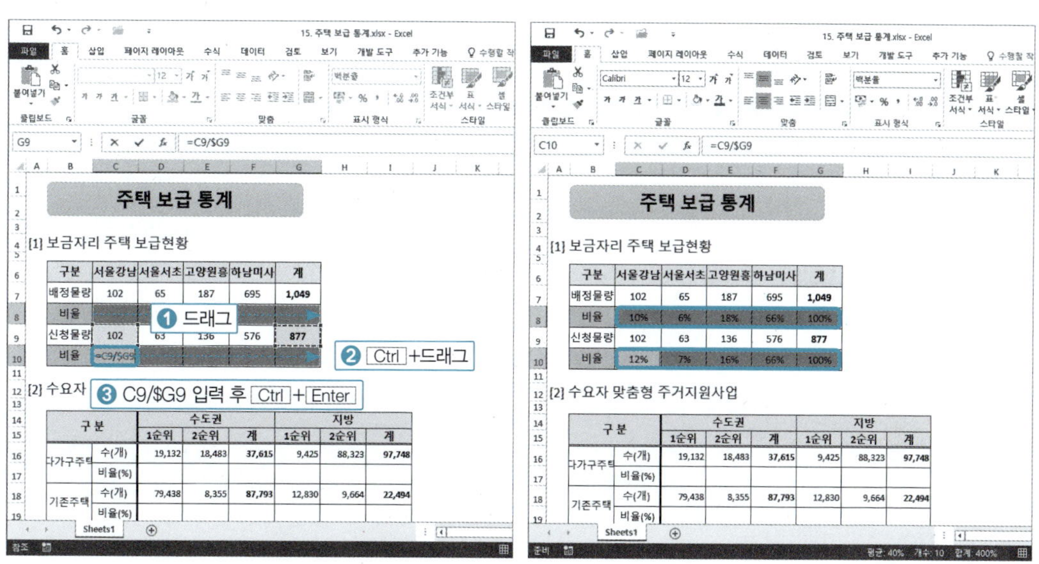

시간 단축 '$G9'는 열을 고정하는 혼합 참조로 F4 를 세 번 눌러서 지정합니다. 또한 Ctrl + Enter 를 누르면 범위가 선택된 셀에 동시에 수식을 입력할 수 있습니다. 수식을 복사하는 것처럼 상대 참조와 혼합 참조가 그대로 반영되어 비율이 정확하게 계산됩니다. 비연속적인 셀 범위를 선택할 때 첫 번째 셀 범위는 Ctrl 을 누르지 않은 상태에서 드래그하고, 두 번째 셀 범위부터는 Ctrl 을 누른 상태에서 드래그해야 필요 없는 셀이 포함되지 않습니다.

2 두 번째 표에서도 동일한 방법으로 비율을 구해보겠습니다. 두 번째 표는 수도권과 지방의 합계가 별도로 나와 있으므로 비율도 각각 구합니다. Ctrl 을 이용하여 [D17:F17], [D19:F19], [D21:F21], [D23:F23], [D25:F25] 셀 범위를 선택합니다. **=D24/$F24** 수식을 입력한 후 Ctrl + Enter 를 누릅니다. 수도권의 비율이 모두 구해집니다.

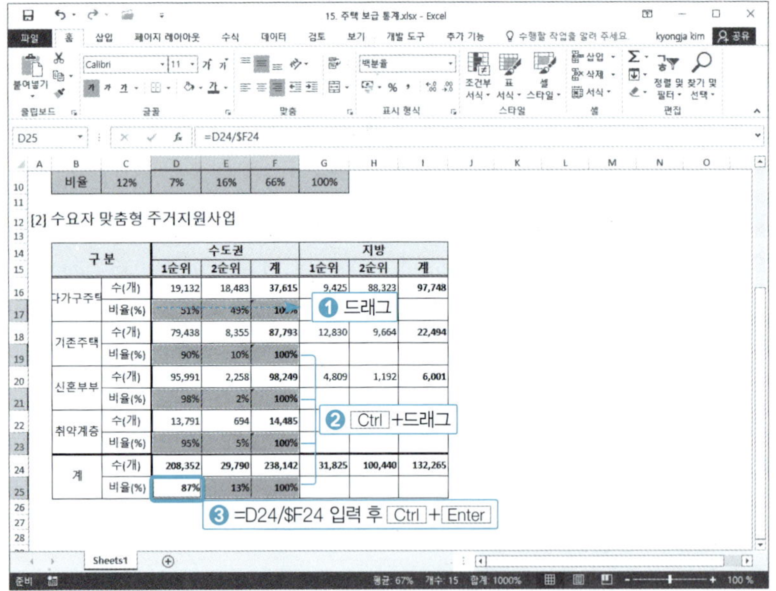

3 같은 방법으로 Ctrl 을 이용하여 [G17:I17], [G19:I19], [G21:I21], [G23:I23], [G25:I25] 셀 범위를 선택합니다. **=G24/$I24** 수식을 입력한 후 Ctrl + Enter 를 누릅니다.

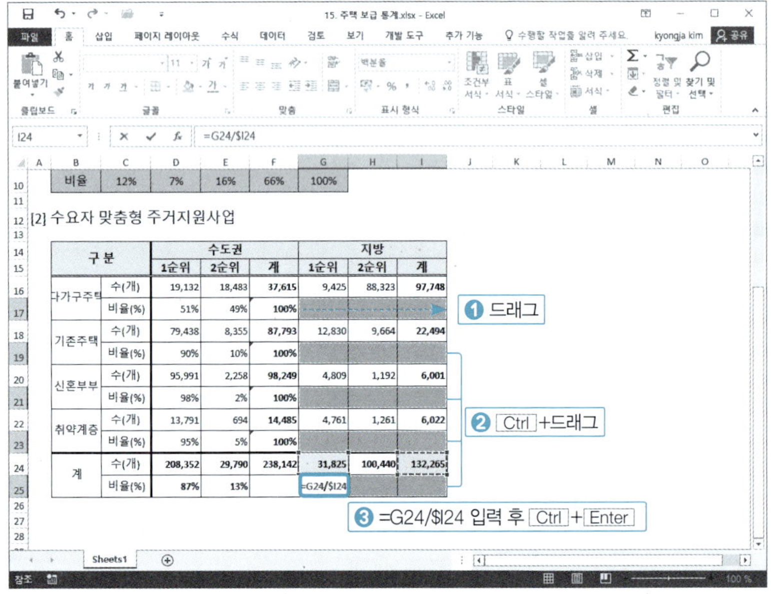

4 지방의 비율도 모두 구해집니다.

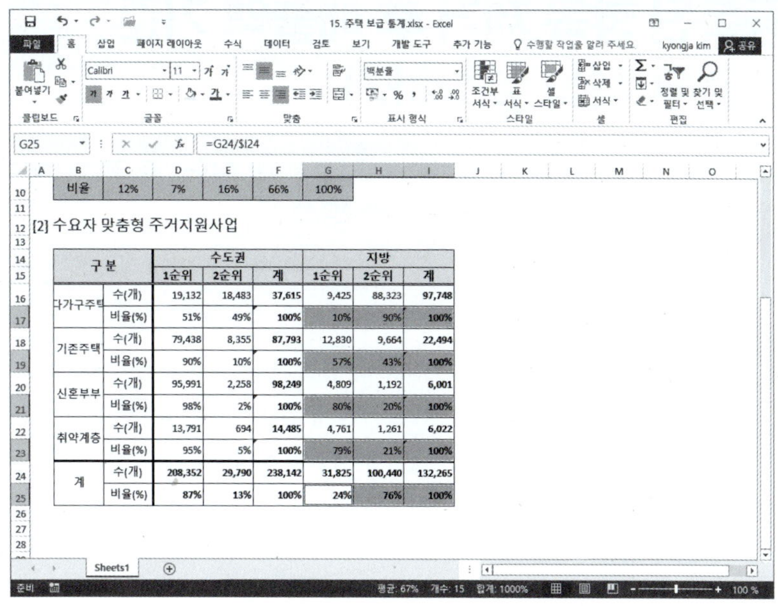

구분		수도권			지방		
		1순위	2순위	계	1순위	2순위	계
다가구주택	수(개)	19,132	18,483	37,615	9,425	88,323	97,748
	비율(%)	51%	49%	100%	10%	90%	100%
기존주택	수(개)	79,438	8,355	87,793	12,830	9,664	22,494
	비율(%)	90%	10%	100%	57%	43%	100%
신혼부부	수(개)	95,991	2,258	98,249	4,809	1,192	6,001
	비율(%)	98%	2%	100%	80%	20%	100%
취약계층	수(개)	13,791	694	14,485	4,761	1,261	6,022
	비율(%)	95%	5%	100%	79%	21%	100%
계	수(개)	208,352	29,790	238,142	31,825	100,440	132,265
	비율(%)	87%	13%	100%	24%	76%	100%

슈 퍼 활 용 TIP ★★★★★ 수식 오류의 종류와 해결 방법

수식을 입력할 때 오류 표시가 나타나는 경우가 있습니다. 오류 표시별로 의미를 이해하면 오류의 원인도 쉽게 찾을 수 있습니다.

오류 표시	오류 원인과 해결 방법
#DIV/0!	나눗셈에서 어떤 값을 0으로 나눌 때 나타나는 오류입니다. 나누는 값이 0이거나 빈 셀이므로 0이 아닌 값으로 바꿉니다.
#NAME?	주로 함수명을 잘못 입력하거나 정의하지 않은 이름을 사용할 경우 표시되는 오류입니다. 정의된 이름이나 함수의 오타를 확인합니다.
#REF!	참조된 셀이 없을 때 나타나는 오류입니다. 수식에 참조된 셀이 삭제되지는 않았는지 확인합니다.
#VALUE!	값이 잘못되었다는 오류입니다. 연산이나 함수의 인수로 사용된 값이 잘못되었는지 확인합니다.
#N/A	사용할 수 없는 값을 참조했을 때 나타나는 오류입니다. 수식에서 참조된 셀의 값이 맞는지 확인합니다.
#NUM!	숫자를 잘못 사용했을 때 나타나는 오류입니다. 인수에 사용된 숫자가 올바르게 입력되었는지 확인합니다.
#NULL!	존재하지 않는 값을 사용했을 때 나타나는 오류입니다. 교차되지 않은 셀 범위를 지정했는지 확인합니다.
#####	셀에 입력된 숫자 데이터에 비해 열 너비가 좁을 때 나타납니다. 열 너비를 넓혀줍니다. 표시 형식을 적용했을 때 표시할 수 있는 데이터 유형일 경우에도 이러한 오류가 발생합니다. 이때는 표시 형식을 일반으로 변경합니다.

중복된 항목 제거 후 매출액 기준 조건부 서식 설정하기

고객사 목록에서 중복된 데이터를 찾아 표시한 후 삭제해보겠습니다. 중복된 항목을 제거한 후에는 기준 금액보다 매출액이 큰 고객사에 채우기 색을 적용해보겠습니다. 이때 조건부 서식을 사용하면 편리합니다.

실습 파일 | PART 01 \ 고객사 목록.xlsx　　**완성 파일** | PART 01 \ 고객사 목록(완성).xlsx

1　고객사 데이터 목록에는 회사명, 주소, 우편번호, 담당팀, 담당자, 연간매출액이 표시되어 있습니다. 6개의 열 데이터가 모두 동일하지 않지만 회사명을 기준으로 했을 때는 중복되는 고객사가 여러 건 포함되어 있습니다. 중복되는 고객사 정보를 추출하여 삭제해보겠습니다. A열을 선택한 후 [홈] 탭-[스타일] 그룹-[조건부 서식]을 클릭한 후 [셀 강조 규칙]-[중복 값]을 선택합니다.

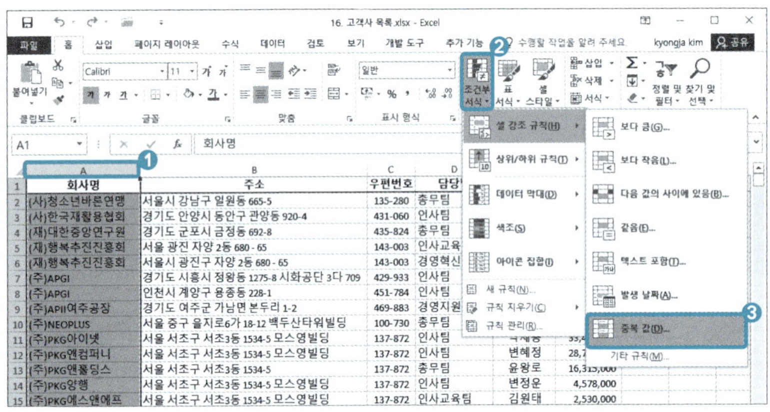

2　[중복 값] 대화상자에서 기준을 [중복]으로 선택하고, 적용할 서식을 선택합니다. [확인]을 클릭합니다. A열의 회사명에서 중복된 데이터에 서식이 적용됩니다.

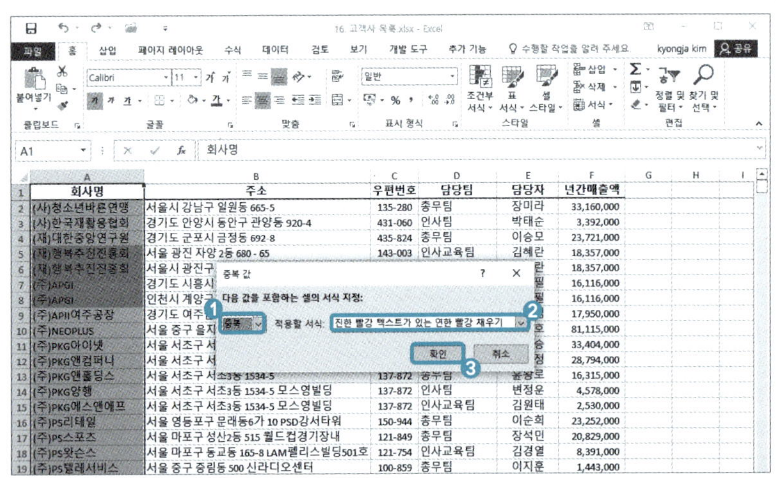

> **실력향상**
>
> 적용할 서식 목록에서 [사용자 지정 서식]을 선택하면 [셀 서식] 대화상자가 나타납니다. 표시 형식, 글꼴, 테두리, 채우기 등 다양한 서식을 직접 지정할 수 있습니다.

3 중복된 행을 삭제해보겠습니다. 데이터가 입력되어 있는 임의의 셀을 선택합니다. [데이터] 탭-[데이터 도구] 그룹-[중복된 항목 제거]를 클릭합니다. [중복된 항목 제거] 대화상자에서 [회사명]에 체크 표시한 후 [확인]을 클릭합니다. 중복되어 삭제된 개수와 남아 있는 개수를 보여주는 메시지가 나타납니다. [확인]을 클릭합니다.

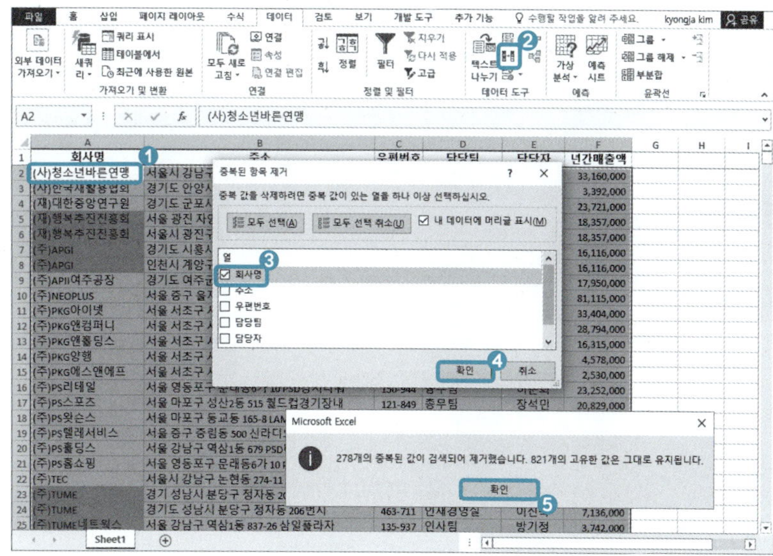

4 중복된 고객사 정보가 삭제된 데이터 목록에서 연간매출액이 30,000,000원 이상인 고객사에 채우기 색을 적용해보겠습니다. 조건부 서식에 수식을 적용해야 하는데, 이때 수식을 적용할 셀 범위를 선택하는 것이 중요합니다. [A2] 셀을 클릭한 후 Ctrl + Shift + → 를 누릅니다. 다시 Ctrl + Shift + ↓ 를 누릅니다. [A2:F822] 셀 범위가 선택되고 셀 포인터는 [A2] 셀에 있습니다. [홈] 탭-[스타일] 그룹-[조건부 서식]을 클릭하고 [새 규칙]을 선택합니다.

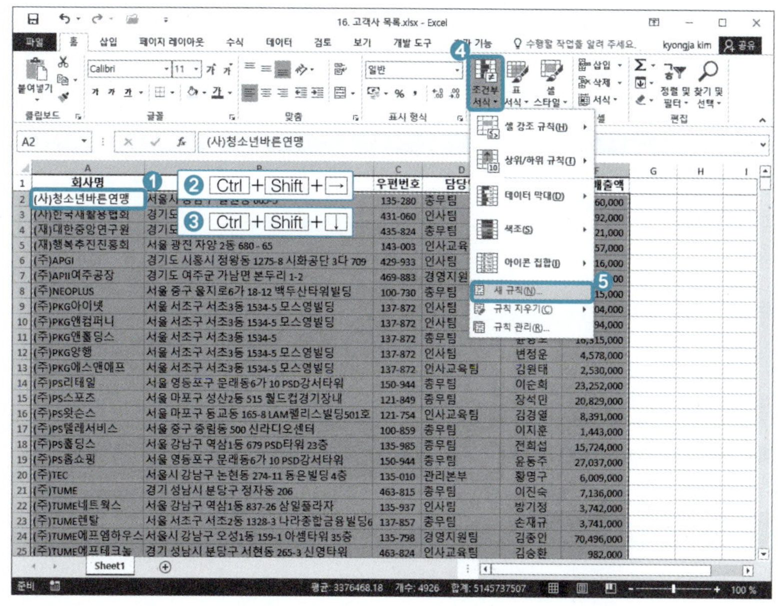

5 [새 서식 규칙] 대화상자의 [규칙 유형 선택]에서 [수식을 사용하여 서식을 지정할 셀 결정]을 선택합니다. [다음 수식이 참인 값의 서식 지정] 입력란에 **=$F2>=30000000**을 입력합니다. F열을 기준으로 [A:F] 열의 서식을 변경하기 위해 '$F2' 혼합 참조를 적용했습니다. [서식]을 클릭합니다.

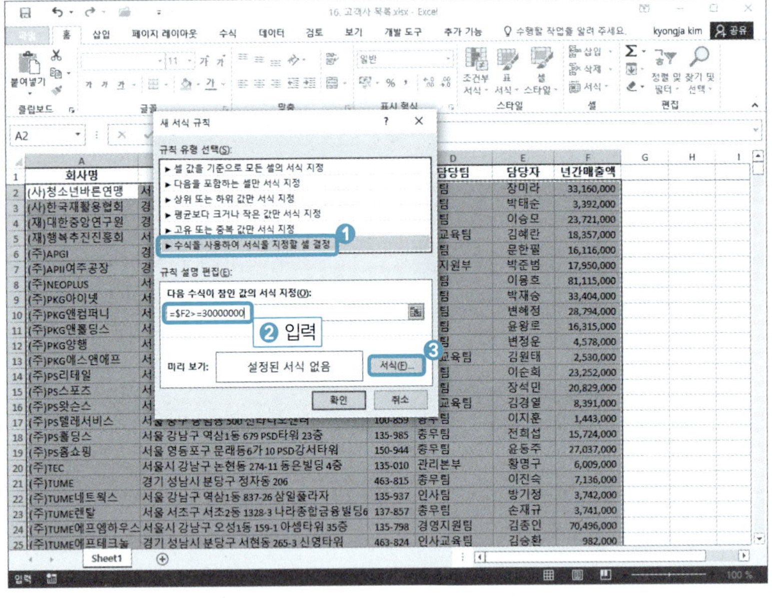

조건부 서식에 수식을 입력할 때 셀을 클릭하면 '절대 참조' 주소가 설정됩니다. F4 를 두 번 눌러서 '열 고정 혼합 참조($F2)'로 변경합니다.

6 [채우기] 탭을 클릭하고 [배경색]을 [연한 노란색]으로 선택합니다. [확인]을 클릭합니다. [새 서식 규칙] 대화상자에서도 [확인]을 클릭합니다.

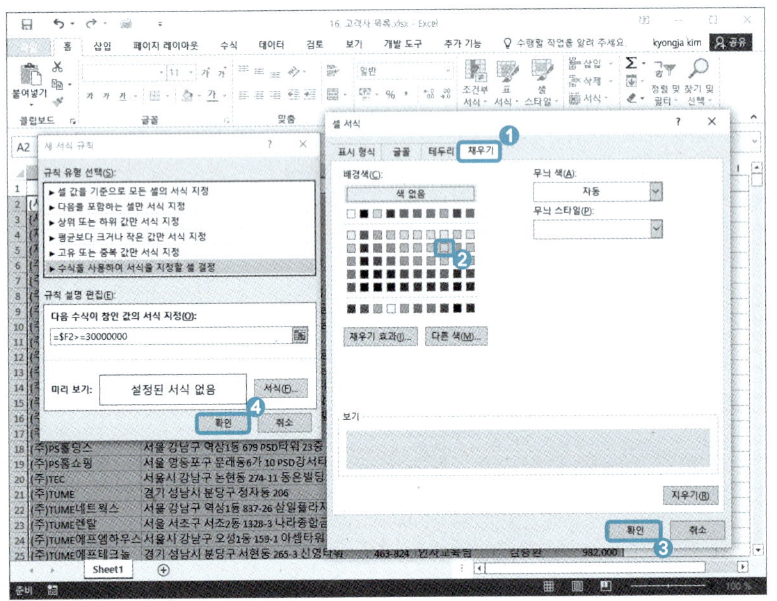

서식을 지정하면 미리 보기에 지정된 서식이 나타납니다.

7 연간매출액이 30,000,000원 이상인 고객사에 채우기 색이 적용되었습니다.

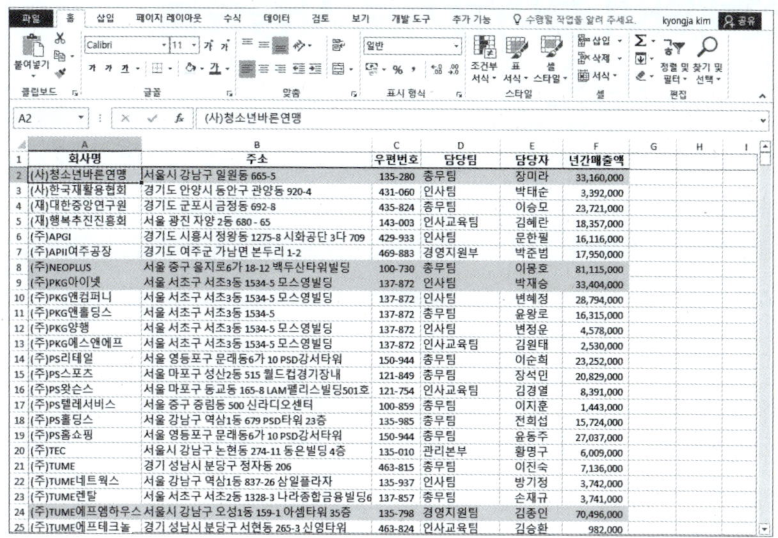

슈퍼활용 TIP ★★★★★ — 조건부 서식 수정과 삭제

한 셀에 두 개 이상의 조건부 서식을 적용할 수 있으므로 조건부 서식이 설정된 셀에 다시 [셀 강조 규칙]이나 [새 규칙]을 선택하면 서식이 중복으로 설정됩니다. 이미 설정된 조건부 서식을 변경하거나 삭제할 경우에는 [홈] 탭–[스타일] 그룹–[조건부 서식]을 클릭한 후 [규칙 관리]를 선택합니다.

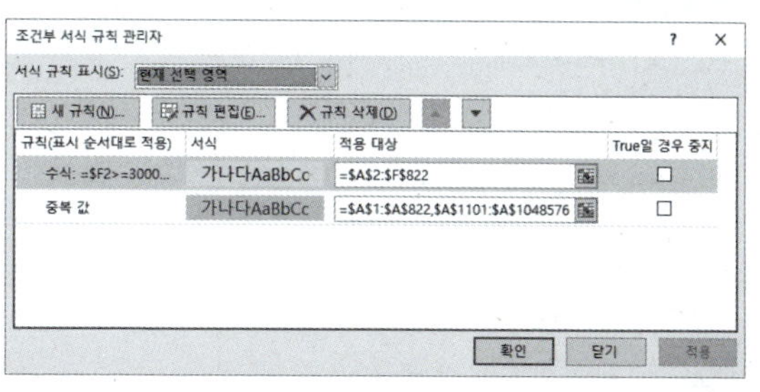

한 셀이나 동일한 범위에 두 개 이상 지정된 조건부 서식 중 한 개만 삭제할 때는 [규칙 관리]를 이용하고 모두 삭제할 때는 [규칙 지우기]를 이용합니다.

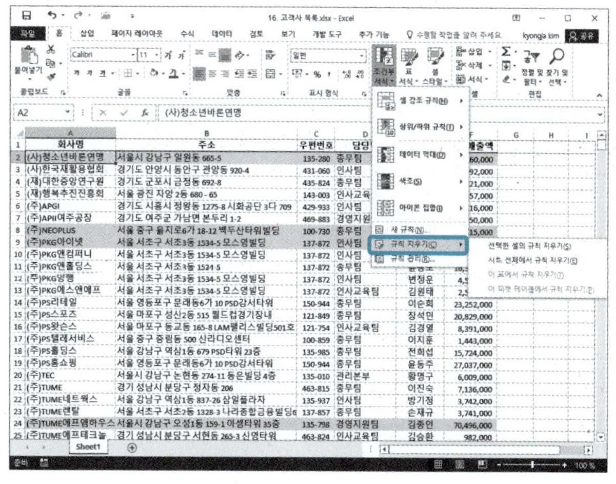

선택하여 붙여넣기로 사용료를 일괄 인상한 후 시트 보호하기

정해진 기준 표에서 금액을 일정한 비율로 인상하거나 인하하여 값을 변경해야 하는 경우가 있습니다. 다른 시트나 셀에서 따로 계산한 후 기준 표에 적용하려면 값을 복사하고 서식을 재설정해야 하므로 매우 번거롭습니다. [선택하여 붙여넣기]를 이용해 계산한 값을 바로 붙여 넣어보겠습니다.

실습 파일 | PART 01 \ 강의실 사용료 기준표.xlsx　　**완성 파일** | PART 01 \ 강의실 사용료 기준표(완성)_암호1234.xlsx

1 강의실 사용료 기준 표에서 기본 사용료는 10%를 인상하고, 고객사 사용료는 20,000원씩 일괄 인상하여 금액을 변경해보겠습니다. 비어 있는 임의의 셀에 **110%**를 입력한 후 Ctrl + C 를 눌러 값을 복사합니다. [C6:E12] 셀 범위를 선택한 후 마우스 오른쪽 버튼을 클릭합니다. [선택하여 붙여넣기]를 선택합니다.

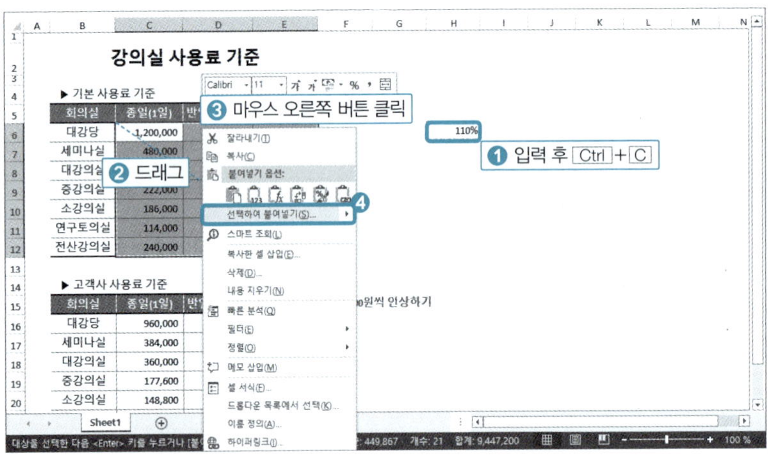

2 [선택하여 붙여넣기] 대화상자의 [붙여넣기]에서 [값], [연산]에서 [곱하기]를 선택합니다. [확인]을 클릭합니다. 기본 사용료가 10% 인상된 금액으로 변경되었습니다.

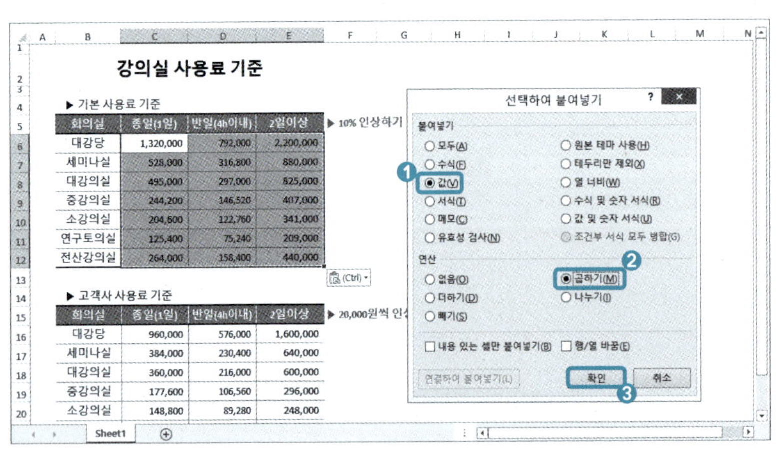

실력향상

[붙여넣기]를 [모두]로 선택하면 '110%'가 입력되어 있는 셀의 서식이 함께 복사됩니다. 서식은 복사하지 않기 위해 [값]을 선택했습니다. [선택하여 붙여넣기]의 연산으로 계산된 결과는 수식으로 입력되지 않기 때문에 원본 데이터와는 연결되지 않습니다.

3 고객사 사용료를 20,000원씩 일괄 인상해보겠습니다. 비어 있는 임의의 셀에 **20000**을 입력합니다. Ctrl + C 를 눌러 값을 복사합니다. [C16:E22] 셀 범위를 선택합니다. 마우스 오른쪽 버튼을 클릭합니다. [선택하여 붙여넣기]를 클릭합니다.

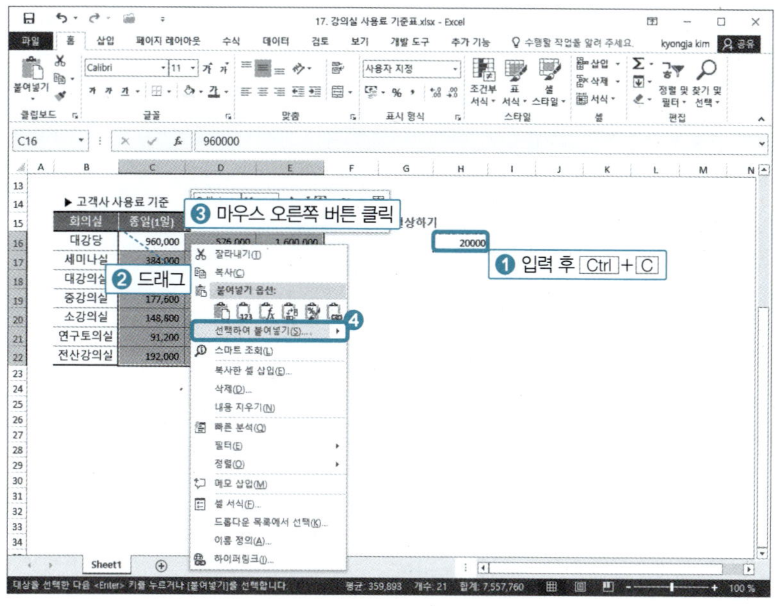

4 [선택하여 붙여넣기] 대화상자의 [붙여넣기]에서 [값], [연산]에서 [더하기]를 선택합니다. [확인]을 클릭합니다. 고객사 사용료가 20,000원 인상된 금액으로 변경되었습니다.

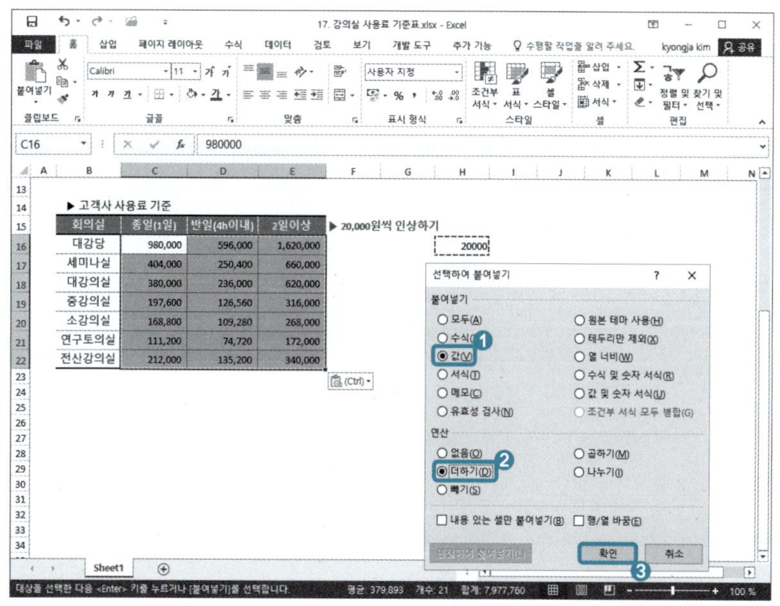

실력향상

복사한 셀 윤곽선이 깜빡거리면 Esc 를 눌러 해제합니다.

5 변경된 사용료 기준을 더 이상 수정하지 못하도록 시트 보호를 설정해보겠습니다. 시트에서 일부 셀 데이터만 보호하고자 할 때는 먼저 해당하는 셀만 잠금을 설정합니다. 시트 전체를 선택한 후 마우스 오른쪽 버튼을 클릭한 후 [셀 서식]을 선택합니다. [셀 서식] 대화상자에서 [보호] 탭을 클릭하고 [잠금]의 체크 표시를 해제한 후 [확인]을 클릭합니다.

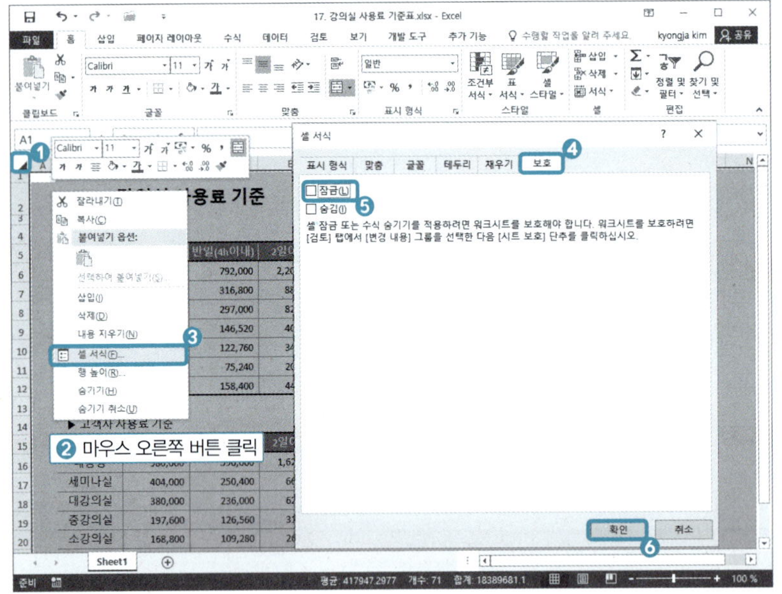

시간단축

엑셀의 모든 셀에는 기본적으로 [잠금]이 설정되어 있습니다. 보호할 셀만 잠금이 되어 있어야 하므로 전체 셀을 먼저 잠금 해제한 후 보호할 셀만 다시 [잠금]을 설정합니다.

6 Ctrl 을 이용하여 [C6:E12], [C16:E22] 셀 범위를 선택한 후 마우스 오른쪽 버튼을 클릭합니다. [셀 서식]을 선택합니다. [셀 서식] 대화상자에서 [보호] 탭을 클릭한 후 [잠금]에 체크 표시합니다. [확인]을 클릭합니다. 셀 서식에서 잠금을 설정하더라도 시트 보호를 하지 않으면 셀 내용은 계속 수정할 수 있습니다.

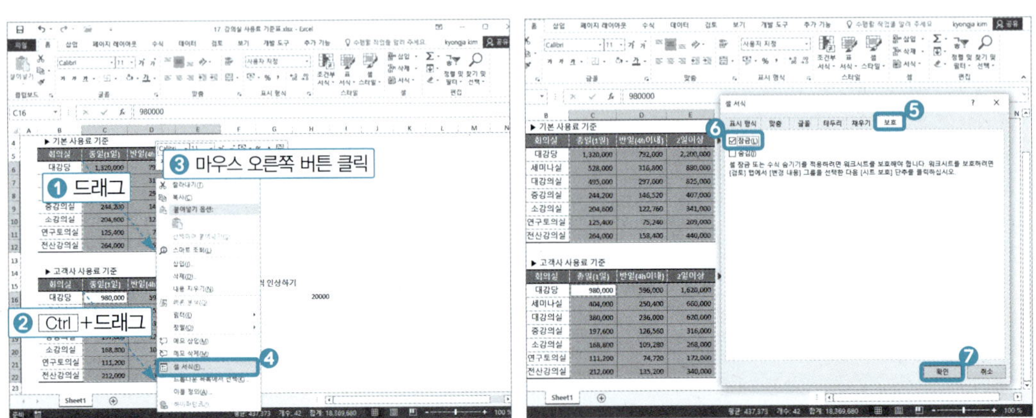

실력향상 수식 입력줄에 수식을 표시하지 않으려면 [셀 서식] 대화상자의 [보호] 탭에서 [숨김]에 체크 표시합니다.

7 잠금된 셀 데이터를 수정할 수 없도록 [검토] 탭-[변경 내용] 그룹-[시트 보호]를 클릭합니다. [시트 보호] 대화상자에서 시트 보호 해제 암호를 **1234**로 입력하고, [워크시트에서 허용할 내용] 중 원하는 항목을 선택합니다. [확인]을 클릭합니다.

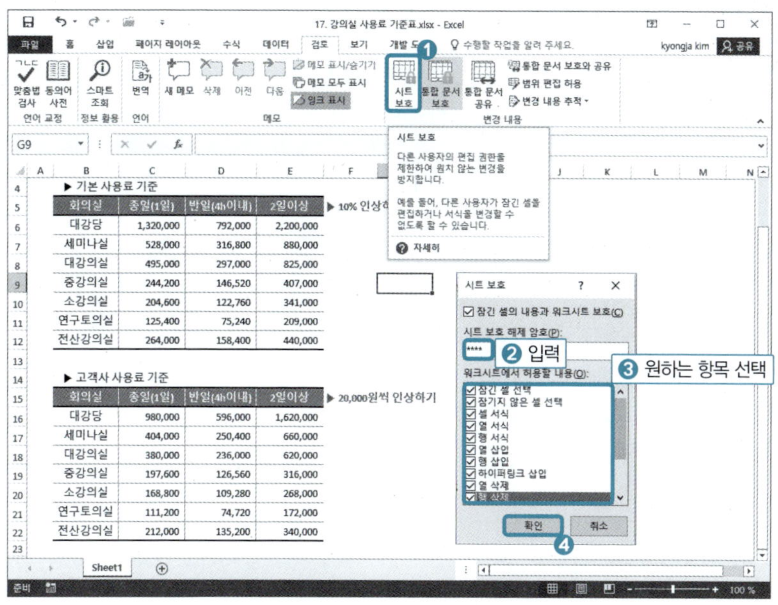

8 [암호 확인] 대화상자에서 암호를 한 번 더 입력하고 [확인]을 클릭합니다. 시트 보호가 완료됩니다. 보호된 셀을 수정하려고 하면 수정할 수 없다는 메시지가 나타납니다. [확인]을 클릭합니다.

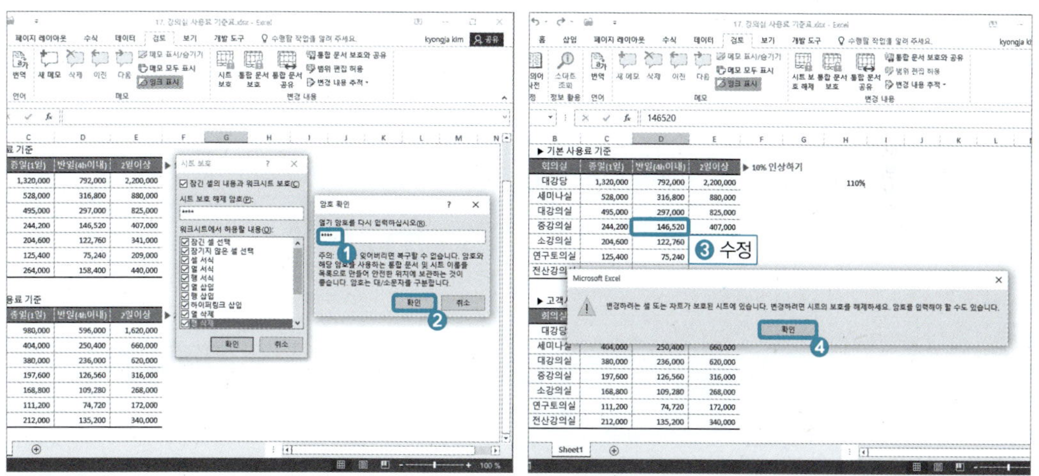

실력 향상 보호된 시트를 해제할 때는 [검토] 탭-[변경 내용] 그룹-[시트 보호 해제]를 클릭합니다. 암호가 설정되어 있으면 암호를 정확하게 입력해야 시트 보호를 해제할 수 있습니다.

소계와 합계를 한 번에 구하고 결과 복사하기

집계 표를 작성할 때 그룹별 소계를 구한 후 소계의 합을 다시 계산하여 전체 총계를 구하는 경우가 많습니다. 하나의 표에서 소계와 합계를 구할 때 범위를 그룹별로 미리 설정해두면 [자동 합계]를 한 번 클릭하는 것만으로 소계와 합계를 모두 구할 수 있습니다.

실습 파일 | PART 01 \ 사업비 지출내역.xlsx　　**완성 파일** | PART 01 \ 사업비 지출내역(완성).xlsx

1 사업비 지출내역에서 [지출내역] 시트에 소계와 합계를 한 번에 구하고, 그 결과를 수식으로 연결하여 [정산내역] 시트로 복사해보겠습니다. [지출내역] 시트에서 Ctrl 을 이용하여 [D5:G11], [D12:G15], [D16:G21], [D22:G27], [D28:G31], [D32:G36], [D37:G37] 셀 범위를 각각 선택합니다.

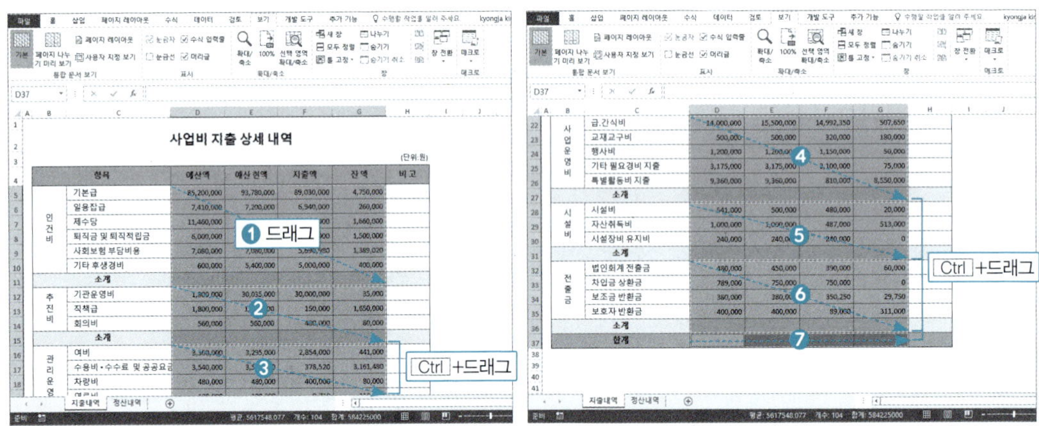

2 [홈] 탭-[편집] 그룹-[자동 합계]를 클릭합니다. 소계와 합계가 모두 구해집니다.

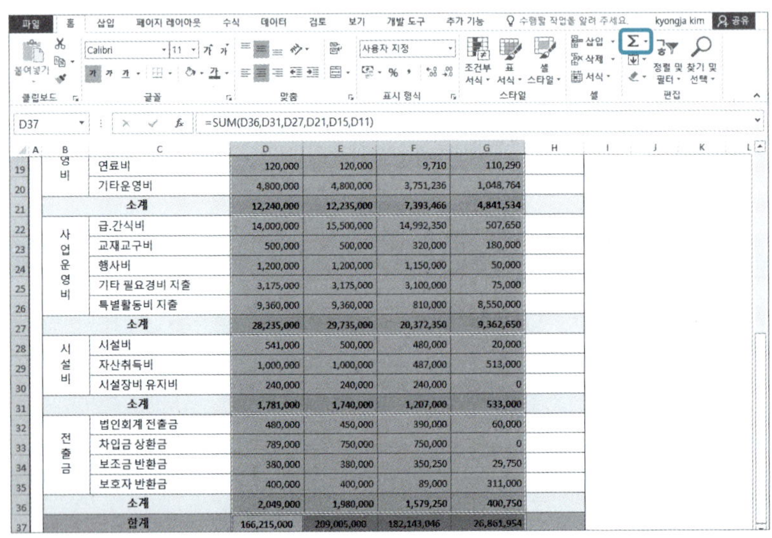

실력향상

[자동 합계]는 셀 범위에 숫자가 연속적으로 입력되어 있고 마지막 행이 빈 행이면 범위의 마지막 행에 자동으로 합계를 표시합니다. 또한 같은 열에서 SUM으로 계산된 수식이 있을 때는 그 계산 결과만 다시 모아 합계를 구해줍니다. 단, 같은 열에는 숫자 데이터가 연속적으로 있어야 합니다.

3 예산현액, 지출액, 잔액의 소계와 합계만 복사하여 [정산내역] 시트에 붙여 넣겠습니다. [E5:G37] 셀 범위를 선택합니다. [홈] 탭-[편집] 그룹-[찾기 및 선택]을 클릭한 후 [수식]을 선택합니다. 소계와 합계만 선택되었습니다. Ctrl + C 로 복사합니다. [정산내역] 시트를 선택합니다.

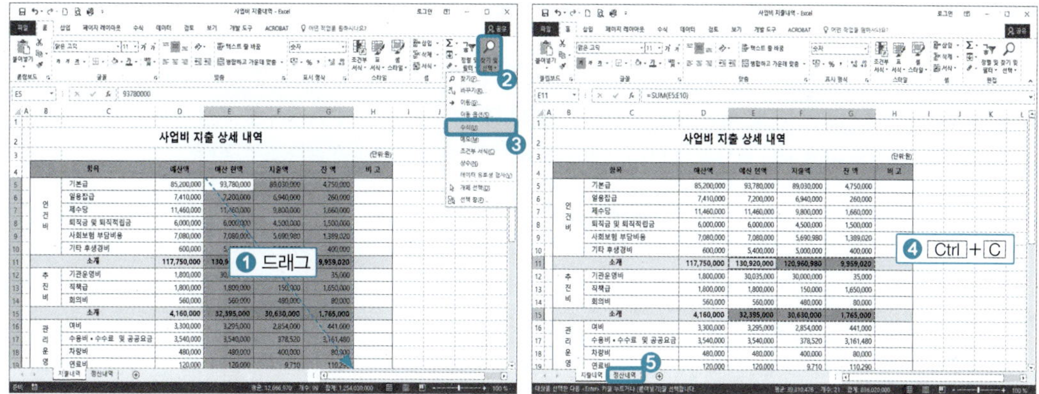

[D5:G37] 셀 범위를 먼저 선택한 상태에서 [수식]을 선택했으므로 예산현액, 지출액, 잔액의 수식만 선택됩니다.

4 [C10] 셀을 클릭합니다. 마우스 오른쪽 버튼을 클릭합니다. [선택하여 붙여넣기]-[기타 붙여넣기 옵션]에서 [연결하여 붙여넣기]를 클릭합니다. 수식으로 연결되어 소계와 합계만 복사되었습니다.

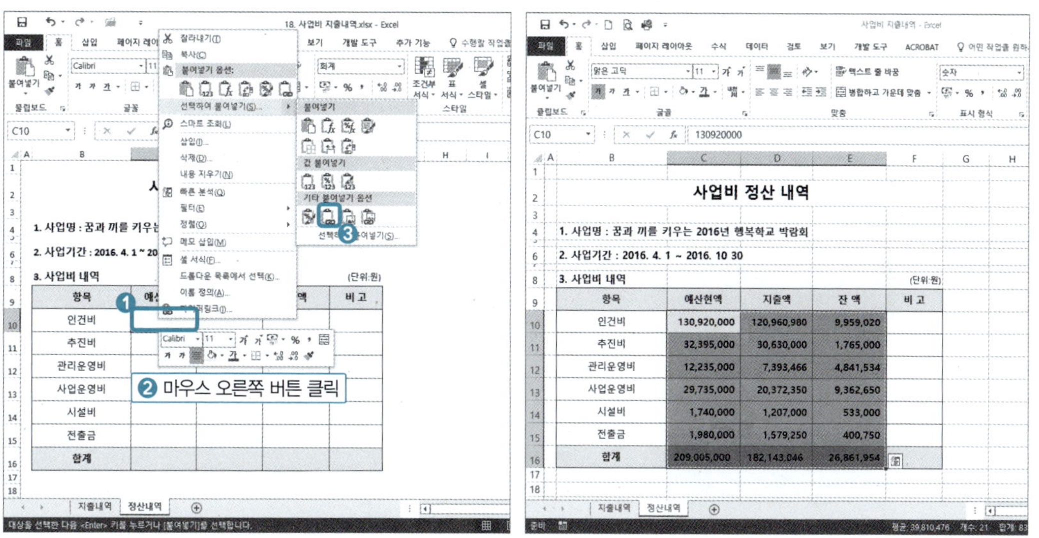

[선택하여 붙여넣기] 대화상자에서 [연결하여 붙여넣기]를 클릭해도 됩니다. [연결하여 붙여넣기]로 복사하면 '=시트명!셀 주소'의 수식이 입력되기 때문에 원본 데이터가 바뀌었을 때 자동으로 값이 변경됩니다. [선택하여 붙여넣기] 대화상자를 표시하는 단축키는 Ctrl + Alt + V 입니다.

병합된 셀 개수가 다를 때 함수로 번호 매기기

병합된 셀에 번호를 입력하려고 합니다. 병합된 모든 셀의 개수가 같으면 [자동 채우기]로 번호를 입력할 수 있지만 병합된 셀의 개수가 각각 다르면 [자동 채우기]를 사용할 수 없습니다. 이때는 COUNTA 함수를 이용하여 번호를 입력합니다. 함수로 번호를 입력하면 행이 추가되거나 삭제되더라도 번호를 자동으로 업데이트할 수 있습니다.

실습 파일 | PART 01 \ 일자별 채권목록.xlsx   **완성 파일** | PART 01 \ 일자별 채권목록(완성).xlsx

1 일자별 채권 목록 표는 고유번호를 기준으로 병합되어 있습니다. B열의 번호란은 병합된 셀의 개수가 제각각이므로 COUNTA 함수를 이용하여 번호를 입력해보겠습니다. [B4:B135] 셀 범위를 선택합니다. **=COUNTA($C$4:C4)**를 입력한 후 Ctrl + Enter 를 누릅니다. 병합된 셀 개수가 모두 다를 때는 채우기 핸들로 수식을 복사할 수 없으므로 수식을 입력하기 전에 미리 범위를 선택한 후 Ctrl + Enter 를 눌러 수식을 입력해야 합니다.

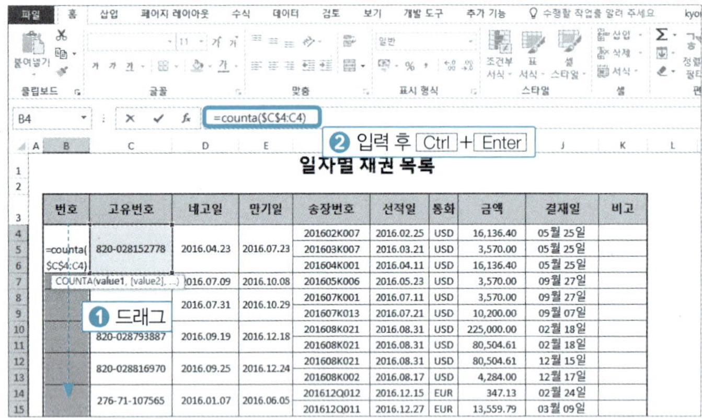

실력향상

수식을 입력하는 순서

① '=COUNTA(C4)'를 입력합니다.

② 콜론(:)을 직접 입력하면 수식이 '=COUNTA(C4:C4)'로 변경됩니다.

③ 괄호를 닫습니다.

④ 시작 셀 주소인 'C4'를 클릭한 후 F4 를 누릅니다.

⑤ 수식이 '=COUNTA($C$4:C4)'로 입력되면 Ctrl + Enter 를 누릅니다.

2 번호가 모두 입력되었습니다.

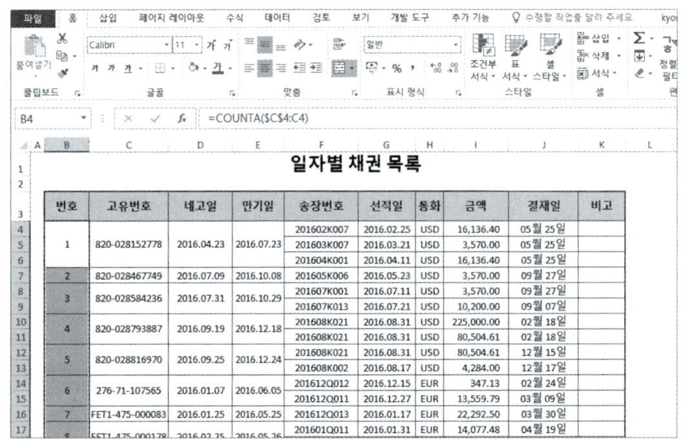

실력향상

범위의 셀 개수를 세는 함수로 COUNT, COUNTA, COUNTBLANK, COUNTIF가 있습니다. 숫자가 입력된 개수를 셀 때는 COUNT 함수, 비어 있지 않은 셀의 개수를 셀 때는 COUNTA 함수, 빈 셀의 개수를 셀 때는 COUNTBLANK 함수, 조건에 맞는 셀의 개수를 셀 때는 COUNTIF 함수를 사용합니다.

실습 파일 | PART 01 \ 물품 관리대장(팁-소계제외번호).xlsx

그룹별로 통계가 계산된 표에서 소계 행을 제외하고 연속적인 번호를 입력할 때도 COUNTA 함수를 사용합니다.

1 [B5:B102] 셀 범위를 선택한 후 [홈] 탭-[편집] 그룹-[찾기 및 선택]을 클릭한 후 [이동 옵션]을 클릭합니다. [이동 옵션] 대화상자에서 [빈 셀]을 선택합니다. [확인]을 클릭합니다.

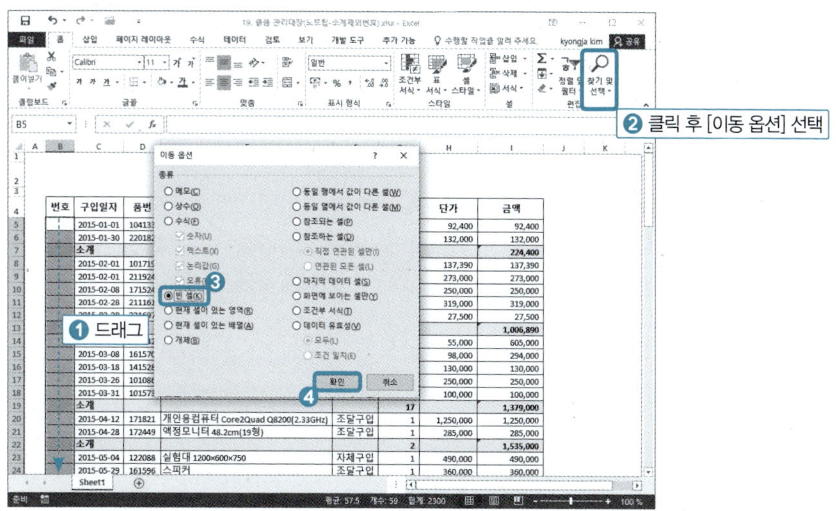

2 번호가 입력된 빈 셀만 선택된 상태에서 '=COUNTA($C$5:C5)'를 입력한 후 Ctrl + Enter 를 누릅니다. 소계 행을 제외하고 번호가 모두 입력되었습니다.

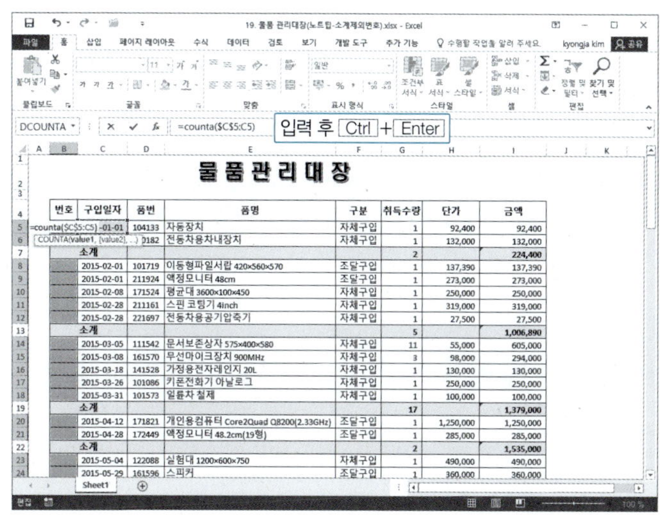

핵심기능 20

COUNTIF와 COUNTIFS 함수로 그룹별 개수 구하기

고객별 구매금액 집계 표에서 COUNTIF 함수를 이용하여 거주지별로 고객인원수를 구하고, COUNTIFS 함수를 이용하여 거주지와 고객구분별로 각각 인원수가 몇 명인지 구해보겠습니다.

실습 파일 | PART 01 \ 구입금액 내역.xlsx　**완성 파일** | PART 01 \ 구입금액 내역(완성).xlsx

1 거주지별 인원수를 구해보겠습니다. [J4] 셀을 클릭합니다. [수식] 탭-[함수 라이브러리] 그룹-[함수 더 보기]를 클릭한 후 [통계]-[COUNTIF]를 클릭합니다. [함수 인수] 대화상자에서 Range 인수 입력란을 클릭한 후 [D4:D50] 셀 범위를 드래그합니다. 절대 참조로 사용하기 위해 F4 를 누르면 '$D$4:$D$50' 로 변경됩니다. Criteria 인수 입력란을 클릭한 후 [I4] 셀을 클릭하여 입력합니다. [확인]을 클릭합니다. 이 수식은 아래 방향으로 복사해야 하므로 Range 인수의 셀 범위는 절대 참조로 지정해야 합니다.

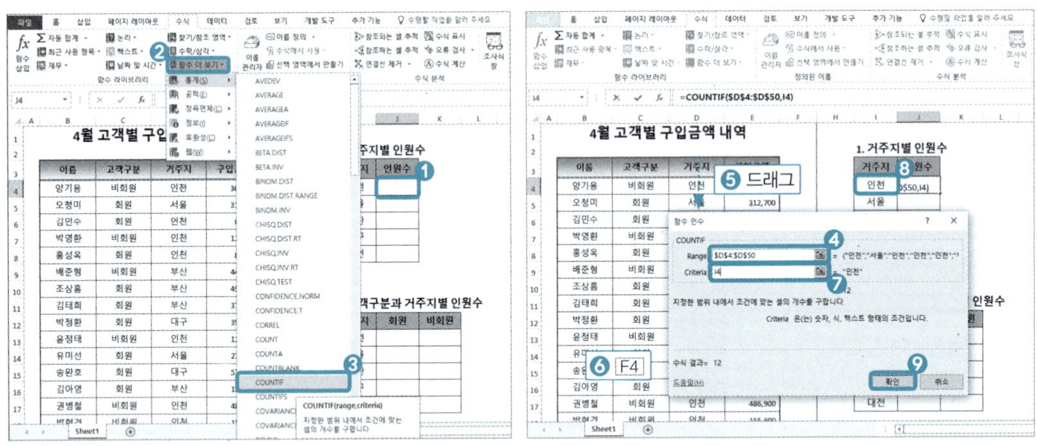

실력 향상 수식 입력줄에서 [함수 삽입]을 클릭한 후 [함수 마법사] 대화상자의 [범주 선택] 목록에서 [통계]를 선택하고 나타나는 [함수 선택]에서 [COUNTIF]를 선택할 수도 있습니다. Criteria 인수에 셀 주소를 입력하지 않고 상수를 입력할 때는 큰따옴표로 묶어서 "인천", ">=100", "2016-3-1"로 입력합니다.

2 [J4] 셀의 채우기 핸들을 더블클릭하여 수식을 복사합니다.

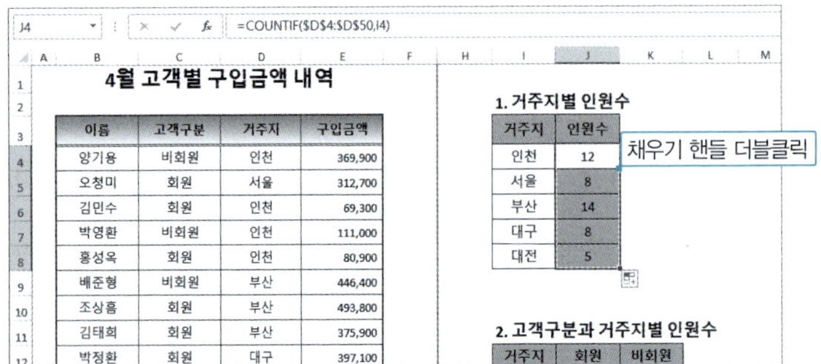

COUNT 함수 뒤에 조건을 의미하는 IF가 붙은 COUNTIF 함수는 셀 범위에서 한 개 조건에 맞는 셀의 개수를 구하고, COUNTIF 함수 뒤에 'S(복수형)'가 붙은 COUNTIFS 함수는 셀 범위에서 두 개 이상의 조건에 맞는 셀의 개수를 구합니다.

함수 형식	= COUNTIF(Range, Criteria) = COUNTIF(셀 범위, 조건) = COUNTIFS(Criteria_range1, Criteria1, Criteria_range2, Criteria2, …) = COUNTIFS(셀 범위1, 조건1, 셀 범위2, 조건2, …)
인수	• Range : 조건이 맞는지 비교할 셀 범위 • Criteria : 개수를 구할 조건으로 셀 주소, 상수, 비교 연산자를 포함한 조건 등이 입력될 수 있으나 함수식은 이 인수에 입력될 수 없습니다.

3 COUNTIFS 함수를 사용하여 고객구분과 거주지별 인원수를 구해보겠습니다. 이 함수에 사용될 '고객구분' 셀 범위와 '거주지' 셀 범위는 절대 참조로 사용되므로 이름을 정의하여 수식을 입력해보겠습니다. [C3:D50] 셀 범위를 선택합니다. [수식] 탭-[정의된 이름] 그룹-[선택 영역에서 만들기]를 클릭합니다. [선택 영역에서 이름 만들기] 대화상자에서 [첫 행]에만 체크 표시합니다. [확인]을 클릭합니다.

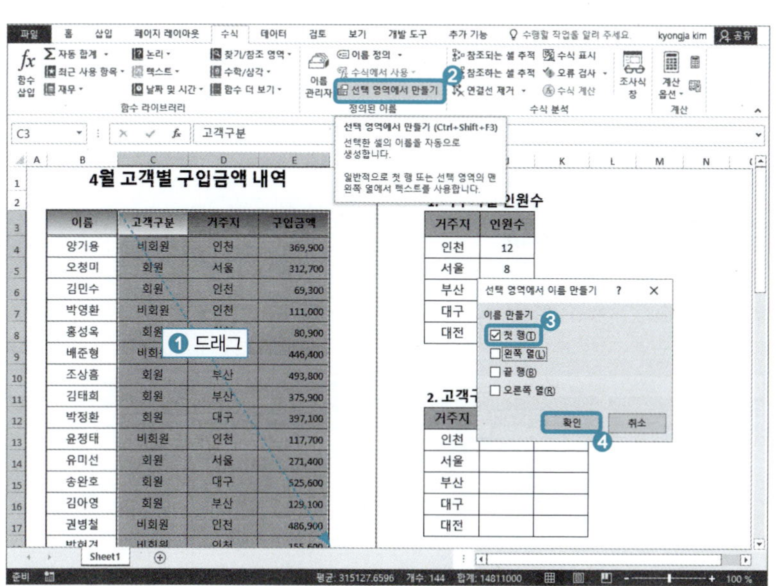

실력 향상 셀 범위를 선택한 상태에서 [선택 영역에서 만들기]를 실행하면 각 열의 첫 번째 셀은 이름 문자로 사용되고 두 번째 셀부터 마지막 셀까지는 이름의 범위로 적용됩니다. 정의된 이름은 [이름 상자]의 목록 단추를 클릭하거나 [이름 관리자]에서 확인할 수 있습니다.

4 [J13] 셀을 클릭합니다. [수식] 탭-[함수 라이브러리] 그룹-[함수 더 보기]를 클릭한 후 [통계]-[COUNTIFS]를 선택합니다. [함수 인수] 대화상자에서 Criteria_range1 인수 입력란에 **거주지**를 입력하고, Criteria1 인수 입력란에는 [$I13] 셀을 열 고정 혼합 참조로 입력합니다. Criteria_range2 인수 입력란에는 **고객구분**을 입력하고, Criteria2 인수 입력란에는 [J$12] 셀을 행 고정 혼합 참조로 입력합니다. [확인]을 클릭합니다.

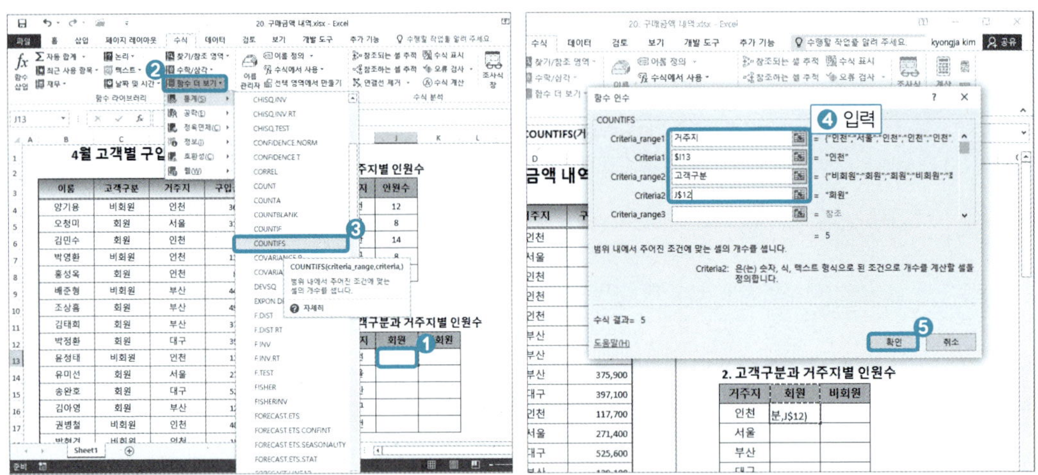

5 [J13] 셀의 채우기 핸들을 [K13]셀까지 드래그합니다. [J13:K13] 셀 범위를 선택한 후 채우기 핸들을 더블클릭하여 수식을 복사합니다.

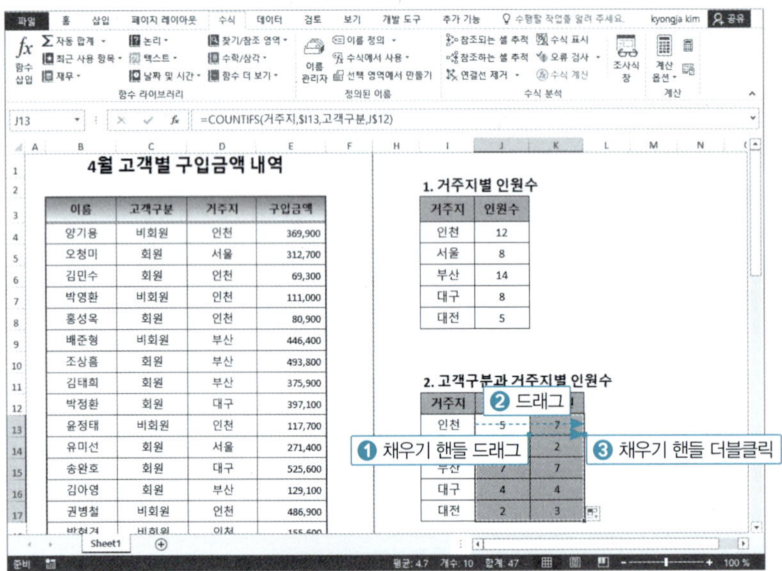

SUMIF와 SUMIFS 함수로
월별/자재별 합계 구하기

제품매출액과 원가금액을 비교하는 표에서 SUMIF 함수를 이용하여 매출월별 수량합계를 구하고, SUMIFS 함수를 이용하여 월별 자재그룹 매출의 합계를 구해보겠습니다.

실습 파일 | PART 01 \ 매출액VS매출원가.xlsx **완성 파일 |** PART 01 \ 매출액VS매출원가(완성).xlsx

1 월별로 판매된 자재의 수량합계를 구해보겠습니다. [K6] 셀을 클릭합니다. [수식] 탭–[함수 라이브러리] 그룹–[수학/삼각]을 클릭하고 [SUMIF]를 선택합니다.

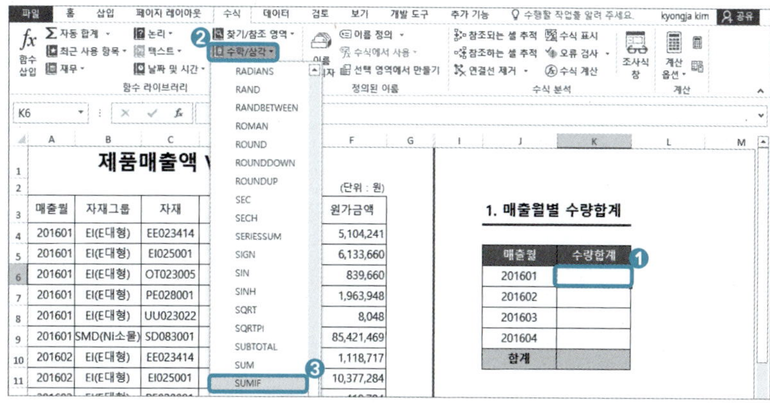

슈퍼활용 TIP
★★★★★
SUMIF 함수와 SUMIFS 함수

SUMIF 함수는 SUM 함수 뒤에 조건을 뜻하는 'IF'가 붙은 것처럼 전체 합계가 아니라 조건에 맞는 데이터만 찾아서 합계를 구할 때 사용합니다. 또한 조건이 두 개 이상일 경우에는 복수형을 의미하는 'S'가 붙은 SUMIFS 함수를 사용합니다. SUMIF 함수는 '합을 구할 범위' 인수가 마지막에 입력되지만, SUMIFS 함수는 첫 번째 인수로 '합을 구할 범위'를 입력합니다.

함수 형식	=SUMIF(Range, Criteria, Sum_range) =SUMIF(조건 범위, 조건, 합을 구할 범위)
	=SUMIFS(Sum_range, Criteria_range1, Criteria1, Criteria_range2, Criteria2, …) =SUMIFS(합을 구할 범위, 조건 범위1, 조건1, 조건 범위2, 조건2, …)
인수	• Range : 조건을 비교할 범위 • Criteria : 합계를 구할 조건 • Sum_range : 실제 합을 구할 범위, 조건을 비교할 범위가 실제 합을 구할 범위일 경우 생략할 수 있습니다.

2 [함수 인수] 대화상자에서 Range 인수 입력란에는 매출월 범위인 [A4:A31] 셀 범위를 드래그하여 입력한 후 F4 를 누릅니다. 지정한 셀 범위가 절대 참조로 변경되어 [$A$4:$A$31]로 입력됩니다. Criteria 인수 입력란에는 [J6] 셀을 클릭하여 입력하고, Sum_range 인수 입력란에는 합을 구할 수량의 범위인 [D4:D31]를 드래그하여 입력한 후 F4 를 누릅니다. 지정한 셀 범위가 절대 참조로 변경되어 '$D$4:$D$31'이 입력됩니다. [확인]을 클릭합니다. [K6] 셀의 채우기 핸들을 [K9] 셀까지 드래그하여 수식을 복사합니다.

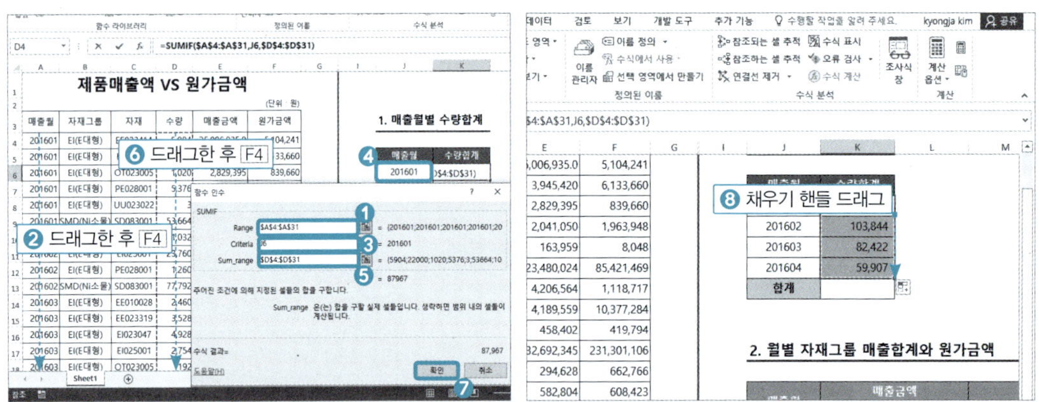

> **실력 향상** Range 인수와 Sum_range 인수는 수식을 복사했을 때 항상 동일한 셀 범위를 참조해야 하므로 절대 참조로 지정합니다. 범위를 드래그로 입력한 후 F4 를 누르면 지정한 셀 범위 전체가 절대 참조로 변경됩니다.

3 월별 자재그룹 매출합계와 원가금액을 SUMIFS 함수로 구할 때 네 개의 절대 참조 범위와 두 개의 혼합 참조 셀이 사용됩니다. 수식이 복잡해지지 않도록 이름을 정의해보겠습니다. 절대 참조로 수식에 사용할 셀 범위는 매출월, 자재그룹, 매출금액, 원가금액입니다. Ctrl 을 이용하여 [A3:B31], [E3:F31] 셀 범위를 각각 선택합니다. [수식] 탭–[정의된 이름] 그룹–[선택 영역에서 만들기]를 클릭합니다. [선택 영역에서 이름 만들기] 대화상자에서 [첫 행]에만 체크 표시합니다. [확인]을 클릭합니다.

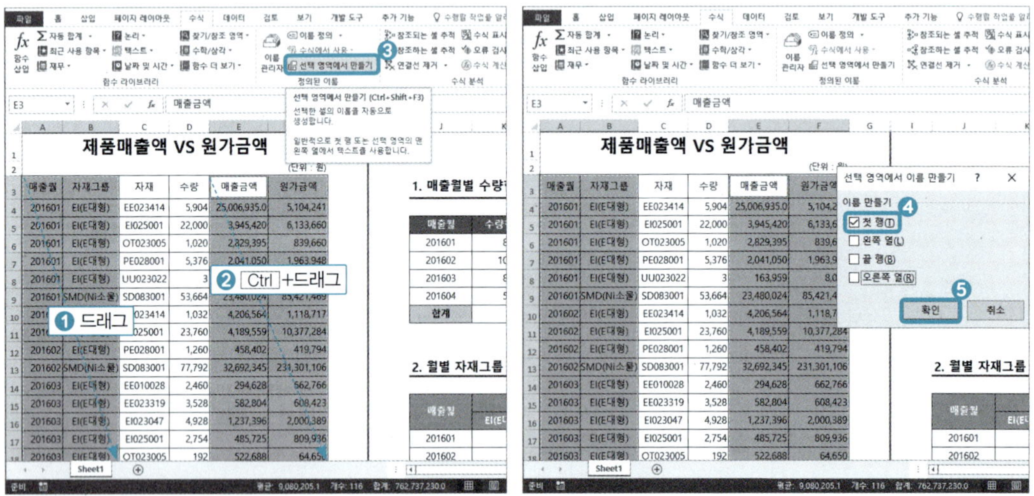

4 [K17] 셀을 클릭합니다. [수식] 탭-[함수 라이브러리] 그룹-[수학/삼각]을 클릭한 후 [SUMIFS]를 선택합니다. [함수 인수] 대화상자에서 Sum_range 인수 입력란에는 이름으로 정의한 **매출금액**을 입력하고, Criteria_range1 인수 입력란에도 이름으로 정의한 **매출월**, criteria1 인수 입력란에는 [$J17] 셀을 열 고정 혼합 참조로 입력합니다. Criteria_range2 인수 입력란에는 이름으로 정의한 **자재그룹**을 입력하고, Criteria2 인수 입력란에는 [K$16] 셀을 행 고정 혼합 참조로 입력합니다. [확인]을 클릭합니다.

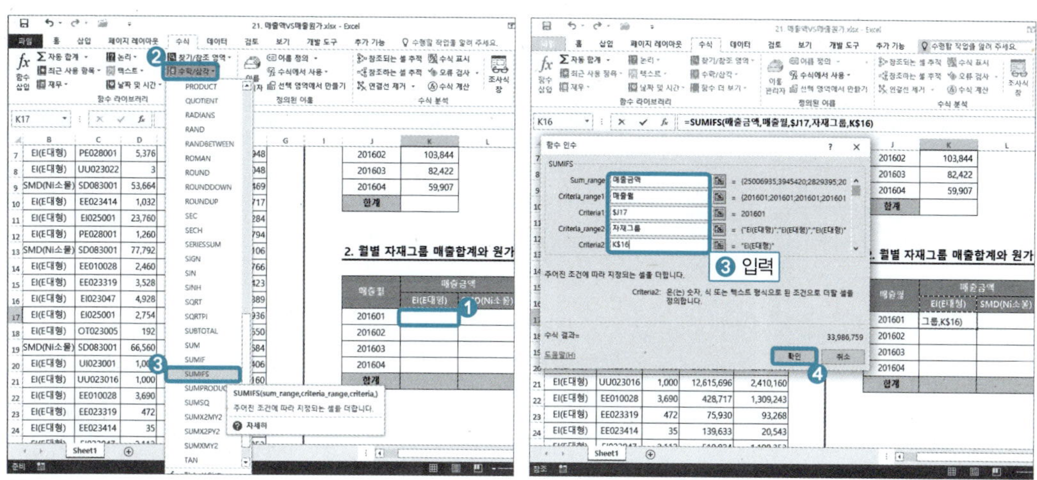

> **실력 향상** 함수 마법사에서 인수를 입력하는 중 정의한 이름이 생각나지 않으면 [수식] 탭-[정의된 이름] 그룹-[수식에서 사용]을 이용합니다. [수식에서 사용]을 클릭하면 현재 통합 문서에 정의된 모든 이름 목록이 나타나고 이때 사용할 이름을 선택하면 이름이 자동으로 수식에 입력됩니다.

5 [K17] 셀의 채우기 핸들을 [L17]셀로 드래그합니다. [K17:L17] 셀 범위를 선택한 후 채우기 핸들을 [L20] 셀까지 드래그합니다.

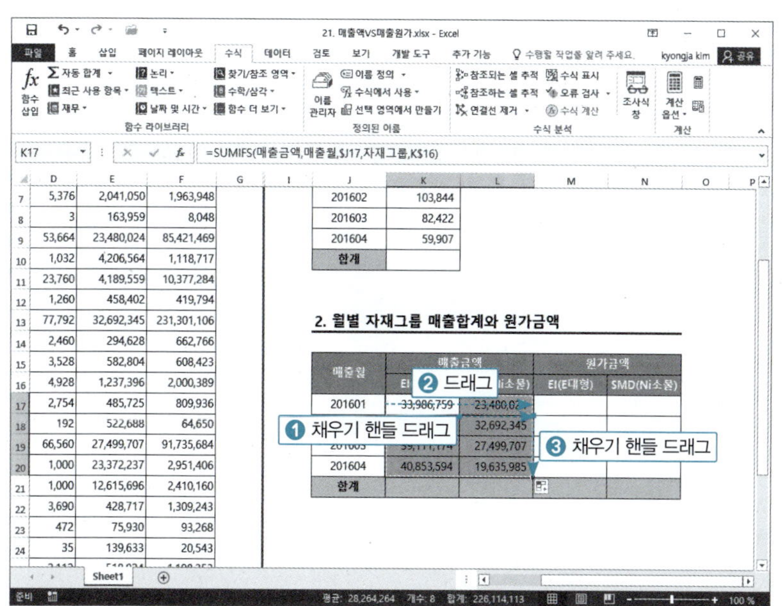

> **시간단축**
>
> SUMIFS 함수를 복사할 때 수식이 입력된 17행의 채우기 핸들에서 더블클릭하면 합계가 입력된 21행까지 복사되므로 드래그하여 20행까지만 복사합니다.

6 원가금액도 SUMIFS 함수를 사용하여 구해보겠습니다. [M17] 셀을 클릭합니다. [수식] 탭–[함수 라이브러리] 그룹–[수학/삼각]을 클릭한 후 [SUMIFS]를 선택합니다. [함수 인수] 대화상자에서 Sum_range 인수 입력란에는 **원가금액**을 입력하고, Criteria_range1 인수 입력란에는 **매출월**, Criteria1 인수 입력란에는 [$J17] 셀을 열 고정 혼합 참조로 입력합니다. Criteria_range2 인수 입력란에는 **자재그룹**을 입력하고, Criteria2 인수 입력란에는 [M$16] 셀을 행 고정 혼합 참조로 입력합니다. [확인]을 클릭합니다. [M17] 셀의 수식을 [N17] 셀로 드래그합니다. [M17:N17] 셀 범위를 선택한 후 채우기 핸들에서 [N20] 셀까지 드래그합니다.

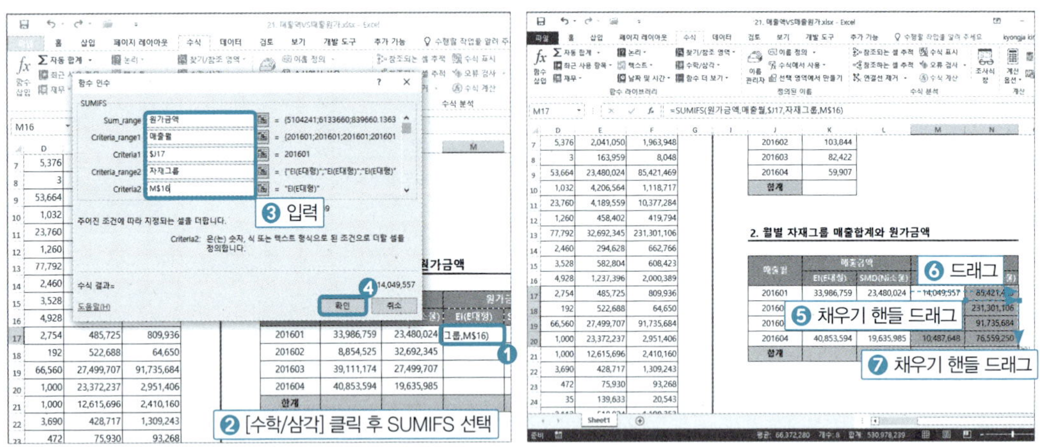

7 합계를 구해보겠습니다. Ctrl 을 이용하여 [K10] 셀과 [K21:N21] 셀 범위를 선택합니다. [수식] 탭–[함수 라이브러리] 그룹–[자동 합계]를 클릭합니다. 합계가 구해집니다.

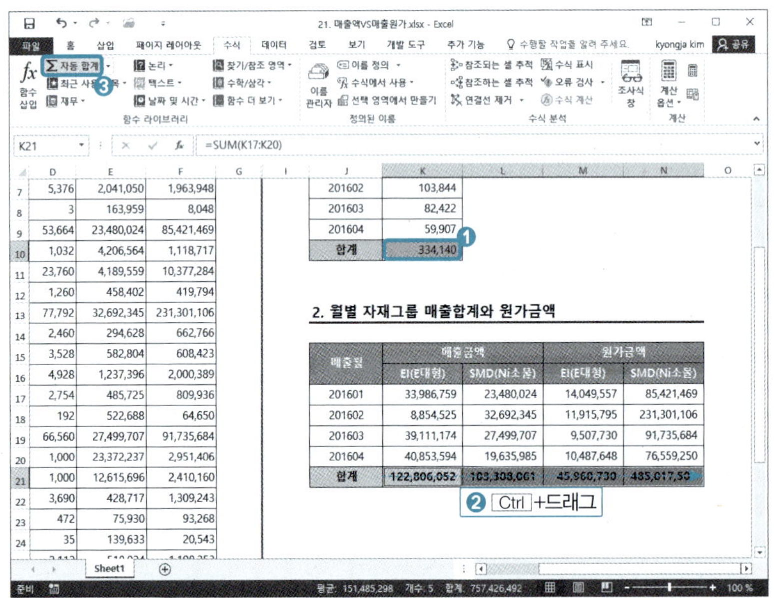

2. 월별 자재그룹 매출합계와 원가금액

매출월	매출금액		원가금액	
	EI(EI대형)	SMD(Ni소물)	EI(EI대형)	SMD(Ni소물)
201601	33,986,759	23,480,024	14,049,557	85,421,469
201602	8,854,525	32,692,345	11,915,795	231,301,106
201603	39,111,174	27,499,707	9,507,730	91,735,684
201604	40,853,594	19,635,985	10,487,648	76,559,250
합계	122,806,052	103,308,061	45,960,730	485,017,50

핵심기능 22

IF 함수로 입출금 내역 정리하기

입출금 통장거래 내역을 엑셀에서 관리하기 위해 숫자로 되어 있는 입출력 구분을 '입금', '출금', '취소'로 변경하고 중첩 IF 함수를 사용하여 잔액을 구해보겠습니다.

실습 파일 | PART 01 \ 입출금 내역 관리.xlsx　**완성 파일 |** PART 01 \ 입출금 내역 관리(완성).xlsx

1 구분 항목의 숫자 1을 '입금'으로 바꿔보겠습니다. [B6:B473] 셀 범위를 선택합니다. [홈] 탭-[편집] 그룹-[찾기 및 선택]을 클릭합니다. [바꾸기]를 선택합니다. [찾기 및 바꾸기] 대화상자에서 [찾을 내용]에 **1**, [바꿀 내용]에 **입금**을 입력합니다. [모두 바꾸기]를 클릭합니다. 바꾼 개수를 보여주는 메시지가 나타나면 [확인]을 클릭합니다.

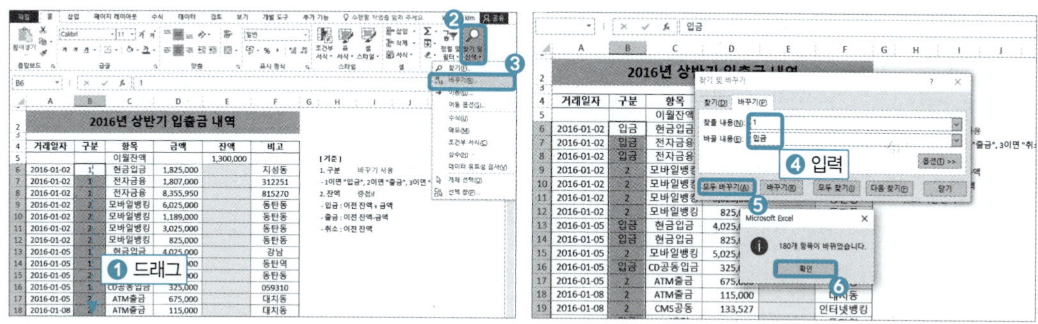

시간 단축 [바꾸기]를 사용할 때 셀 범위를 선택하지 않으면 현재 시트 전체 범위에서 바꾸기가 실행되므로 [바꾸기]를 실행할 셀 범위를 먼저 선택해줍니다. [B6] 셀을 클릭한 후 Ctrl + Shift + ↓ 를 누르면 셀 범위를 빠르게 선택할 수 있습니다.

슈퍼활용 TIP ★★★★★　IF 함수

IF 함수는 엑셀에서 SUM 함수 다음으로 가장 많이 사용됩니다. 사용자가 지정한 조건에 맞으면 참(TRUE) 값을, 맞지 않으면 거짓(FALSE) 값을 반환합니다. 참과 거짓에 해당하는 인수는 숫자, 문자, 수식 등 다양하게 지정할 수 있습니다.

함수 형식	= IF(Logical_test, Value_if_true, Value_if_false) = IF(조건식, 참일 때 값, 거짓일 때 값)
인수	• Logical_test : 참과 거짓을 판단할 수 있는 값이나 식으로 비교 연산자(>, >=, <=, <>)를 사용합니다. • Value_if_true : 조건식의 결과가 참일 때 셀에 입력할 값이나 계산할 수식으로, 생략하면 TRUE가 입력됩니다. • Value_if_false : 조건식의 결과가 거짓일 때 셀에 입력할 값이나 계산할 수식으로, 생략하면 FALSE가 입력됩니다.

2 구분 항목의 숫자 2를 '출금'으로 바꿔보겠습니다. [찾기 및 바꾸기] 대화상자에서 [찾을 내용]에 **2**, 바꿀 내용에 **출금**을 입력합니다. [모두 바꾸기]를 클릭합니다. 바꾼 개수를 보여주는 메시지가 나타나면 [확인]을 클릭합니다. 같은 방법으로 구분 항목의 숫자 3을 취소로 바꿔보겠습니다. [찾기 및 바꾸기] 대화상자에서 [찾을 내용]에 **3**, [바꿀 내용]에 **취소**를 입력합니다. [모두 바꾸기]를 클릭합니다. 바꾼 개수를 보여주는 메시지가 나타나면 [확인]을 클릭합니다. [찾기 및 바꾸기] 대화상자에서 [닫기]를 클릭합니다.

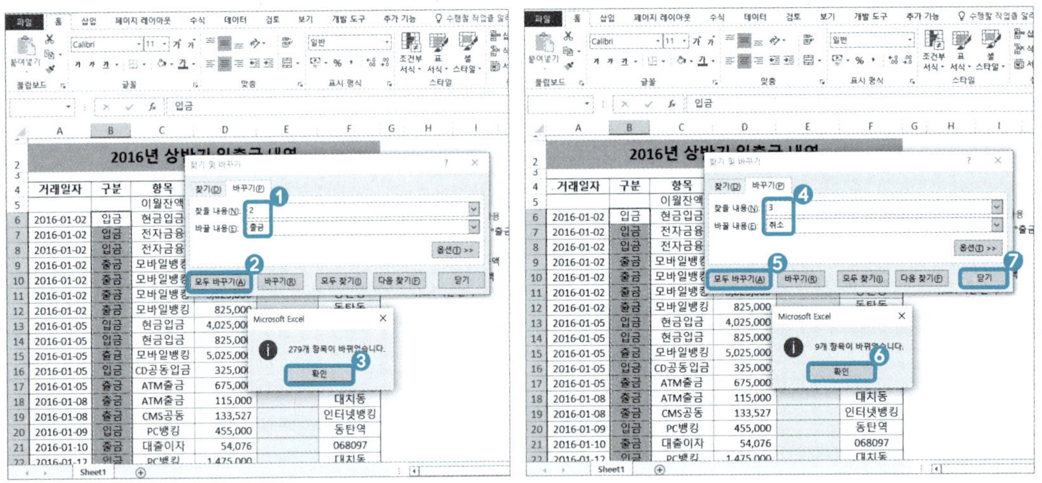

3 C열에서 바뀐 입금, 출금, 취소 구분을 기준으로 일자별 잔액을 구해보겠습니다. 구분이 '입금'이면 이전 잔액에 금액을 더하고, 구분이 '출금'이면 이전 잔액에서 금액을 빼고, 구분이 '취소'이면 이전 잔액을 그대로 표시합니다. [E6] 셀을 클릭합니다. [수식] 탭-[함수 라이브러리] 그룹-[논리]를 클릭한 후 [IF]를 선택합니다. [함수 인수] 대화상자에서 Logical_test 인수 입력란에는 첫 번째 조건식인 **B6="입금"**을 입력하고, Value_if_true 인수 입력란에는 **E5+D6** 수식을 입력합니다. Value_if_false 인수 입력란을 클릭하고 다시 IF 함수를 불러오기 위해 수식 입력줄에서 [이름 상자]의 [IF] 함수를 클릭합니다.

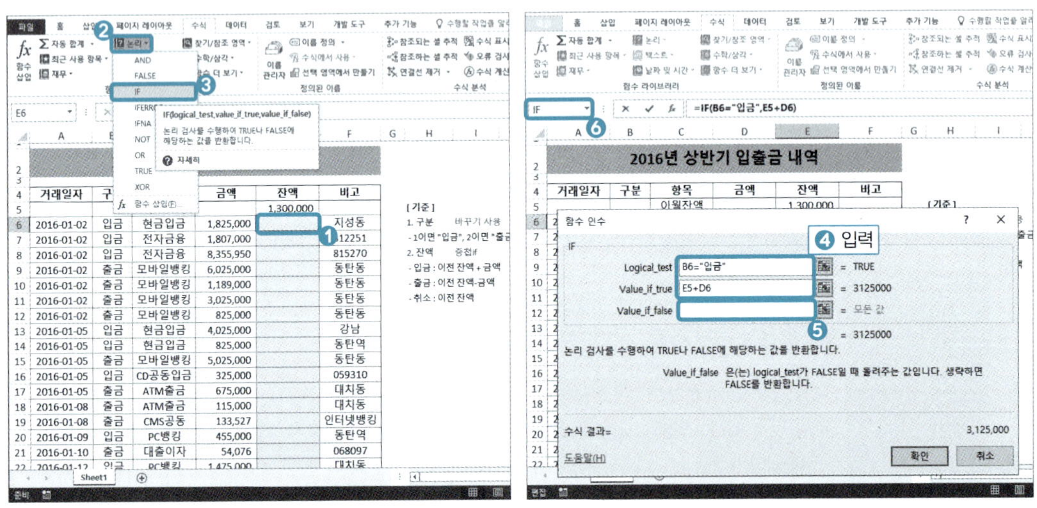

실력 향상 Value_if_false 인수 입력란을 클릭하지 않고 두 번째 인수인 Value_if_true 인수 입력란에 커서가 있는 상태에서 IF 함수를 불러오면 수식 입력줄에 '=IF(B6="입금",E5+D6+IF( )'가 입력됩니다.

4 다시 나타나는 [IF] 함수 대화상자에서 Logical_test 인수 입력란에는 두 번째 조건식인 **B6="출금"**을 입력하고, Value_if_true 인수 입력란에는 **E5-D6**, 마지막 Value_if_false 인수 입력란에는 **E5**를 입력합니다. [확인]을 클릭하면 수식이 완성됩니다.

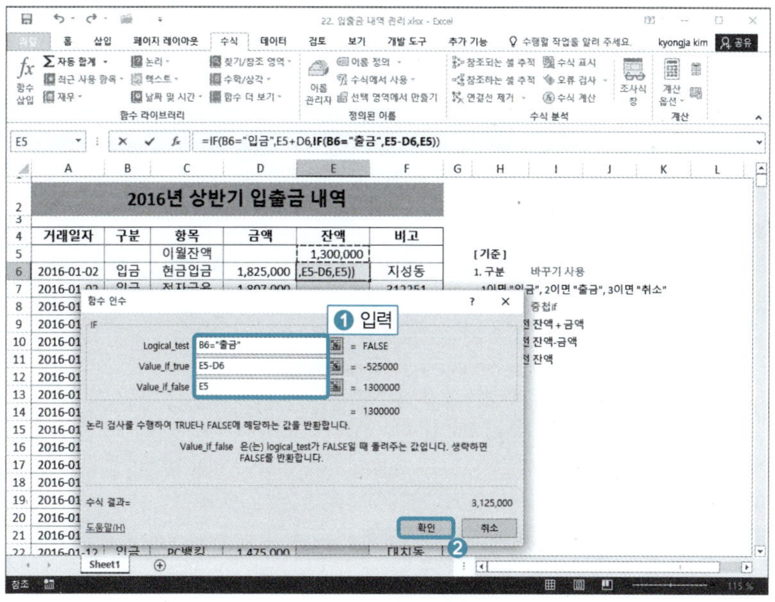

5 [E6] 셀의 채우기 핸들을 더블클릭하여 수식을 복사합니다. 수식을 복사하면 마지막 셀인 [E473] 셀의 테두리가 점선으로 변경됩니다. 서식은 제외하고 복사하기 위해 채우기 옵션 단추에서 [서식 없이 채우기]를 선택합니다.

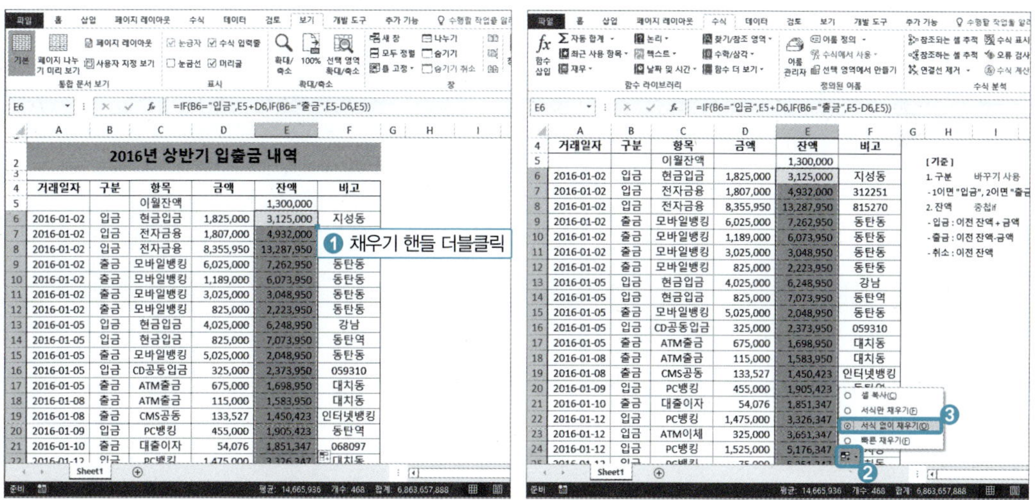

IF 함수의 첫 번째 인수에 지정해야 할 조건이 두 개 이상이고 이 조건들을 동시에 비교해야 할 때가 있습니다. 이렇게 여러 조건을 동시에 비교할 때는 IF 함수를 중첩하는 것보다 AND, OR 함수를 중첩하여 사용합니다. AND 함수는 여러 조건을 모두 만족할 때 참값을 반환하고, OR 함수는 여러 조건 중 하나라도 만족하면 참값을 반환합니다.

예제의 근무자 정보화 능력 진단 표에서 보고서 작성, 프레젠테이션, 엑셀통계 세 과목 중 한 과목이라도 60점 미만의 점수가 있으면 보충교육 대상자로 '●'를 표시하려고 합니다. IF 함수만 중첩하면 '=IF(D4〈60,"●",IF(E4〈60, "●",IF(F4〈60,"●","")))' 수식을 입력해야 하지만 IF 함수와 OR 함수를 함께 중첩하면 '=IF(OR(D4〈60,E4〈60,F4〈 60),"●","")'로 입력할 수 있습니다.

비교 조건이 더 복잡해지는 것을 감안한다면 동시에 비교할 조건이 두 개 이상일 때 IF 함수만 중첩하는 것보다 IF와 OR, 또는 AND를 함께 중첩하는 것이 좋습니다.

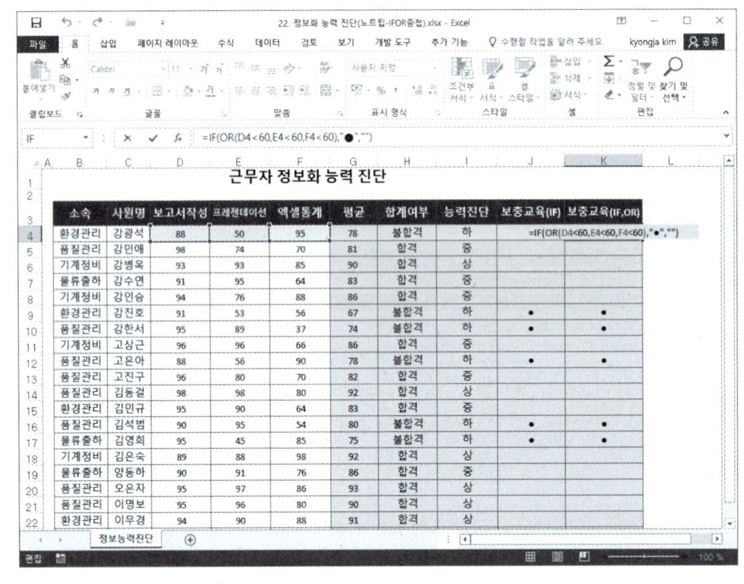

소속	사원명	보고서작성	프레젠테이션	엑셀통계	평균	합계여부	능력진단	보충교육(IF)	보충교육(IF,OR)
환경관리	강광석	88	50	95	78	불합격	하		=IF(OR(D4<60,E4<60,F4<60),"●","")
품질관리	강민애	98	74	70	81	합격	중		
기계정비	강병욱	93	93	85	90	합격	상		
물류출하	강수연	91	95	64	83	합격	중		
기계정비	강인승	94	76	88	86	합격	중		
환경관리	강진호	91	53	56	67	불합격	하	●	●
품질관리	강한서	95	89	37	74	불합격	하	●	●
기계정비	고상근	96	96	66	86	합격	중		
품질관리	고은아	88	56	90	78	불합격	하		
품질관리	고진구	96	80	70	82	합격	중		
품질관리	김동걸	98	98	80	92	합격	상		
환경관리	김민규	95	90	64	83	합격	중		
품질관리	김석범	90	95	54	80	불합격	하	●	●
물류출하	김영희	95	45	85	75	불합격	하	●	●
기계정비	김은숙	89	88	98	92	합격	상		
물류출하	양동하	90	91	76	86	합격	중		
품질관리	오은자	95	97	86	93	합격	상		
품질관리	이명보	95	96	80	90	합격	상		
환경관리	이무경	94	90	88	91	합격	상		

IFERROR 함수로 오류 처리하기

영업소별 매출 증감률 표에서 '증감률'을 구하고자 합니다. 증감률을 구하려면 '증감/4월' 수식을 적용해야 하는데, 4월 실적이 없는 영업소가 있습니다. 실적이 없는 영업소에는 '0'이 입력되어 있어 수식을 0으로 나누었을 때 나타나는 #DIV/0 오류가 표시됩니다. 오류 기호 대신 빈 셀이 표시되도록 IFERROR 함수를 사용해보겠습니다.

실습 파일 | PART 01 \ 영업소 매출 비교분석.xlsx　**완성 파일** | PART 01 \ 영업소 매출 비교분석(완성).xlsx

1 [G4] 셀을 클릭한 후 [수식] 탭-[함수 라이브러리] 그룹-[논리]를 클릭한 후 [IFERROR]를 선택합니다. [함수 인수] 대화상자에서 Value 인수 입력란에는 **F4/D4**를 입력하고, Value_if_error 인수 입력란에는 빈 셀을 뜻하는 “”를 입력합니다. [확인]을 클릭합니다.

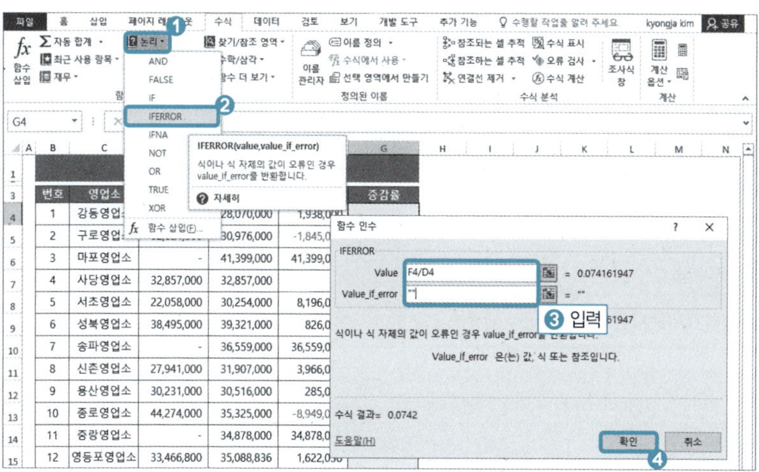

2 [G4] 셀의 채우기 핸들을 더블클릭하여 수식을 복사합니다. 4월에 값이 없는 영업소에는 '#DIV/0'가 나타나지 않고 빈 셀로 대체되었습니다. [홈] 탭-[표시 형식] 그룹-[백분율]을 클릭합니다. [자릿수 늘림]을 두 번 클릭해서 소수점 둘째 자리까지 값을 표시합니다.

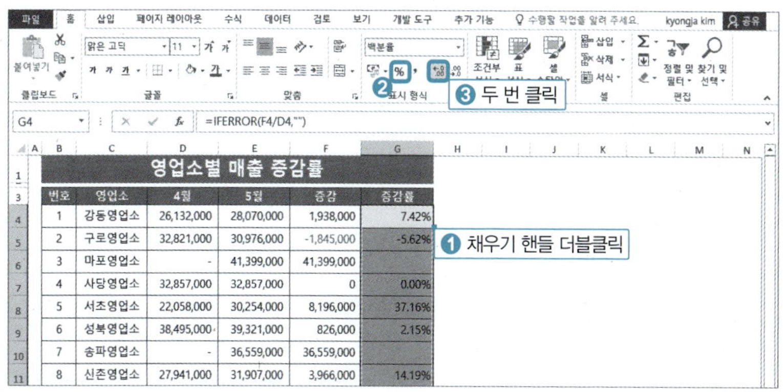

IFERROR 함수

수식을 사용하다보면 #Value!, #N/A, #DIV/0 등과 같은 오류가 나타날 때가 있습니다. 이러한 경우에는 IFERROR 함수를 사용하여 오류가 없다면 수식의 결과를 표시하고, 오류가 발생하면 다른 값으로 대체할 수 있습니다.

함수 형식	= IFERROR(Value, Value_if_error) = IFERROR(오류를 검사할 수식, 오류가 발생했을 때 대체할 값)
인수	• Value : 오류가 발생했는지 확인하는 수식으로, 오류가 없을 때는 셀에 이 수식의 결과가 표시됩니다. • Value_if_error : Value 인수의 결과는 오류일 때 대체해서 셀에 입력할 값이나 계산할 수식입니다.

오류를 확인해주는 ISERROR 정보 함수

IS로 시작되는 정보 함수는 주로 IF 함수와 같이 사용되며 셀 값이나 수식 결과의 오류를 검사해서 오류가 발생하면 참값을 반환하고 오류가 발생하지 않으면 거짓 값을 반환합니다. 이러한 정보 함수에는 ISBLANK, ISERR, ISNA, ISERROR, ISEVEN, ISFORMULA, ISODD, ISLOGICAL, ISNUMNER, ISNOTEXT, ISTEXT, ISREF가 있습니다. 이 중 모든 오류에 대해 검사하는 ISERROR 함수와 빈 셀인지 검사하는 ISBLANK 함수가 많이 사용됩니다.

함수 형식	= ISERROR(Value) = ISERROR(수식)
인수	• Value : 오류가 있는지 검사할 수식이나 셀 주소

정보 함수 종류

함수	참을 반환하는 경우
ISBLANK	값이 빈 셀을 참조하는 경우
ISERR	값이 #N/A를 제외한 오류 값을 참조하는 경우
ISERROR	값이 임의의 오류 값(#N/A, #Value!, #REF!, #DIV/0!, #NUM!, #NAME?, #NULL!)을 참조하는 경우
ISEVEN	값이 짝수를 참조하는 경우
ISFORMULA	수식을 포함하는 셀을 참조하는 경우
ISLOGICAL	값이 논리 값을 참조하는 경우
ISNA	값이 #N/A(사용할 수 없는 값) 오류 값을 참조하는 경우
ISNONTEXT	값이 텍스트가 아닌 항목을 참조하는 경우로 이 함수는 값이 빈 셀을 참조하는 경우에 TRUE를 반환합니다.
ISNUMBER	값이 숫자를 참조하는 경우
ISODD	값이 홀수를 참조하는 경우
ISREF	값이 참조를 참조하는 경우
ISTEXT	값이 텍스트를 참조하는 경우

VLOOKUP 함수로 품명에 따른 단위와 단가 찾아오기

전산소모품 발주서를 작성할 때 품명을 입력하거나 선택하면 해당 품명의 단위와 단가가 자동으로 입력되도록 VLOOKUP 함수를 사용해보겠습니다. VLOOKUP 함수에서 사용할 찾을 기준인 품명에는 유효성 검사를 설정하여 목록에서 선택할 수 있도록 합니다.

실습 파일 | PART 01 \ 전산소모품 발주서.xlsx **완성 파일** | PART 01 \ 전산소모품 발주서(완성).xlsx

1 [C5:C14] 셀 범위를 선택합니다. [데이터] 탭-[데이터 도구] 그룹-[데이터 유효성 검사]를 클릭합니다. [데이터 유효성] 대화상자의 [설정] 탭에서 [제한 대상]을 [목록]으로 선택합니다. 원본 입력란을 클릭한 후 [L5:L15] 셀 범위를 드래그로 입력합니다.

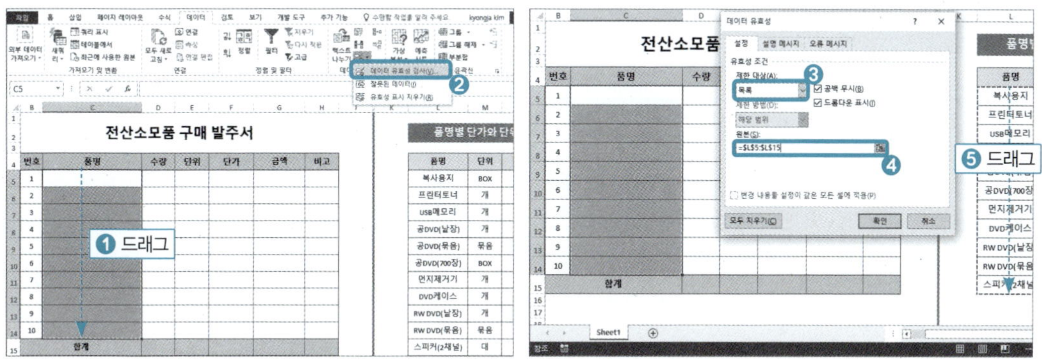

실력 향상 VLOOKUP 함수의 찾을 기준이 되는 인수에 잘못된 데이터가 입력되면 오류가 발생할 수 있습니다. 이런 오류를 방지하려면 찾을 기준이 되는 값을 항상 목록에서 선택할 수 있도록 유효성 검사 기능을 함께 사용하면 편리합니다.

2 [오류 메시지] 탭을 클릭합니다. [오류 메시지] 입력란에 **품명은 목록에 있는 내용만 입력 가능합니다.**를 입력합니다. [확인]을 클릭합니다. 품명을 입력하는 셀에 유효성 검사가 설정되어 목록에서 품명을 선택하면 셀에 입력됩니다.

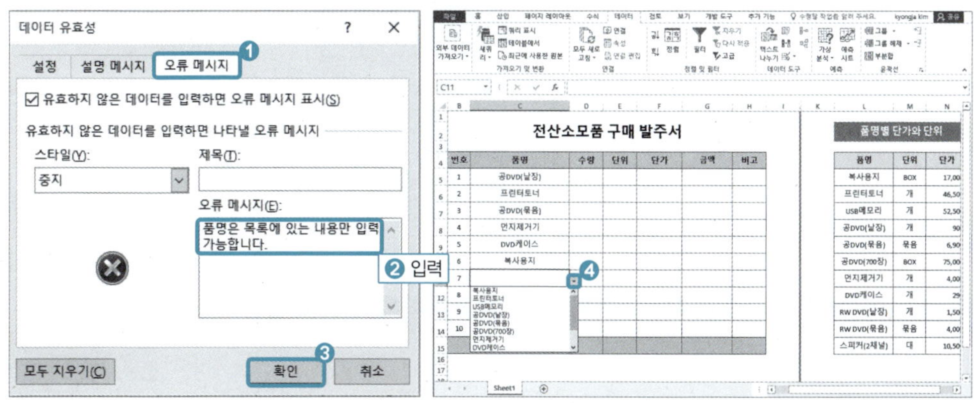

데이터 목록에서 지정한 데이터와 일치하거나 조건에 맞는 데이터를 찾아와 그 값에 따라 계산해야 할 경우에는 찾기/참조 범주의 함수를 사용합니다. 데이터 목록의 첫 열에서 찾고자 하는 기준 값을 검색한 후 세로(Vertical) 방향으로 원하는 항목을 찾아 셀에 표시해야 할 때 VLOOKUP 함수를 사용합니다. 만약 기준 값을 검색한 후 가로(Horizontal) 방향으로 원하는 항목을 찾아 셀에 표시해야 한다면 HLOOKUP 함수를 사용합니다.

함수 형식	=VLOOKUP(Lookup_value, Table_array, Col_index_num, Range_lookup) =VLOOKUP(찾을 기준 값, 기준 범위, 가져올 열 번호, 찾는 방법)
인수	• Lookup_value : 데이터 목록의 첫 열에 있는 값 중에서 찾을 기준 값을 지정합니다. • Table_array : 찾고자 하는 데이터가 있는 목록입니다. 찾을 기준 값과 셀에 표시할 값이 모두 포함되어 있는 데이터 목록입니다. • Col_index_num : 셀에 표시할 항목이 있는 열 번호를 지정하는 인수로 Table_array에 지정된 데이터 목록 중 몇 번째 열 값을 셀에 표시할 것인지 숫자로 지정합니다. • Range_lookup : 찾을 방법을 지정하는 인수로 'FALSE' 또는 '0'을 입력하면 정확하게 일치하는 값을 찾고, 'TRUE' 또는 '1'을 입력하거나 생략하면 한 단계 낮은 근삿값을 찾습니다.

3 단위에 VLOOKUP 함수를 입력하여 선택한 품명의 단위를 찾아 표시해보겠습니다. VLOOKUP 함수에 사용할 기준 범위로 [L4:N15] 셀 범위를 사용하는데, 절대 참조를 지정해야 하므로 먼저 이름을 정의해보겠습니다. [L4:N15] 셀 범위를 선택합니다. [이름 상자]에 **품명기준**을 입력한 후 Enter 를 누릅니다.

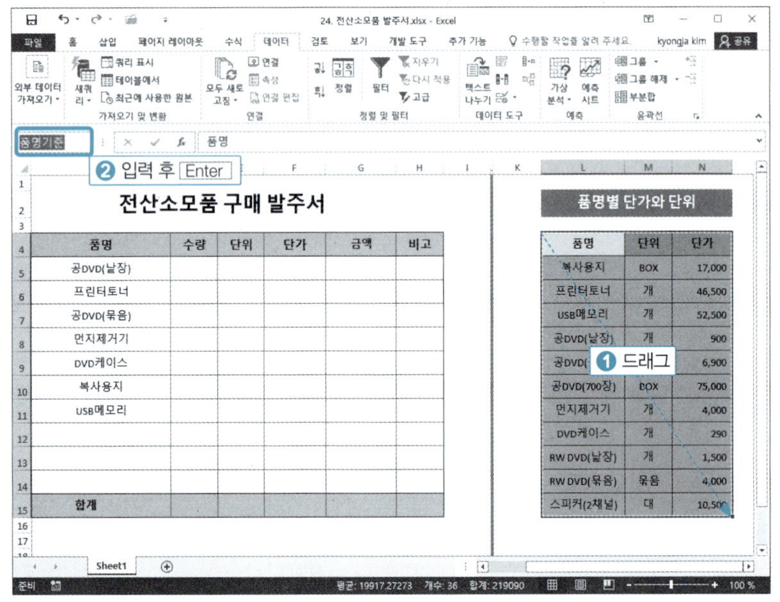

실력향상

[이름 상자]에 이름을 입력한 후 반드시 Enter 를 눌러야 이름 정의가 완료됩니다. 정의된 이름은 [이름 상자]의 목록 단추를 클릭하거나 [수식] 탭-[정의된 이름] 그룹-[이름 관리자]에서 확인할 수 있습니다.

4 [E5] 셀을 클릭합니다. [수식] 탭-[함수 라이브러리] 그룹-[찾기/참조 영역]을 클릭한 후 [VLOOKUP]을 선택합니다. [함수 인수] 대화상자에서 Lookup_value 인수 입력란에 **C5**, Table_array 인수 입력란에 **품명기준**, Col_index_num 인수 입력란에 **2**, Range_lookup 인수 입력란에 **0**을 입력합니다. [확인]을 클릭합니다.

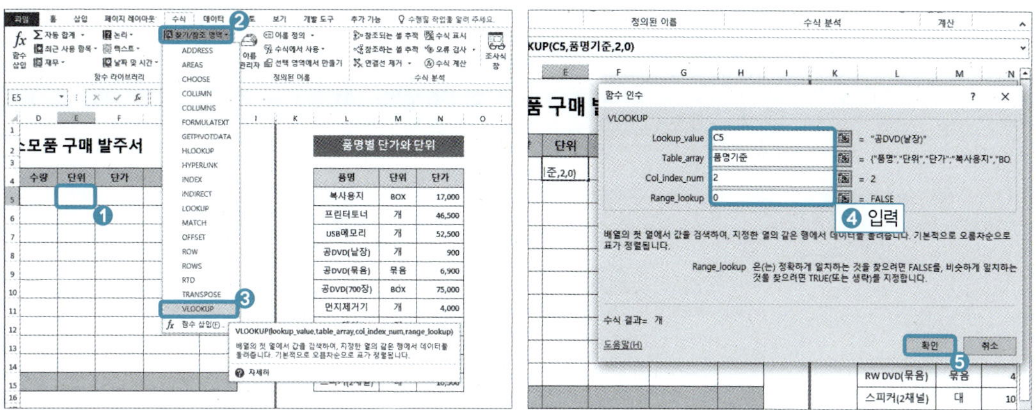

> **실력 향상** Range_lookup 인수에 '0'을 입력하면 찾을 기준 값이 기준 범위 첫 열에 없을 경우 '#N/A'의 오류가 표시됩니다. 그러나 '1'을 입력하거나 생략하면 찾을 값이 없는 경우 찾을 값보다 한 단계 낮은 값(문자는 ㄱ,ㄴ,ㄷ, …순)의 상품명이 표시됩니다. 이때 기준 범위 첫 열은 항상 오름차순으로 정렬되어 있어야 합니다.

5 [E5] 셀에 단위가 표시되었습니다. [E5] 셀의 채우기 핸들을 [E11] 셀까지 드래그하여 수식을 복사합니다.

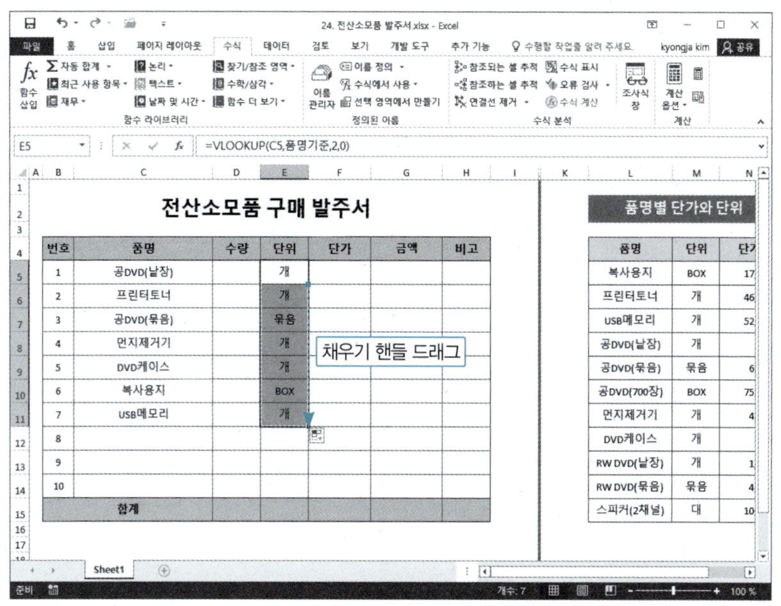

> **실력 향상** 단위에 입력된 VLOOKUP 수식을 [E14] 셀까지 복사하면 품명이 선택되지 않은 행에는 #N/A 오류가 발생합니다. [E14] 셀까지 복사해도 오류가 발생하지 않도록 하려면 VLOOKUP 함수와 IFERROR 함수를 함께 사용해야 합니다.

6 단가를 찾아 표시해보겠습니다. [F5] 셀을 클릭합니다. [수식] 탭-[함수 라이브러리] 그룹-[찾기/참조 영역]을 클릭한 후 [VLOOKUP]을 선택합니다. [함수 인수] 대화상자에서 Lookup_value 인수 입력란에 **C5**, Table_array 인수 입력란에 **품명기준**, Col_index_num 인수 입력란에 **3**, Range_lookup 인수 입력란에 **0**을 입력합니다. [확인]을 클릭합니다. [F5] 셀에 단가가 표시되었습니다. [F5] 셀의 채우기 핸들을 [F11] 셀까지 드래그하여 수식을 복사합니다.

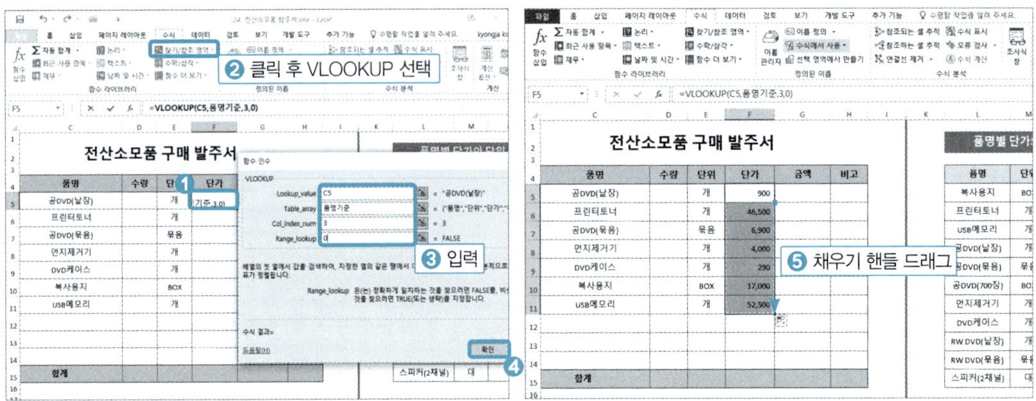

> **시간 단축** 수식을 입력하다가 정의해둔 이름이 생각나지 않을 때는 [수식] 탭-[정의된 이름] 그룹-[수식에서 사용]을 클릭합니다. 현재 통합 문서에 정의된 모든 이름이 나타나고 원하는 이름을 클릭하면 수식에 자동으로 입력됩니다.

슈 퍼 활 용 TIP ★★★★★ 품명이 선택되지 않은 행에 오류가 표시되지 않도록 IFERROR 함수 중첩하기

C열에 품명이 선택되지 않은 상태에서 VLOOKUP 함수가 입력되면 단위와 단가 항목에 오류가 발생합니다. 오류가 발생하지 않도록 하려면 VLOOKUP 함수에 IFERROR 함수를 중첩합니다. 품명이 선택되지 않으면 '단위'는 빈 셀로 표시되고, '단가'는 '0'으로 표시됩니다.

- 단위 : =IFERROR(VLOOKUP(C5,품명기준,2,0),"")
- 단가 : =IFERROR(VLOOKUP(C5,품명기준,3,0),0)

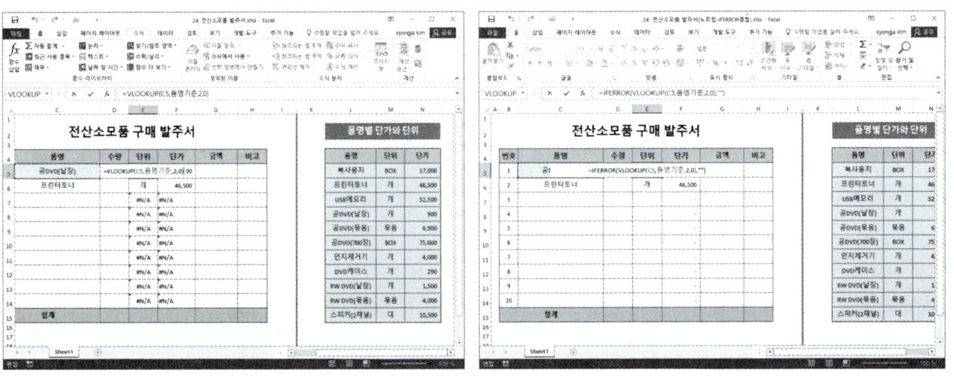

VLOOKUP 함수만 사용했을 경우   VLOOKUP과 IFERROR 함수를 중첩했을 경우

OFFSET 함수로 월별 평균대비 실적 분석하기

월 평균대비 실적분석 표의 [B4] 셀에서 분석월을 선택하면 해당 월의 데이터를 전체 실적 표에서 찾아올 수 있도록 OFFSET 함수를 적용해보겠습니다.

실습 파일 | PART 01 \ 평균대비 분석.xlsx **완성 파일** | PART 01 \ 평균대비 분석(완성).xlsx

1 [B4] 셀에서 비교할 월을 입력해야 하는데 1월~12월만 입력할 수 있도록 유효성 검사를 설정해 보겠습니다. [B4] 셀을 클릭합니다. [데이터] 탭-[데이터 도구] 그룹-[데이터 유효성 검사]를 클릭합니다. [데이터 유효성] 대화상자의 [설정] 탭에서 [제한 대상]은 [목록]을 선택합니다. [원본] 입력란에 [B10:B21] 셀 범위를 드래그하여 입력합니다.

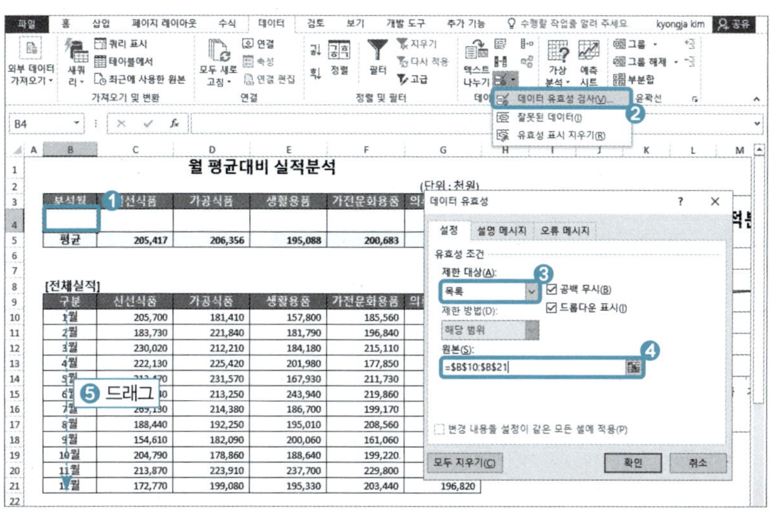

2 [오류 메시지] 탭을 클릭합니다. [오류 메시지] 입력란에 **분석월은 목록에서 선택하거나 1~12 숫자만 입력합니다.**를 입력합니다. [확인]을 클릭합니다. [B4] 셀에 유효성 검사가 설정되어 목록에서 월을 선택하면 셀에 입력됩니다.

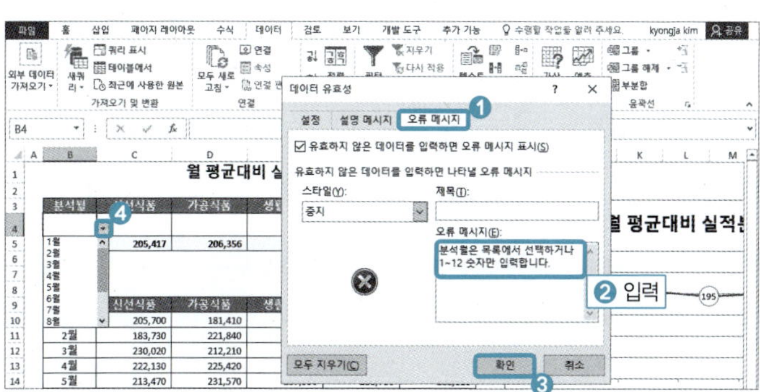

3 목록에서는 '1월, 2월, 3월…' 형식으로 보이지만 셀에 입력된 데이터는 '1, 2, 3…'으로 표시됩니다. [B10:B21] 셀 범위에는 숫자만 입력되어 있고 '월' 문자는 셀 서식의 표시 형식으로 설정했기 때문입니다. [B4] 셀에도 '월' 문자가 함께 표시되도록 표시 형식을 설정해보겠습니다. [B4] 셀을 클릭합니다. 마우스 오른쪽 버튼을 클릭한 후 [셀 서식]을 선택합니다. [셀 서식] 대화상자에서 [표시 형식] 탭을 클릭합니다. [사용자 지정] 범주에서 [형식] 입력란에 **0월**을 입력합니다. [확인]을 클릭합니다.

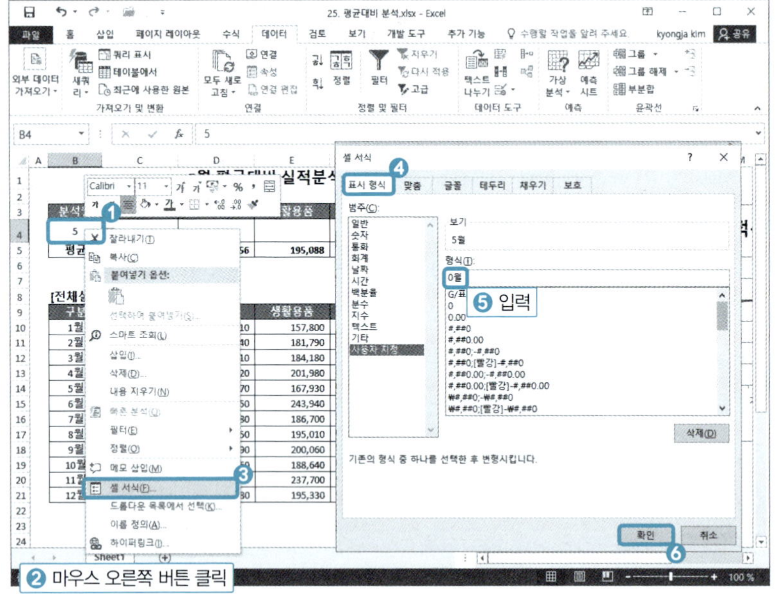

실력향상

표시 형식 기호에서 '0'은 숫자의 자릿수를 표시하는 기호로 '0월'로 형식을 지정하면 항상 한 자리 이상의 숫자가 표시되고 숫자 뒤에는 '월' 문자가 추가로 표시됩니다.

4 OFFSET 함수로 선택된 월의 값을 찾아 표시해보겠습니다. [C4] 셀을 클릭합니다. [수식] 탭-[함수 라이브러리] 그룹-[찾기/참조 영역]을 클릭한 후 [OFFSET]을 선택합니다. [함수 인수] 대화상자에서 Reference 인수 입력란에는 데이터를 찾을 출발 셀로 **C9**, Rows 인수 입력란에는 이동할 행 수로 분석하고자 하는 월이 입력된 [$B$4] 셀을 절대 참조로 입력하고, Cols 인수 입력란에는 이동할 열 수로 **0**을 입력합니다. [확인]을 클릭합니다.

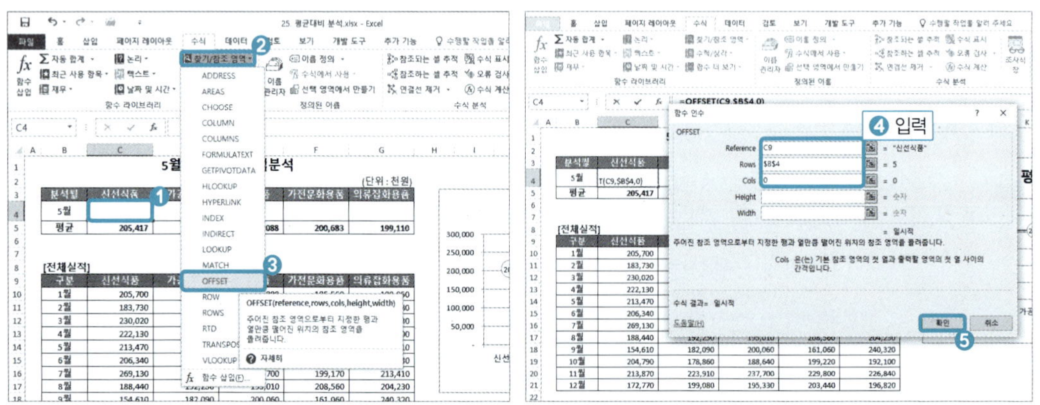

실력 향상 [C9] 셀을 기준으로 분석월이 '1월'이면 행 수만 1칸 이동하고, '5월'이면 행 수만 5칸 이동하여 각 월의 데이터를 찾아옵니다. 열은 이동하지 않습니다.

OFFSET 함수는 지정한 셀을 기준으로 지정한 행 수와 열 수만큼 떨어진 데이터를 찾아오며, 데이터 목록을 변경해가면서 데이터를 분석할 때 주로 사용합니다. 예를 들어 1월~12월까지의 데이터 목록을 한 시트에 모두 표시하면 데이터가 많아 복잡해지므로 월별, 분기별로 선택하면서 해당 데이터를 찾아 분석할 때 사용할 수 있습니다.

함수 형식	= OFFSET(Reference, Rows, Cols, Height, Width) = OFFSET(출발 셀 또는 범위, 이동 행 수, 이동 열 수, 가져올 행 수, 가져올 열 수)
인수	• Reference : 찾아 올 데이터가 있는 첫 셀 또는 첫 셀을 포함한 셀 범위를 지정합니다. • Rows : Reference 인수에서 지정한 셀에서 몇 개의 행을 이동할 것인지 지정합니다. 0은 이동하지 않고 양수는 아래쪽으로, 음수는 위쪽으로 이동합니다. • Cols : Reference 인수에서 지정한 셀에서 몇 개의 열을 이동할 것인지 지정합니다. 0은 이동하지 않고 양수는 오른쪽으로, 음수는 왼쪽으로 이동합니다. • Height : 가져올 높이로 행의 개수를 지정합니다. 생략하면 한 셀 값을 찾아옵니다. • Width : 가져올 너비로 열의 개수를 지정합니다. 생략하면 한 셀 값을 찾아옵니다.

5 [C4] 셀의 채우기 핸들을 [G4] 셀까지 드래그하여 수식을 복사합니다.

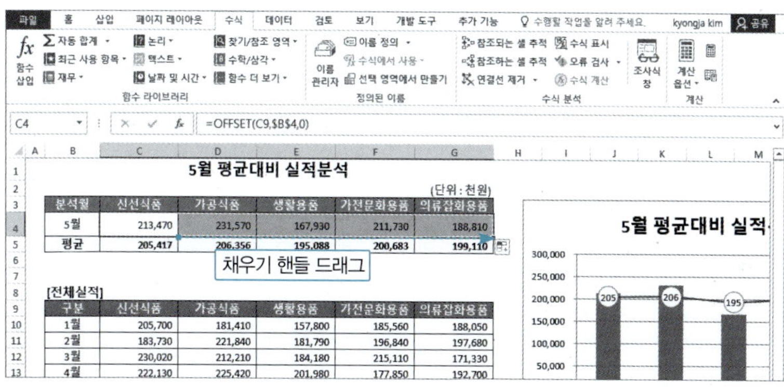

6 [B4] 셀의 월을 변경하면 [C4:G4] 셀 범위의 값과 차트가 변경됩니다.

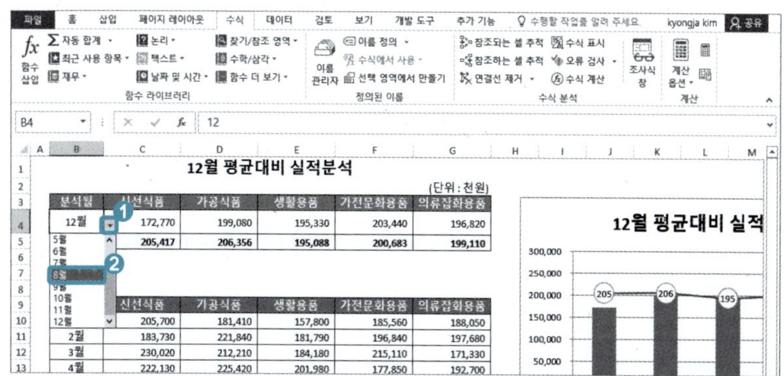

INDEX와 MATCH 함수로
직급별/출장지별 금액 찾아오기

해외 출장비 지급 기준 표에서 MATCH 함수로 구한 직책의 행 번호와 출장지의 열 번호를 이용하여 INDEX 함수로 '1일 출장비'를 구해보겠습니다. INDEX 함수와 MATCH 함수에 사용되는 각 셀 범위가 모두 절대 참조이므로 각 셀 범위를 이름으로 정의한 후 함수를 적용하겠습니다.

실습 파일 | PART 01 \ 해외 출장비.xlsx **완성 파일** | PART 01 \ 해외 출장비(완성).xlsx

1 [C5:F11] 셀 범위를 선택합니다. [이름 상자]에 **출장경비**를 입력한 후 Enter 를 누릅니다. [B5:B11] 셀 범위를 선택합니다. [이름 상자]에 **직급**을 입력한 후 Enter 를 누릅니다.

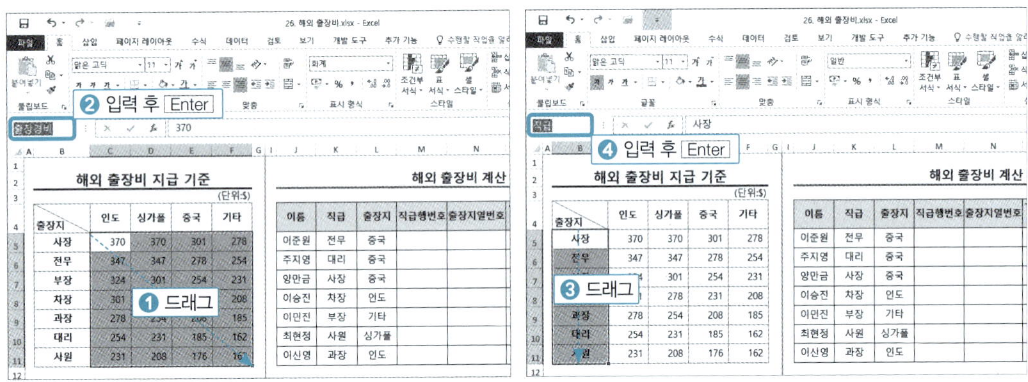

2 [C4:F4] 셀 범위를 선택합니다. [이름 상자]에 **출장지**를 입력한 후 Enter 를 누릅니다.

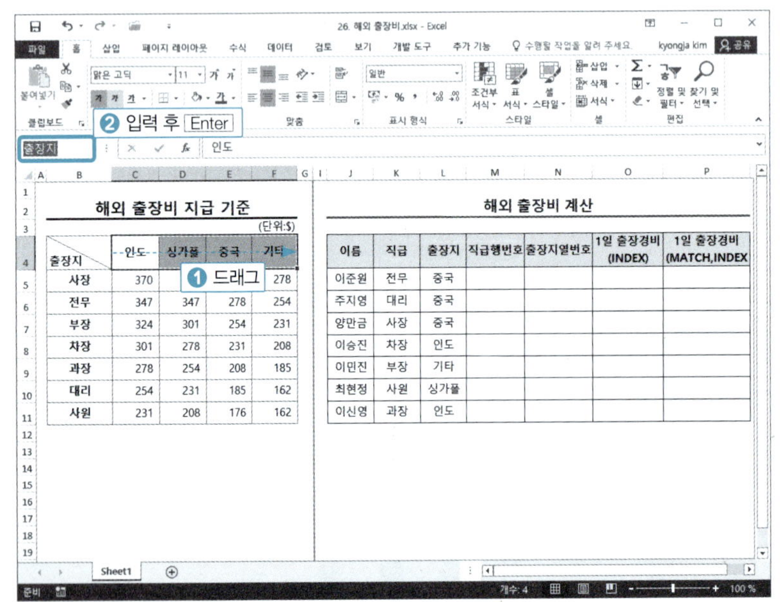

> **실력향상**
>
> 정의된 이름은 [이름 상자]의 목록 단추를 클릭하여 한 개씩 선택해봅니다. 이름 정의에 오류가 없다면 해당 이름의 범위가 정확하게 선택됩니다.

3 MATCH 함수를 이용하여 직급의 행 번호와 출장비 열 번호를 구해보겠습니다. 먼저 직급 행 번호를 표시할 [M5] 셀을 클릭합니다. [수식] 탭-[함수 라이브러리] 그룹-[찾기/참조 영역]을 클릭한 후 [MATCH]를 선택합니다. [함수 인수] 대화상자에서 Lookup_value 인수 입력란에는 찾을 기준 값으로 **K5**, Lookup_array 인수 입력란에는 찾을 데이터가 있는 범위로 **직급**, Match_type 인수 입력란에는 정확하게 일치하는 값을 찾기 위해 **0**을 입력합니다. [확인]을 클릭합니다.

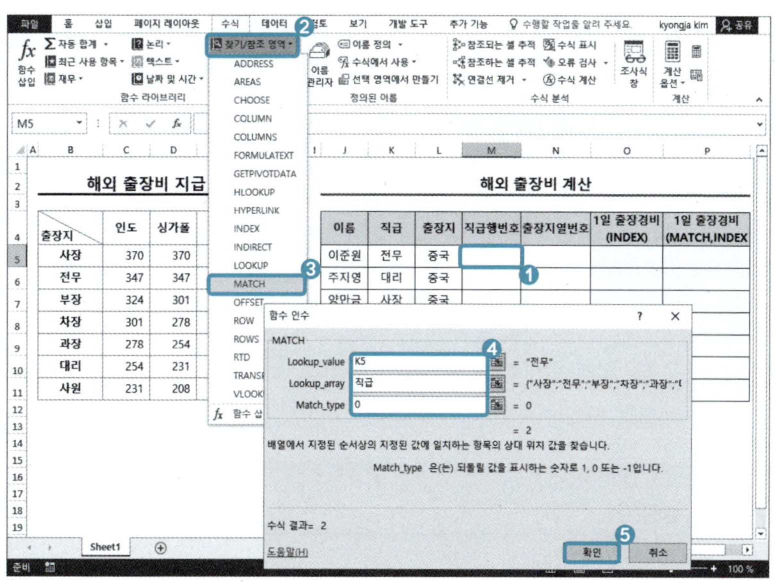

4 출장비 열 번호를 표시할 [N5] 셀을 클릭합니다. [수식] 탭-[함수 라이브러리] 그룹-[찾기/참조 영역]을 클릭한 후 [MATCH]를 선택합니다. [함수 인수] 대화상자에서 Lookup_value 인수 입력란에는 찾을 기준 값으로 **L5**, Lookup_array 인수 입력란에는 찾을 데이터가 있는 범위로 **출장지**, Match_type 인수 입력란에는 정확하게 일치하는 값을 찾기 위해 **0**을 입력합니다. [확인]을 클릭합니다.

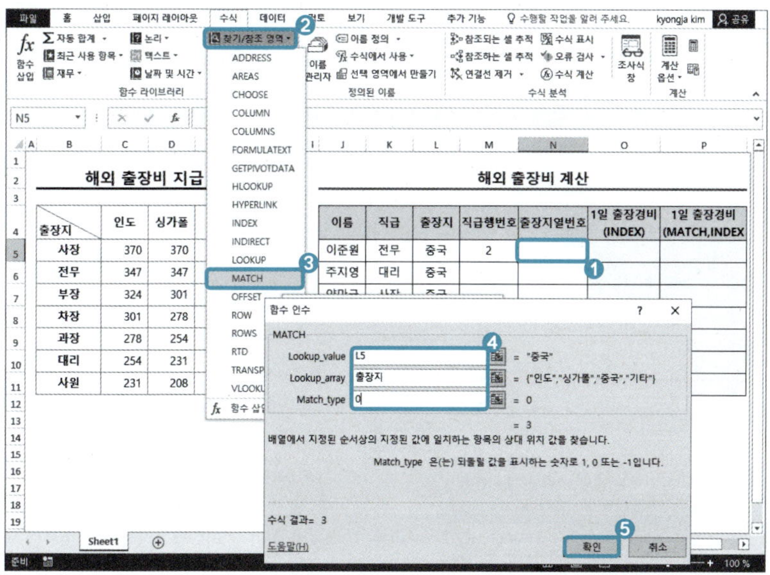

MATCH 함수는 지정된 범위 내에서 찾는 값이 몇 번째에 위치하는지 찾아 위치 번호를 반환합니다. 범위는 행 또는 열로 단방향으로만 지정할 수 있습니다. INDEX 함수는 데이터 목록에서 지정한 행 번호와 열 번호의 데이터를 찾아오는 함수입니다. INDEX 함수의 행 번호와 열 번호 인수로 MATCH 함수를 중첩하여 사용할 수 있습니다.

함수 형식	= MATCH(Lookup_value, Lookup_array, Match_type) = MATCH(찾을 값, 범위, 찾는 방법)
인수	• Lookup_value : 찾고자 하는 데이터를 지정합니다. • Lookup_array : 찾을 데이터가 있는 셀 범위로 행이 두 개 이상이면 열이 한 개여야 하고, 열이 두 개 이상이면 행이 한 개여야 합니다. • Match_type : 찾는 방법은 다음의 세 가지 중에서 선택할 수 있습니다. 0 : 정확하게 일치하는 값을 찾습니다. 1 또는 생략 : 찾을 값이 없는 경우 찾을 값보다 한 단계 낮은 근삿값을 찾습니다. 범위는 오름차순으로 정렬되어 있어야 합니다. −1 : 찾을 값이 없는 경우 찾을 값보다 한 단계 높은 근삿값을 찾습니다. 범위는 내림차순으로 정렬되어 있어야 합니다.

함수 형식	= INDEX(Array, Row_num, Column_num) = INDEX(범위, 행 번호, 열 번호)
인수	• Array : 데이터 목록의 셀 범위를 지정합니다. • Row_num : 데이터 목록에서 찾아올 데이터의 행 번호입니다. 행이 하나인 목록이면 생략할 수 있습니다. • Column_num : 데이터 목록에서 찾아올 데이터의 열 번호입니다. 열이 하나인 목록이면 생략할 수 있습니다. INDEX 함수의 데이터 목록이 행과 열 모두 두 개 이상이면 행 번호와 열 번호를 모두 지정하고, 행 또는 열의 단방향 목록이라면 행 번호나 열 번호 중 하나만 지정합니다.

5 MATCH 함수로 구해놓은 직급의 행 번호와 출장지의 열 번호를 이용하여 INDEX 함수로 출장경비를 찾아 표시해보겠습니다. [O5] 셀을 클릭합니다. [수식] 탭–[함수 라이브러리] 그룹–[찾기/참조 영역]을 클릭한 후 [INDEX]를 선택합니다. [인수 선택] 대화상자에서 첫 번째 목록을 선택합니다.

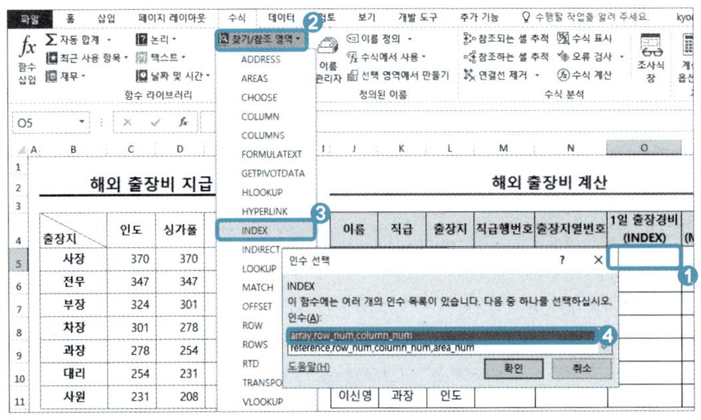

실력향상

INDEX 함수는 한 개의 셀 범위를 지정하는 배열형과 두 개 이상의 셀 범위를 지정하는 참조형으로 구분됩니다. 첫 번째 항목인 'Array,row_num,column_num'은 배열형으로 한 개의 셀 범위를 지정하고, 두 번째 항목인 'Reference,row_num,column_num,area_num'은 참조형으로 두 개 이상의 셀 범위를 지정할 수 있습니다. 여기에서는 한 개의 셀 범위를 지정하는 배열형을 선택합니다.

6 [함수 인수] 대화상자에서 Array 인수 입력란에는 **출장경비**, Row_num 인수 입력란에는 직급 행 번호가 있는 **M5**, Column_num 인수 입력란에는 출장지 열 번호가 있는 **N5**를 입력합니다. [확인]을 클릭합니다. [M5:O5] 셀 범위를 선택하고 채우기 핸들을 더블클릭합니다. 수식이 복사되었습니다.

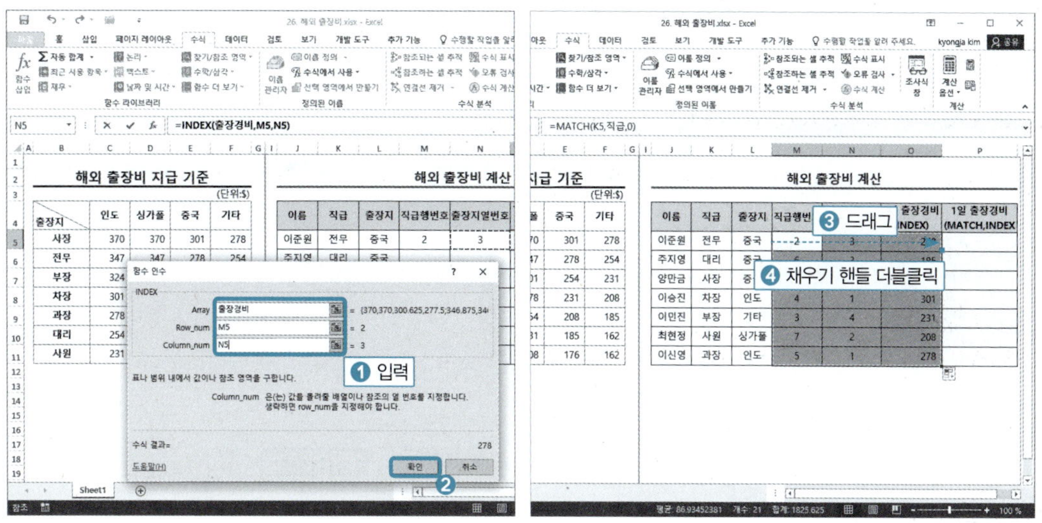

7 INDEX 함수와 MATCH 함수를 중첩하여 '1일 출장경비'를 구해보겠습니다. INDEX 함수의 두 번째와 세 번째 인수로 MATCH 함수를 중첩합니다. [P5] 셀을 클릭합니다. INDEX 함수를 선택하여 Array 인수 입력란에 **출장경비**, Row_num 인수 입력란에 **MATCH(K5,직급,0)**, Column_num 인수 입력란에 **MATCH(L5,출장지,0)**을 입력합니다.

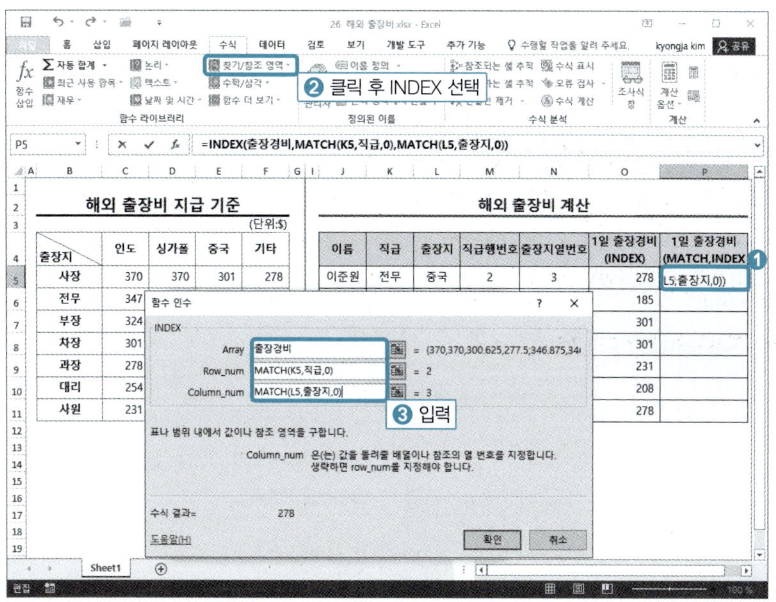

시간 단축 MATCH 함수를 두 개의 인수에 각각 입력해야 하므로 함수 마법사를 사용하면 오히려 불편합니다. 인수 입력란에 수식을 직접 입력하는 것이 편리합니다.

데이터베이스 함수로 조건에 맞는 그룹별 통계 구하기

설비별 작업 목록에서 설비명, 구분, 품명, 수량, 금액 조건에 따라 수량과 금액의 평균을 구하는 데이터베이스 함수를 적용해보겠습니다.

실습 파일 | PART 01 \ 설비별 작업목록.xlsx **완성 파일 |** PART 01 \ 설비별 작업목록(완성).xlsx

1 설비명 필드와 구분 필드를 기준으로 수량과 금액의 합계를 DSUM 함수로 구해보겠습니다. [N7] 셀을 클릭합니다. 수식 입력줄의 [함수 삽입]을 클릭합니다. [함수 마법사] 대화상자의 [범주 선택]에서 [데이터 베이스]를 선택하고 [함수 선택]에서 [DSUM]을 선택합니다. [확인]을 클릭합니다.

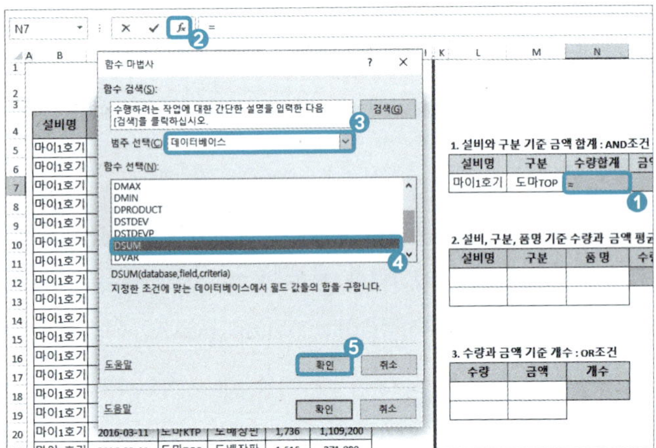

실력향상

데이터베이스를 구성하는 요소로는 필드와 필드명, 레코드가 있습니다. 각 데이터의 쓰임을 설명해주는 머리글은 필드명, 필드명 아래에 열 단위로 입력된 데이터는 필드, 각 필드의 데이터가 모여 행 단위로 구성되는 것을 레코드라고 합니다.

시간단축

데이터베이스 함수는 [함수 라이브러리] 그룹에 없으므로 함수 마법사에서 범주를 선택하거나 셀에 함수를 직접 입력해야 합니다.

2 [함수 인수] 대화상자에서 Database 인수 입력란에는 원본 데이터 전체 목록인 **B4:G253**, Field 인수 입력란에는 합을 구할 필드인 수량 열이 다섯 번째에 있으므로 **5**, Criteria 인수 입력란에는 조건으로 사용할 필드명과 조건 데이터가 입력된 **L6:M7**을 입력합니다. [확인]을 클릭합니다.

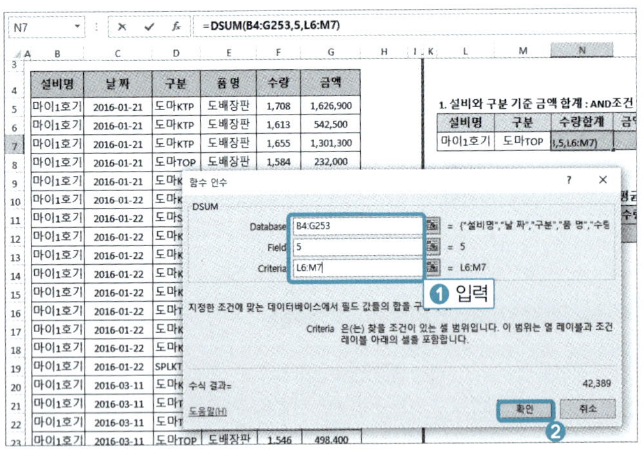

시간단축

Database 인수 입력란에 [B4:G253] 셀 범위를 입력할 때 [B4:G4] 셀 범위를 먼저 드래그로 선택한 후 단축키 Ctrl + Shift + ↓ 를 누르면 좀 더 편리합니다.

실력향상

조건으로 사용할 [L7] 셀과 [M7] 셀에는 유효성 검사가 설정되어 있습니다. 유효성 검사에 사용된 셀 범위를 확인하려면 [데이터] 탭-[데이터 도구] 그룹-[유효성 검사]를 클릭합니다.

3 금액 합계를 구해보겠습니다. [O7] 셀을 클릭합니다. [함수 삽입]을 클릭하여 [DSUM]을 불러옵니다. [함수 인수] 대화상자에서 Database 인수 입력란에는 원본 데이터 전체 목록인 **B4:G253**, Field 인수 입력란에는 합을 구할 필드인 금액 열이 여섯 번째에 있으므로 **6**, Criteria 인수 입력란에는 조건으로 사용할 필드명과 조건 데이터가 입력된 **L6:M7**을 입력합니다. [확인]을 클릭합니다.

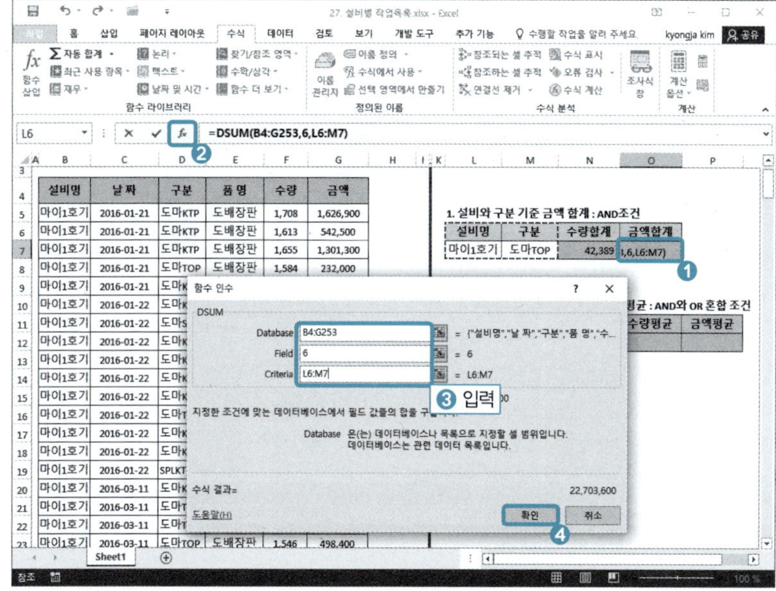

4 AND와 OR 조건이 함께 설정된 설비명, 구분, 품명 기준의 수량 평균과 금액 평균을 구해보겠습니다. [O12] 셀을 클릭하고 수식 입력줄의 [함수 삽입]을 클릭합니다. [함수 마법사] 대화상자의 [범주 선택]에서 [데이터베이스]를 선택하고 [함수 선택]에서 [DAVERAGE]를 선택합니다. [확인]을 클릭합니다.

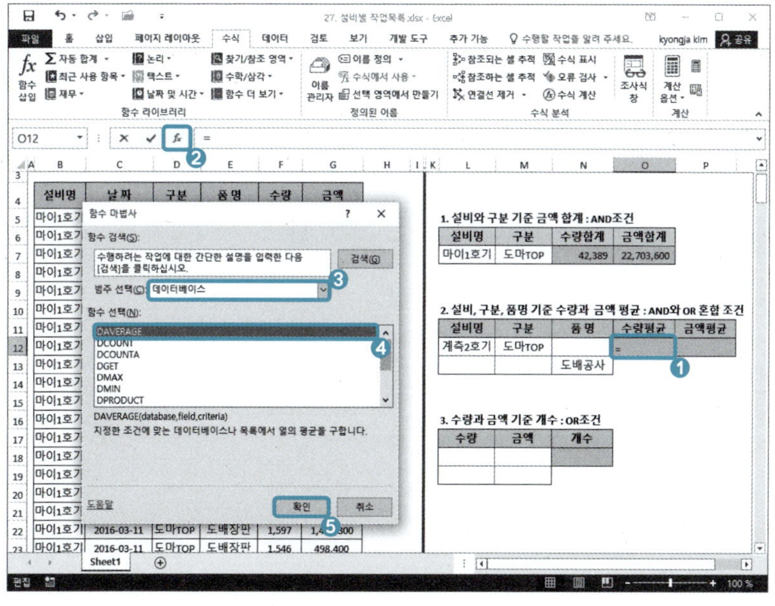

5 [함수 인수] 대화상자에서 Database 인수 입력란에는 원본 데이터 전체 목록인 **B4:G253**, Field 인수 입력란에는 평균을 구할 필드인 수량 열이 다섯 번째에 있으므로 **5**, Criteria 인수 입력란에는 조건으로 사용할 필드명과 조건 데이터가 입력된 **L11:N13**을 입력합니다. [확인]을 클릭합니다.

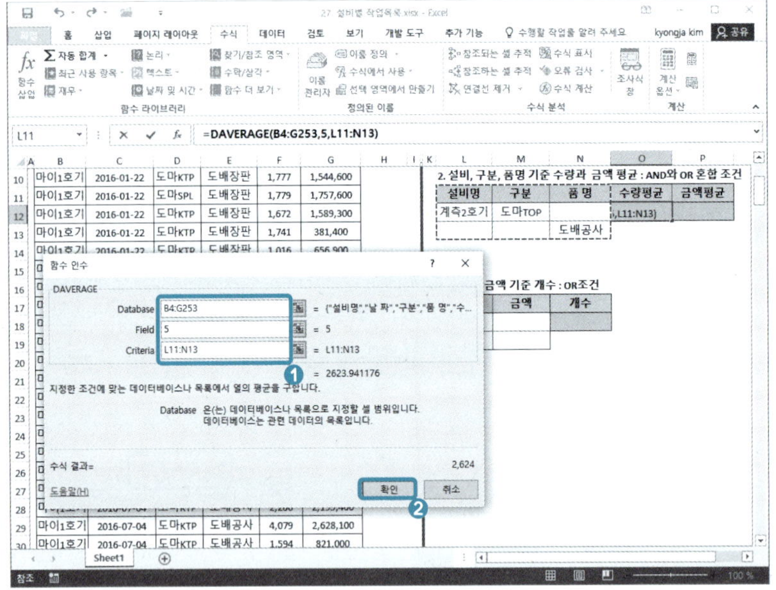

실력향상

DAVERAGE 함수는 데이터베이스 범위에서 지정하는 조건의 평균을 구해줍니다. 수량평균의 수식에서 '설비명'과 '구분' 필드는 AND 조건으로, '품명'은 OR 조건으로 세 가지 필드 조건에 맞는 수량의 평균을 구합니다.

6 금액 평균을 구해보겠습니다. [P12] 셀을 클릭합니다. [함수 삽입]을 클릭하여 [DAVERAGE]를 불러옵니다. [함수 인수] 대화상자에서 Database 인수 입력란에는 원본 데이터 전체 목록인 **B4:G253**, Field 인수 입력란에는 평균을 구할 필드인 금액 열이 여섯 번째에 있으므로 **6**, Criteria 인수 입력란에는 조건으로 사용할 필드명과 조건 데이터가 입력된 **L11:N13**을 입력합니다. [확인]을 클릭합니다.

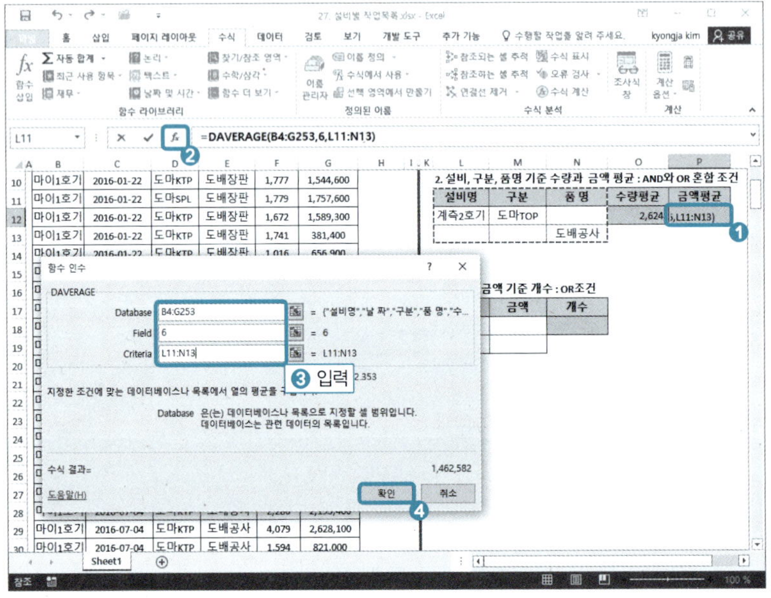

7 조건식이 포함된 수량과 금액을 OR 기준으로 적용하여 설비명의 개수를 구해보겠습니다. 비교 연산자를 이용해 [L18] 셀에는 수량이 1800개 이상인 것만 구하기 위해 **>=1800**을 입력하고, [M19] 셀에는 금액이 1,000,000원 이상인 것만 구하기 위해 **>=1000000**을 입력합니다. [N18] 셀을 클릭합니다. 수식 입력줄의 [함수 삽입]을 클릭합니다. [함수 마법사] 대화상자의 [범주 선택]에서 [데이터베이스]를 선택하고 [함수 선택]에서 [DCOUNTA]를 선택합니다. [확인]을 클릭합니다.

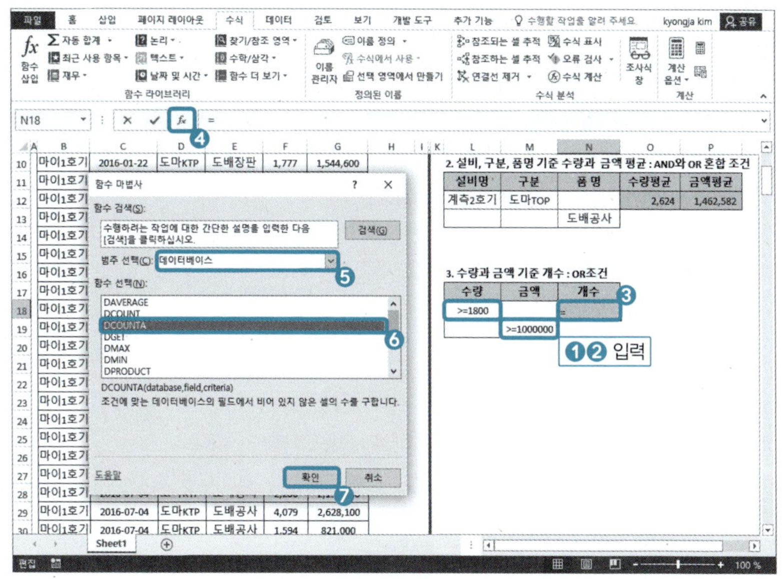

실력향상

개수를 구하는 DCOUNT 함수는 숫자 데이터가 있는 필드만 지정해야 합니다. DCOUNTA 함수는 모든 필드를 지정할 수 있습니다. 단, DCOUNTA 함수도 비어 있는 셀은 세지 않으므로 빈 셀이 없는 필드를 계산 필드로 지정해야 합니다.

8 [함수 인수] 대화상자에서 Database 인수 입력란에는 원본 데이터 전체 목록인 **B4:G253**, Field 인수 입력란에는 개수를 구할 필드인 설비명 열이 첫 번째에 있으므로 **1**, Criteria 인수 입력란에는 조건으로 사용할 필드명과 조건 데이터가 입력된 **L17:M19**를 입력합니다. [확인]을 클릭합니다.

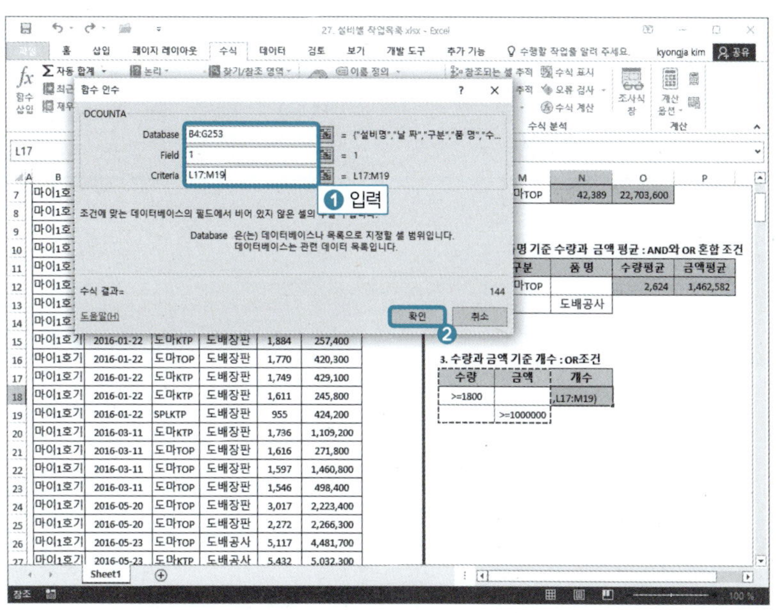

데이터베이스 함수는 데이터베이스 목록에서 각 필드의 조건을 검색한 후 해당 필드의 합계, 평균, 개수, 최댓값, 최솟값, 분산, 표준 편차 등을 구해줍니다. 데이터베이스 함수는 총 12개가 있으며 함수의 형식은 다음과 같습니다.

함수 형식	= 데이터베이스 함수명(Database, Field, Criteria) = 데이터베이스 함수명(필드명이 포함된 데이터 목록, 필드, 조건 범위) • 데이터 목록 : 데이터베이스 목록으로 셀 범위를 지정합니다. • 필드 : 계산할 필드의 열 번호를 지정하는 인수로 데이터 목록의 필드 번호를 숫자로 입력합니다. • 조건 범위 : 조건에 사용할 필드명과 조건이 입력된 셀 범위를 지정합니다.
함수 종류	• DAVERAGE 함수 : 조건에 맞는 레코드의 평균을 구합니다. • DCOUNT 함수 : 조건에 맞는 레코드의 숫자 데이터 개수를 구합니다. • DCOUNTA 함수 : 조건에 맞는 레코드의 비어 있지 않은 셀의 개수를 구합니다. • DGET 함수 : 지정한 조건에 맞는 레코드 하나를 추출합니다. • DMAX 함수 : 조건에 맞는 레코드의 최댓값을 구합니다. • DMIN 함수 : 조건에 맞는 레코드의 최솟값을 구합니다. • DPRODUCT 함수 : 조건에 맞는 특정 레코드 필드의 값을 곱합니다. • DSTDEV 함수 : 조건에 맞는 레코드로 이루어진 표본 집단의 표준 편차를 구합니다. • DSTDEVP 함수 : 조건에 맞는 레코드로 이루어진 전체 모집단의 표준 편차를 구합니다. • DSUM 함수 : 조건에 맞는 레코드 필드 열에 있는 값의 합을 구합니다. • DVAR 함수 : 조건에 맞는 레코드 표본 집단의 분산을 예측합니다. • DVARP 함수 : 조건에 맞는 레코드로 이루어진 전체 모집단의 분산을 구합니다.

데이터베이스 함수를 사용하려면 조건으로 사용할 필드명과 필드 조건이 입력되어 있어야 합니다. 필드명은 데이터베이스에서 사용하는 필드명과 같은 문자여야 하고, 필드 조건은 문자, 숫자, 조건식 모두 사용할 수 있습니다. 단, 조건을 입력할 때 같은 행에 입력된 조건은 AND 조건으로 사용되고, 다른 행에 입력된 조건은 OR 조건으로 사용됩니다.

[AND 조건]

설비명	구분
마이1호기	도마TOP

[OR 조건]

구분	품명
도마KTP	
	도배공사

편차가 큰 두 데이터 계열을 콤보 차트로 표시하기

서로 단위가 다른 데이터나 값 차이가 큰 데이터를 일반 차트로 표현하면 데이터 값을 정확하게 파악하기 어렵습니다. 값의 차이가 큰 고용률과 실업률 데이터를 하나의 차트 영역에서 콤보 차트로 표현해보겠습니다.

실습 파일 | PART 01 \ 고용률과 실업률 동향.xlsx **완성 파일** | PART 01 \ 고용률과 실업률 동향(완성).xlsx

1 고용률은 세로 막대 차트, 실업률은 꺾은선형으로 표시한 콤보 차트를 작성해보겠습니다. 차트를 작성할 [C5:E11] 셀 범위를 선택합니다. [삽입] 탭-[차트] 그룹-[추천 차트]를 클릭합니다. [차트 삽입] 대화상자의 [모든 차트] 탭을 클릭합니다. 차트 목록 중 [콤보]를 선택합니다. 콤보 차트 유형 중 [묶은 세로 막대형-꺾은선형, 보조 축]을 선택합니다. [확인]을 클릭합니다.

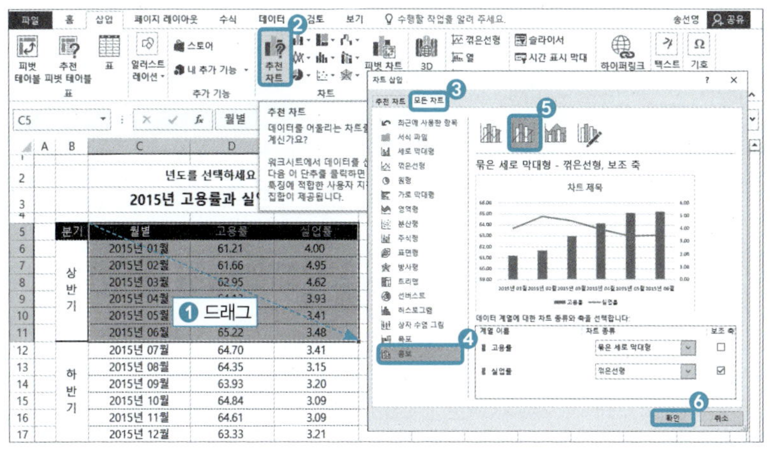

실력향상

두 데이터 간의 값 차이가 크거나 단위가 다를 경우에는 보조 축을 사용할 수 있는 콤보 차트를 선택하여 이중 축 차트를 작성합니다.

2 삽입된 차트를 선택한 후 차트의 왼쪽 위 모서리를 [F2] 셀에 맞춥니다. 차트 오른쪽 아래의 크기 조절점을 드래그하여 크기를 조절합니다. 상반기 데이터만 표시된 차트에 하반기 데이터를 추가해보겠습니다. [C12:E17] 셀 범위를 선택합니다. 마우스 오른쪽 버튼을 클릭하여 [복사]를 선택합니다.

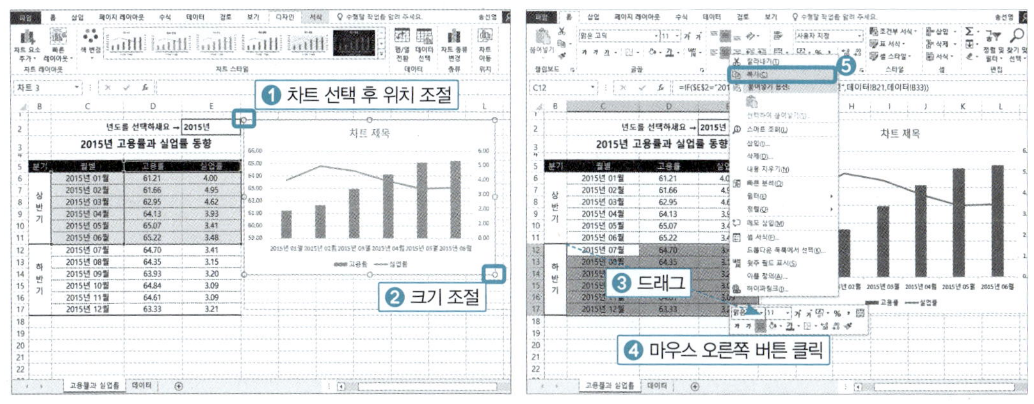

3 차트를 선택한 후 마우스 오른쪽 버튼을 클릭합니다. [붙여넣기]를 선택합니다. 복사한 데이터가 차트에 표시됩니다. 차트의 디자인을 수정해보겠습니다. 차트를 선택합니다. [차트 도구]-[디자인] 탭-[차트 스타일] 그룹의 스타일 목록에서 [스타일 2]를 선택합니다.

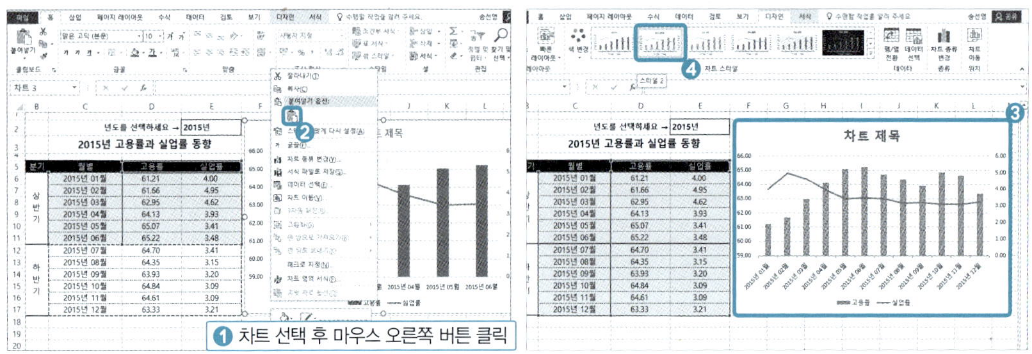

시간 단축 차트에서 복사 Ctrl + C , 붙여넣기 Ctrl + V 를 이용하여 데이터를 추가할 수도 있습니다.

슈 퍼 활 용 TIP ★★★★★   차트 도구 메뉴

❶ [차트 도구]-[디자인] 탭

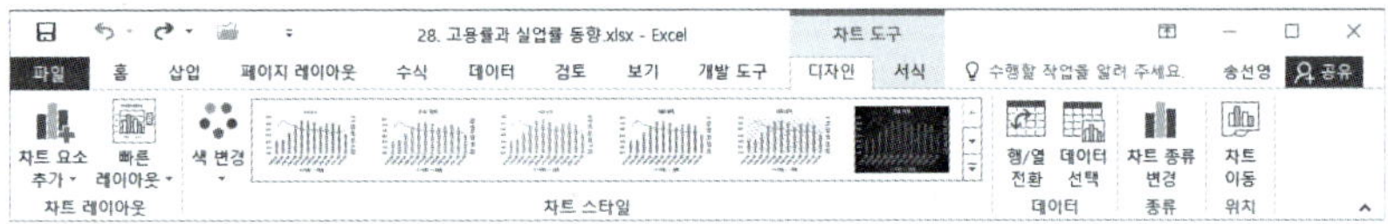

- [차트 레이아웃] 그룹 : 구성 요소의 표시 여부와 엑셀에서 임의로 설정해놓은 레이아웃을 선택합니다.
- [차트 스타일] 그룹 : 차트의 색상 구성이나 디자인을 선택합니다.
- [데이터] 그룹 : 차트의 가로축과 세로축을 바꾸거나 데이터 범위를 수정합니다.
- [종류] 그룹 : 차트의 종류를 변경합니다.
- [위치] 그룹 : 차트를 다른 시트나 차트 시트로 이동합니다.

❷ [차트 도구]-[서식] 탭

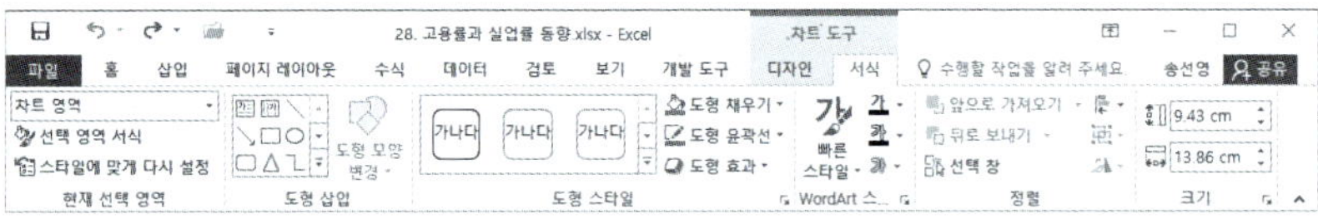

- [현재 선택 영역] 그룹 : 차트의 구성 요소를 쉽게 선택하거나 선택한 구성 요소의 서식 메뉴를 선택합니다.
- [도형 삽입] 그룹 : 차트 안에 도형을 추가하거나 도형의 모양을 변경합니다.
- [도형 스타일] 그룹 : 차트 요소 중 도형의 색을 수정하거나 윤곽선 설정 및 효과를 수정합니다.
- [WordArt 스타일] 그룹 : 차트 요소 중 텍스트의 색을 수정하거나 윤곽선을 설정하고 효과를 수정합니다.
- [정렬] 그룹 : 선택한 요소의 순서를 변경하고 맞춤, 그룹 설정 등을 수정합니다.
- [크기] 그룹 : 수치 값을 직접 입력하여 차트의 크기를 조절합니다.

4 차트 제목을 선택합니다. 수식 입력줄을 클릭하여 =를 입력하고 [C3] 셀을 클릭합니다. Enter 를 누릅니다. 차트의 제목이 [C3] 셀과 연결되어 [C3] 셀의 데이터가 변경될 때마다 차트의 제목도 함께 변경됩니다. [차트 도구]-[서식] 탭-[WordArt 스타일] 그룹-[빠른 스타일]을 클릭합니다. 스타일 목록에서 [채우기-파랑, 강조 1, 그림자] 스타일을 선택합니다. Ctrl + Shift + 〈 를 눌러 제목의 크기를 작게 수정합니다.

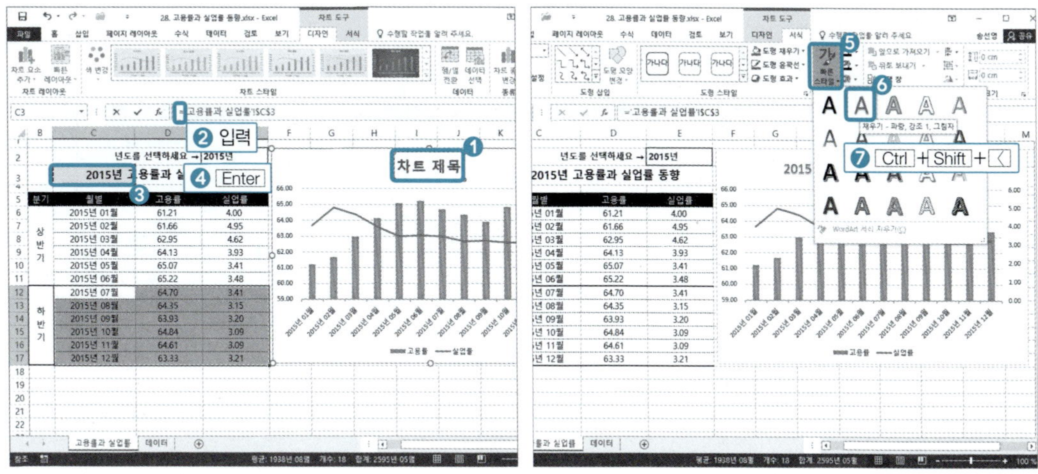

시간단축 도형이나 텍스트 상자 등 선택한 개체의 텍스트 크기는 Ctrl + Shift + 〈 를 눌러 작게, Ctrl + Shift + 〉 를 눌러 크게 수정할 수 있습니다.

5 차트가 선택된 상태에서 [차트 도구]-[디자인] 탭-[차트 레이아웃] 그룹-[차트 요소 추가]를 클릭합니다. [범례]를 선택한 후 [위쪽]을 선택하여 범례의 위치를 변경합니다. 가로축에 연도와 월이 함께 표시되어 차트가 복잡해 보이므로 월만 표시되도록 수정해보겠습니다. 가로축을 클릭합니다. 마우스 오른쪽 버튼을 클릭한 후 [축 서식]을 선택합니다.

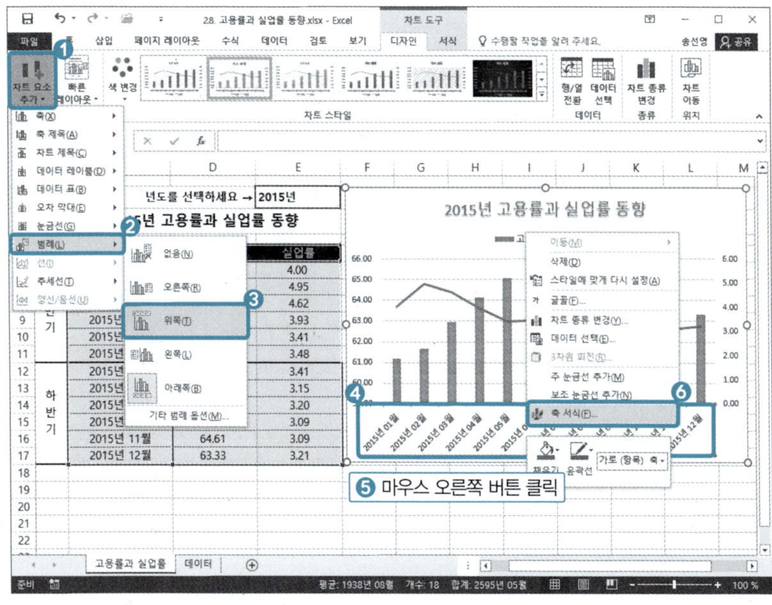

6 [축 서식] 작업 창에서 [축 옵션]을 클릭합니다. [표시 형식]의 [서식 코드] 값을 **mm"월"**로 수정합니다. [추가]를 클릭하여 서식 목록에 추가합니다. 가로축에 월만 표시됩니다. 차트의 '고용률' 계열을 선택합니다. [데이터 계열 서식] 작업 창에서 [계열 옵션]을 클릭한 후 [간격 너비]를 **80%**로 수정합니다.

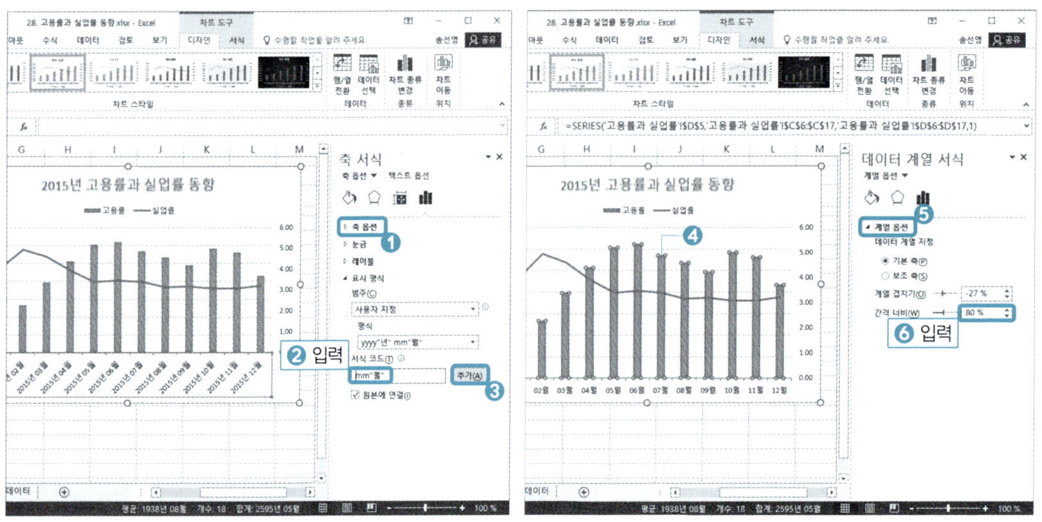

> **실력 향상** [간격 너비]에서 값을 작게 설정하면 막대 차트의 막대 너비를 넓게, 값을 크게 설정하면 막대 차트의 막대 너비를 좁게 설정할 수 있습니다.

7 '실업률' 계열을 선택합니다. '실업률' 계열에서 '02월' 요소를 한 번 더 클릭합니다. [차트 도구]-[디자인] 탭-[차트 레이아웃] 그룹-[차트 요소 추가]를 클릭합니다. [데이터 레이블]을 선택한 후 [기타 데이터 레이블 옵션]을 선택합니다. [데이터 레이블 서식] 작업 창의 [레이블 옵션]을 클릭합니다. [레이블 내용]의 [계열 이름]에 체크 표시합니다. 레이블에 값과 계열 이름이 함께 표시됩니다.

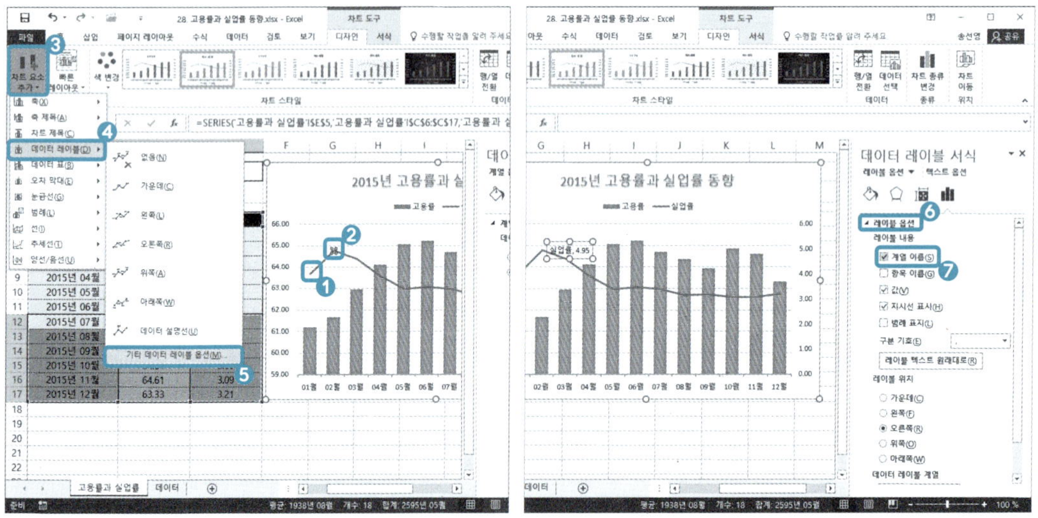

8 '고용률' 계열을 선택합니다. '고용률' 계열에서 '06월' 데이터 요소를 한 번 더 클릭합니다. [차트 도구]-[디자인] 탭-[차트 레이아웃] 그룹-[차트 요소 추가]를 클릭합니다. [데이터 레이블]을 선택한 후 [기타 데이터 레이블 옵션]을 선택합니다. [데이터 레이블 서식] 작업 창의 [레이블 옵션]을 클릭합니다. 고용률 계열도 [레이블 내용]의 [계열 이름]에 체크 표시합니다. 레이블에 값과 계열 이름이 함께 표시됩니다. 작업 창을 닫습니다.

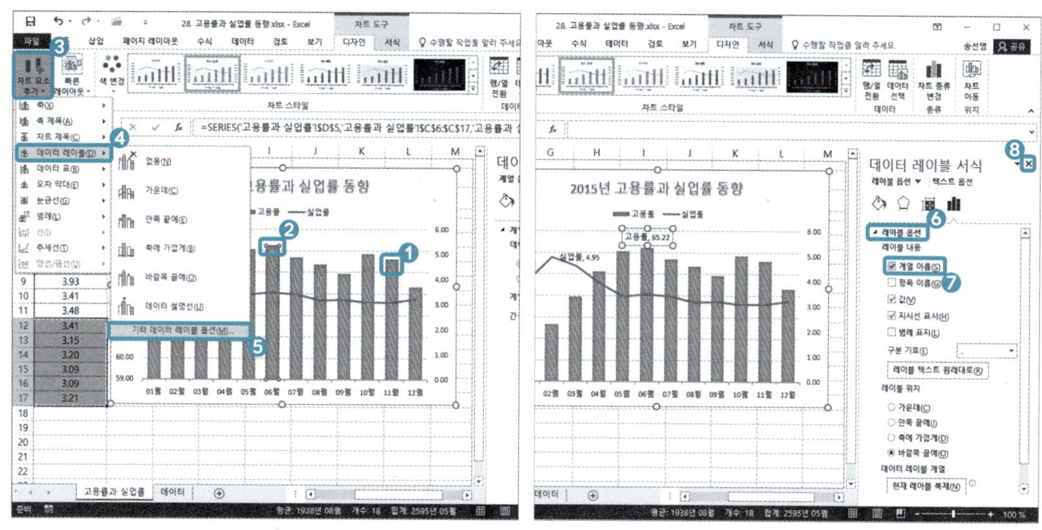

9 [E2] 셀을 클릭합니다. 목록에서 [2016년]을 선택합니다. 2016년의 고용률과 실업률을 확인할 수 있습니다.

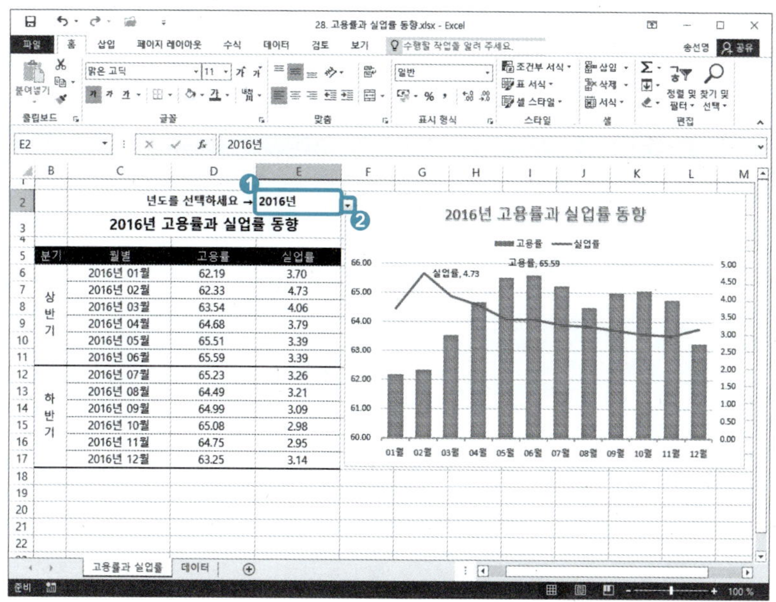

선택한 데이터 현황을 꺾은선형 차트로 한눈에 파악하기

각 지점별 매출현황 데이터 목록에서 자동 필터를 이용하여 지정한 조건에 맞는 데이터만 추출하고, 추출한 데이터를 차트로 표현해보겠습니다. 또 월별 매출현황에서 매출이 없는 달, 즉 매출 값이 없는 경우에 끊어져서 표시되는 차트를 이어지도록 표시하는 방법 및 특정 데이터 값이 표시되지 않도록 설정하는 방법에 대해 알아보겠습니다.

실습 파일 | PART 01 \ 월별 매출현황.xlsx　　**완성 파일** | PART 01 \ 월별 매출현황(완성).xlsx

1 [B3] 셀을 클릭합니다. [데이터] 탭-[정렬 및 필터] 그룹-[필터]를 클릭합니다. [지점명] 필터 단추를 클릭합니다. [모두 선택]의 체크 표시를 해제하고 지점 목록에서 [강남구청점]과 [계양점]을 선택합니다. [확인]을 클릭합니다.

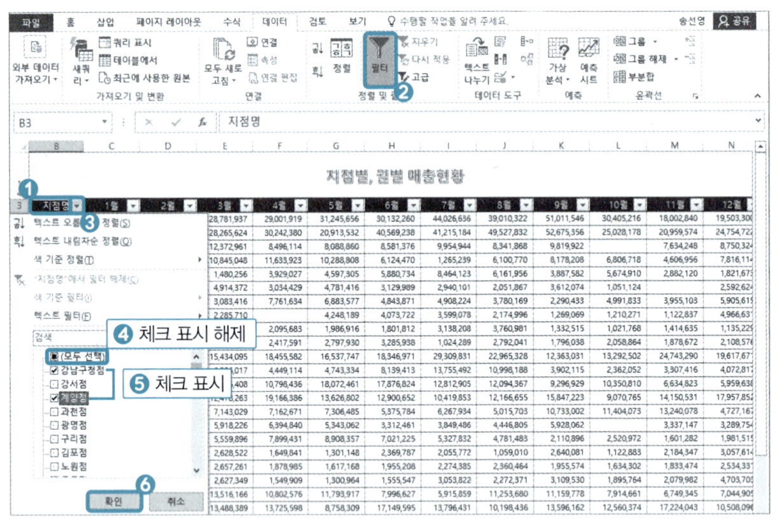

시간단축

필터 목록에서 [텍스트 필터]를 선택하면 특정 텍스트가 포함되어 있거나 특정 문자로 시작하는 데이터 등을 쉽게 추출할 수 있습니다.

2 추출된 지점 현황을 차트로 표현해보겠습니다. [B3] 셀을 클릭합니다. [삽입] 탭-[차트] 그룹-[꺾은선형]을 클릭합니다. [2차원 꺾은선형]에서 [꺾은선형] 차트를 선택합니다.

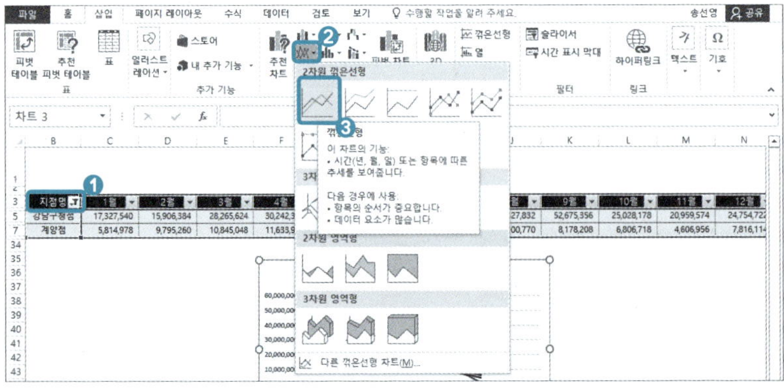

3 삽입된 차트를 클릭한 후 차트의 왼쪽 위 모서리를 지점명 아래쪽으로 맞춥니다. 차트의 오른쪽 아래, 크기 조절점을 드래그하여 크기를 조절합니다. [차트 도구]-[디자인] 탭-[데이터] 그룹-[행/열 전환]을 클릭합니다. 각 월은 가로축으로, 지점은 범례로 표시됩니다. [차트 도구]-[디자인] 탭-[차트 스타일] 그룹-[빠른 스타일]-[자세히]를 클릭한 후 스타일 목록에서 [스타일 10]을 선택합니다.

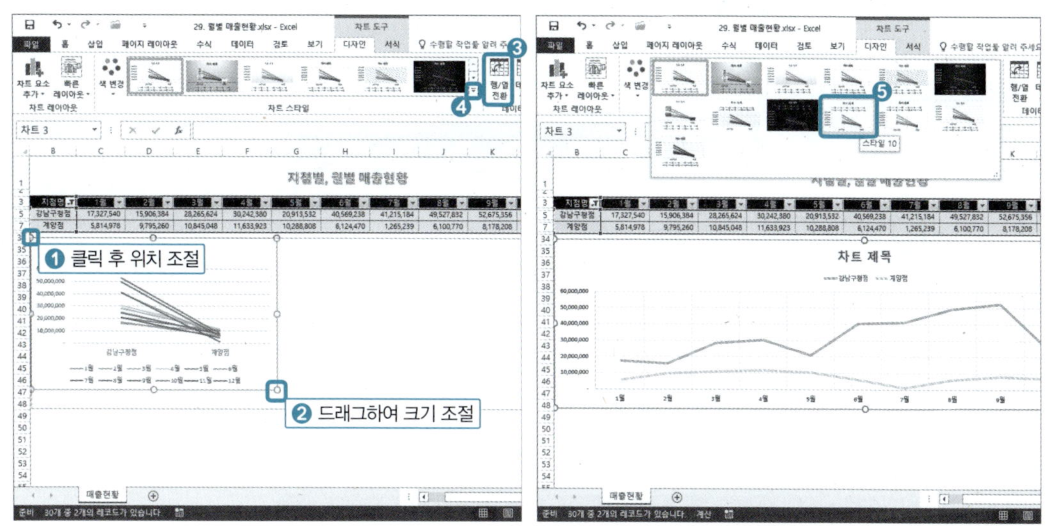

4 [차트 도구]-[디자인] 탭-[차트 레이아웃] 그룹-[차트 요소 추가]를 클릭합니다. 차트 제목을 표시하지 않기 위해 [차트 제목]을 선택한 후 [없음]을 선택합니다. [차트 도구]-[디자인] 탭-[차트 레이아웃] 그룹-[차트 요소 추가]를 클릭합니다. [범례]를 선택한 후 [아래쪽]을 선택하여 범례의 위치를 차트 아래쪽으로 배치합니다.

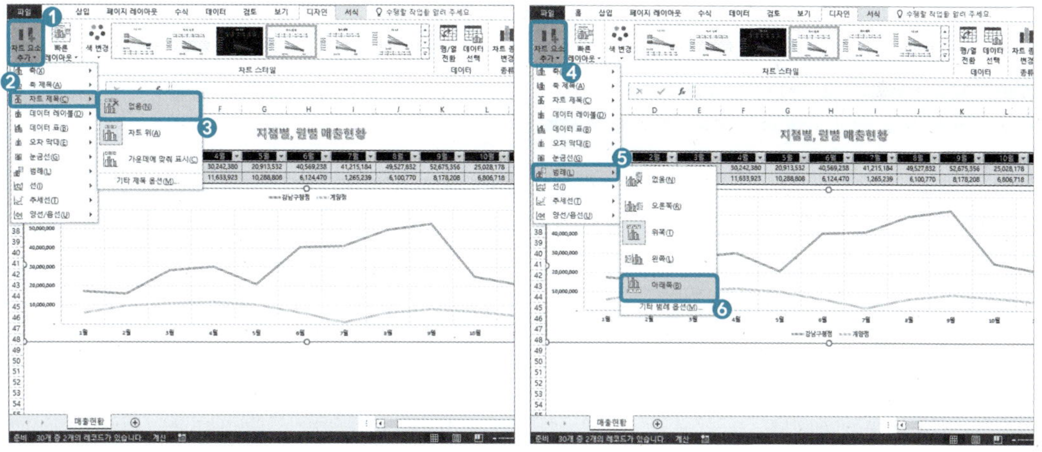

5 [차트 도구]–[디자인] 탭–[차트 레이아웃] 그룹–[차트 요소 추가]를 클릭합니다. [데이터 레이블]을 선택한 후 [위쪽]을 선택합니다. 차트의 각 계열 위쪽에 데이터 값 레이블이 표시됩니다.

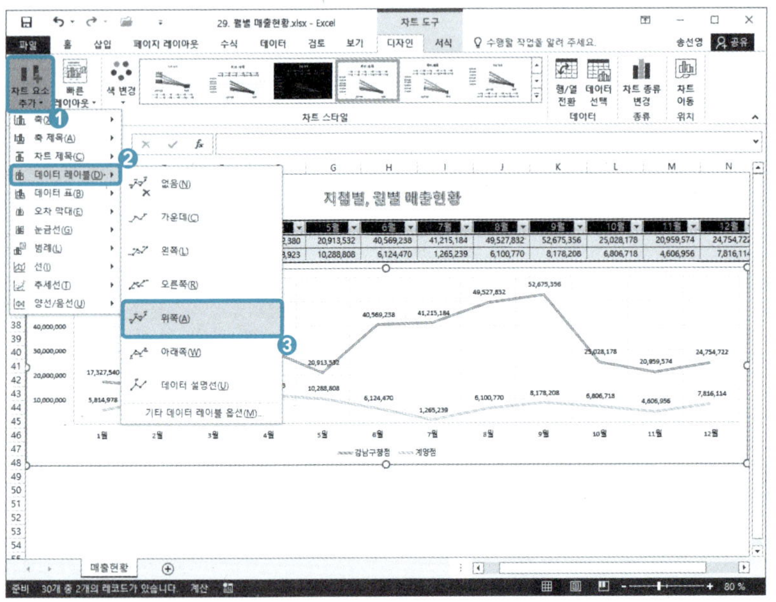

> **실력 향상** [데이터 레이블]에서 [기타 데이터 레이블 옵션]을 선택하면 레이블 내용과 레이블이 표시되는 위치를 수정할 수 있습니다.

6 [지점명] 필터 단추를 클릭합니다. [강남구청]과 [계양점]의 체크 표시를 해제하고, [여의도점]과 [강서점]에 체크 표시합니다. [확인]을 클릭합니다. 매출 값이 없는 [강서점]의 '10월', [여의도점]의 '2~3월'은 꺾은선형 차트가 끊어져 표시됩니다.

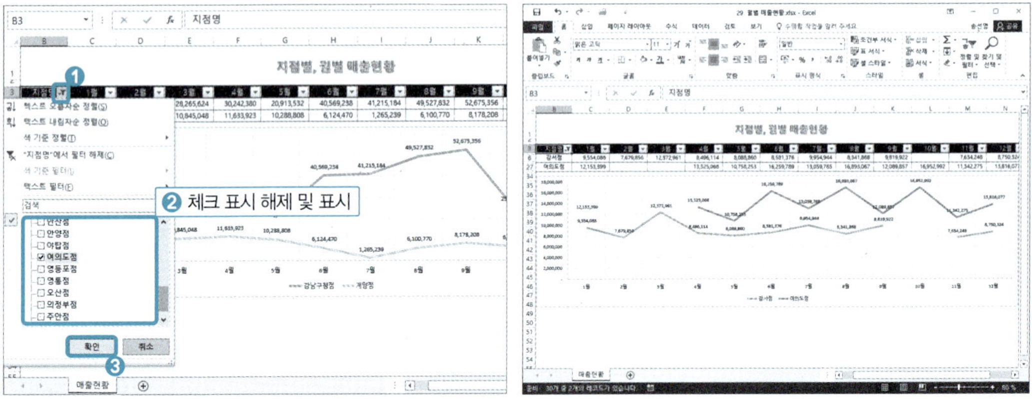

7 차트가 끊어져서 표시되지 않도록 수정해보겠습니다. [지점명] 필터 단추를 클릭한 후 [모두 선택]에 체크 표시합니다. [확인]을 클릭합니다. 모든 데이터가 표시됩니다. [B3] 셀을 클릭한 후 지점별 매출현황 표 전체를 선택하기 위해 Ctrl + A 를 누릅니다. [홈] 탭-[편집] 그룹-[찾기 및 선택]을 클릭합니다. [이동 옵션]을 선택합니다. [이동 옵션] 대화상자에서 [빈 셀]을 선택합니다. [확인]을 클릭합니다.

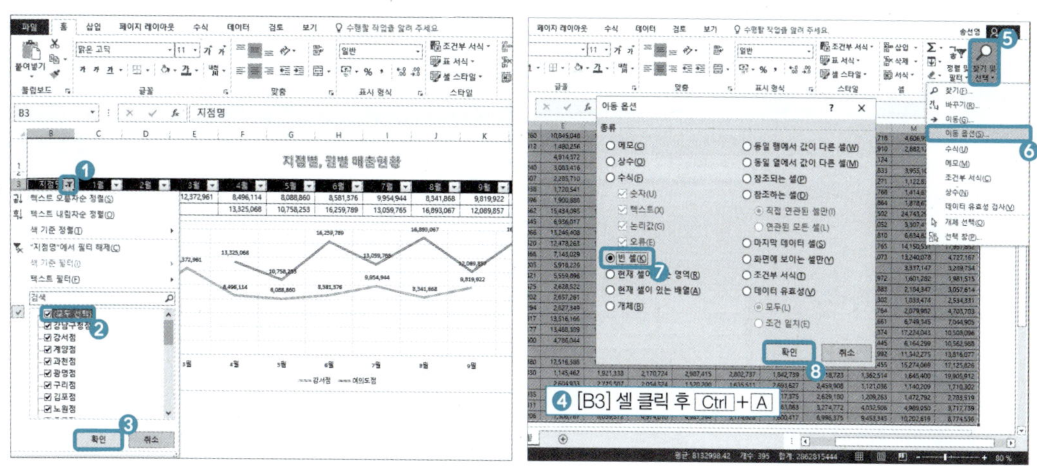

8 표의 전체 범위에 값이 없는 빈 셀만 선택되어 표시됩니다. 수식 입력줄을 클릭하여 수식 **=NA( )**를 입력합니다. Ctrl + Enter 를 누릅니다. 선택된 모든 빈 셀에 수식이 입력됩니다.

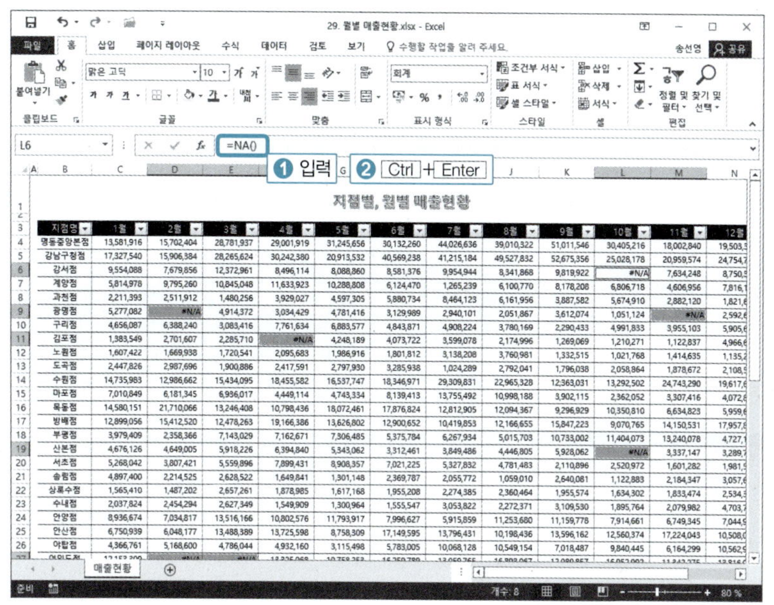

지점별, 월별 매출현황

지점명	1월	2월	3월	4월	5월	6월	7월	8월	9월	10월	11월	12월
명동중앙본점	13,581,916	15,702,404	28,781,937	29,001,919	31,245,656	30,132,260	44,026,636	39,010,322	51,011,546	30,405,216	18,002,840	19,503,3
강남구청점	17,327,540	15,906,384	28,265,624	30,242,380	20,913,532	40,569,238	41,215,184	49,527,832	52,675,356	25,028,178	20,959,574	24,754,7
강서점	9,554,088	7,679,856	12,372,961	8,496,114	8,088,860	8,581,376	9,954,944	8,341,868	9,819,922	#N/A	7,634,248	8,750,5
계양점	5,814,978	9,795,260	10,845,048	11,633,923	10,288,808	6,124,470	1,265,239	6,100,770	8,178,208	6,806,718	4,606,956	7,816,1
과천점	2,211,393	2,511,912	1,480,256	3,929,027	4,597,305	5,880,734	8,464,123	6,161,956	3,887,582	5,674,910	2,882,120	1,821,6
광명점	5,277,082	#N/A	4,914,372	3,034,429	4,781,416	3,129,989	2,940,101	2,051,867	3,612,074	1,051,124	#N/A	2,592,6
구리점	4,656,087	6,388,240	3,083,416	7,761,634	6,883,577	4,843,871	4,908,224	3,780,169	2,290,433	4,991,833	3,955,103	5,905,6
김포점	1,383,549	2,701,607	2,285,710	#N/A	4,248,189	4,073,722	3,599,078	2,174,996	1,269,069	1,210,271	1,122,837	4,966,6
노원점	1,607,422	1,669,938	1,720,541	2,095,683	1,986,916	1,801,812	3,138,208	3,760,981	1,332,515	1,021,768	1,414,635	1,135,2
도곡점	2,447,826	2,987,696	1,900,886	2,417,591	2,797,930	3,285,938	1,024,289	2,792,041	1,796,038	2,058,864	1,878,672	2,108,5
수원점	14,735,983	12,986,662	15,434,095	18,455,582	16,537,747	18,346,971	29,309,831	22,965,328	12,363,031	13,292,502	24,743,290	19,617,6
마포점	7,010,849	6,181,345	6,936,017	4,449,114	4,743,334	8,139,413	13,755,492	10,998,188	3,902,115	2,362,052	3,307,416	4,072,8
목동점	14,580,151	21,710,066	13,246,408	10,798,436	18,072,461	17,876,824	12,812,905	12,094,367	9,296,929	10,350,810	6,634,823	5,959,6
방배점	12,899,056	15,412,520	12,478,263	19,166,386	13,626,802	12,900,652	10,419,853	12,166,655	15,847,223	9,070,765	14,150,531	17,957,8
부평점	3,979,409	2,358,366	7,143,029	7,162,671	7,306,485	5,375,784	6,267,934	5,015,703	10,733,002	11,404,073	13,240,078	4,727,1
신본점	4,676,126	4,649,005	5,918,226	6,394,840	5,343,062	3,312,461	3,849,486	4,446,805	5,928,062	#N/A	3,337,147	3,289,7
서초점	5,268,042	3,807,421	5,559,896	7,899,431	8,908,357	7,021,225	5,327,832	4,781,483	2,110,896	2,520,972	1,601,282	1,981,5
송림점	4,897,400	2,214,525	2,628,522	1,649,841	1,301,148	2,369,787	2,055,772	1,059,010	2,640,081	1,122,883	2,184,347	3,057,6
상록수점	1,565,410	1,487,202	2,657,261	1,878,985	1,617,168	1,955,208	2,274,385	2,360,464	1,955,574	1,634,302	1,833,474	2,534,3
수내점	2,037,824	2,454,294	2,627,349	1,549,909	1,300,964	1,555,547	3,053,822	2,272,371	3,109,530	1,895,764	2,079,982	4,703,7
안양점	8,936,674	7,034,817	13,516,166	10,802,576	11,793,917	7,996,627	5,915,859	11,253,680	11,159,778	7,914,661	6,749,345	7,044,9
안산점	6,750,939	6,048,177	13,488,389	13,725,598	8,758,309	17,149,595	13,796,431	10,198,436	13,596,162	12,560,374	17,224,043	10,508,0
야탑점	4,366,761	5,168,600	4,786,044	4,932,160	3,115,498	5,783,005	10,068,128	10,549,154	7,018,487	9,840,445	6,164,299	10,562,9

실력 향상 '=NA( )' 함수는 #N/A 오류 값을 반환하는 함수로 #N/A는 '사용할 수 있는 값이 없음'을 의미합니다. 값이 없는 빈 셀이 포함된 데이터를 이용하여 차트를 작성할 때 빈 셀에 0이나 다른 임의의 데이터를 입력하면 해당 값이 차트에 0으로 표시됩니다. 이때 빈 셀에 '=NA( )' 함수를 입력하면 차트의 끊어진 부분이 이어져서 표시되도록 설정할 수 있습니다.

9 [지점명] 필터 단추를 클릭합니다. [모두 선택]의 체크 표시를 해제하고, [여의도점]과 [강서점]에 체크 표시합니다. [확인]을 클릭합니다. 매출금액이 없는 곳에도 차트가 이어져 표시됩니다.

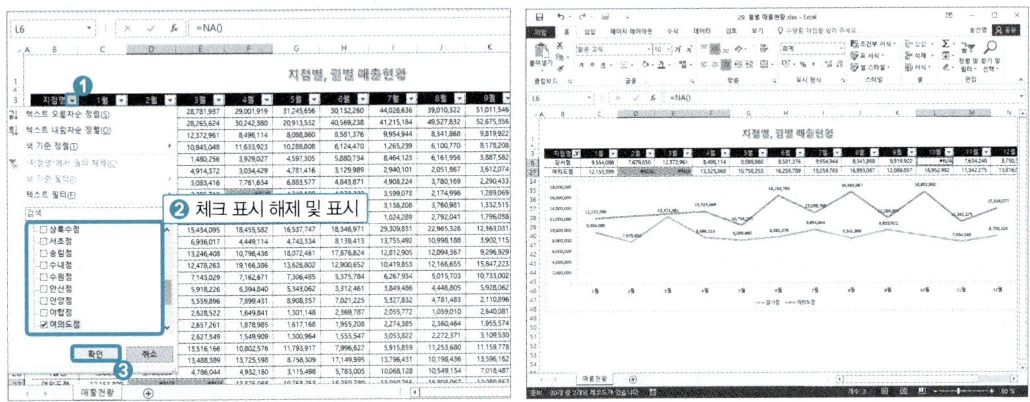

10 표에 표시된 오류 값을 보이지 않도록 수정해보겠습니다. [지점명] 필터 단추를 클릭합니다. [모두 선택]에 체크 표시합니다. [확인]을 클릭합니다. [B3] 셀을 클릭한 후 Ctrl + A 를 눌러 표 전체를 선택합니다. [홈] 탭–[스타일] 그룹–[조건부 서식]을 클릭합니다. [셀 강조 규칙]을 선택한 후 [기타 규칙]을 선택합니다.

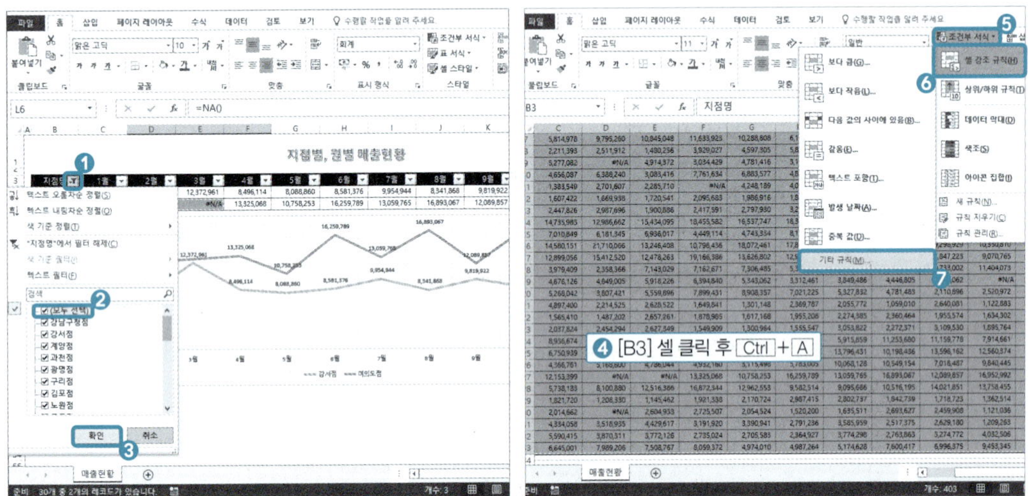

11 [새 서식 규칙] 대화상자에서 조건을 [오류]로 선택합니다. 오류 값의 서식을 따로 지정하기 위해 [서식]을 클릭합니다. [셀 서식] 대화상자의 [글꼴] 탭을 클릭합니다. [색]에서 [흰색, 배경1]로 설정합니다. [확인]을 클릭합니다. [새 서식 규칙] 대화상자에서도 [확인]을 클릭합니다.

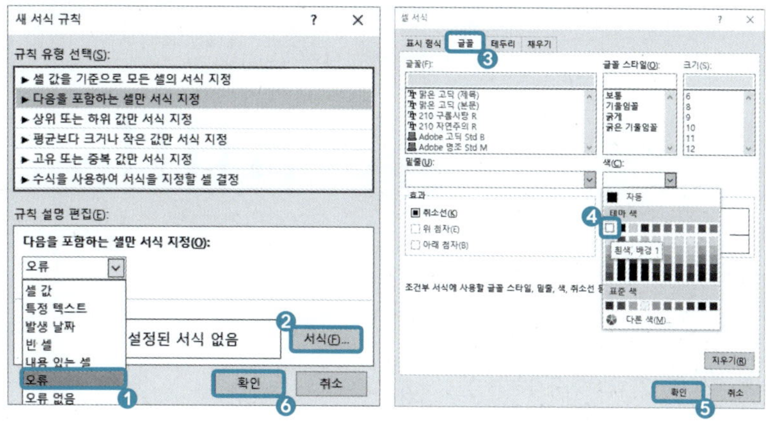

12 오류 값이 있는 셀은 글자 색이 흰색으로 설정되어 표시되지 않습니다. [지점명] 필터 단추를 클릭합니다. [모두 선택]의 체크 표시를 해제하고, [강서점]과 [광명점]에 체크 표시합니다. [확인]을 클릭합니다. 해당 지점만 표시됩니다. 매출 값이 없는 빈칸이 있어도 꺾은선형 차트가 이어져서 표시됩니다.

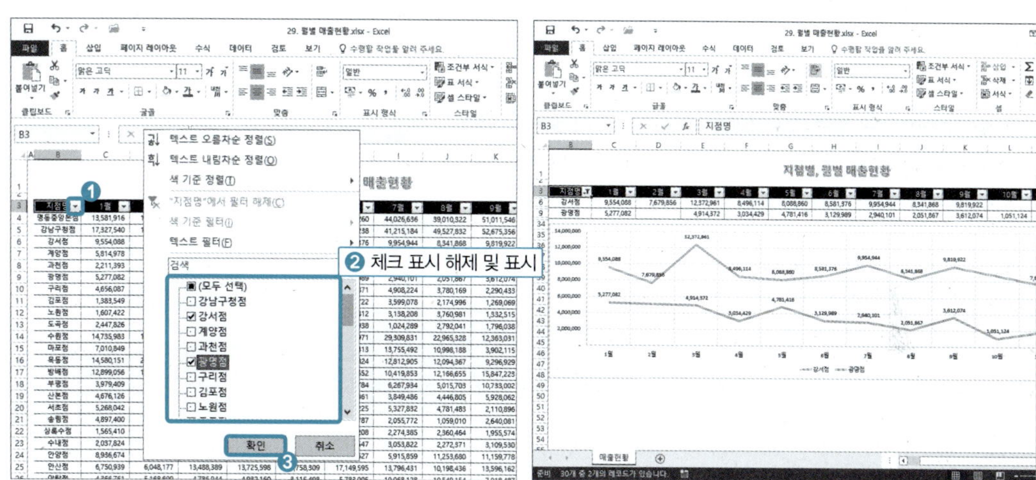

❶ **묶은 세로 막대형–꺾은선형** : 값 차이가 크지 않은 두 데이터 계열을 하나의 차트 영역에서 세로 막대와 꺾은선형 두 개의 차트로 표현합니다.

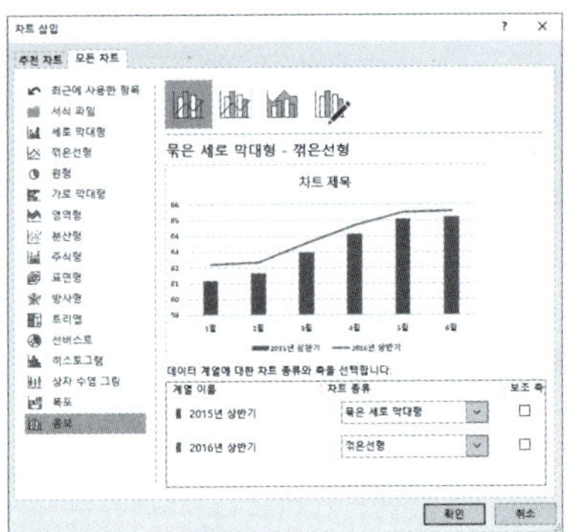

❷ **묶은 세로 막대형–꺾은선형, 보조 축** : 두 데이터 계열의 값 차이가 크거나 단위가 다른 경우에 하나의 계열은 기본 축을 사용하는 묶은 세로 막대로, 또 다른 계열은 보조 축을 사용하는 꺾은선형으로 표현합니다.

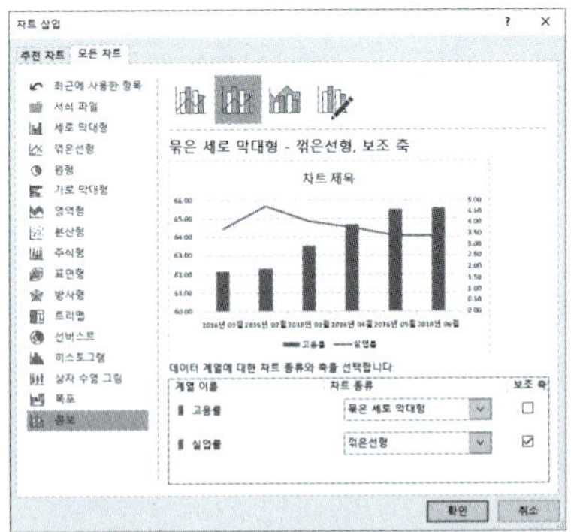

❸ **누적 영역형–묶은 세로 막대형** : 값 차이가 크지 않은 두 데이터 계열을 하나의 차트 영역에서 누적 영역과 묶은 세로 막대 두 개의 차트로 표현합니다.

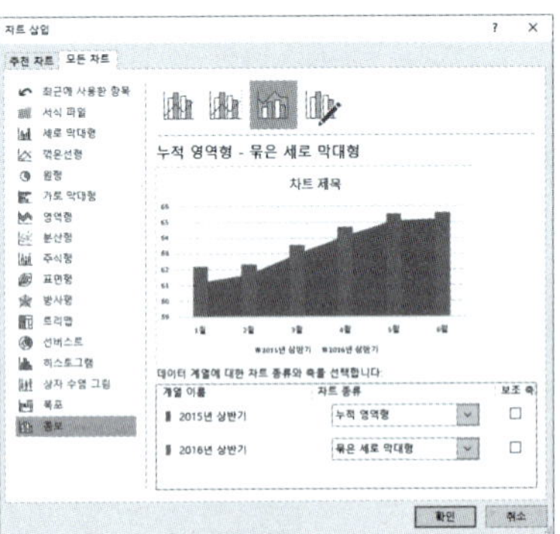

❹ **사용자 지정 조합** : 사용자 임의대로 차트 종류와 보조 축 사용 여부를 결정합니다.

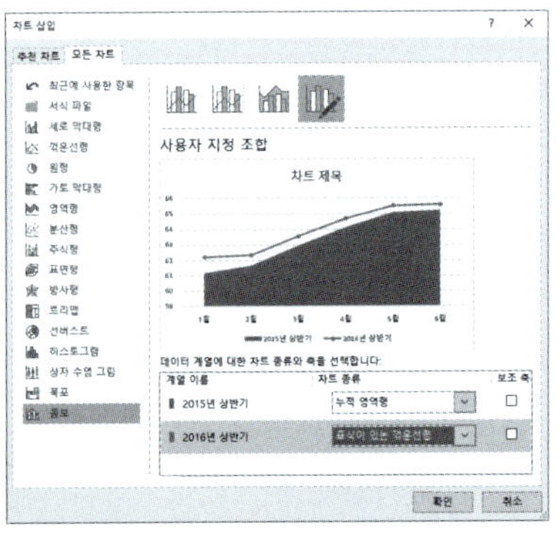

30 사용자가 원하는 목록 순으로 데이터 정리하기

데이터 내용이 많아서 한눈에 데이터를 파악하기 힘든 경우에는 [정렬] 기능을 이용하여 데이터를 정리할 수 있습니다. '오름차순'과 '내림차순'을 선택하여 정렬하거나 사용자가 임의대로 데이터의 정렬 순서를 설정할 수 있습니다.

실습 파일 | PART 01 \ 업체별 수금내역.xlsx　　**완성 파일 |** PART 01 \ 업체별 수금내역(완성).xlsx

1　업체별 수금내역이 입력되어 있는 데이터를 거래가 많은 나라 순서로 정렬하려고 합니다. 통화 단위별로 데이터를 정리하고 같은 통화 단위 안에서 자주 거래하는 업체 순으로 표시해보겠습니다. 통화 단위와 업체명을 사용자 지정 목록에 등록하고, 등록한 사용자 지정 목록 순서대로 정렬합니다. [B3] 셀을 클릭합니다. [데이터] 탭-[정렬 및 필터] 그룹-[정렬]을 클릭합니다. [정렬] 대화상자의 [열]에서 정렬 기준으로 [통화 단위]를 선택합니다. [정렬]에서는 [사용자 지정 목록]을 선택합니다.

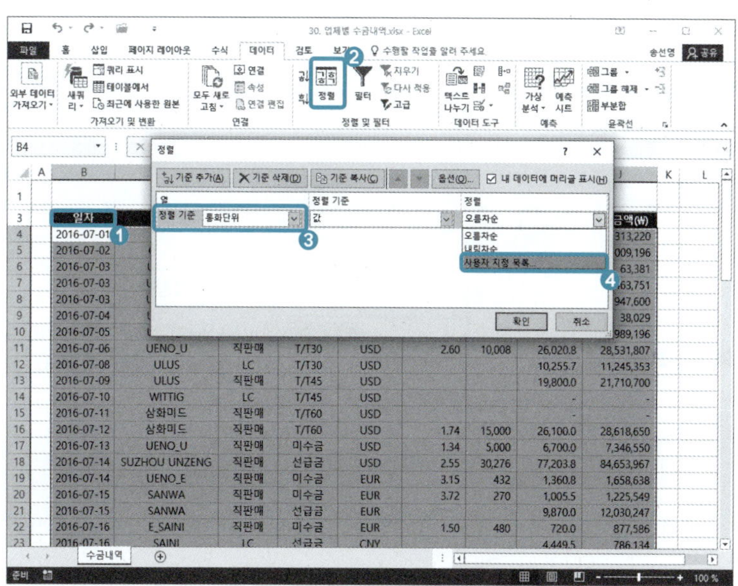

시간단축　셀을 선택하고 [정렬]을 클릭하면 선택한 셀이 포함된 연속된 데이터 범위가 자동으로 선택됩니다.

실력향상　**데이터 정렬 방법**

① 오름차순 정렬 : 숫자는 작은 수에서 큰 수 순서대로 정렬하고 문자는 ㄱ, ㄴ, ㄷ… 순으로 정렬합니다.

② 내림차순 정렬 : 숫자는 큰 수에서 작은 수 순서대로 정렬하고 문자는 ㅎ, ㅍ, ㅌ… 순으로 정렬합니다.

③ 사용자 지정 정렬 : 사용자가 지정한 순서대로 정렬합니다.

2 [사용자 지정 목록] 대화상자의 [사용자 지정 목록]에서 [새 목록]을 선택합니다. [목록 항목]에는 정렬할 통화 단위 순서대로 **EUR**, **USD**, **CNY**, **JPY**를 입력합니다. [추가]를 클릭하여 목록에 추가합니다. [확인]을 클릭합니다. [정렬] 대화상자의 [정렬]에서 등록한 통화 단위 순서를 선택합니다. [확인]을 클릭합니다.

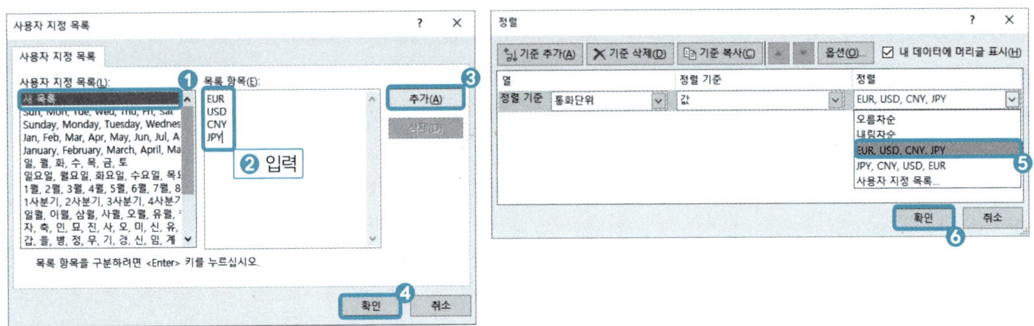

3 업체별 수금내역 데이터가 사용자가 지정한 통화 단위 순서대로 정렬되어 표시됩니다. 자주 거래하는 업체 순서를 사용자 임의대로 정리해보겠습니다. 업체가 입력된 C열을 선택한 후 Ctrl + C를 눌러 복사합니다. M열을 선택하고 Enter 를 눌러 붙여넣기합니다. M열이 선택된 상태에서 [데이터] 탭-[데이터 도구] 그룹-[중복된 항목 제거]를 클릭합니다.

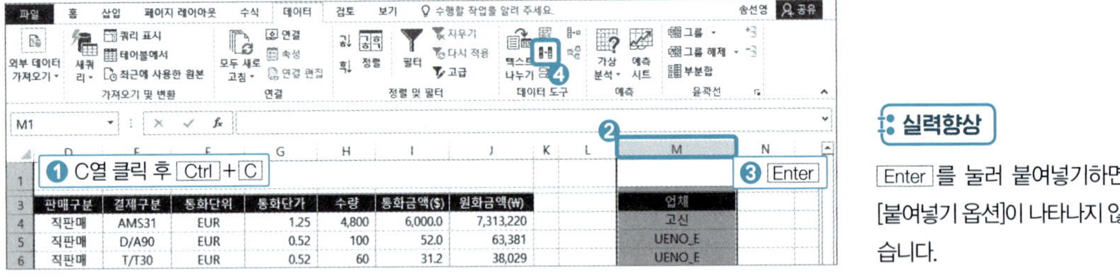

실력향상

Enter 를 눌러 붙여넣기하면 [붙여넣기 옵션]이 나타나지 않습니다.

4 [중복된 항목 제거] 대화상자의 [내 데이터에 머리글 표시]에 체크 표시합니다. [확인]을 클릭합니다. 중복되어 제거된 데이터는 몇 개인지, 남아 있는 고유 데이터는 몇 개인지 확인할 수 있는 메시지가 표시됩니다. [확인]을 한 번 더 클릭하여 중복된 업체를 제거합니다.

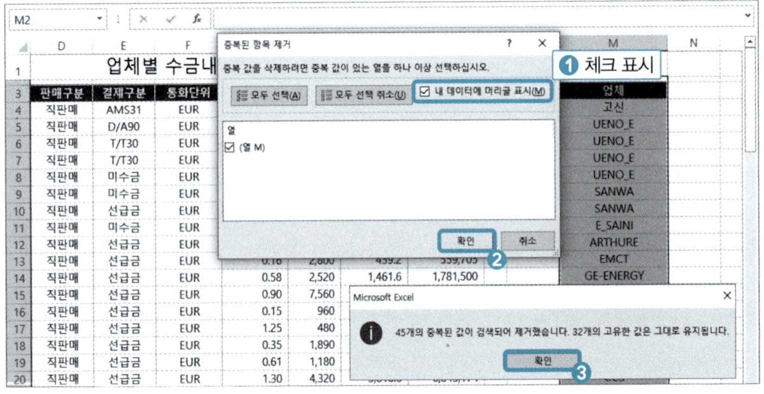

5 데이터가 입력된 셀의 테두리 부분을 드래그하면 다른 셀로 쉽게 옮길 수 있습니다. [M3] 셀의 '업체' 부터 [L3] 셀로 드래그한 후 M열에 남아 있는 업체명을 자주 거래하는 순서대로 L열로 옮겨 업체명을 순서대로 정리합니다. 사용자가 임의의 순서로 정리한 업체명을 사용자 지정 목록에 등록해보겠습니다. [파일] 탭을 클릭합니다. 왼쪽의 메뉴 목록 중 [옵션]을 선택합니다.

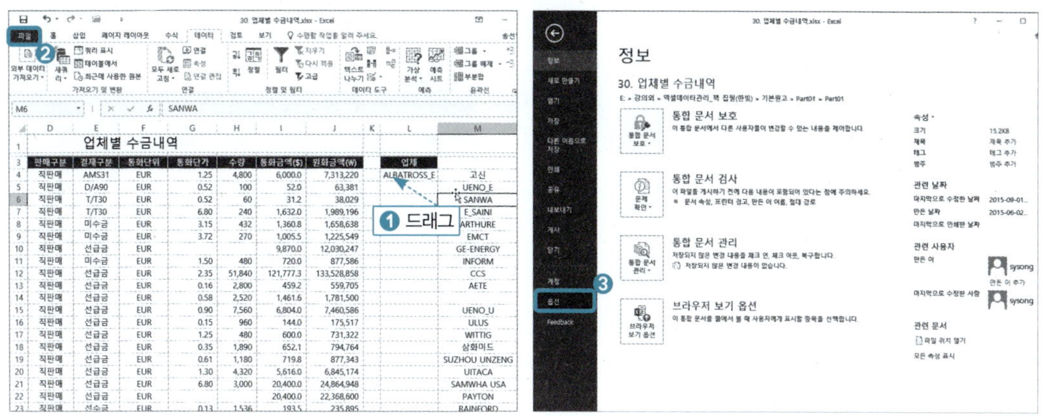

6 [Excel 옵션] 창에서 [고급]을 클릭합니다. [사용자 지정 목록 편집]을 클릭합니다.

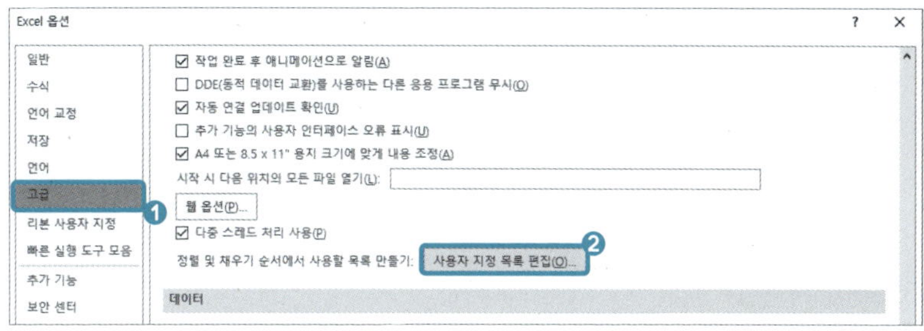

7 [옵션] 대화상자에서 [목록 가져올 범위] 입력란을 클릭한 후 정리해놓은 업체 목록이 위치한 [L4:L33] 셀 범위를 드래그하여 입력합니다. [가져오기]를 클릭합니다. 해당 범위의 업체 목록 순서대로 [목록 항목]에 표시됩니다. [확인]을 클릭합니다.

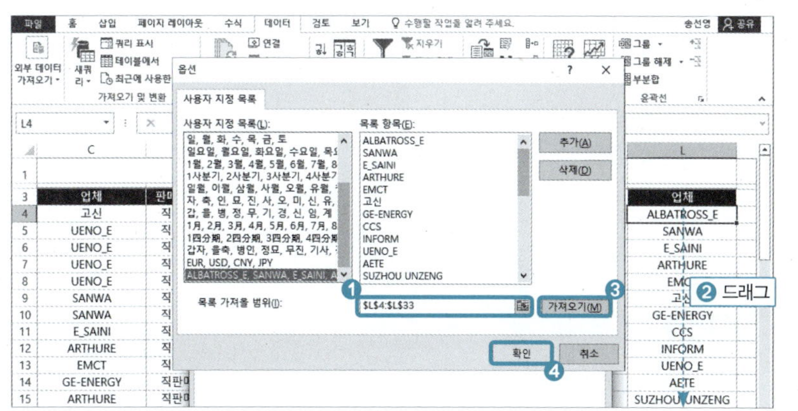

시간단축

[데이터] 탭-[정렬 및 필터] 그룹-[정렬]에서는 사용자 지정 목록을 한 번에 입력할 수 없습니다. 등록할 목록이 많은 경우에는 [파일] 탭-[옵션]-[고급]에서 [사용자 지정 목록 편집]을 클릭한 후 [목록 가져올 범위]에 정리된 목록을 드래그하여 목록을 등록합니다.

8 [Excel 옵션] 창에서 [확인]을 클릭합니다. 같은 통화 단위인 경우 자주 거래하는 업체 목록 순으로 정렬하기 위해 [B3] 셀을 클릭합니다. [데이터] 탭-[정렬 및 필터] 그룹-[정렬]을 클릭합니다.

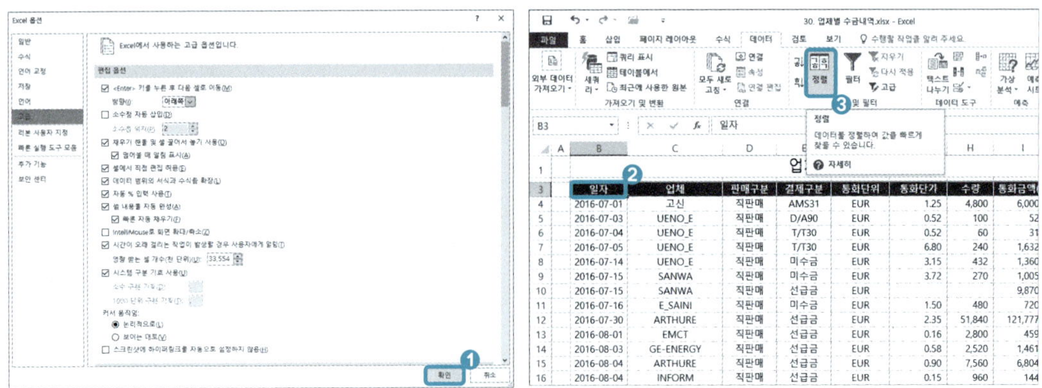

9 정렬 기준을 더 추가하기 위해 [정렬] 대화상자에서 [기준 추가]를 클릭합니다. 두 번째 기준 [열]에서 [업체]를 선택합니다. [정렬]에서 [사용자 지정 목록]을 선택합니다. [사용자 지정 목록] 대화상자에서 [사용자 지정 목록]의 가장 아래쪽에 등록되어 있는 업체 목록을 선택합니다. [확인]을 클릭합니다.

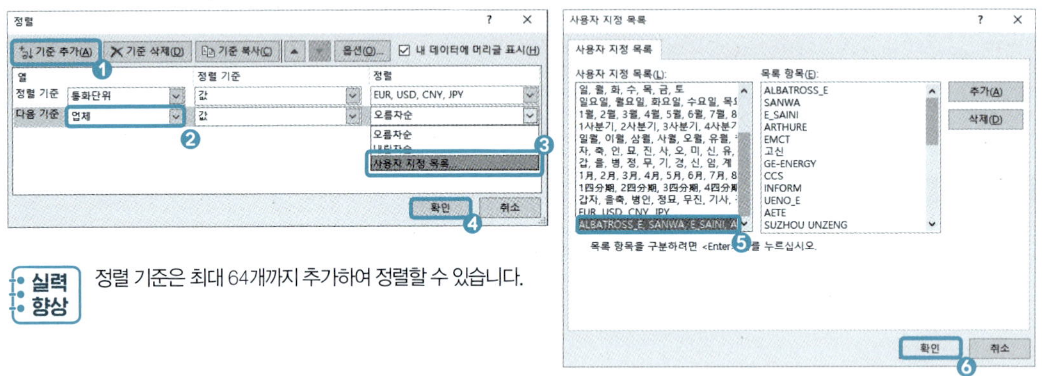

실력 향상 정렬 기준은 최대 64개까지 추가하여 정렬할 수 있습니다.

10 [정렬] 대화상자에서 [확인]을 클릭합니다.

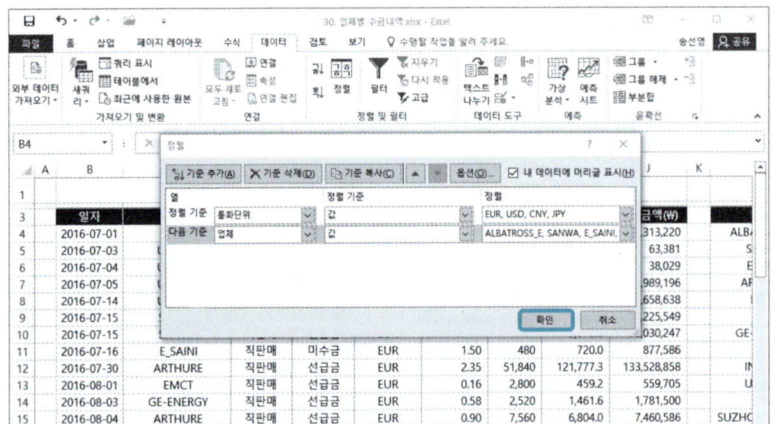

11 전체 데이터는 사용자가 지정한 통화 단위인 'EUR', 'USD', 'CNY', 'JPY' 순으로 정렬되고, 같은 통화 단위인 경우에는 사용자가 지정한 업체 순으로 정렬됩니다.

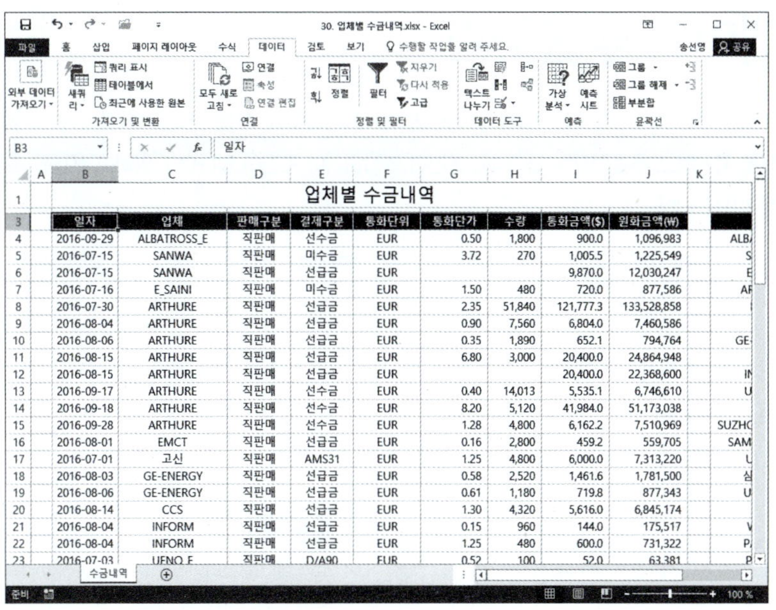

슈퍼활용TIP ★★★★★ 그 외 정렬 방법

❶ 글꼴 색으로 정렬

특정 데이터의 글꼴 색이나 셀 색이 다른 경우에는 [정렬 기준]을 클릭하여 [값]을 [글꼴 색] 또는 [셀 색]으로 변경한 후 해당 색을 위쪽이나 아래쪽에 정렬할 수 있습니다.

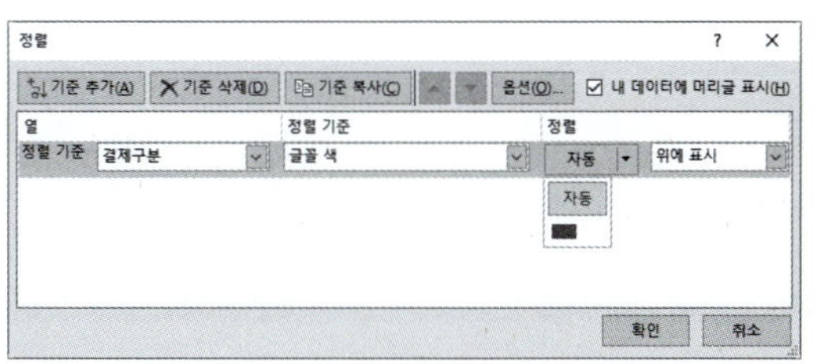

❷ 아이콘으로 정렬

데이터 목록에 조건부 서식이 적용되어 아이콘이 표시된 경우에는 [정렬 기준]을 클릭하여 [값]을 [셀 아이콘]으로 변경한 후 아이콘 순서를 사용자 임의 대로 설정할 수 있습니다.

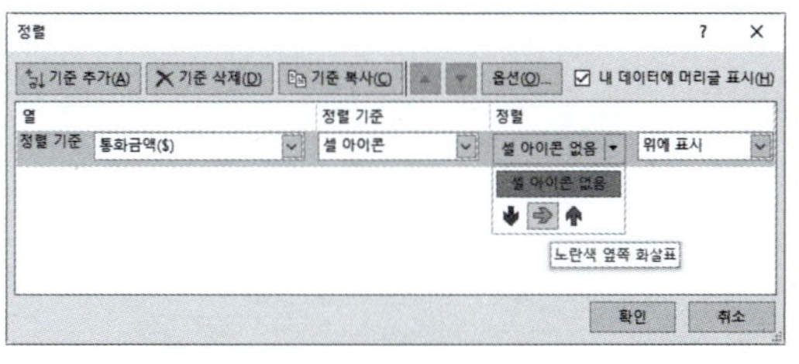

다양한 조건을 만족하는 데이터 추출하기

데이터 중에서 원하는 특정 데이터를 추출하고 싶을 때는 엑셀의 자동 필터를 사용합니다. 자동 필터로 원하는 데이터를 간편하게 추출할 때는 자동 필터를 사용하고 추출하려는 데이터의 조건이 복잡하거나 조건이 많다면 다양하고 폭넓은 조건을 지정할 수 있는 고급 필터를 이용합니다.

실습 파일 | PART 01 \ 공모전 당선자 명단.xlsx　　**완성 파일** | PART 01 \ 공모전 당선자 명단(완성).xlsx

1 공모전 당선자 명단에서 '국세청장 표창'의 '최우수상'을 받은 명단만 추출해보겠습니다. [결과] 시트를 선택합니다. [C4] 셀에 **국세청장 표창**, [E4] 셀에 **최우수상**을 입력합니다. 비어 있는 [D8] 셀을 클릭합니다. [데이터] 탭-[정렬 및 필터] 그룹-[고급]을 클릭합니다.

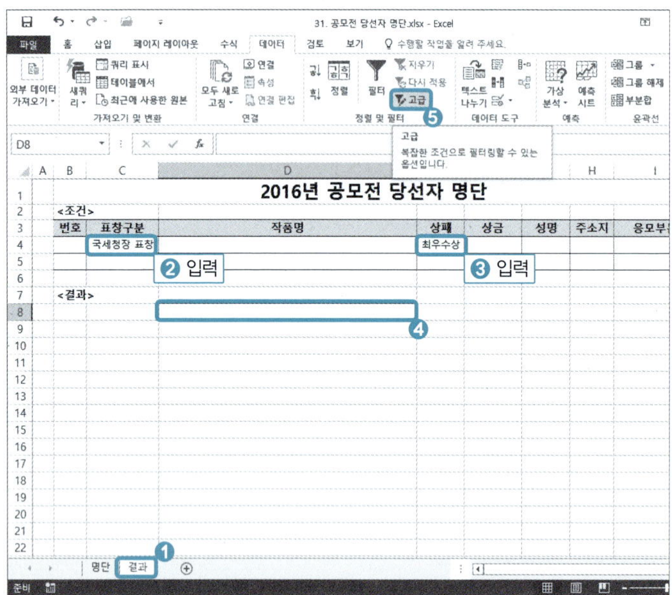

> **실력향상**
>
> 고급 필터를 쓰려면 필요한 조건을 직접 입력해야 합니다. 조건을 입력할 때는 위쪽 행에 열 머리글, 아래쪽 행에 조건 형식으로 입력합니다.

> **실력향상**
>
> 고급 필터 메뉴를 사용하면 선택한 셀의 주변 데이터를 인식하여 연관된 데이터 범위를 목록 범위로 자동 설정합니다. 따라서 [E4] 셀이나 결과를 표시할 [B8] 셀을 바로 클릭하면 해당 셀의 위쪽에만 데이터가 입력되어 있어 불완전한 데이터 범위로 인식하고 오류 메시지가 표시됩니다. 주변에 데이터가 입력되어 있지 않은 빈 셀을 선택해야 오류 없이 고급 필터 메뉴를 사용할 수 있습니다.

2 [고급 필터] 대화상자의 [결과]에서 [다른 장소에 복사]를 선택합니다. [목록 범위]를 클릭한 후 [명단] 시트의 [B3] 셀을 클릭하고 Ctrl + A 를 눌러 데이터 범위 전체를 선택합니다.

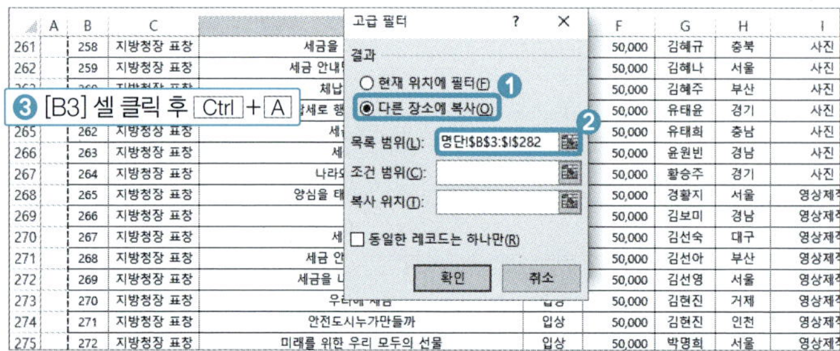

> **실력향상**
>
> 고급 필터는 자동 필터처럼 결과를 해당 데이터에 바로 추출하거나 다른 곳에 따로 추출할 수 있습니다.

❶ AND 조건

여러 조건을 같은 행에 입력하며, 입력한 조건이 모두 만족되는 결과를 얻고 싶을 때 사용합니다.

예) '영상제작' 응모부문에서 상금을 '500,000'원 이상 받은 조건 필터

응모부문	상금
영상제작	>=500000

❷ OR 조건

여러 조건을 다른 행에 하나씩 입력하며, 입력한 여러 조건 중 하나라도 만족하는 결과를 얻고 싶을 때 사용합니다.

예) 응모부문이 '영상제작'이거나 상금이 '500,000'원 이상인 조건 필터

응모부문	상금
영상제작	
	>=500000

3 [조건 범위]를 클릭한 후 [C3:E4] 셀 범위를 선택합니다. [복사 위치]를 클릭한 후 [B8] 셀을 클릭합니다. [확인]을 클릭합니다.

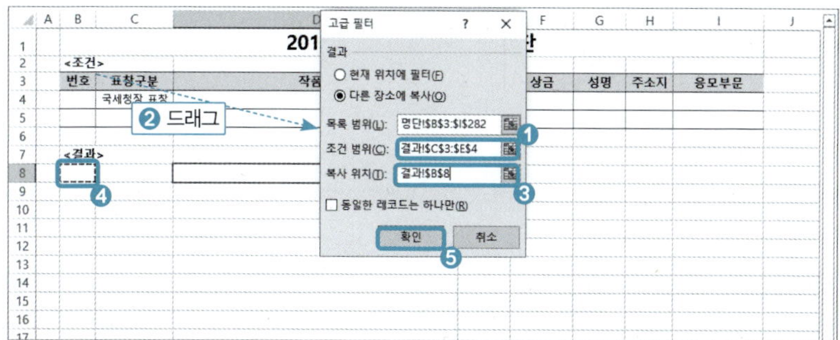

4 표창구분이 '국세청장 표창'이고, 상패는 '최우수상'을 받은 데이터만 추출되었습니다.

번호	표창구분	작품명	상패	상금	성명	주소지	응모부문
1	국세청장 표창	우리에게 세금이란	최우수상	1,000,000	안소현	서울	글쓰기
2	국세청장 표창	납세 후엔 더욱 더 강해진 우리나라가 되자!	최우수상	1,000,000	소충호	전남	글쓰기
3	국세청장 표창	고액체납자 뉴스를 보고 난 후	최우수상	1,000,000	손현진	강원도	글쓰기
4	국세청장 표창	우리는 모범납세자	최우수상	1,000,000	한경미	경남	글쓰기
5	국세청장 표창	세금으로 보는 나의 하루	최우수상	1,000,000	이길en	인천	글쓰기
6	국세청장 표창	살기좋은 세상이 되기 위해 해야할 일 10가지	최우수상	2,000,000	김병민	부산	사진
7	국세청장 표창	세금은 애국이다	최우수상	2,000,000	유은희	전남	사진
8	국세청장 표창	홍부의 눈물	최우수상	2,000,000	김민호	광주	사진
9	국세청장 표창	숨은세금찾기	최우수상	3,000,000	김이종	광주	영상제작
10	국세청장 표창	세금과 우리의 일상	최우수상	3,000,000	도주철	서울	인포그래픽 제작

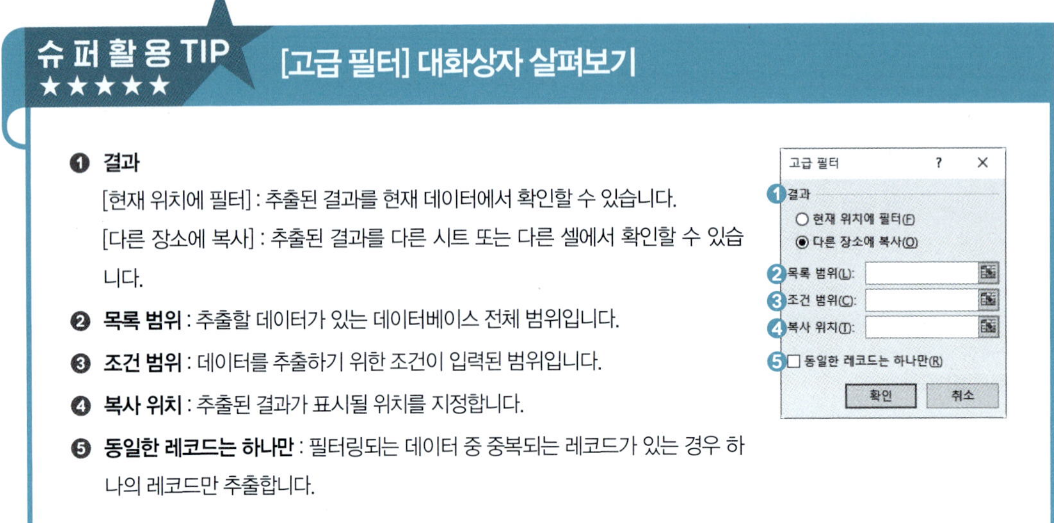

❶ **결과**

[현재 위치에 필터] : 추출된 결과를 현재 데이터에서 확인할 수 있습니다.

[다른 장소에 복사] : 추출된 결과를 다른 시트 또는 다른 셀에서 확인할 수 있습니다.

❷ **목록 범위** : 추출할 데이터가 있는 데이터베이스 전체 범위입니다.

❸ **조건 범위** : 데이터를 추출하기 위한 조건이 입력된 범위입니다.

❹ **복사 위치** : 추출된 결과가 표시될 위치를 지정합니다.

❺ **동일한 레코드는 하나만** : 필터링되는 데이터 중 중복되는 레코드가 있는 경우 하나의 레코드만 추출합니다.

5 다른 조건을 입력하여 데이터를 한 번 더 추출해보겠습니다. 조건을 입력할 행을 만들기 위해 [2:7] 행 범위를 선택한 후 Ctrl+C를 눌러 복사합니다. 20행을 선택한 후 Ctrl+V를 눌러 붙여넣기합니다.

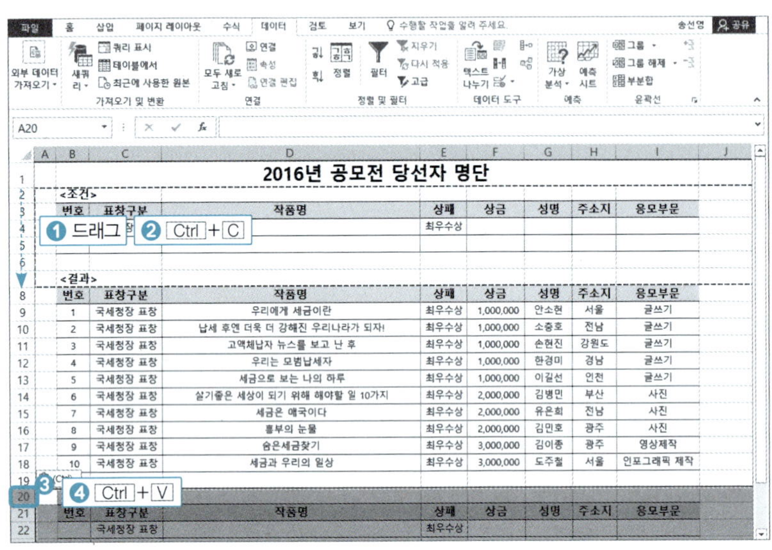

6 [C22:E22] 셀 범위를 선택한 후 Delete를 눌러 기존 데이터를 삭제합니다. [H22] 셀에 **강원도**를 입력합니다. [F23] 셀에 **>=3000000**, [I23] 셀에 **영상제작**을 입력합니다.

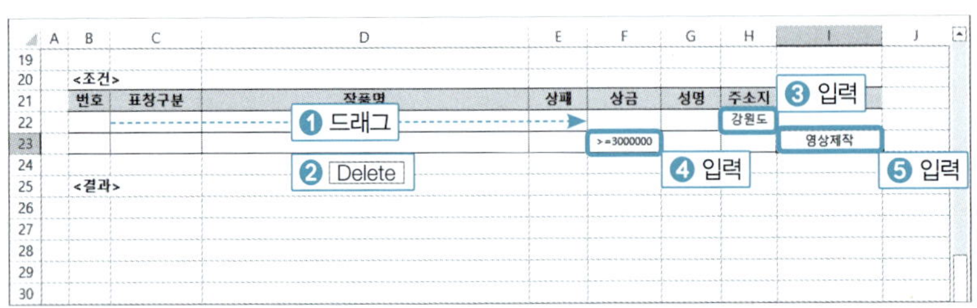

7 [D26] 셀을 클릭합니다. [데이터] 탭–[정렬 및 필터] 그룹–[고급]을 클릭합니다. [고급 필터] 대화상자의 [결과]에서 [다른 장소에 복사]를 선택합니다. [목록 범위]를 클릭한 후 [명단] 시트의 [B3] 셀을 클릭하고 Ctrl+A를 눌러 데이터 범위 전체를 선택합니다. [조건 범위]를 클릭한 후 [결과] 시트의 [F21:I23] 셀 범위를 선택합니다. [복사 위치]를 클릭한 후 [B26] 셀을 클릭합니다. [확인]을 클릭합니다.

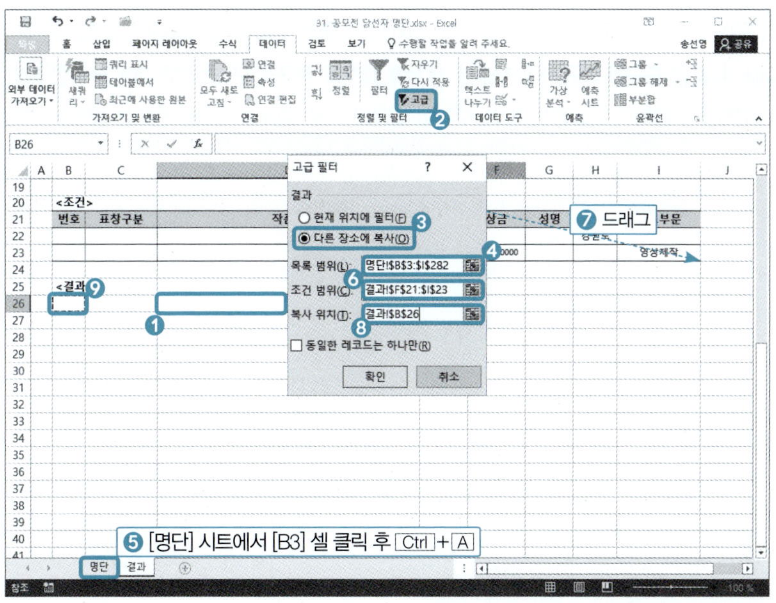

8 주소지가 '강원도'로 되어 있거나 '영상제작' 응모부문에서 상금을 '3,000,000'원 이상 받은 명단만 추출되었습니다.

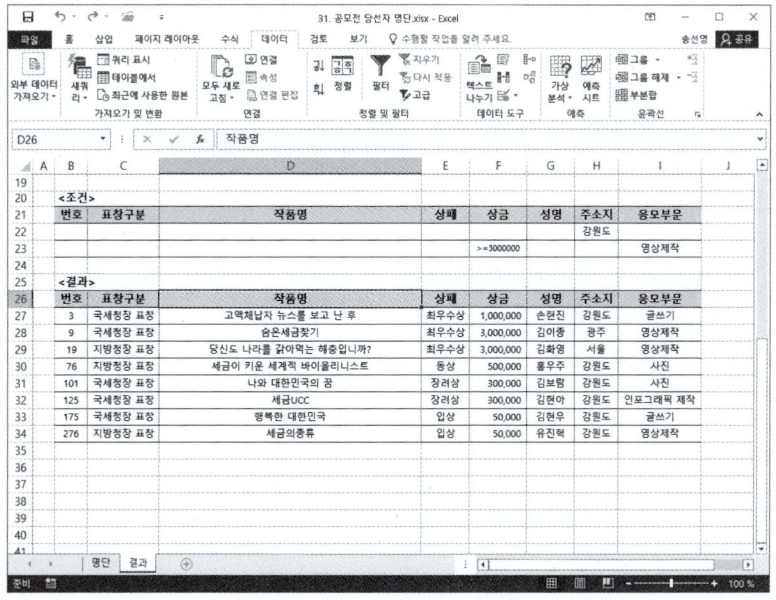

번호	표창구분	작품명	상패	상금	성명	주소지	응모부문
						강원도	
				>=3000000			영상제작

<결과>

번호	표창구분	작품명	상패	상금	성명	주소지	응모부문
3	국세청장 표창	고액체납자 뉴스를 보고 난 후	최우수상	1,000,000	손현진	강원도	글쓰기
9	국세청장 표창	숨은세금찾기	최우수상	3,000,000	김이종	광주	영상제작
19	지방청장 표창	당신도 나라를 갉아먹는 해충입니까?	최우수상	3,000,000	김화영	서울	영상제작
76	지방청장 표창	세금이 키운 세계적 바이올리니스트	동상	500,000	홍우주	강원도	사진
101	국세청장 표창	나와 대한민국의 꿈	장려상	300,000	김보람	강원도	사진
125	국세청장 표창	세금UCC	장려상	300,000	김현아	강원도	인포그래픽 제작
175	국세청장 표창	행복한 대한민국	입상	50,000	김현우	강원도	글쓰기
276	지방청장 표창	세금의종류	입상	50,000	유진혁	강원도	영상제작

부분합을 이용한 데이터 요약 방법 알아보기

부분합은 특정 필드를 그룹으로 묶어 합계나 평균, 최댓값, 최솟값 등 데이터의 요약 결과를 보여줍니다. 영업사원들의 2015년과 2016년 실적 데이터에서 부분합 도구를 이용하여 지점별, 부서별 합계와 평균을 구해보겠습니다. 부분합 요약 데이터를 구한 후 각 지점별로 페이지를 구분하여 인쇄하는 방법, 부분합 결과만 따로 모아 보고서를 만드는 방법에 대해서 알아보겠습니다.

실습 파일 | PART 01 \ 영업사원 실적내역.xlsx **완성 파일** | PART 01 \ 영업사원 실적내역(완성).xlsx

1 지점별, 부서별로 데이터를 정리해보겠습니다. [B3] 셀을 클릭합니다. [데이터] 탭–[정렬 및 필터] 그룹–[정렬]을 클릭합니다.

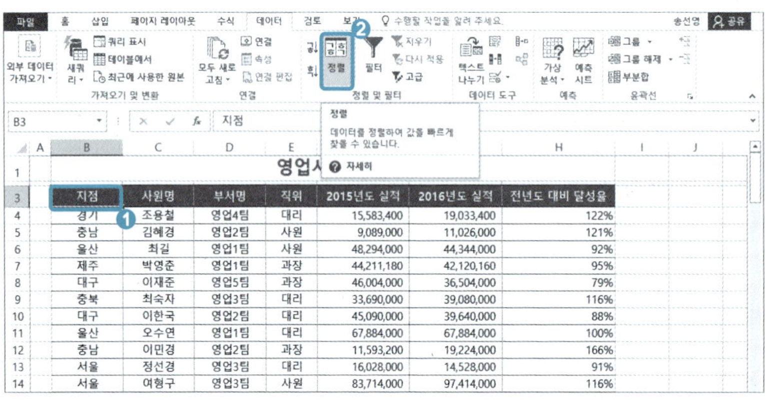

2 [정렬] 대화상자의 첫 번째 기준 [열]에서 [지점]을 선택합니다. [정렬]에서 [오름차순]을 선택합니다. 기준을 더 추가하기 위해 [기준 추가]를 클릭합니다. 두 번째 기준 [열]에서 [부서명]을 선택합니다. [정렬]에서 [오름차순]을 선택합니다. [확인]을 클릭합니다. 지점명으로 오름차순 정렬되고, 같은 지점인 경우 부서명으로 오름차순 정렬됩니다.

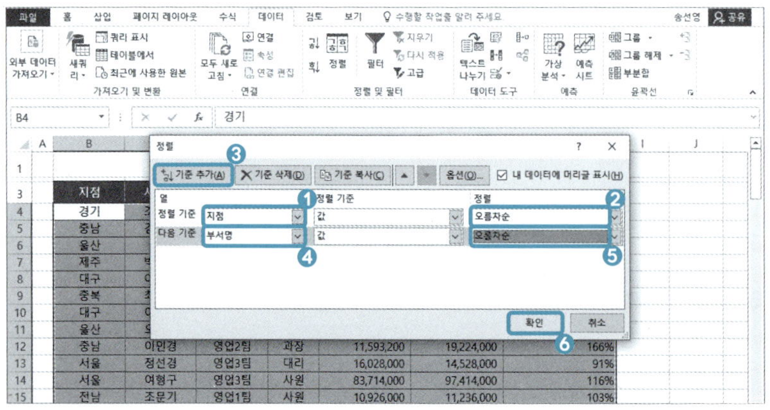

3 [데이터] 탭-[윤곽선] 그룹-[부분합]을 클릭합니다. [부분합] 대화상자의 [그룹화할 항목]에서 [지점], [사용할 함수]에서 [평균], [부분합 계산 항목]에서는 [전년도 대비 달성율]의 체크 표시를 해제하고, [2015년도 실적]과 [2016년도 실적]에 체크 표시합니다. [그룹 사이에서 페이지 나누기]에 체크 표시한 후 [확인]을 클릭합니다. 각 지점별 2015년과 2016년 실적의 평균 결과가 나타납니다.

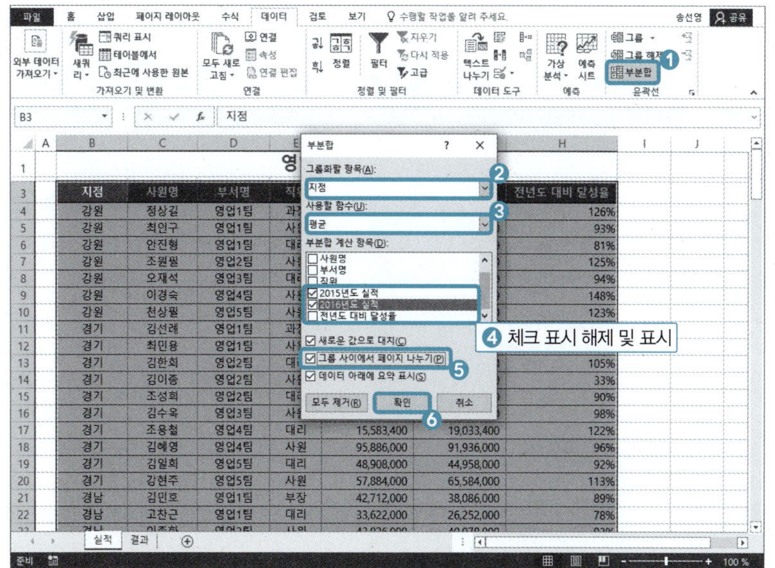

시간단축

[그룹 사이에서 페이지 나누기]를 선택하면 그룹화할 항목으로 선택한 지점별로 페이지가 나누어집니다.

슈퍼활용 TIP ★★★★★ [부분합] 대화상자 살펴보기

❶ **그룹화할 항목** : 그룹으로 묶을 기준 머리글을 선택합니다.

❷ **사용할 함수** : 데이터 요약 시 사용할 함수를 선택합니다. [합계], [개수], [평균], [최대값], [최소값], [표준 편차] 등 총 11개의 함수를 제공합니다.

❸ **부분합 계산 항목** : 함수로 계산할 머리글을 선택합니다. 여러 항목을 선택할 수 있습니다.

❹ **새로운 값으로 대치** : 기존 부분합은 지우고 새로운 부분합 결과만 표시합니다.

❺ **그룹 사이에서 페이지 나누기** : 소계 그룹을 기준으로 페이지를 구분합니다.

❻ **데이터 아래에 요약 표시** : 그룹별 소계를 해당 데이터 아래쪽에 표시합니다.

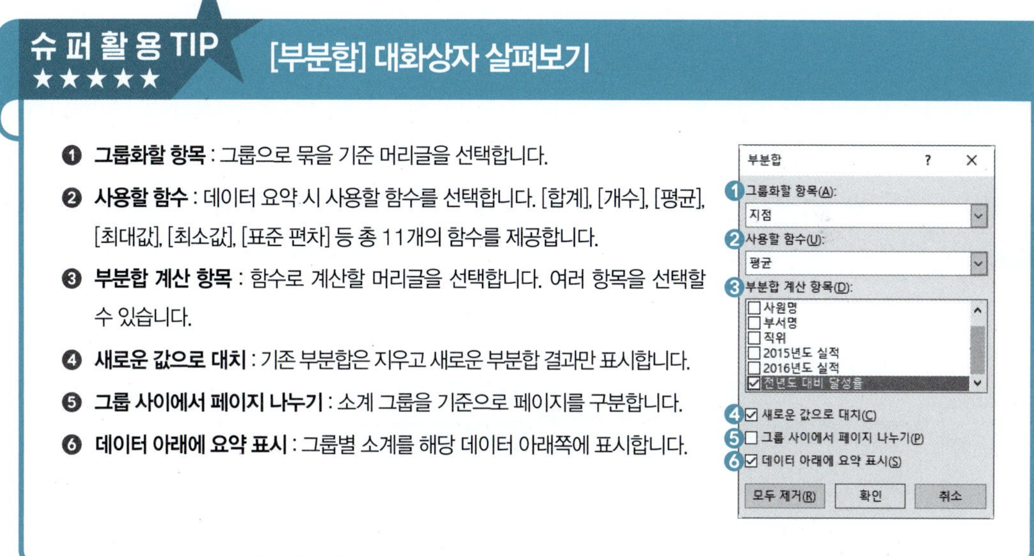

4 부분합을 추가로 더 구해보겠습니다. [데이터] 탭-[윤곽선] 그룹-[부분합]을 클릭합니다. 기존에 설정해놓은 그대로 보입니다. [사용할 함수]에서 [합계]를 선택하고 [새로운 값으로 대치]와 [그룹 사이에서 페이지 나누기]의 체크 표시를 해제합니다. [확인]을 클릭합니다. 각 지점별 2015년과 2016년 실적의 합계와 평균이 구해집니다.

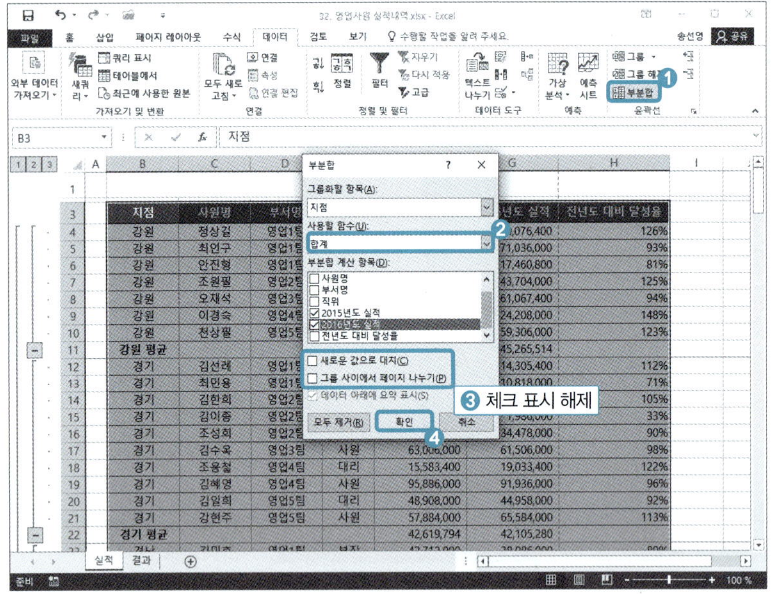

> **실력향상** 부분합 계산 시 합계는 요약으로 표시됩니다. 먼저 계산한 [평균]이 아래쪽에, 나중에 계산한 [합계]가 위쪽에 표시됩니다.

5 지점 안의 부서별로도 부분합을 구해보겠습니다. [데이터] 탭-[윤곽선] 그룹-[부분합]을 클릭합니다. [부분합] 대화상자의 [그룹화할 항목]에서 [부서명]을 선택하고 [사용할 함수]에서 [평균]을 선택합니다. [확인]을 클릭합니다. 각 부서별 2015년과 2016년 실적의 평균을 확인할 수 있습니다.

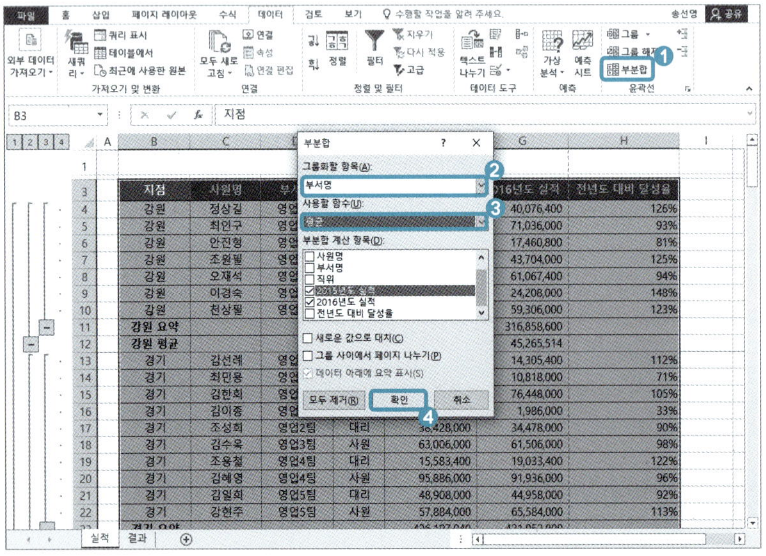

6 마지막으로 부서별 합계를 구해보겠습니다. [데이터] 탭–[윤곽선] 그룹–[부분합]을 클릭합니다. [부분합] 대화상자에서 [사용할 함수]만 [합계]로 수정합니다. [확인]을 클릭합니다.

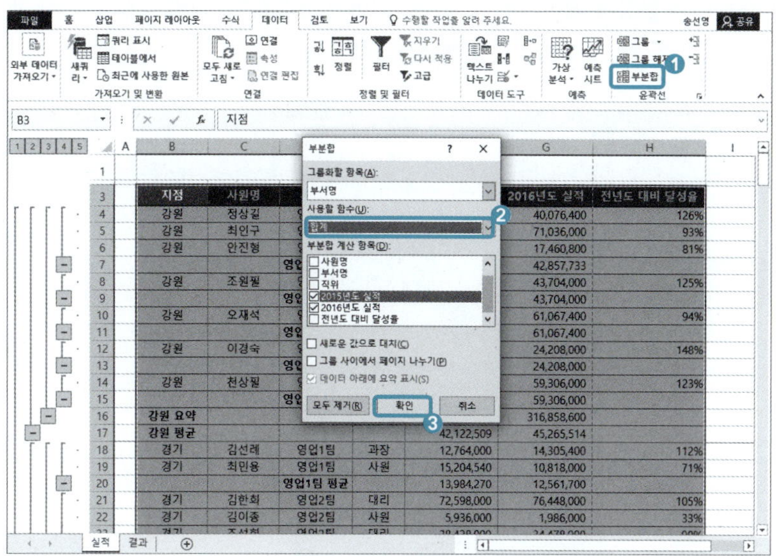

7 각 지점별, 부서별로 2015년과 2016년 실적의 합계와 평균을 확인할 수 있습니다.

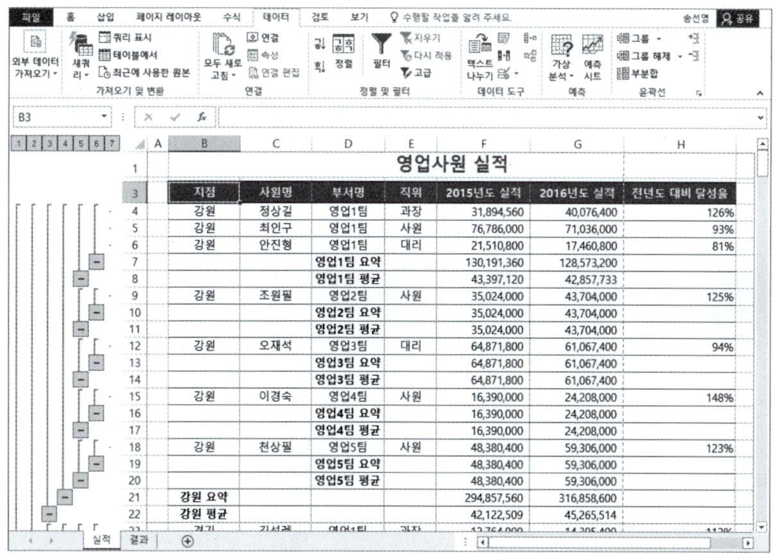

8 실적 결과를 보기 좋게 인쇄하기 위해 인쇄 설정을 해보겠습니다. [보기] 탭-[통합 문서 보기] 그룹-[페이지 나누기 미리 보기]를 클릭합니다. 부분합 메뉴에서 설정한대로 각 지점별로 페이지가 구분되어 있습니다. 데이터의 너비가 넓어 오른쪽에 페이지가 따로 구분되어 있는 '전년도 대비 달성율'도 한 페이지에 인쇄되도록 중간의 페이지 구분선을 오른쪽으로 드래그합니다.

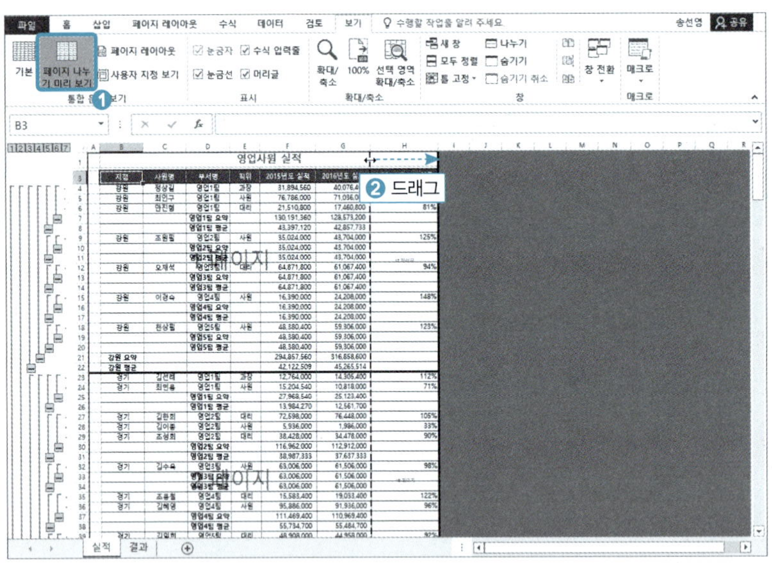

9 각 지점별 요약 데이터가 한 페이지에 인쇄되도록 설정했습니다. [페이지 레이아웃] 탭-[페이지 설정] 그룹-[인쇄 제목]을 클릭합니다. [페이지 설정] 대화상자에서 [반복할 행]을 클릭한 후 [1:3] 행 범위를 선택합니다. 결과 화면을 확인하기 위해 [인쇄 미리 보기]를 클릭합니다. [1:3] 행이 매 페이지마다 맨 위쪽에 인쇄되도록 설정했습니다.

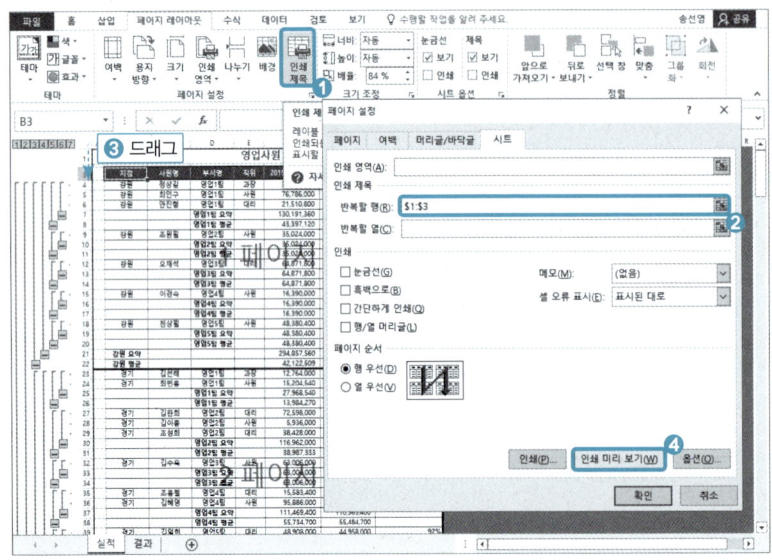

10 각 페이지마다 지점별 현황을 파악할 수 있도록 구분되어 있으며, 제목과 열 머리글이 입력된 [1:3] 행이 매 페이지마다 반복되어 표시됩니다. 다른 페이지도 확인한 후 왼쪽 상단의 [돌아가기]를 클릭합니다.

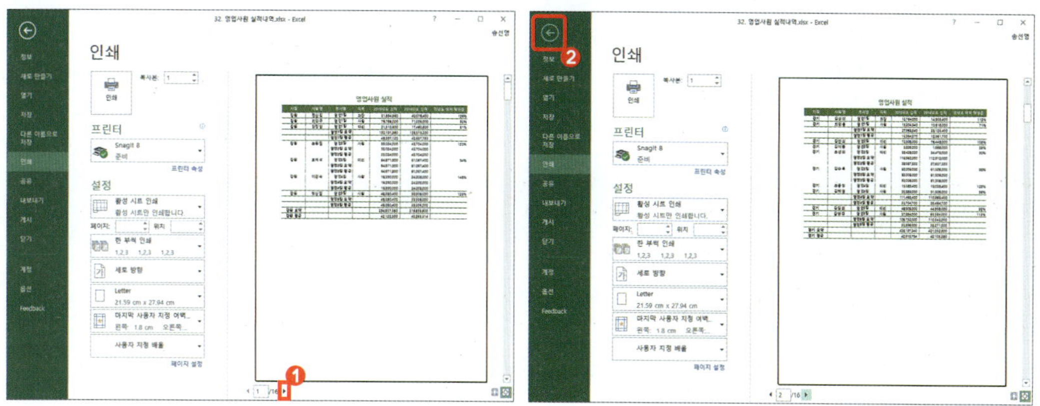

11 [보기] 탭-[통합 문서 보기] 그룹-[기본]을 클릭하여 기본 화면으로 돌아갑니다. 원하는 결과만 보고서에 붙여 넣어보겠습니다. 왼쪽 윤곽선에서 1을 클릭합니다. 각 지점별 2015년과 2016년 실적의 총 합계와 전체 평균을 확인할 수 있습니다.

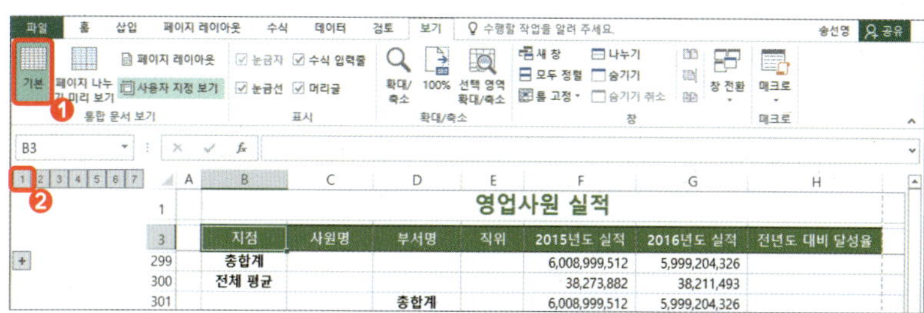

12 왼쪽 윤곽선에서 6을 클릭합니다. 각 지점별, 부서별 2015년과 2016년 실적의 합계와 평균을 확인할 수 있습니다. [B3] 셀을 클릭한 후 Ctrl+A를 눌러 표 전체를 선택합니다. [홈] 탭-[편집] 그룹-[찾기 및 선택]을 클릭한 후 [이동 옵션]을 선택합니다. [이동 옵션] 대화상자의 [화면에 보이는 셀만]을 선택합니다. [확인]을 클릭합니다. 화면에 보이는 결과 셀들만 선택됩니다. Ctrl+C를 눌러 복사합니다.

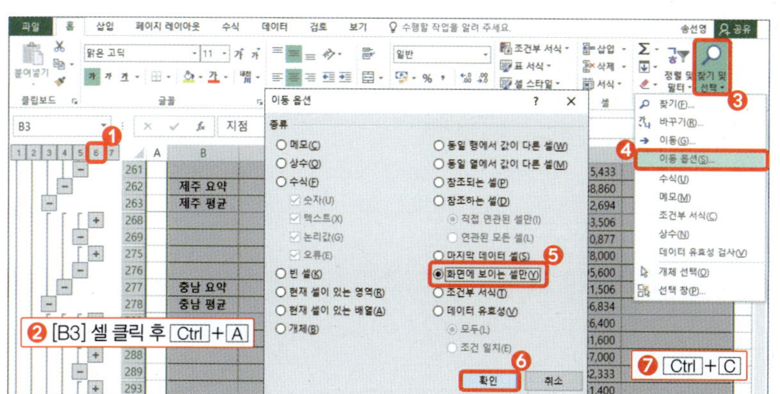

> **실력향상**
>
> 부분합 결과인 지점별, 부서별 합계와 평균 데이터 이외의 다른 데이터들은 화면에 보이지 않지만 모두 선택되어 있는 상태입니다. [이동 옵션]에서 [화면에 보이는 셀만]을 선택하여 현재 화면에 보이는 데이터만 선택합니다.

13 [결과] 시트를 선택합니다. [B3] 셀을 클릭합니다. Ctrl + V 를 눌러 붙여넣기합니다. '사원명' 열과 '직위' 열, '전년도 대비 달성율' 열을 삭제하고 각 열의 너비와 서식 설정하여 보고서 작성을 완료합니다.

14 [실적] 시트를 선택합니다. [데이터] 탭-[윤곽선] 그룹-[부분합]을 클릭합니다. [부분합] 대화상자에서 [모두 제거]를 클릭합니다.

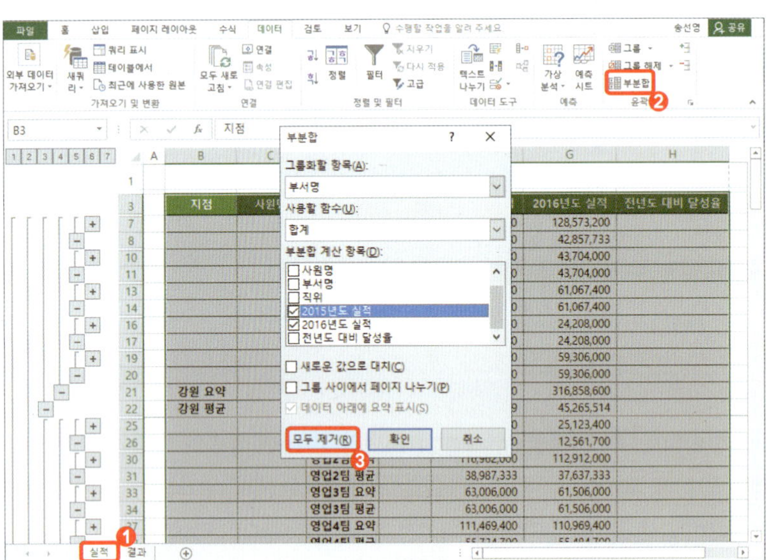

15 부분합 요약 결과가 모두 제거되고 원본 데이터 형태로 표시됩니다.

지점	사원명	부서명	직위	2015년도 실적	2016년도 실적	전년도 대비 달성율
				영업사원 실적		
강원	정상길	영업1팀	과장	31,894,560	40,076,400	126%
강원	최인구	영업1팀	사원	76,786,000	71,036,000	93%
강원	안진형	영업1팀	대리	21,510,800	17,460,800	81%
강원	조원필	영업2팀	사원	35,024,000	43,704,000	125%
강원	오재석	영업3팀	대리	64,871,800	61,067,400	94%
강원	이경숙	영업4팀	사원	16,390,000	24,208,000	148%
강원	천상필	영업5팀	사원	48,380,400	59,306,000	123%
경기	김선례	영업1팀	과장	12,764,000	14,305,400	112%
경기	최민용	영업1팀	사원	15,204,540	10,818,000	71%
경기	김한회	영업2팀	대리	72,598,000	76,448,000	105%
경기	김이종	영업2팀	사원	5,936,000	1,986,000	33%
경기	조성회	영업2팀	대리	38,428,000	34,478,000	90%
경기	김수옥	영업3팀	사원	63,006,000	61,506,000	98%

피벗 테이블로
데이터 요약 분석하기

피벗 테이블은 많은 양의 데이터를 빠르고 쉽게 요약하여 보여줍니다. 일 년간의 소모품 신청현황 데이터를 소모품 분류별로 구분하고 월별, 분기별로 소모품 신청 금액의 합계를 구해보겠습니다. 또 신청 부서별로 데이터를 추출할 수 있도록 보고서를 작성해보겠습니다.

실습 파일 | PART 01 \ 소모품 신청현황.xlsx   완성 파일 | PART 01 \ 소모품 신청현황(완성).xlsx

1 [B3] 셀을 클릭한 후 [삽입] 탭-[표] 그룹-[피벗 테이블]을 클릭합니다. [피벗 테이블 만들기] 대화상자에서 [표 또는 범위 선택]의 [표/범위]에 선택한 셀과 관련된 데이터 범위가 자동으로 표시됩니다. 피벗 테이블 보고서를 넣을 위치에는 [새 워크시트]가 선택되어 있습니다. [확인]을 클릭합니다.

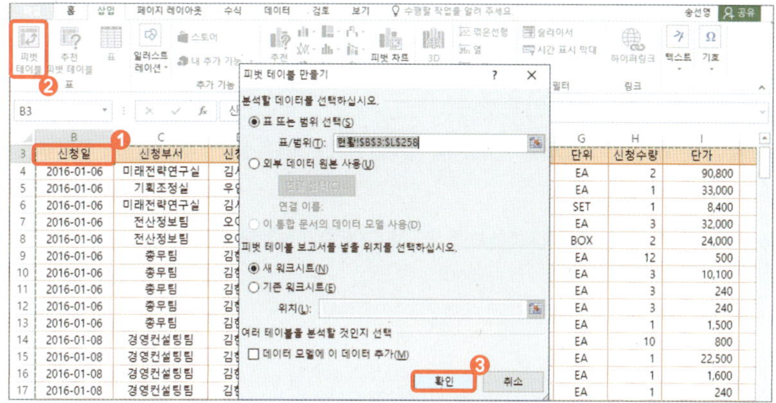

시간단축

[삽입] 탭-[표] 그룹-[추천 피벗 테이블]을 클릭하면 만들어 볼 피벗 테이블을 추천 받고, 미리 볼 수 있습니다.

2 새로운 시트에 피벗 테이블 보고서 작업 영역이 표시됩니다. [피벗 테이블 필드] 작업 창에서 [신청부서] 필드는 [필터] 영역으로 드래그합니다. [분류] 필드는 [열], [신청일] 필드는 [행], [금액] 필드는 [값] 영역으로 각각 드래그합니다. 날짜가 입력되어 있는 [A5] 셀을 클릭합니다. 마우스 오른쪽 버튼을 클릭하여 [그룹]을 선택합니다. 날짜 데이터는 월별로 자동 구분됩니다.

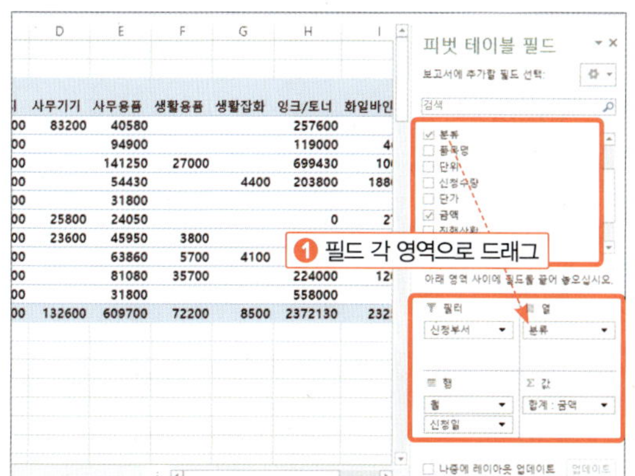

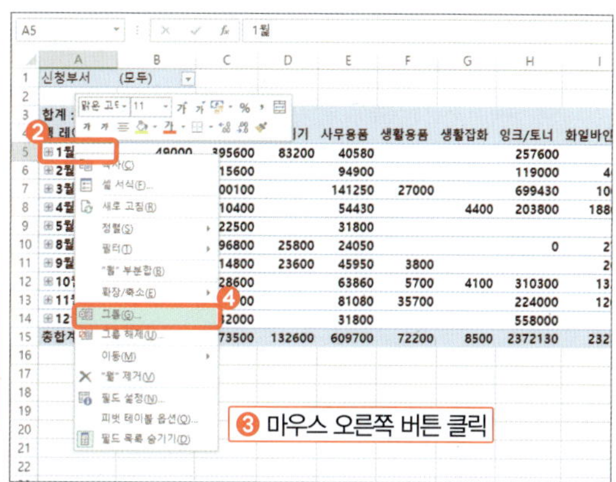

3 [그룹화] 대화상자에서 그룹 설정할 [월]과 [분기] 항목만 선택합니다. [확인]을 클릭합니다. 분기별, 월별로 신청한 금액의 합계를 볼 수 있습니다. 금액의 평균도 확인해보겠습니다. [피벗 테이블 필드] 작업 창의 [금액] 필드를 [값] 영역으로 드래그하여 추가합니다. 추가된 [합계 : 금액2]를 클릭합니다. [값 필드 설정]을 클릭합니다.

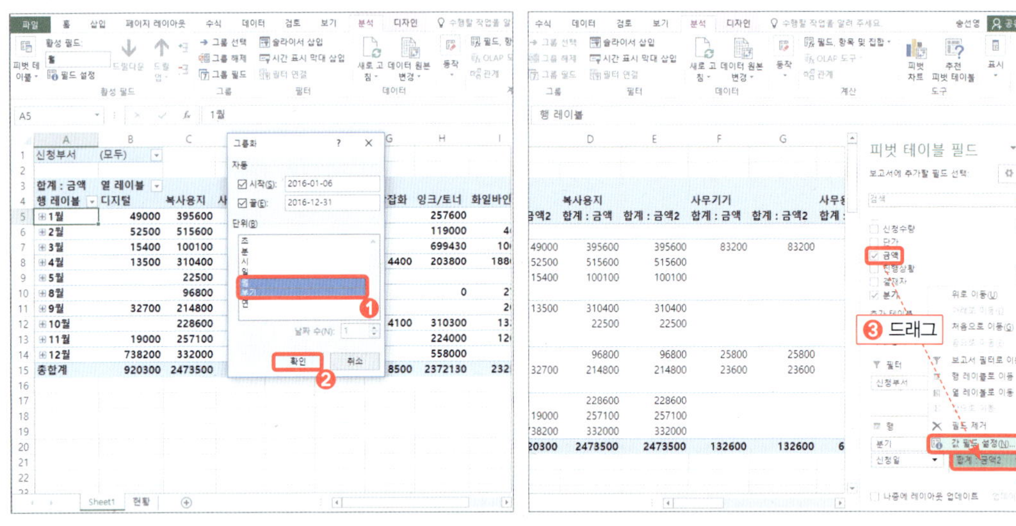

실력 향상 날짜 데이터는 연, 분기, 월, 일, 시, 분, 초 단위로 그룹화할 수 있습니다. 일주일 단위로 그룹을 설정할 때는 [일]을 선택한 후 [날짜 수]에 7을 입력합니다.

시간 단축 [그룹화] 대화상자의 시작 날짜와 끝 날짜는 데이터에 입력된 날짜를 확인하여 자동으로 설정됩니다.

슈퍼활용 TIP ★★★★★ 피벗 테이블 항목 위치

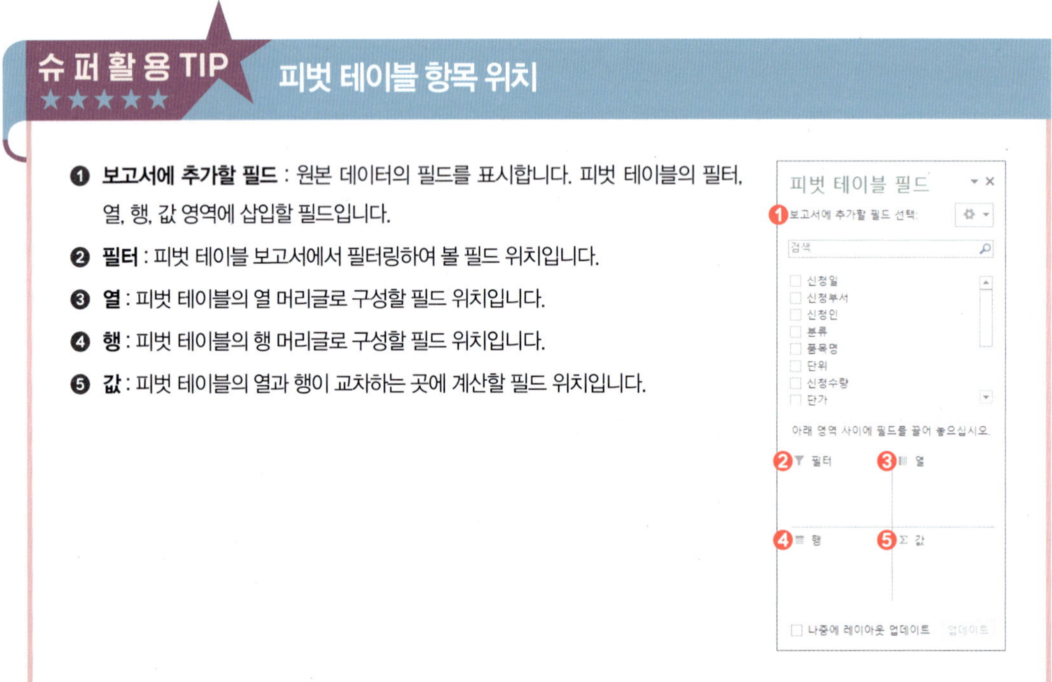

❶ **보고서에 추가할 필드** : 원본 데이터의 필드를 표시합니다. 피벗 테이블의 필터, 열, 행, 값 영역에 삽입할 필드입니다.

❷ **필터** : 피벗 테이블 보고서에서 필터링하여 볼 필드 위치입니다.

❸ **열** : 피벗 테이블의 열 머리글로 구성할 필드 위치입니다.

❹ **행** : 피벗 테이블의 행 머리글로 구성할 필드 위치입니다.

❺ **값** : 피벗 테이블의 열과 행이 교차하는 곳에 계산할 필드 위치입니다.

4 [값 필드 설정] 대화상자의 [값 요약 기준] 탭에서 사용할 함수로 [평균]을 선택합니다. [사용자 지정 이름]은 **금액의 평균**으로 수정합니다. [확인]을 클릭합니다. [합계 : 금액]을 클릭하여 [값 필드 설정]을 선택합니다. [사용자 지정 이름]을 **금액의 합계**로 수정합니다. [확인]을 클릭합니다.

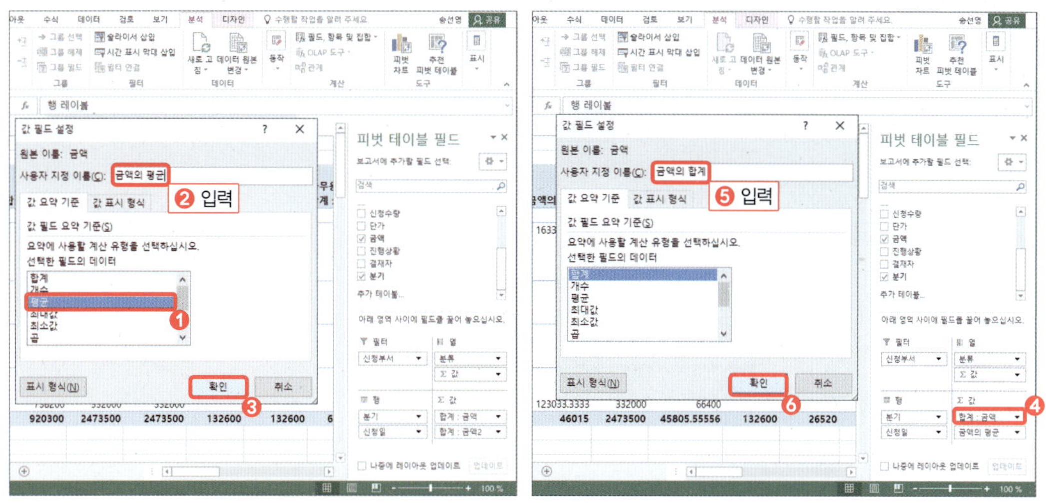

5 [B6:S20] 셀 범위를 선택합니다. 숫자의 표시 형식을 설정하기 위해 [홈] 탭–[표시 형식] 그룹–[쉼표 스타일]을 클릭합니다.

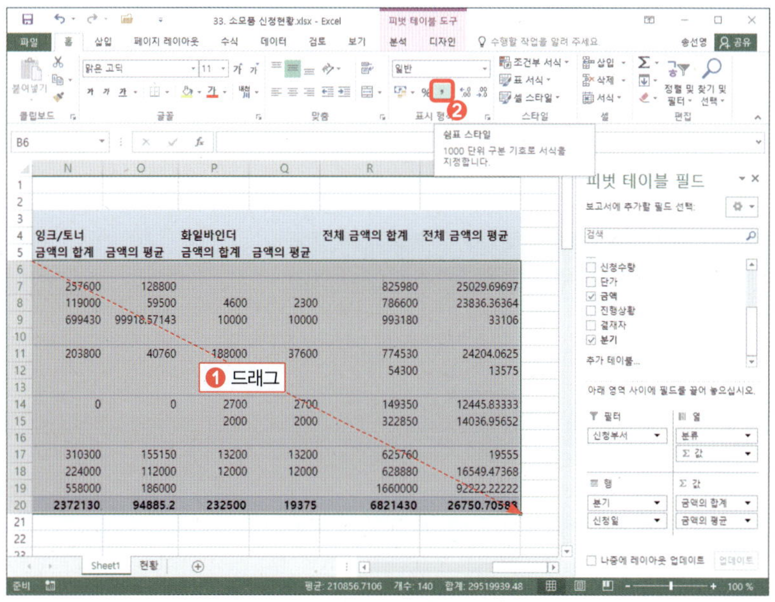

6 [피벗 테이블 도구]–[디자인] 탭–[피벗 테이블 스타일] 그룹의 [자세히]를 클릭합니다. 스타일 목록에서 [피벗 스타일 보통 4]를 선택합니다.

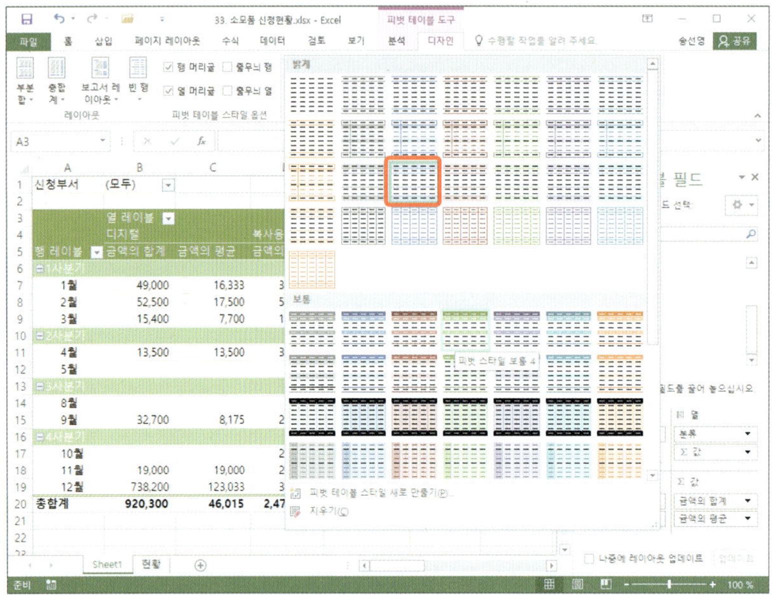

7 [Sheet1] 시트를 더블클릭하여 시트 이름을 **분기별 신청금액 보고서**로 수정합니다.

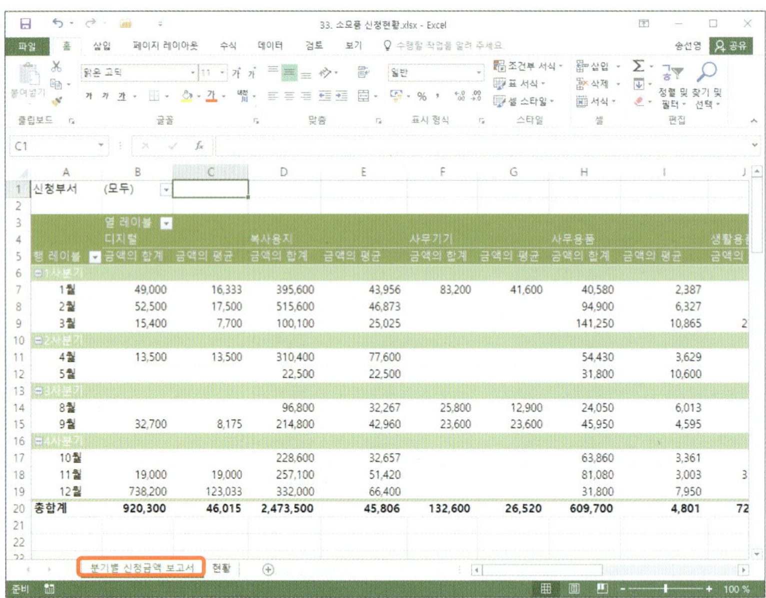

프로젝트로 업그레이드하는
엑셀 데이터 활용과 분석

PART 02는 실제 업무 현장에서 사용하는 데이터 목록 및 통계 표를 예제로 활용하여 데이터 관리와 분석 능력을 빠르게 향상할 수 있도록 구성했습니다. PART 01에서 익힌 데이터 관리 기본기를 바탕으로 외부 데이터 가공과 편집, 함수를 활용한 집계와 분석, 엑셀 분석 도구 활용법, 요약 데이터를 차트로 시각화하는 방법 등을 배우며 더 나아가 대용량 데이터 관리를 위한 액세스 호환, 협업, 반복 작업을 한 번에 처리할 수 있는 매크로 프로그램 제작까지 심도 있게 배워보겠습니다.

업무 시간을 단축하는 외부 데이터 가공과 편집 익히기

회계 프로그램 또는 ERP 시스템에서 다운로드한
데이터를 엑셀에서 사용하기 위해서는 대부분 편집,
가공 작업을 거쳐야 합니다. 이때 단순하게 이동, 삭제,
복사 기능만 반복하여 표 데이터를 편집하면 업무 처리
시간이 많이 걸릴 수밖에 없습니다. 엑셀에서 제공하는
기능을 어떻게 사용하느냐에 따라 업무 처리 시간이
단축되므로 외부 데이터를 편집하고 가공할 때 접목할
수 있는 상황별 엑셀 기능을 알아보고 편집 완료된
데이터 목록을 쉽게 관리할 수 있도록 서식을 설정하는
방법에 대해서 배워보겠습니다.

ERP에서 다운로드한 매출채권
목록 일괄 편집하여 가공하기

실습 파일 | PART 02 \ CHAPTER 01 \ 매출채권 관리.xlsx   **완성 파일** | PART 02 \ CHAPTER 01 \ 매출채권 관리(완성).xlsx

✔ 프로젝트 시작하기

매출채권에 대해 네고일과 만기일 기준으로 분석 보고서를 작성하기 위해 ERP 시스템에서 관련된 매출채권 정보를 다운로드하여 엑셀 파일 형식으로 저장했습니다. ERP에서 다운로드한 매출채권 데이터 목록은 고유번호를 기준으로 정렬, 그룹핑되어 있는데, 만약 네고일을 기준으로 정렬하거나 필터를 적용하려면 데이터를 다음과 같이 편집해야 합니다. 필요 없는 금액의 합계 행은 모두 삭제하고, 문자 형식으로 지정된 날짜는 올바른 날짜 형식으로 변환해보겠습니다. 또한 같은 고유번호와 네고일, 만기일은 빈 셀이므로, 관련 데이터를 모두 입력해보겠습니다.

이러한 단순 반복 작업을 빠르게 처리하기 위해서는 빈 행 일괄 삭제와 바꾸기, 수식으로 연속되는 값 입력 등의 기능을 상황에 따라 적절하게 사용해야 합니다. 실제 업무 현장에서는 다른 부서에서 받은 데이터 목록이나 통계 정보, 회계 시스템 다운로드 자료 등을 편집 · 가공할 때 이와 같은 기능을 유용하게 사용할 수 있습니다.

✓ 핵심기능 미리 보기

STEP 01 금액 합계 행 일괄 삭제하고 날짜 형식 변환하기 | 이동 옵션으로 빈 셀 선택, 바꾸기

❶ [이동 옵션]을 이용하여 G열을 기준으로 빈 셀을 선택한 후 행 전체를 삭제합니다.

❷ [바꾸기]를 이용하여 네고일, 만기일, 선적일의 마침표(.)를 하이픈(–)으로 모두 바꾼 후 날짜 형식으로 변환합니다.

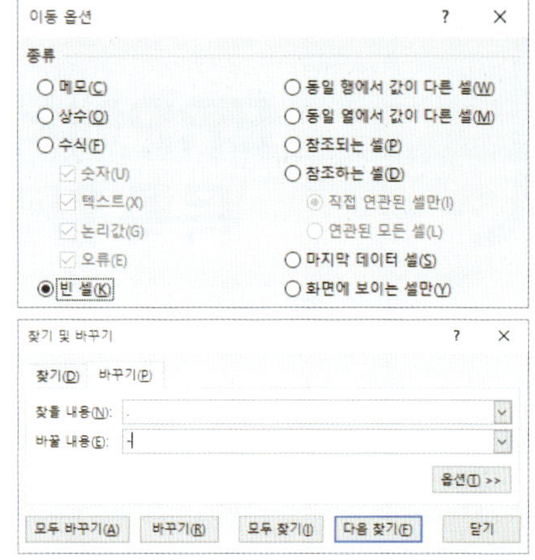

STEP 02 빈 셀에 값 일괄 입력하기 | 수식으로 값 입력, 선택하여 붙여넣기 값 복사

❶ 고유번호, 네고일, 만기일 셀 범위에서 이동 옵션으로 빈 셀만 선택한 후 수식으로 위쪽 셀 데이터를 일괄 입력합니다.

❷ 수식으로 입력된 셀은 선택하여 붙여넣기 기능을 이용하여 [값]으로 변경합니다.

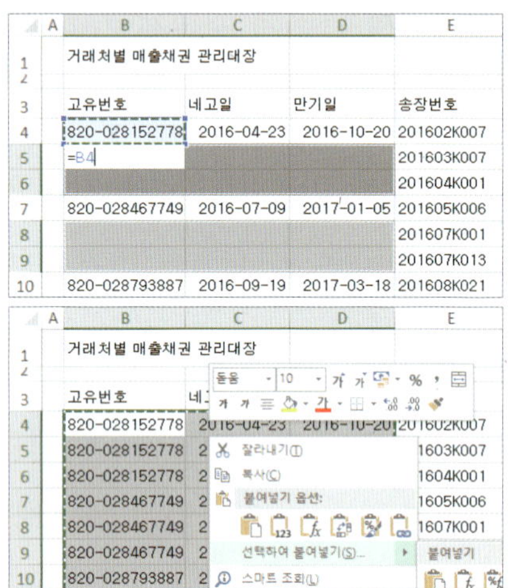

STEP 03 시트에 서식 설정하기 | 선택 영역 가운데 맞춤, 모든 테두리 실선

❶ 제목은 글꼴 크기와 종류를 변경한 후 [B1:J1] 셀을 기준으로 [선택 영역 가운데 맞춤]을 설정합니다.

❷ 내용 데이터 목록은 글꼴 크기와 종류를 변경하고 모든 테두리를 실선으로 설정합니다. 문자, 날짜는 가운데 맞춤, 숫자는 오른쪽 맞춤(들여쓰기)합니다.

금액 합계 행 일괄 삭제하고 날짜 형식 변환하기

이동 옵션으로 빈 셀 선택, 바꾸기

같은 고유번호를 기준으로 H열에 표시된 중간 합계는 데이터 목록을 정렬하거나 필터할 때 불필요하므로 삭제해야 하는데, 한 행씩 선택하여 삭제하기에는 시간이 너무 많이 걸립니다. 작업 시간을 단축하기 위해 G열을 기준으로 빈 셀을 선택한 후 선택한 빈 셀이 포함된 행 전체를 삭제해보겠습니다. 또한 구분 기호가 마침표(.)로 되어 있어 문자 데이터로 인식되는 네고일, 만기일, 선적일의 '년월일'은 [바꾸기]를 이용하여 마침표(.)를 하이픈(-)으로 변환해보겠습니다.

1 [G3:G528] 셀 범위를 선택합니다. [홈] 탭-[편집] 그룹-[찾기 및 선택]을 클릭한 후 [이동 옵션]을 선택합니다. [이동 옵션] 대화상자에서 [빈 셀]을 선택하고 [확인]을 클릭합니다.

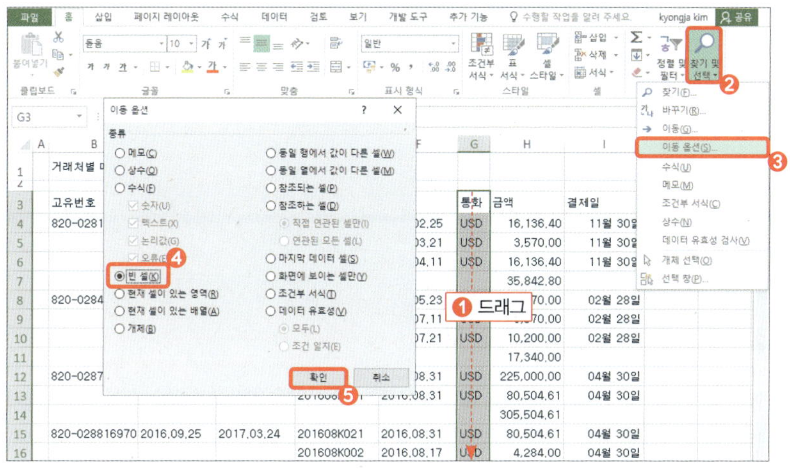

시간단축

빈 셀이 포함되어 있는 셀 범위는 단축키로 선택하기 어렵습니다. [G3] 셀을 클릭한 후 Shift 를 누른 상태에서 [G528] 셀을 클릭하면 좀 더 편하게 셀 범위를 선택할 수 있습니다.

2 G열의 데이터 영역 중 빈 셀만 선택된 상태에서 마우스 오른쪽 버튼을 클릭합니다. [삭제]를 선택합니다. [삭제] 대화상자에서 [행 전체]를 선택하고 [확인]을 클릭합니다. 합계 행이 모두 삭제되었습니다.

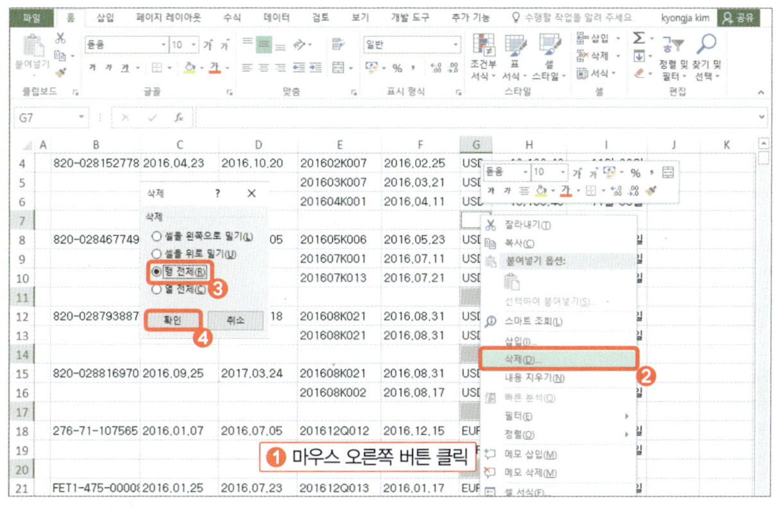

실력향상

빈 셀이 선택된 상태에서 마우스 오른쪽 버튼을 클릭할 때 다른 영역을 클릭하면 선택된 빈 셀이 해제되므로 주의합니다.

3 연월일 구분 기호인 마침표(.)를 하이픈(−)으로 변경해보겠습니다. [C:D] 열을 선택한 후 Ctrl 을 누른 상태에서 F열을 선택합니다. [홈] 탭−[편집] 그룹−[찾기 및 선택]을 클릭한 후 [바꾸기]를 선택합니다. [찾기 및 바꾸기] 대화상자에서 찾을 내용 입력란에 .를 입력하고 바꿀 내용 입력란에 −을 입력합니다. [모두 바꾸기]를 클릭합니다. '1362개 항목이 바뀌었습니다'라는 메시지가 나타나면 [확인]을 클릭합니다. [찾기 및 바꾸기] 대화상자에서도 [닫기]를 클릭합니다.

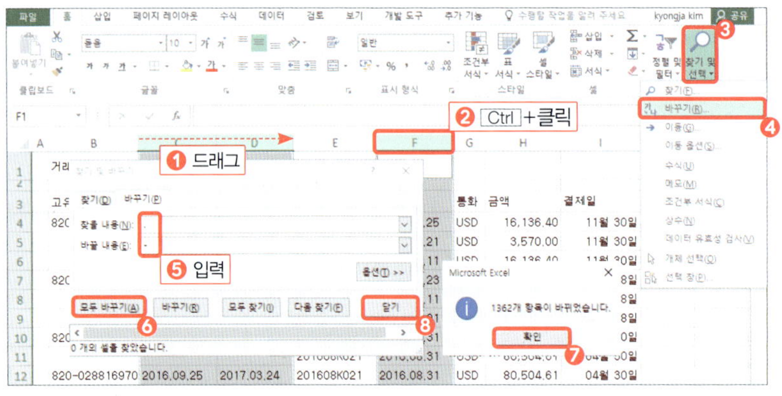

빈 셀에 값 일괄 입력하기

수식으로 값 입력, 선택하여 붙여넣기 값 복사

데이터 목록에서 고유번호와 네고일, 만기일이 같은 레코드는 한 번씩만 입력되어 있습니다. 이러한 데이터 목록을 정렬하려면 먼저 빈 셀에 해당하는 데이터를 모두 입력해두어야 합니다. 수식으로 빈 셀을 채우고 입력한 데이터가 변하지 않도록 값으로 변경해보겠습니다.

4 채우기나 복사 기능으로 데이터를 입력하려면 시간이 많이 소요되므로 빈 셀을 일괄 선택한 후 수식으로 입력해보겠습니다. [B3:D372] 셀 범위를 선택합니다. [홈] 탭−[편집] 그룹−[찾기 및 선택]을 클릭한 후 [이동 옵션]을 선택합니다. [이동 옵션] 대화상자에서 [빈 셀]을 선택하고 [확인]을 클릭합니다.

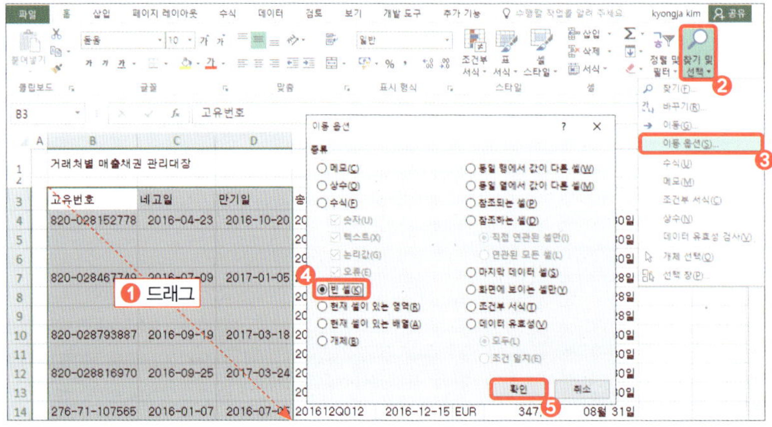

5 빈 셀만 선택된 상태에서 셀 포인터는 [B5] 셀에 있으므로 **=B4**를 입력합니다. Ctrl + Enter 를 누릅니다. 빈 셀의 바로 위쪽에 있는 셀의 데이터가 모두 입력되었습니다.

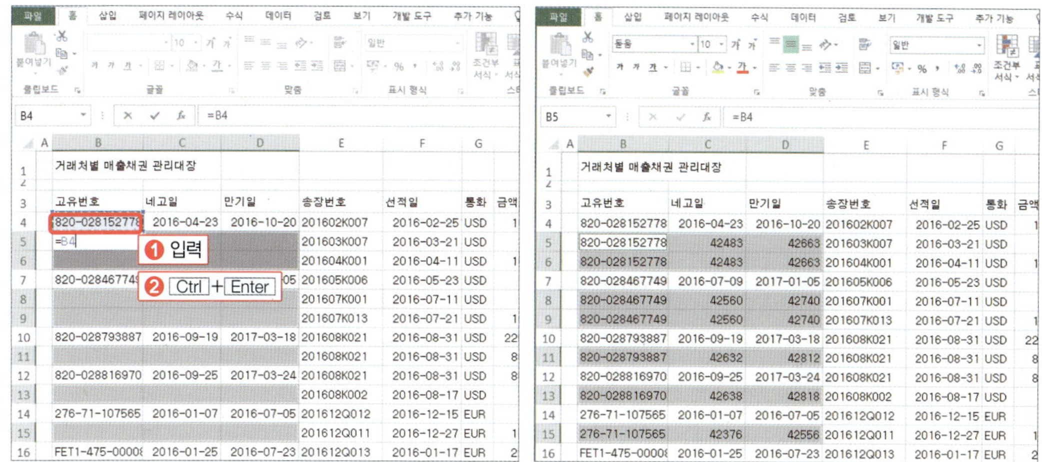

> **실력 향상** Ctrl + Enter 로 수식을 입력하면 채우기나 복사 기능을 사용한 것과 똑같이 상대 참조 수식으로 셀 주소가 변경된 채 한 번에 입력됩니다.

6 수식으로 입력한 데이터는 참조하는 셀 데이터나 정렬이 바뀌면 데이터가 변경됩니다. 데이터가 바뀌지 않도록 수식을 값으로 변경해보겠습니다. [B:D] 열을 선택합니다. Ctrl + C 로 복사합니다. [B:D] 열이 그대로 선택된 상태에서 마우스 오른쪽 버튼을 클릭합니다. [선택하여 붙여넣기]–[값 붙여넣기]에서 [값]을 클릭합니다. 수식으로 입력된 데이터가 모두 값으로 변경되었습니다. Esc 를 눌러 복사 범위를 해제합니다.

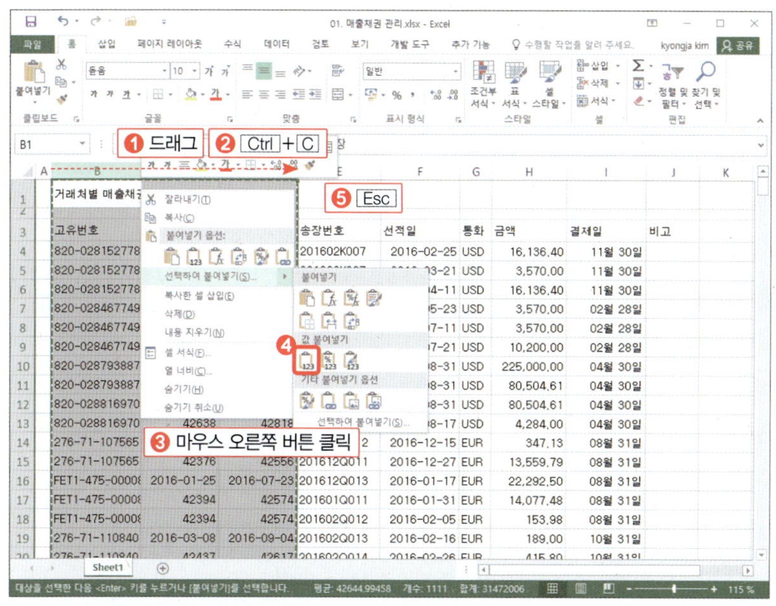

> **시간 단축** Ctrl + C 로 복사한 후 Ctrl + V 로 붙여넣기하고 [붙여넣기 옵션]에서 [값]을 선택해도 됩니다.

7 [C:D] 열에는 날짜 데이터 표시 형식이 설정되지 않은 셀들이 포함되어 있습니다. [C:D] 열을 선택합니다. 결제일의 날짜 표시 형식도 함께 연결하기 위해 Ctrl 을 누른 상태에서 I열을 선택합니다. [홈] 탭-[표시 형식 그룹]-[표시 형식] 목록 단추를 클릭합니다. [간단한 날짜]를 선택합니다. 날짜 형식이 적용됩니다.

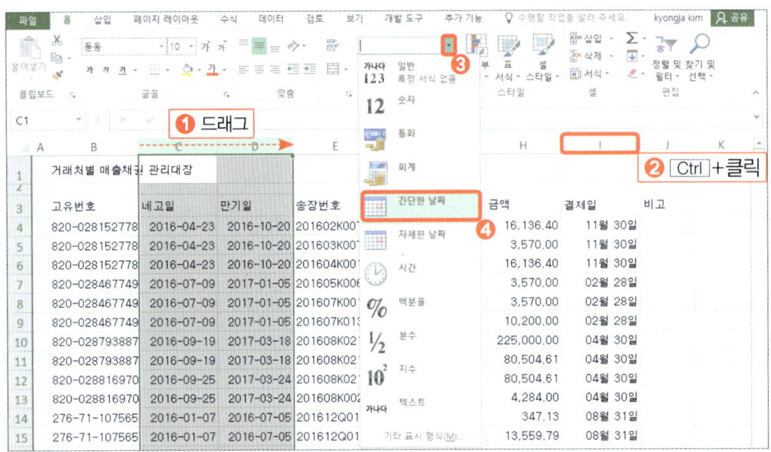

시트에 서식 설정하기

선택 영역 가운데 맞춤, 모든 테두리 실선

편집과 가공이 완료된 데이터 목록을 보기 좋게 정리하기 위해 서식을 설정해보겠습니다. 제목은 글꼴 크기와 종류를 변경한 후 [B1:J1] 셀을 기준으로 [선택 영역 가운데 맞춤]을 설정합니다. 데이터의 글꼴 크기와 종류를 변경하고 테두리를 적용한 후 정렬해보겠습니다.

8 [B1] 셀을 클릭합니다. [홈] 탭-[글꼴] 그룹에서 [맑은 고딕], 크기 [20], [굵게]로 서식을 설정합니다. 제목은 병합하지 않고 B열과 J열의 가운데로 맞춰보겠습니다. [B1:J1] 셀 범위를 선택합니다. 마우스 오른쪽 버튼을 클릭한 후 [셀 서식]을 선택합니다.

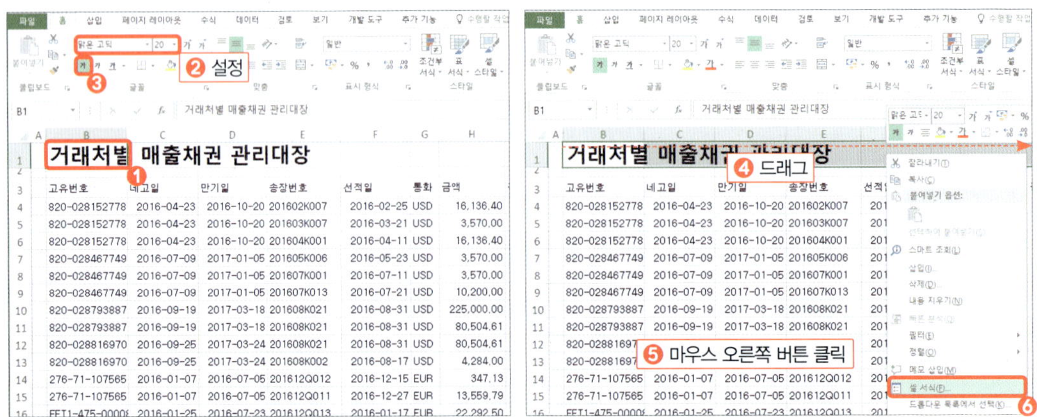

9 [셀 서식] 대화상자의 [맞춤] 탭에서 [가로]는 [선택 영역의 가운데로]를 선택한 후 [확인]을 클릭합니다.

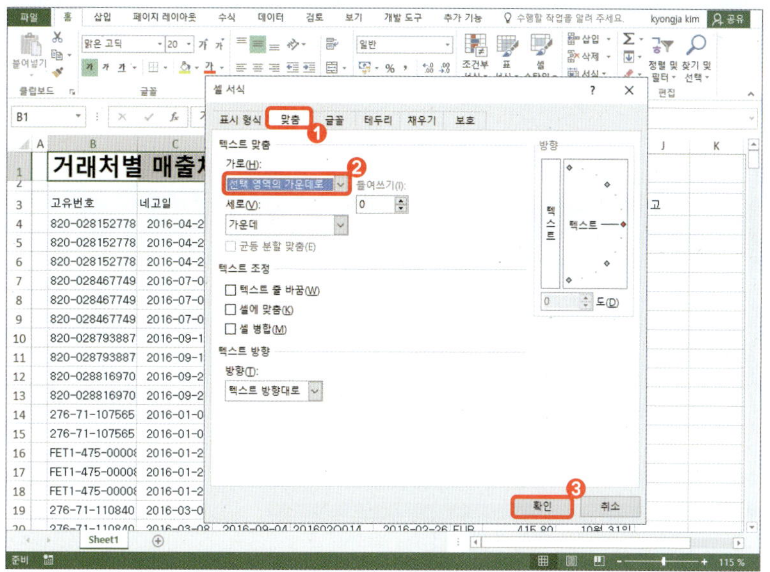

실력 향상 셀을 병합하여 맞춤을 설정하면 열 단위 서식 복사나 열 데이터 편집에 제한이 따르므로 꼭 필요한 경우가 아니면 병합하지 않는 것이 좋습니다. [셀 서식] 대화상자를 표시하는 단축키는 Ctrl + 1 입니다.

10 [B3:J372] 셀 범위를 선택합니다. [홈] 탭-[글꼴] 그룹에서 [맑은 고딕], 크기 [11]로 서식을 설정합니다. [테두리]를 클릭하여 [모든 테두리]를 선택합니다.

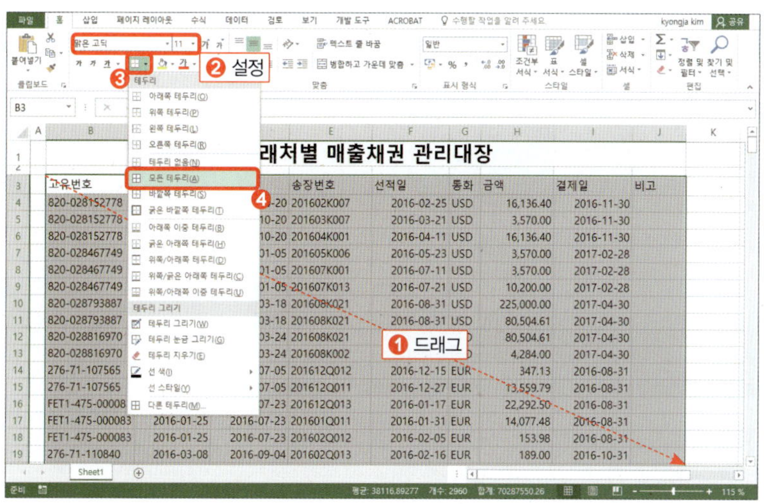

시간 단축 [B3:J372] 셀 범위를 선택할 때 [B3] 셀을 클릭한 후 Ctrl + A 를 누르면 빠르게 셀 범위를 선택할 수 있습니다. Ctrl + A 는 데이터가 입력된 셀 범위 전체를 선택하는 단축키로 빈 행과 빈 열 전까지 셀 범위가 선택됩니다.

11 [홈] 탭-[맞춤] 그룹에서 [가운데 맞춤]을 클릭합니다.

12 금액은 오른쪽 들여쓰기 맞춤을 설정해보겠습니다. [H4:H372] 셀 범위를 선택합니다. 마우스 오른쪽 버튼을 클릭한 후 [셀 서식]을 선택합니다. [셀 서식] 대화상자의 [맞춤] 탭에서 [가로]를 [오른쪽(들여쓰기)]으로 선택하고, [들여쓰기] 값에 **1**을 입력합니다. [확인]을 클릭합니다.

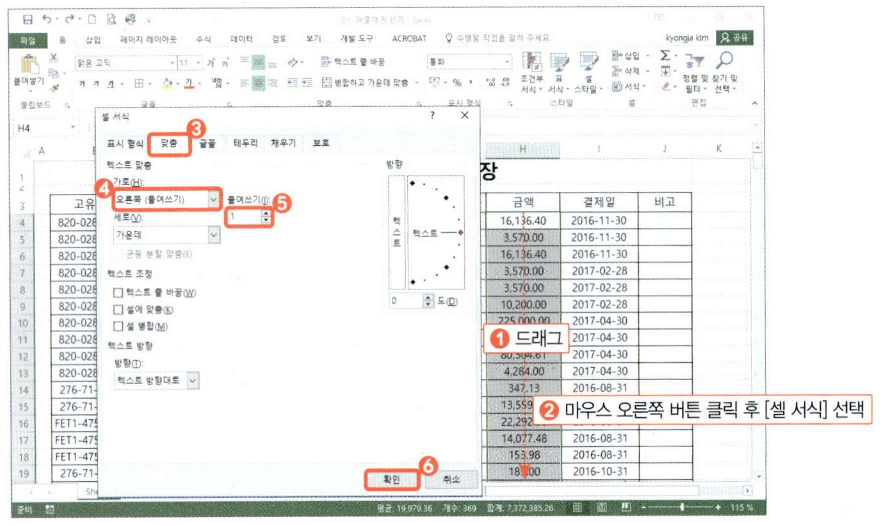

시간 단축 [H4:H372] 셀 범위를 선택할 때 [H4] 셀을 클릭한 후 Ctrl + Shift + ↓ 를 누르면 좀 더 빠르게 셀 범위를 선택할 수 있습니다.

줄 바꿈으로 입력된 숫자 데이터의 열을 분리하여 급여지급 내역 표 정리하기

실습 파일 | PART 02 \ CHAPTER 01 \ 급여지급 내역.xlsx   완성 파일 | PART 02 \ CHAPTER 01 \ 급여지급 내역(완성).xlsx

✅ 프로젝트 시작하기

인사 시스템에서 다운로드한 급여지급 내역에 기본급과 수당, 소득세와 주민세가 각각 한 셀에 줄 바꿈으로 입력되어 있습니다. 엑셀에서 총 지급액을 계산해야 하는데, 한 셀에 두 줄로 입력된 데이터에는 수식을 적용할 수 없습니다. 또한 근무년수를 구할 때는 입사일자를 기준으로 DATEDIF 함수를 이용해야 하는데, 입사일자가 숫자 형식으로 입력되어 있어 DATEDIF 함수를 적용할 수 없습니다.

이처럼 수식을 적용하기 어려운 데이터 목록은 엑셀에서 편집과 가공을 거쳐야 수식을 오류 없이 사용할 수 있습니다. 기본급과 수당, 소득세와 주민세는 텍스트 나누기 기능을 이용하여 열을 분리해 정리하고, 입사일자와 주민등록번호는 텍스트 나누기의 열 데이터 서식 지정 기능을 이용하여 올바른 형식으로 변경해보겠습니다.

STEP 01

기본급과 수당, 소득세와 주민세 열 분리하기 텍스트 나누기

❶ 기본급과 수당 다음 열에 빈 열을 준비해 두고 [텍스트 나누기]를 실행합니다. [구분 기호로 분리됨]으로 텍스트 나누기를 실행하여 열을 분리합니다.

❷ 소득세와 주민세도 같은 방법으로 줄 바꿈을 기준으로 열을 분리하여 주민세는 소득세 다음 열에 입력되도록 합니다.

❸ M열에 실지급액을 계산합니다.

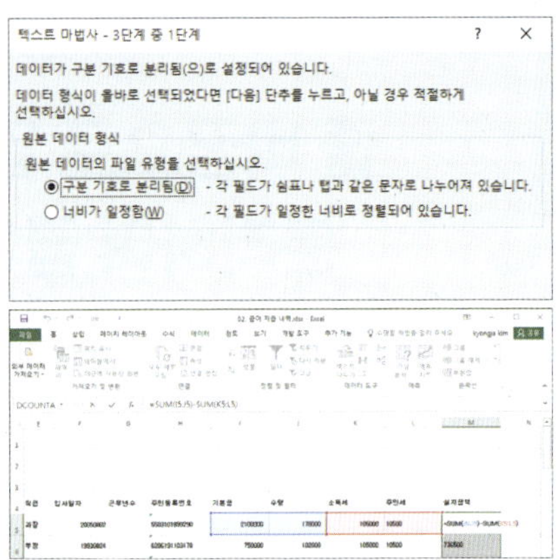

STEP 02

입사일자, 근무년수, 주민등록번호 데이터 유형에 맞게 형식 변환하기
텍스트 나누기, 표시 형식 설정

❶ 입사일자 열을 선택한 후 [텍스트 나누기]하고 3단계에서 열 데이터 서식을 [날짜]로 설정합니다.

❷ 날짜 형식으로 변환된 입사일자를 이용하여 DATEDIF 함수로 근무년수를 구합니다.

❸ 주민등록번호 열을 선택하여 [텍스트 나누기]하고 3단계에서 열 데이터 서식을 [일반]으로 설정합니다.

❹ 숫자로 변환된 주민등록번호에 [표시 형식]으로 [주민등록번호]를 설정합니다.

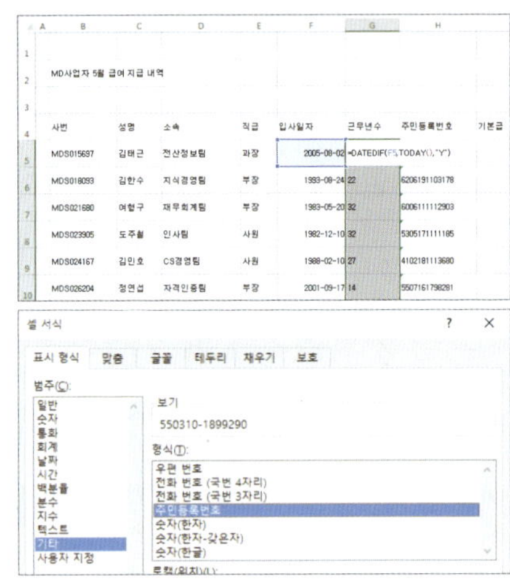

STEP 03

시트에 서식 설정하기 선택 영역 가운데 맞춤, 모든 테두리 실선, 근무년수에 단위 표시

❶ 제목은 글꼴 크기와 종류를 변경한 후 [B2:L2] 셀을 기준으로 [선택 영역의 가운데로]를 설정합니다.

❷ 내용 전체는 글꼴 크기와 종류를 변경하고 모든 테두리를 실선으로 서식을 설정합니다. 근무년수에는 사용자 지정 표시 형식 기능을 이용하여 '년' 단위를 표시합니다.

기본급과 수당, 소득세와 주민세 열 분리하기

텍스트 나누기

기본급, 수당, 소득세, 주민세를 이용하여 총 급여지급액을 구하려고 합니다. 그런데 기본급과 수당이 한 셀에, 소득세와 주민세가 한 셀에 입력되어 있어 수식을 사용할 수 없습니다. 수식을 사용하기 위해 텍스트 나누기를 이용하여 열을 분리해보겠습니다.

1 J열을 선택한 후 마우스 오른쪽 버튼을 클릭합니다. [삽입]을 선택하면 빈 열이 추가됩니다. [I4:I74] 셀 범위를 선택합니다. [데이터] 탭-[데이터 도구] 그룹-[텍스트 나누기]를 클릭합니다.

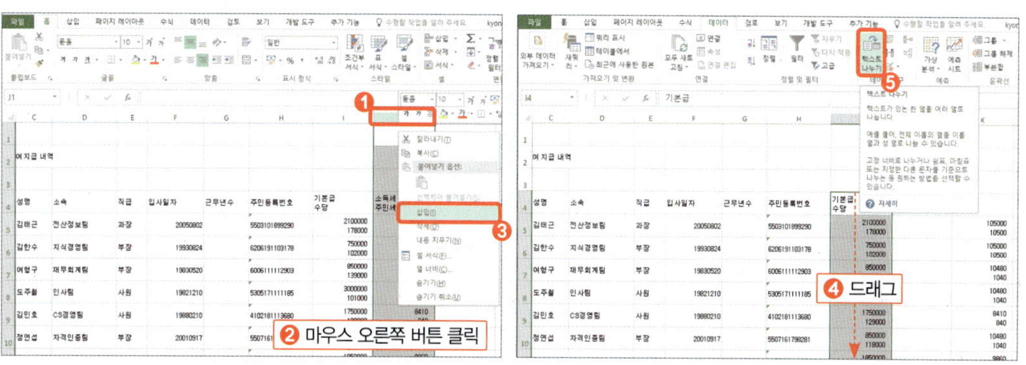

> **실력 향상** [텍스트 나누기]한 결과를 바로 다음 열에 입력할 경우 빈 열을 필요한 개수만큼 삽입하고 텍스트 나누기를 실행해야 합니다. 만약 오른쪽에 빈 열이 없는 상태에서 텍스트를 나누면 기존 데이터를 덮어쓰므로 주의해야 합니다.

2 [텍스트 마법사-1단계]에서 [구분 기호로 분리됨]을 선택합니다. [다음]을 클릭합니다. [텍스트 마법사-2단계]에서 [구분 기호]로 [기타]에 체크 표시하고 [기타] 입력란에서 Alt 를 누른 상태로 숫자 **10**을 입력합니다. 단, 숫자를 입력할 때는 반드시 키보드의 숫자 키패드를 이용해야 합니다. [데이터 미리 보기] 항목에 열이 분리된 결과가 나타납니다. [다음]을 클릭합니다.

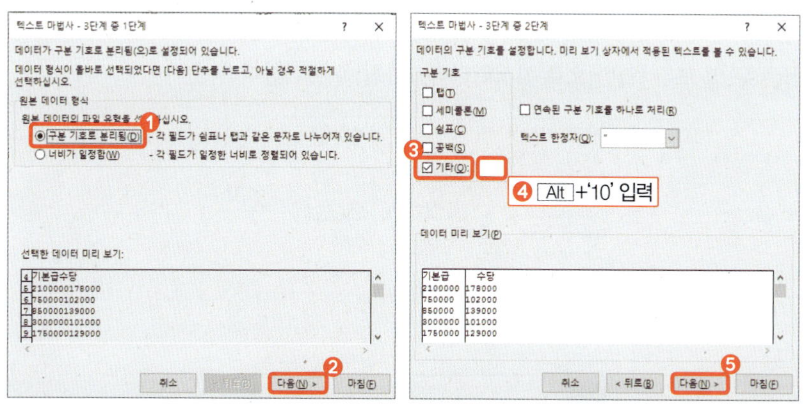

> **실력 향상** 대화상자의 입력란에서는 Alt + Enter 로 줄 바꿈을 입력할 수 없습니다. 줄 바꿈을 대화상자에 입력할 때는 아스키코드를 사용합니다. 줄 바꿈의 아스키코드 값은 '10'입니다. 아스키코드는 Alt 를 누른 상태에서 입력합니다.

3 [텍스트 마법사 – 3단계]의 [열 데이터 서식]은 두 열 모두 [일반]으로 지정합니다. [마침]을 클릭합니다.

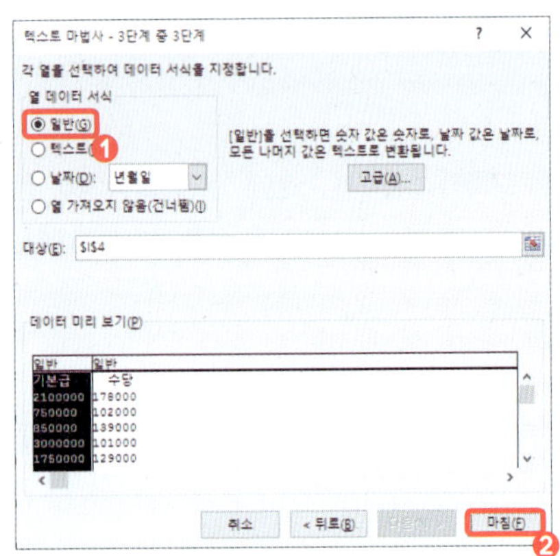

[열 데이터 서식]을 [일반]으로 지정하면 숫자로만 구성된 셀 데이터는 [숫자] 형식으로, 문자가 포함된 셀 데이터는 [문자]로 지정됩니다.

4 소득세와 주민세도 열을 분리해보겠습니다. 오른쪽 열이 비어 있으므로 열을 삽입하지 않고 바로 진행합니다. [K4:K74] 셀 범위를 선택합니다. [데이터] 탭-[데이터 도구] 그룹-[텍스트 나누기]를 클릭합니다. [텍스트 마법사 – 1단계]에서 [구분 기호로 분리됨]을 선택한 후 [다음]을 클릭합니다.

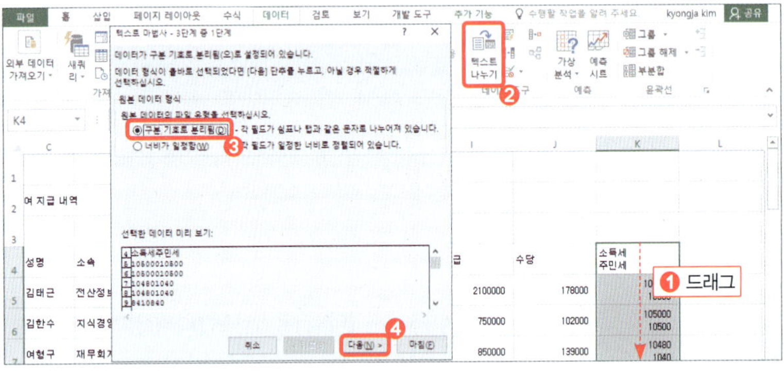

5 [텍스트 마법사 – 2단계]에는 앞에서 입력했던 내용이 [기타]란에 그대로 유지되어 있어 자동으로 소득세와 주민세 열이 분리된 채 [데이터 미리 보기]에 표시됩니다. [다음]을 클릭합니다. [텍스트 마법사 – 3단계]의 [열 데이터 서식]은 두 열 모두 [일반]으로 지정합니다. [마침]을 클릭합니다.

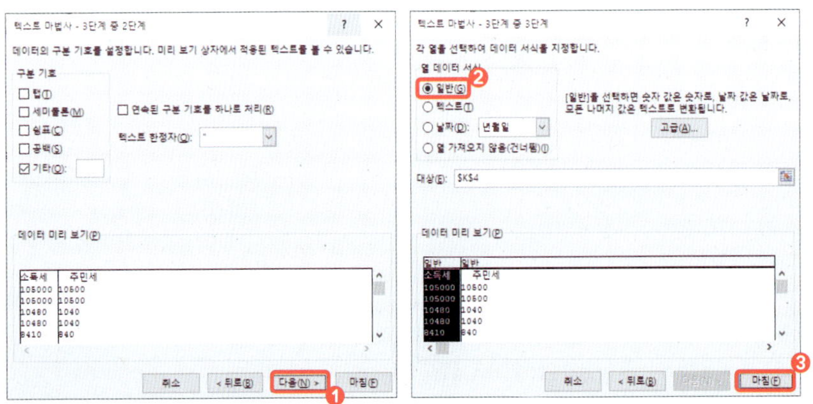

6 M열에 실지급액을 구해보겠습니다. [M4] 셀에 **실지급액**, [M5] 셀에 **=SUM(I5:J5)−SUM(K5:L5)**를 입력합니다. [M5] 셀의 채우기 핸들을 더블클릭하여 수식을 복사합니다.

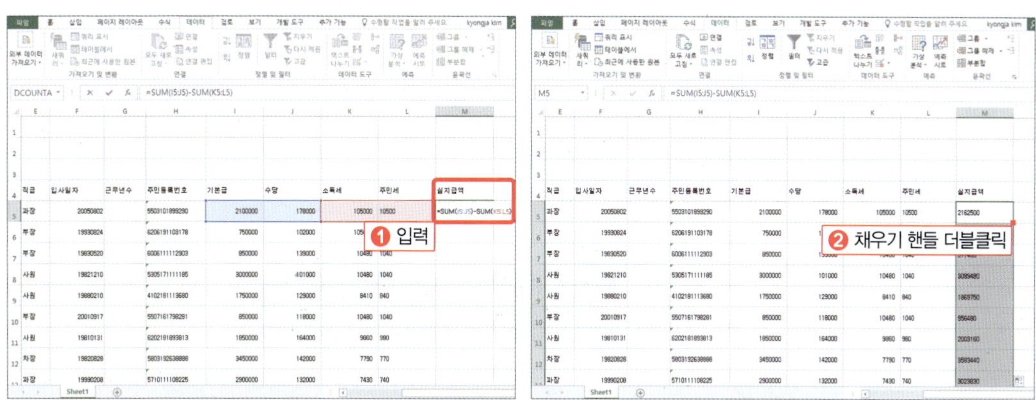

실력 향상 실지급액은 기본급과 수당을 더한 금액에서 소득세와 주민세를 공제해야 하므로 '=(기본급과 수당의 합계)−(소득세와 주민세의 합계)' 수식을 입력합니다.

STEP 02
입사일자, 근무년수, 주민등록번호 데이터 유형에 맞게 형식 변환하기
텍스트 나누기, 표시 형식 설정

입사일자가 숫자 형식으로 입력되어 있어 날짜 관련 함수를 적용할 수 없습니다. 텍스트 나누기를 이용하여 날짜 형식으로 변환한 후 DATEDIF 함수로 근무년수를 구해보겠습니다. 또한 주민등록번호에 표시 형식을 설정하기 위해 텍스트 나누기로 열 데이터 서식을 일반으로 변경해보겠습니다.

7 F열을 선택합니다. [데이터] 탭−[데이터 도구] 그룹−[텍스트 나누기]를 클릭합니다. [텍스트 마법사−1단계]에서 [구분 기호로 분리됨]을 선택합니다. [다음]을 클릭합니다.

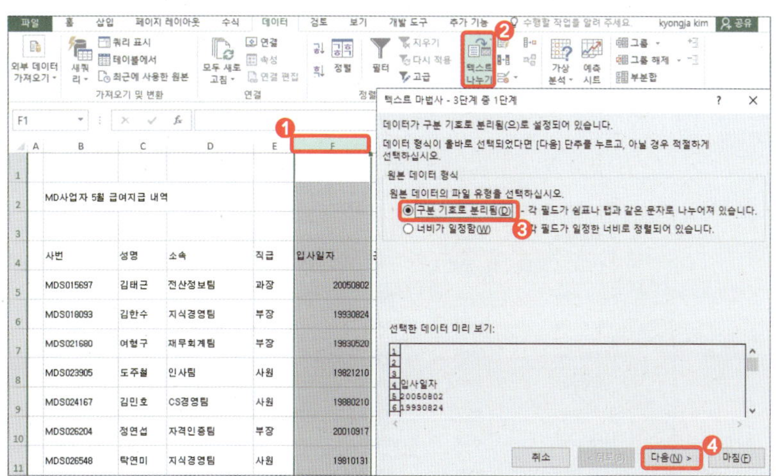

8 [텍스트 마법사 – 2단계]에서 [구분 기호]의 체크 표시를 모두 해제합니다. [다음]을 클릭합니다. [텍스트 마법사 – 3단계]에서 [열 데이터 서식]을 [날짜]로 지정합니다. [마침]을 클릭합니다.

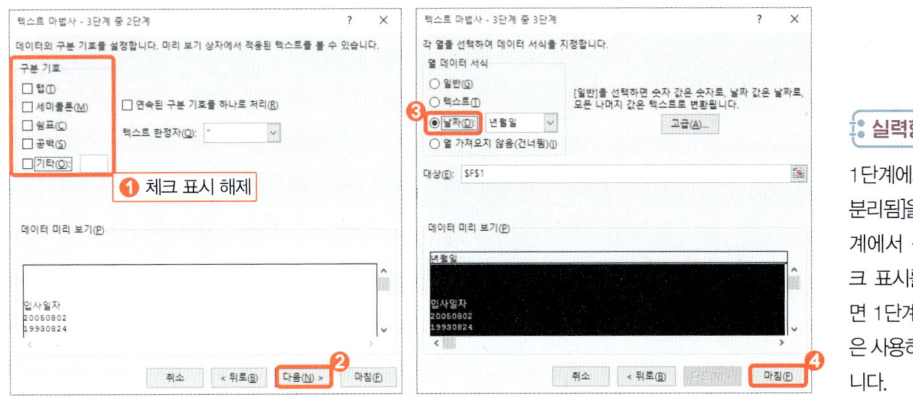

1단계에서 [구분 기호로 분리됨]을 선택한 후 2단계에서 구분 기호의 체크 표시를 모두 해제하면 1단계~2단계의 기능은 사용하지 않는 것이 됩니다.

9 입사일자가 날짜 형식으로 변환되어 연월일 구분 기호로 하이픈(−)이 표시되었습니다. 입사일자부터 오늘 날짜까지 근무년수를 계산해보겠습니다. [G5] 셀을 클릭합니다. **=DATEDIF(F5,TODAY( ),"Y")**를 입력합니다.

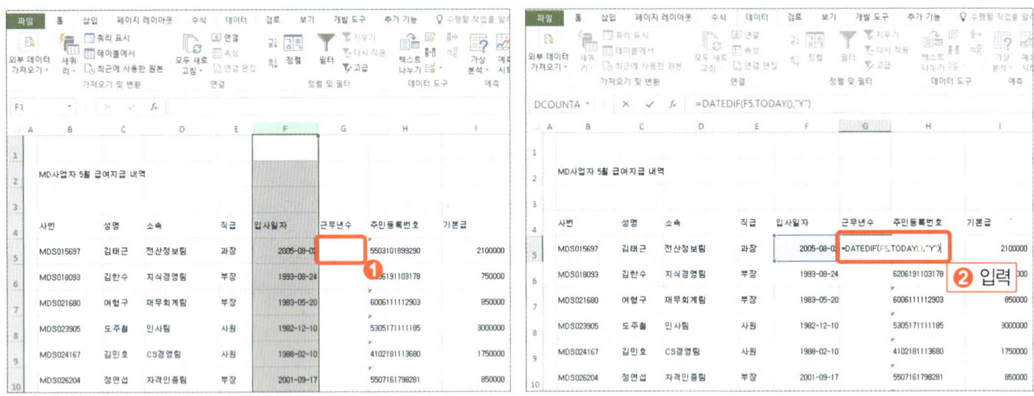

10 [G5] 셀의 채우기 핸들을 더블클릭하여 [G74] 셀까지 복사합니다.

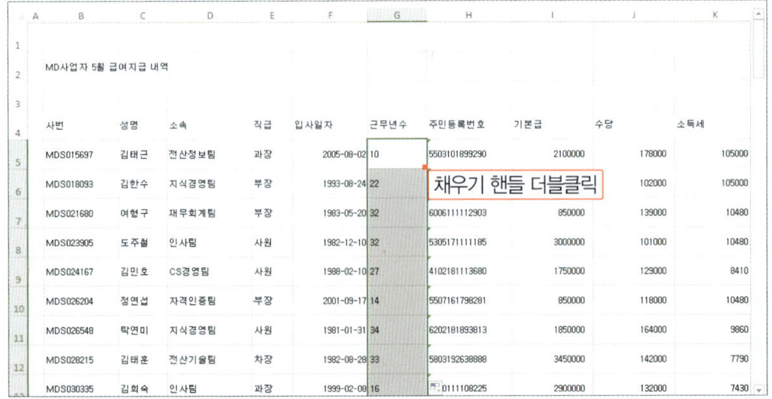

두 날짜 사이의 일수를 구하려면 종료 날짜에서 시작 날짜를 뺍니다. 하지만 두 날짜 사이의 년 수와 월 수를 고려하여 계산하려면 빼기 연산자로는 한계가 있으므로 이때는 DATEDIF 함수를 사용합니다. DATEDIF 함수는 시작 날짜와 종료 날짜 사이의 경과 년 수, 월 수, 일수를 구합니다. 이 함수는 라이브러리에 없으므로 셀에 함수식을 직접 입력합니다.

함수 형식	=DATEDIF(Start_date, End_date, Return_type) =DATEDIF(시작 날짜, 종료 날짜, 기간의 종류)
함수 종류	• Start_date : 시작 날짜를 지정합니다. 종료 날짜보다 빠른 날짜가 입력되어야 합니다. • End_date : 종료 날짜를 지정합니다. 시작 날짜보다 늦은 날짜가 입력되어야 합니다. • Return_type : 어떤 종류의 기간을 구할 것인지 6가지 항목에서 선택하여 큰따옴표("")로 묶어서 입력합니다. 대소문자를 구분하지 않습니다. "Y" : 두 날짜 사이에 경과한 년 수 "M" : 두 날짜 사이에 경과한 월 수 "D" : 두 날짜 사이에 경과한 일수 "YM" : 경과 년도를 뺀 나머지 경과 월 수 "YD" : 경과 년도를 뺀 나머지 경과 일수 "MD" : 경과 년도와 월 수를 뺀 나머지 경과 일수

11 주민등록번호를 숫자 형식으로 변환한 후 표시 형식을 설정해보겠습니다. H열을 선택합니다. [데이터] 탭–[데이터 도구] 그룹–[텍스트 나누기]를 클릭합니다. [텍스트 마법사–1단계]에서 [구분 기호로 분리됨]을 선택합니다. [다음]을 클릭합니다.

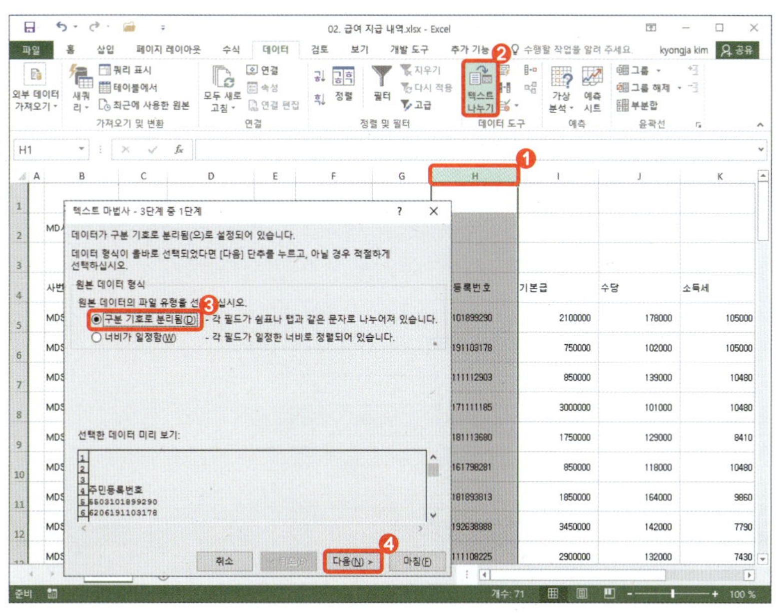

12 [텍스트 마법사-2단계]에서 [구분 기호]의 체크 표시를 모두 해제합니다. [다음]을 클릭합니다. [텍스트 마법사-3단계]에서 [열 데이터 서식]을 [일반]으로 지정합니다. [마침]을 클릭합니다.

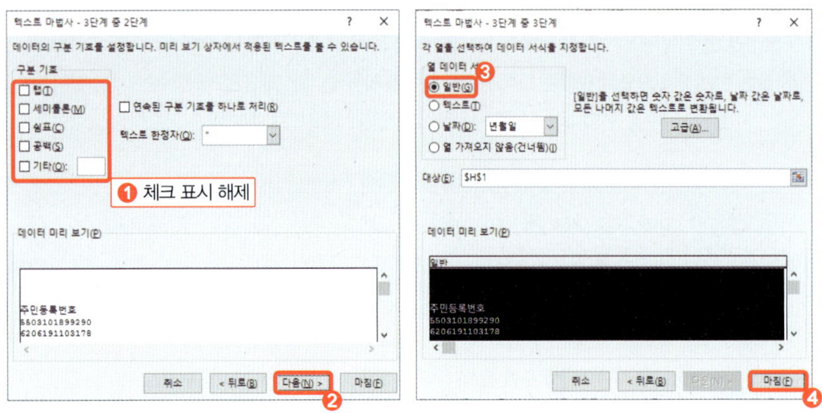

13 H열을 선택한 후 마우스 오른쪽 버튼을 클릭합니다. [셀 서식]을 선택합니다. [셀 서식] 대화상자의 [표시 형식] 탭에서 [기타]를 선택하고 [주민등록번호]를 선택합니다. [확인]을 클릭합니다.

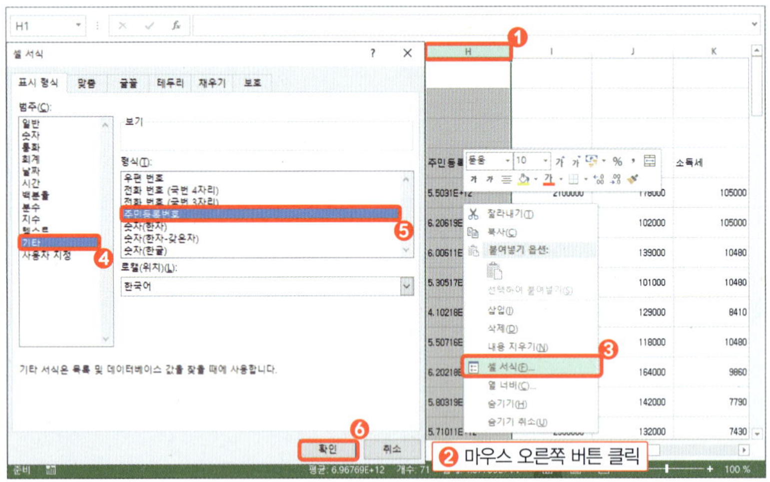

14 주민등록번호 형식으로 변경됩니다.

사번	성명	소속	직급	입사일자	근무년수	주민등록번호	기본급	수당	소득세
						MD사업자 5월 급여지급 내역			
MDS015697	김태근	전산정보팀	과장	2005-08-02	10	550310-1899290	2,100,000	178,000	105,0
MDS018093	김한수	지식경영팀	부장	1993-08-24	22	620619-1103178	750,000	102,000	105,0
MDS021680	여형구	재무회계팀	부장	1983-05-20	32	600611-1112903	850,000	139,000	10,4
MDS023905	도주철	인사팀	사원	1982-12-10	32	530517-1111185	3,000,000	101,000	10,4
MDS024167	김민호	CS경영팀	사원	1988-02-10	27	410218-1113680	1,750,000	129,000	8,4
MDS026204	정연섭	자격인증팀	부장	2001-09-17	14	550716-1798281	850,000	118,000	10,4
MDS026548	탁연미	지식경영팀	사원	1981-01-31	34	620218-1893813	1,850,000	164,000	9,8
MDS028215	김태훈	전산기술팀	차장	1982-08-28	33	580319-2638888	3,450,000	142,000	7,7

STEP 03 시트에 서식 설정하기

선택 영역 가운데 맞춤, 모든 테두리 실선, 근무년수에 단위 표시

데이터 목록을 보기 좋게 정리하기 위해 서식을 설정해보겠습니다. 제목의 글꼴 크기와 종류를 변경한 후 [선택 영역의 가운데로] 맞춤을 설정합니다. 내용 데이터 목록은 글꼴 크기와 종류를 변경하고 모든 테두리는 실선으로 설정합니다. 근무년수에는 사용자 지정 표시 형식 기능을 이용하여 '년' 단위가 표시되도록 합니다.

15 [B2] 셀을 클릭합니다. [홈] 탭-[글꼴] 그룹에서 [맑은 고딕], 크기 [20], [굵게]로 서식을 설정합니다. 제목은 병합하지 않고 B열과 M열 기준으로 가운데로 맞춰보겠습니다. [B2:M2] 셀 범위를 선택한 후 마우스 오른쪽 버튼을 클릭합니다. [셀 서식]을 선택합니다.

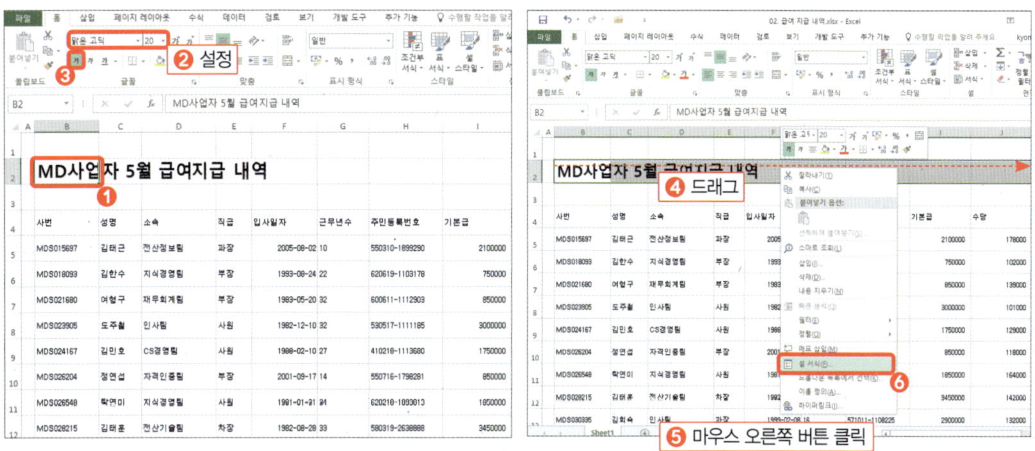

16 [셀 서식] 대화상자 [맞춤] 탭에서 가로 항목에 [선택 영역의 가운데로]를 선택합니다. [확인]을 클릭합니다. [B4] 셀을 클릭한 후 Ctrl + A 를 눌러 셀 범위를 선택합니다. [홈] 탭-[글꼴] 그룹에서 [맑은 고딕], 크기 [11]로 서식을 설정합니다. [테두리]를 클릭하여 [모든 테두리]를 선택합니다.

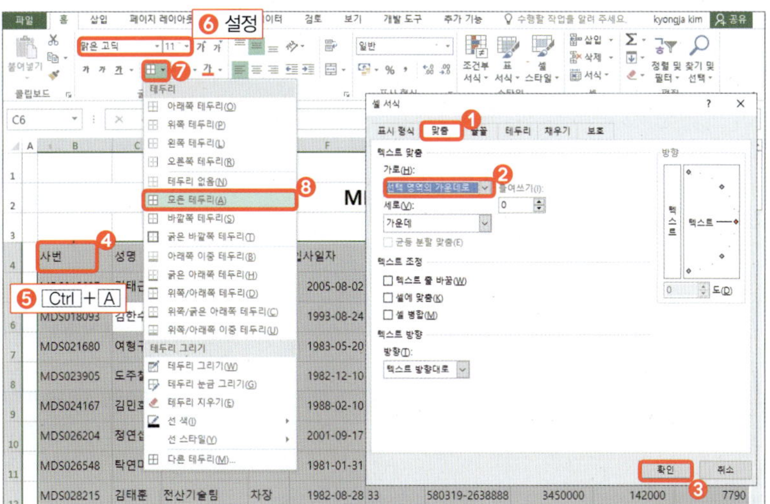

17 [홈] 탭-[맞춤] 그룹-[맞춤] 탭에서 [가운데 맞춤]을 클릭합니다.

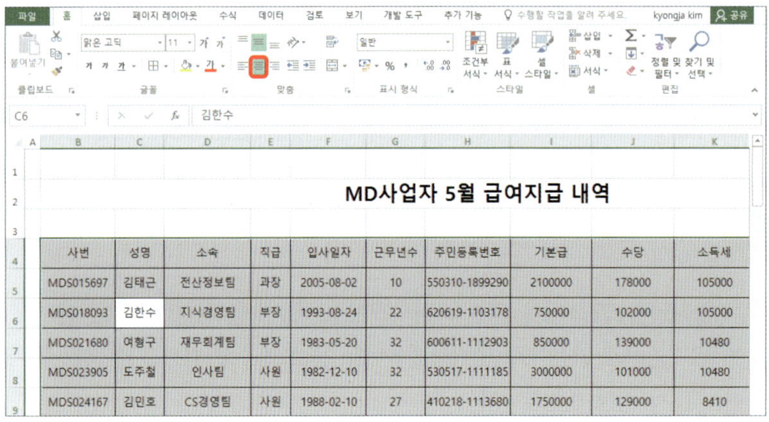

18 [I5:M74] 셀 범위를 선택합니다. [홈] 탭-[표시 형식] 그룹-[쉼표 스타일]을 클릭합니다.

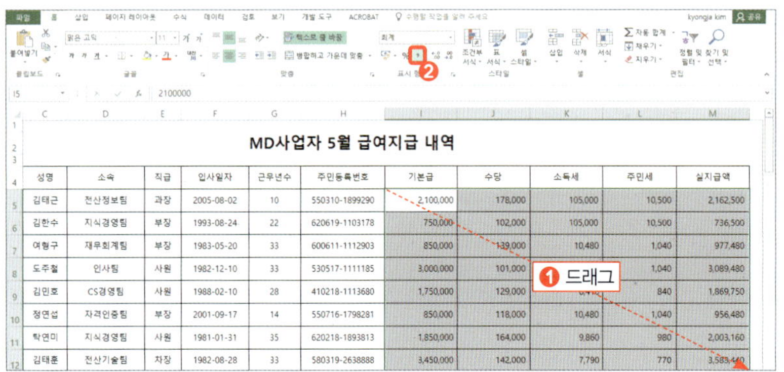

[I5] 셀을 클릭한 후 Shift 를 누른 상태에서 [M74] 셀을 클릭하면 빠르게 범위를 선택할 수 있습니다.

19 근무년수에 '년' 단위를 표시해보겠습니다. [G5:G74] 셀 범위를 선택합니다. 마우스 오른쪽 버튼을 클릭한 후 [셀 서식]을 선택합니다. [셀 서식] 대화상자의 [표시 형식] 탭에서 [사용자 지정]을 선택합니다. [형식] 입력란에 **0년**을 입력한 후 [확인]을 클릭합니다.

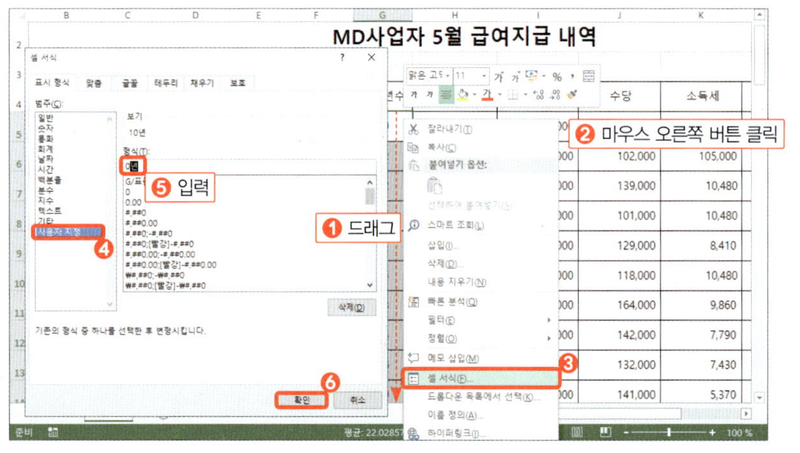

[G5] 셀을 클릭한 후 Ctrl + Shift + ↓ 를 누르면 빠르게 범위를 선택할 수 있습니다.

표시 형식 기호에서 '0'은 숫자의 자릿수를 표시하는 기호로, '0년'으로 형식을 지정하면 항상 한 자리 이상의 숫자가 표시되고 숫자 뒤에 '년' 문자가 추가로 표시됩니다.

회계 프로그램에서 가져온 다중 페이지 비용 목록을 하나의 DB로 편집하기

실습 파일 | PART 02 \ CHAPTER 01 \ 수입과 지출현황.xlsx   **완성 파일** | PART 02 \ CHAPTER 01 \ 수입과 지출현황(완성).xlsx

✅ 프로젝트 시작하기

회계 시스템에서 이번 연도 수입과 지출현황 목록을 다운로드해 엑셀로 저장했습니다. 이 데이터 목록은 날짜나 계정명을 기준으로 분석해야 하는데, 페이지 단위 보고서 형식으로 입력되어 있어 원하는 형식으로 분석하기 어렵습니다.

엑셀 데이터베이스의 작성 조건에는 다음 세 가지가 있습니다. ① 데이터베이스 중간에 빈 행이나 빈 열이 없어야 합니다. ② 필드명(머리글)은 한 번만 입력해야 합니다. ③ 각 셀에 입력된 데이터는 병합하지 않아야 합니다.

현재의 데이터는 이 조건에 모두 부합하지 않습니다. 병합된 셀은 모두 병합 해제한 후 불필요한 빈 열을 삭제하고 자동 필터 기능을 이용하여 반복되는 머리글과 빈 행을 일괄 삭제해보겠습니다. 또한 날짜별 데이터 분석을 위해 문자 형식으로 입력된 '년월일'을 날짜 형식으로 변환하여 보기 좋고 관리하기 편한 데이터베이스 목록으로 가공해보겠습니다.

STEP 01

병합된 셀을 해제하고 빈 열 삭제하기 셀 병합 취소, 비연속적 빈 열 선택

❶ 전체 셀을 선택한 후 [홈] 탭–[맞춤] 그룹–[병합하고 가운데 맞춤]을 클릭하여 병합되어 있는 셀을 모두 해제합니다.

❷ 병합 해제로 인해 표시되는 빈 열은 Ctrl 을 누른 상태에서 각각 클릭하여 삭제합니다.

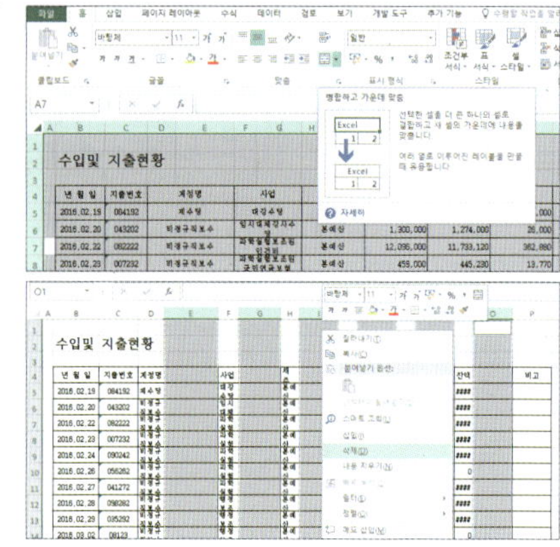

STEP 02

반복 머리글과 빈 행 삭제하기 자동 필터

❶ 데이터 목록에 자동 필터를 설정하여 [년월일] 필드의 '년 월 일'과 '필드 값 없음'을 조건으로 삭제할 레코드만 표시합니다.

❷ 반복 머리글과 빈 행이 필터링되면 첫 번째 머리글을 제외한 나머지 행을 모두 선택하여 행 삭제합니다.

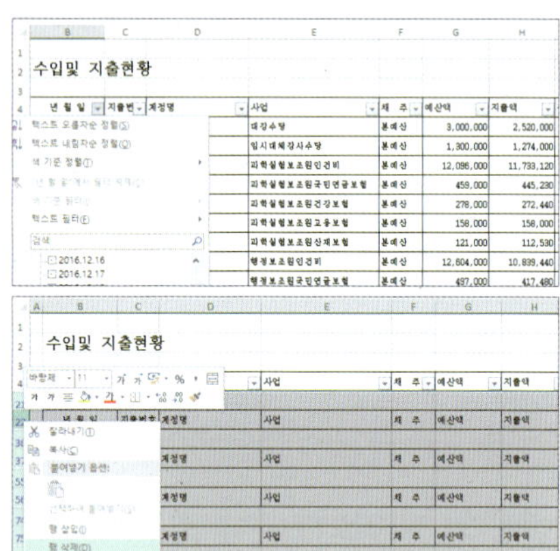

STEP 03

시트에 서식 설정하기 바꾸기, 글꼴 서식, 맞춤 서식, 틀 고정

❶ [년월일] 데이터를 날짜 형식으로 변환하기 위해 [바꾸기]에서 마침표(.)를 하이픈(-)으로 변경합니다.

❷ 제목은 글꼴 종류와 크기를 변경하고 [선택 영역의 가운데로] 맞춤을 설정합니다. 내용 데이터 목록은 글꼴 크기와 종류를 변경하고 문자와 날짜는 왼쪽 맞춤, 숫자는 오른쪽 맞춤으로 서식을 설정합니다. 4행까지 화면이 고정되도록 틀 고정합니다.

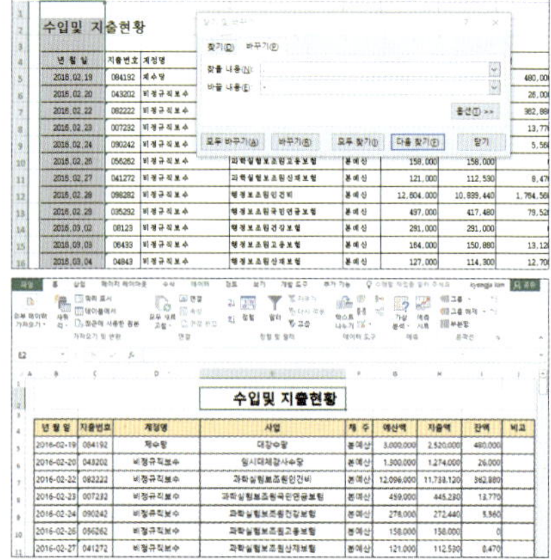

병합된 셀을 해제하고 빈 열 삭제하기

셀 병합 취소, 비연속적 빈 열 선택

수입 및 지출현황 표는 [D:O] 열 데이터가 두 개 열씩 병합되어 있습니다. 전체 셀을 선택하여 병합을 해제하고, 병합 해제 후 생기는 빈 열을 일괄 선택하여 삭제해보겠습니다.

1 [셀 전체]를 선택합니다. [홈] 탭-[맞춤] 그룹-[병합하고 가운데 맞춤]을 클릭합니다. 전체 셀에서 병합된 셀이 모두 해제되고 E, G, I, K, M, O열은 빈 열로 남습니다.

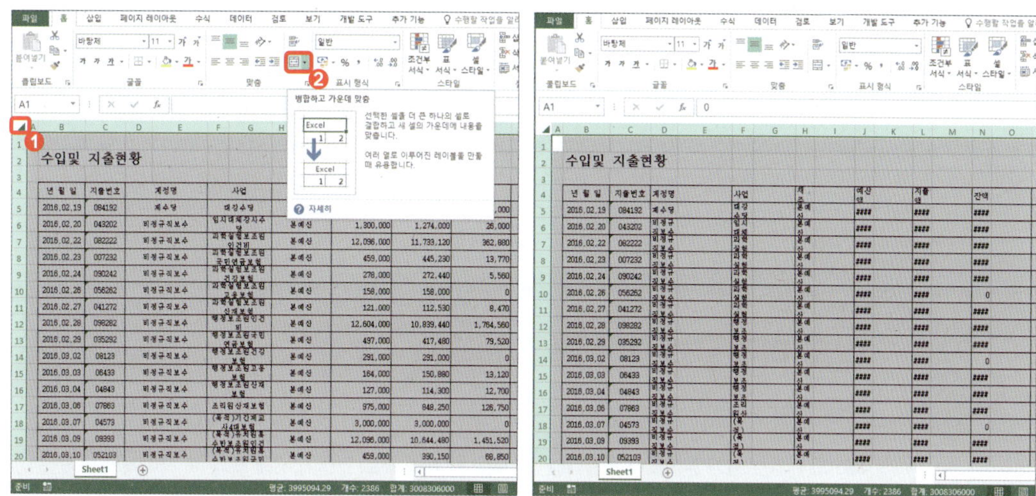

2 빈 열을 삭제해보겠습니다. Ctrl 을 이용하여 E, G, I, K, M, O열을 하나씩 클릭합니다. 마우스 오른쪽 버튼을 클릭한 후 [삭제]를 선택합니다.

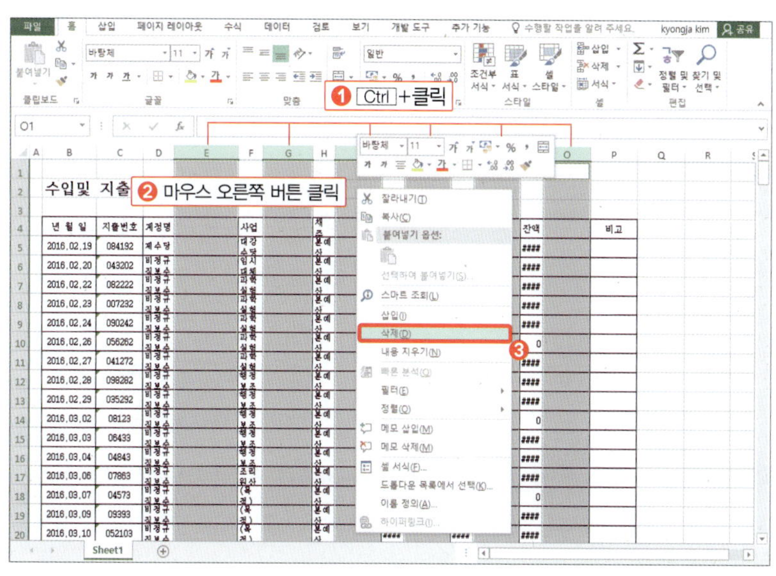

시간단축

삭제할 빈 열이 많아 Ctrl 로 한 열씩 선택하기 어렵다면 [홈] 탭-[편집] 그룹-[찾기 및 선택]을 클릭한 후 [이동 옵션]에서 [빈 셀]을 선택합니다. 선택된 빈 셀에서 열 전체를 삭제하면 일괄 삭제됩니다.

3 빈 열이 삭제되고 남은 열은 열 너비가 좁습니다. [D:I] 열을 선택한 후 열 머리글 경계선에서 더블클릭합니다. 열 너비가 각 열 데이터에 맞게 자동으로 넓어집니다.

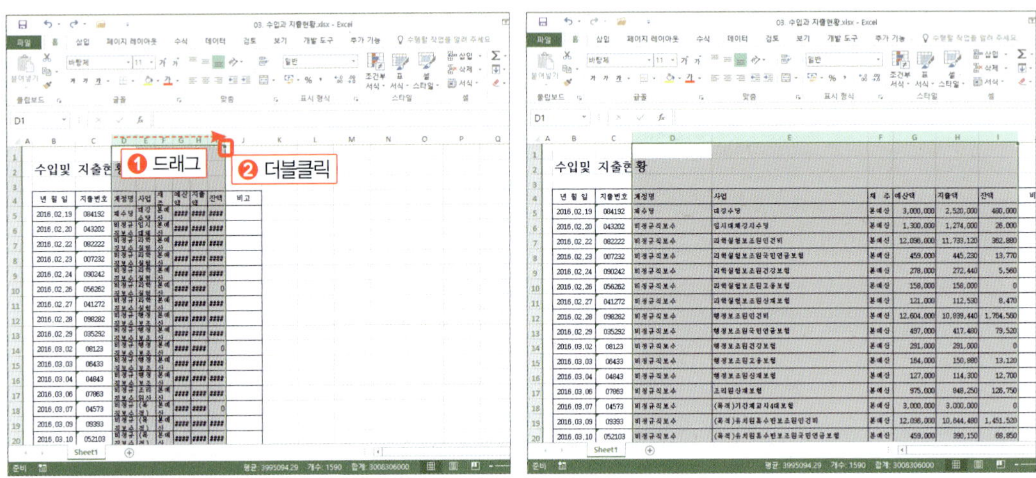

반복 머리글과 빈 행 삭제하기

자동 필터

페이지 단위로 표가 분리되어 있습니다. 이 표를 한 개의 표로 만들기 위해 표와 표 사이에 있는 빈 행을 일괄 삭제하고 반복되는 머리글도 한 개만 남기고 모두 삭제해보겠습니다. 반복 머리글과 빈 행 삭제는 자동 필터를 설정하여 삭제할 레코드만 필터링한 후 일괄 삭제할 수 있습니다.

4 [B4:J281] 셀 범위를 선택합니다. [데이터] 탭-[정렬 및 필터] 그룹-[필터]를 클릭합니다. 필터가 설정되었습니다. [년 월 일] 필드명의 목록 단추를 클릭합니다. 필터 조건으로 [년 월 일]과 [{필드 값 없음}]에 체크 표시합니다. [확인]을 클릭합니다.

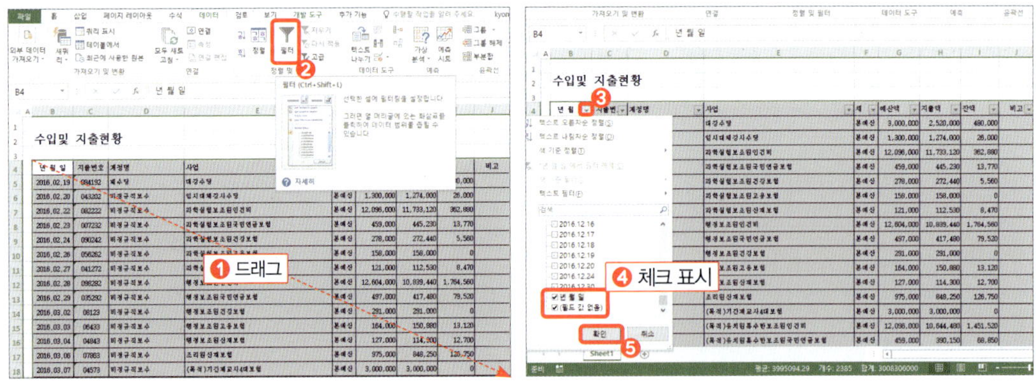

실력 향상 : 필드의 조건을 선택할 때는 먼저 [모두 선택]의 체크 표시를 해제한 후 원하는 항목에 체크 표시합니다. 여기에서는 [년 월 일]과 [{필드 값 없음}]에 체크 표시합니다.

5 삭제할 머리글과 빈 행이 필터되었습니다. [21:263] 행을 선택한 후 마우스 오른쪽 버튼을 클릭합니다. [행 삭제]를 선택합니다.

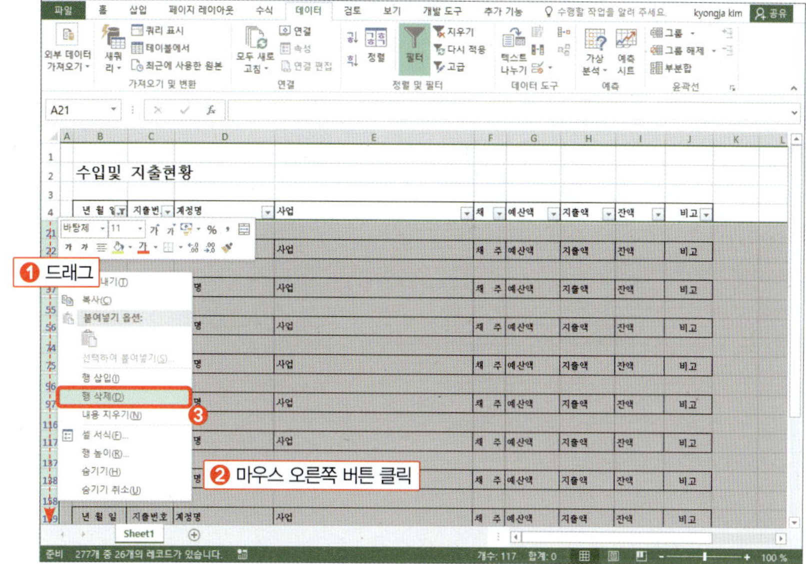

실력향상

필터가 설정된 상태에서 셀 범위나 행을 선택하면 [삭제]는 표시되지 않고 항상 [행 삭제]만 표시됩니다.

6 불필요한 머리글과 빈 행이 모두 삭제되었습니다. [데이터] 탭–[정렬 및 필터] 그룹–[필터]를 클릭합니다.

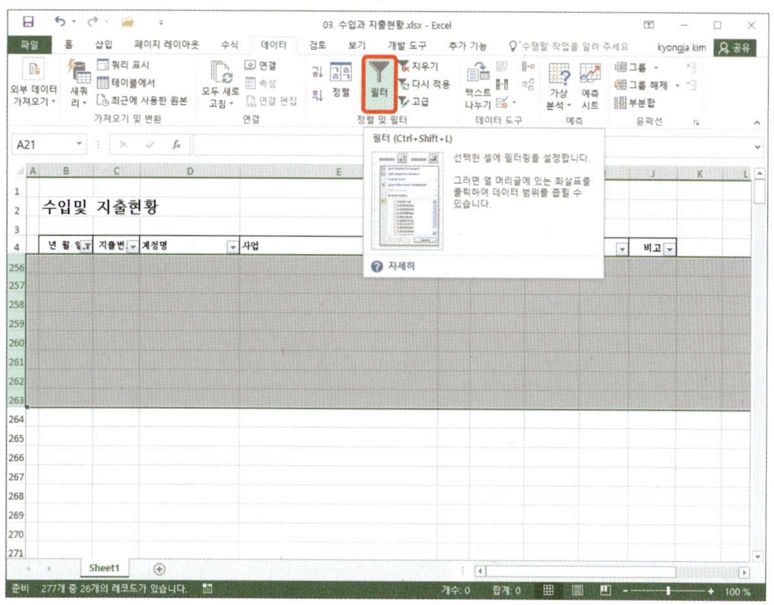

7 필터가 해제되면서 숨겨져 있던 레코드가 모두 표시되고 데이터 목록은 한 개의 데이터베이스로 편집
되었습니다.

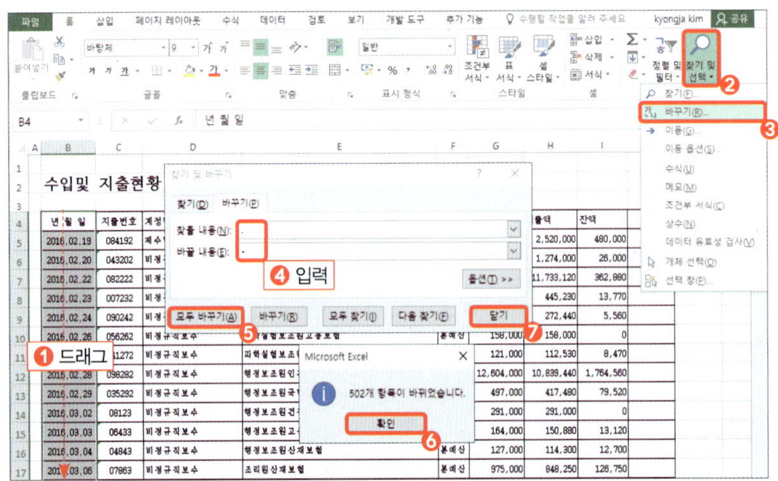

STEP 03 시트에 서식 설정하기

바꾸기, 글꼴 서식, 맞춤 서식, 틀 고정

문자 형식으로 입력된 '년월일' 데이터를 바꾸기 기능을 이용하여 날짜 형식으로 변환하고 제목과 내용 목
록 데이터의 글꼴 서식과 맞춤 서식을 변경해보겠습니다. 필드명도 화면에 고정될 수 있도록 틀 고정을 설
정하겠습니다.

8 [B4:B255] 셀 범위를 선택합니다. [홈] 탭–[편집] 그룹–[찾기 및 선택]을 클릭하여 [바꾸기]를 선택합
니다. [찾기 및 바꾸기] 대화상자에서 찾을 내용에 .를 입력하고 바꿀 내용에 −을 입력합니다. [모두 바꾸
기]를 클릭합니다. '502개 항목이 바뀌었습니다'라는 메시지가 나타나면 [확인]을 클릭합니다. [찾기 및
바꾸기] 대화상자에서도 [닫기]를 클릭합니다.

9 [B2] 셀을 클릭한 후 [홈] 탭-[글꼴] 그룹에서 [맑은 고딕], 크기 [20], [굵게]로 서식을 설정합니다. [B2:J2] 셀 범위를 선택합니다. 마우스 오른쪽 버튼을 클릭한 후 [셀 서식]을 선택합니다.

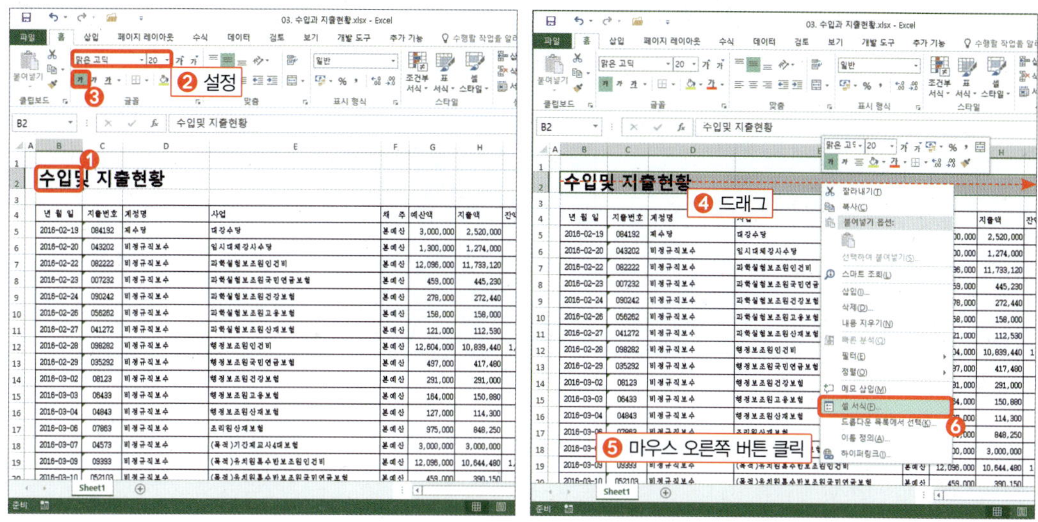

10 [셀 서식] 대화상자의 [맞춤] 탭에서 [가로]는 [선택 영역의 가운데로]를 선택하고 [확인]을 클릭합니다. 내용 데이터 목록의 서식을 변경해보겠습니다. [B4] 셀을 클릭합니다. Ctrl + A 를 눌러 셀 범위를 선택합니다. [홈] 탭-[글꼴] 그룹에서 [맑은 고딕], 크기 [11]로 서식을 설정합니다.

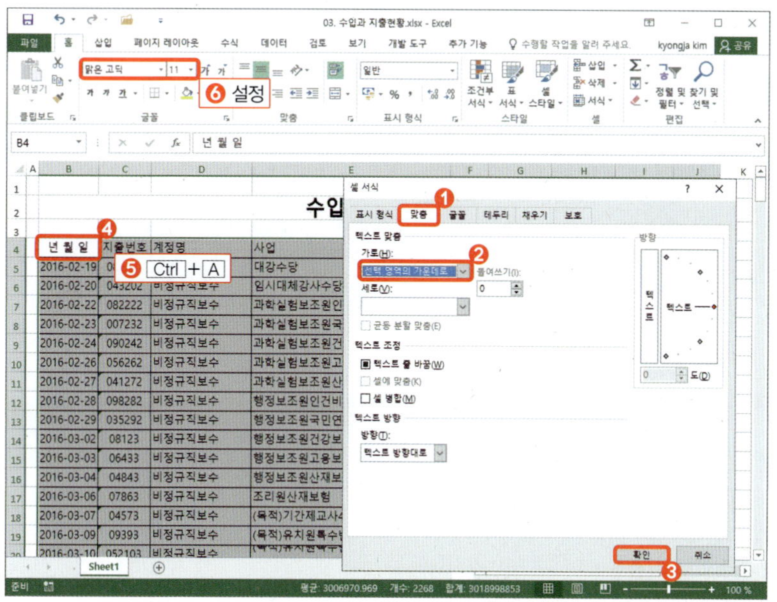

11 문자와 날짜 데이터는 [가운데 맞춤]을 설정하고, 숫자·데이터는 [오른쪽 맞춤]을 설정합니다.

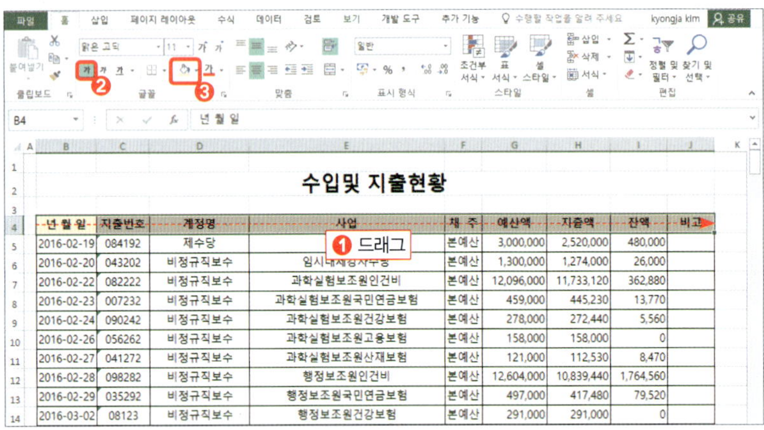

12 [B4:J4] 셀 범위를 선택합니다. [글꼴] 그룹에서 [굵게]를 설정하고, [채우기 색]에서 [연한 노란색]을 선택합니다.

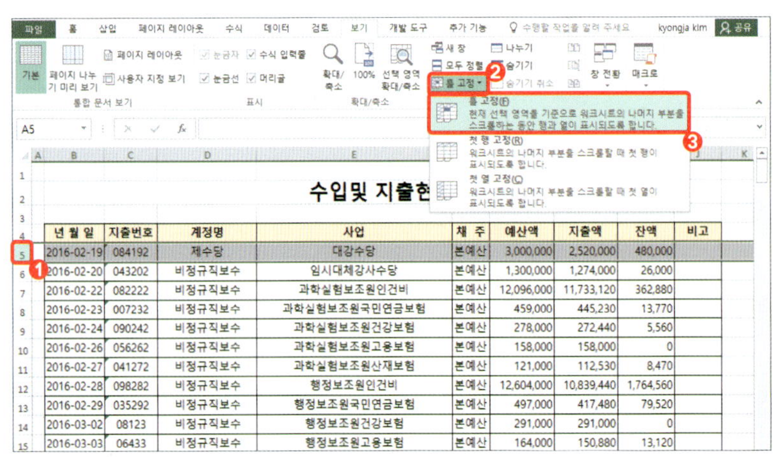

13 5행을 전체 선택합니다. [보기] 탭–[창] 그룹–[틀 고정]을 클릭하고 [틀 고정]을 선택합니다. 4행까지 화면이 고정됩니다.

실력향상

틀 고정은 선택된 행(또는 열)의 바로 이전 행(또는 열)까지 고정됩니다.

04

한 행에 입력된 고객 명단을
두 행으로 빠르게 양식 변경하기

실습 파일 | PART 02 \ CHAPTER 01 \ VIP 고객 명단 양식 변경.xlsx   **완성 파일** | PART 02 \ CHAPTER 01 \ VIP 고객 명단 양식 변경(완성).xlsx

✅ 프로젝트 시작하기

VIP 고객 명단 목록을 A4 용지에 세로 방향으로 인쇄하려고 하는데, 열 데이터가 많아 한 페이지에 회사명부터 회사 전화번호까지 모두 인쇄할 수 없습니다. 한 페이지에 모두 인쇄할 수 있도록 [H:I] 열에 입력된 '회사주소'와 '회사 전화번호'를 [F:G] 열에 입력된 '자택주소'와 '휴대폰번호' 아래 셀로 옮겨 데이터를 정리해보겠습니다. 즉, 9개 열을 7개 열로 변경하여 한 명의 고객 정보를 2행으로 작성하는 것입니다.

표의 모양을 변경하려면 먼저 격 행으로 빈 행을 삽입해야 하는데, 데이터 목록 수가 98개이므로 행 삽입을 98번 실행해야 합니다. 이러한 단순 편집 작업 시간을 줄이기 위해 연속되는 숫자 데이터를 입력하여 이 숫자를 기준으로 정렬해보겠습니다. K열에 정렬 기준으로 사용할 연속 번호를 두 번 입력하고 이 번호를 기준으로 정렬하면 자동으로 98개의 빈 행이 격 행으로 삽입됩니다. 행을 삽입한 후 '자택주소'와 '휴대폰번호' 데이터를 옮길 때는 셀 범위 삽입과 삭제 기능을 응용합니다.

엑셀에서 제공하는 기능은 한 목적으로만 사용되지 않습니다. 어떠한 상황에서 어떠한 방법으로 응용하느냐에 따라 활용도가 많이 달라집니다.

STEP 01

격 행으로 빈 행 한 번에 삽입하기 숫자 채우기, 정렬

❶ J열에 자동 채우기를 이용하여 연속된 번호
를 두 번 입력합니다.

❷ 번호 열을 기준으로 숫자 오름차순으로 정렬
하면 격 행으로 빈 행이 삽입됩니다.

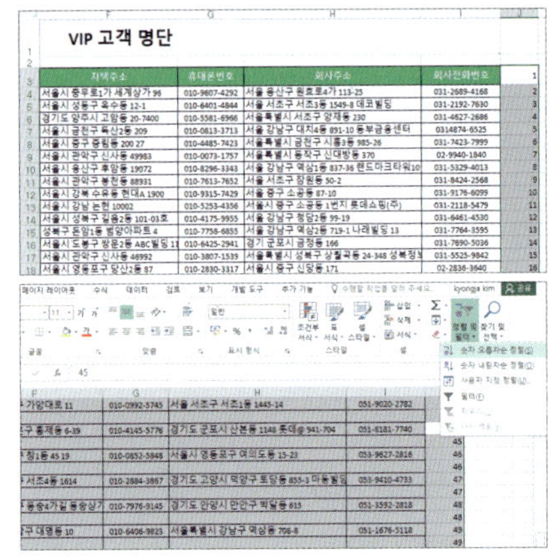

STEP 02

회사주소와 회사전화번호 한 번에 이동하기 셀 삽입, 이동 옵션

❶ 회사주소와 회사전화번호 데이터 목록은 아
래쪽으로 한 칸 이동합니다.

❷ 자택주소와 휴대폰번호 데이터 목록의 빈 셀
을 선택하여 삭제합니다. 빈 셀을 삭제하면
서 오른쪽에 있는 회사주소와 회사전화번호
를 당겨줍니다.

STEP 03

서식 복사하고 인쇄 페이지 설정하기 서식 복사, 인쇄 제목 설정, 인쇄 크기 조정

❶ [5:6] 행에 입력된 회사명, 소속, 성명, 주민등
록번호, 나이를 각각 두 개 셀씩 선택하여 병
합합니다. 병합된 [5:6] 행의 서식을 198행
까지 복사합니다.

❷ 페이지 레이아웃에서 너비 1페이지로 설정
해 열 데이터가 모두 한 페이지에 인쇄되도
록 크기를 조정합니다. [3:4] 행을 인쇄 제
목으로 설정해 모든 페이지에 반복 인쇄되
도록 합니다.

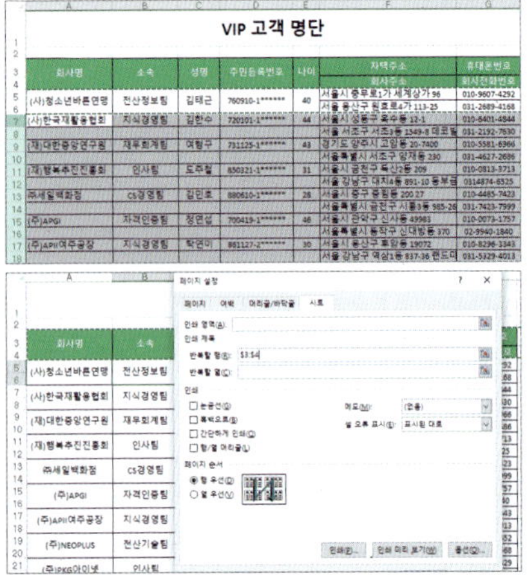

격 행으로 빈 행 한 번에 삽입하기

숫자 채우기, 정렬

고객 정보를 두 행으로 작성하기 위해 표 양식을 바꾸려면 먼저 4행부터 100행까지 각 행 다음에 빈 행을 한 개씩 추가해야 합니다. 일일이 행을 추가하려면 행 삽입 기능을 98번 실행해야 하는데, 시간이 많이 소요되므로 정렬 기능을 이용하여 행을 삽입해보겠습니다. J열에 정렬 기준으로 사용할 연속 번호를 두 번 입력하고 이 번호를 기준으로 정렬하면 자동으로 98개의 빈 행이 격 행으로 삽입됩니다.

1 [J3] 셀에 **1**을, [J4] 셀에 **2**를 입력한 후 [J3:J4] 셀 범위를 선택합니다. 채우기 핸들을 더블클릭하여 [J100] 셀까지 연속적인 숫자를 채웁니다. [J3:J100] 셀 범위를 복사한 후 [J101] 셀에 붙여넣기합니다.

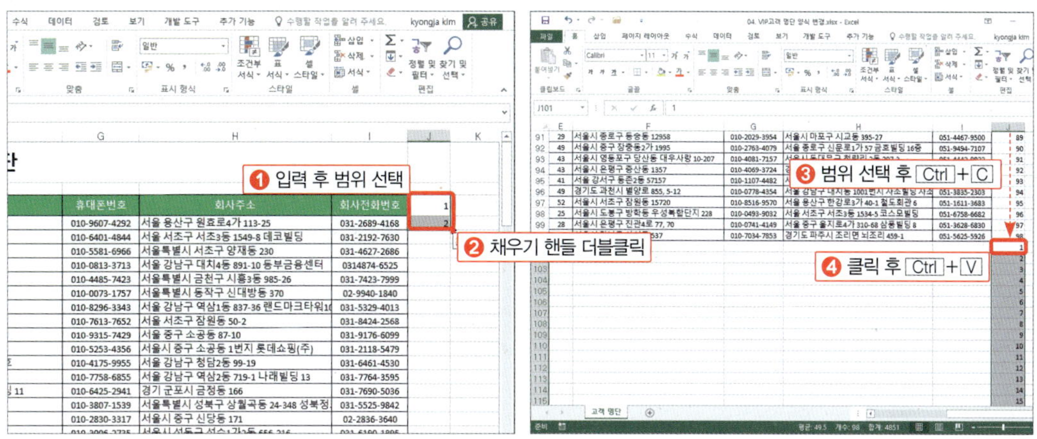

> **시간단축** 엑셀에서 복사한 셀 범위를 한 번만 붙여넣기할 때는 붙여 넣을 셀을 선택한 후 Enter 를 누릅니다.

2 번호가 입력된 J열 중 임의의 셀을 선택합니다. [홈] 탭-[편집] 그룹-[정렬 및 필터]를 클릭한 후 [숫자 오름차순 정렬]을 선택합니다. 번호를 기준으로 정렬되면서 격 행으로 빈 행이 삽입되었습니다.

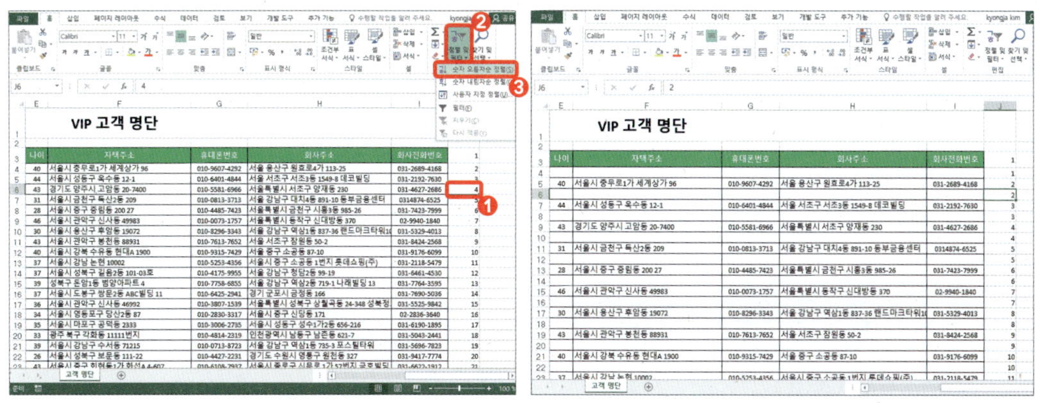

회사주소와 회사전화번호 한 번에 이동하기
셀 삽입, 이동 옵션

[H:I] 열에 입력된 '회사주소'와 '회사 전화번호'를 [F:G] 열에 입력된 '자택주소'와 '휴대폰번호' 아래쪽 셀로 이동해보겠습니다.

3 [H2:I2] 셀 범위를 선택합니다. 마우스 오른쪽 버튼을 클릭한 후 [삽입]을 선택합니다. [삽입] 대화상자에서 [셀을 아래로 밀기]를 선택합니다. [확인]을 클릭합니다.

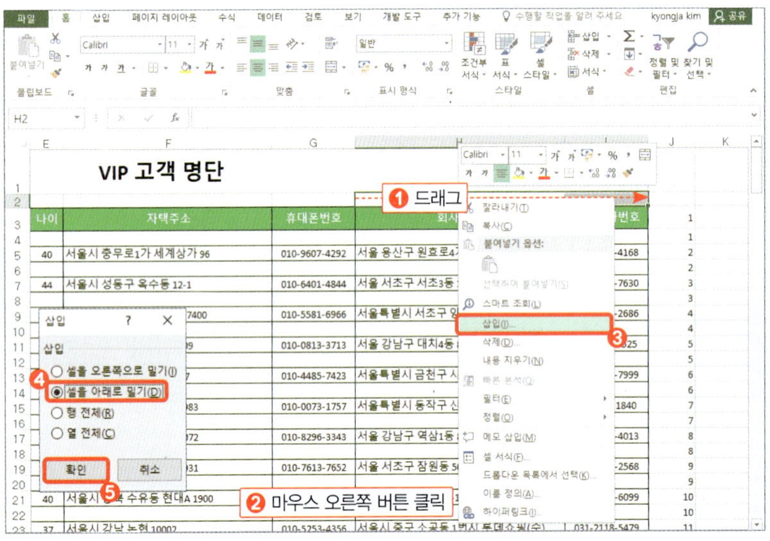

4 [F4:G198] 셀 범위를 선택합니다. [홈] 탭–[편집] 그룹–[찾기 및 선택]을 클릭하여 [이동 옵션]을 선택합니다. [이동 옵션] 대화상자에서 [빈 셀]을 선택합니다. [확인]을 클릭합니다.

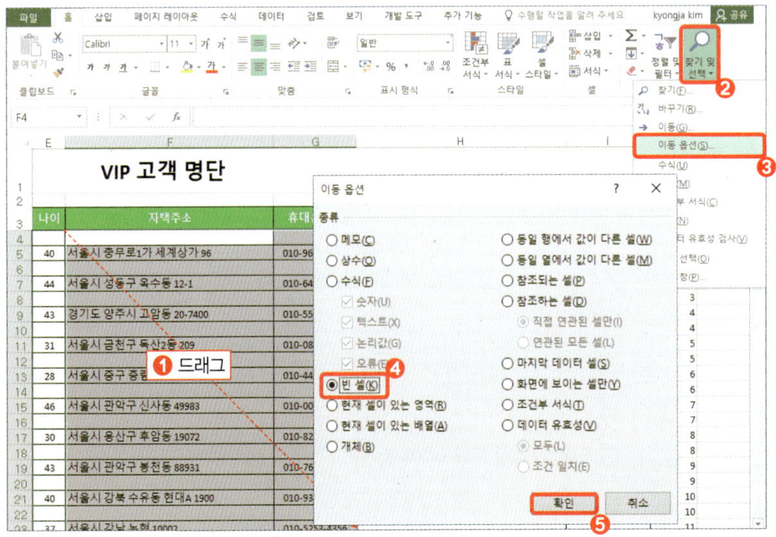

5 빈 셀만 선택된 상태에서 마우스 오른쪽 버튼을 클릭한 후 [삭제]를 선택합니다. [삭제] 대화상자에서 [셀을 왼쪽으로 밀기]를 선택합니다. [확인]을 클릭합니다.

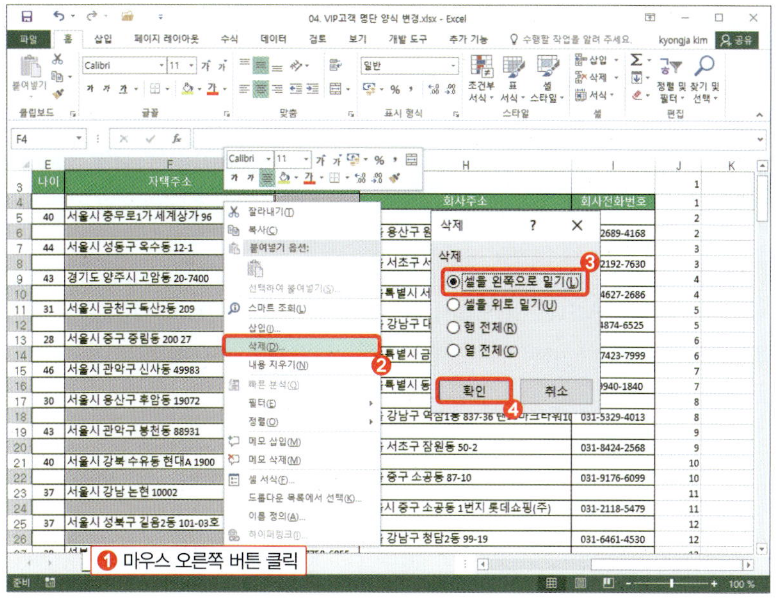

6 회사주소와 회사전화번호가 옮겨집니다. [H:J] 열을 선택합니다. 마우스 오른쪽 버튼을 클릭한 후 [삭제]를 선택합니다.

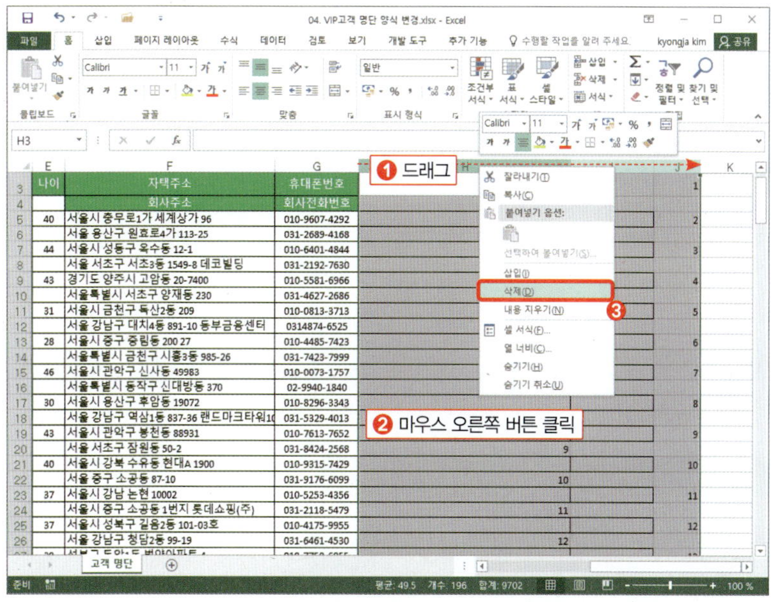

서식 복사하고 인쇄 페이지 설정하기
서식 복사, 인쇄 제목 설정, 인쇄 크기 조정

회사명, 소속, 성명, 주민등록번호, 나이는 두 개의 셀을 각각 병합해서 표시해야 합니다. 먼저 머리글에 해당하는 셀 범위와 첫 번째 데이터 목록의 셀 범위를 병합합니다. 병합된 [5:6] 행의 서식을 198행까지 복사합니다. 양식 변경이 완료된 데이터 목록을 A4 용지에 세로 방향으로 인쇄하기 위해 너비를 [1페이지]로 설정하고 [3:4] 행은 인쇄 제목으로 설정해보겠습니다.

7 Ctrl을 이용하여 [A3:A4], [A5:A6], [B3:B4], [B5:B6], [C3:C4], [C5:C6], [D3:D4], [D5:D6], [E3:E4], [E5:E6] 셀 범위를 각각 선택합니다. [홈] 탭-[맞춤] 그룹-[병합하고 가운데 맞춤]을 클릭합니다.

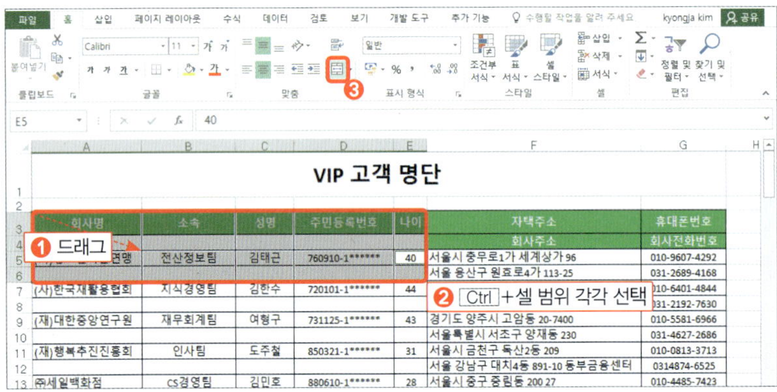

8 [5:6] 행을 선택한 후 [홈] 탭-[클립보드] 그룹-[서식 복사]를 클릭합니다. 7행부터 198행까지 드래그합니다.

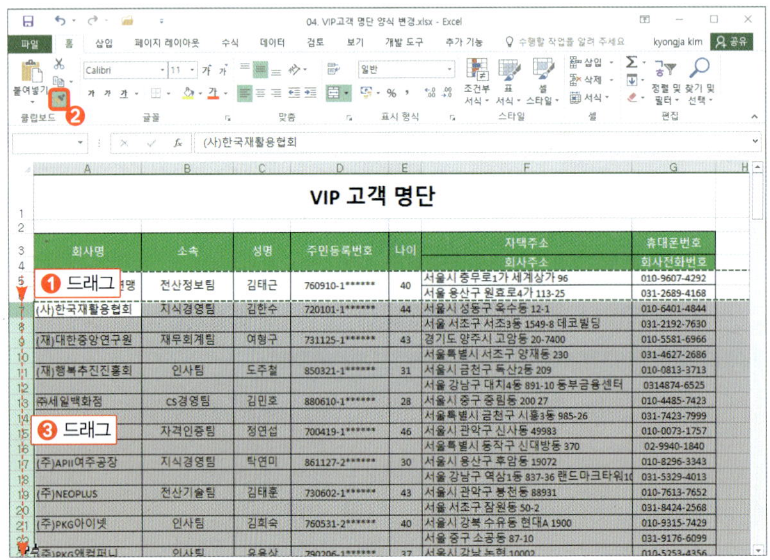

9 [페이지 레이아웃] 탭–[크기 조정] 그룹–[너비]의 목록 단추를 클릭하여 [1페이지]를 선택합니다. 모든 열이 한 페이지에 인쇄됩니다. [페이지 레이아웃] 탭–[페이지 설정] 그룹–[인쇄 제목]을 클릭합니다. [페이지 설정] 대화상자의 [시트] 탭에서 [인쇄 제목]의 [반복할 행] 입력란을 클릭합니다. [3:4] 행을 드래그하여 입력합니다. [확인]을 클릭합니다.

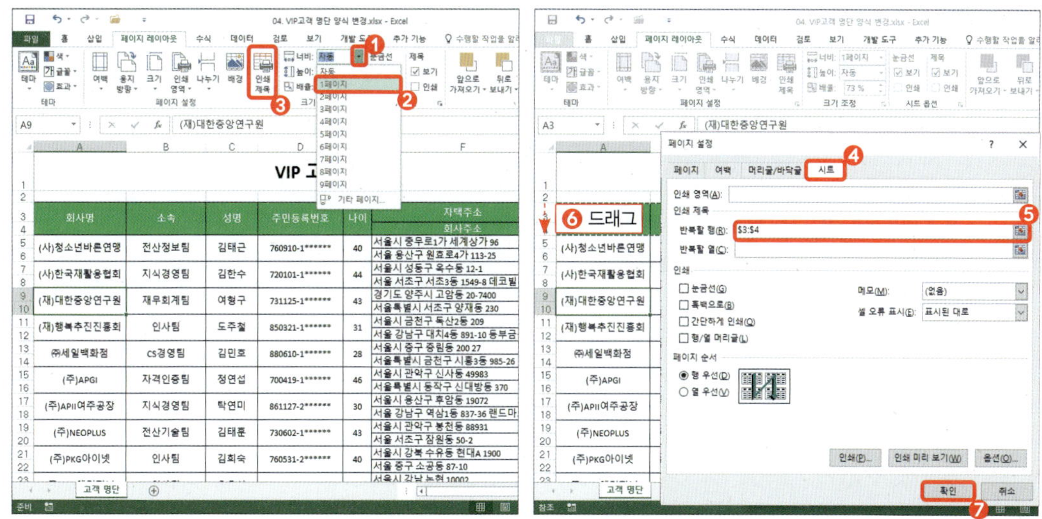

10 상태 표시줄에서 [페이지 레이아웃]을 클릭합니다. [클릭하여 바닥글 추가]를 클릭합니다. [머리글/바닥글 도구] 탭–[머리글/바닥글 요소] 그룹–[페이지 번호]를 클릭합니다. 바닥글에 페이지 번호가 삽입되었습니다. [파일] 탭–[인쇄]를 선택합니다. 미리 보기 화면에서 [페이지 확대/축소]를 클릭하여 확인합니다.

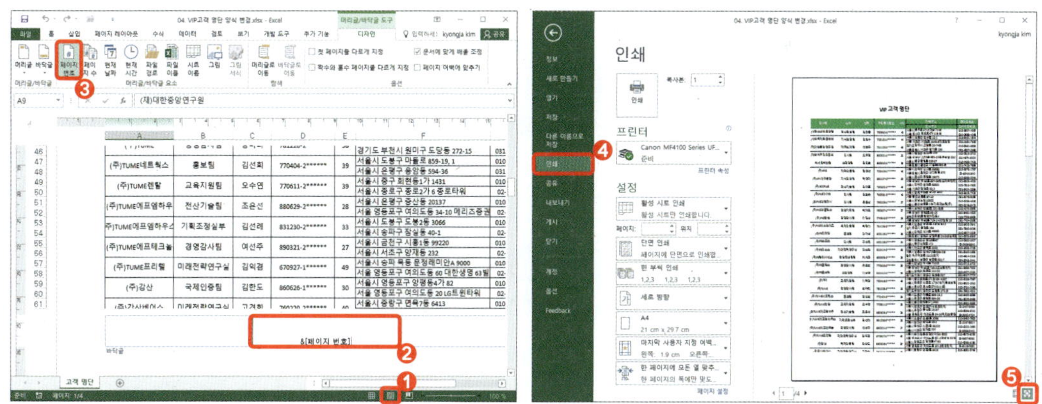

> **실력 향상** 페이지 번호 앞뒤로 하이픈(–)을 추가할 경우 직접 입력할 수 있으므로 '– &[페이지 번호] –'와 같이 입력합니다. 단, 두 번째 하이픈 앞에는 공백이 한 칸 있어야 합니다. 공백이 없는 경우에는 하이픈을 빼기(–) 연산자로 인식하기 때문에 하이픈이 표시되지 않습니다.

❶ 페이지 번호와 페이지 수 변경하기

페이지 시작 번호를 변경하거나 전체 페이지 수를 변경할 때 수식을 사용할 수 있습니다. [페이지 레이아웃]의 바닥글에 '&[페이지 번호]+5 / &[전체 페이지 수]+5 '를 입력하면 페이지 시작 번호가 '6'이 되고, 전체 페이지 수는 '5'를 더한 결과가 표시됩니다. 이때 맨 마지막 '+5' 뒤에 빈칸을 한 칸 입력하는 이유는 1페이지의 경우 '+5' 뒤에 빈칸을 입력하지 않으면 1페이지가 6페이지로 표시되지 않고 '1'과 '5'가 나란히 표시되어 쪽번호가 '15' 페이지로 표시되기 때문입니다. 마찬가지로 전체 페이지 수도 뒤에 빈칸을 한 칸 입력하지 않으면 원래의 전체 페이지 수와 더해지는 숫자의 합이 표시되지 않고 숫자만 그대로 표시됩니다.

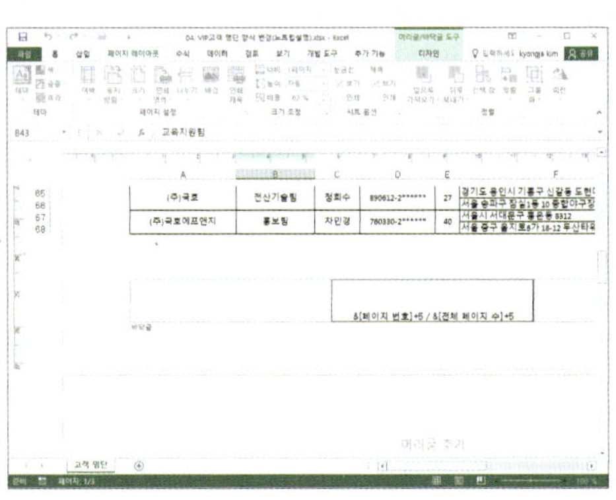

❷ [페이지 나누기 미리 보기]에서 인쇄 영역 나누기

[페이지 나누기 미리 보기]에서 페이지 구분선을 드래그하여 인쇄 영역을 사용자가 자유롭게 지정하고 페이지를 나눌 수 있습니다. 상태 표시줄에서 [페이지 나누기 미리 보기]를 클릭합니다. 파란색 페이지 구분선을 드래그하면 페이지 구분 위치를 조정할 수 있습니다. 자동으로 페이지가 구분된 선은 점선이고, 사용자가 위치를 조정하면 실선으로 바뀝니다.

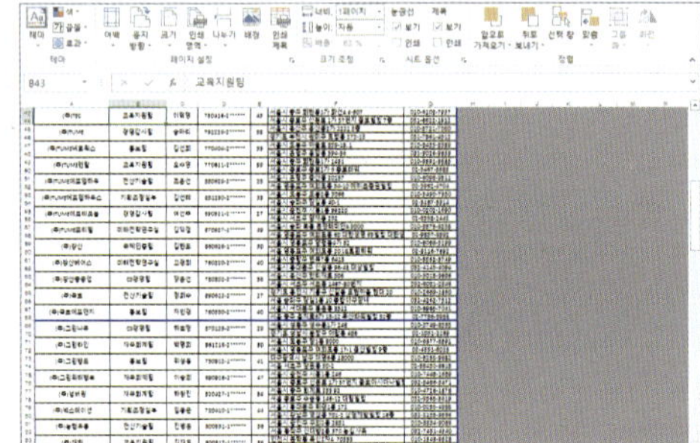

❸ 전체 화면 인쇄 미리 보기

[파일] 탭-[인쇄]를 선택하면 인쇄 설정과 미리 보기가 함께 표시됩니다. 미리 보기만 표시하고자 할 경우에는 [전체 화면 인쇄 미리 보기]를 사용합니다. [전체 화면 인쇄 미리 보기]를 사용하려면 빠른 실행 도구 모음에 추가해야 합니다. 빠른 실행 도구 모음의 목록 단추를 클릭하여 [기타 명령]을 선택합니다. [Excel 옵션] 대화상자의 [명령 선택]에서 [리본 메뉴에 없는 명령]을 선택하고, [전체 화면 인쇄 미리 보기]를 선택합니다. [추가]를 클릭하고 [확인]을 클릭합니다.

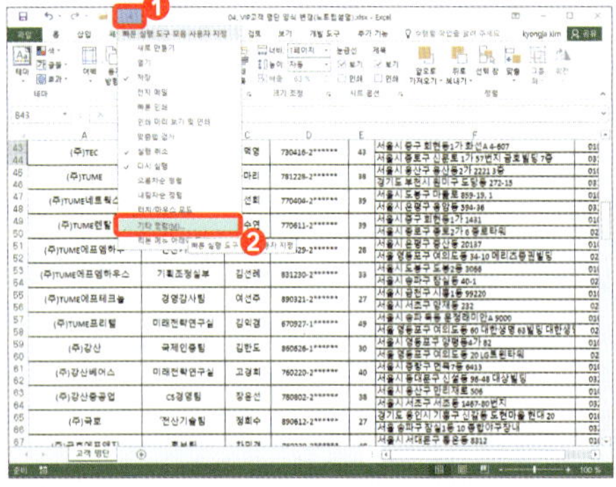

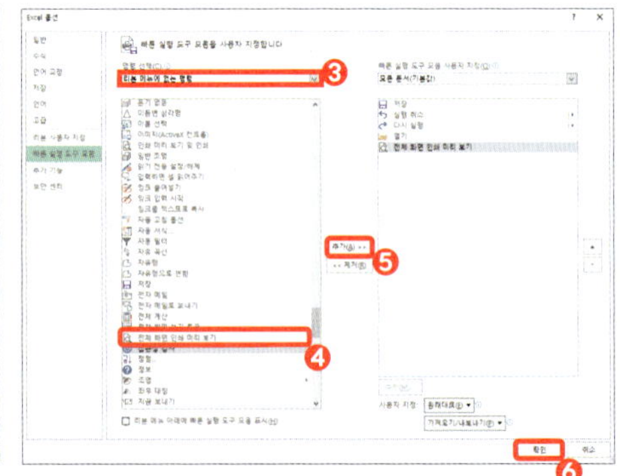

많은 양의 데이터를 수식으로
동시에 이동하여 결제 내역 가공하기

실습 파일 | PART 02 \ CHAPTER 01 \ 업체별 결제 내역.xlsx　　**완성 파일** | PART 02 \ CHAPTER 01 \ 업체별 결제 내역(완성).xlsx

✔ 프로젝트 시작하기

회계 프로그램에서 9월 수입 업체별 결제 내역을 다운로드하여 엑셀로 저장했습니다. 저장한 엑셀 시트에는 불필요한 빈 행과 병합 셀이 많아 현재의 데이터 목록으로는 정렬, 필터, 피벗 테이블 등의 데이터 분석 기능을 사용할 수 없습니다. 우선 병합된 셀을 모두 해제하고, 불필요한 빈 행을 모두 삭제해보겠습니다. 공급가액과 부가세는 서로 다른 열로 분리하고, 결제은행과 계좌번호는 같은 셀에 두 정보를 모두 입력하겠습니다. 이때 공급가액과 합계금액 사이에 빈 열을 추가하고 빈 열에 부가세 데이터가 입력되도록 수식을 적용합니다. 결제은행과 계좌번호는 오른쪽 빈 열에 문자열 연산자(&)를 이용하여 한 셀에 모두 표시되도록 수식을 입력하고, 입력한 수식이 변하지 않도록 값으로 변경한 후 불필요한 빈 행을 일괄 삭제하겠습니다.

회계 시스템이나 사내에서 사용하는 ERP에서 엑셀로 데이터를 다운로드하면 관련 항목들이 한 열에 행을 반복하면서 입력되어 있는 경우가 많습니다. 한 열에 두 개 이상의 정보가 들어 있으면 엑셀의 데이터베이스 작성 규칙에 어긋나므로 편집으로 가공해야 데이터를 관리할 수 있습니다.

STEP 01 공급가액과 부가세 열 분리하기 **셀 병합 해제, 수식 입력, 값 복사**

❶ [4:123] 행을 선택합니다. [병합하고 가운데 맞춤]을 클릭하여 병합된 셀을 해제합니다.

❷ D열과 E열 사이에 빈 열을 삽입하고, [D6] 셀에 '=D7' 수식을 입력합니다. 입력한 수식과 아래쪽 빈 셀을 함께 선택하여 수식을 복사합니다.

❸ 입력된 수식을 [붙여넣기] 기능을 이용하여 값으로 변경합니다.

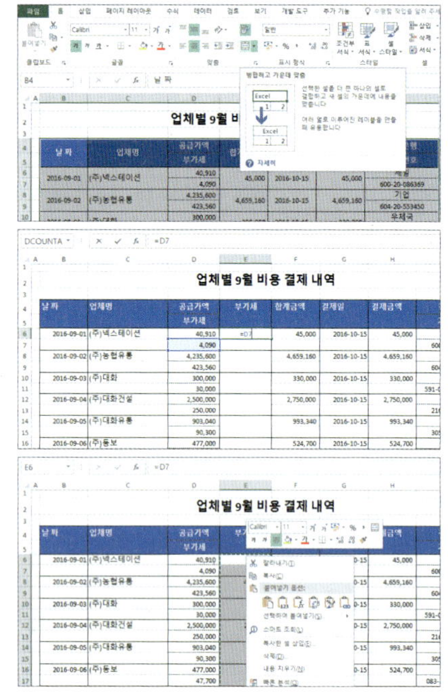

STEP 02 결제은행과 계좌번호를 한 셀에 입력하기 **문자열 연산자(&), 서식 복사, 이동 옵션**

❶ [J6] 셀에 결제은행과 계좌번호를 한 셀에 입력하기 위해 수식으로 '=I6&""&I7'을 입력합니다. [J6] 셀과 아래쪽 빈 셀을 함께 선택하여 수식을 복사한 후 붙여넣기 기능을 이용하여 값으로 변경합니다.

❷ I열의 서식을 복사하여 J열에 붙여넣기합니다.

❸ C열을 기준으로 [이동 옵션]에서 [빈 셀]만 선택한 후 행 전체를 삭제합니다.

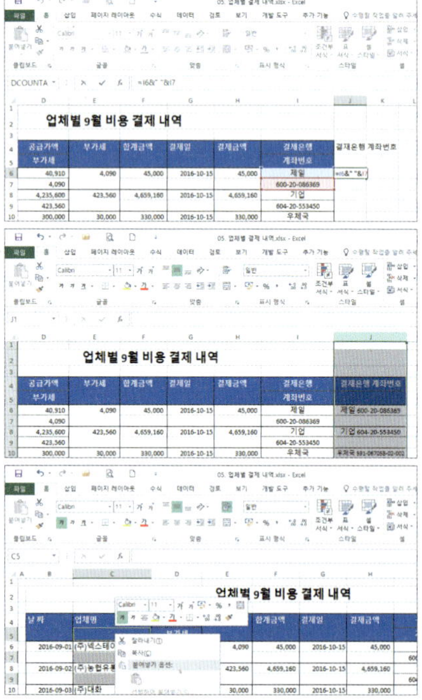

공급가액과 부가세 열 분리하기

셀 병합 해제, 수식 입력, 값 복사

D열에는 공급가액과 부가세가 서로 다른 행에 입력되어 있습니다. 열을 분리한 후 공급가액과 부가세를 같은 행에 입력해보겠습니다. 수식으로 부가세 데이터를 연결한 후 값 복사 기능을 이용하여 수식을 값으로 변경해보겠습니다.

1 병합된 셀을 해제해보겠습니다. [4:123] 행을 선택합니다. [홈] 탭-[맞춤] 그룹-[병합하고 가운데 맞춤]을 클릭합니다. 병합된 셀이 해제됩니다. 병합되지 않은 셀은 변화가 없습니다. E열을 선택합니다. 마우스 오른쪽 버튼을 클릭한 후 [삽입]을 선택합니다.

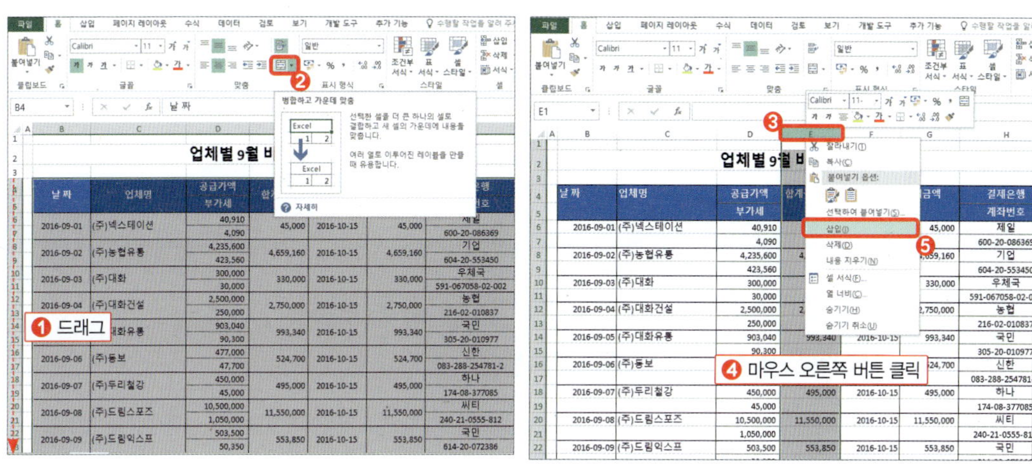

2 [E4] 셀에 **부가세**를, [E6] 셀에 **=D7**을 입력합니다. [E6:E7] 셀 범위를 선택합니다. 채우기 핸들을 더블클릭하여 수식을 복사합니다.

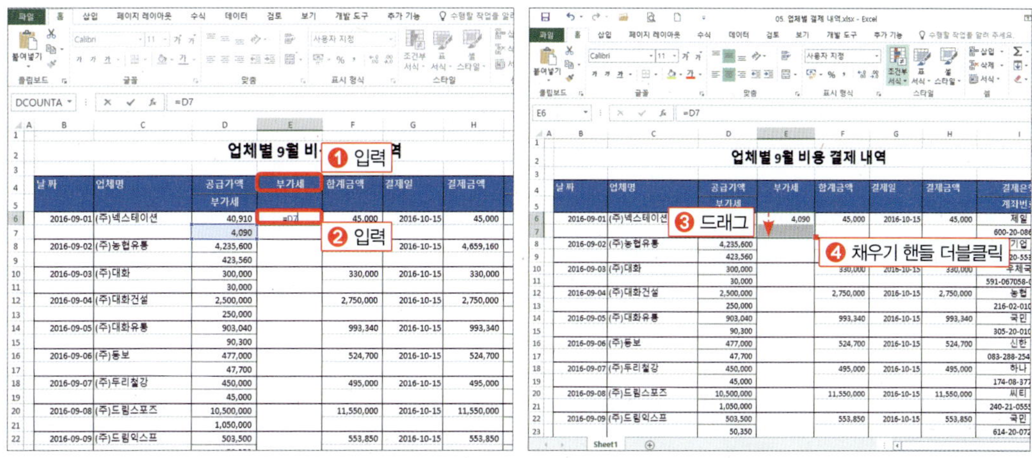

> **실력 향상** [E6] 셀만 선택하여 수식을 복사하면 E열의 공급가액도 함께 복사되므로 [E6:E7] 셀 범위를 선택하여 수식을 복사합니다. 수식과 빈 셀이 반복적으로 복사되어 E열에는 부가세만 표시됩니다.

3 [E6:E123] 셀 범위를 선택합니다. Ctrl + C 를 눌러 복사합니다. [E6:E123] 셀 범위가 선택된 상태에서 마우스 오른쪽 버튼을 클릭합니다. [붙여넣기 옵션]에서 [값]을 클릭합니다. 수식이 모두 값으로 변경되었습니다.

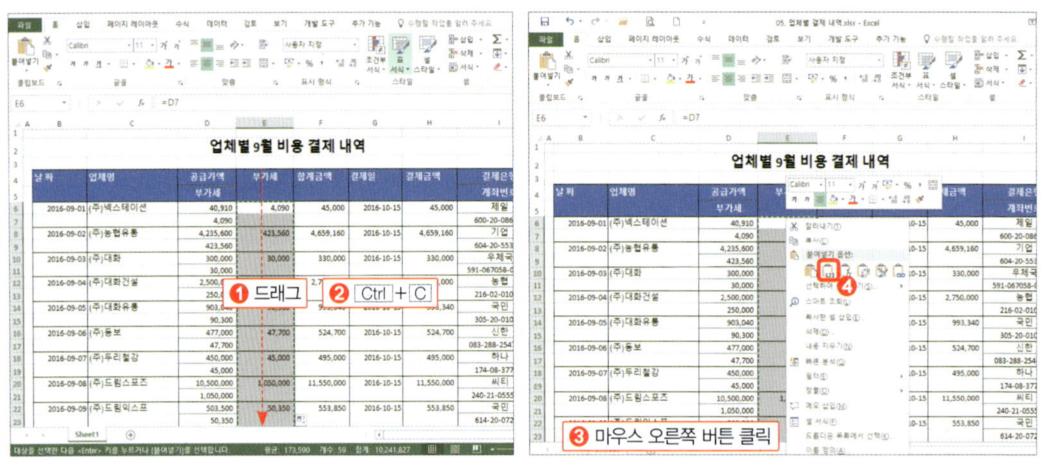

STEP 02 결제은행과 계좌번호를 한 셀에 입력하기

문자열 연산자(&), 서식 복사, 이동 옵션

I열에는 결제은행과 계좌번호가 업체별로 반복되어 두 행으로 입력되어 있습니다. 이 데이터를 한 셀에 입력하기 위해 문자열 연산자(&)를 이용한 수식을 입력해보겠습니다. 입력한 수식은 값이 변하지 않도록 [붙여넣기] 기능을 이용하여 값으로 변경합니다. 마지막으로 업체명의 빈 셀을 선택한 후 불필요한 행은 일괄 삭제해보겠습니다.

4 [J4] 셀에 **결제은행 계좌번호**를 입력합니다. [J6] 셀에 **=I6&" "&I7** 수식을 입력합니다.

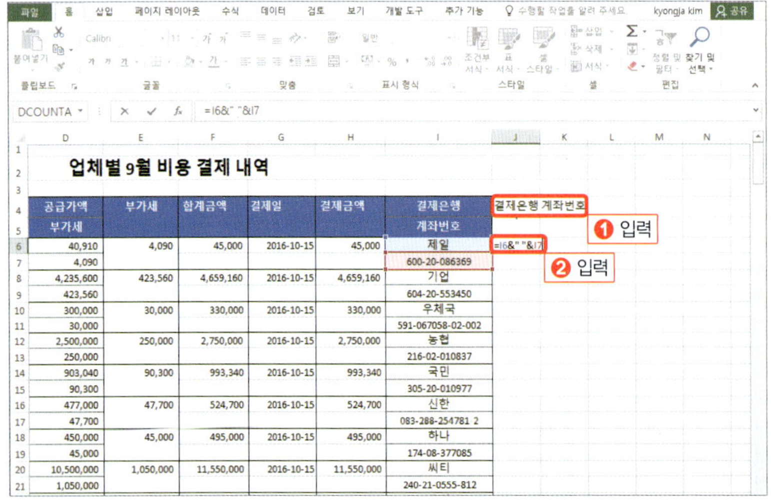

5 [J6:J7] 셀 범위를 선택합니다. 채우기 핸들을 더블클릭하여 수식을 복사합니다.

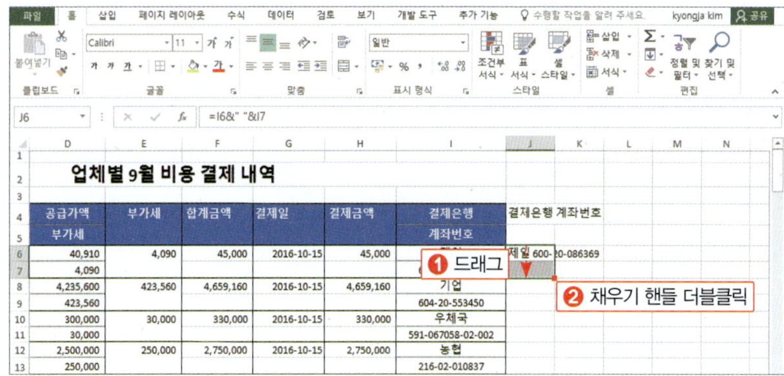

6 [J6:J123] 셀 범위를 선택합니다. Ctrl + C 를 눌러 복사합니다. [J6:J123] 셀 범위가 선택된 상태에서 마우스 오른쪽 버튼을 클릭합니다. [붙여넣기 옵션]에서 [값]을 클릭합니다. 수식이 모두 값으로 변경되었습니다.

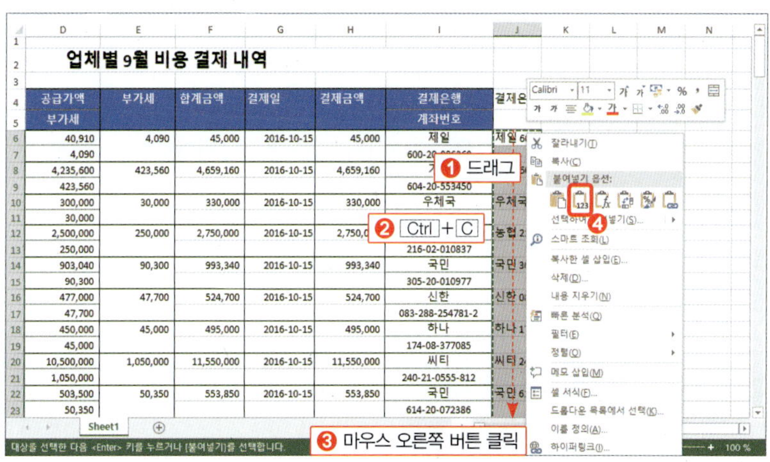

7 I열을 선택합니다. [홈] 탭–[클립보드] 그룹–[서식 복사]를 클릭합니다. 마우스 포인터에 서식 복사 도구가 함께 표시되면 J열을 선택합니다. I열의 서식이 J열에 복사되었습니다.

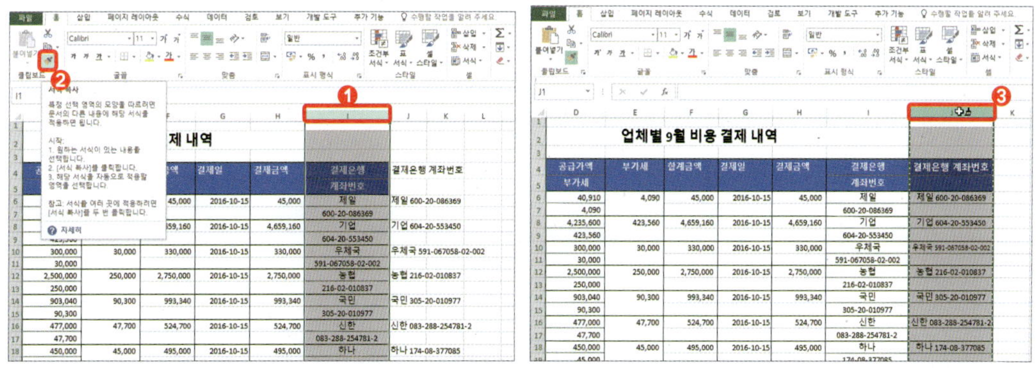

8 I열을 선택합니다. 마우스 오른쪽 버튼을 클릭한 후 [삭제]를 선택합니다.

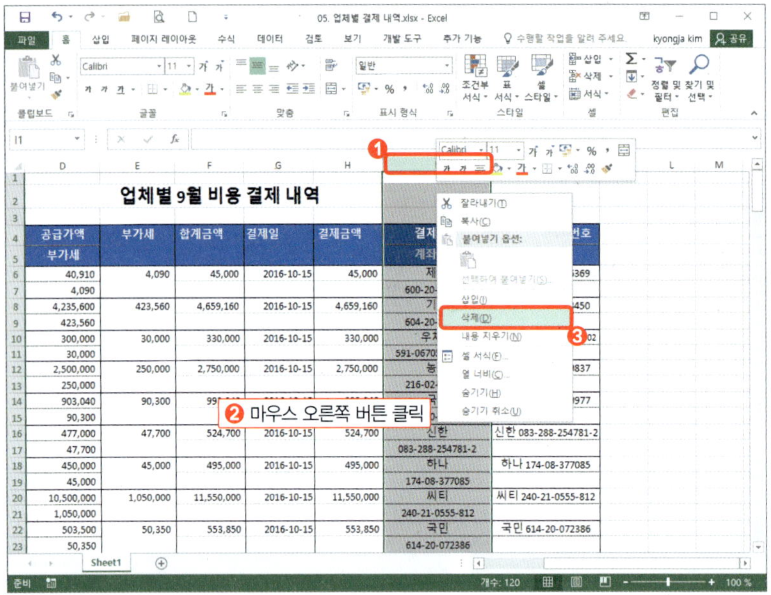

9 [C4:C123] 셀 범위를 선택합니다. [홈] 탭-[찾기 및 선택] 그룹-[찾기 및 선택]을 클릭합니다. [이동 옵션]을 선택한 후 [이동 옵션] 대화상자에서 [빈 셀]을 선택합니다. [확인]을 클릭합니다.

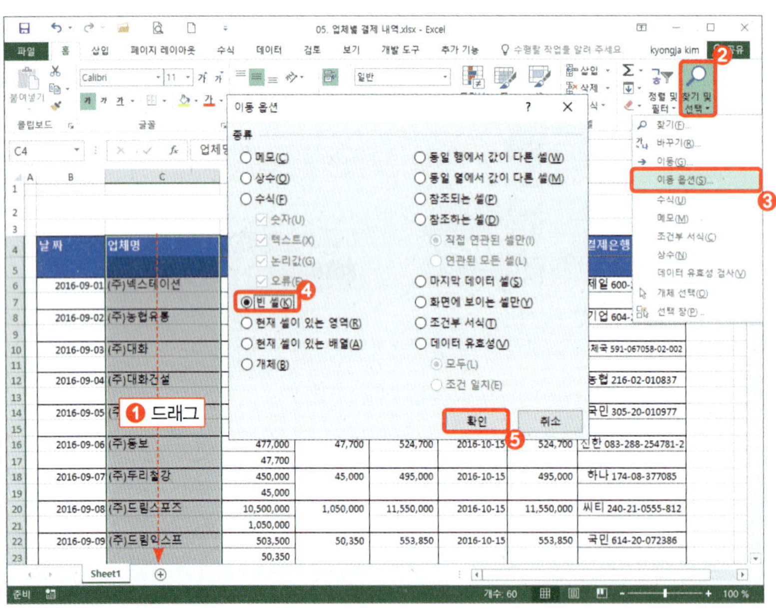

10 빈 셀만 선택되었습니다. 선택된 빈 셀 위에서 마우스 오른쪽 버튼을 클릭한 후 [삭제]를 선택합니다. [삭제] 대화상자에서 [행 전체]를 선택하고 [확인]을 클릭합니다.

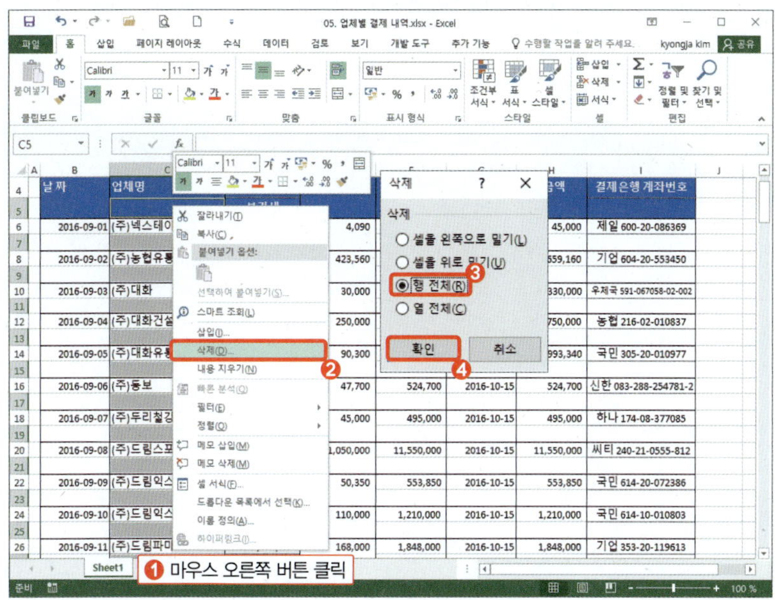

11 '합계금액'에 오류가 표시되었습니다. [F5] 셀에 **=D5+E5** 수식을 입력합니다. [F5] 셀의 채우기 핸들을 더블클릭하여 수식을 복사합니다.

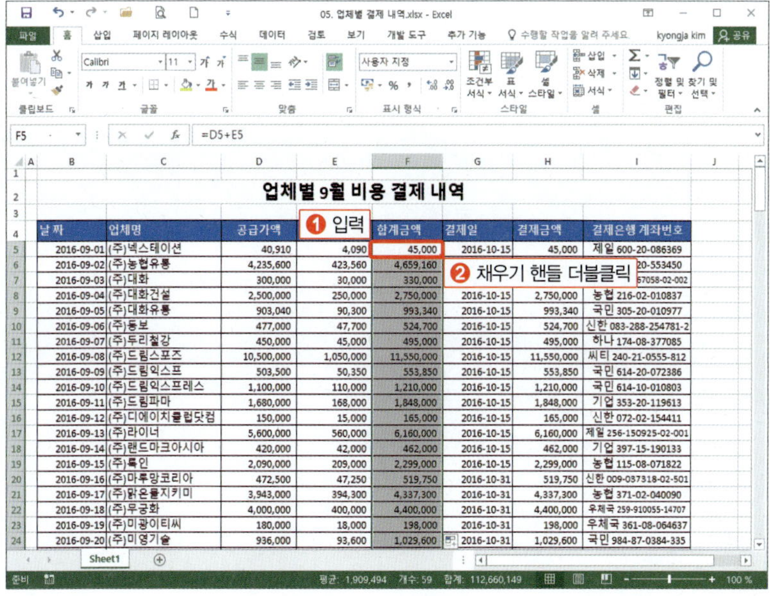

수식과 함수를 활용해 데이터 집계하고 분석하기

엑셀에서 가장 폭넓게 사용할 수 있는 기능은 수식과
함수입니다. 엑셀을 사용하는 대부분의 사용자는
이러한 엑셀의 막강한 계산 기능을 활용하기 위해
엑셀을 사용한다고 해도 과언이 아닙니다.
함수를 모두 알고 있을 필요는 없지만 데이터 관리에
필요한 집계와 분석 함수를 적재적소에 활용할 수
있다면 많은 시간과 에너지를 투자해야 하는 일도
간단하게 해결할 수 있습니다.
편집이 완료된 데이터 목록 집계 표, 두 개 이상의
데이터 목록을 비교하는 분석표, 표, 복잡한 데이터
목록에서 필요한 항목만 선택하여 분석할 수 있는
자동화 분석표 등을 작성해보면서 데이터 집계와
분석에서 활용할 수 있는 함수를 살펴보겠습니다. 어떤
경우에 어떤 함수를 어떻게 활용하는지 경험해보면서
실제 업무 문서에 적용하고 다른 방법으로도
응용해보겠습니다.

매입처 DB 편집 후 함수를 활용하여
거래내역 표 완성하기

실습 파일 | PART 02 \ CHAPTER 02 \ 업체별 매입 정산.xlsx   **완성 파일** | PART 02 \ CHAPTER 02 \ 업체별 매입 정산(완성).xlsx

✔ 프로젝트 시작하기

[매입처] 시트의 매입처 상호명, 사업자등록번호, 입금 계좌번호 등의 정보를 이용하여 당월 거래내역 표를 작성하려고 합니다. [거래내역] 시트에 있는 '상호명'과 [매입처] 시트에 있는 '업체명'을 연결하여 해당 업체의 과세사업자번호와 입금 계좌번호를 찾아 입력해야 하므로 [매입처] 시트의 중복 항목을 모두 제거한 후 [거래내역] 시트에서 VLOOKUP 함수를 사용해보겠습니다. 이때 일부 업체는 이번 달에 신규로 거래를 시작한 업체로 [매입처] 시트에 정보가 없으므로 신규 업체의 과세사업자번호는 VLOOKUP 함수를 사용할 때 IFERROR 함수를 함께 중첩하여 빈 셀로 표시합니다. 빈 셀로 표시된 신규 업체는 조건부 서식과 정렬을 이용하여 목록 아래쪽에 표시되도록 채우기 색 기준으로 정렬해보겠습니다. 또한 [거래내역] 시트의 번호는 행 추가나 삭제 시 번호가 자동으로 업데이트 되도록 ROW 함수를 사용하고, 거래금액의 총 합계를 구하여 각 업체별 비율을 표시해보겠습니다.

함수를 적용하기 전 사용할 데이터 목록에 문제가 없는지, 만약 문제가 있다면 데이터 목록을 어떻게 편집해야 하는지를 익히고, 특정 데이터 목록에서 원하는 기준 데이터를 찾아 셀에 표시하는 VLOOKUP 함수, 오류가 났을 때 해결하는 IFERROR 함수, 조건부 서식에 함수를 사용하는 방법 등을 알아봅니다.

✔ 핵심기능 미리 보기

STEP 01

상호명에 포함된 공백 삭제하고 중복된 매입처 제거하기 바꾸기, 중복된 항목 제거

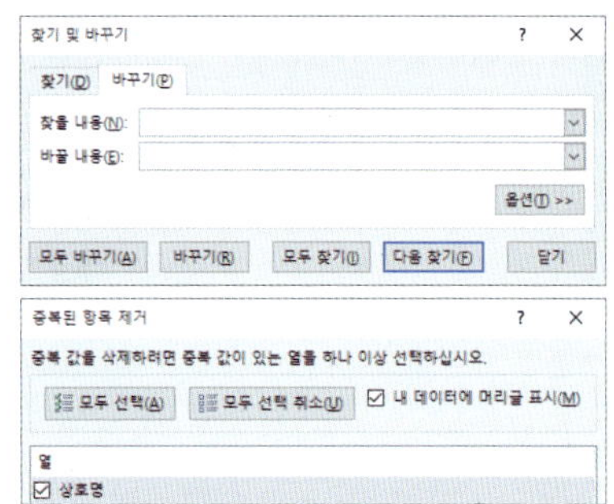

❶ [매입처] 시트에서 상호명에 포함된 공백을 일괄 삭제하기 위해 B열을 선택한 후 [바꾸기]를 실행합니다. [바꾸기] 탭에서 찾을 내용에 공백 1칸을 입력한 후 [모두 바꾸기]를 실행합니다.

❷ [중복된 항목 제거]로 '상호명'과 '사업자등록번호'가 동일한 레코드를 모두 제거합니다.

STEP 02

함수로 번호 입력한 후 비율 계산하고 과세사업자번호와 입금 계좌번호 찾아오기
ROW 함수, SUM 함수, IFERROR 함수, VLOOKUP 함수

❶ [거래내역] 시트의 번호는 행이 삽입되거나 삭제되더라도 자동으로 번호가 변경될 수 있도록 ROW 함수를 이용하여 번호를 매깁니다.

❷ 총 합계 금액을 구한 후 거래금액에 총 합계금액을 나누어 비율을 계산합니다.

❸ [매입처] 시트의 데이터 목록을 '매입처정보'로 이름 정의한 후 VLOOKUP과 IFERROR 함수로 과세사업자번호와 입금 계좌번호를 입력합니다. [거래내역] 시트의 업체명 중 신규 업체는 [매입처] 시트에 정보가 없으므로 IFERROR 함수를 통해 빈 셀로 표시합니다.

STEP 03

과세사업자번호가 없는 업체만 아래쪽에 정렬하기 조건부 서식, 정렬

❶ [거래내역] 시트에서 과세사업자번호가 없는 셀에 조건부 서식으로 채우기 색을 적용합니다. 과세사업자번호가 없는 셀은 VLOOKUP 함수에 오류가 발생하므로 IFERROR 함수를 중첩하여 오류가 발생했는지 확인하는 조건식을 입력합니다.

❷ 과세사업자번호에 채우기 색이 적용된 레코드만 정렬 기능으로 아래쪽에 정렬합니다.

상호명에 포함된 공백 삭제하고 중복된 매입처 제거하기

바꾸기, 중복된 항목 제거

[매입처] 시트의 상호명 데이터 목록에는 중복되는 항목이 있습니다. 상호명과 사업자등록번호가 동일한 매입처는 중복되는 매입처로 간주해야 하는데, 상호명에 공백이 있는 데이터는 중복으로 처리되지 않으므로 먼저 [바꾸기] 기능을 이용하여 상호명에 입력되어 있는 공백을 모두 삭제하고 상호명과 사업자등록번호가 동일한 매입처를 삭제하겠습니다.

1 [B5:B215] 셀 범위를 선택합니다. [홈] 탭-[편집] 그룹-[찾기 및 선택]을 클릭한 후 [바꾸기]를 선택합니다. [찾기 및 바꾸기] 대화상자에서 찾을 내용에 ' '(공백 1칸)을 입력합니다. [모두 바꾸기]를 클릭합니다. '27개 항목이 바뀌었습니다'라는 메시지가 나타나면 [확인]을 클릭합니다. [찾기 및 바꾸기] 대화상자에서 [닫기]를 클릭합니다.

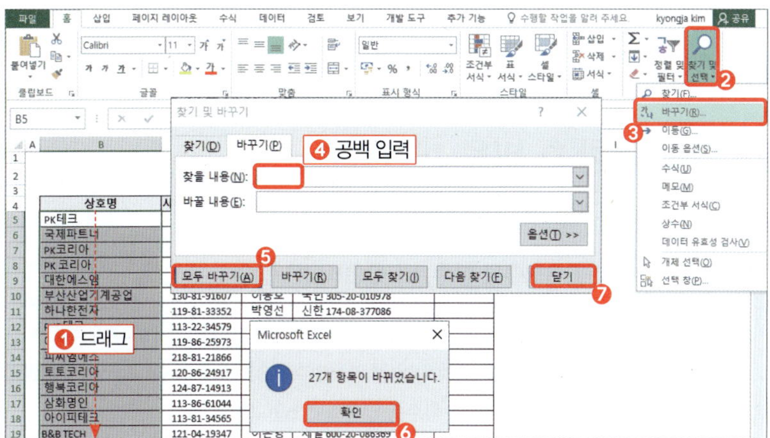

시간단축

[B5] 셀을 클릭한 후 Ctrl+Shift+↓를 누르면 빠르게 범위를 선택할 수 있습니다.

실력향상

[찾기 및 바꾸기] 대화상자에서 [찾을 내용]과 [바꿀 내용]에 불필요한 항목이 입력되어 있으면 바꾸기가 제대로 실행되지 않으므로 주의합니다.

2 데이터가 입력된 임의의 셀을 선택합니다. [데이터] 탭 -[데이터 도구] 그룹-[중복된 항목 제거]를 클릭합니다. [중복된 항목 제거] 대화상자에서 [상호명]과 [사업자등록번호]에 체크 표시하고 나머지 항목은 모두 체크 표시를 해제합니다. [확인]을 클릭합니다.

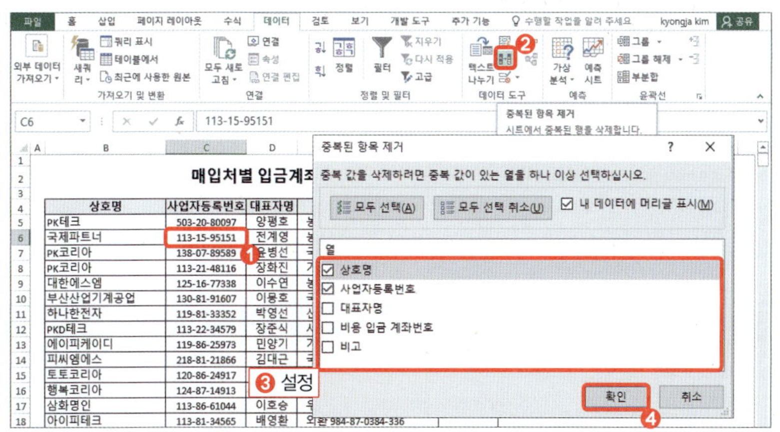

실력향상

데이터가 입력된 셀을 선택한 상태에서 [중복된 항목 제거]를 클릭하면 현재 셀을 기준으로 빈 행과 빈 열 전까지 범위가 선택됩니다. 자동 범위가 잘못 설정되었다면 직접 범위를 선택한 후 [중복된 항목 제거]를 클릭합니다.

3 중복된 항목 제거 개수와 유지되는 항목 개수를 알려주는 메시지가 나타납니다. [확인]을 클릭합니다.

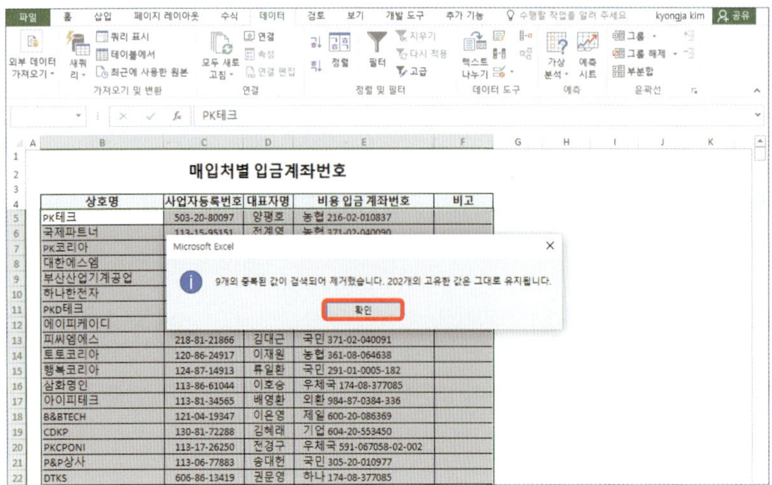

함수로 번호 입력한 후 비율 계산하고
과세사업자번호와 입금 계좌번호 찾아오기

ROW 함수, SUM 함수, IFERROR 함수, VLOOKUP 함수

[거래내역] 시트에서 ROW 함수로 번호를 입력하고, 거래금액의 합계를 계산하여 비율을 구한 후 업체명을 기준으로 하여 [매입처] 시트에서 과세사업자번호와 입금 계좌번호를 찾아오도록 합니다. 단, 업체명이 [매입처] 시트에 없는 경우에는 빈 셀이 표시되도록 함수를 입력해보겠습니다.

4 먼저 B열에 번호를 입력해보겠습니다. 번호는 자동 채우기를 사용하지 않고 ROW 함수를 사용합니다. ROW 함수를 사용하여 번호를 매기면 목록 중간에 행이 삽입되거나 삭제되더라도 자동으로 번호가 업데이트됩니다. [B7] 셀에 **=ROW( )−6**을 입력합니다. [B7] 셀의 채우기 핸들을 더블클릭하여 수식을 복사합니다.

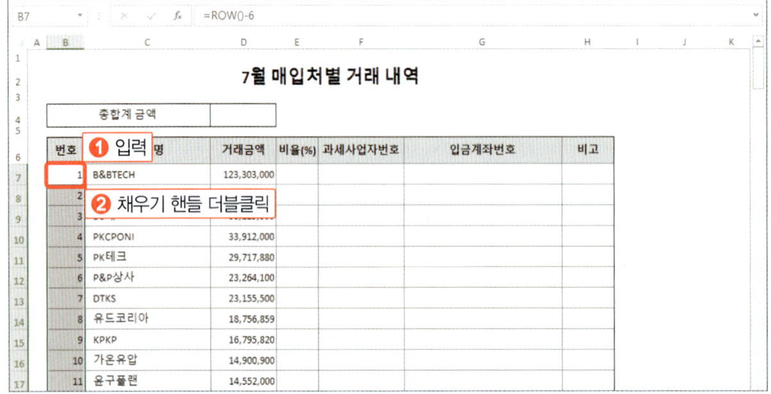

ROW 함수는 셀의 행 번호를 표시하고, COLUMN 함수는 셀의 열 번호를 표시합니다. 1, 2, 3…처럼 번호를 입력할 때 사용하면 행과 열이 삭제 또는 삽입될 경우 자동으로 번호가 변경되어 편리합니다.

함수 형식	=ROW(Reference) =ROW( ), =ROW(셀 주소) =COLUMN(Reference) =COLUMN( ), =COLUMN(셀 주소)
인수	• Reference : 행/열 번호를 표시할 셀 주소이며 생략할 경우 수식이 입력된 셀의 행 번호/열 번호를 표시합니다.

5 거래금액의 총합계를 계산해보겠습니다. [D4] 셀에 **=SUM(D7:D157)**을 입력합니다. 각 업체별 거래금액의 비율을 계산해보겠습니다. [E7] 셀에 **=D7/$D$4**를 입력합니다.

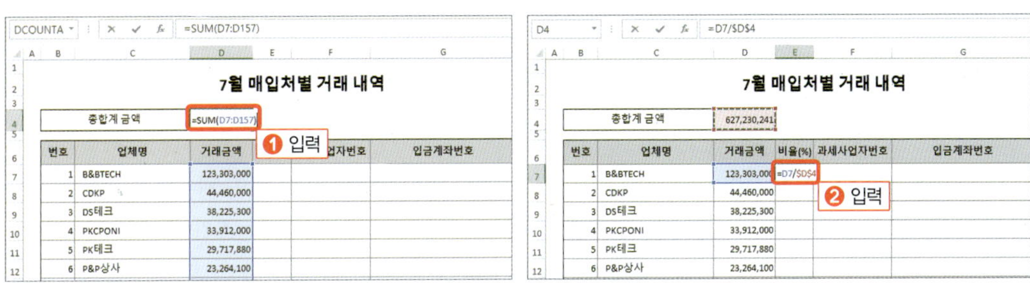

실력 향상 비율을 구할 때 총합계가 입력되어 있는 [D4] 셀은 절대 참조로 입력합니다. 'D4'를 수식에 입력한 후 F4 를 누르면 절대 참조로 변경됩니다.

6 [E7] 셀의 채우기 핸들을 더블클릭하여 수식을 복사합니다. [E7:E157] 셀 범위가 선택된 상태에서 [홈] 탭-[표시 형식] 그룹-[백분율 스타일]을 클릭합니다. [자릿수 늘임]을 두 번 클릭하여 소수점 두 자리까지 표시되도록 합니다.

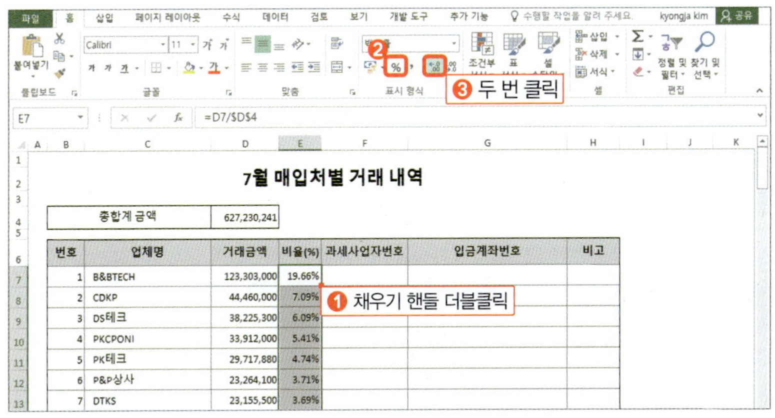

7 과세사업자번호에는 VLOOKUP 함수를 적용해야 하는데, 이 함수에는 [매입처] 시트의 범위를 절대 참조로 사용해야 합니다. 먼저 이름을 정의하겠습니다. [매입처] 시트를 선택합니다. [B4] 셀을 클릭합니다. Ctrl + A 를 눌러 [B4:F207] 셀 범위를 선택합니다. [이름 상자]에 **매입처정보**를 입력한 후 Enter 를 누릅니다. [거래내역] 시트를 클릭합니다.

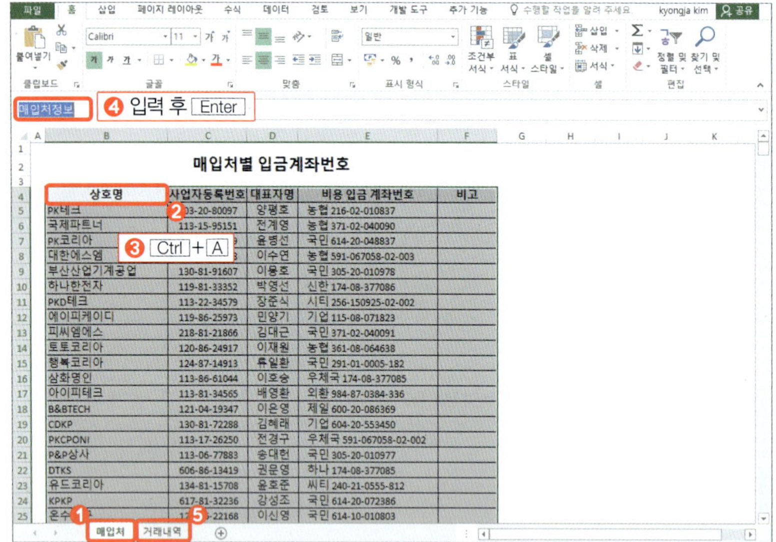

8 [F7] 셀에 **=IFERROR(VLOOKUP(C7,매입처정보,2,0),"")**를 입력합니다. [F7] 셀의 채우기 핸들을 더블클릭하여 수식을 복사합니다. 업체명이 [매입처] 시트에 있는 경우는 과세사업자번호가 표시되고, 없는 경우는 빈 셀로 표시됩니다. [G7] 셀에 **=IFERROR(VLOOKUP (C7,매입처정보,4,0),"")**를 입력합니다. [G7] 셀의 채우기 핸들을 더블클릭하여 수식을 복사합니다.

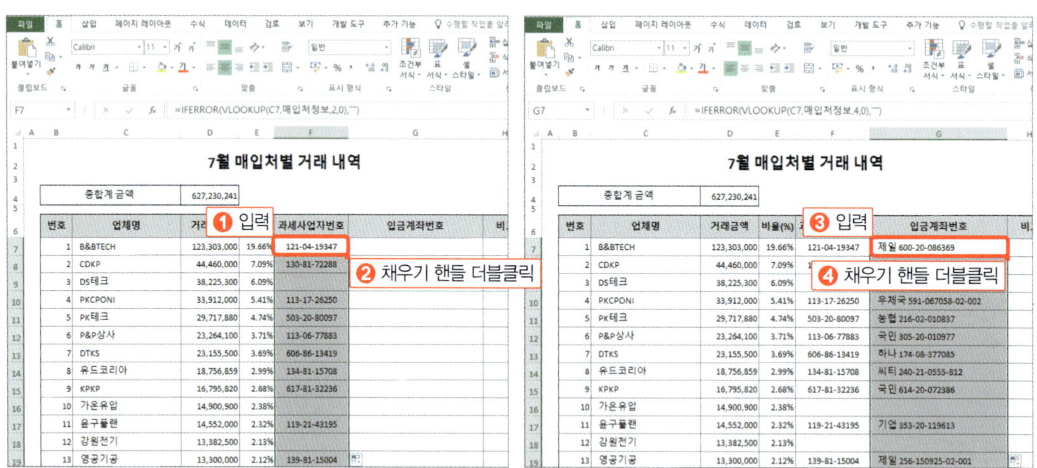

[거래내역] 시트의 '업체명'을 [매입처] 시트의 '상호명' 범위에서 찾아 해당하는 '사업자등록번호'를 셀에 입력하는 함수식입니다. 단, 신규 업체명은 [매입처] 시트에 없으므로 VLOOKUP 함수의 결과가 오류로 표시됩니다. 이를 해결하기 위해 IFERROR 함수를 중첩하여 만약 VLOOKUP 함수의 결과가 오류일 경우 빈 셀을 표시합니다.
- 함수 형식 : =VLOOKUP(찾을 기준 값, 기준 범위, 가져올 열 번호, 찾는 방법)
         =IFERROR(수식, 오류가 났을 경우 대체할 값이나 식)

과세사업자번호가 없는 업체만 아래쪽에 정렬하기

조건부 서식, 정렬

VLOOKUP 함수를 이용하여 해당 업체의 과세사업자번호가 입력되도록 했는데, 일부 업체명은 이번 달에 신규로 거래하는 업체이므로 [매입처] 시트에 없어 IFERROR 함수에 의해서 빈 셀로 표시되었습니다. 과세사업자번호가 빈 셀로 표시된 업체명은 아래쪽으로 정렬해보겠습니다.

9 과세사업자번호가 없는 셀은 조건부 서식을 이용하여 채우기 색을 변경하고, 적용된 채우기 색을 기준으로 정렬해보겠습니다. [F7:F157] 셀 범위를 선택합니다. [홈] 탭-[스타일] 그룹-[조건부 서식]을 클릭한 후 [새 규칙]을 선택합니다.

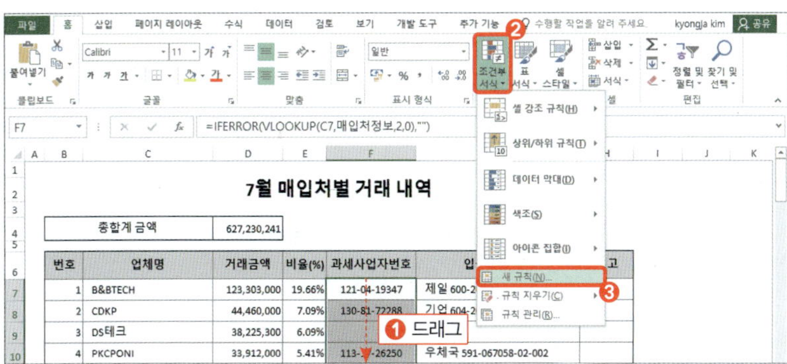

10 [새 서식 규칙] 대화상자에서 [수식을 사용하여 서식을 지정할 셀 결정]을 선택합니다. [다음 수식이 참인 값의 서식 지정]에 **=ISERROR(VLOOKUP(C7,매입처정보,2,0))**를 입력한 후 [서식]을 클릭합니다. [채우기] 탭에서 배경색을 선택한 후 [확인]을 클릭합니다.

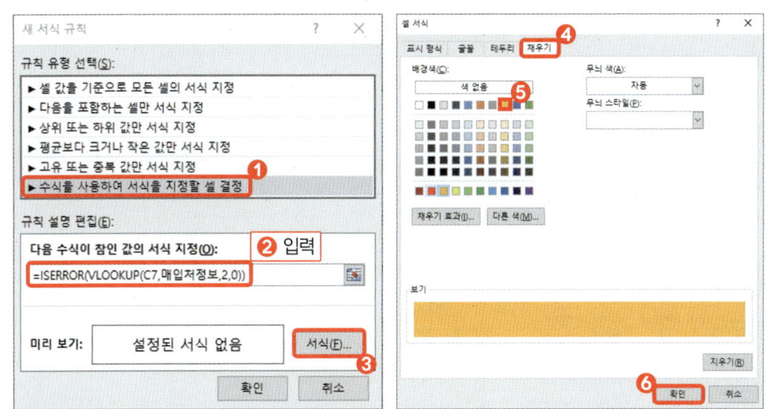

> **실력 향상** [거래내역] 시트는 현재 '거래금액'을 기준으로 내림차순 정렬되어 있습니다. 현재 정렬 기준을 그대로 유지하고 과세사업자번호가 없는 셀만 아래쪽으로 다시 정렬하려면 셀 색이나 글꼴 색, 셀 아이콘 등을 기준으로 정렬해야 합니다.

과세사업자번호가 없는 셀은 빈 셀이 아니라 모두 동일한 수식이 입력되어 있으므로 규칙 유형을 선택할 때 수식으로 지정해야 합니다. ISERROR 함수는 VLOOKUP 함수의 결과로 오류가 발생하면 TRUE 값을 가지고, 오류가 발생하지 않으면 FALSE 값을 가집니다. 따라서 VLOOKUP 함수에 오류가 발생하면 ISERROR 함수가 TRUE이므로 서식으로 설정한 채우기 색이 표시됩니다.

11 [새 서식 규칙] 대화상자의 [미리 보기]에 서식이 설정된 것을 확인한 후 [확인]을 클릭합니다. 과세사업자번호 목록 중 사업자번호가 없는 셀만 채우기 색이 설정되었습니다.

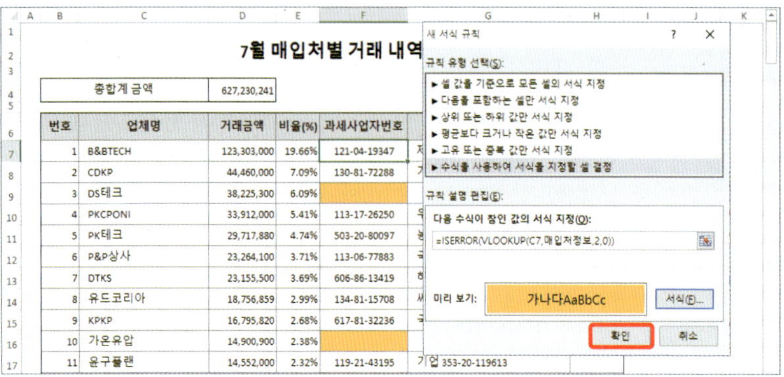

12 데이터 목록 중 임의의 셀을 클릭한 후 [데이터] 탭-[정렬 및 필터] 그룹-[정렬]을 클릭합니다. [정렬] 대화상자에서 [열]은 [과세사업자번호], [정렬 기준]은 [셀 색], [정렬]은 목록에서 색상을 선택한 후 [아래쪽에 표시]를 선택합니다. [확인]을 클릭합니다.

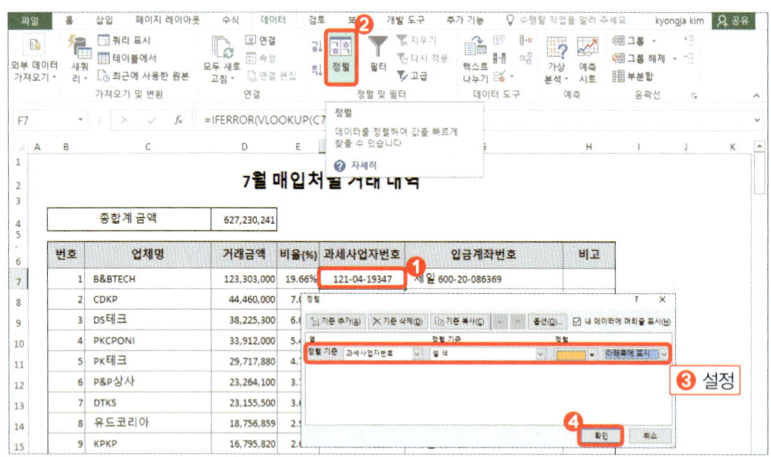

13 과세사업자번호가 없는 업체만 아래쪽으로 정렬되었습니다.

진급대상자와 교육수강자 목록을 비교하여 교육이력 관리하고 집계 표 작성하기

실습 파일 | PART 02 \ CHAPTER 02 \ 교육이력 분석.xlsx   **완성 파일** | PART 02 \ CHAPTER 02 \ 교육이력 분석(완성).xlsx

✔ 프로젝트 시작하기

인사팀에서 관리하는 진급대상자 명단과 교육팀에서 관리하는 교육수료자 명단이 따로 있습니다. 이 두 데이터 목록을 이용하여 진급대상자가 꼭 수료해야 할 교육을 수료했는지, 의무적으로 교육에서 받아야 할 점수를 획득했는지 한눈에 파악하기 위해 함수를 적용하려고 합니다. 교육이력 분석의 [진급대상자] 시트에서 IF 함수와 COUNTIF 함수를 이용하여 진급대상자가 필수 교육을 수강했는지 여부를 확인하고 [교육수료자] 시트에서 수료율을 계산하되, 셀 값에 따라 오류가 발생하면 IFERROR 함수를 이용하여 0으로 표시해보겠습니다. 교육 점수를 기준으로 교육비를 산출한 후 전체적인 데이터 분석이 편리하도록 조건부 서식을 이용하여 수료율 100% 이상인 근무자가 포함된 행 전체에 색을 표시하겠습니다. 이렇게 두 개의 데이터 목록을 비교하여 진급대상자와 교육수료자 목록이 정리되면 부서별 진급자의 교육 수료 현황을 한눈에 분석할 수 있는 집계 표를 작성합니다.

구 데이터와 신 데이터를 비교해 어떠한 항목이 추가되고 어떠한 항목이 누락되었는지 점검하는 방법을 업무에서 응용하고, 두 개 이상의 시트를 이용하여 항목별로 그룹화하는 함수의 활용 사례를 익힐 수 있습니다.

STEP 01

진급자 교육수료여부 표시하고 교육수료율, 교육비 계산하기
IF 함수, COUNTIF 함수, IFERROR 함수

❶ [교육수료자] 시트의 정보를 참조하여 [진급대상자] 시트의 교육수료 여부를 표시합니다. IF와 COUNTIF 함수로 교육을 수료한 사람은 '●'로 표시하고 수료하지 않은 사람은 'O'로 표시합니다.

❷ [교육수료자] 시트의 수료율에 IFERROR 함수를 사용하여 의무점수가 '0'일 때 오류가 표시되지 않도록 합니다.

❸ [교육수료자] 시트의 의무점수와 교육점수를 기준으로 하여 IF 함수로 각 조건에 맞는 교육비를 입력합니다.

❹ [교육수료자] 시트에 조건부 서식을 이용하여 수료율이 100% 이상인 수료자 데이터에 채우기 색을 적용합니다.

STEP 02

부서별 진급대상자와 교육수료자 통계 내기 COUNTIF 함수, COUNTIFS 함수, SUMIF 함수

❶ 함수에 사용할 셀 범위를 이름으로 정의합니다.

❷ [진급대상자] 시트의 근무부서 데이터 목록을 참조하여 [부서별집계] 시트에 COUNTIF 함수로 부서별로 진급대상자가 몇 명인지 계산합니다.

❸ [진급대상자] 시트의 교육수료여부 데이터 목록을 참조하여 [부서별집계] 시트에 COUNTIFS 함수로 부서별 수료인원과 미수료인원이 몇 명인지 계산합니다.

❹ [교육수료자] 시트의 [교육비] 목록을 참조하여 [부서별집계] 시트에 SUMIF 함수로 부서별 교육비 합계를 계산합니다.

진급자 교육수료여부 표시하고 교육수료율, 교육비 계산하기

IF 함수, COUNTIF 함수, IFERROR 함수

[진급대상자] 시트에서 IF와 COUNTIF 함수를 이용하여 진급대상자가 필수 교육을 수강했는지 여부를 표시하고, [교육수료자] 시트에서 의무점수와 교육점수를 비교하여 교육수료율과 교육비를 계산합니다. 교육수료율이 100% 이상인 대상자를 빠르게 파악하기 위해 조건부 서식을 이용하여 행 데이터 전체에 채우기 색을 설정해보겠습니다.

1 [진급대상자] 시트의 주민등록번호가 [교육수료자] 시트에 하나 이상 존재하면 교육수료여부에 '●'을 표시하고 하나도 존재하지 않으면 빈 셀로 표시해보겠습니다. 먼저 함수에 사용할 [교육수료자] 시트의 주민번호 셀 범위를 이름으로 정의하겠습니다. [교육수료자] 시트에서 [D4:D194] 셀 범위를 선택합니다. [이름 상자]에 **수료자주민번호**를 입력합니다. Enter 를 누릅니다.

2 [진급대상자] 시트의 [I4] 셀에 **=IF(COUNTIF(수료자주민번호,E4)>0,"●","")**를 입력합니다. [진급대상자] 시트의 주민등록번호가 [교육수강자] 시트에 하나 이상 존재하는지 검사하기 위해 COUNTIF 함수를 사용하고 다시 COUNTIF 함수의 결과에 따라 수료여부를 표시하기 위해 IF 함수를 중첩하여 사용합니다. [I4] 셀의 채우기 핸들을 더블클릭하여 수식을 복사합니다.

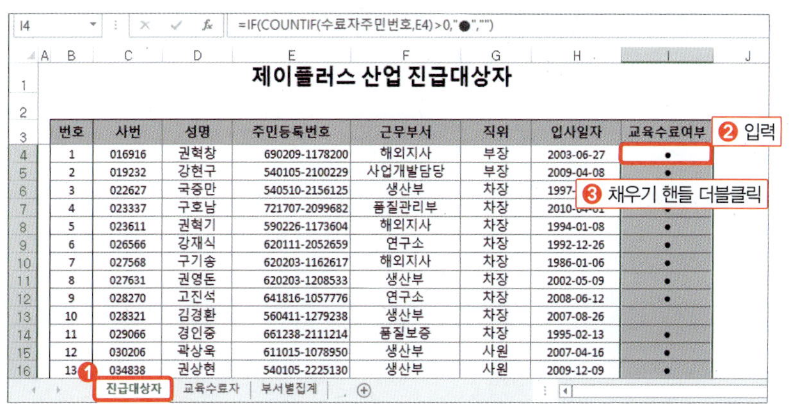

> **실력향상**
>
> [E4] 셀의 주민등록번호가 [교육수강자] 시트의 주민번호에 하나 이상 존재하는지 COUNTIF 함수로 계산합니다. 결과가 0보다 크면 존재하는 것이므로 '●'을 표시하고 0보다 크지 않으면 주민등록번호가 [교육수강자] 시트에 존재하지 않는 것이므로 빈 셀을 표시합니다.

3 [교육수료자] 시트에서 I열의 수료율은 교육점수에서 의무점수를 나누어서 구해야 하는데, 의무점수
가 0점인 경우에는 나누기 수식으로 계산할 수 없어 오류 메시지가 표시됩니다. IFERROR 함수를 이용
하여 오류 표시 대신 0을 표시해보겠습니다. [교육수료자] 시트의 [I4] 셀에 **=IFERROR(H4/G4,0)**를 입력
합니다. [I4] 셀의 채우기 핸들을 더블클릭하여 수식을 복사합니다.

> **실력**
> **향상** 나누는 [G4] 셀의 값이 0이면 결과 값으로 '#DIV/0'가 표시되므로 오류 대신 다른 값을 셀
> 에 표시할 수 있도록 IFERROR 함수를 사용합니다.
> • 함수 형식 : =IFERROR(수식, 오류가 났을 경우 대체할 값이나 식)

4 J열의 교육비에는 교육점수가 40점 미만이면 90,000원을 입력하고, 40점 이상이면 230,000원을 입
력해보겠습니다. [J4] 셀에 **=IF(H4<40,90000,230000)**을 입력합니다. [J4] 셀의 채우기 핸들을 더블클릭
하여 수식을 복사합니다.

> **실력**
> **향상** IF 함수의 조건에서 교육점수가 40점 미만이면 'H4<40' 조건식이 TRUE가 되어 첫 번째
> 금액인 90,000원이 셀에 입력되고, 40점 이상이면 'H4<40' 조건식이 FALSE가 되어 두 번
> 째 금액인 230,000원이 입력됩니다.
> • 함수 형식 : =IF(조건식, 조건이 TRUE일 때 표시할 값이나 식, 조건이 FALSE일 때 표시할 값이
>   나 식)

5 조건부 서식을 이용하여 수료율이 100% 이상인 근무자의 행 데이터 전체 색을 변경해보겠습니다. [B4:J194] 셀 범위를 선택합니다. [홈] 탭-[스타일] 그룹-[조건부 서식]을 클릭합니다. 조건을 수식으로 직접 입력하기 위해 [새 규칙]을 선택합니다.

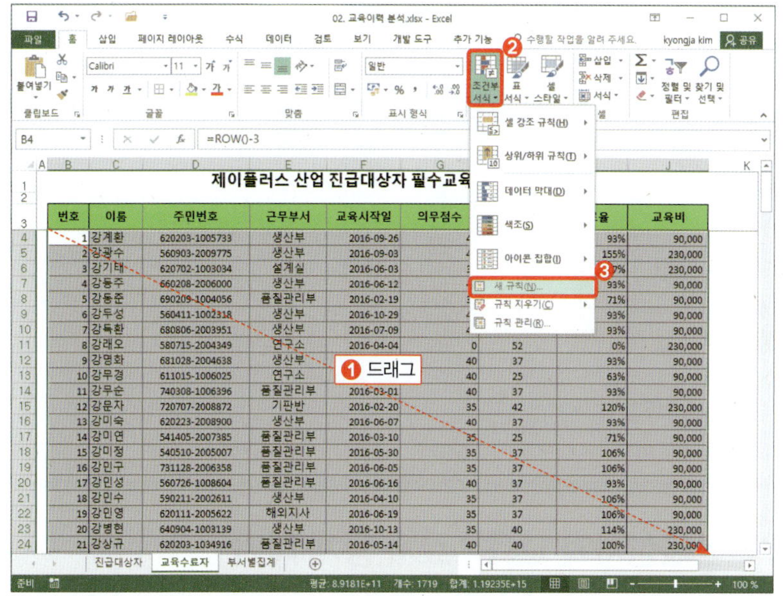

6 [새 서식 규칙] 대화상자에서 [규칙 유형 선택]을 [수식을 사용하여 서식을 지정할 셀 결정]으로 선택하고 [다음 수식이 참인 값의 서식 지정]에 **=$I4>=100%**를 입력합니다. [서식]을 클릭합니다. [셀 서식] 대화상자에서 [채우기] 탭의 [배경색]으로 [연한 주황]을 선택합니다. [확인]을 클릭합니다.

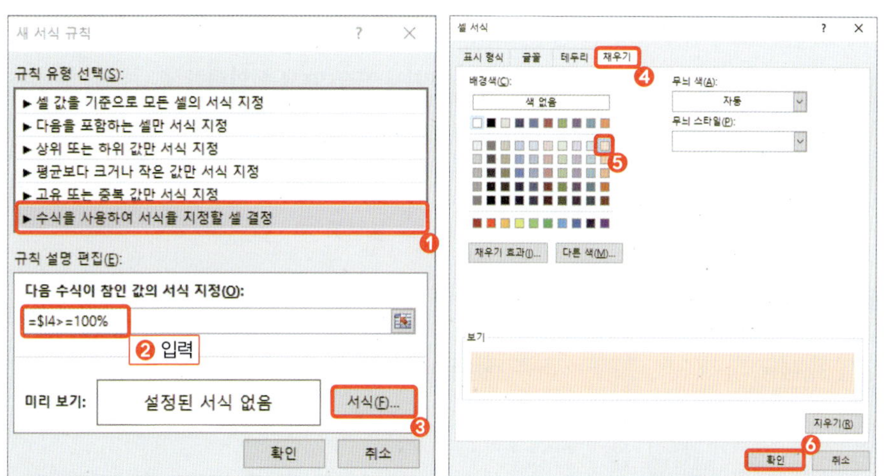

7 [새 서식 규칙] 대화상자에서 미리 보기에 적용한 서식이 표시되면 [확인]을 클릭합니다. 수료율이 100% 이상인 진급대상자에 해당하는 행 전체의 채우기 색이 연한 주황색으로 변경됩니다.

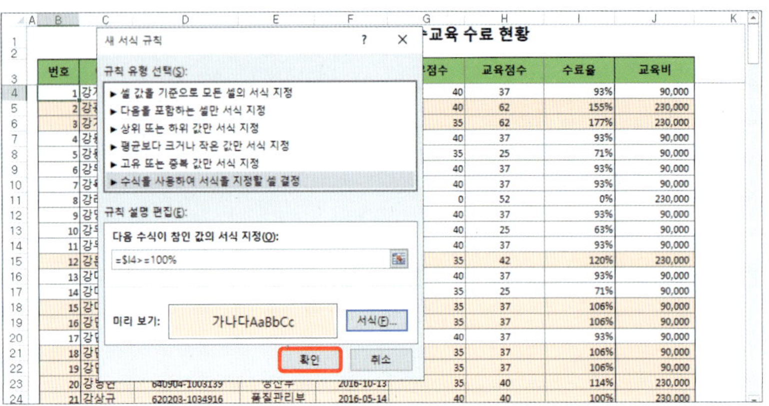

부서별 진급대상자와 교육수료자 통계 내기

COUNTIF 함수, COUNTIFS 함수, SUMIF 함수

진급대상자와 교육수료자 목록을 이용하여 부서별로 진급대상자 인원수와 수료인원, 미수료인원, 교육비 등을 한눈에 파악할 수 있는 집계 표를 작성해보겠습니다.

8 함수에서 사용할 셀 범위가 모두 절대 참조이므로 [진급대상자] 시트의 근무부서 셀 범위, 교육수료여부 셀 범위, [교육수료자] 시트의 근무부서 셀 범위, 교육비 셀 범위를 이름으로 정의해보겠습니다. [진급대상자] 시트의 [F4:F235] 셀 범위를 선택합니다. [이름 상자]에 **진급자부서**를 입력한 후 Enter 를 누릅니다.

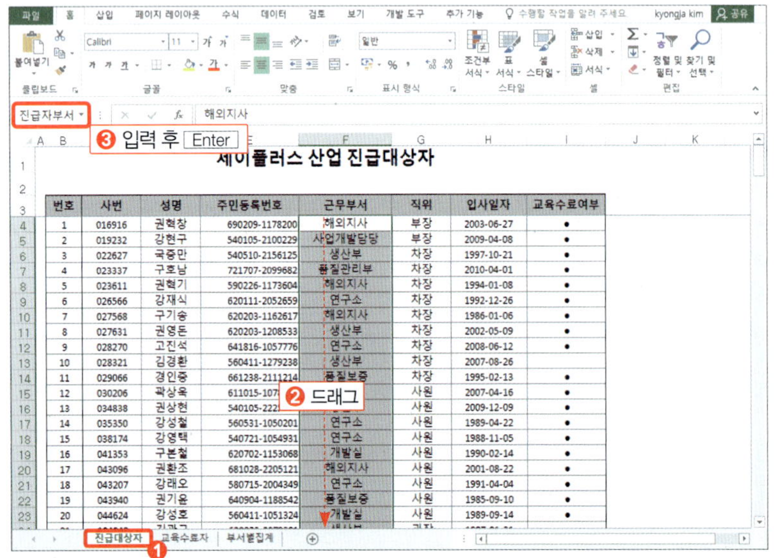

9 같은 방법으로 [진급대상자] 시트의 [I4:I235] 셀 범위를 선택합니다. [이름 상자]에 **수료여부**를 입력한 후 Enter 를 누릅니다.

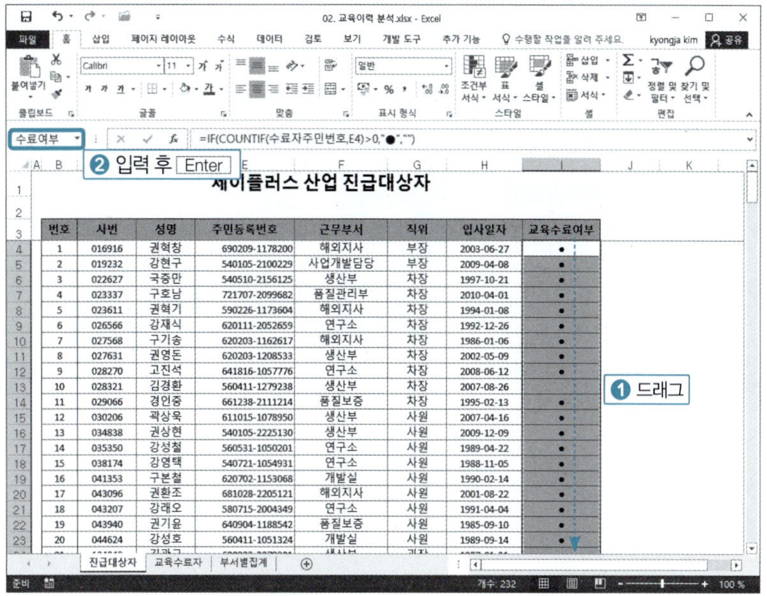

10 [교육수료자] 시트의 [E4:E194] 셀 범위를 선택합니다. [이름 상자]에 **수료자부서**를 입력한 후 Enter 를 누릅니다.

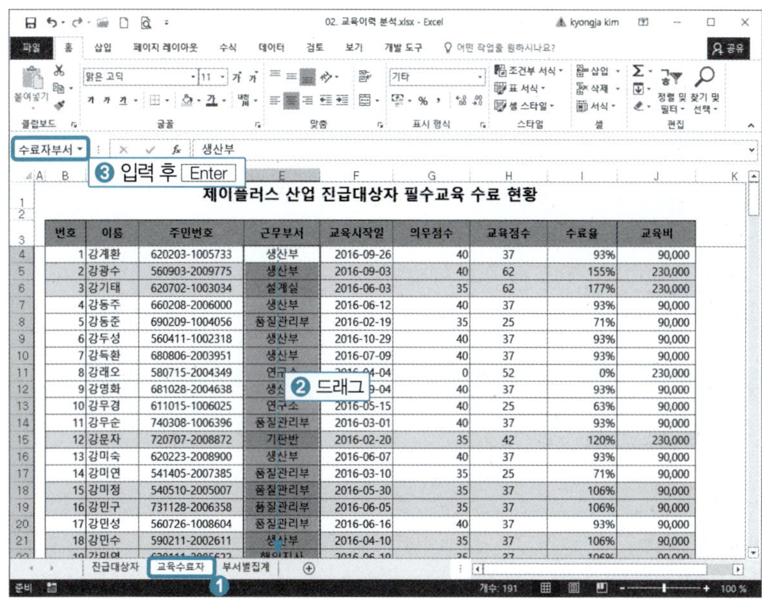

11 [교육수료자] 시트의 [J4:J194] 셀 범위를 선택합니다. [이름 상자]에 **교육비**를 입력한 후 Enter 를 누릅니다.

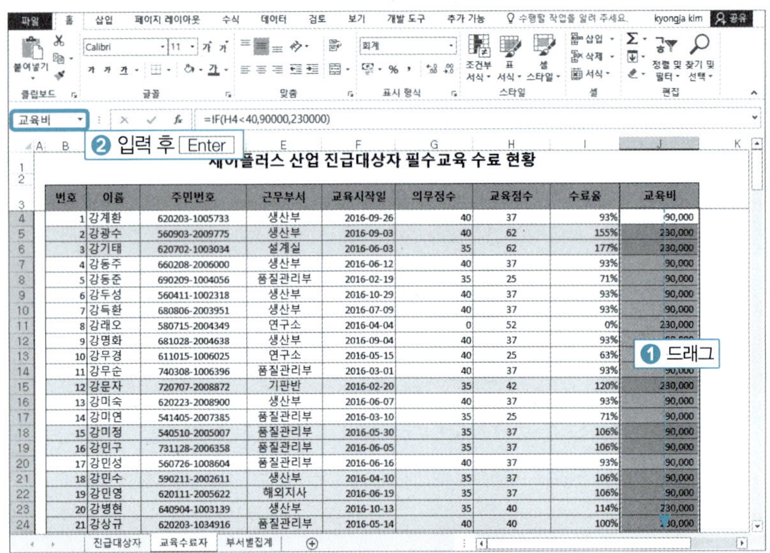

12 [부서별집계] 시트의 부서별 진급대상자는 조건이 한 개이므로 COUNTIF 함수를 이용하여 계산해 보겠습니다. [C5] 셀에 **=COUNTIF(진급자부서,B5)**를 입력합니다. [C5] 셀의 채우기 핸들을 [C17] 셀까지 드래그하여 수식을 복사합니다.

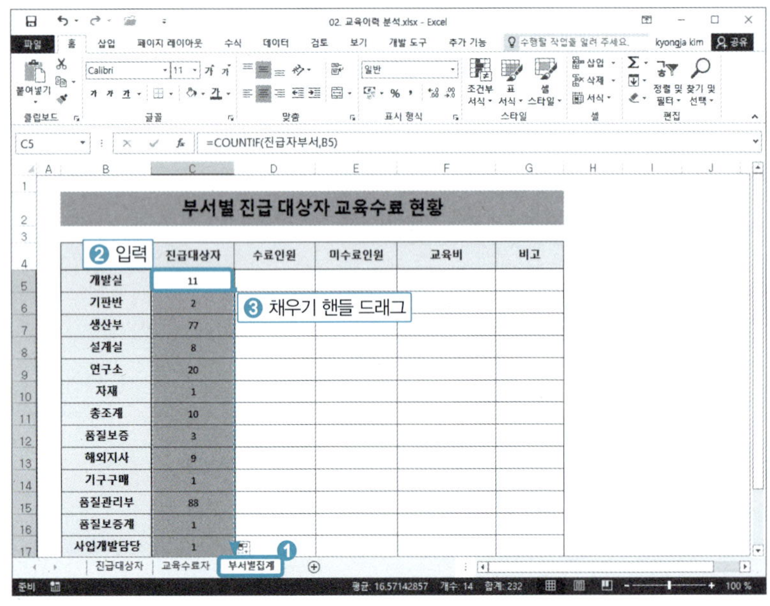

> **실력 향상** '진급자부서' 이름은 앞에서 정의한 이름으로 [진급대상자] 시트의 '근무부서' 데이터 목록 입니다. 이 데이터 목록에서 [B5] 셀에 입력된 부서명이 몇 개인지 계산하면 첫 번째 부서 의 인원수가 계산됩니다.
>
> • 함수 형식 : =COUNTIF(범위, 조건)

13 수료인원은 부서별 조건과 수료여부 조건을 모두 비교해야 하므로 COUNTIFS 함수로 계산해보 겠습니다. [D5] 셀에 **=COUNTIFS(진급자부서,B5,수료여부,"●")**를 입력합니다. [D5] 셀의 채우기 핸들을 [D17] 셀까지 드래그하여 수식을 복사합니다.

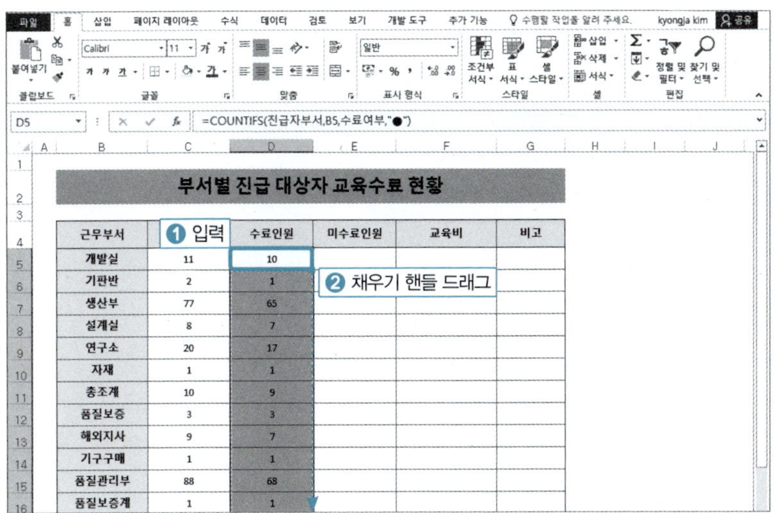

> **실력 향상** 개수를 구할 때 조건이 두 개 이상인 경우에는 복수형을 의미하는 'S'가 있는 COUNTIFS 함수를 사용합니다. '진급자부서'로 이름을 정의한 셀 범위에서 [B5] 셀의 데이터와 같은 지 비교하고, '수료인원'으로 이름을 정의한 셀 범위의 값이 '●'인지 비교해서 두 조건이 모두 맞으면 개수에 포함합니다.
>
> • 함수 형식 : =COUNTIFS(범위1, 조건1, 범위2, 조건2, …)
>
> COUNTIFS 함수의 결과가 '#VALUE!' 오류로 표시된다면 '진급자부서'로 정의한 이름이 잘못된 경우 입니다. [진급대상자] 시트의 [I4:I235] 셀 범위가 '진급자부서' 이름으로 정의되었는지 확인합니다.

14 미수료인원도 수료인원처럼 두 개 조건을 동시에 비교해야하므로 COUNTIFS 함수로 계산해보겠습 니다. [E5] 셀에 **=COUNTIFS(진급자부서,B5,수료여부,"")**를 입력합니다. [E5] 셀의 채우기 핸들을 [E17] 셀 까지 드래그하여 수식을 복사합니다.

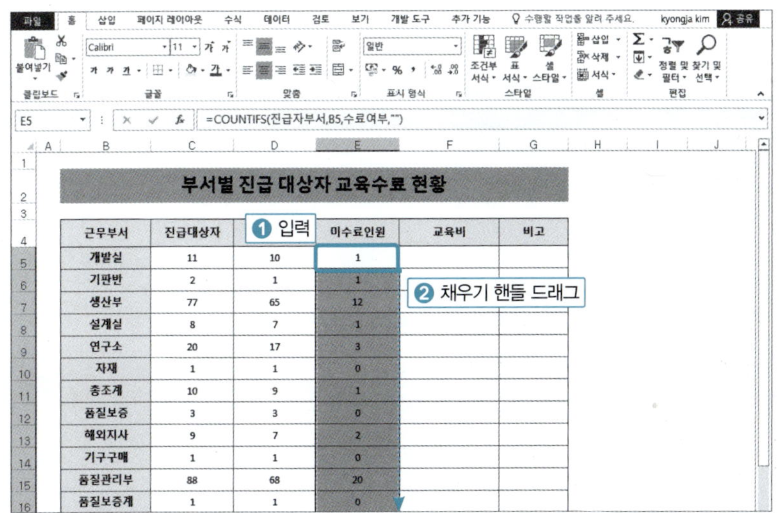

> **실력향상**
>
> [진급대상자] 시트의 수료여부 중 수료하지 않은 대상자는 공 백으로 표시되어 있습니다. 수 식에서 공백은 ""로 표시되므 로 '수료여부' 이름 범위의 조 건은 ""로 지정합니다.

15 교육비는 [진급대상자] 시트의 부서별로 교육비합계를 구해야하므로 SUMIF 함수로 계산해보겠습니다. [F5] 셀에 **=SUMIF(수료자부서,B5,교육비)**를 입력합니다. [F5] 셀의 채우기 핸들을 [F17] 셀까지 드래그하여 수식을 복사합니다.

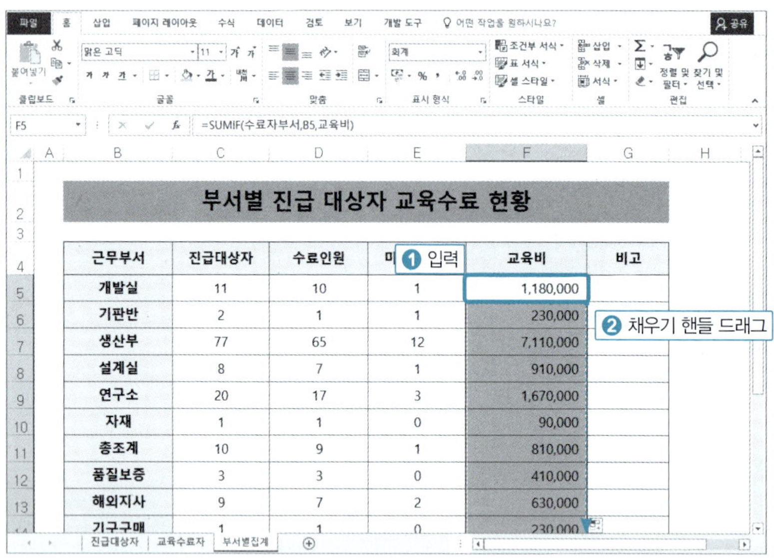

> **실력 향상** 조건에 맞는 데이터 목록의 합을 구할때는 SUMIF 함수를 사용합니다. '진급자부서'로 이름을 정의한 셀 범위의 값이 [B5] 셀 데이터와 같으면 해당 근무자의 교육비를 합에 포함합니다.
>
> • 함수 형식 : =SUMIF(비교할 조건 범위, 조건, 합을 구할 범위)
>
> SUMIF 함수를 사용할 때 조건으로 사용할 셀 범위와 합을 구할 셀 범위의 개수가 동일해야 합니다.

16 18행에 합계를 구해보겠습니다. [C5:F18] 셀 범위를 선택합니다. [홈] 탭-[편집] 그룹-[자동 합계]를 클릭합니다. 각 항목의 합계가 계산됩니다.

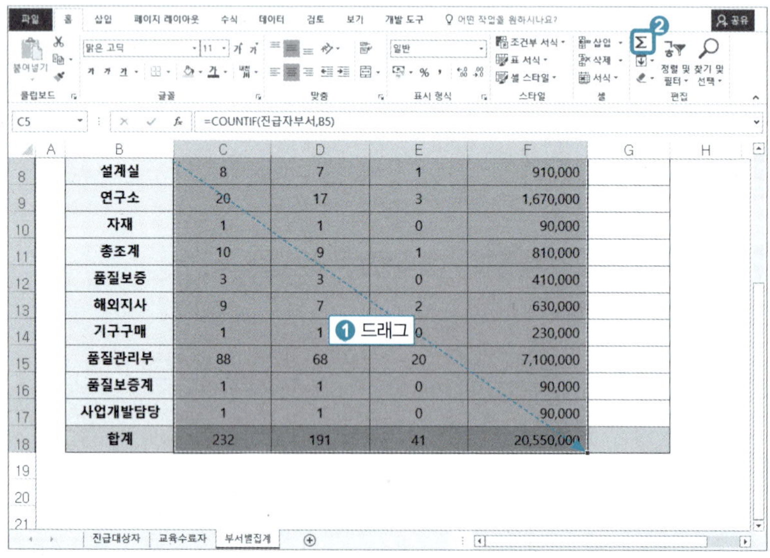

여러 가지 통계 함수를 이용하여 부서별 평가 자료 집계하기

실습 파일 | PART 02 \ CHAPTER 02 \ 부서별 평가 자료 집계.xlsx **완성 파일** | PART 02 \ CHAPTER 02 \ 부서별 평가 자료 집계(완성).xlsx

✔ 프로젝트 시작하기

엑셀에서 특정한 데이터 목록을 설명하기 위해 평균이란 개념을 많이 사용하지만 평균만 가지고 설명하기 어려운 데이터도 있으므로 데이터를 대표할 수 있는 목록 값으로 평균 외에 중앙값과 최빈값을 사용할 수 있습니다. 더불어 최솟값, 최댓값, 상하 일정한 비율을 제외한 평균값 등이 추가되면 전체 데이터 목록을 더 명확하게 설명할 수 있습니다.

부서별 직원교육 평가자료 목록을 이용하여 부서별 순위와 부서별 평균값을 계산하고, 부서별 점수 분포에 대한 집계를 계산하는 방법을 알아보겠습니다. 부서별 직원교육 평가자료에서 RANK.EQ 함수를 이용하여 기본 순위를 구하고 SUMPRODUCT 함수와 조건을 이용하여 부서별 순위를 구합니다. 각 부서의 평가 항목별 평균에는 AVERAGEIF 함수를 이용하고 통계에서 많이 사용되는 MEDIAN, TRIMMEAN, MODE.SNGL 함수 등을 이용하여 평가 항목별 점수 분포를 구해보겠습니다.

이 프로젝트를 배우면 통계 프로그램에서 주로 계산했던 기술통계법의 값을 엑셀 함수를 이용하여 계산할 수 있으므로 업무에 필요한 간단한 통계 처리를 엑셀로 해결할 수 있습니다.

✅ 핵심 기능 미리 보기

STEP 01 전체순위와 부서별 순위 계산하기 · RANK.EQ 함수, SUMPRODUCT 함수

❶ [평가자료] 시트에 총점 범위를 '총점' 이름으로 정의하고, RANK.EQ 함수를 이용하여 전체 순위를 계산합니다.

❷ 팀명 범위를 '팀명'으로 이름 정의하고, 부서별 순위를 SUMPRODUCT 함수로 계산합니다.

STEP 02 부서별 평가 항목별 평균과 순위 계산하기 · AVERAGEIF 함수, RANK.EQ 함수, 표 서식

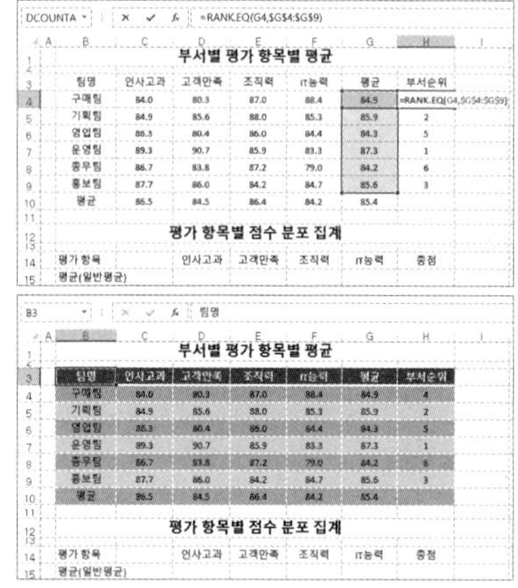

❶ [집계표] 시트의 AVERAGEIF 함수를 이용하여 부서별과 항목별 평균을 계산합니다. 수식을 입력할 때는 셀 범위를 먼저 선택한 후 Ctrl + Enter 로 수식을 입력합니다.

❷ RANK.EQ 함수를 이용하여 부서순위를 계산합니다. 부서순위도 범위를 먼저 선택한 후 수식을 입력하고 Ctrl + Enter 를 누릅니다.

❸ 표 서식 기능을 이용하여 서식을 설정하고 일반 범위로 변환합니다.

STEP 03 평가 항목별 점수 분포 집계 계산하기
TRIMMEAN 함수, MEDIAN 함수, MODE.SNGL 함수, MAX 함수, MIN 함수

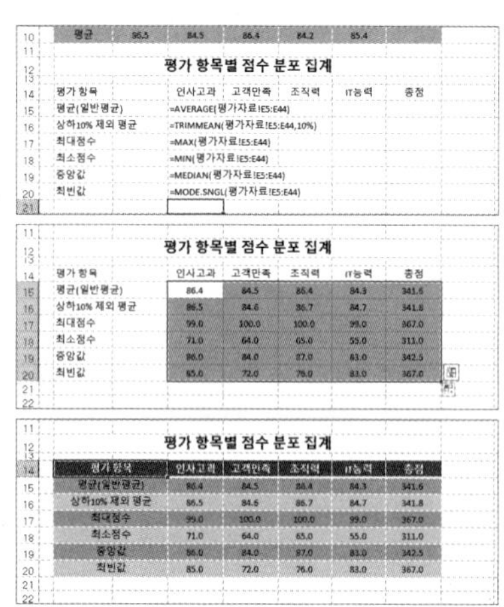

❶ 각각의 평균은 AVERAGE, 상하10% 제외 평균은 TRIMMEAN, 최대 점수는 MAX, 최소 점수는 MIN, 중앙값은 MEDIAN, 최빈값은 MODE. SNGL 함수로 계산합니다.

❷ 여섯 개의 기술통계 값을 총점 열까지 드래그하여 복사합니다.

❸ 표 서식 기능을 이용하여 서식을 설정하고 일반 범위로 변환합니다.

전체 순위와 부서별 순위 계산하기

RANK.EQ 함수, SUMPRODUCT 함수

[평가자료] 시트에서 RANK.EQ 함수를 이용하여 기본 순위를 구하고 SUMPRODUCT 함수와 조건을 이용하여 부서별 순위를 구해보겠습니다. 엑셀 2010 버전부터 RANK 함수가 RANK.EQ 함수로 바뀌었으므로 전체 순위는 RANK.EQ 함수로 계산하겠습니다.

1 함수에 사용되는 팀명과 총점 범위는 절대 참조이므로 함수를 입력하기 전에 먼저 이름을 정의해보겠습니다. [평가자료] 시트의 [D4:D44] 셀 범위와 [I4:I44] 셀 범위를 동시에 선택한 후 [수식] 탭-[정의된 이름] 그룹-[선택 영역에서 만들기]를 클릭합니다. [선택 영역에서 이름 만들기] 대화상자에서 [첫 행]에 체크 표시합니다. [확인]을 클릭합니다.

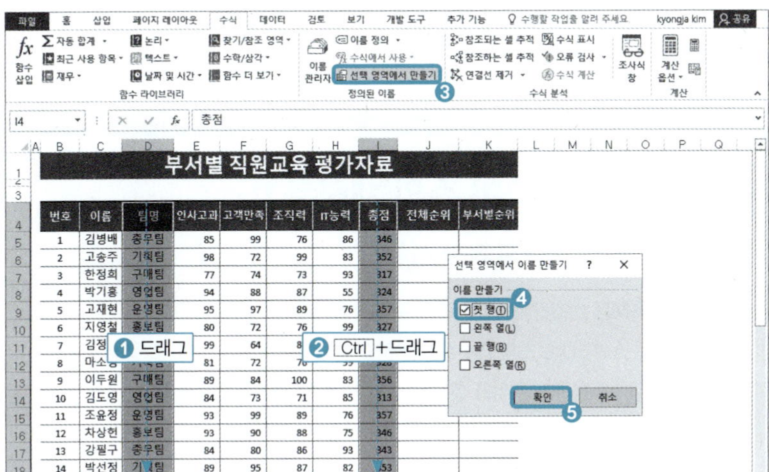

:: 시간단축

범위를 선택할 때 [D4] 셀을 클릭한 후 Ctrl + Shift + ↓ 누르고, 다시 Ctrl을 누른 상태에서 [I4] 셀을 클릭한 후 Ctrl + Shift + ↓를 누르면 빠르게 범위를 선택할 수 있습니다.

2 [J5] 셀에 **=RANK.EQ(I5,총점)**을 입력합니다. RANK.EQ 함수는 [I5] 셀의 총점을 전체 총점과 비교해서 순위를 구해줍니다. 높은 총점을 기준으로 순위를 부여할 것이므로 옵션은 생략합니다. [I5] 셀의 채우기 핸들을 더블클릭하여 마지막 데이터까지 복사합니다.

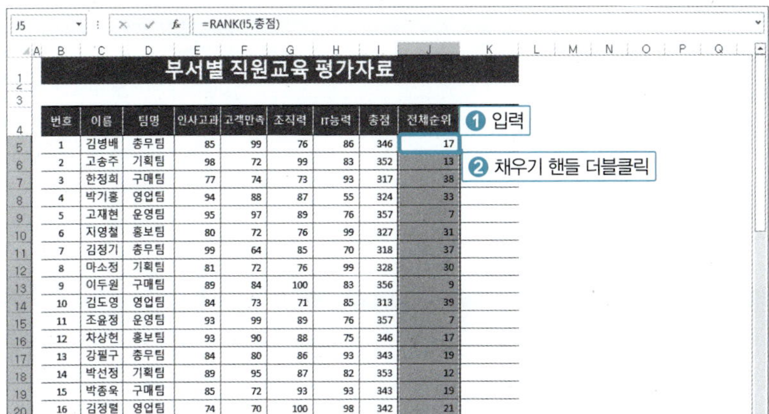

3 [K5] 셀에 **=SUMPRODUCT((팀명=D5)*(총점>I5))+1**을 입력합니다. [K5] 셀의 채우기 핸들을 더블클릭하여 마지막 데이터까지 복사합니다.

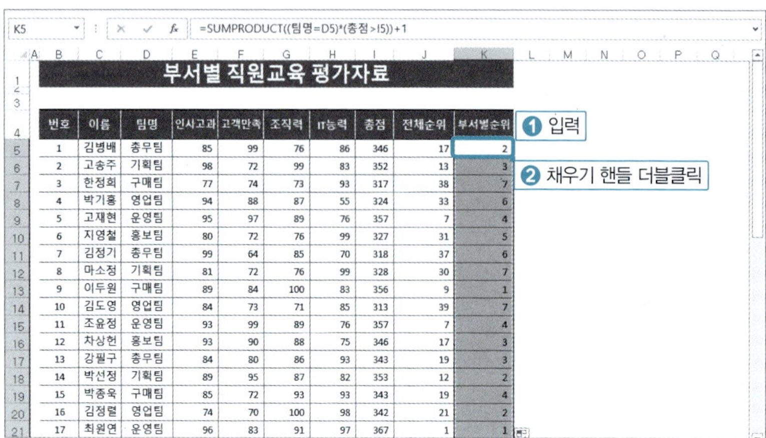

실력향상

SUMPRODUCT 함수는 지정한 범위끼리 짝을 맞춰서 곱한 값을 전부 더한 결과를 계산해줍니다. 전체 범위 내에서 팀명별로 따로 순위를 구하는 함수는 없으므로 수식으로 입력해야 합니다. 현재 선택한 팀명과 같으면서 총점이 모두 현재 선택한 총점보다 크면 현재 순위에 1을 더하라는 의미입니다.

STEP 02 부서별 평가 항목별 평균과 순위 계산하기

AVERAGEIF 함수, RANK.EQ 함수, 표 서식

[평가자료] 시트의 데이터 목록을 참조하여 [집계표] 시트에 각 부서의 평가 항목별 평균을 계산해보겠습니다. 부서별 항목별 평균은 AVERAGEIF 함수를 이용하고 부서순위는 RANK.EQ 함수를 사용합니다. 계산된 결과에는 표 서식을 적용하여 서식을 설정한 후 일반 범위로 변환하겠습니다.

4 [집계표] 시트에서 [C4:F9] 셀 범위를 선택합니다. **=AVERAGEIF(팀명,$B4,평가자료!E$5:E$44)**를 입력하고 Ctrl + Enter 를 눌러 선택한 셀 범위에 수식이 동시에 입력되도록 합니다. 부서별로 평가 항목별 평균이 표시되었습니다.

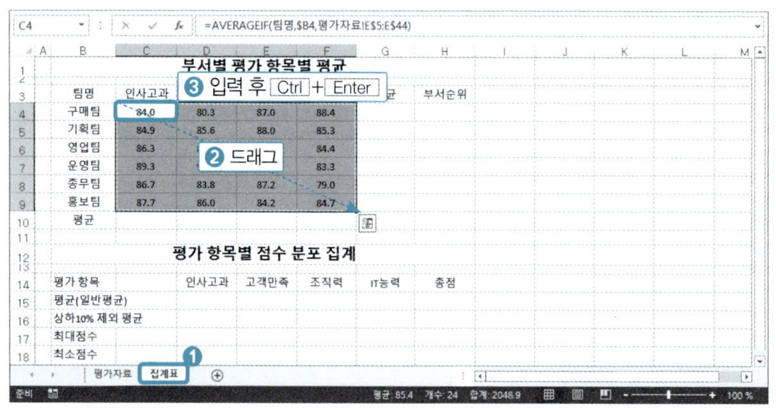

시간단축

Ctrl + Enter 를 누르면 두 개 이상의 셀 범위가 선택되어 있는 상태에서 동시에 데이터나 수식을 입력하는 기능을 합니다. 따라서 셀이나 수식을 복사한 것과 같은 결과가 나타납니다.

실력향상 [평가자료] 시트의 팀명과 [집계표] 시트의 B열 팀명이 같으면 같은 행의 평가자료만 골라서 평균을 계산합니다. '=AVERAGEIF(팀명,$B4,평가자료!E$5:E$44)'에서 '$B4'는 열이 고정되고 행이 변하는 혼합 참조입니다. 즉, 수식을 아래로 복사했을 때는 셀 주소가 '$B5'로 변하지만 오른쪽으로 복사했을 때는 '$B4'가 되어 수식이 변하지 않습니다.

RANK.EQ 함수와 RANK.AVG 함수는 둘 다 순위를 구하지만 동점자가 있을 경우에 두 함수는 다른 등수를 부여합니다. RANK.EQ 함수는 동점자일 때 같은 순위를 표시하고 그 다음 순위는 표시하지 않는 반면, RANK.AVG 함수는 5위가 2명이면 평균 순위로 5.5를 표시하고, 5위가 3명이면 평균 순위로 모두 6을 표시합니다.

함수 형식	= RANK.EQ(Number, Ref, Order) = RANK.EQ(값, 범위, 옵션) = RANK.AVG(Number, Ref, Order) = RANK.AVG(값, 범위, 옵션)
인수	• Number : 순위를 결정하는 숫자 데이터입니다. 숫자를 직접 입력하거나 숫자가 입력된 셀 주소를 지정합니다. • Ref : 순위를 구하기 위해 비교할 숫자 데이터 범위입니다. • Order : 순위를 결정하는 옵션을 지정합니다. 0이거나 생략하면 가장 큰 값이 1위가 되고, 0이 아닌 다른 값을 입력하면 가장 작은 값이 1위가 됩니다.

엑셀 2007에서 사용하던 RANK 함수가 RANK.EQ 함수로 바뀌었습니다. 엑셀 2016에서는 RANK 함수가 함수 마법사에 없지만 셀에 직접 수식을 입력할 때는 자동 완성 목록으로 표시됩니다. 자동 완성 목록에 나타나는 RANK 함수에는 '엑셀 2007 및 이전 버전과의 호환성을 위해 제공되는 함수입니다'라는 메시지가 표시됩니다. 따라서 엑셀 2007 이하에서 통합 문서를 열어야 하는 경우라면 순위를 구할 때 RANK 함수를 사용합니다.

SUMPRODUCT 함수는 범위에서 대응하는 값끼리 곱한 후 합계를 구하는 함수로 지정된 배열 중 숫자가 아닌 값은 0으로 처리합니다.

함수 형식	= SUMPRODUCT(Array1, Array2, Array3, …) = SUMPRODUCT(범위1, 범위2, 범위3, …)
인수	• Array : 서로 대응하여 곱할 셀 범위, 각 범위의 셀 개수는 모두 동일해야 합니다.

5 [C4:G10] 셀 범위를 선택합니다. [수식] 탭-[함수 라이브러리] 그룹-[자동 합계]를 클릭한 후 [평균]을 선택합니다. [G4:G10] 셀 범위와 [C10:G10] 셀 범위에 평균이 계산됩니다.

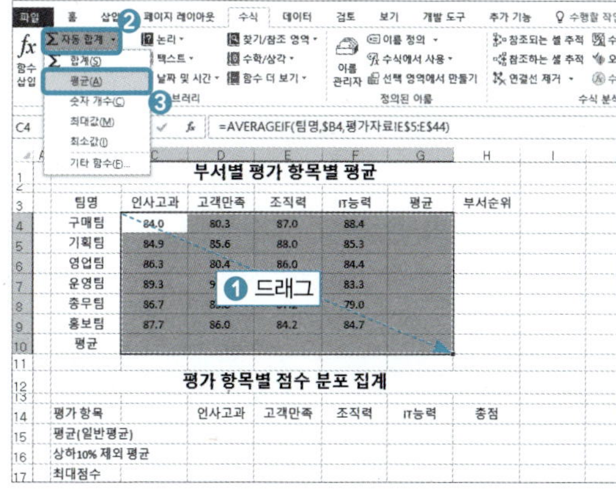

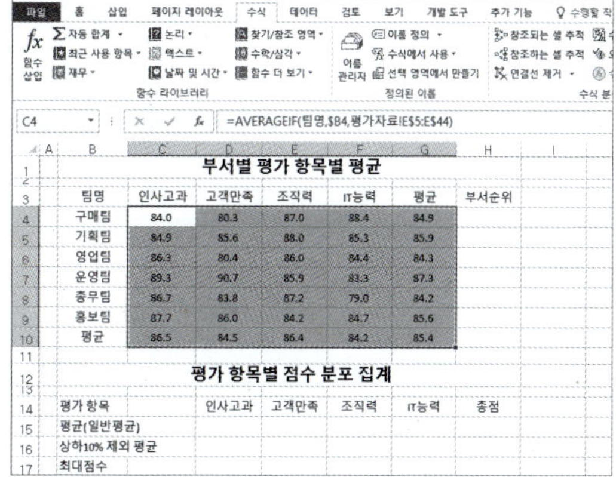

6 [H4:H9] 셀 범위를 선택합니다. **=RANK.EQ(G4,$G$4:$G$9)**를 입력한 후 Ctrl + Enter 를 누릅니다.
부서 순위가 구해집니다.

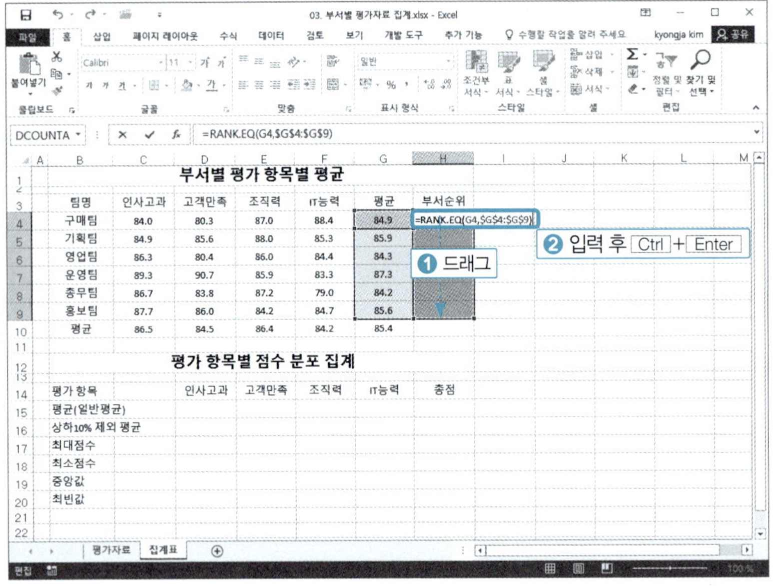

7 [B3:H10] 셀 범위를 선택합니다. [홈] 탭-[스타일] 그룹-[표 서식]을 클릭하고 원하는 스타일을 클릭
합니다.

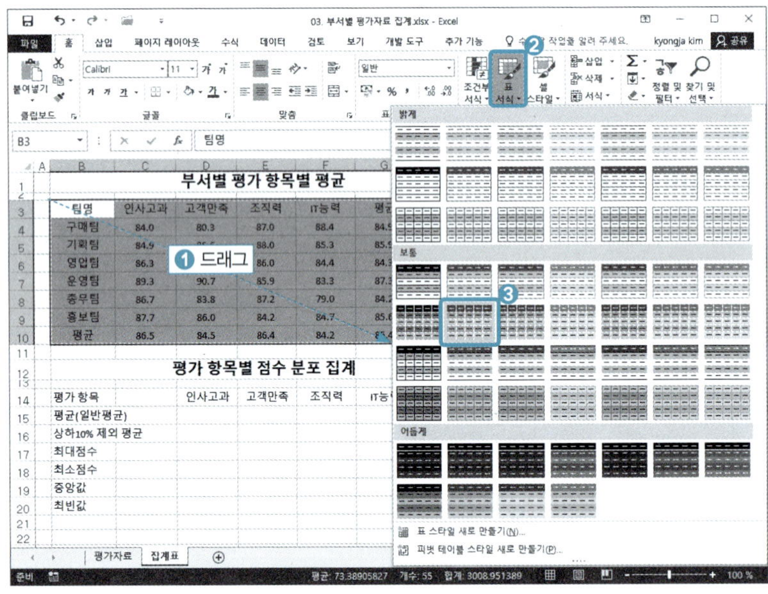

8 [표 서식] 대화상자에서 [머리글 포함]에 체크 표시합니다. [확인]을 클릭합니다.

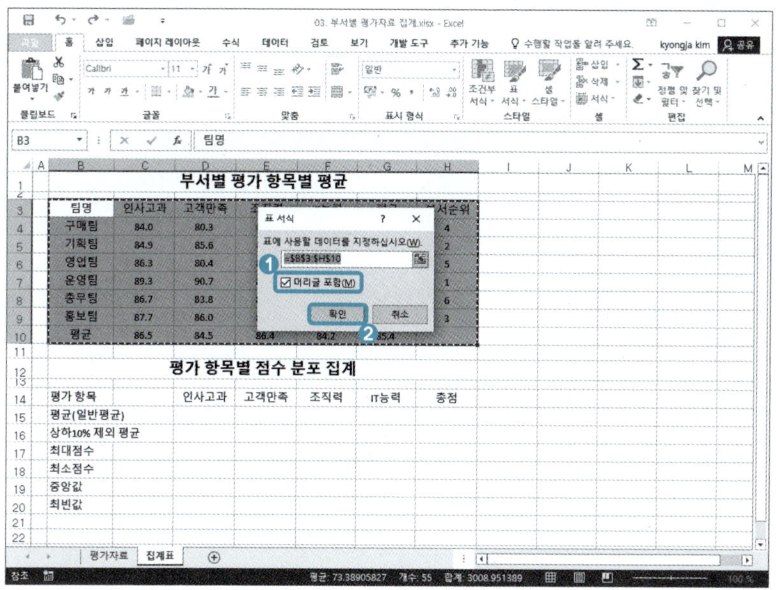

시간
단축 표 서식은 데이터 목록에 자동으로 설정하는 서식의 모음으로 필터와 정렬, 구조적 참조 수
식 기능을 포함합니다. 데이터 목록에 표 서식을 적용하면 테두리, 채우기 색의 서식을 동시
에 적용할 수 있습니다.

9 표 서식이 적용되었습니다. 일반 범위로 변환하기 위해 [표 도구]–[디자인] 탭–[도구] 그룹–[범위로
변환]을 클릭합니다. '표를 정상 범위로 변환하시겠습니까?'라는 메시지가 나타나면 [예]를 클릭합니다.

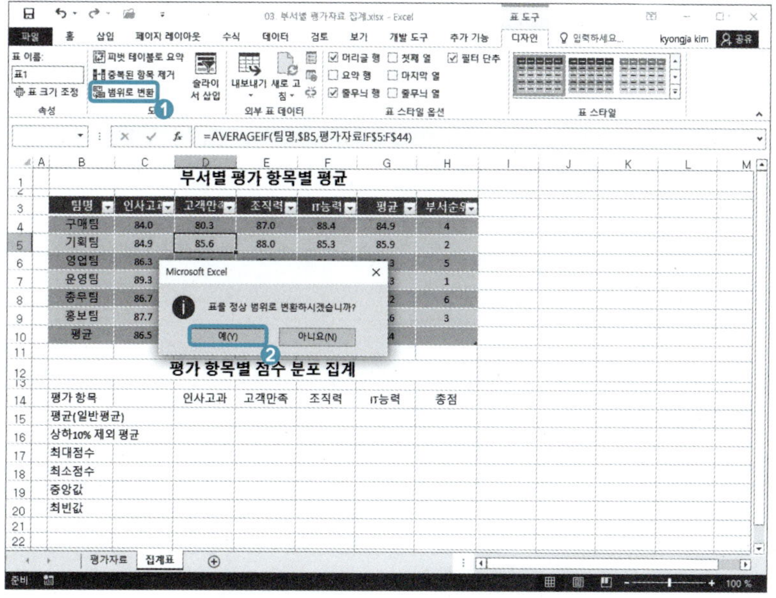

10 표 서식을 일반 범위로 변환하면 표에 설정된 서식만 유지되고 필터 단추와 표 특성은 모두 해제됩니다.

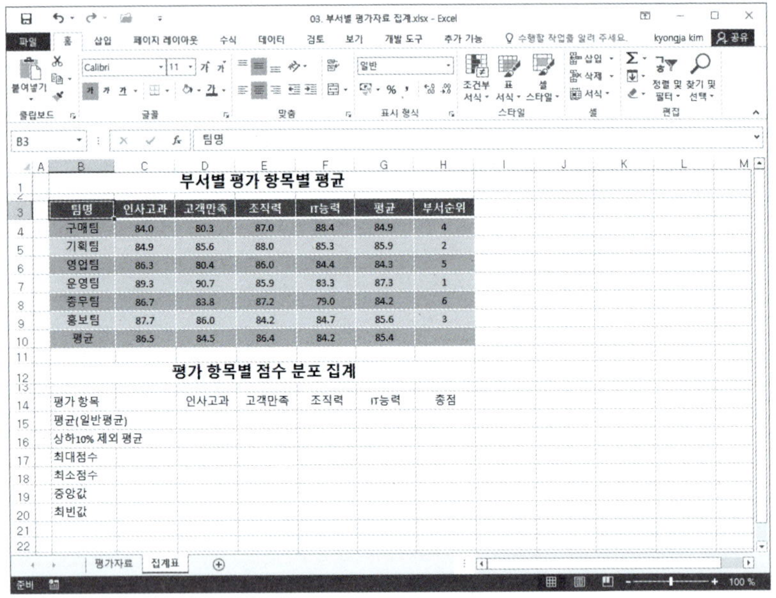

평가 항목별 점수 분포 집계 계산하기

TRIMMEAN 함수, MEDIAN 함수, MODE.SNGL 함수, MAX 함수, MIN 함수

통계에서 많이 사용되는 TRIMMEAN, MEDIAN, MODE.SNGL 함수 등을 이용하여 평가 항목별 점수의 분포를 구해보겠습니다.

11 평균은 AVERAGE, 상하 10% 제외 평균은 TRIMMEAN 함수로 구합니다. [D15] 셀에 **=AVERAGE(평가자료!E5:E44)**를 입력합니다. [D16] 셀에 **=TRIMMEAN(평가자료!E5:E44,10%)**를 입력합니다.

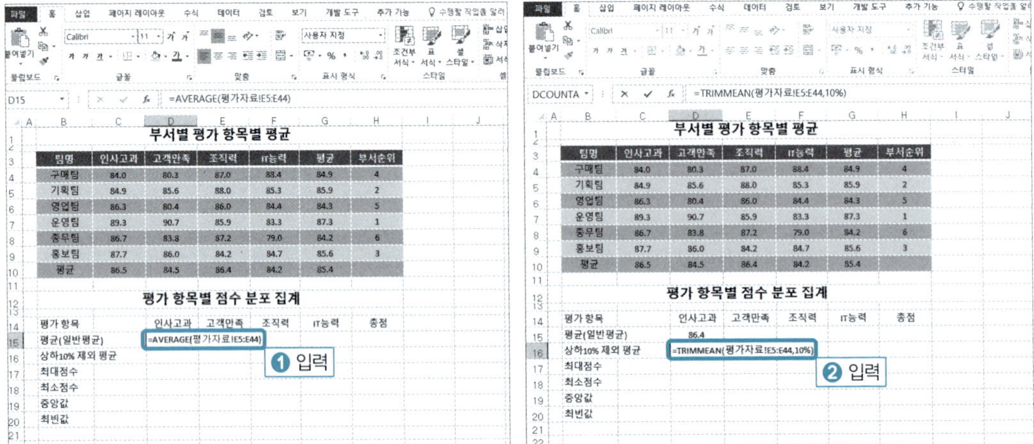

12 최대 점수는 MAX, 최소 점수는 MIN 함수로 구합니다. [D17] 셀에 **=MAX(평가자료!E5:E44)**, [D18] 셀에 **=MIN(평가자료!E5:E44)**를 입력합니다.

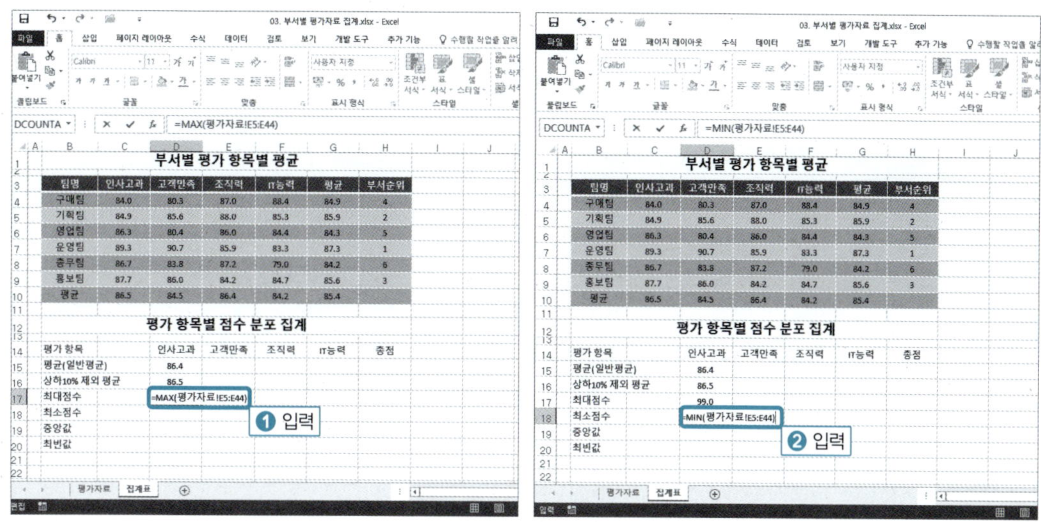

13 중앙값은 MEDIAN, 최빈값은 MODE.SNGL 함수로 각각 계산합니다. [D19] 셀에 **=MEDIAN(평가자료!E5:E44)**, [D20] 셀에 **=MODE.SNGL(평가자료!E5:E44)**를 입력합니다.

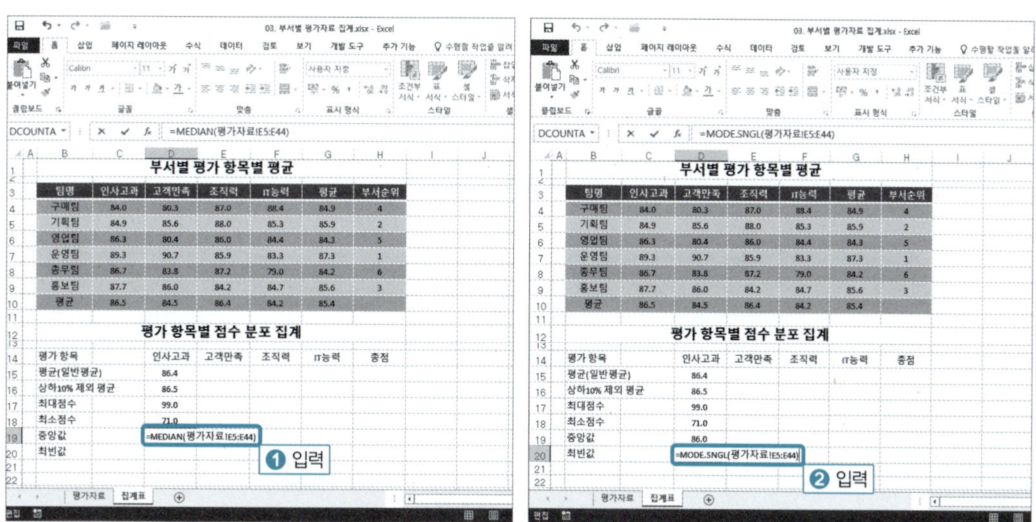

TRIMMEAN 함수는 평균을 구할 때 상위, 하위 값 중에서 몇 개를 제외하고 평균을 구할 때 사용합니다. 상위, 하위에서 퍼센트를 제외할 뿐만 아니라 상위, 하위 몇 개를 제외한 평균도 구할 수 있습니다.

함수 형식	= TRIMMEAN(Array, Percent) = TRIMMEAN(범위, 제외할 퍼센트)
인수	• Array : 평균을 구할 숫자가 입력된 셀 범위 • Percent : 평균 계산에서 제외할 비율로 20% 또는 0.2 등으로 입력합니다.

MEDIAN 함수는 중간 값을 구하는 함수로 데이터 범위에서 중간에 놓인 값을 말합니다. 전체 데이터 범위의 값들 가운데 편차가 큰 값이 존재하면 평균은 그 값의 영향을 받게 되지만 중간 값은 그 값에 영향을 받지 않으므로 이런 경우에 유용하게 사용할 수 있습니다.

함수 형식	MEDIAN(Number1, Number2, …) MEDIAN(범위)
인수	• Number : 숫자 데이터가 입력된 셀 범위

MODE.SNGL 함수는 데이터 범위 중에서 최빈값을 구하는 함수로 출현 빈도가 가장 높은 값을 구합니다. MODE.SNGL 함수는 엑셀 2010 이상부터 제공하는 함수이므로 엑셀 2007에서 사용할 통합 문서라면 호환성을 위해 MODE 함수를 사용합니다.

함수 형식	= MODE.SNGL(Number1, Number2, …) = MODE.SNGL(범위)
인수	• Number : 숫자 데이터가 입력된 셀 범위

14 수식을 복사하기 위해 [D15:D20] 셀 범위를 선택한 후 채우기 핸들을 [H20] 셀까지 드래그합니다. 평가 항목이 모두 계산됩니다.

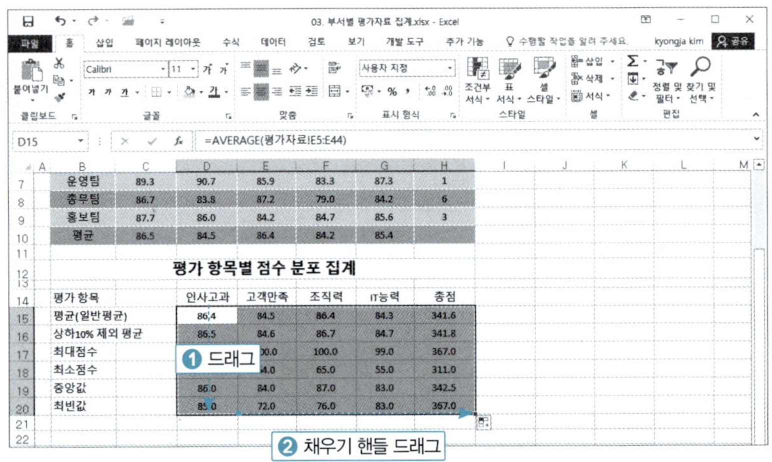

15 [B14:H20] 셀 범위를 선택합니다. [홈] 탭−[스타일] 그룹−[표 서식]을 클릭하여 원하는 서식을 선택합니다. [표 서식] 대화상자에서 [머리글 포함]에 체크 표시하고 [확인]을 클릭합니다.

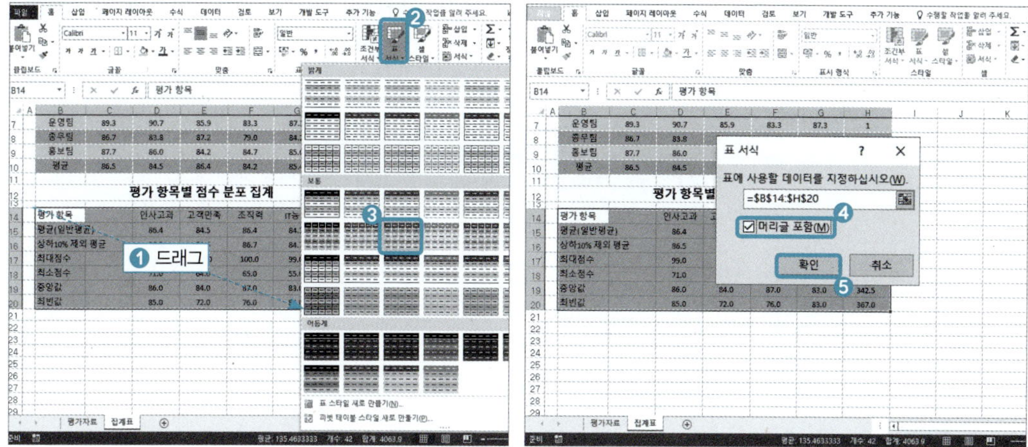

16 표 서식이 적용되었습니다. 일반 범위로 변환하기 위해 [표 도구]−[디자인] 탭−[도구] 그룹−[범위로 변환]을 클릭합니다. '표를 정상 범위로 변환하시겠습니까?'라는 메시지가 나타나면 [예]를 클릭합니다.

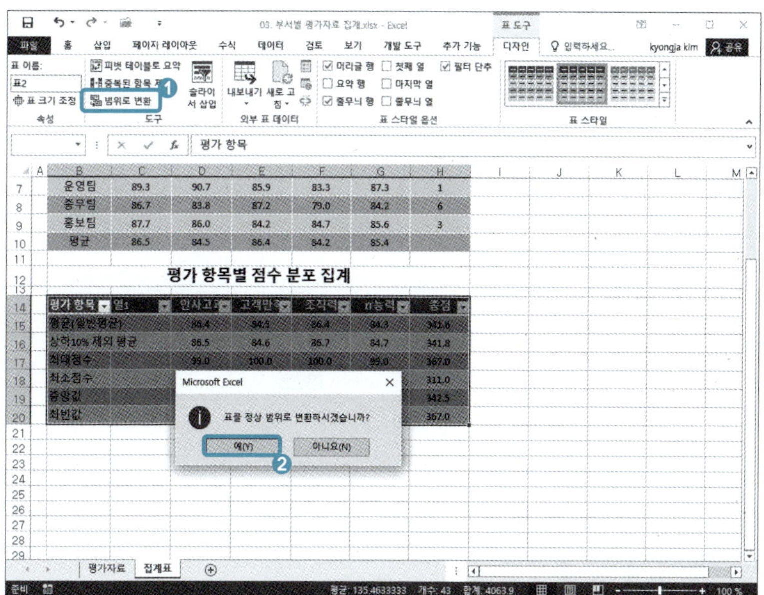

17 평가 항목과 추가된 열을 병합하기 위해 [B14:C20] 셀 범위를 선택합니다. [홈] 탭-[맞춤] 그룹의 [병합하고 가운데 맞춤]의 목록 단추를 클릭한 후 [전체 병합]을 선택합니다. 병합과 관련된 경고 메시지가 나타나면 [확인]을 클릭합니다. [B14] 셀과 [C14] 셀에 문자가 입력된 상태이므로 병합하면 [B14] 셀의 문자만 남게 되어 나타나는 메시지입니다.

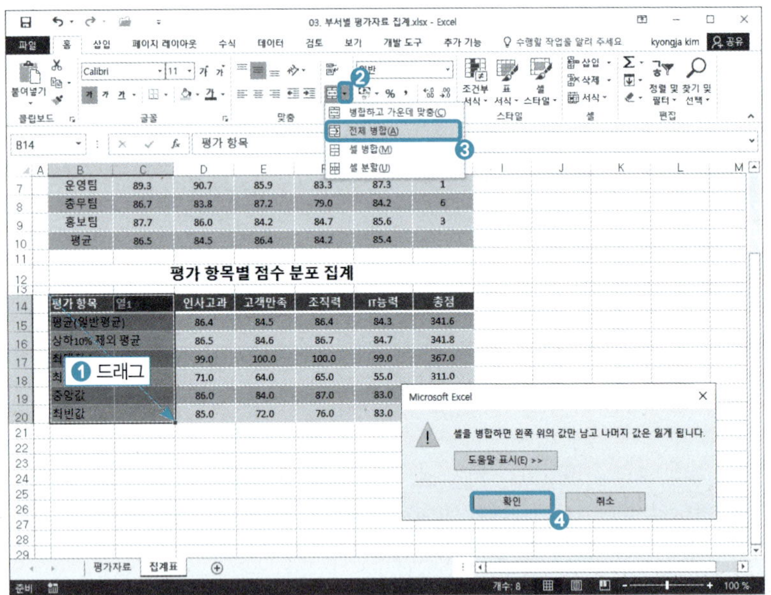

> **실력 향상** 셀 병합이 된 범위에 [표 서식]이 설정되면 병합된 셀이 모두 해제되고, 그 범위에서는 더 이상 셀 병합을 할 수 없습니다. 그러므로 셀 병합을 하려면 표 서식이 적용되었을 때 먼저 일반 범위로 표를 변환해야 합니다.

18 [B14:C20] 셀 범위가 선택된 상태에서 [홈] 탭-[맞춤] 그룹-[가운데 맞춤]을 클릭합니다.

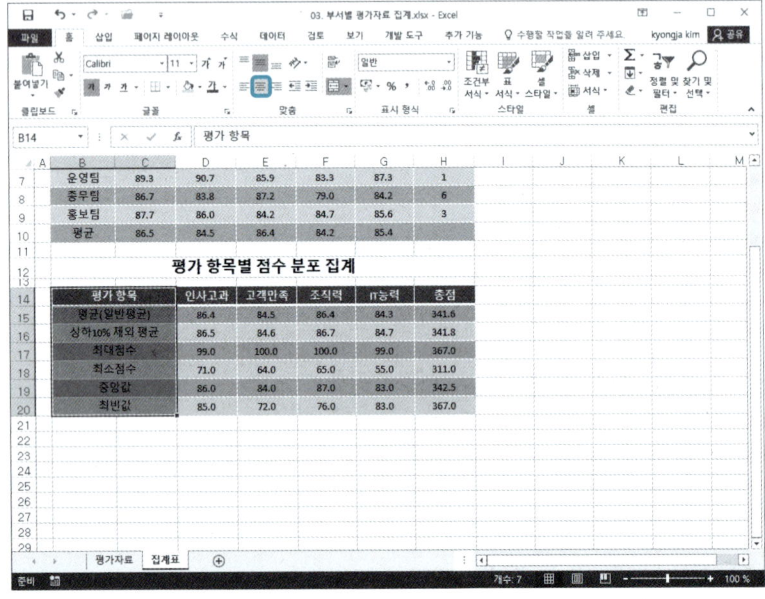

복잡한 연간실적 표에서 선택한 분기 실적만 조회할 수 있는 자동화 분석표 작성하기

실습 파일 | PART 02 \ CHAPTER 02 \ 분기 선택으로 매출 분석.xlsx　　**완성 파일** | PART 02 \ CHAPTER 02 \ 분기 선택으로 매출 분석(완성).xlsx

☑ 프로젝트 시작하기

[연간실적] 시트에는 2016년 사업부별로 생산제품의 매출실적이 모두 입력되어 있는데, 각 사업부별로 판매하는 제품군이 다양하고 사업부도 여러 개입니다. 게다가 1월~12월 실적이 모두 한 시트에 입력되어 있어 데이터가 굉장히 많고 복잡합니다. 이렇게 데이터 목록이 많을 때는 실적을 분석하는 데 어려움이 있으므로 매출을 좀 더 빠르고 편하게 분석하기 위해 1월~12월 실적을 분기별로 나누어서 [분기별 실적] 시트에 분석표를 작성하려고 합니다. 분석할 분기를 '조회할 분기'에서 선택하면 해당 분기 데이터 실적을 [연간실적] 시트에서 찾아 입력할 수 있도록 함수를 사용해보겠습니다.

조회할 분기는 양식 컨트롤의 콤보 상자를 삽입해 선택하고, 콤보 상자에서 선택한 값이 함수와 연결될 수 있도록 컨트롤 서식을 설정해보겠습니다. 또한 선택한 분기의 월과 해당 월의 실적 값을 [연간실적] 시트에서 찾아올 때는 CHOOSE 함수와 OFFSET 함수를 사용합니다.

STEP 01

콤보 상자 삽입과 컨트롤 서식 설정하기 Excel 옵션, 콤보 상자 컨트롤 서식

❶ [파일] 탭-[옵션]을 선택한 후 [Excel 옵션] 대화상자에서 [리본 사용자 지정]-[개발 도구]를 선택합니다.

❷ 추가로 표시된 [개발 도구] 탭에서 [양식 컨트롤]-[콤보 상자]를 선택하여 '조회할 분기 선택'의 아래쪽 셀에 삽입합니다.

❸ 삽입된 콤보 상자의 [컨트롤 서식] 대화상자에서 입력 범위와 연결할 셀을 각각 지정합니다.

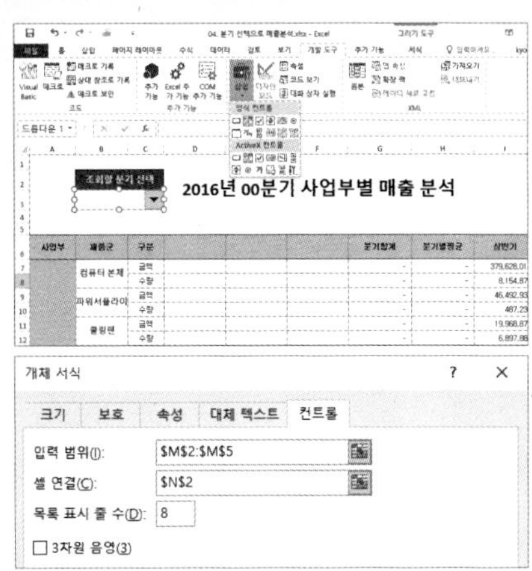

STEP 02

선택 분기의 제목, 월, 실적 데이터 입력하기 INDEX 함수, CHOOSE 함수, OFFSET 함수

❶ 1/4분기가 선택되면 제목이 '2016년 1/4분기 사업부별 매출분석'으로, 2/4분기가 선택되면 '2016년 2/4분기 사업부별 매출분석'으로 자동 변경될 수 있도록 INDEX 함수와 문자열 연산자(&)를 사용합니다.

❷ 선택한 분기의 월이 [D6:F6] 셀 범위에 입력되도록 CHOOSE 함수를 사용합니다. [D:F] 열에는 해당 월의 실적 데이터를 [연간실적] 시트에서 찾아 입력할 수 있도록 OFFSET 함수를 사용합니다.

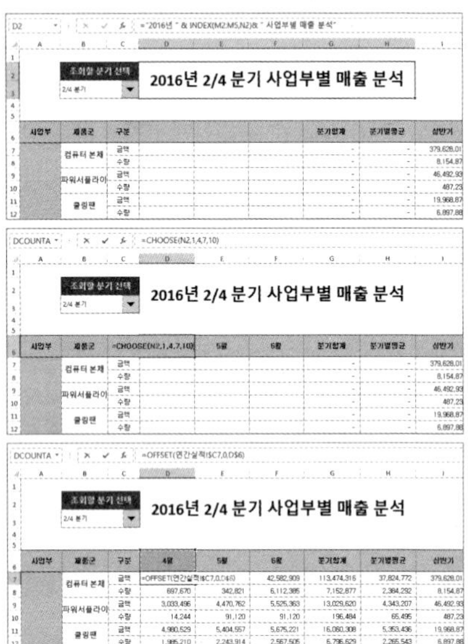

콤보 상자 삽입과 컨트롤 서식 설정하기

Excel 옵션, 콤보 상자 컨트롤 서식

조회할 분기를 선택하는 곳에는 양식 컨트롤의 콤보 상자를 삽입하고, 콤보 상자에서 선택한 값이 함수와 연결될 수 있도록 컨트롤 서식을 설정하겠습니다.

1 양식 컨트롤을 사용하기 위해서는 [개발 도구] 탭이 필요합니다. [Excel 옵션] 대화상자에서 [개발 도구] 탭을 화면에 표시해보겠습니다. [파일] 탭-[옵션]을 선택한 후 [Excel 옵션] 대화상자에서 [리본 사용자 지정]을 선택합니다. [리본 메뉴 사용자 지정] 항목에서 [개발 도구]를 선택한 후 [확인]을 클릭합니다.

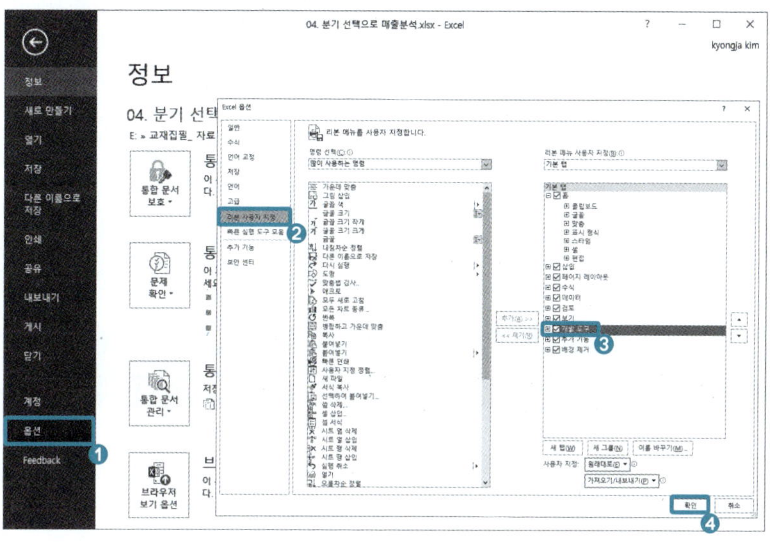

2 [개발 도구] 탭이 화면에 표시되었습니다. [B3] 셀 위에 콤보 상자를 삽입해보겠습니다. [개발 도구] 탭-[컨트롤] 그룹-[삽입]을 클릭합니다. [콤보 상자(양식 컨트롤)]을 선택합니다. '조회할 분기 선택' 문자 아래에 드래그하여 삽입합니다.

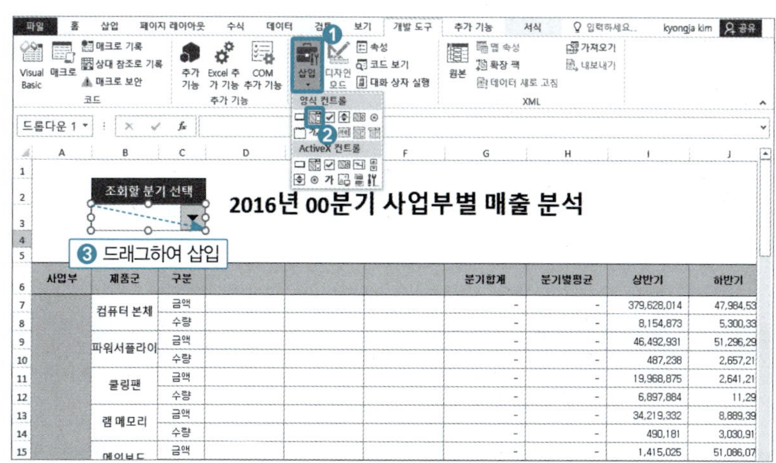

실력향상

양식 컨트롤의 콤보 상자와 ActiveX 컨트롤의 콤보 상자는 기능과 사용 방법이 다릅니다. 양식 컨트롤은 컨트롤 서식을 통해 셀과 직접 연결할 수 있으며, ActiveX 컨트롤은 프로그램을 코딩하여 사용합니다.

3 삽입한 콤보 상자에서 마우스 오른쪽 버튼을 클릭하여 [컨트롤 서식]을 선택합니다. [개체 서식] 대화 상자의 [컨트롤] 탭에서 [입력 범위]에는 **$M$2:$M$5**, [셀 연결]에는 **$N$2**를 입력합니다. [확인]을 클릭합니다.

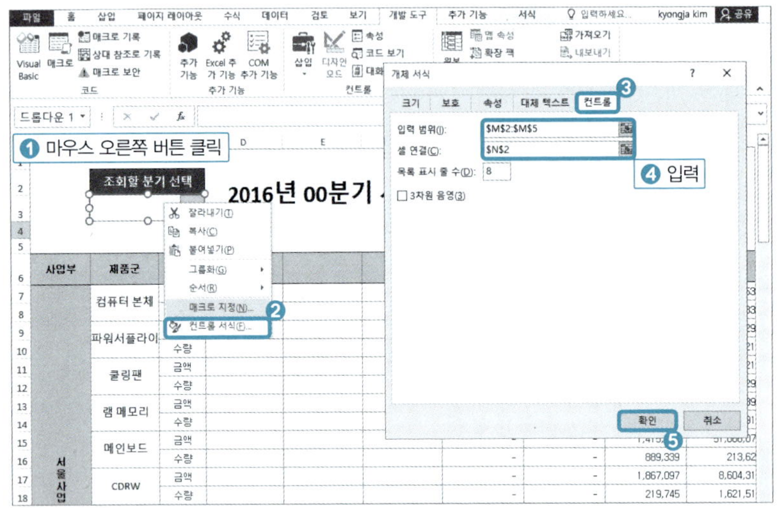

실력향상

콤보 상자의 컨트롤 서식 중 [입력 범위]는 콤보 상자의 목록 단추를 클릭했을 때 나타나는 목록이며, [셀 연결]은 콤보 상자 목록에서 선택한 값의 순번이 입력될 셀의 위치입니다.

슈퍼 활용 TIP ★★★★★ 데이터를 선택하여 입력할 수 있는 양식 컨트롤 살펴보기

[개발 도구] 탭-[컨트롤] 그룹-[삽입]을 클릭하면 양식 컨트롤과 ActiveX 컨트롤을 삽입할 수 있습니다. 두 가지의 컨트롤은 모두 엑셀 통합 문서에서 데이터 입력과 선택을 편리하게 할 수 있도록 사용하는 도구입니다. 양식 컨트롤은 셀에 삽입하여 [컨트롤 서식]에서 연결 항목을 설정하고 함수와 수식으로 연결할 때 주로 사용하며, ActiveX 컨트롤은 [속성] 창에서 연결 항목을 설정하고 비주얼 베이식 편집기 창에서 VBA 코드로 프로그램을 제작하여 사용합니다. 몇 가지 양식 컨트롤을 살펴보겠습니다.

❶ **단추(양식 컨트롤)** : 단추를 클릭하여 매크로를 실행할 때 주로 사용합니다.

❷ **콤보 상자(양식 컨트롤)** : 선택할 목록을 미리 지정한 후 목록에서 하나의 데이터를 선택할 수 있습니다.

❸ **확인란(양식 컨트롤)** : 선택 설정 여부를 체크 표시로 나타내며 여러 개의 항목을 동시에 선택할 수 있습니다.

❹ **스핀 단추(양식 컨트롤)** : 수직과 수평 스핀 단추 모양을 드래그하여 만들 수 있으며, 값의 증감을 표현할 때 주로 사용합니다.

❺ **목록 상자(양식 컨트롤)** : 선택할 목록을 미리 지정한 후 목록에서 하나 또는 여러 개를 선택할 수 있습니다. 콤보 상자는 목록 단추를 클릭해야만 목록을 볼 수 있는데, 목록 단추는 단추의 크기만큼 목록을 항상 표시합니다.

❻ **옵션 단추(양식 컨트롤)** : 여러 개의 선택 옵션 중에서 반드시 하나만 선택할 때 주로 사용합니다.

❼ **그룹 상자(양식 컨트롤)** : 여러 개의 컨트롤을 그룹으로 묶어서 표현할 때 사용합니다.

❽ **레이블(양식 컨트롤)** : 개체로 텍스트 상자를 입력할 때 사용합니다.

❾ **스크롤 막대(양식 컨트롤)** : 수직과 수평 스크롤 막대를 드래그하여 만들 수 있으며, 특정 범위에서 현재 위치를 표현할 때 주로 사용합니다.

4 콤보 상자의 목록 단추를 클릭하면 네 개의 분기가 나타납니다. 원하는 분기를 클릭하면 선택한 순번 값이 [N2] 셀에 입력됩니다.

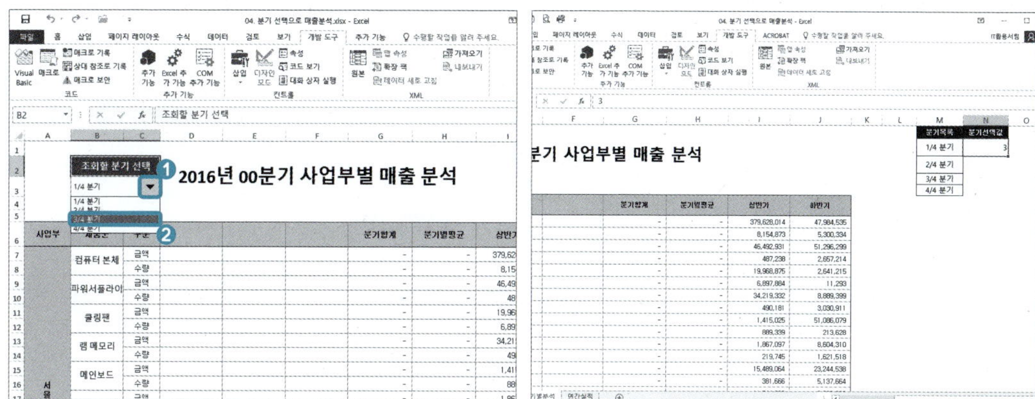

선택 분기의 제목, 월, 실적 데이터 입력하기
INDEX 함수, CHOOSE 함수, OFFSET 함수

콤보 상자에서 조회할 분기를 선택하면 선택한 값에 따라 제목, 해당 분기의 월, 해당 월의 실적 데이터가 모두 입력될 수 있도록 함수를 사용해보겠습니다.

5 [D2] 셀에 입력된 제목은 1/4 분기가 선택되면 '2016년 1/4 분기 사업부별 매출분석'으로, 2/4 분기가 선택되면 '2016년 2/4 분기 사업부별 매출분석'으로 자동 변경해보겠습니다. INDEX 함수와 문자열 연산자(&)를 사용합니다. 제목이 입력된 [D2] 셀을 클릭한 후 제목으로 입력된 문자를 삭제하고 **="2016년 "& INDEX(M2:M5,N2)& " 사업부별 매출 분석"**을 입력합니다. 콤보 상자에서 분기를 선택하면 해당 분기의 텍스트가 포함된 제목으로 변경됩니다.

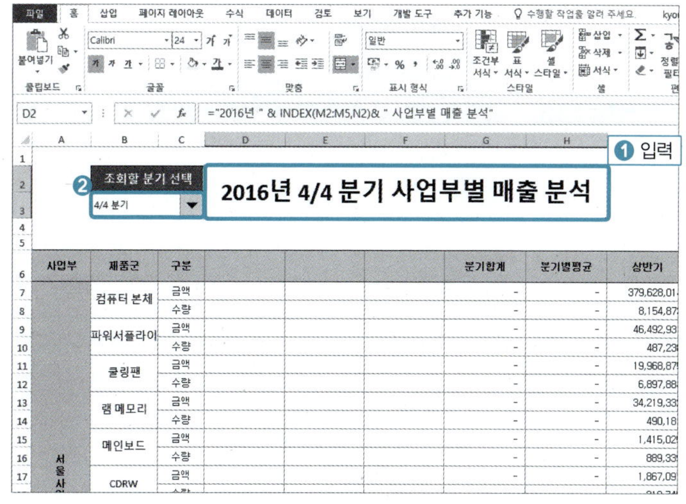

실력향상

콤보 상자에서 선택한 분기를 INDEX 함수로 찾아오고, 제목 앞쪽에는 '2016년' 문자를 연결한 후 뒤쪽에는 '사업부별 매출 분석' 문자를 연결합니다. '2016년' 뒤에 공백 한 칸을 두면 년도와 분기 글자 사이에 공백이 한 칸 생기고, '사업부별' 앞에 공백 한 칸을 두면 분기와 '사업부별' 문자 사이에 공백이 한 칸 생깁니다.

• 함수 형식 : =INDEX(범위, 행 번호, 열 번호), 열이 한 개이면 열 번호는 생략할 수 있습니다.

6 선택한 분기의 월이 [D6:F6] 셀 범위에 입력되도록 CHOOSE 함수를 사용해보겠습니다. [D6] 셀에 **=CHOOSE(N2,1,4,7,10)**을 입력합니다. 콤보 상자에서 선택한 분기의 첫 번째 월을 표시합니다. [E6] 셀에 **=CHOOSE(N2,2,5,8,11)**을 입력합니다. 콤보 상자에서 선택한 분기의 두 번째 월을 표시합니다.

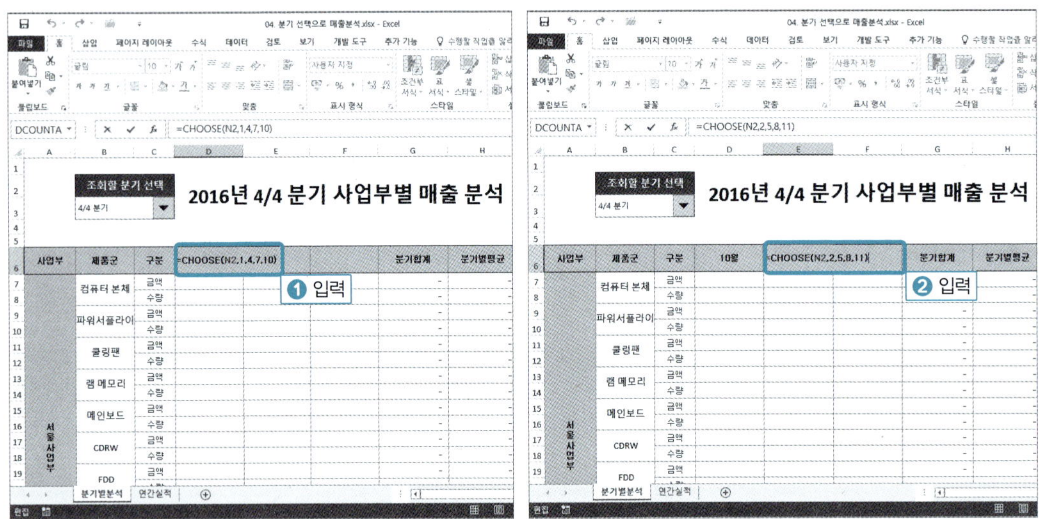

시간단축 [D6:E6] 셀 범위에는 '0월'의 사용자 지정 표시 형식이 미리 설정되어 있습니다.

실력향상 CHOOSE 함수는 각 인수를 직접 입력해야 하므로 수식을 복사할 수 없습니다.

7 [F6] 셀에 **=CHOOSE(N2,3,6,9,12)**를 입력합니다. 콤보 상자에서 선택한 분기의 세 번째 월을 표시합니다. 콤보 상자에서 분기를 변경하면 해당 분기 데이터가 [D6:F6] 셀 범위에 자동으로 입력됩니다.

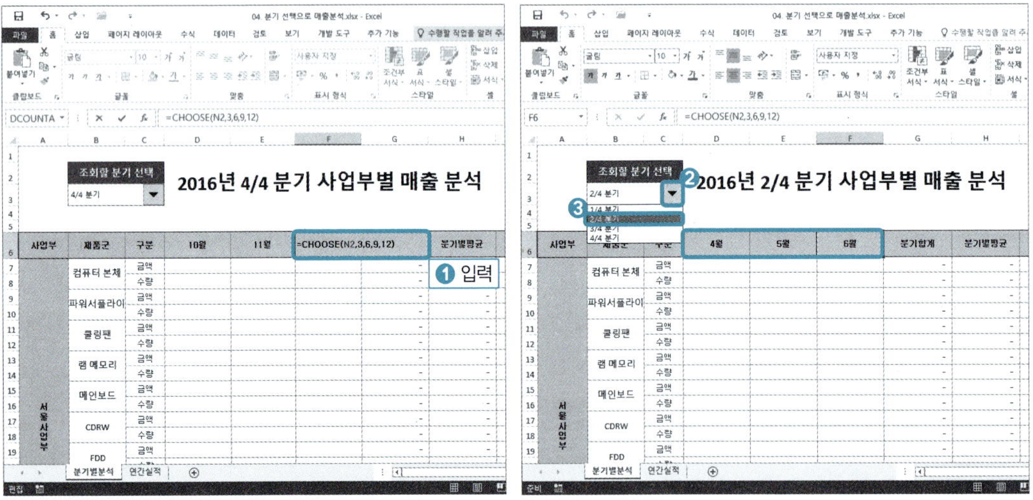

CHOOSE 함수는 사용할 셀 범위를 지정하지 않고 함수 자체에 찾을 목록을 직접 입력하는 함수로 인덱스 번호에 따라 원하는 목록을 찾아옵니다. 인덱스 번호는 1~254 사이의 숫자여야 합니다.

함수 형식	=CHOOSE(Index_num, Value1, Value2, …) =CHOOSE(인덱스 번호, 1일 때 값, 2일 때 값, …)
인수	• Index_num : Value1~Value254 중에서 어느 목록을 찾아올 것인지 지정하는 인덱스 번호입니다. 숫자를 직접 입력하거나 숫자가 입력된 셀 주소를 지정합니다. • Value : 인덱스 번호가 1일 때 표시할 값부터 254일 때 표시할 값까지 지정합니다. Value2부터는 생략이 가능하며 만약 Value1과 Value3이 필요하다면 Value2는 생략하되, 콤마로 인수 순서를 구분하여 입력합니다.

8 [D:F] 열에 해당 월의 실적 데이터를 [연간실적] 시트에서 찾아 입력하도록 OFFSET 함수를 사용하겠습니다. [D7] 셀에 **=OFFSET(연간실적!$C7,0,D$6)**을 입력합니다. [D7] 셀의 채우기 핸들을 [F7] 셀까지 드래그하여 복사합니다.

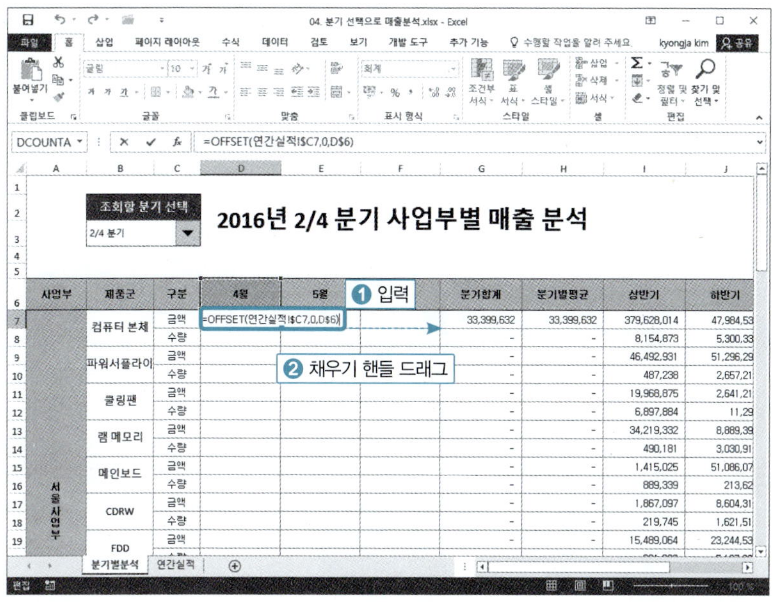

실력 향상 OFFSET 함수에서 [연간실적] 시트의 [C7] 셀을 출발 셀로 지정한 후 행은 이동하지 않고 열은 [D6] 셀에 입력된 숫자만큼 이동한 셀의 값을 찾아옵니다. [C7] 셀은 열 고정 혼합 참조로, [D6] 셀은 행 고정 혼합 참조로 지정해야 수식을 복사해도 오류가 발생하지 않습니다.

• 함수 형식 : =OFFSET(출발 셀 또는 범위, 이동 행 수, 이동 열 수)

9 [D7:F7] 셀 범위를 선택한 후 채우기 핸들을 드래그하여 [F76] 셀까지 복사합니다. 복사로 인해 서식이 변경되었으므로 채우기 옵션 단추를 클릭하여 [서식 없이 채우기]를 선택합니다.

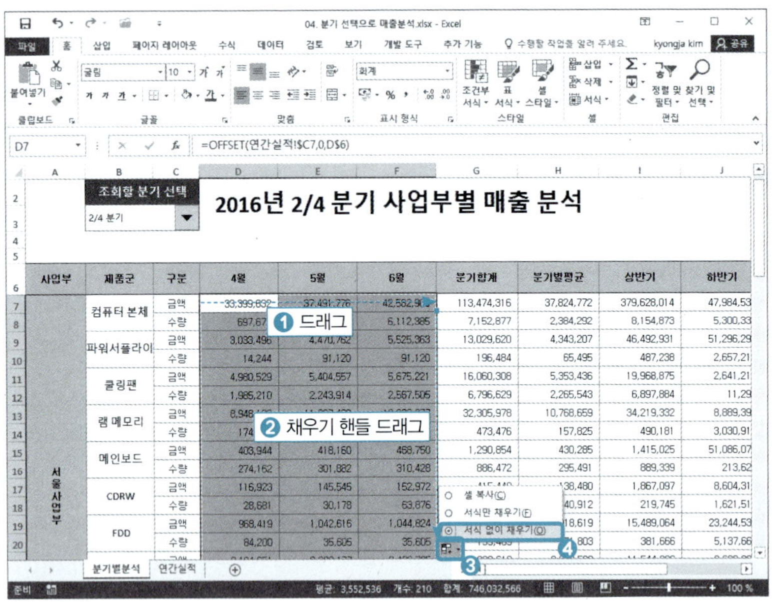

10 콤보 상자의 참조 데이터로 사용한 분기 목록과 분기 선택 값은 화면에 보이지 않는 것이 더 깔끔하므로 표를 숨겨보겠습니다. [M:N] 열을 선택한 후 마우스 오른쪽 버튼을 클릭합니다. [숨기기]를 선택합니다.

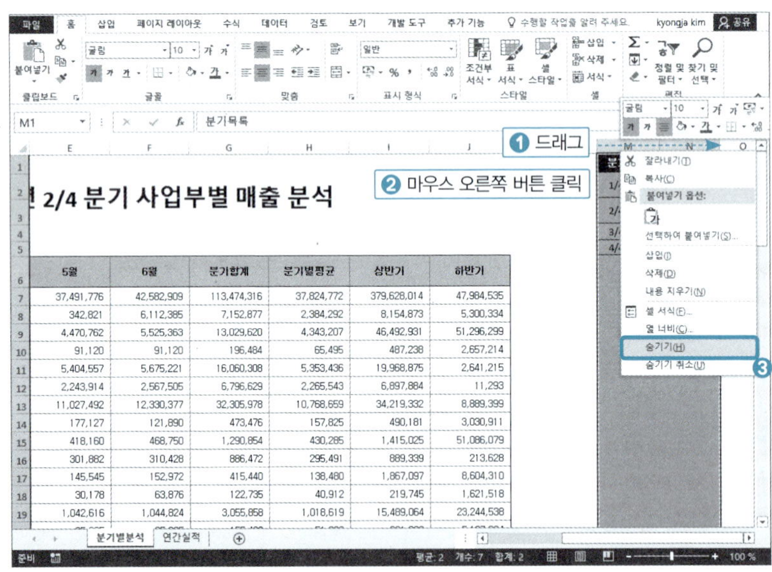

10

기상 대용량 데이터로 현장 작업 불가능 일수를 한눈에 표시하는 분석표 작성하기

실습 파일 | PART 02 \ CHAPTER 02 \ 기상데이터 분석.xlsx **완성 파일 |** PART 02 \ CHAPTER 02 \ 기상데이터 분석(완성).xlsx

✔ 프로젝트 시작하기

[기상데이터] 시트에는 지난 10년 동안 서울 지역의 기상 정보가 입력된 대용량 데이터가 있습니다. 날짜별로 입력된 풍속, 기온, 강수량, 적설량 정보를 이용하여 월별 현장 작업이 불가능한 일수가 표시된 분석표를 작성하려고 합니다. 현장 작업이 불가능한 조건은 토요일 또는 일요일, 최저기온이 영하 10도 이하, 강수량이 10mm 이상, 적설량 2mm 이상에서 5mm 미만, 순간풍속 20m/s 이상일 경우입니다. 이러한 요건을 갖춘 날짜가 지난 10년 동안 얼마나 발생했고, 연도와 월별로 어느 정도 분포되었는지 쉽게 확인할 수 있도록 분석표를 작성해보겠습니다.

먼저 [기상데이터] 시트에 날짜별로 정리된 기상 정보를 참조하여 각 조건에 따라 작업 불가능 여부를 표시하고, [분석표] 시트에서 년도와 월을 선택하면 해당 날짜의 작업 불가능 여부가 모두 표시되도록 함수를 입력해보겠습니다.

엑셀로 저장된 대용량 데이터는 사용자가 원하는 조건에 따라 결과를 바로 확인할 수 있는 자동화 분석표 작성에 응용할 수 있습니다.

STEP 01

기상데이터 목록에 작업 불가능 표시하기 IF 함수, WEEKDAY 함수

❶ 관측 시점의 날짜가 토요일이면 J열에 'O'를 표시하고, 일요일이면 K열에 'O'를 표시하도록 IF 함수와 WEEKDAY 함수를 입력합니다.

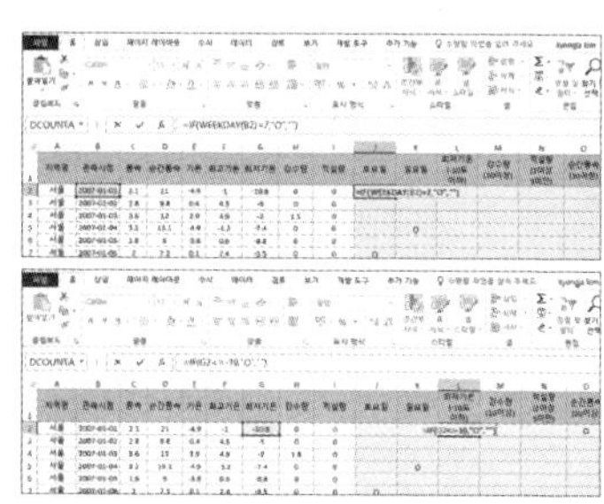

❷ 최저기온, 강수량, 적설량, 순간풍속이 각 조건에 맞으면 해당 열에 'O'를 표시하도록 IF 함수를 입력합니다.

STEP 02

분석표에 콤보 상자 삽입하고 날짜에 조건부 서식 설정하기
콤보 상자 삽입, TEXT 함수, DATE 함수, INDEX 함수, EOMONTH 함수

❶ 양식 컨트롤의 콤보 상자를 이용하여 연도와 월을 선택할 수 있도록 삽입합니다. 콤보 상자는 컨트롤 서식에서 입력 범위와 셀 연결을 각각 설정합니다. 입력 범위는 [참고] 시트에 미리 입력해둔 연도와 월 데이터를 사용할 수 있도록 이름을 정의합니다.

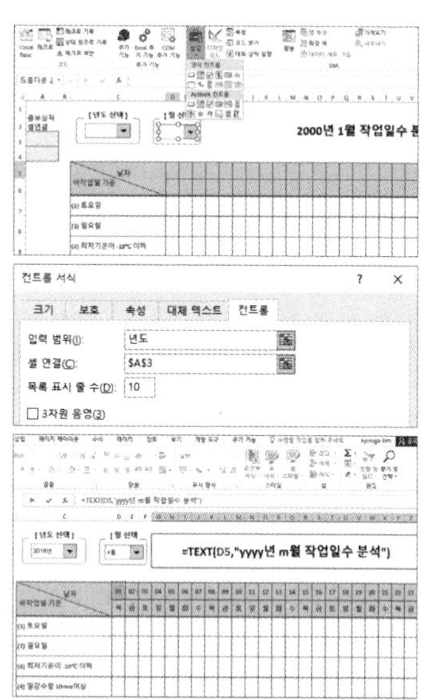

❷ 콤보 상자에서 선택한 연도와 월을 참고하여 DATE 함수와 INDEX 함수로 날짜를 만듭니다.

❸ 선택한 월의 마지막 날짜는 매월 다르므로 조건부 서식으로 해당 월의 말일 날짜까지만 표시합니다.

❹ 제목은 콤보 상자에서 선택한 연도와 월이 포함되도록 TEXT 함수와 사용자 지정 기호를 이용하여 수식으로 변경합니다.

STEP 03

선택된 월과 비작업일 기준에 따라 분석 결과 표시하기
COUNTIFS 함수, 사용자 지정 표시 형식

❶ 함수에 사용할 [기상데이터] 시트의 각 열 범위를 이름으로 정의합니다.

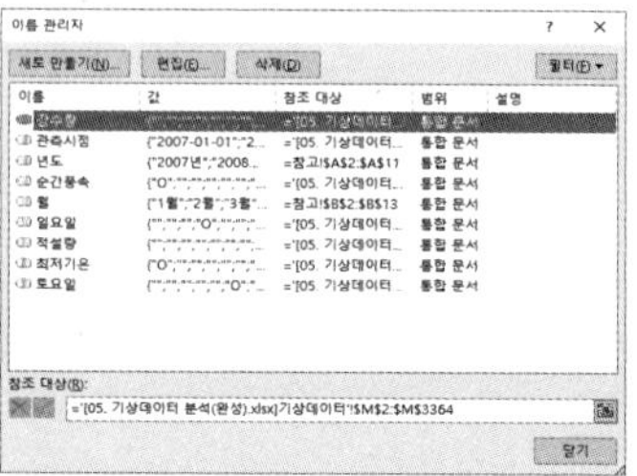

❷ [분석표] 시트에서 5행의 날짜와 C열의 비작업일 기준을 참조하는 COUNTIFS 함수를 입력합니다.

❸ COUNTIFS 함수의 결과 1은 'O'로, 0은 빈 셀로 표시되도록 사용자 지정 표시 형식을 설정합니다.

기상데이터 목록에 작업 불가능 표시하기

IF 함수, WEEKDAY 함수

[기상데이터] 시트에 날짜별로 정리된 기상 정보를 참고하여 각 조건에 따라 작업 불가능 여부를 표시해보 겠습니다. 토요일과 일요일은 관측 시점이 주말에 해당되므로 'O'로 표시하고, 최저기온이 영하 10도 이 하이면 'O'로, 강수량이 10mm 이상이면 'O'로, 적설량이 2mm 이상이고 5mm 미만이면 'O'로, 순간 풍속이 20m/s 이상이면 'O'로 표시합니다.

1 [기상데이터] 시트의 [J2] 셀에 **=IF(WEEKDAY(B2)=7,"O"," ")**를 입력합니다. WEEKDAY 함수는 지정 할 날짜의 요일을 숫자로 표시하는 함수로 IF 함수와 함께 중첩하면 요일에 따라 원하는 값을 셀에 입력 할 수 있습니다. [K2] 셀에 **=IF(WEEKDAY(B2)=1,"O"," ")**를 입력합니다.

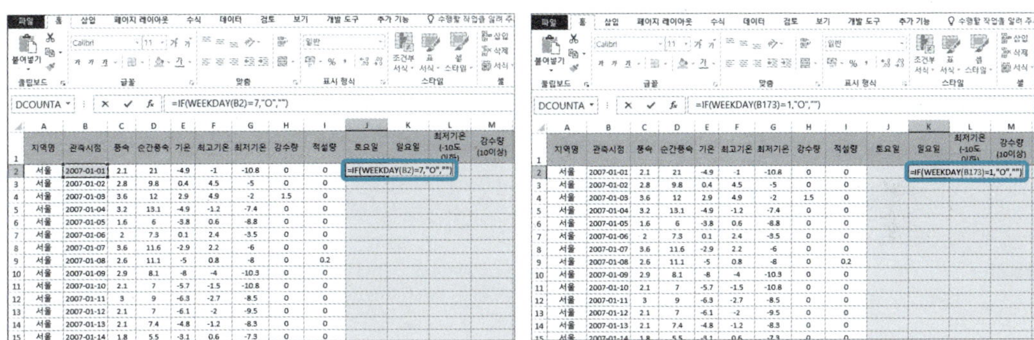

실력 향상 [B2] 셀에 입력된 날짜가 토요일이라면 WEEKDAY 함수의 결과가 7이므로 IF 함수의 조건인 'WEEKDAY(B2)=7'이 TRUE 가 되어 셀에 'O'가 표시됩니다. 날짜가 토요일이 아니면 조건식의 결과가 FALSE가 되어 빈 셀로 표시됩니다.

슈 퍼 활 용 TIP ★★★★★ 지정한 날짜의 요일을 숫자로 알려주는 WEEKDAY 함수

지정한 날짜의 요일을 셀에 표시할 때는 간단하게 [셀 서식]의 표시 형식을 적용합니다. 그러나 요일의 결과를 수식에 적용할 때는 WEEKDAY 함수를 사용해야 합니다. WEEKDAY 함수는 지정한 날짜의 요일을 숫자로 반환합니다. 기 본적으로 1(일요일)~7(토요일)로 반환합니다.

함수 형식	= WEEKDAY(Serial_number, Return_type) = WEEKDAY(날짜 데이터 또는 날짜가 입력된 셀 주소, 옵션)

인수	• Serial_number : 요일을 표시할 날짜를 지정합니다.
	• Return_type : 요일을 어떤 숫자로 표시할지 지정하며 생략 가능합니다.
	  ① 1 또는 생략 : 1(일요일) ~ 7(토요일)
	  ② 2 : 1(월요일) ~ 7(일요일)
	  ③ 3 : 0(월요일) ~6(일요일)

2 L열의 최저기온이 영하 10도 이하일 경우 'O'로 표시해보겠습니다. [L2] 셀에 **=IF(G2〈=-10,"O","")**를 입력합니다. M열의 강수량이 10mm 이상일 경우 'O'로 표시해보겠습니다. [M2] 셀에 **=IF(H2)=10,"O","")**를 입력합니다.

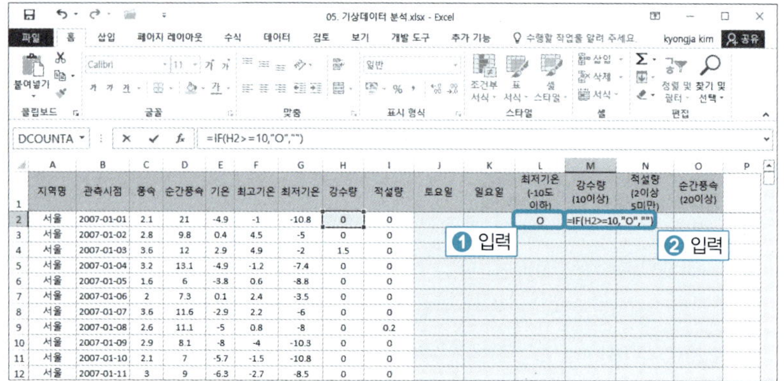

3 N열의 적설량이 2mm 이상이고 5mm 미만에 해당되면 'O'로 표시해보겠습니다. [N2] 셀에 **=IF(AND(2〈=I2,I2〈5),"O","")**를 입력합니다. O열의 순간풍속은 20m/s 이상일 경우 'O'로 표시합니다. [O2] 셀에 **=IF(D2)=20,"O","")**를 입력합니다.

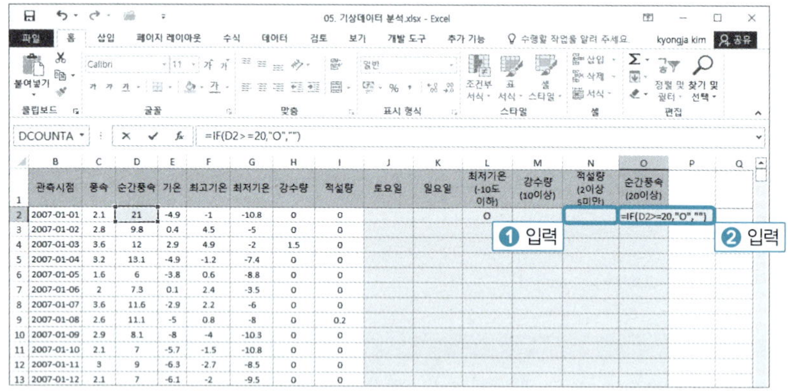

4 [J2:O2] 셀 범위를 선택합니다. 채우기 핸들을 더블클릭하여 수식을 복사합니다.

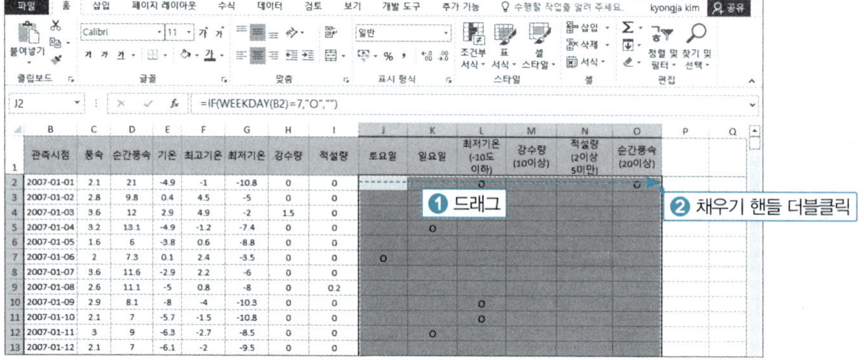

분석표에 콤보 상자 삽입하고 날짜에 조건부 서식 설정하기

콤보 상자 삽입, TEXT 함수, DATE 함수, INDEX 함수, EOMONTH 함수

분석할 연도와 월을 선택할 수 있도록 양식 컨트롤 중 콤보 상자를 삽입하고 컨트롤 서식에서 [A3] 셀과 [A4] 셀에 연결합니다. 콤보 상자와 값이 연결된 [A3:A4] 셀 범위 값을 이용하여 [5:6] 행에 해당 월의 날짜 데이터를 만듭니다. 5행에는 날짜를, 6행에는 요일을 표시해보겠습니다. 또 선택한 월의 마지막 날짜는 매월 다르므로 조건부 서식을 이용하여 해당 월의 말일 날짜까지만 표시해보겠습니다.

5 먼저 콤보 상자의 입력 범위에 사용할 [참고] 시트의 연도와 월 범위를 이름으로 정의하겠습니다. [참고] 시트를 선택합니다. Ctrl 을 이용하여 [A1:A11] 셀 범위와 [B1:B13] 셀 범위를 선택합니다. [수식] 탭-[정의된 이름] 그룹-[선택 영역에서 만들기]를 클릭합니다. [선택 영역에서 이름 만들기] 대화상자에서 [첫 행]에 체크 표시합니다. [확인]을 클릭합니다.

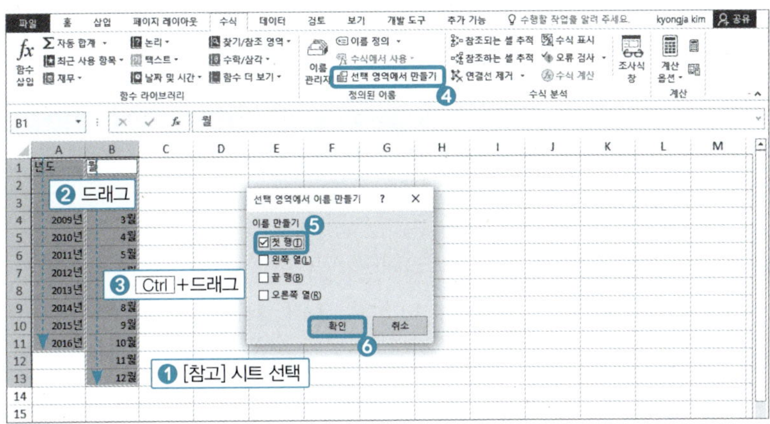

6 [분석표] 시트를 선택합니다. [개발 도구] 탭-[컨트롤] 그룹-[삽입]을 클릭한 후 [콤보 상자(양식 컨트롤)]을 선택합니다. '년도 선택' 공간에 드래그하여 삽입합니다. 같은 방법으로 콤보 상자를 '월 선택' 공간에도 드래그하여 삽입합니다.

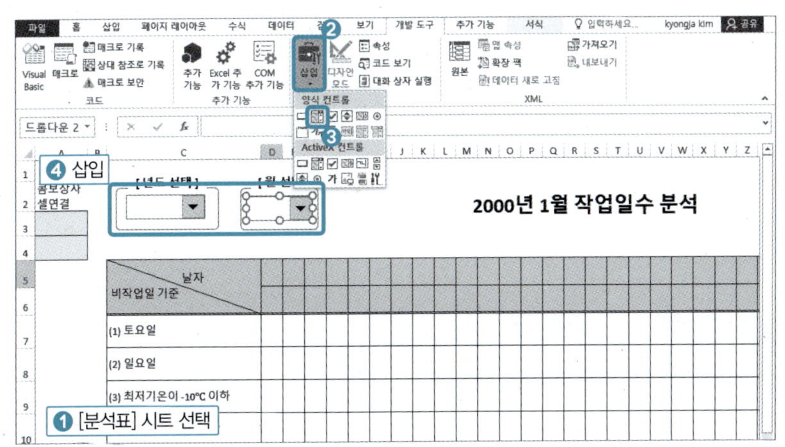

실력향상

[개발 도구] 탭이 없다면 [파일] 탭-[옵션]을 선택합니다. [Excel 옵션] 대화상자에서 [리본 사용자 지정]을 선택한 후 [리본 메뉴 사용자 지정]에서 [개발 도구]를 선택합니다.

7 '년도 선택'에 삽입한 콤보 상자에서 마우스 오른쪽 버튼을 클릭합니다. [컨트롤 서식]을 선택합니다. [컨트롤 서식] 대화상자의 [컨트롤] 탭에서 [입력 범위]에는 이름으로 정의해둔 **년도**, [셀 연결]에는 **$A$3**, 목록 표시 줄 수에는 **10**을 입력합니다. [확인]을 클릭합니다.

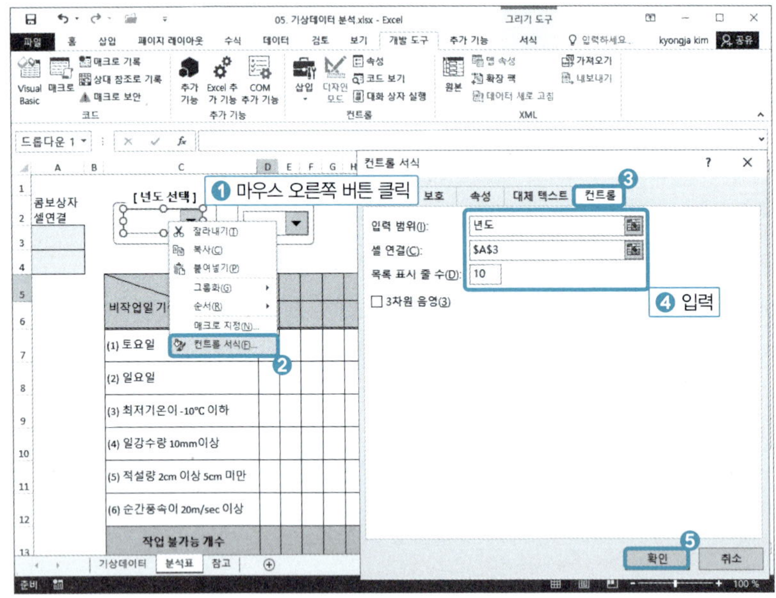

> **실력향상**
>
> 콤보 상자의 컨트롤 서식 중 [입력 범위]는 콤보 상자의 목록 단추를 클릭했을 때 나타나는 목록이며, [셀 연결]은 콤보 상자 목록에서 선택한 값의 순번이 입력될 셀의 위치입니다. [목록 표시 줄 수]는 한 번에 보여줄 목록의 개수를 지정합니다. 연도가 총 10개이므로 '10'을 입력하면 모든 연도가 동시에 표시됩니다.

8 같은 방법으로 월 선택의 콤보 상자에도 컨트롤 서식을 설정해보겠습니다. 삽입한 콤보 상자에서 마우스 오른쪽 버튼을 클릭합니다. [컨트롤 서식]을 선택합니다. [컨트롤 서식] 대화상자의 [컨트롤] 탭에서 [입력 범위]에는 이름으로 정의해둔 **월**, [셀 연결]에는 **$A$4**, 목록 표시 줄 수에는 **12**를 입력합니다. [확인]을 클릭합니다.

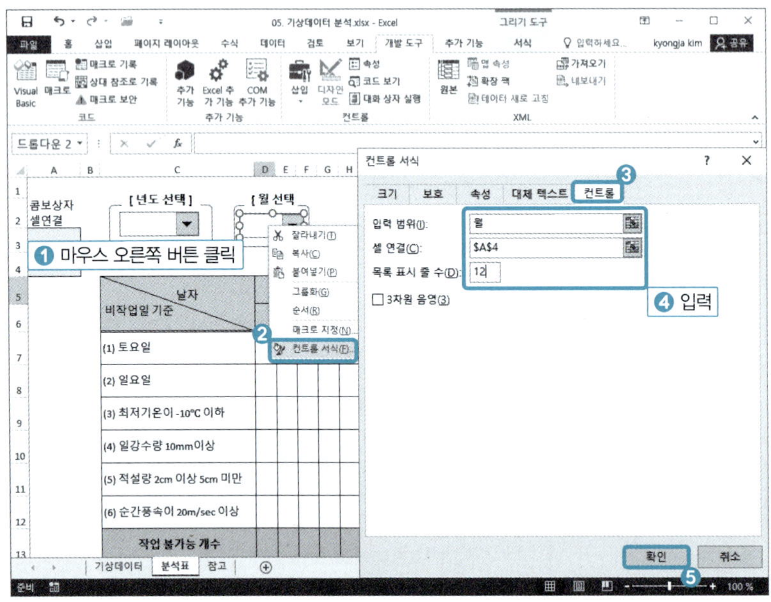

9 연도와 월에 삽입한 콤보 상자의 값을 변경하면 연결한 [A3] 셀과 [A4] 셀 값이 변경됩니다. 단, 콤보 상자에서 선택한 값은 셀에 입력될 때 선택한 값이 아닌 순번으로 입력됩니다.

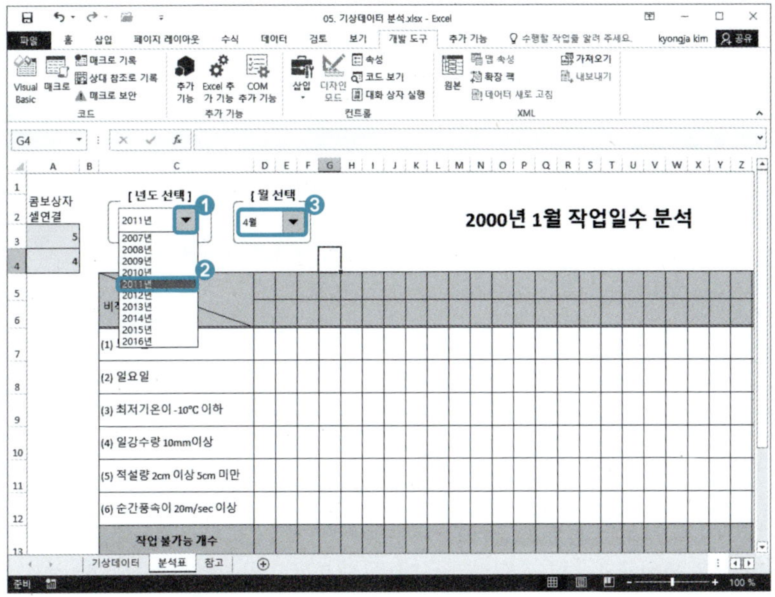

10 5행에는 콤보 상자에서 선택한 연도와 월에 해 당하는 날짜를, 6행에는 해당하는 날짜의 요일을 입력해보겠습니다. [D5] 셀에 **=DATE(INDEX(년도,A3),A4,1)**을 입력합니다. DATE 함수는 년, 월, 일을 원하는 대로 지정하여 날짜를 만드는 함수이고, INDEX 함수는 지정한 범위 내에서 지정한 행 번호 값을 찾아오는 함수입니다. [D6] 셀에 **=D5**를 입력합니다. [D6] 셀은 [D5] 셀에 입력된 날짜의 요일이 표시되어야 하므로 우선 동일한 날짜가 셀에 입력되도록 합니다.

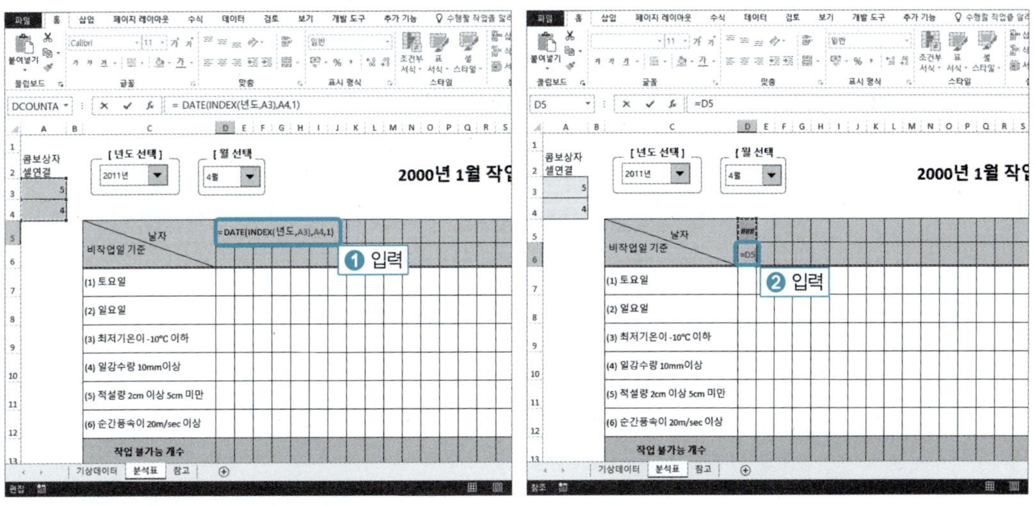

실력 향상 INDEX 함수는 콤보 상자에서 선택한 연도를 찾아오는데, [참고] 시트에서 이름으로 정의한 '년도' 범위 내에서 [A3] 셀에 입력된 순번 값을 찾아옵니다.

• 함수 형식 : =INDEX(범위, 행 번호, 열 번호), 범위의 열이 한 개이면 열 번호는 생략할 수 있습니다.

DATE 함수는 년, 월, 일을 원하는 대로 지정하여 날짜를 만드는 함수입니다.

함수 형식	= DATE(Year, Month, Day) = DATE(년, 월, 일)
인수	• Year : 년도를 지정하는 인수로 1900~9999까지의 숫자 중에서 지정할 수 있습니다. 두 자리 년도를 지정하면 1990년대로 입력됩니다. • Month : 월을 지정하는 인수로 1~12까지의 숫자를 지정합니다. 12보다 크면 연수가 1년 증가하고 나머지 개월 수에 해당하는 월이 지정됩니다. • Day : 일을 지정하는 1~31까지의 숫자를 지정합니다. Day가 지정한 달의 일수보다 크면 월수가 1개월 증가하고 나머지 일수가 지정됩니다.

11 [D5] 셀을 클릭한 후 마우스 오른쪽 버튼을 클릭하여 [셀 서식]을 선택합니다. [셀 서식] 대화상자의 [표시 형식] 탭에서 [사용자 지정]을 선택하고, [형식] 입력란에 **DD**를 입력합니다. [확인]을 클릭합니다.

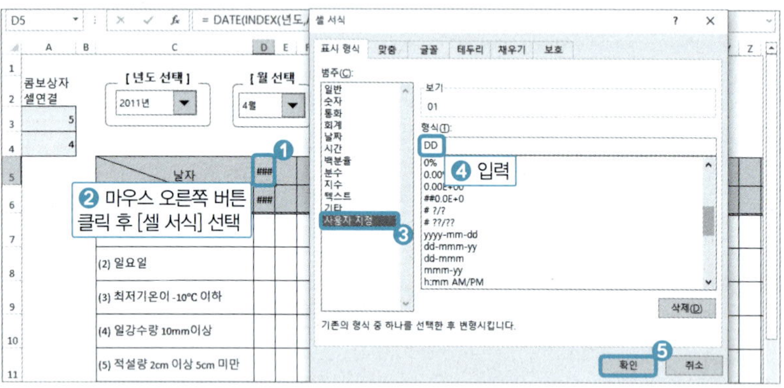

12 [D6] 셀을 클릭한 후 마우스 오른쪽 버튼을 클릭하여 [셀 서식]을 선택합니다. [셀 서식] 대화상자의 [표시 형식] 탭에서 [사용자 지정]을 선택하고, [형식] 입력란에 **AAA**를 입력합니다. [확인]을 클릭합니다.

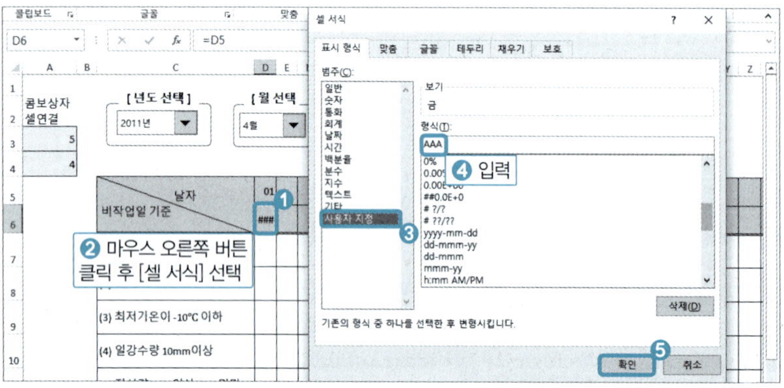

13 [E5] 셀에 **=D5+1**을 입력하여 [D5] 셀의 다음 날짜가 입력되도록 합니다. [E5] 셀의 채우기 핸들을 오른쪽으로 드래그하여 [AH5] 셀까지 복사합니다. [D6] 셀의 채우기 핸들을 오른쪽으로 드래그하여 [AH6] 셀까지 복사합니다.

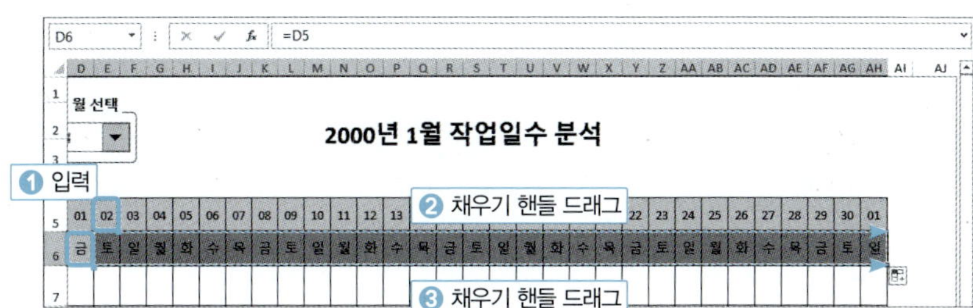

14 날짜가 31일까지 입력되어 있는데 모든 월이 31일까지 있는 것이 아니므로 선택한 월의 마지막 날짜까지만 표시되도록 조건부 서식을 설정해보겠습니다. [D5:AH13] 셀 범위를 선택합니다. [홈] 탭-[스타일] 그룹-[조건부 서식]을 클릭한 후 [새 규칙]을 선택합니다.

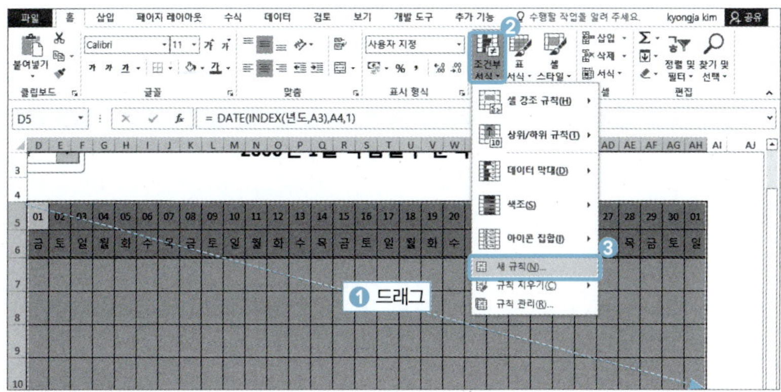

15 [새 서식 규칙] 대화상자의 [규칙 유형 선택]은 [수식을 사용하여 서식을 지정할 셀 결정]을 선택하고, [다음 수식이 참인 값의 서식 지정] 입력란에 **=D$5>EOMONTH($D$5,0)**을 입력합니다. [서식]을 클릭합니다. [셀 서식] 대화상자가 나타나면 [표시 형식] 탭에서 [사용자 지정]을 선택하고 [형식] 입력란에 ;;;를 입력합니다.

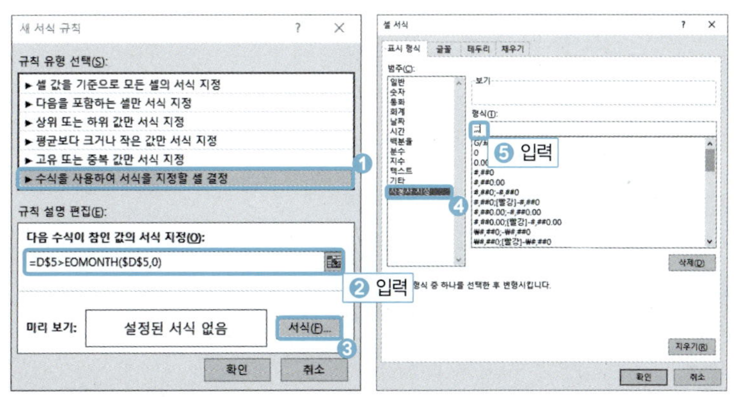

EOMONTH 함수는 지정한 날짜에서부터 몇 개월 전의 날짜나 몇 개월 후의 날짜를 구하는데, 항상 해당 월의 마지막 날짜를 표시합니다. 예를 들어 3월 2일에 프로젝트를 시작하여 앞으로 4개월 후에 프로젝트가 종료된다면 EOMONTH 함수는 7월 31일을 표시합니다.

함수 형식	= EOMONTH(Start_date, Months) = EOMONTH(시작 날짜, 더하거나 뺄 개월 수)
인수	• Start_date : 시작 날짜를 지정합니다. • Months : 시작 날짜에서 구하고자 하는 이전 개월 수나 이후 개월 수

16 [테두리] 탭을 클릭합니다. [스타일]은 [없음]을 선택한 후 [위쪽], [아래쪽], [오른쪽] 테두리를 각각 클릭합니다. 왼쪽 테두리만 남기고 모든 테두리가 '없음'으로 설정되었습니다. [채우기] 탭을 클릭합니다. [배경색]을 [색 없음]으로 선택합니다. [확인]을 클릭합니다. [새 서식 규칙] 대화상자의 [미리 보기]에 서식이 모두 없는 것을 확인한 후 [확인]을 클릭합니다.

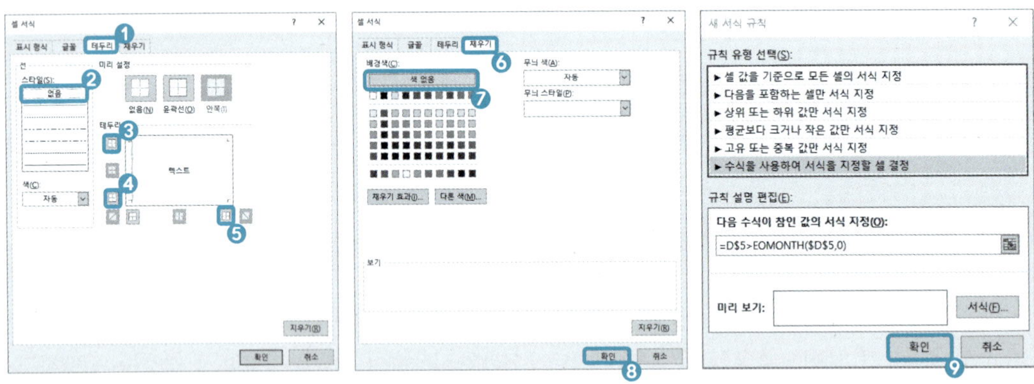

17 선택한 월의 마지막 날짜까지만 표시되고 나머지 항목은 표시되지 않습니다.

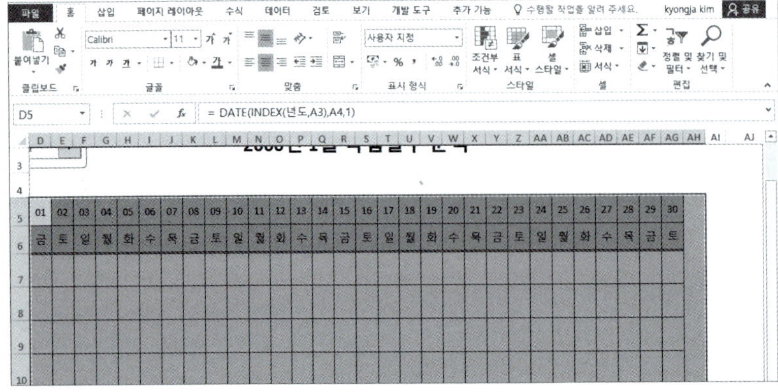

18 콤보 상자에서 선택한 연도와 월을 제목에서 포함하도록 수식을 변경해보겠습니다. [G2] 셀에 **=TEXT (D5,"yyyy년 m월 작업일수 분석")**을 입력합니다.

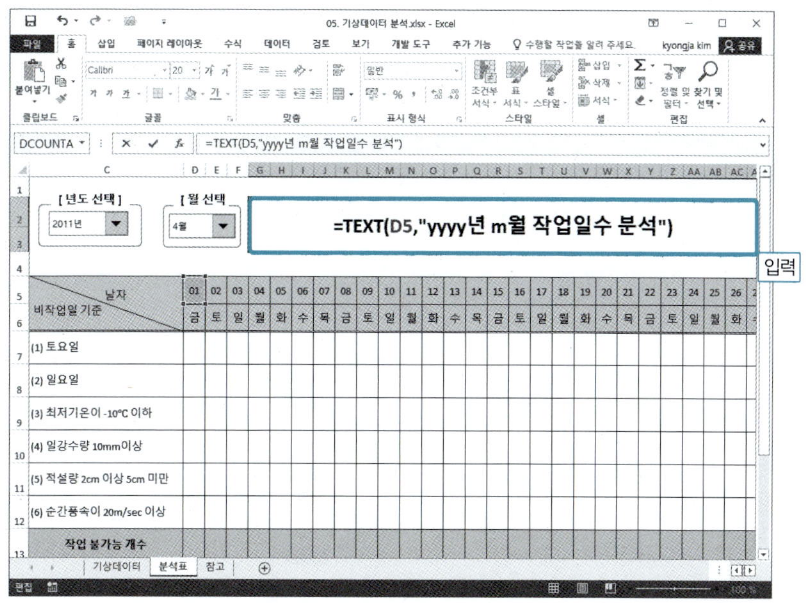

> **실력 향상** [D5] 셀에 입력된 데이터는 선택한 년도와 월에 해당하는 날짜 1일입니다. 예를 들어 '년도 선택'에서 2009년을 선택하고, '월 선택'에서 2월을 선택했다면 [D5] 셀에는 '2009-02-01'이 입력됩니다. 이 날짜를 이용하여 함수로 표시 형식을 지정할 때는 TEXT 함수를 사용합니다.

슈퍼 활용 TIP ★★★★★ 표시 형식을 지정하는 TEXT 함수

대부분의 표시 형식은 [셀 서식] 대화상자의 [표시 형식] 탭에서 지정합니다. 하지만 한 셀에 두 종류의 데이터가 있어 표시 형식을 각각 지정해야 한다면 TEXT 함수로 표시 형식을 지정할 수 있습니다.

함수 형식	= TEXT(Value, Format_text) = TEXT(표시 형식을 지정할 수식이나 셀 주소, 표시 형식 기호)
인수	• Format_text : 이 인수는 큰따옴표로 묶어서 [셀 서식]-[표시 형식]에서 사용하는 기호와 똑같이 입력합니다.

선택된 월과 비작업일 기준에 따라 분석 결과 표시하기

COUNTIFS 함수, 사용자 지정 표시 형식

준비된 분석표에 함수를 사용하여 작업 불가능 여부를 표시해보겠습니다. 콤보 상자에서 선택된 연도와 월은 5행에 날짜로 만들어져 있으므로 5행의 날짜와 C열의 비작업일 기준을 참조하는 COUNTIFS 함수를 사용합니다.

19 [분석표] 시트에서 사용할 COUNTIFS 함수에는 [기상데이터] 시트의 관측시점, 토요일, 일요일, 최저기온, 강수량, 적설량, 순간풍속의 범위가 모두 사용되므로 먼저 이름을 정의하겠습니다. [기상데이터] 시트에서 [B1] 셀을 클릭합니다. Ctrl + Shift + ↓를 누릅니다. [B1:B3364] 셀 범위가 선택된 상태에서 Ctrl 을 누르고 [J1:O1] 셀 범위를 선택합니다. 다시 Ctrl + Shift + ↓를 누릅니다. [수식] 탭–[정의된 이름] 그룹–[선택 영역에서 만들기]를 클릭한 후 [선택 영역에서 이름 만들기] 대화상자에서 [첫 행]에 체크 표시합니다. [확인]을 클릭합니다.

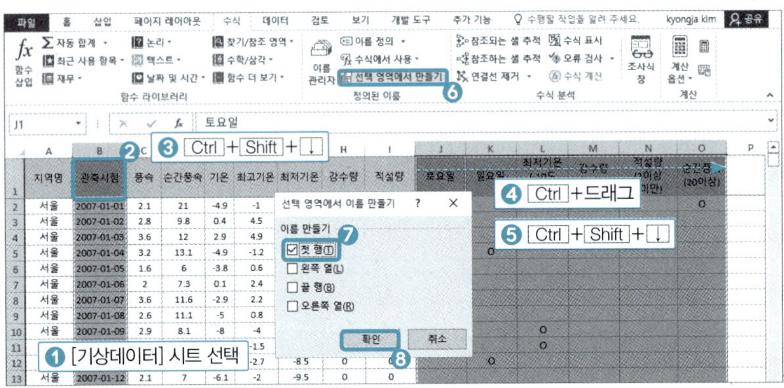

20 이름이 모두 정의되었습니다. 정의된 이름 중 최저기온, 강수량, 적설량, 순간풍속은 이름이 길게 정의되었기 때문에 수정하는 것이 좋습니다. [수식] 탭–[정의된 이름] 그룹–[이름 관리자]를 클릭합니다. [이름 관리자] 대화상자에서 이름을 변경할 [강수량_10이상]을 더블클릭합니다.

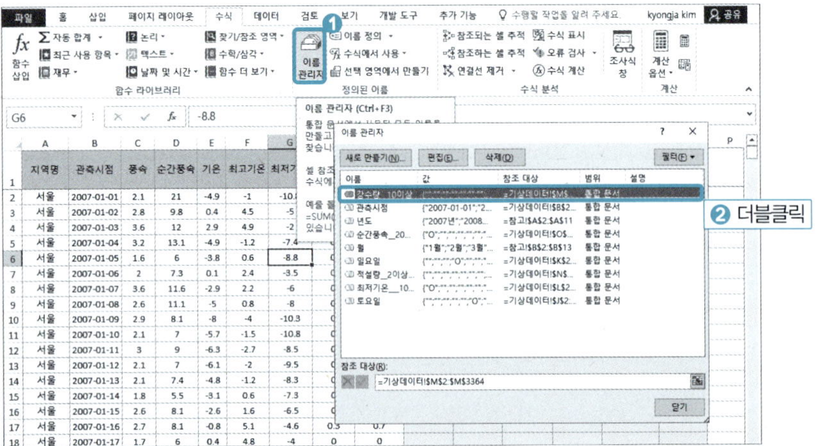

21 [이름 편집] 대화상자에서 [이름]을 **강수량**으로 변경합니다. 같은 방법으로 '순간풍속_20이상'은 **순간풍속**, '적설량_2이상_5미만'은 **적설량**, '최저기온−10도_이하'는 **최저기온**으로 각각 변경합니다. [이름 관리자] 대화상자에서 [닫기]를 클릭합니다.

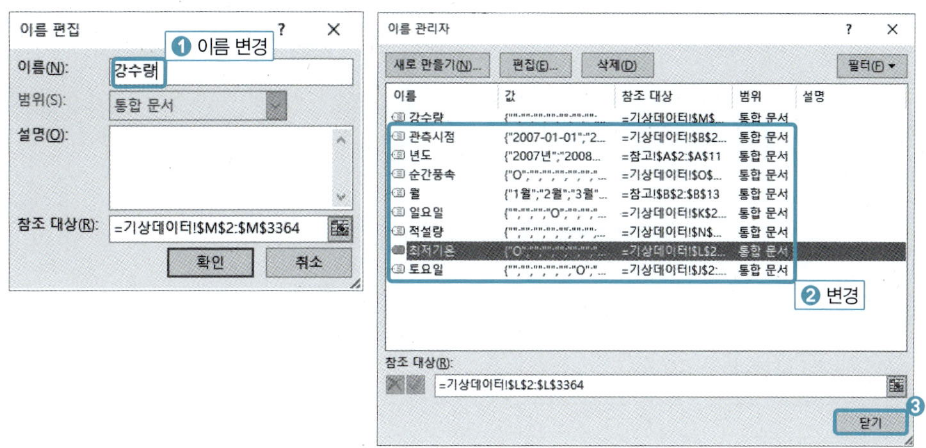

22 정의된 이름을 이용하여 COUNTIFS 함수를 입력해보겠습니다. [분석표] 시트의 [D7] 셀에 **=COUNTIFS(관측시점,D$5,토요일,"O")**을 입력합니다. [D8] 셀을 클릭하여 **=COUNTIFS(관측시점,D$5,일요일,"O")**을 입력합니다.

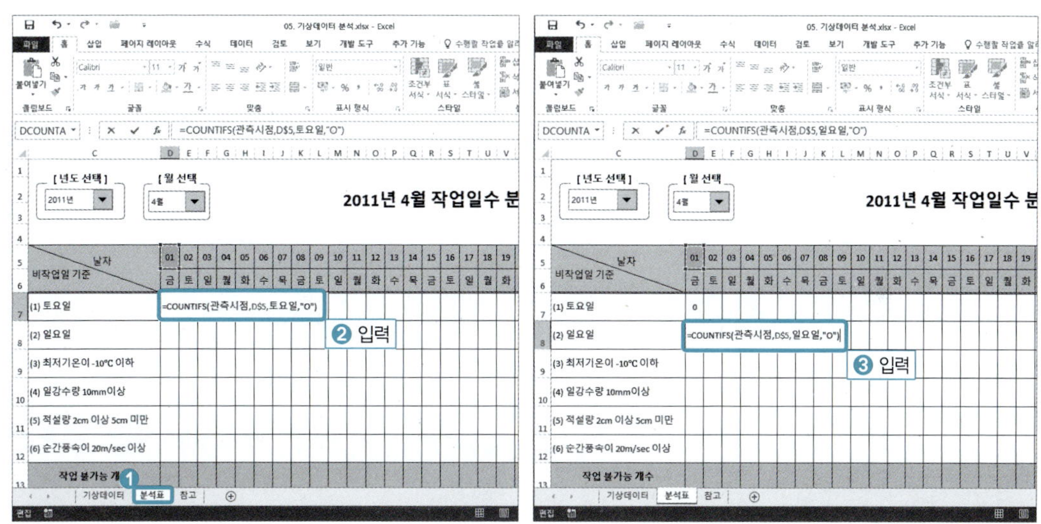

> **실력 향상** COUNTIFS 함수는 두 개 이상의 조건을 만족하는 데이터 개수를 구하는 함수로 '관측시점'으로 정의된 셀 범위에서 [D5] 셀과 날짜가 같고, '일요일'로 정의된 셀 범위에 'O' 문자가 입력된 셀 개수를 구합니다.
> • 함수 형식 : =COUNTIFS(조건 범위1, 조건1, 조건 범위2, 조건2…)

23 [D9] 셀에 **=COUNTIFS(관측시점,D$5,최저기온,"O")**, [D10] 셀에 **=COUNTIFS(관측시점,D$5,강수량, "O")**, [D11] 셀에 **=COUNTIFS(관측시점,D$5,적설량,"O")**을 입력하고 [D12] 셀에 **=COUNTIFS(관측시점,D$5,순간풍속,"O")**을 입력합니다.

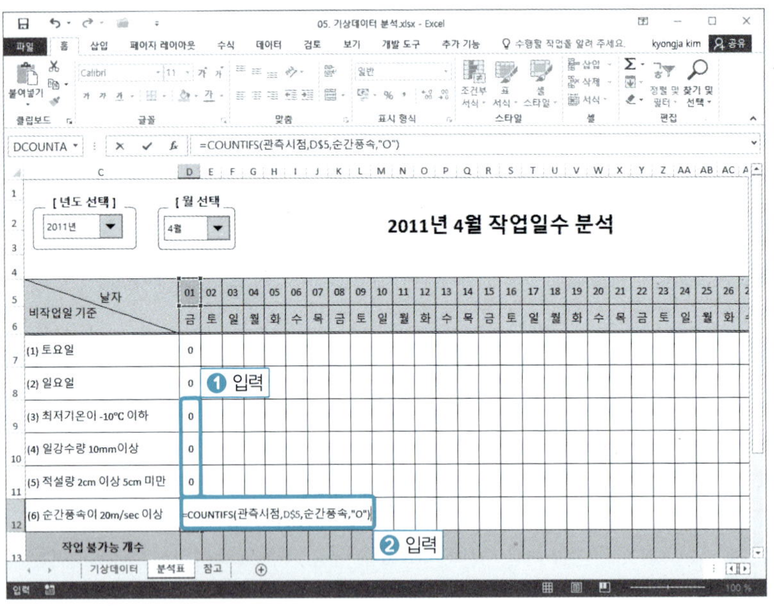

24 [D13] 셀에 **=SUM(D7:D12)**를 입력합니다. [D7:D13] 셀 범위를 선택한 후 채우기 핸들을 [AH13] 셀까지 드래그하여 복사합니다.

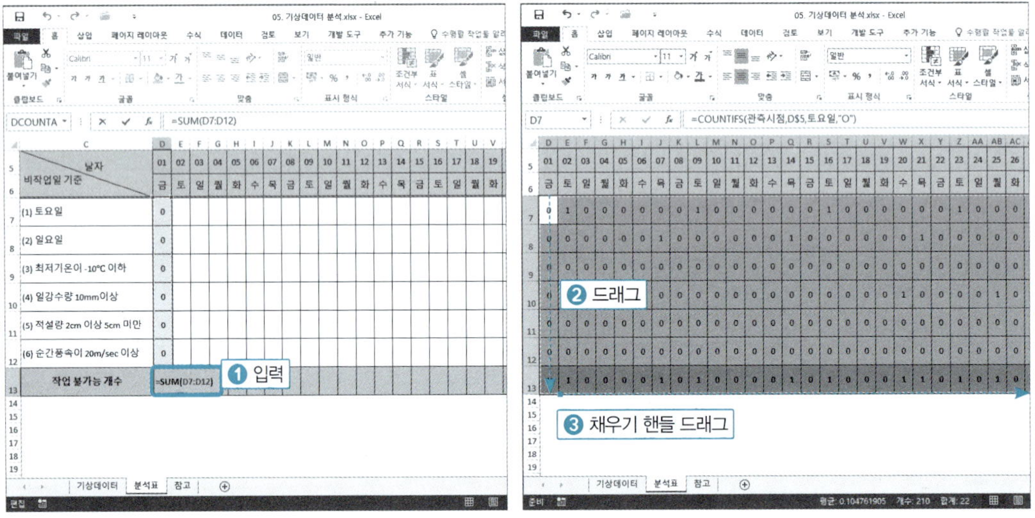

25 계산된 COUNTIFS 함수의 결과는 1 또는 0인데, 1은 'O'로 표시하고 0은 빈 셀로 표시되도록 사용자 지정 표시 형식을 설정하겠습니다. [D7:AH12] 셀 범위를 선택한 후 마우스 오른쪽 버튼을 클릭한 후 [셀 서식]을 선택합니다. [셀 서식] 대화상자의 [표시 형식] 탭에서 [사용자 지정]을 선택하고 [형식] 입력란에 **"O"**;;;을 입력합니다. [확인]을 클릭합니다. 합계의 표시 형식을 변경해보겠습니다. [D13:AH13] 셀 범위를 선택한 후 마우스 오른쪽 버튼을 클릭한 후 [셀 서식]을 선택합니다. [셀 서식]-[표시 형식]-[사용자 지정]에서 **0**;;;을 입력합니다. [확인]을 클릭합니다.

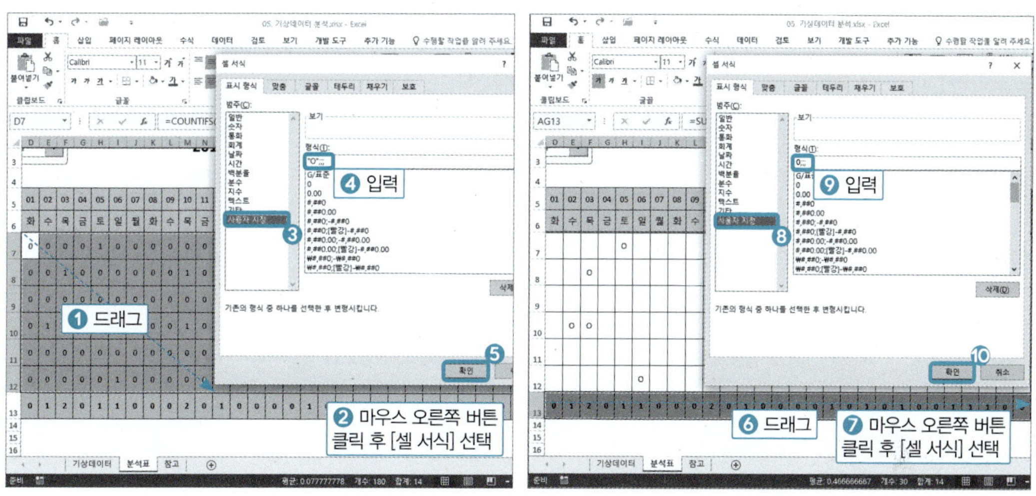

26 A열을 선택한 후 마우스 오른쪽 버튼을 클릭합니다. [숨기기]를 선택합니다. 콤보 상자의 연도와 월을 변경하면 선택한 월의 분석표가 자동으로 계산됩니다.

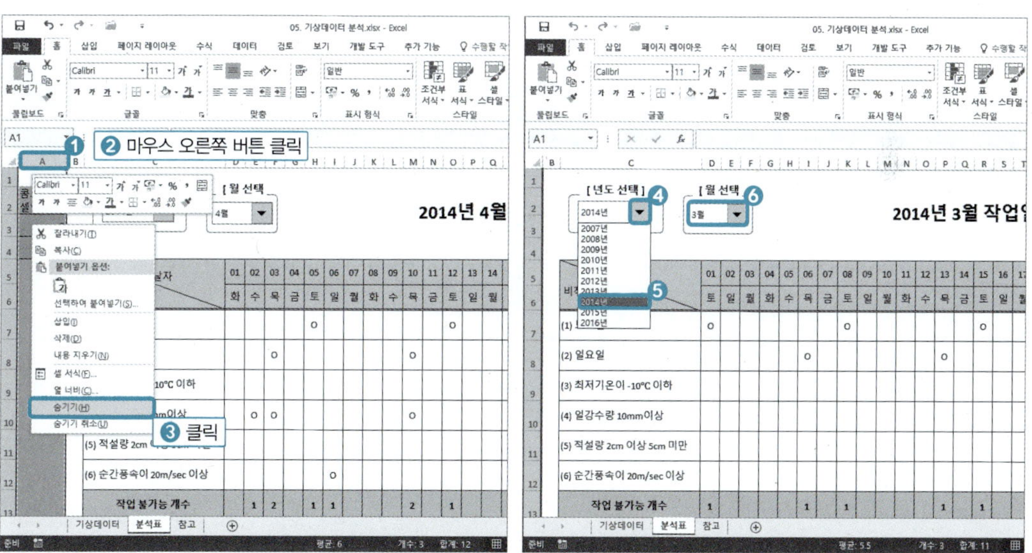

데이터 요약과 집계에 유용한 분석 도구 활용하기

PART 01에서 데이터 통계 및 데이터 요약 집계를
구해주는 분석 도구로 정렬, 필터, 부분합, 피벗 테이블 등을
알아보았습니다. 하지만 엑셀에서는
앞서 배운 도구 외에도 추가적으로 알고 있어야
하는 기능이 더 있습니다.
기존의 분석 도구들과 다른 기능을 함께 사용하여
대용량의 데이터를 요약하고 집계하는 보고서와
색상으로 구분하여 정리하는 거래업체 내역,
추출한 데이터의 통계 내역을 바로바로 확인할 수 있는 급여 내역서,
고급 필터를 이용하여 작성하는 신규 물품 내역 확인 보고서,
통합 기능을 이용하여 정리하는 경비 정산 내역 보고서,
피벗 테이블 필터 페이지로 자동 완성하는
담당자별 매출 보고서를 작성해보도록 하겠습니다.

선택한 거래업체의 내역만 정리해서 보는 보고서 작성하기

실습 파일 | PART 02 \ CHAPTER 03 \ 거래업체 내역.xlsx　　**완성 파일** | PART 02 \ CHAPTER 03 \ 거래업체 내역(완성).xlsx

✔ 프로젝트 시작하기

거래업체의 데이터 중에서 우선적으로 보고 싶은 지사와 그 지사에 포함된 지점만 표시되도록 유효성 검사와 함수 수식으로 목록을 작성해보겠습니다. 또한 조건부 서식을 이용하여 선택한 지사와 지점을 색상으로 구분하여 데이터를 식별할 수 있는 방법에 대해 알아보겠습니다. 색으로 구분되어 있는 데이터를 사용자가 지정한 색상이나 텍스트 순서대로 정리해서 볼 수 있는 방법도 알아봅니다.

여기에서 다루는 기능은 데이터를 식별하기 쉬운 보고서를 작성하는 데 유용하며, 유효성 검사를 함수 수식으로 만들어 2차원 목록을 작성하거나 조건부 서식으로 색상을 구분하여 자동화된 문서를 작성할 때 응용할 수 있습니다.

STEP 01 지사와 지점 목록 만들기 이름 정의, 데이터 유효성 검사

❶ 지사에 포함된 각 지점 범위를 이름으로 구분합니다.

❷ 유효성 검사의 [제한 대상]을 [목록]으로 선택한 후 원본을 각각 입력하여 목록으로 설정합니다.

❸ 유효성 검사의 [제한 대상]을 [목록]으로 선택한 후 INDIRECT 함수를 이용하여 이름 범위를 목록으로 표시할 수 있도록 설정합니다.

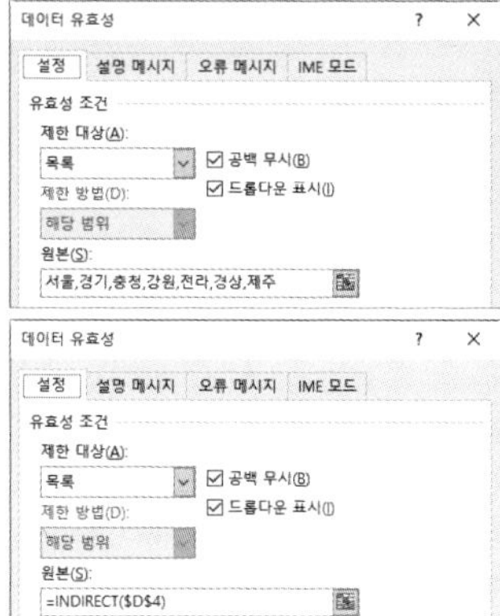

STEP 02 선택한 지사와 지점을 색상으로 구분하기 조건부 서식

❶ 유효성 검사 목록에서 선택한 지사의 데이터에만 서식이 적용되도록 수식과 서식을 설정합니다.

❷ AND 함수를 이용하여 선택한 지사와 지점, 두 조건을 모두 만족하는 데이터에만 서식이 적용되도록 수식과 서식을 설정합니다.

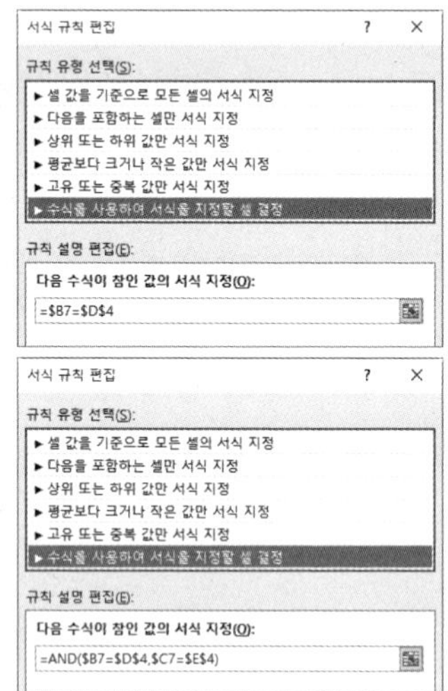

STEP 03 색상으로 데이터 정리하기 사용자 지정 정렬

❶ [정렬 기준]을 [셀 색]으로 설정한 후 데이터를 배경 셀 색으로 구분해 정리합니다.

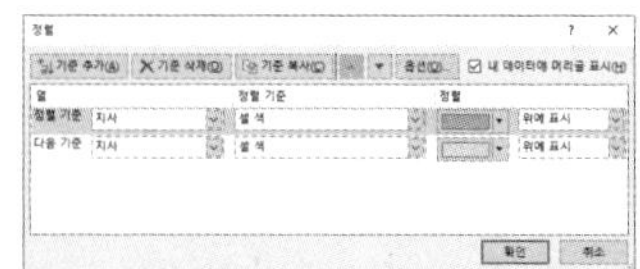

지사와 지점 목록 만들기
이름 정의, 데이터 유효성 검사

[이름 관리자]로 거래업체의 지사와 지점을 각각 이름 설정한 후 유효성 검사와 함수 수식을 이용하여 목록으로 작성하는 방법을 알아보겠습니다.

1 각 지사에 속해 있는 지점을 구분하기 위해 이름을 설정해보겠습니다. [수식] 탭−[정의된 이름] 그룹−[이름 관리자]를 클릭합니다. [이름 관리자] 대화상자에서 [새로 만들기]를 클릭합니다. [새 이름] 대화상자의 [이름]에 **강원**을 입력합니다. [참조 대상]에는 표의 오른쪽, 강원 지점에 해당하는 [M7:M12] 셀범위를 선택한 후 [확인]을 클릭합니다.

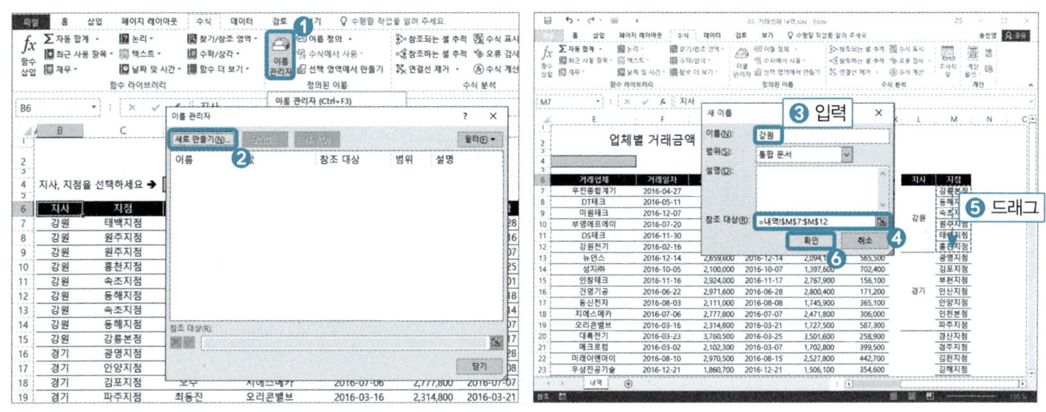

실력 향상 [이름 관리자]를 이용하지 않고도 쉽게 이름을 지정할 수 있습니다. 이름을 지정할 [M7:M12] 셀 범위를 먼저 선택한 후 이름 상자에 새롭게 사용할 이름인 '강원'을 입력하고 [Enter]를 눌러 이름 정의를 완료합니다.

2 나머지 다른 지사에 해당하는 모든 지점들도 같은 방식으로 이름 설정합니다. [M13:M19] 셀 범위는 **경기**, [M20:M32] 셀 범위는 **경상**, [M33:M40] 셀 범위는 **서울**, [M41:M48] 셀 범위는 **전라**, [M49:M52] 셀 범위는 **제주**, [M53:M58] 셀 범위는 **충청**으로 각각 이름 설정합니다.

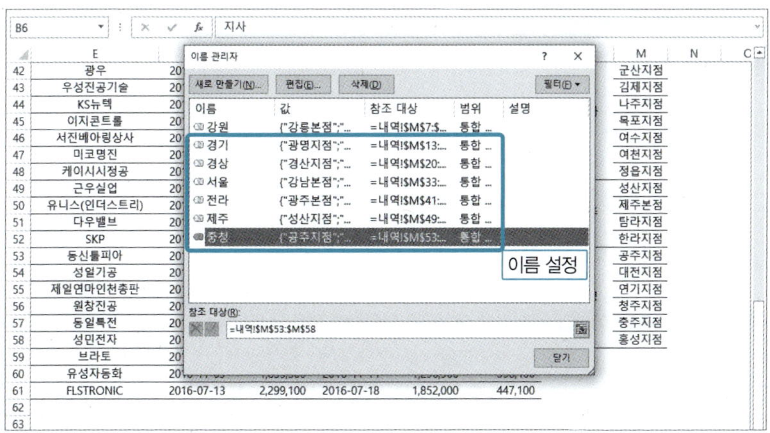

3 지사를 선택할 수 있도록 유효성 검사를 설정해보겠습니다. [D4] 셀을 클릭합니다. [데이터] 탭-[데이터 도구] 그룹-[데이터 유효성 검사]를 클릭합니다. [데이터 유효성] 대화상자의 [설정] 탭에서 [제한 대상]을 [목록]으로 선택한 후 나타나는 [원본] 입력란에 **서울, 경기, 충청, 강원, 전라, 경상, 제주**를 입력합니다. [확인]을 클릭합니다.

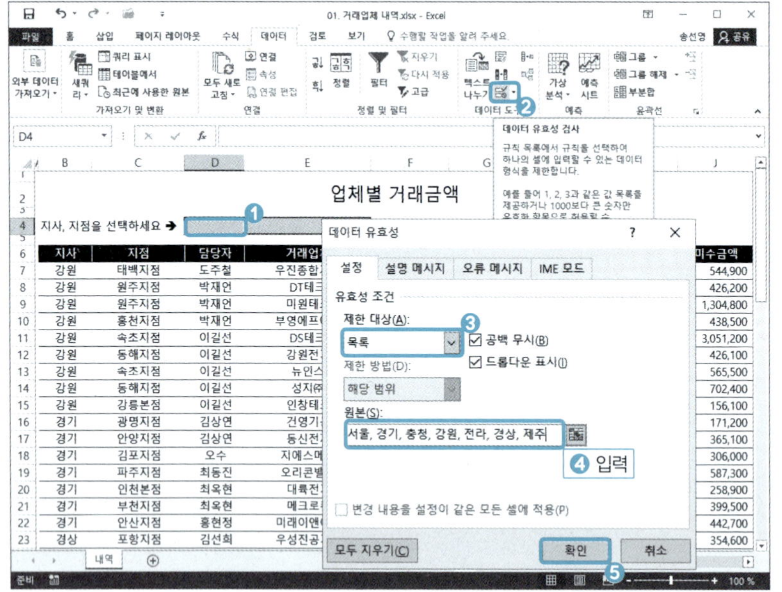

4 [D4] 셀을 클릭하면 입력한 지사 목록이 나타납니다. [강원] 지사를 선택합니다. 선택한 지사의 지점 목록이 보이도록 함수를 이용하여 유효성 검사를 설정해보겠습니다. [E4] 셀을 클릭합니다. [데이터] 탭-[데이터 도구] 그룹-[데이터 유효성 검사]를 클릭합니다. [데이터 유효성] 대화상자의 [설정] 탭에서 [제한 대상]을 [목록]으로 선택합니다. [원본]에 **=INDIRECT($D$4)**를 입력합니다. [확인]을 클릭합니다.

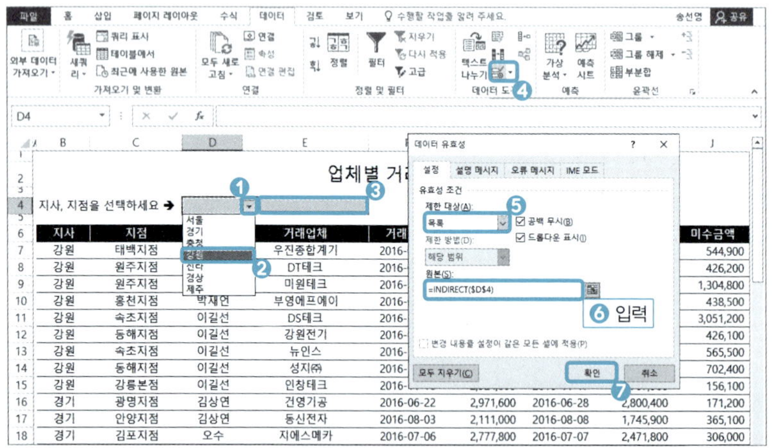

'=INDIRECT($D$4)'로 입력하면 [D4] 셀에 입력된 '강원'을 참조하여 '강원' 이름으로 지정된 [M7:M12] 셀 범위의 데이터를 목록으로 표시합니다. [D4] 셀의 데이터가 변경되면 해당 이름으로 지정되어 있는 셀 범위의 데이터를 목록으로 바꾸어 표시합니다.

INDIRECT 함수는 텍스트 문자열로 지정한 셀 주소를 참조하는 함수입니다.

함수 형식	INDIRECT(Ref_text, A1)
인수	• Ref_text : 이름이 정의된 셀을 참조하거나 셀에 대한 텍스트 문자열을 참조하는 인수입니다. • A1 : 셀의 참조 스타일을 정하는 인수. TRUE(생략 가능)를 입력하면 'A1' 스타일로 참조하고, FALSE를 입력하면 'R1C1' 스타일로 참조하도록 설정합니다. 대부분 A1 스타일로 사용하기 때문에 생략하여 사용합니다.

선택한 지사와 지점을 색상으로 구분하기

조건부 서식

유효성 검사로 설정한 목록 중 보고 싶은 지사, 지점을 선택하면 각각 색상으로 구분되어 보이도록 조건부 서식을 설정해보겠습니다.

5 선택한 지사를 색상으로 구분해보겠습니다. [B7] 셀을 클릭한 후 Ctrl + Shift + →를 눌러 데이터의 오른쪽 끝까지 범위를 선택합니다. Ctrl + Shift + ↓를 눌러 [B7:J61] 셀 범위를 선택합니다. [B7:J61] 셀 범위가 선택된 상태에서 [홈] 탭-[스타일] 그룹-[조건부 서식]을 클릭한 후 [새 규칙]을 선택합니다.

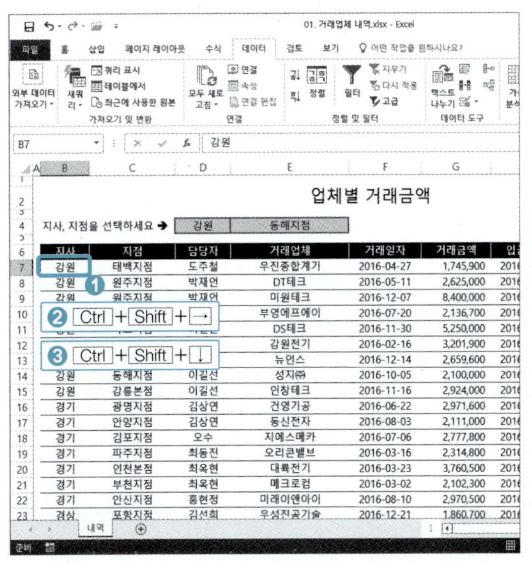

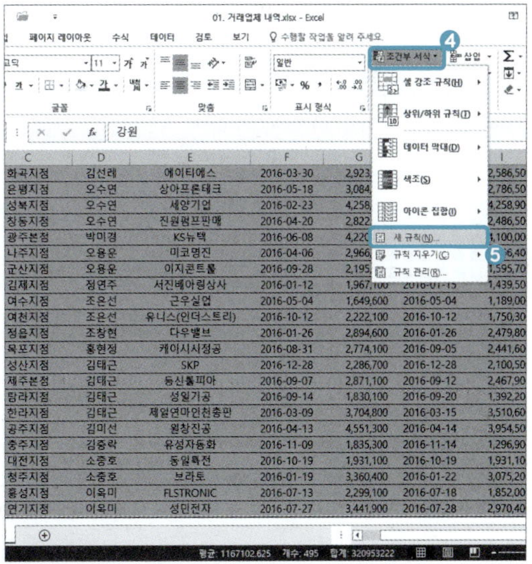

실력 향상 조건부 서식을 지정할 때는 전체 데이터의 열 머리글은 제외하고 서식이 적용될 데이터 범위만 선택합니다.

6 [새 서식 규칙] 대화상자의 [규칙 유형 선택]에서 [수식을 사용하여 서식을 지정할 셀 결정]을 선택합니다. [다음 수식이 참인 값의 서식 지정]에는 **=$D$4=$B7**을 입력하고 [서식]을 클릭합니다. [셀 서식] 대화상자에서 [채우기] 탭을 클릭한 후 [배경색]은 [파랑, 강조 5, 80% 더 밝게]를 선택합니다. 무늬를 채우기 위해 [무늬 스타일]은 [6.25% 회색]을 선택합니다.

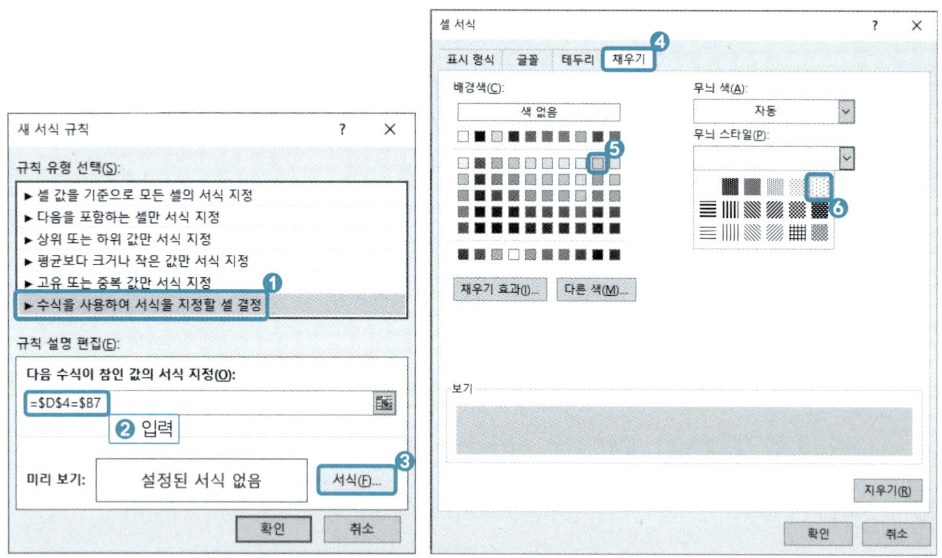

> **실력 향상** '=$D$4=$B7'은 고정된 [D4] 셀의 데이터 값인 '강원' 데이터와 [B7:B61] 셀 범위의 지사 데이터를 비교하여 두 데이터 값이 같은 경우에 지정한 서식이 적용되도록 하는 수식입니다.

7 선택한 무늬의 [무늬 색]은 [흰색, 배경1]을 선택하고 [확인]을 클릭합니다. [새 서식 규칙] 대화상자에서도 [확인]을 클릭합니다. [D4] 셀에서 선택한 지사와 같은 데이터에 흰색 무늬가 있는 파란색이 적용되었습니다.

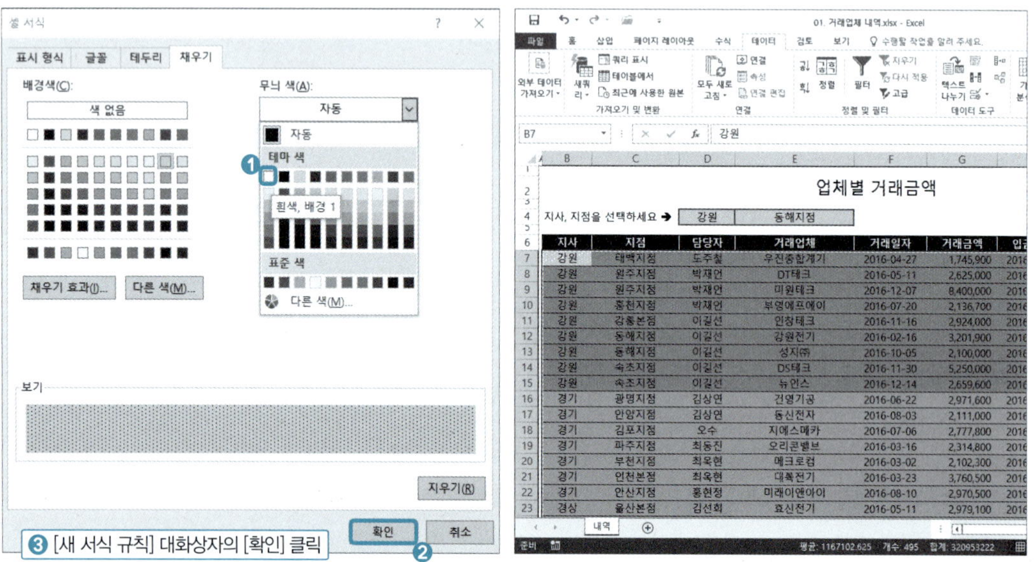

8 선택한 지사와 지점에 해당하는 데이터에도 다른 서식을 적용하기 위해 조건부 서식을 추가로 설정해 보겠습니다. [B7] 셀을 클릭합니다. Ctrl + Shift + →를 누른 후 Ctrl + Shift + ↓를 눌러 [B7:J61] 셀 범위를 선택합니다. [홈] 탭-[스타일] 그룹-[조건부 서식]을 클릭한 후 [새 규칙]을 클릭합니다. [새 서식 규칙] 대화상자의 [규칙 유형 선택]에서 [수식을 사용하여 서식을 지정할 셀 결정]을 선택합니다. [다음 수식이 참인 값의 서식 지정]에는 **=AND($D$4=$B7,$E$4=$C7)**을 입력합니다. [서식]을 클릭합니다.

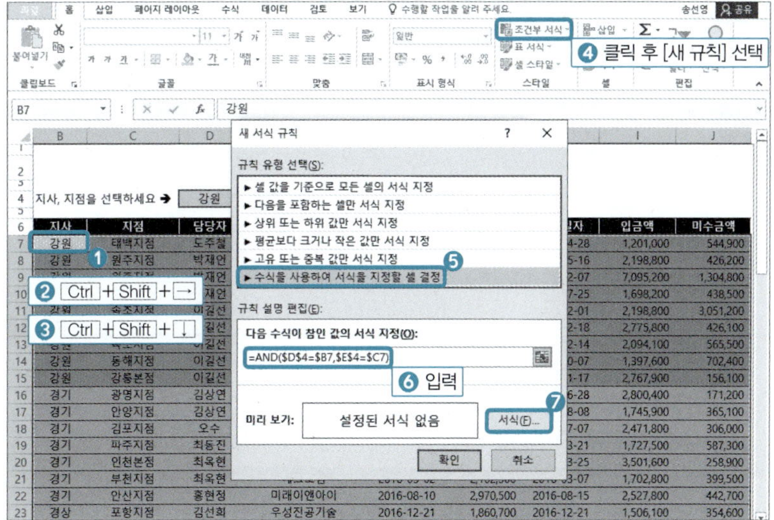

실력향상

'=AND($D$4=$B7,$E$4=$C7)'은 고정된 [D4] 셀의 데이터와 B열의 지사 데이터가 같고, 고정된 [E4] 셀의 데이터와 C열의 지점 데이터가 모두 같은 경우에 지정한 서식이 적용되도록 하는 수식입니다.

9 [셀 서식] 대화상자에서 [채우기] 탭을 클릭합니다. [배경색]은 [파랑, 강조 5, 60% 더 밝게]를 선택합니다. [무늬 스타일]은 [단색]으로 선택합니다. [확인]을 클릭합니다. [새 서식 규칙] 대화상자에서도 [확인]을 클릭합니다. 선택한 지사에 대해서는 무늬가 있는 연한 파란색 서식이, 지사에 포함되는 지점을 선택하면 무늬가 없는 진한 파란색 서식이 각각 적용됩니다.

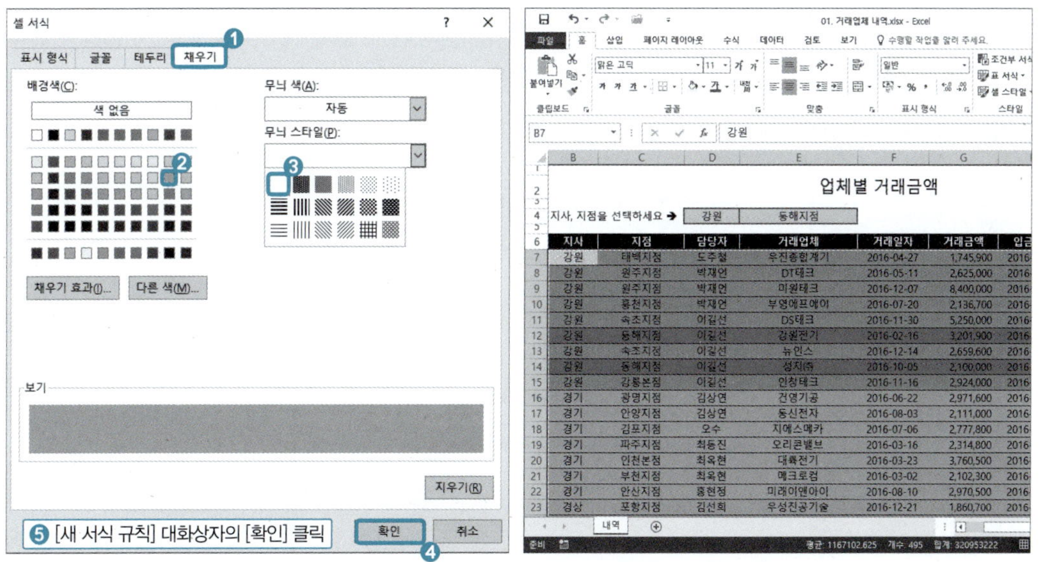

시간단축 첫 번째 서식에서 적용된 무늬가 그대로 적용될 수 있으므로, 선택한 지사는 [무늬 스타일]을 [단색]으로 선택해 표시합니다.

설정된 규칙의 수식을 편집하거나 서식을 수정할 때는 [홈] 탭-[스타일] 그룹-[조건부 서식]을 클릭한 후 [규칙 관리]
를 선택합니다. [조건부 서식 규칙 관리자] 대화상자에서 [서식 규칙 표시]를 [현재 워크시트]로 설정하면 현재 시트의
모든 조건부 서식을 확인할 수 있습니다. 수정할 규칙을 선택한 후 [규칙 편집]을 클릭하여 수정하거나 [규칙 삭제]를 클
릭하여 해당 규칙을 삭제할 수 있습니다.

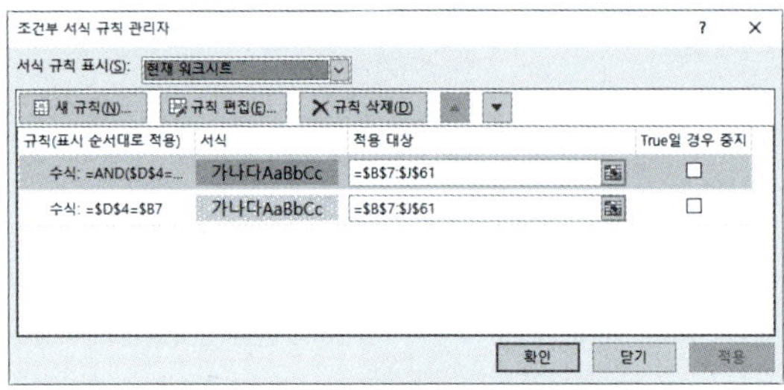

색상으로 데이터 정리하기

사용자 지정 정렬

조건부 서식이 적용된 데이터를 사용자 지정 정렬을 이용하여 색상별로 정렬하고, 정리하여 보고 싶은 데
이터 순으로도 정렬하는 방법을 알아보겠습니다.

10 지사와 지점에 서식이 지정된 데이터를 색상별로 정리해보겠습니다. [B7] 셀을 클릭하고 [데이터]
탭-[정렬 및 필터] 그룹-[정렬]을 클릭합니다. [정렬] 대화상자의 첫 번째 기준 [열]에서 [지사]를 선택하
고, [정렬 기준]은 [셀 색]을 선택합니다. [정렬]은 [셀 색 없음] 옆의 [자세히(▼)]를 클릭하여 무늬가 없는
진한 파란색을 선택합니다.

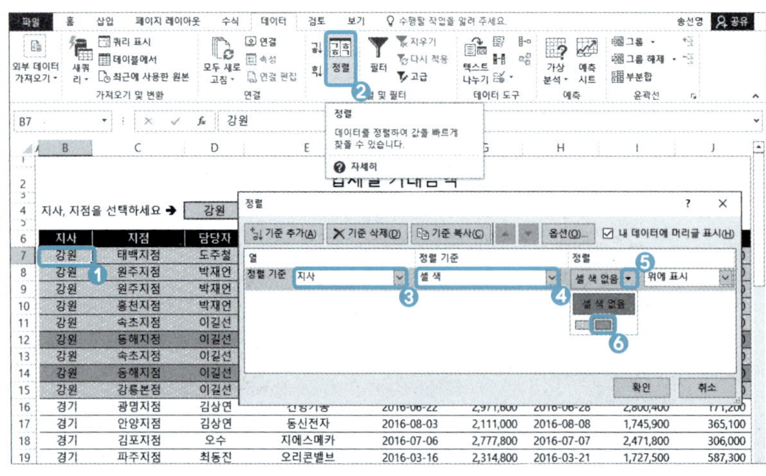

 실력향상

선택된 지사 열 데이터 범위에
설정되어 있는 셀 색이 모두 표
시됩니다.

11 기준을 추가하기 위해 [기준 추가]를 클릭합니다. 두 번째 기준 [열]에서 [다음 기준]은 [지사], [정렬 기준]은 [셀 색], [정렬]은 무늬가 있는 연한 파란색으로 선택합니다.

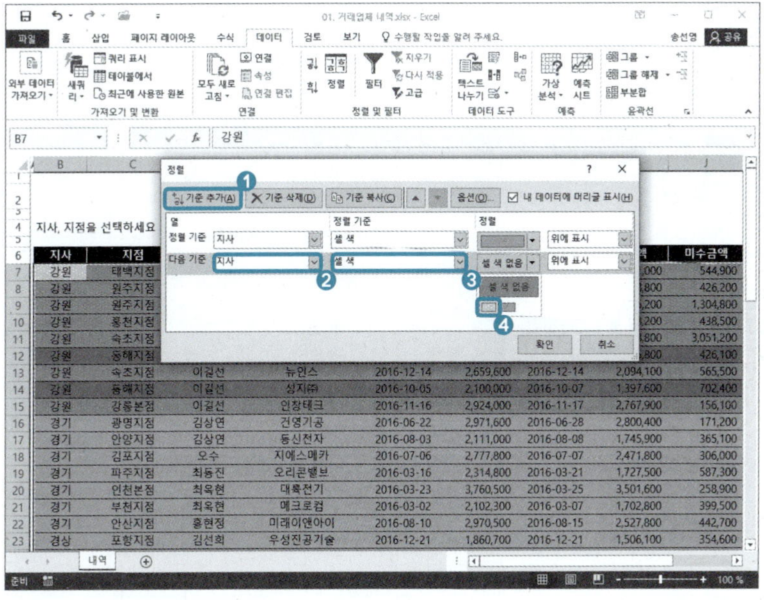

12 색상으로 구분되어 있지 않은 데이터도 정리해보겠습니다. [정렬] 대화상자에서 [기준 추가]를 클릭한 후 세 번째 기준 [열]에서 [다음 기준]은 [지사], [정렬 기준]은 [값], [정렬]은 [오름차순]으로 정렬되도록 설정합니다. 같은 지사인 경우 지점 순으로 정렬되도록 네 번째 기준 [열]의 [다음 기준]은 [지점], [정렬 기준]은 [값], [정렬]은 [오름차순]으로 설정합니다. [확인]을 클릭합니다.

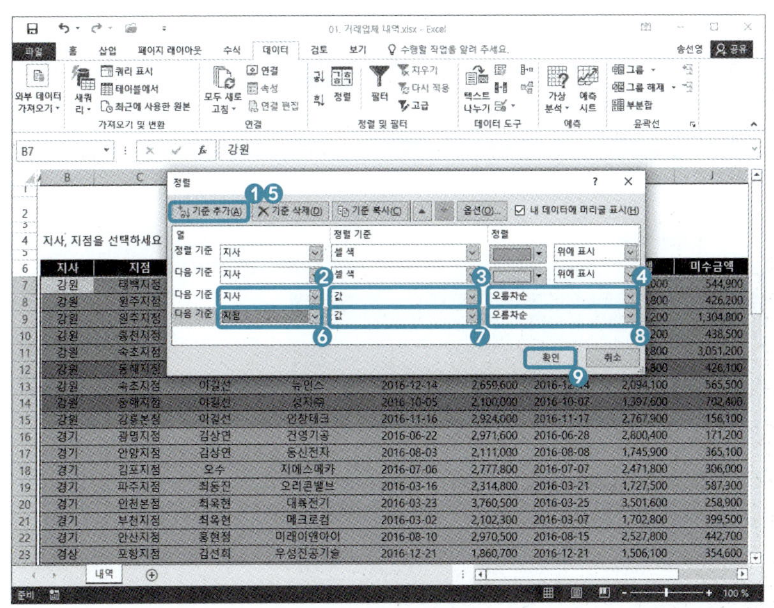

13 선택한 지사와 지점에 해당하는 데이터는 위쪽으로, 그 외의 데이터는 지사 순으로, 같은 지사인 경우 지점 순으로 정리되어 있는 것을 확인할 수 있습니다. 지사는 [서울], 지점은 [상도지점]을 각각 선택합니다. 데이터가 있는 [B7] 셀을 클릭한 후 [데이터] 탭-[정렬 및 필터] 그룹-[정렬]을 클릭합니다. 이전에 설정해놓은 정렬 기준이 그대로 나타납니다. [확인]을 클릭하여 바로 적용합니다.

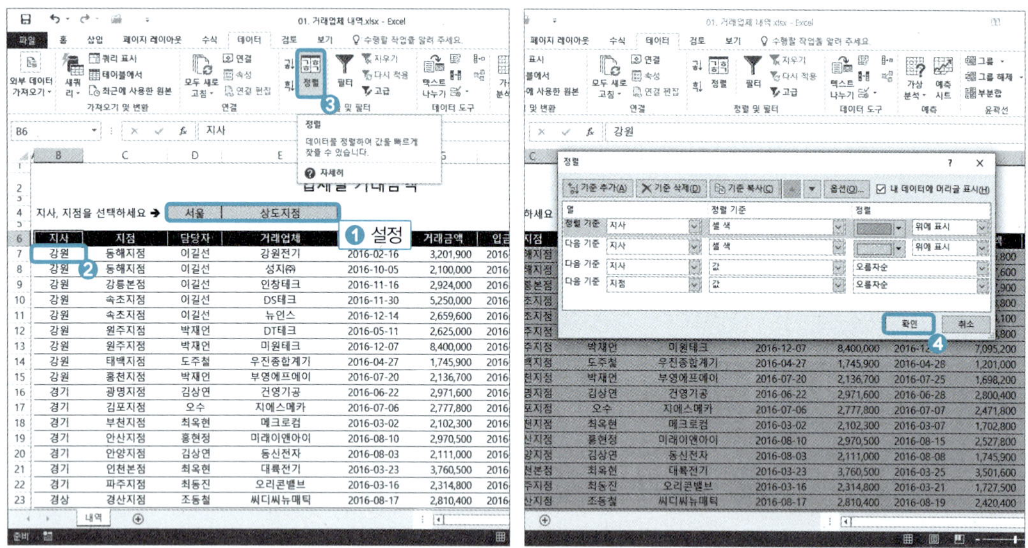

시간 단축 정렬이 적용되어 있는 [B7:J61] 셀 범위 안에 커서가 위치해 있어야만 기존에 설정해놓은 정렬 기준대로 데이터를 정렬할 수 있습니다.

14 선택한 지사와 지점에 해당하는 데이터는 제일 위쪽에, 지사에 해당하는 나머지 데이터는 바로 아래쪽에 색상으로 구분되어 정렬됩니다.

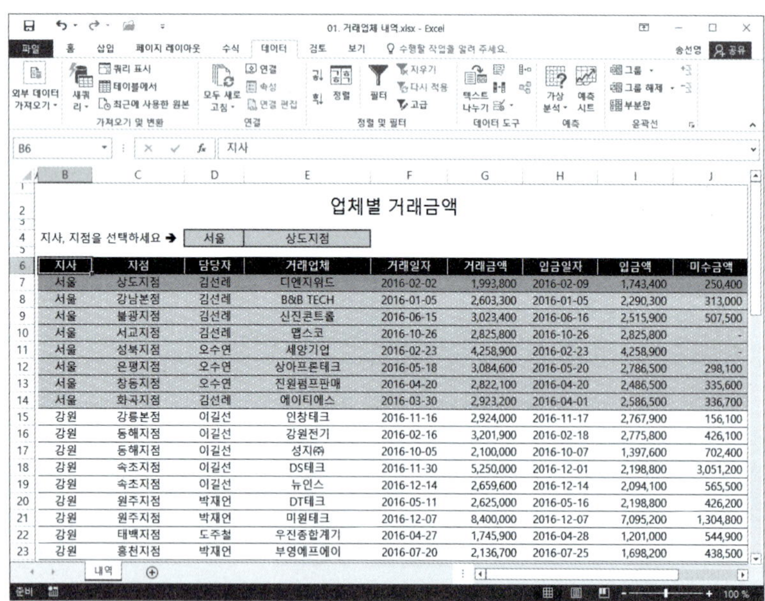

데이터의 통계를 바로 확인하는
급여 내역서 만들기

실습 파일 | PART 02 \ CHAPTER 03 \ 급여 내역서.xlsx　**완성 파일** | PART 02 \ CHAPTER 03 \ 급여 내역서(완성).xlsx

✔ 프로젝트 시작하기

급여대장 데이터에서 표 서식으로 간단하게 서식을 적용하는 방법과 급여 계산 방법을 알아보겠습니다. 또 부분합 함수 중 하나인 SUBTOTAL 함수를 사용하여 추출되는 데이터에 자동으로 번호를 매기고, 요약 결과를 수식으로 작성하는 방법을 알아봅니다. 또한 자동 필터를 이용해서 따로 추출해 보기를 원하는 지사와 직급에 해당하는 사원들의 급여대장을 추출하고 집계를 구해보겠습니다.

여기에서는 자동 필터 도구로 필요한 데이터를 추출할 때 추출된 데이터의 통계 결과를 바로 확인할 수 있는 방법 및 SUBTOTAL 함수의 쓰임새와 표 서식의 장점을 활용하여 효율적으로 엑셀 데이터를 관리하는 방법을 익힐 수 있습니다.

✓ 핵심기능 미리 보기

STEP 01

표 서식 지정하고 간편 계산하기 표 서식

❶ 데이터 범위에 서식을 자동으로 적용합니다.

❷ 표 서식이 적용된 상태에서 수식을 입력하면 자동 채우기를 하지 않아도 한 번에 계산식이 작성됩니다.

STEP 02

데이터 요약과 집계하기 SUBTOTAL 함수

❶ 데이터 추출 시 자동으로 재설정되는 번호를 SUBTOTAL 함수를 이용하여 작성합니다.

❷ 자동 필터로 추출한 데이터의 집계를 구할 수 있습니다.

STEP 03

데이터 추출하기 자동 필터

❶ 자동 필터로 필요한 데이터를 추출합니다.

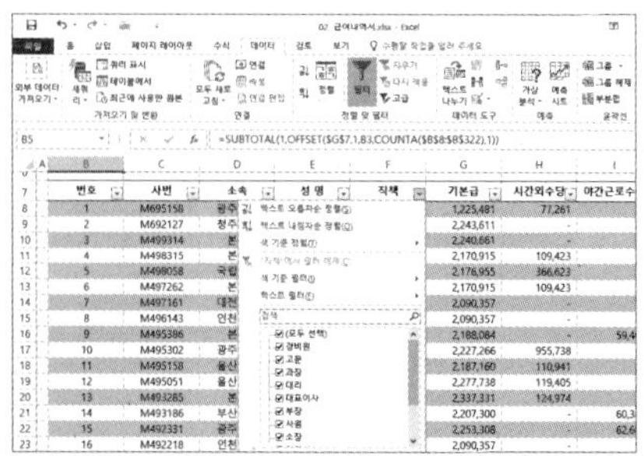

표 서식 지정하고 간편 계산하기

표 서식

표 서식을 이용하여 서식을 적용하고, 계산식을 간단하게 작성하는 방법을 알아보겠습니다. 또 표 서식이 적용된 범위를 일반 범위로 바꾸는 방법에 대해서도 알아보겠습니다.

1 [B4] 셀을 클릭합니다. [홈] 탭-[스타일] 그룹-[표 서식]을 클릭합니다. [표 스타일] 목록 중 [표 스타일 밝게 1]을 선택합니다. 자동으로 범위가 설정됩니다. [확인]을 클릭합니다.

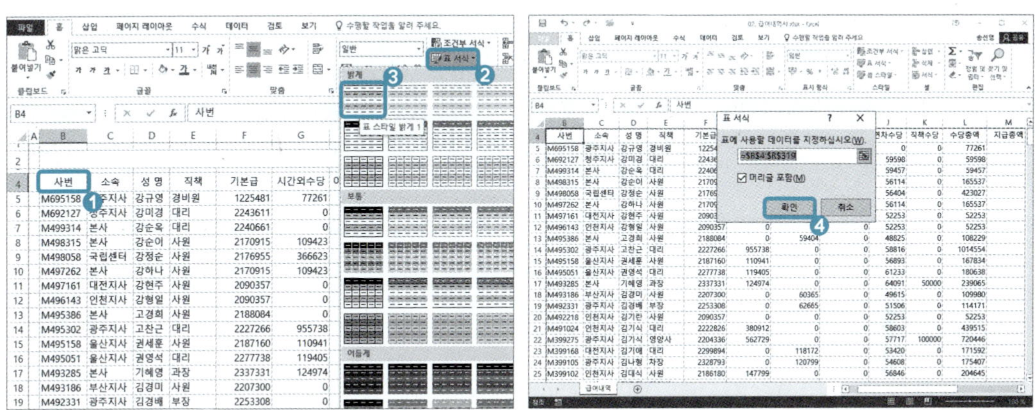

시간단축 데이터 범위 안의 셀을 선택하고 표 서식을 적용하면 [머리글 포함]에 자동으로 체크 표시됩니다.

실력향상 표 서식을 적용할 범위에 서식이 이미 설정되어 있을 때는 표 서식이 적용되지 않습니다. 사용자가 설정해놓은 서식을 우선 적용하기 때문입니다.

슈퍼 활용 TIP ★★★★★   빠른 분석을 이용해 표 서식 설정하기

[빠른 분석]을 이용해 표 서식을 작성할 수 있습니다. 표 서식을 적용할 범위를 지정한 후 범위 오른쪽 아래에 표시되는 [빠른 분석]을 클릭합니다. [표]-[표]에 마우스 포인터를 올려놓으면 적용될 표 서식이 미리 보기로 표시됩니다. 미리 보기 표를 클릭하면 표 서식이 바로 적용됩니다.

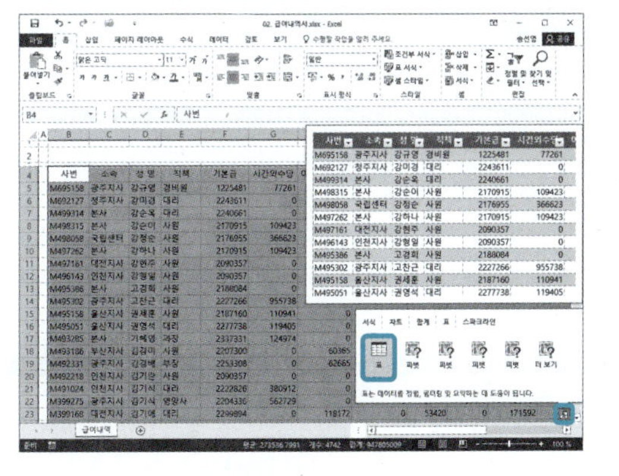

2 [이름 상자]에서 [표1]을 선택하여 표 전체를 선택합니다. [홈] 탭-[맞춤] 그룹-[가운데 맞춤]을 클릭합니다. '기본급' 열 머리글부터 '실제지급액' 열 머리글까지 선택합니다. [홈] 탭-[표시 형식] 그룹-[쉼표스타일]을 클릭합니다.

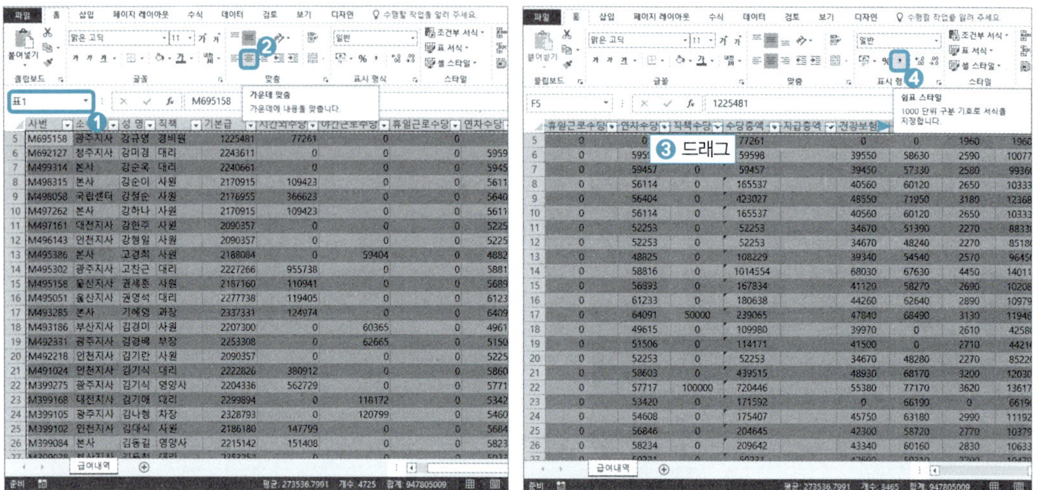

시간 단축 표 서식이 적용된 상태에서 스크롤을 내리면 기존의 알파벳으로 되어 있는 머리글이 표의 열 머리글로 표시되는 것을 확인할 수 있습니다.

3 급여대장의 지급 총액을 구해보겠습니다. [M5] 셀을 클릭합니다. 수식 입력줄을 클릭하여 =을 입력한 후 기본급 [F5] 셀을 클릭합니다. 연산자 +를 입력한 후 수당총액 [L5] 셀을 클릭합니다. Enter 를 누릅니다. 자동 채우기를 하지 않아도 마지막 데이터까지 지급 총액이 구해집니다.

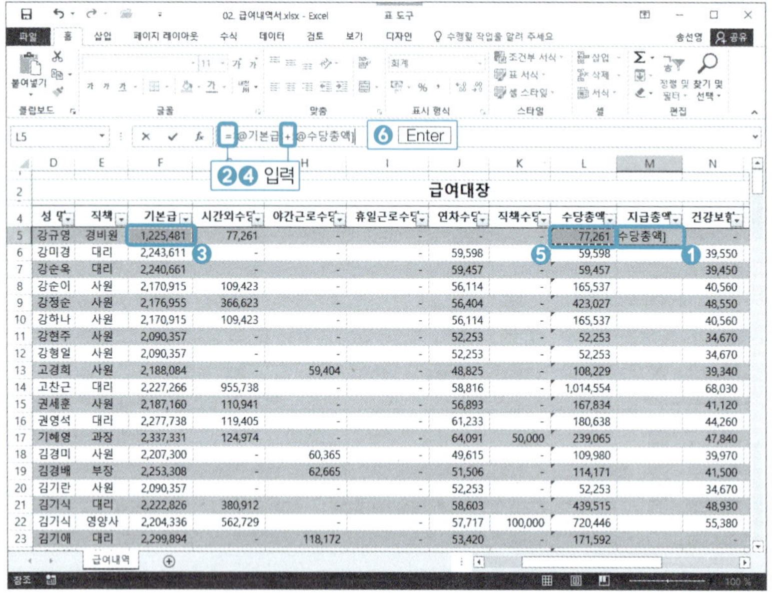

실력 향상 셀에서 수식 계산식이 길어지면 바로 옆의 셀이 선택되지 않아 식 작성이 어려울 수 있습니다. 이때 셀을 선택하고 수식 입력줄을 한 번 더 클릭한 후 계산식을 작성하면 계산식이 길어져도 바로 옆의 셀을 쉽게 선택할 수 있습니다.

4 지급총액에서 공제액을 뺀 실제지급액도 구해보겠습니다. [R5] 셀을 클릭합니다. 수식 입력줄을 클릭하여 **=**을 입력한 후 지급총액 [M5] 셀 클릭합니다. 연산자 **−**를 입력한 후 공제총액 [Q5] 셀을 클릭하고 Enter 를 눌러 계산 완료합니다.

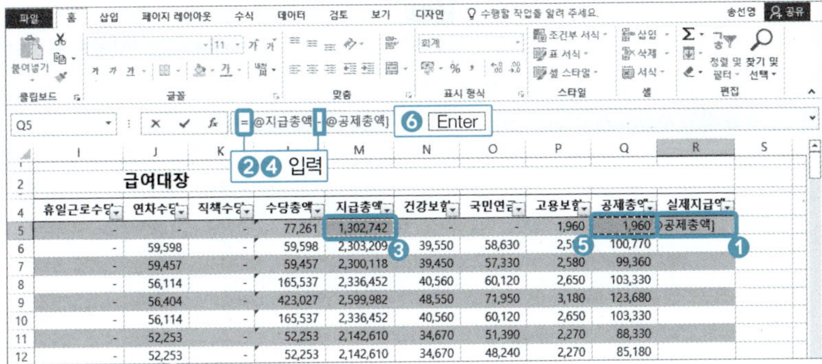

표 서식이 적용된 상태에서 계산하면 나머지 내용은 자동으로 계산되며 셀 주소가 아닌 표 안의 열 머리글로 수식이 작성됩니다.

5 일반 범위로 변경하기 위해 [표 도구]–[디자인] 탭–[도구] 그룹–[범위로 변환]을 클릭합니다. '표를 정상 범위로 변환하시겠습니까?'라고 묻는 메시지가 나타나면 [예]를 클릭합니다.

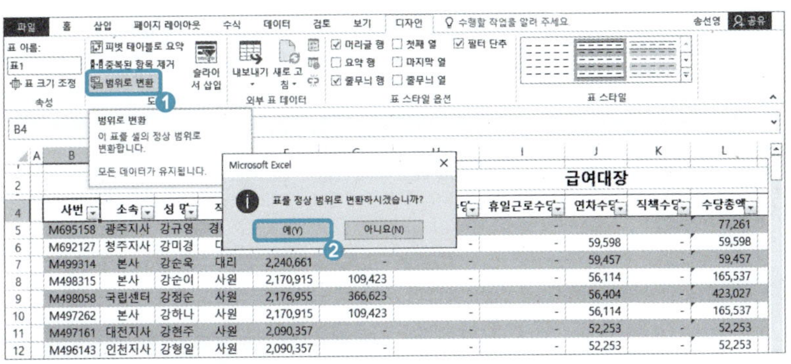

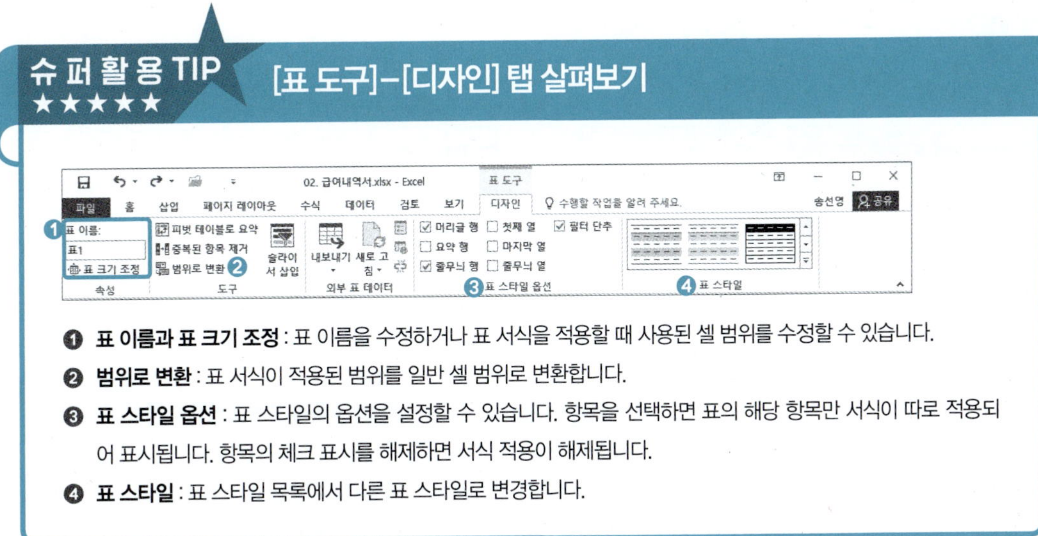

❶ **표 이름과 표 크기 조정** : 표 이름을 수정하거나 표 서식을 적용할 때 사용된 셀 범위를 수정할 수 있습니다.

❷ **범위로 변환** : 표 서식이 적용된 범위를 일반 셀 범위로 변환합니다.

❸ **표 스타일 옵션** : 표 스타일의 옵션을 설정할 수 있습니다. 항목을 선택하면 표의 해당 항목만 서식이 따로 적용되어 표시됩니다. 항목의 체크 표시를 해제하면 서식 적용이 해제됩니다.

❹ **표 스타일** : 표 스타일 목록에서 다른 표 스타일로 변경합니다.

데이터 요약과 집계하기

SUBTOTAL 함수

SUBTOTAL 함수는 엑셀의 데이터 중 숨겨진 데이터를 제외하고 화면에 표시되는 데이터만을 이용하여 계산할 때 사용합니다. SUBTOTAL 함수를 이용하여 화면에 표시되는 데이터만 번호를 재설정하는 방법 및 자동 필터로 추출된 데이터의 통계 값을 구하는 방법에 대해 알아보겠습니다.

6 데이터 번호를 입력할 칸을 만들어보겠습니다. B열을 선택한 후 마우스 오른쪽 버튼을 클릭합니다. [삽입]을 선택하여 열을 삽입합니다. [삽입 옵션]을 클릭하고 [오른쪽과 같은 서식]을 선택합니다.

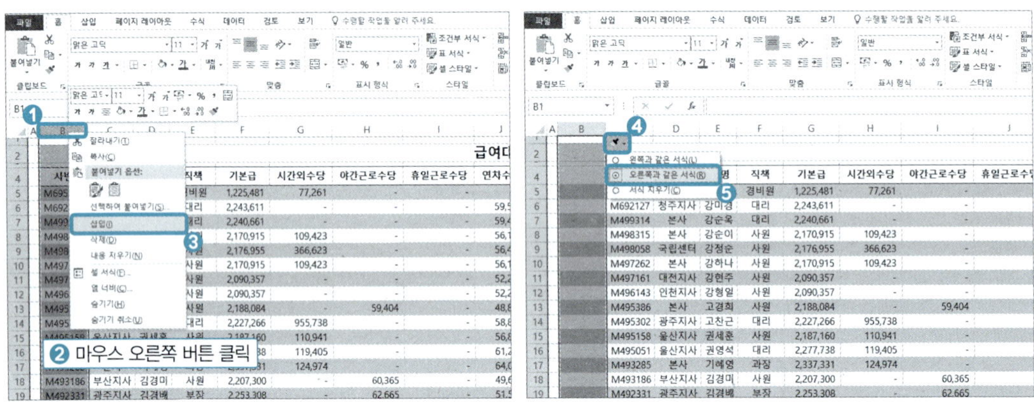

7 [C4:C5] 셀 범위를 선택한 후 [홈] 탭-[클립보드] 그룹-[서식 복사]를 클릭합니다. [B4:B5] 셀을 드래그하여 서식을 붙여넣기합니다. [B4] 셀에 **번호**, [B5] 셀에 수식 **=SUBTOTAL(3,$C$5:C5)**를 입력한 후 Enter 를 눌러 입력을 완료합니다.

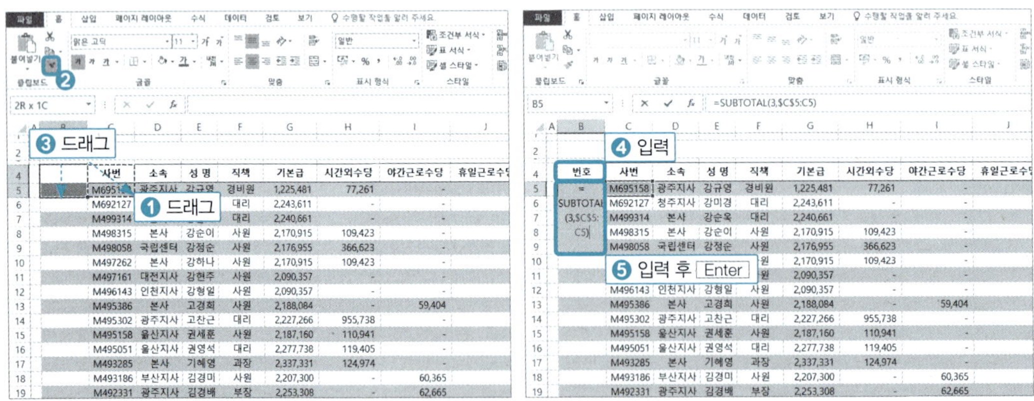

시간단축 서식을 여러 곳에 적용할 때는 [서식 복사]를 두 번 클릭하여 사용합니다. 두 번 클릭하면 ESC 를 누르기 전까지 여러 곳에 서식을 반복해서 적용할 수 있습니다.

실력향상 SUBTOTAL 함수는 부분합 함수로, 첫 번째 인수에 숫자를 입력해 [개수], [합계], [평균], [최대값], [최소값] 등 총 11가지 값을 구할 수 있습니다. '=SUBTOTAL(3,$C$5:C5)' 수식에서 첫 번째 인수 숫자 '3'은 개수를 구하는 COUNTA 함수 번호입니다. 두 번째 인수 범위 '$C$5:C5'는 고정된 [C5] 셀부터 현재 셀까지의 데이터 개수를 구하도록 지정되었습니다.

8 [B5] 셀을 클릭한 후 채우기 핸들을 더블클릭해 자동 채우기합니다. [자동 채우기 옵션]에서 [서식 없이 채우기]를 선택해 서식은 제외하고 수식만 자동 채우기합니다. Ctrl + ↓를 누릅니다. 번호 가장 아래쪽 번호인 [B319] 셀로 이동합니다. [B319] 셀의 채우기 핸들을 드래그해 아래로 한 칸 더 자동 채우기합니다. [자동 채우기 옵션]에서 [서식 없이 채우기]를 선택합니다.

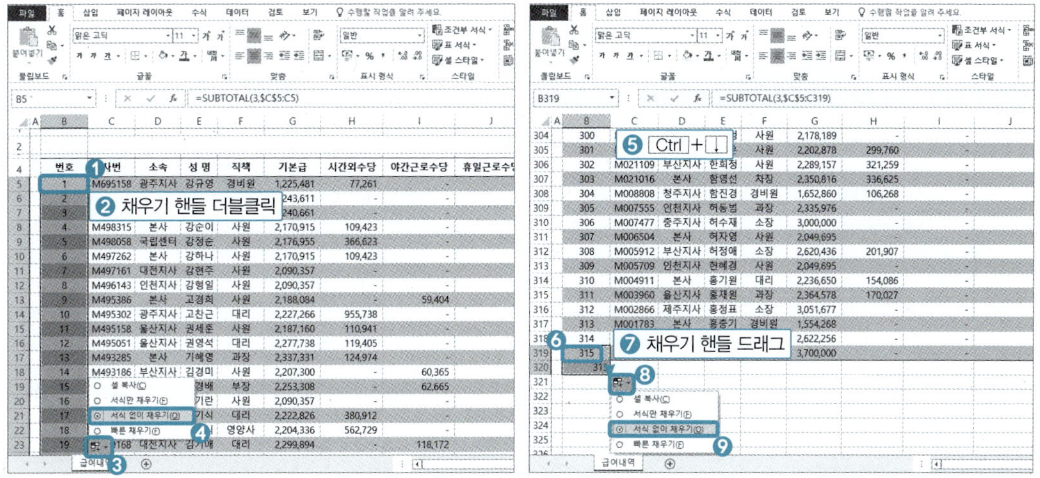

> **실력 향상** 마지막 데이터 아래쪽에 수식을 한 번 더 입력하지 않으면 자동 필터로 데이터를 추출할 때 마지막 데이터가 조건에 상관없이 언제나 필터링됩니다.

9 320행을 선택합니다. 마우스 오른쪽 버튼을 클릭하여 [숨기기]를 선택합니다. Ctrl + ↑를 눌러 표의 위쪽으로 이동합니다. 통계 결과가 표시될 공간을 만들기 위해 [4:6] 행 범위를 선택합니다. 마우스 오른쪽 버튼을 클릭하여 [삽입]을 선택합니다.

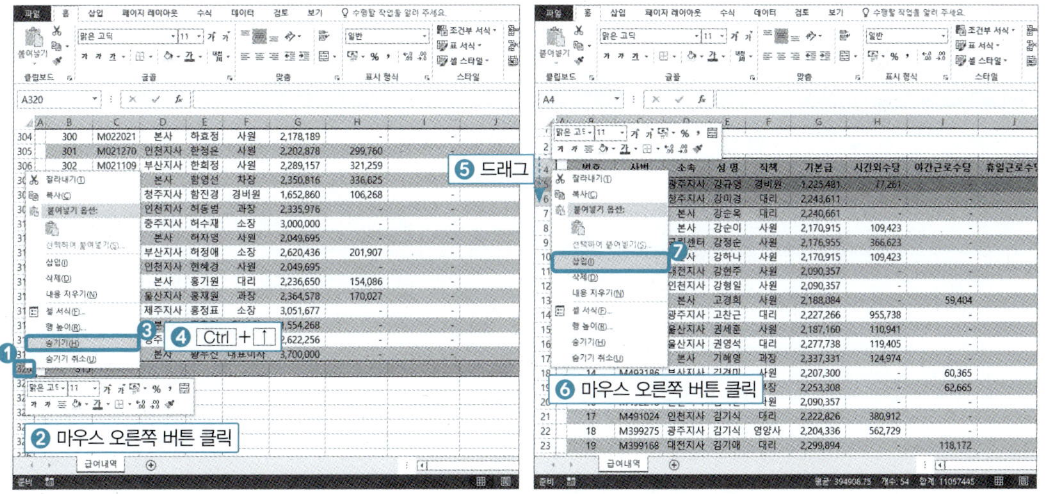

10 [4:5] 행 범위를 선택합니다. 행의 경계선을 드래그해 높이를 조절합니다. [B3] 셀을 클릭합니다. 숫자 **0**을 입력합니다. [C3] 셀에는 **6**, [D3] 셀에는 **11**, [E3] 셀에는 **12**를 입력합니다.

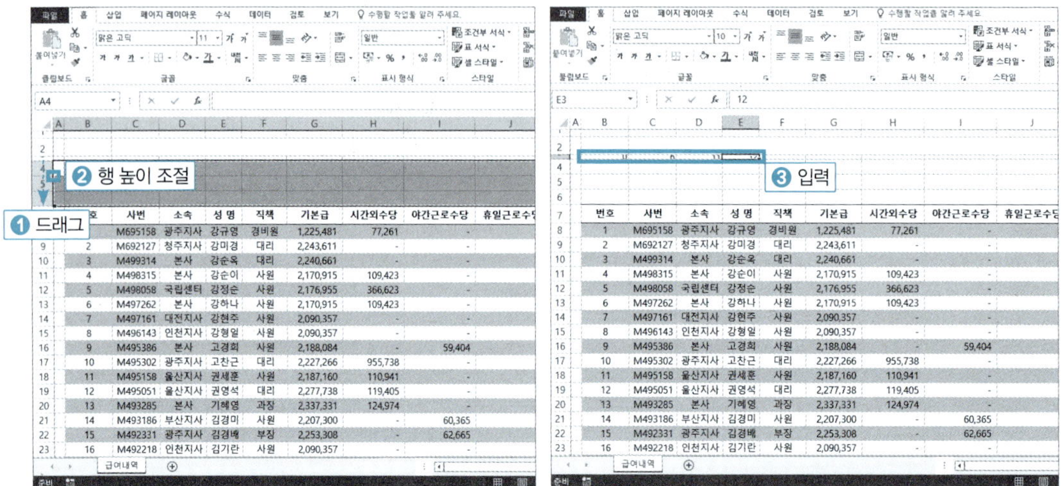

> **실력 향상** 함수를 이용하여 계산할 기본급 열부터 계산할 열 번호 숫자를 입력합니다. 기본급 열을 시작으로 0부터 오른쪽으로 이동한 열 번호입니다.

11 [B4] 셀을 클릭한 후 **=OFFSET($G$7,0,B3)&"평균"**을 입력합니다. [B3] 셀의 채우기 핸들을 [E4] 셀까지 드래그합니다. [B4:E4] 셀 범위가 선택된 상태에서 [홈] 탭-[셀] 그룹-[서식]을 클릭합니다. 서식 메뉴 중 [열 너비 자동 맞춤]을 선택하여 너비를 조절합니다. [B4:E4] 셀 범위가 선택된 상태에서 [홈] 탭-[맞춤] 그룹-[가운데 맞춤]을 선택합니다. [홈] 탭-[글꼴] 그룹-[테두리]를 클릭한 후 [위쪽/굵은 아래쪽 테두리]를 선택합니다.

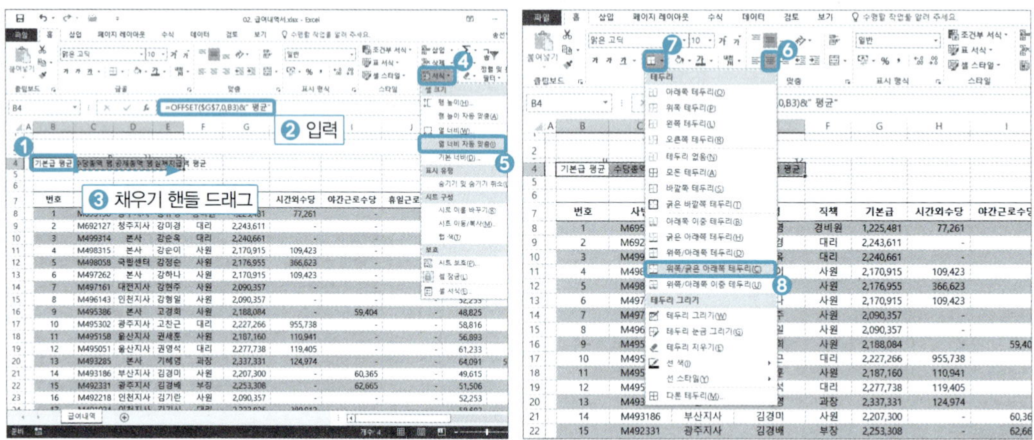

> **실력 향상** '=OFFSET($G$7,0,B3,1,1)'로 입력하면 [G7] 셀부터 시작하여 아래로 0칸, [B3] 셀에 입력된 대로 오른쪽으로 0칸 이동한 후 해당 셀의 값 '기본급'을 가져옵니다. 3행의 숫자 값을 3으로 수정하면 [G7] 셀부터 아래로 0칸, 오른쪽으로 3칸 이동한 후 해당 셀의 값인 '휴일근로수당' 값을 가져옵니다.

OFFSET 함수는 참조 작업을 하는 함수로, 입력된 행, 열 방향만큼 이동하여 해당 셀의 값을 가져오거나(Height와 Width 값 생략 시) 추가로 입력된 높이, 너비만큼의 범위를 지정합니다.

함수 형식	OFFSET(Reference, Rows, Cols, Height, Width)
인수	• Reference : 참조할 기준을 잡는 시작 위치입니다. • Rows : 시작 위치에서 행 방향으로 이동할 셀 개수를 지정하는 숫자로 양수는 아래쪽, 음수는 위쪽으로 이동합니다. • Cols : 시작 위치에서 열 방향으로 이동할 셀 개수를 지정하는 숫자로 양수는 오른쪽, 음수는 왼쪽으로 이동합니다. • Height : 이동이 끝난 후 포함할 높이 값을 지정합니다. 선택 요소이므로 생략 가능합니다. • Width : 이동이 끝난 후 포함할 너비 값을 지정합니다. 선택 요소이므로 생략 가능합니다.

12 [B5] 셀을 클릭한 후 **=SUBTOTAL(1,OFFSET($G$7,1,B3,COUNTA($B$8:$B$322),1))**을 입력합니다. [B5] 셀의 채우기 핸들을 [E5] 셀까지 드래그합니다.

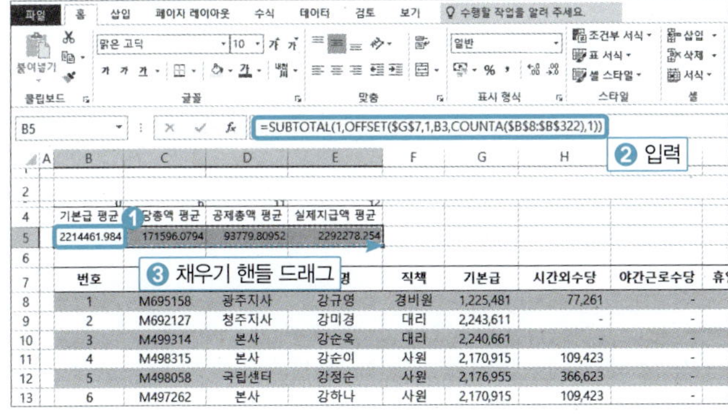

실력향상

'=SUBTOTAL(1,OFFSET($G$7,1,B3,COUNTA($B$8:$B$322),1))' 수식은 OFFSET 함수를 이용하여 지정한 범위의 평균값을 구해주는 수식입니다. 'OFFSET($G$7,1,B3,COUNTA($B$8:$B$322),1)' 수식은 [G7] 셀부터 시작하여 아래로 한 칸, 오른쪽으로 [B3] 셀에 입력된 0 칸 이동 후 COUNTA 함수로 지정한 범위의 높이만큼, 입력된 숫자 1개의 너비만큼, G열의 기본급 숫자 범위를 지정합니다.

13 [B5:E5] 셀 범위가 선택된 상태에서 [홈] 탭-[글꼴] 그룹-[테두리]를 클릭한 후 [위쪽/굵은 아래쪽 테두리]를 선택합니다. [홈] 탭-[표시 형식] 그룹-[쉼표 스타일]을 선택합니다. [B3:E3] 셀 범위를 선택한 후 [홈] 탭-[글꼴] 그룹-[글꼴 색]을 [흰색, 배경1]로 선택하여 보이지 않도록 설정합니다.

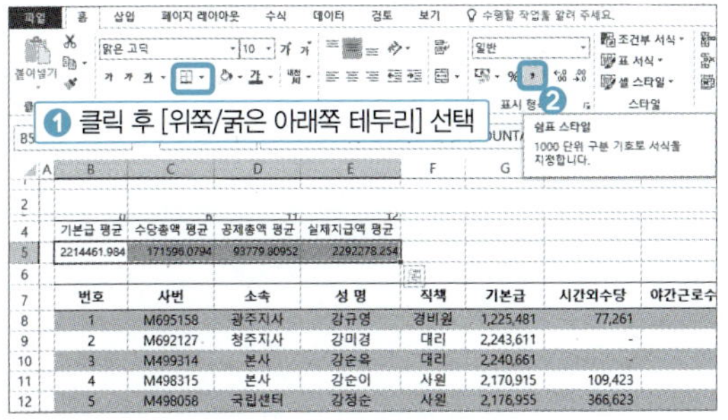
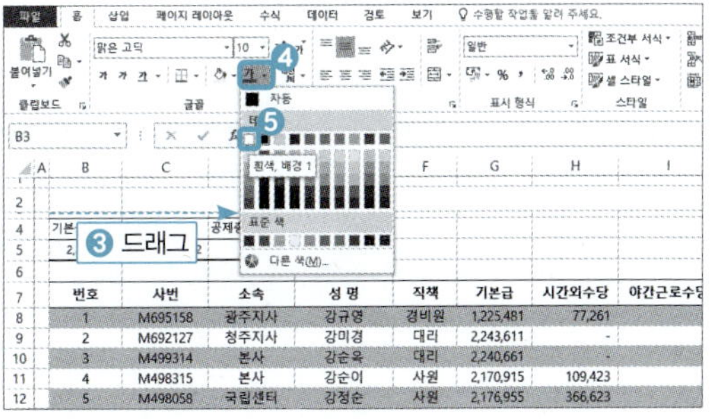

데이터 추출하기
자동 필터

[자동 필터]를 이용하여 특정 데이터만을 추출하고 추출된 데이터의 통계 결과가 어떻게 나오는지 확인해 보겠습니다.

14 [B7] 셀을 클릭합니다. [데이터] 탭-[정렬 및 필터] 그룹-[필터]를 클릭합니다. [소속] 필드의 필터 단추를 클릭합니다. [모두 선택]의 체크 표시를 해제한 후 [부산지사]에 체크 표시합니다. [확인]을 클릭합니다. [직책] 필드의 필터 단추를 클릭합니다. [모두 선택]의 체크 표시를 해제한 후 [대리]에 체크 표시합니다. [확인]을 클릭합니다.

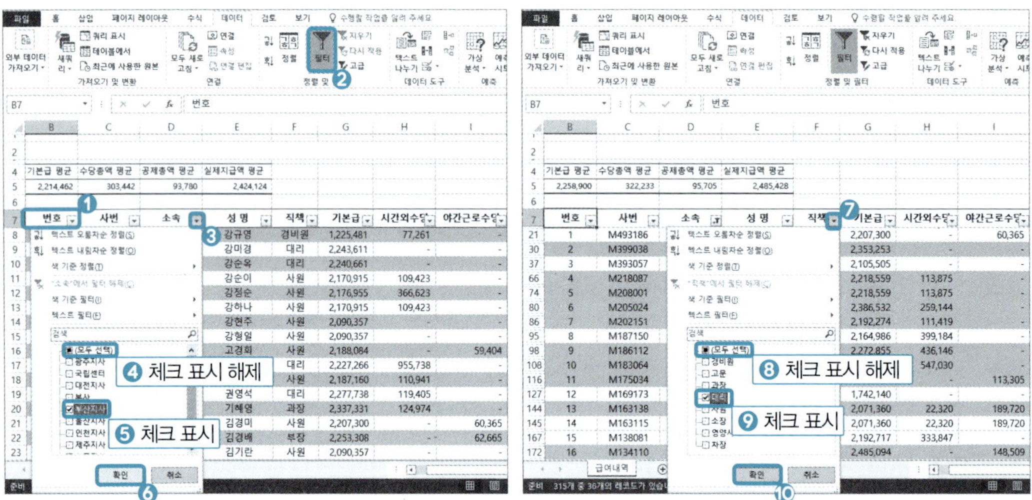

15 [부산지사] 소속의 [대리] 데이터가 추출되어 해당 데이터의 통계 값과 검색된 건수를 번호로 확인할 수 있습니다.

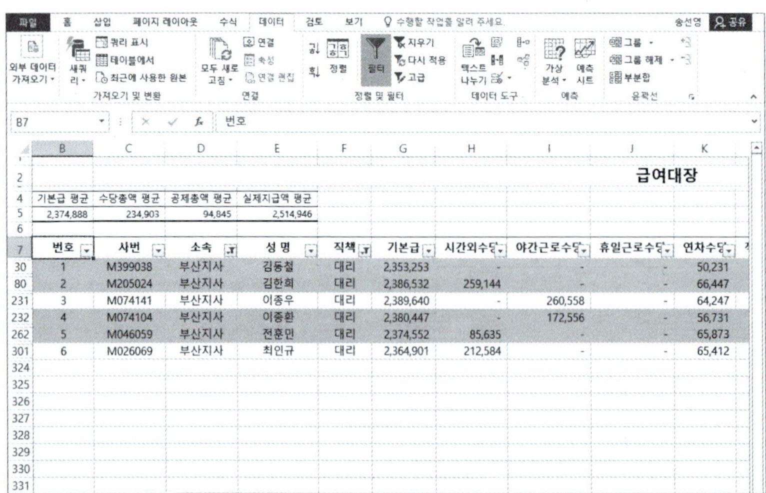

고급 필터를 이용하여
신규 물품 내역 확인서 작성하기

실습 파일 | PART 02 \ CHAPTER 03 \ 물품관리대장.xlsx   **완성 파일** | PART 02 \ CHAPTER 03 \ 물품관리대장(완성).xlsx

✔ 프로젝트 시작하기

고급 필터는 자동 필터와 달리 원본 데이터와 조건이 입력된 조건 데이터와 결과가 나타날 방법 등을 지정해주어야 사용할 수 있는 필터 도구입니다. 또한 조건을 입력하는 방법이 규정되어 있지 않으므로 사용자가 임의로 필요한 조건을 설정할 수 있습니다.

와일드카드로 조건을 입력하여 보유하고 있는 물품 중에서 필요한 데이터를 추출하는 방법과 수식으로 조건을 입력하여 보유물품과 2016년 새 신청물품을 비교하여 기존에 보유하고 있던 물품이 아니라 새롭게 신청하는 물품만 추출하는 방법을 알아보겠습니다. 이 기능은 고급 필터의 조건을 폭넓게 작성하고 필요한 결과만 추출하는 등 필요한 데이터를 뽑아보는 작업에서 사용할 수 있습니다.

STEP 01 와일드카드와 수식을 이용한 조건 작성하기 **고급 필터 조건 지정**

❶ 보유물품 목록에서 '의자'가 포함된 품명을 찾기 위해 와일드카드를 이용하여 '*의자*'를 조건으로 작성하고, 기증된 물품을 찾기 위해 수식을 이용하여 '="=기증"'으로 조건을 작성합니다.

STEP 02 함수를 이용한 조건 작성하기 **고급 필터 조건 지정**

❶ 기존 신청물품 목록과 비교해 새롭게 신청한 물품만 추출하기 위해 수식을 이용하여 조건을 작성합니다.

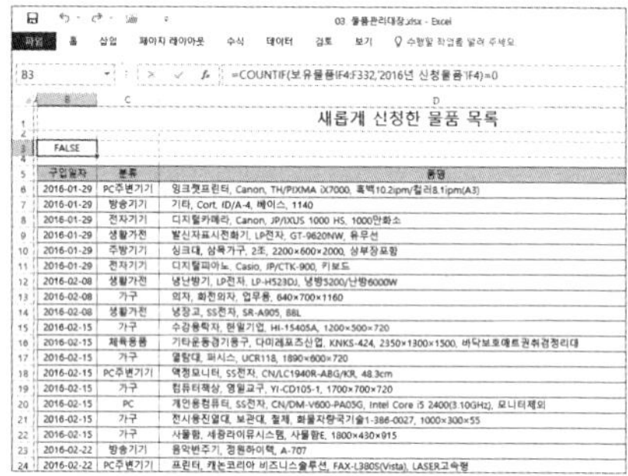

STEP 03 필요한 데이터만 구분하여 추출하기 **고급 필터 열 머리글 지정**

❶ 결과로 보고 싶은 열 머리글을 미리 설정하여 해당 열 머리글에 포함되는 결과만 추출하여 볼 수 있습니다.

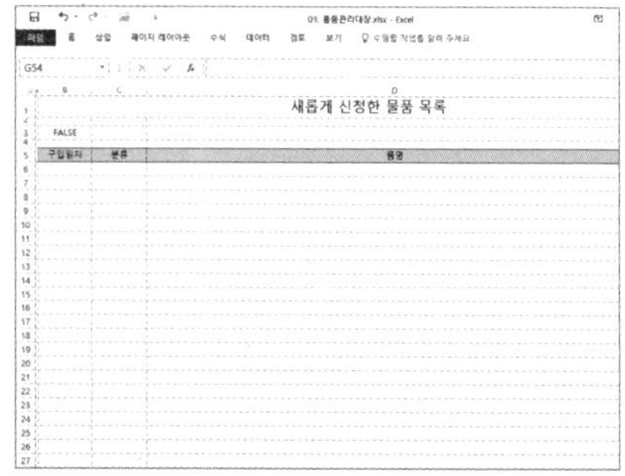

와일드카드와 수식을 이용한 조건 작성하기
고급 필터 조건 지정

고급 필터의 조건 입력 방법인 AND와 OR 조건에 맞춰 조건을 입력하고 와일드카드와 수식을 어떤 상황에서 사용할 수 있는지 조건 작성 방법을 알아봅니다. 또한 조건에 맞는 결과를 추출할 수 있도록 고급 필터를 활용하는 방법에 대해서도 알아보겠습니다.

1 보유하고 있는 모든 물품 내역이 입력되어 있는 [보유물품] 시트를 선택합니다. [B3] 셀을 클릭한 후 Ctrl + A 를 눌러 표 전체를 선택합니다. [이름 상자]에 **보유물품**을 입력한 후 Enter 를 누릅니다. 필요한 데이터를 추출하고 조건을 입력할 [물품데이터 추출] 시트를 선택합니다. [B2] 셀에 **분류**, [C2] 셀에 **품명**을 입력해 열 머리글을 지정합니다. 찾고자 하는 분류 값으로 [B3] 셀에 **가구**, [C3] 셀에 ***의자***를 입력합니다.

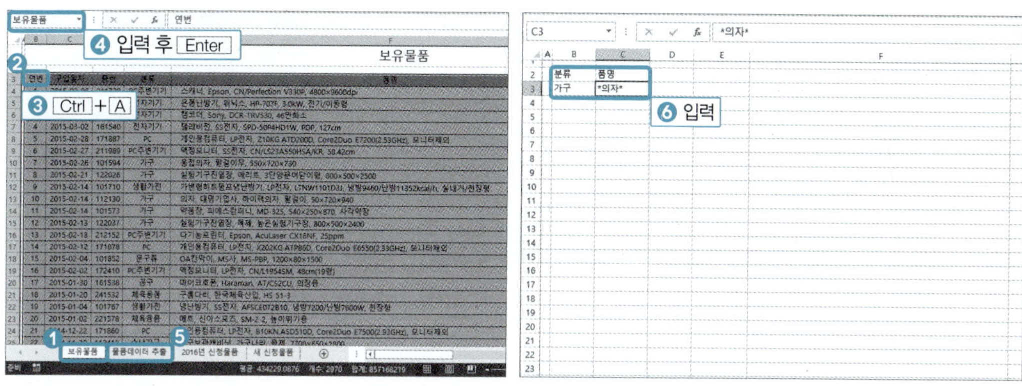

시간 단축 [고급 필터]는 원본 데이터에서 필요한 데이터를 추출하므로 원본 데이터 범위 설정을 자주하게 됩니다. 원본 데이터 범위에 이름을 정해놓으면 매번 범위를 지정하지 않고 간단하게 [고급 필터]를 사용할 수 있습니다.

실력 향상 조건을 입력할 때는 위쪽 행에 열 머리글을, 아래쪽 행에 필요한 조건을 입력합니다. 품명의 앞과 뒤, 텍스트 길이나 내용에 상관없이 '의자'라는 단어가 포함되어 있는 품명을 추출하기 위해 *의자*로 조건을 입력합니다.

슈퍼활용 TIP ★★★★★ 와일드카드 조건

텍스트로 입력되어 있는 데이터 중 일부 문자가 포함된 데이터를 찾을 때 사용하는 방법입니다. 와일드카드로 사용하는 문자로는 텍스트의 문자 개수와 상관없이 사용하는 '*', 텍스트의 문자 개수를 확인하는 '?' 두 개의 문자로 구분하여 사용합니다.

예) **PC*** : 문자 길이와 상관없이 'PC'로 시작하는 모든 텍스트를 포함합니다.

　PC???? : 'PC' 텍스트 뒤에 네 개의 글자가 더 있는 텍스트, 즉 'PC'로 시작하는 총 6자의 문자를 포함합니다.

2 조건을 입력한 범위에 서식을 적용해 보기 좋게 꾸며보겠습니다. [B2:C3] 셀 범위를 선택합니다. [홈] 탭-[맞춤] 그룹-[가운데 맞춤]을 클릭합니다. [홈] 탭-[글꼴] 그룹-[테두리]를 클릭한 후 [모든 테두리]를 선택합니다. [B5] 셀을 클릭하고 [데이터] 탭-[정렬 및 필터] 그룹-[고급]을 클릭합니다. 결과를 현재 시트에 나타내기 위해 [고급 필터] 대화상자에서 [결과]는 [다른 장소에 복사]를 선택합니다. [목록 범위]에는 이름 설정한 원본 데이터인 **보유물품**을 입력합니다. [조건 범위]에는 [물품데이터 추출] 시트의 [B2:C3] 셀 범위를 선택합니다. [복사 위치]에는 [물품데이터 추출] 시트의 [B5] 셀을 클릭합니다. [확인]을 클릭합니다.

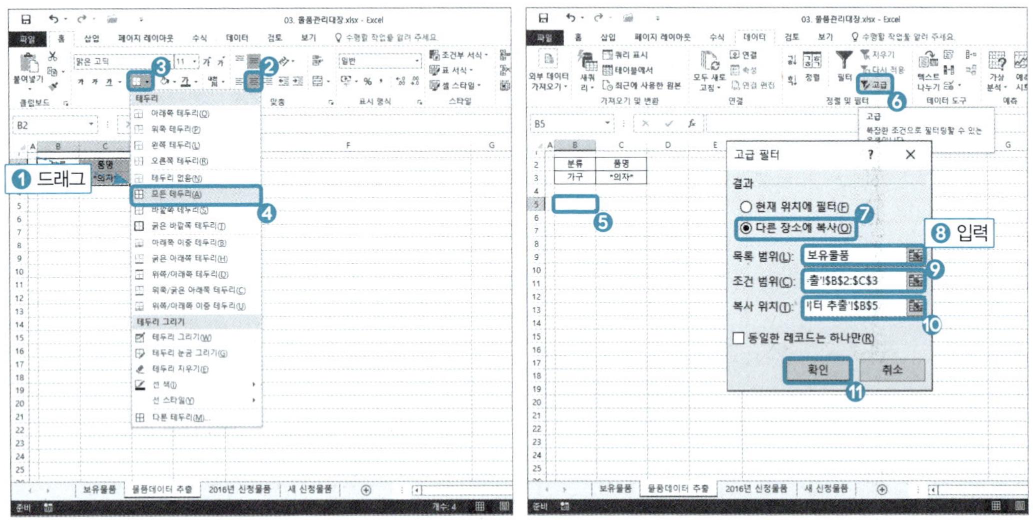

3 분류가 '가구'이면서 품명에 '의자' 텍스트가 포함된 관련 데이터들만 추출되어 보입니다.

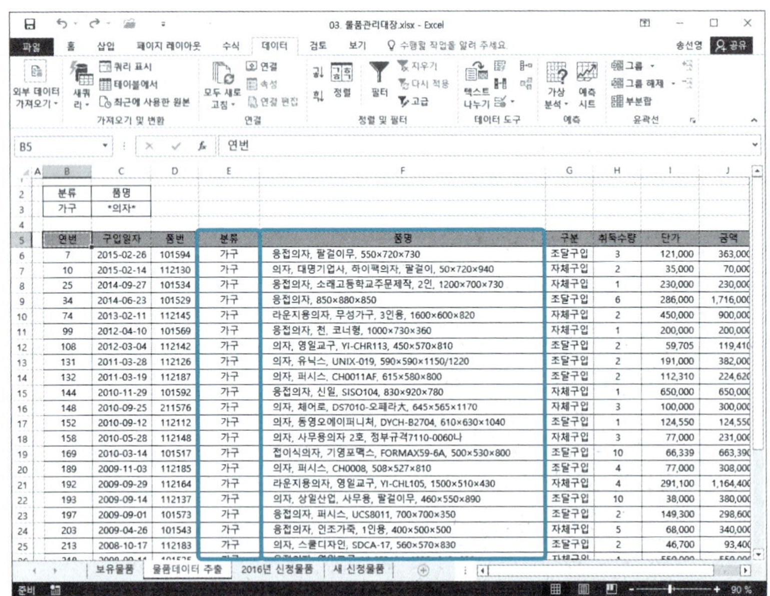

4 다른 조건을 입력하여 데이터를 한 번 더 추출해보겠습니다. [B36] 셀에 **분류**, [C36] 셀에 **금액**, [D36] 셀에 **구분**을 입력하여 열 머리글을 지정합니다. 찾고자 하는 분류 데이터인 [B37] 셀에 **체육용품**, [C37] 셀에 **>=1000000**을 입력합니다. [D38] 셀에 수식 **="=기증"**을 입력합니다.

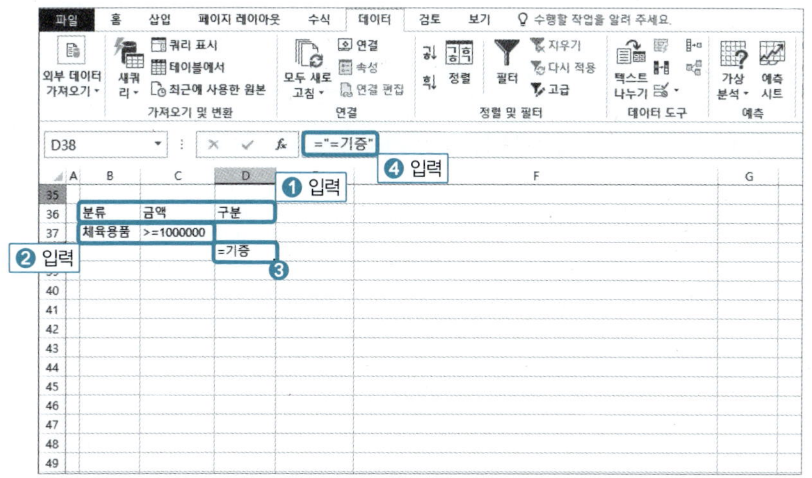

> **실력 향상** 분류가 '체육용품'이면서 금액이 1,000,000원 이상인 조건을 모두 만족하는 데이터를 추출하기 위해 분류와 금액은 같은 행에 AND 조건으로 입력하고, 앞의 조건 상관없이 구분이 '기증'인 모든 데이터를 추출하기 위해 구분은 다른 행에 OR 조건으로 입력합니다. 자세한 사항은 137쪽을 참고합니다.
> 구분에 '기증'으로만 입력하면 '기증'으로 시작하는 데이터, '기증'과 '기증받음'이 모두 추출됩니다. 구분이 '기증'인 정확한 결과를 추출하려면 수식을 이용하여 '="=기증"'으로 입력합니다.

5 조건을 입력한 범위에 서식을 적용하기 위해 [B36:D38] 셀 범위를 선택합니다. [홈] 탭-[맞춤] 그룹-[가운데 맞춤]을 클릭합니다. [홈] 탭-[글꼴] 그룹-[테두리]에 이미 설정되어 있는 [모든 테두리]를 클릭합니다. [B40] 셀을 클릭합니다. [데이터] 탭-[정렬 및 필터] 그룹-[고급]을 클릭합니다. [고급 필터] 대화상자에서 [결과]는 [다른 장소에 복사]를 선택하고 [목록 범위]에는 **보유물품**을 입력합니다. [조건 범위]에는 [물품데이터 추출] 시트의 [B36:D38] 셀 범위를 선택합니다. [복사 위치]에는 [물품데이터 추출] 시트의 [B40] 셀을 클릭합니다. [확인]을 클릭합니다.

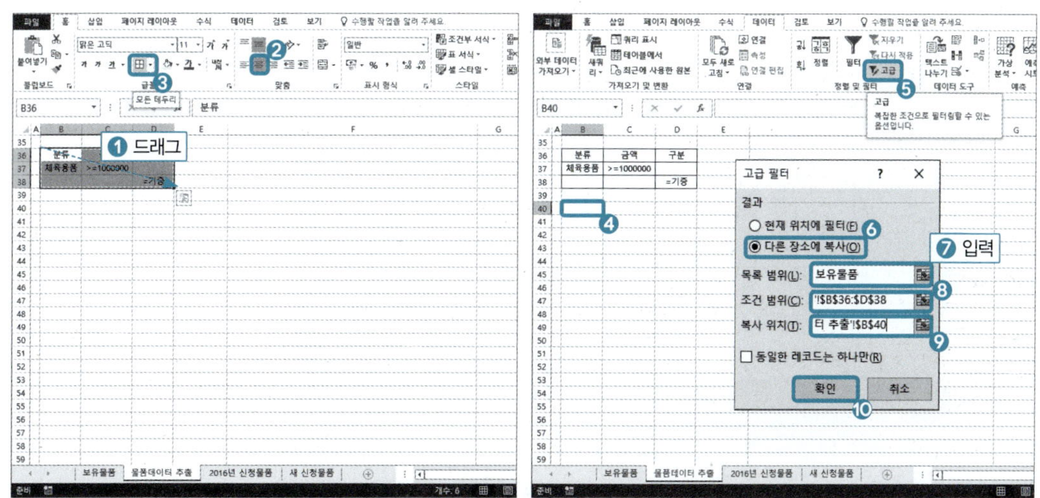

6 분류가 '체육용품'이면서 구입 금액이 '1,000,000원' 이상인 데이터와 구분이 '기증'인 데이터가 모두 추출됩니다.

분류	금액	구분
체육용품	>=1000000	
		=기증

연번	구입일자	품번	분류	품명	구분	취득수량	단가	금액
18	2015-01-20	241532	체육용품	구름다리, 한국체육산업, HS 51-3	자체구입	1	1,540,000	1,540,000
35	2014-06-08	104675	PC주변기기	잉크젯프린터, HP, TH/K8600DN, A3	기증	1	497,000	497,000
71	2013-03-28	212181	PC주변기기	레이저프린터, SS전자, ML-1640K, A4, 16ppm	기증	1	170,000	170,000
87	2012-07-02	241532	체육용품	시소, 금강기업, KG-5, 3000×1900×500, 8인용	조달구입	1	1,809,720	1,809,720
89	2012-06-14	221596	체육용품	매트, 동화과학, DG-28, 체조매트, 1200×6000×60	자체구입	4	425,000	1,700,000
117	2011-11-08	241546	체육용품	미끄럼틀, 홍문기업, HM-034, 4000×2000, 1승3방락	자체구입	1	4,400,000	4,400,000
121	2011-09-28	241582	체육용품	정글짐, 중앙카스포, JA12-27, 5단5칸, 스테인리스	조달구입	1	4,244,000	4,244,000
167	2010-03-31	121435	가구	이동식스툴테이블, 하나미산업, HC-9004, 1800×750×740, 6인용	기증	1	345,000	345,000
236	2007-11-18	241539	체육용품	늘임봉늘임줄, 중앙카스포, JA4-19-1, 늘임봉, 8인용	자체구입	1	1,650,000	1,650,000
245	2007-05-05	211593	PC	노트북컴퓨터, LP전자, CN/R570-K.AR40KN, Core i3-350M(2.26	기증	1	1,200,000	1,200,000
304	2003-06-08	221595	체육용품	농구대, 야외고정식	자체구입	1	1,700,000	1,700,000
305	2003-05-25	171510	체육용품	철봉, 삼화공업, SH-E116, 3단6칸	자체구입	1	1,980,000	1,980,000
319	1999-01-26	161592	방송기기	디지털비디오레코더, 베스트디지털, TGDVR-140S, 250GB	기증	1	800,000	800,000
322	1998-09-12	211991	PC주변기기	액정모니터, 피씨뱅크이십일, PBM-170DS, 43cm	기증	1	300,000	300,000

보유물품 | 물품데이터 추출 | 2016년 신청물품 | 새 신청물품

STEP 02

함수를 이용한 조건 작성하기

고급 필터 조건 지정

기존에 보유하고 있는 물품 데이터가 입력되어 있는 [보유물품] 시트의 데이터와 2016년에 새롭게 신청한 물품 데이터가 입력되어 있는 [2016년 신청물품] 시트의 데이터를 비교하여 2016년에 신청한 물품 중 기존에 한 번도 신청하지 않았고 [보유물품] 시트에 없는 새로 신청한 물품을 추출해보겠습니다. 두 데이터를 비교하여 추출해야 하므로 함수를 이용하여 조건을 입력하는 방법을 알아보겠습니다.

7 2016년에 신청한 물품 데이터 범위에 이름을 지정하기 위해 [2016년 신청물품] 시트를 선택합니다. [B3] 셀을 클릭합니다. Ctrl+A를 눌러 표 전체를 선택합니다. [이름 상자]에 **신청물품**을 입력한 후 Enter를 누릅니다.

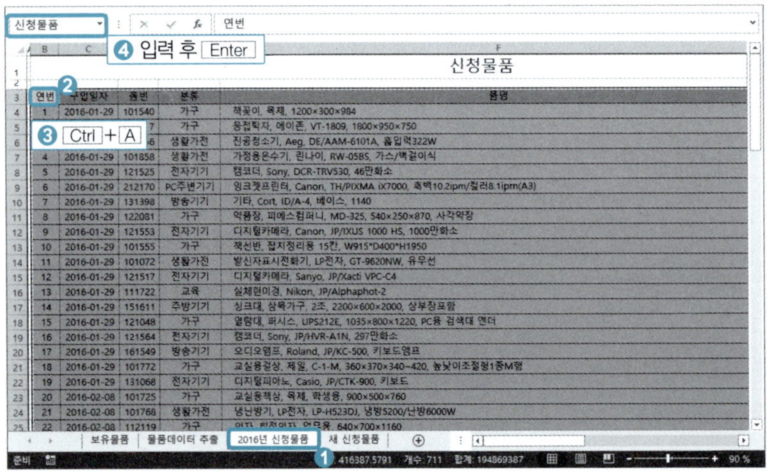

8 [새 신청물품] 시트를 선택합니다. [B3] 셀에 **=COUNTIF(보유물품!F4:F332,'2016년 신청물품'!F4)=0**을 입력합니다. Enter 를 누릅니다.

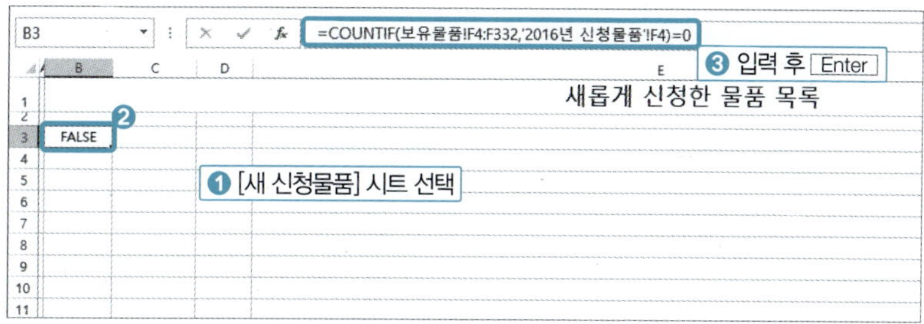

실력 향상 '=COUNTIF(보유물품!F4:F332,'2016년 신청물품'!F4)=0' 수식은 COUNTIF 함수를 사용하여 [보유물품] 시트의 [F4:F332] 셀 범위 '품명' 목록에서 [2016년 신청물품] 시트의 [F4] 셀에 입력된 품명이 몇 개 있는지 개수를 확인한 후 개수가 0과 같은지 비교합니다. 0과 같다는 것은 [보유물품] 시트의 '품명' 목록에 [2016년 신청물품] 시트의 [F4] 셀 품명이 없다는 것이고 기존 보유물품에 없는, 새롭게 신청한 물품이라는 의미입니다. 비교식은 [F4] 셀에 입력했지만 고급 필터 사용 시 목록 범위에 [2016년 신청물품] 시트의 품명 범위가 포함되므로 F열의 마지막 데이터까지 모두 비교하여 결과를 추출해줍니다. 입력한 조건의 결과가 'TRUE' 또는 'FALSE'로 나온 경우 기존 조건처럼 지정된 열 머리글에서 찾을 데이터 값이 아니므로 기존의 열 머리글은 입력하지 않습니다. 대부분 '조건' 텍스트로 입력하여 사용하지만 비워두어도 식을 이용하여 데이터를 검색해줍니다.

STEP 03 필요한 데이터만 구분하여 추출하기
고급 필터 열 머리글 지정

[고급 필터] 사용 시 결과로 추출되는 데이터는 목록 범위의 머리글 그대로 데이터가 추출됩니다. [2016년 신청 물품] 시트의 데이터 중에서 결과로 볼 열 머리글 '구입일자', '분류', '품명', '금액'을 미리 설정한 후 관련 데이터만 추출되도록 [고급 필터]를 사용해보겠습니다.

9 [2016년 신청물품] 시트를 선택합니다. [C3] 셀을 클릭한 후 Ctrl 를 누른 상태에서 [E3:F3] 셀 범위와 [J3] 셀을 추가로 클릭합니다. Ctrl + C 를 눌러 복사합니다.

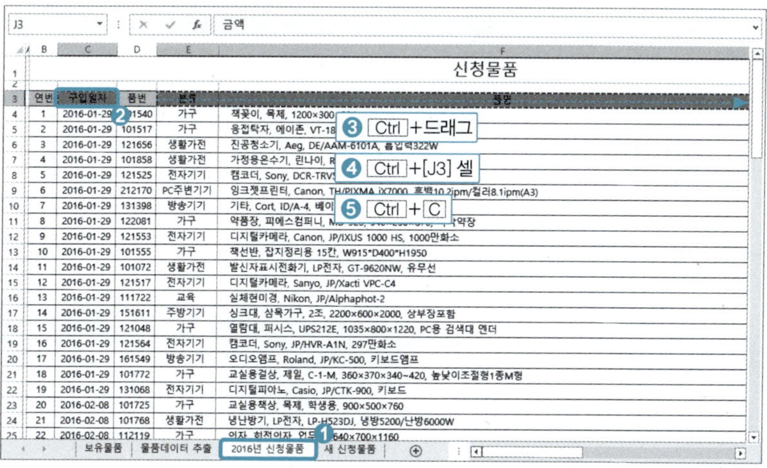

10 [새 신청물품] 시트를 선택합니다. [B5] 셀을 클릭하고 Ctrl + V 를 눌러 붙여넣기합니다. [붙여넣기 옵션]을 클릭한 후 [원본 열 너비 유지]를 선택합니다.

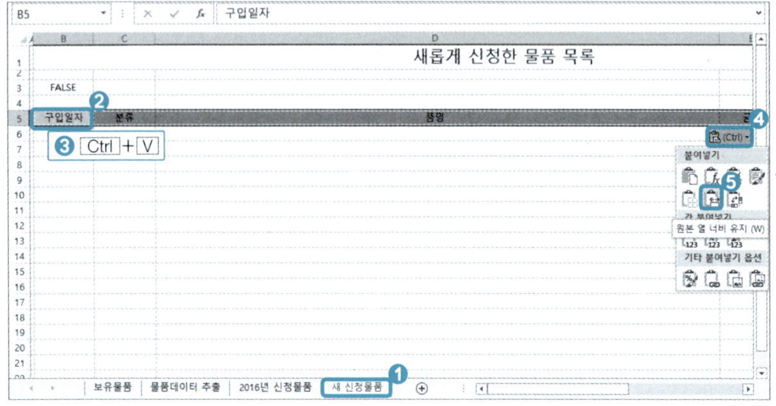

11 결과로 볼 항목인 '구입일자', '분류', '품명', '금액'이 열 머리글로 설정됩니다. [B7] 셀을 클릭합니다. [데이터] 탭-[정렬 및 필터] 그룹-[고급]을 클릭합니다. [고급 필터] 대화상자에서 [결과]는 [다른 장소에 복사]를 선택하고 [목록 범위]에는 **신청물품**을 입력합니다. [조건 범위]에는 [새 신청물품] 시트의 [B2:B3] 셀 범위를 선택합니다. [복사 위치]에는 [새 신청물품] 시트의 [B5:E5] 셀 범위를 선택합니다. [확인]을 클릭합니다.

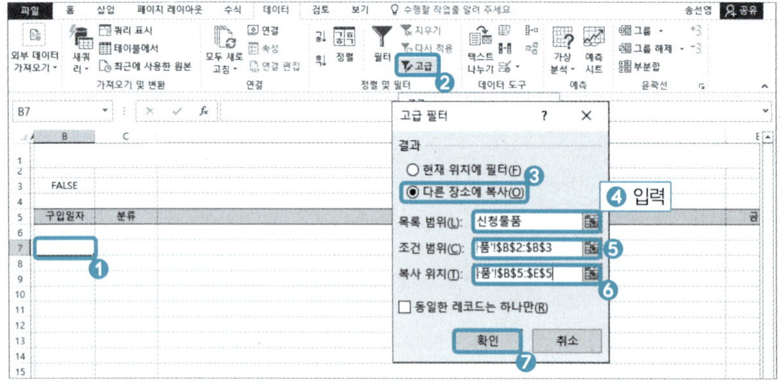

12 2016년에 신청한 물품 중 기존에 한 번도 신청하지 않았던 물품들만 추출됩니다.

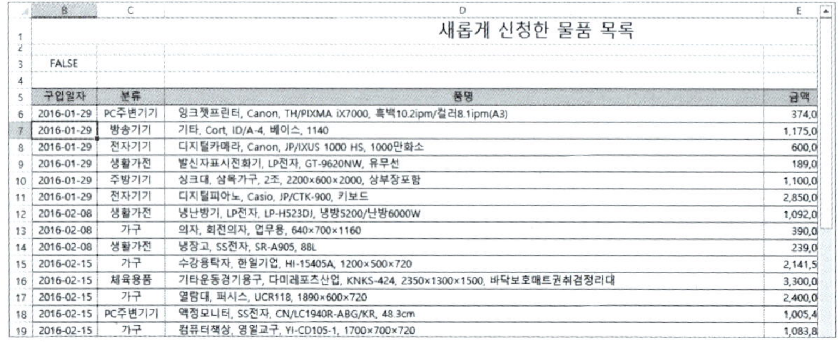

통합 분석 도구를 이용한
경비 정산 내역 보고서 만들기

실습 파일 | PART 02 \ CHAPTER 03 \ 경비 정산 내역.xlsx　　**완성 파일** | PART 02 \ CHAPTER 03 \ 경비 정산 내역(완성).xlsx

✅ 프로젝트 시작하기

통합은 입력된 데이터의 구조가 같으면 다른 시트나 다른 파일에 데이터가 따로 입력되어 있어도 요약할 수 있는 도구입니다. 통합을 이용하여 각기 다른 시트에 저장되어 있는 직원의 경비 지출 내역, 날짜, 항목, 금액을 정리하는 방법에 대해 알아보겠습니다. 또한 각기 다른 방법으로 입력한 날짜 데이터를 텍스트 나누기를 이용하여 엑셀에서 인식하는 실제 날짜 데이터로 변경하여 표시 형식을 맞추고, 통합을 이용하여 직원들이 사용한 경비 내역을 날짜 기준으로 수합하는 방법을 알아보겠습니다.

숫자 데이터를 날짜 데이터로 변경하기 **텍스트 나누기**

❶ 숫자 또는 문자 형식으로 입력된 데이터를 텍스트 나누기를 활용하여 날짜 형식으로 변경합니다.

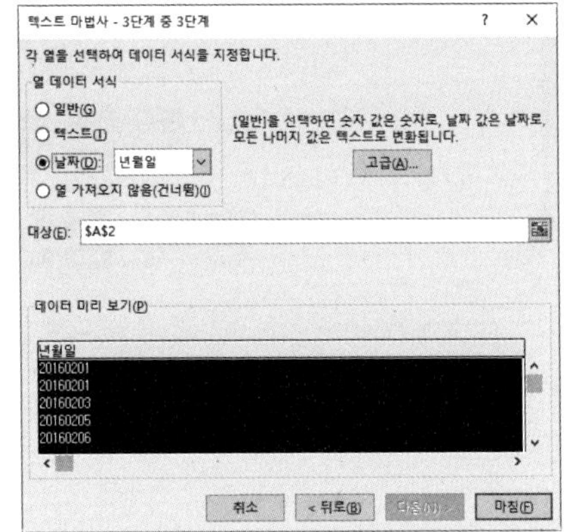

시트 이름을 열 머리글로 변경하기 **매크로 함수, 일반 함수**

❶ 시트 이름으로 입력되어 있는 직원 이름을 가져오기 위해 'GET.WORKBOOK' 매크로 함수를 사용합니다.

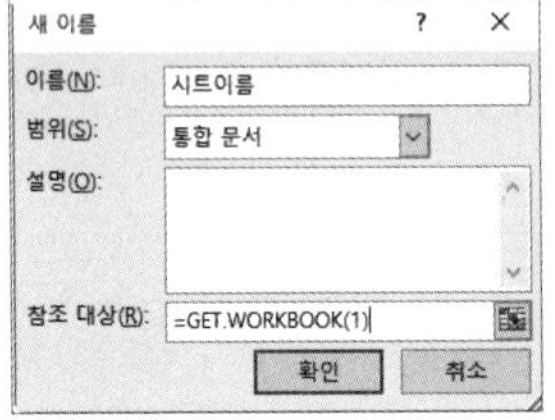

각 시트의 데이터 요약 정리하기 **통합**

❶ 각각 다른 시트에 입력되어 있는 경비 내역을 수합하기 위해 통합을 사용합니다.

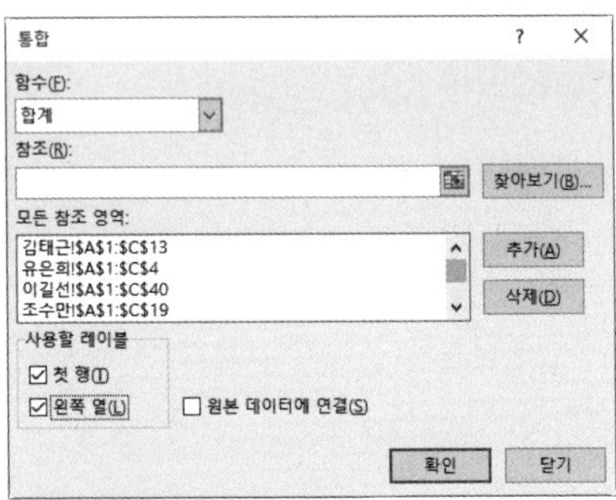

숫자 데이터를 날짜 데이터로 변경하기

텍스트 나누기

엑셀에서는 '년–월–일' 형식으로 입력해야만 날짜 데이터로 인식합니다. 일반 숫자로 인식된 데이터를 텍스트 나누기를 이용하여 날짜 형식으로 변환할 수 있습니다.

1 일반 숫자처럼 날짜가 잘못 입력되어 있는 [조수만] 시트를 선택합니다. [A2:A19] 셀 범위의 숫자 데이터를 선택합니다. [데이터] 탭-[데이터 도구] 그룹-[텍스트 나누기]를 클릭합니다. [텍스트 마법사-1단계] 대화상자에서 [다음], [텍스트 마법사-2단계] 대화상자에서 [다음]을 클릭합니다.

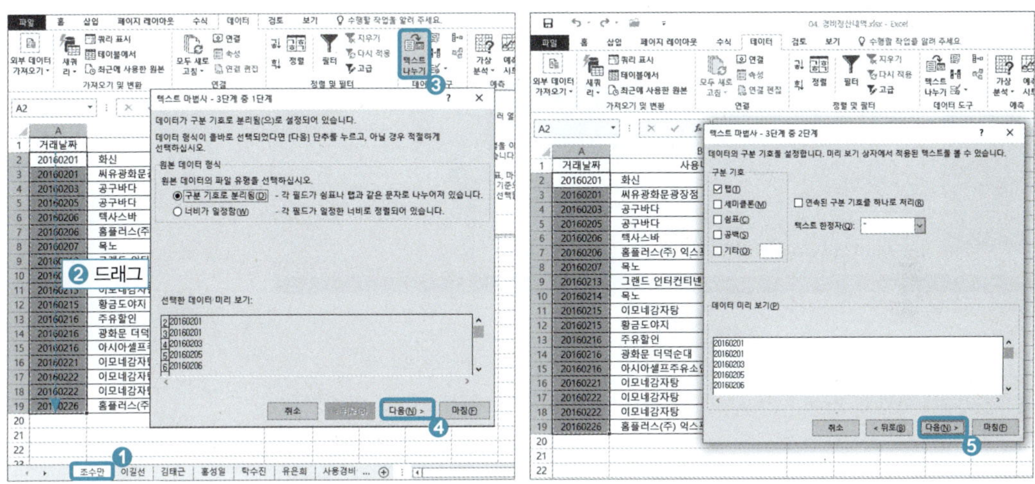

시간 단축 텍스트 나누기 도구에서는 항상 한 개의 열 범위만 선택해야 합니다. 텍스트를 나누는 작업이 아니므로 1단계는 넘어갑니다. 2단계는 텍스트를 나눌 구분 기호를 선택하는 단계로, 선택할 구분 기호가 없으므로 [다음]을 클릭해 넘어갑니다.

2 [텍스트 마법사–3단계] 대화상자에서 [열 데이터 서식]을 [날짜]로 선택하고 [마침]을 클릭합니다. [A2:A19] 셀 범위의 숫자가 날짜 데이터로 변경됩니다.

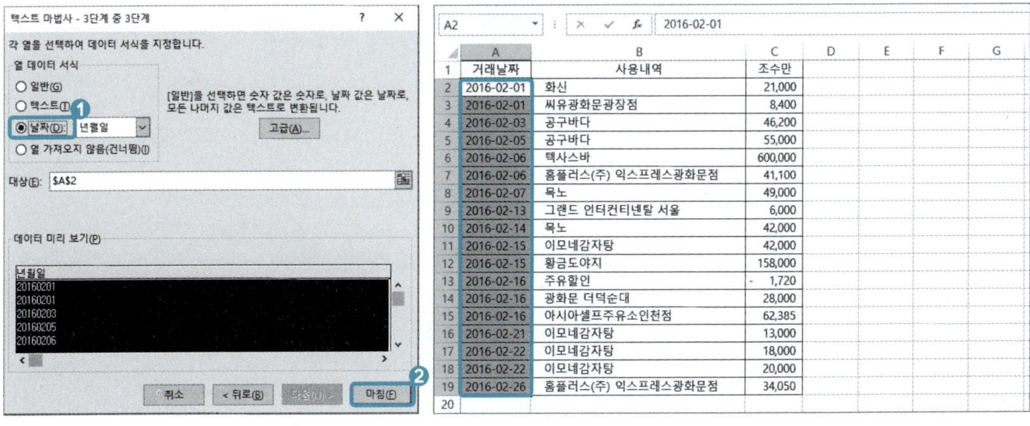

3 [홍성일] 시트도 선택합니다. [A2:A33] 셀 범위를 선택합니다. [데이터] 탭-[데이터 도구] 그룹-[텍스트 나누기]를 클릭합니다. [텍스트 마법사] 대화상자의 1단계와 2단계에서 모두 [다음]을 클릭합니다. [텍스트 마법사-3단계]에서 [열 데이터 서식]을 [날짜]로 선택하고 [마침]을 클릭합니다.

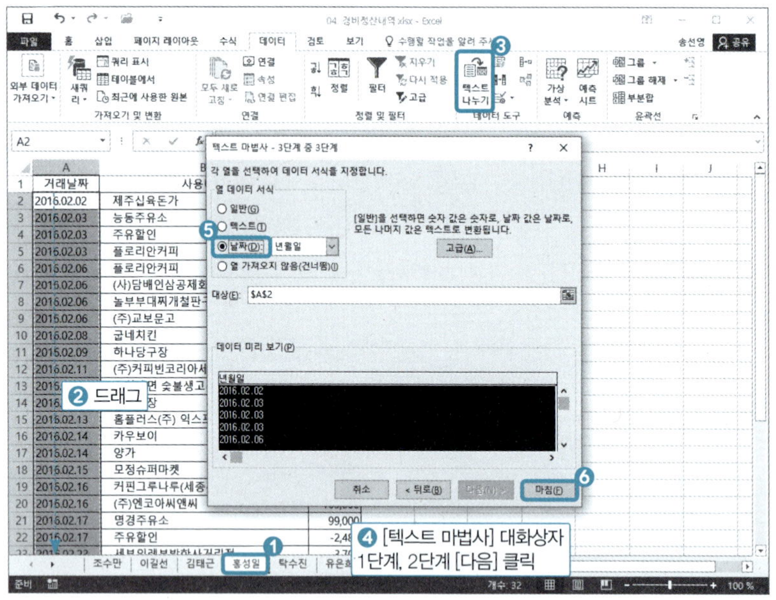

4 [조수만] 시트와 같이 [A2:A33] 셀 범위의 숫자가 날짜 데이터로 변경됩니다.

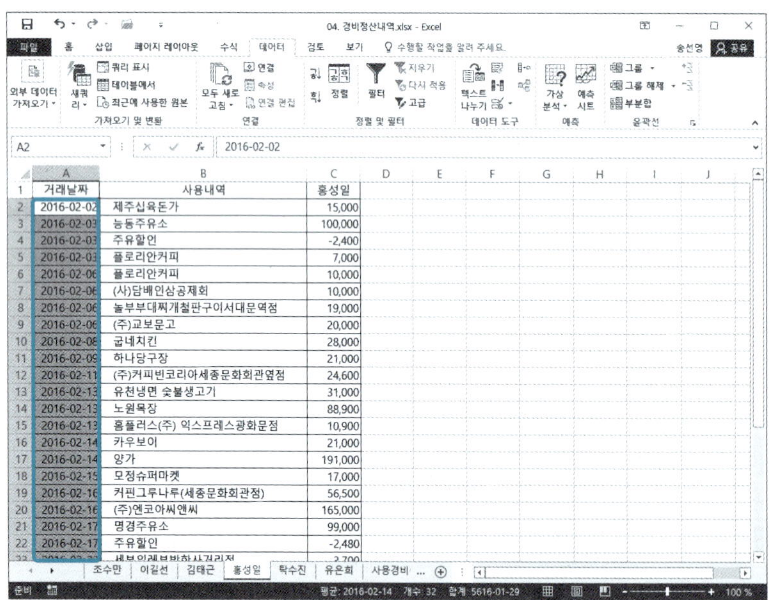

시트 이름을 열 머리글로 변경하기

매크로 함수, 일반 함수

통합 문서의 시트 이름을 반환해주는 매크로 함수 'GET.WORKBOOK'을 사용해보겠습니다. 매크로 함수는 [이름 관리자]에서 이름을 정의한 후 수식을 입력할 때 사용합니다.

5 이름을 먼저 지정해보겠습니다. [사용경비내역] 시트를 선택합니다. [수식] 탭-[정의된 이름] 그룹 -[이름 관리자]를 클릭합니다. [이름 관리자] 대화상자에서 [새로 만들기]를 클릭합니다.

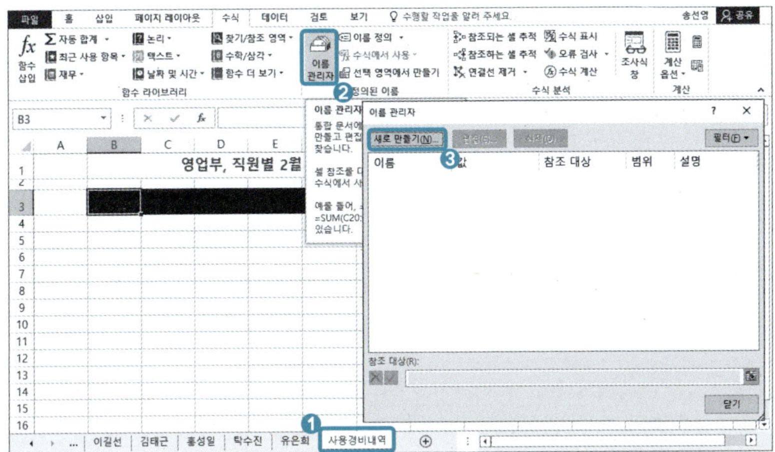

6 [새 이름] 대화상자에서 [이름]에는 **시트이름**, [참조 대상]에는 **=GET.WORKBOOK(1)**을 입력합니다. [확인]을 클릭합니다. [이름 관리자] 대화상자에서도 [닫기]를 클릭합니다.

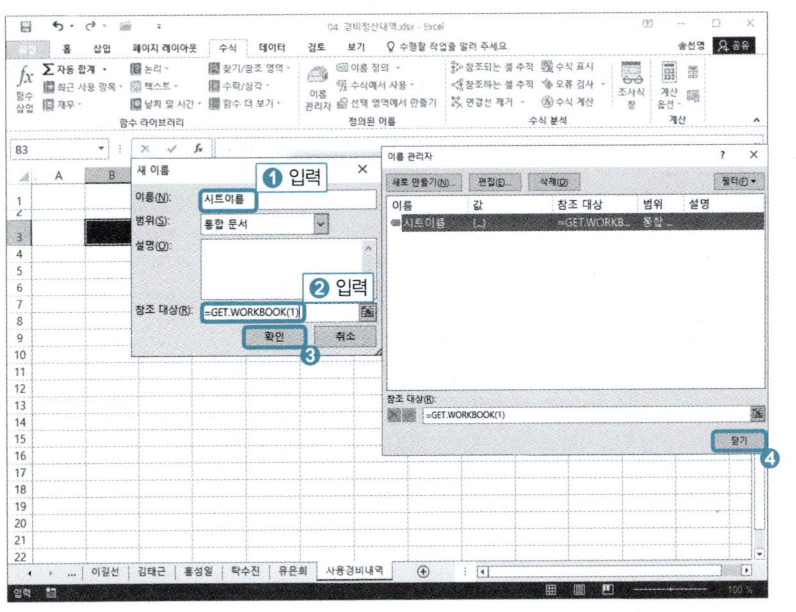

❶ 인수 설명

Type_number	시트 이름을 반환하는 방법을 지정하는 번호로 입력합니다. 숫자는 1~39 중에서 입력합니다. '1'은 통합 문서의 모든 시트 이름을 반환하는 숫자입니다.
Name_text	통합 문서의 이름을 입력합니다. 생략하면 현재 활성화되어 있는 통합 문서의 이름을 반환합니다.

❷ 매크로 함수를 이용하면 각 시트는 아래와 같은 형식으로 정의됩니다.

[경비정산내역.xlsx]조수만

[경비정산내역.xlsx]이길선

[경비정산내역.xlsx]김태근

7 시트 이름을 가져와 데이터로 입력할 [C3] 셀에 **=IFERROR(INDEX(MID(시트이름,FIND("]",시트이름)+1,255),1,COLUMN(A1)),"")**을 입력하고 Enter 를 눌러 입력을 완료합니다. [C3] 셀의 채우기 핸들을 [H3] 셀까지 드래그합니다.

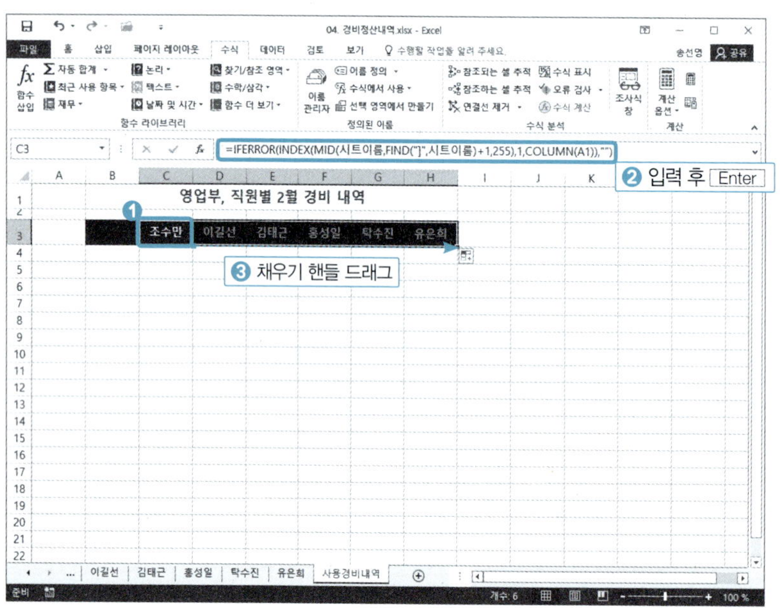

실력 향상 배열 형식으로 저장된 시트 이름을 INDEX 함수를 이용하여 첫 번째 행의 첫 번째 열의 데이터부터 첫 번째 행의 마지막 열 데이터까지 가져오기합니다. '[경비정산내역.xlsx]조수만'으로 저장된 이름 중 MID 함수를 이용하여 ']' 괄호 뒤의 문자부터 마지막 문자까지, 즉 시트 이름만 가져오도록 설정합니다. 오류가 있는 경우에는 빈칸으로 표시되도록 IFERROR 함수를 사용합니다.

각 시트의 데이터 요약 정리하기

통합

각 시트에 동일한 표 구조로 입력되어 있는 직원들의 경비내역을 왼쪽 열의 날짜별로, 또 첫 행에 금액 대신 입력되어 있는 직원들의 이름별로 수합해보도록 하겠습니다.

8 [B3:H3] 셀 범위를 선택한 후 [데이터] 탭–[데이터 도구] 그룹–[통합]을 클릭합니다. [통합] 대화상자에서 [함수]에는 [합계]를 선택합니다. [참조]에는 [조수만] 시트의 [A1:C19] 셀 범위를 선택합니다. [추가]를 클릭하여 [모든 참조 영역]에 저장합니다.

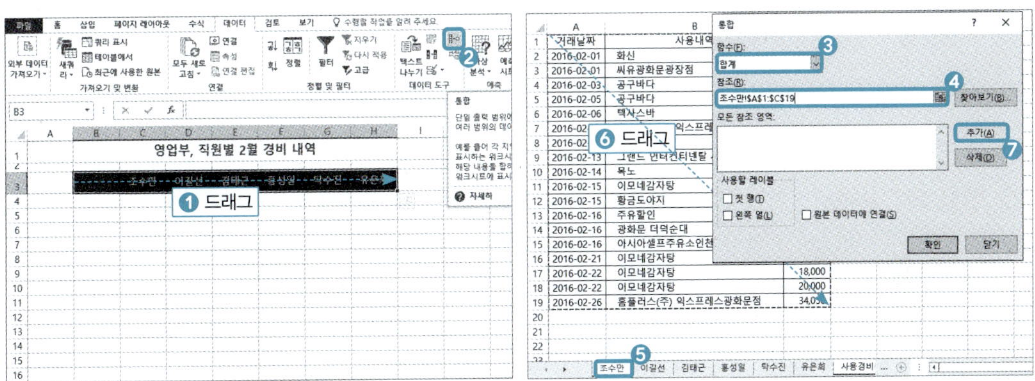

실력 향상 B열에는 날짜 데이터, [C:H] 열에는 각 시트의 해당 데이터를 가져올 수 있도록 [B3:H3] 셀 범위를 선택합니다. 단순히 데이터를 합치는 목적으로 사용할 때는 [합계]를 선택합니다.

9 다른 시트의 데이터 범위도 추가합니다. [이길선] 시트의 [A1:C40] 셀 범위를 선택한 후 [추가]를 클릭합니다. [김태근] 시트의 [A1:C13], [홍성일] 시트의 [A1:C33], [탁수진] 시트의 [A1:C4], [유은희] 시트의 [A1:C4] 셀 범위를 각각 선택한 후 [추가]를 클릭하여 [모든 참조 영역]에 저장합니다. [사용할 레이블]의 [첫 행]과 [왼쪽 열]에 체크 표시한 후 [확인]을 클릭합니다. 각 시트의 이름별로 사용한 경비 내역이 표시됩니다.

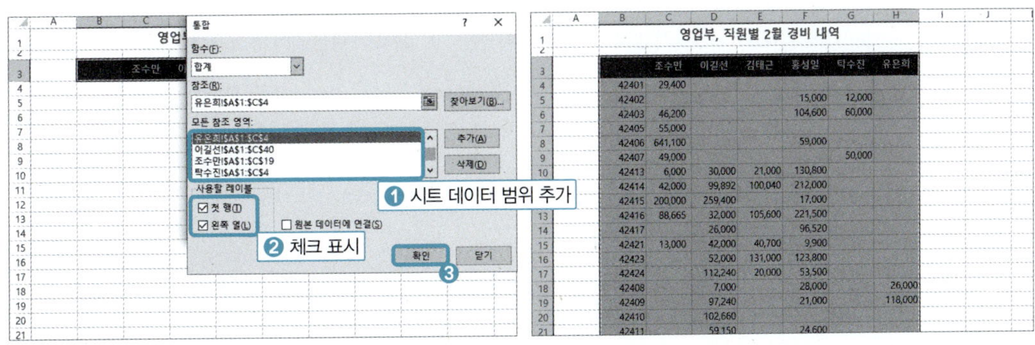

실력 향상 각 시트에서 선택한 범위의 첫 번째 행, 각 직원의 이름과 왼쪽 열, 날짜별로 데이터를 구분하여 가져오기 위해 [첫 행]과 [왼쪽 열]에 체크 표시합니다.

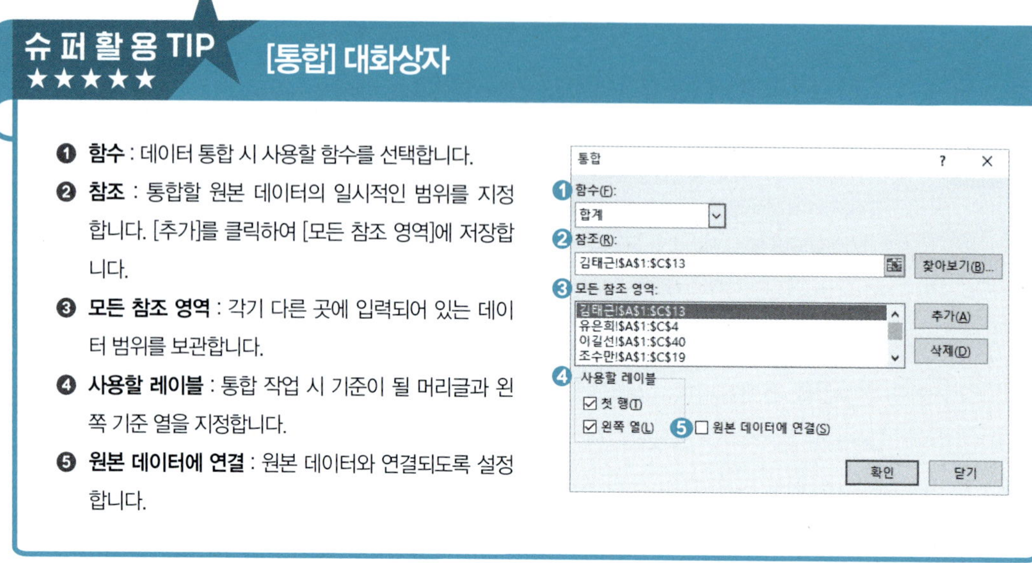

❶ **함수** : 데이터 통합 시 사용할 함수를 선택합니다.

❷ **참조** : 통합할 원본 데이터의 일시적인 범위를 지정합니다. [추가]를 클릭하여 [모든 참조 영역]에 저장합니다.

❸ **모든 참조 영역** : 각기 다른 곳에 입력되어 있는 데이터 범위를 보관합니다.

❹ **사용할 레이블** : 통합 작업 시 기준이 될 머리글과 왼쪽 기준 열을 지정합니다.

❺ **원본 데이터에 연결** : 원본 데이터와 연결되도록 설정합니다.

10 [B3] 셀에 **날짜**를 입력합니다. [B4] 셀을 클릭합니다. Ctrl + Shift + ↓ 를 눌러 날짜 데이터 범위를 선택합니다. [홈] 탭-[표시 형식] 그룹-[일반]의 [자세히]를 클릭한 후 [간단한 날짜]를 선택합니다.

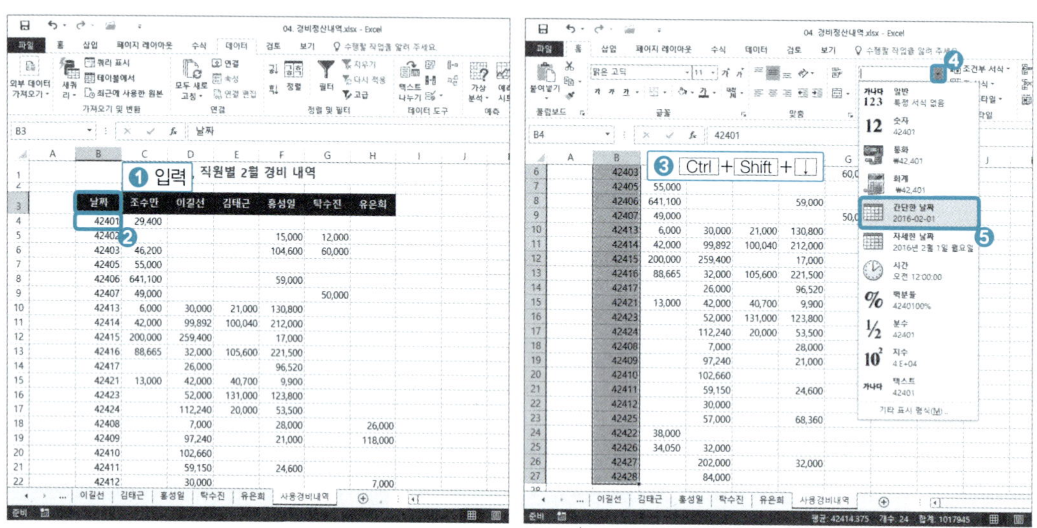

시간 단축 왼쪽 열의 날짜는 통합되면서 일반 숫자 형식으로 변환될 수 있습니다. 데이터가 바뀐 것이 아니므로 범위 설정하여 날짜 형식으로 변경합니다.

11 [B3] 셀을 클릭한 후 `Ctrl`+`A`를 눌러 데이터 범위 전체를 선택합니다. 마우스 오른쪽 버튼을 클릭하여 [셀 서식]을 선택합니다. [셀 서식] 대화상자에서 [테두리] 탭을 클릭한 후 [색]을 클릭하여 [녹색, 강조 6, 25% 더 어둡게]를 선택합니다. [스타일]에서 [실선]을 선택한 후 [테두리]의 가로 선인 [위쪽], [가운데], [아래]를 클릭하여 테두리를 설정합니다. [확인]을 클릭합니다.

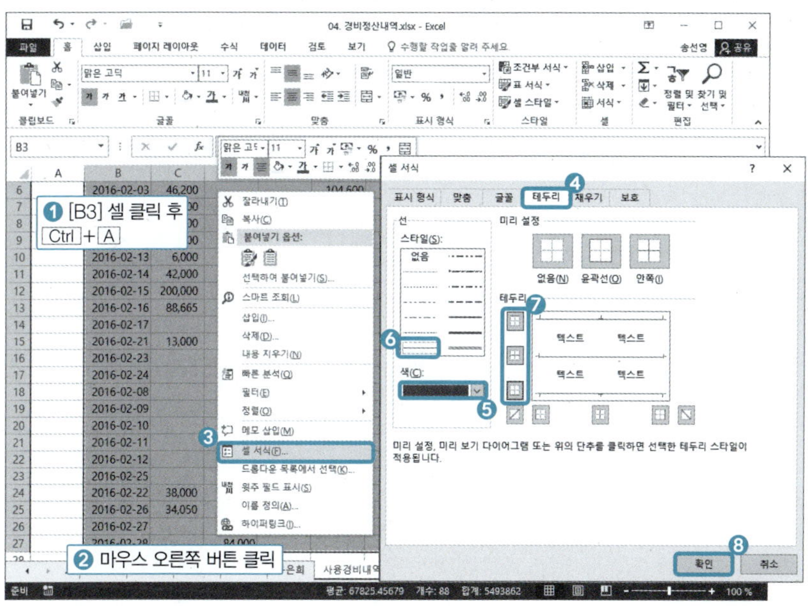

12 '직원 2월 경비 내역' 보고서를 저장하겠습니다. 문서 왼쪽 상단의 [저장]을 클릭합니다. '저장 오류' 메시지가 나타납니다. [아니오]를 클릭합니다.

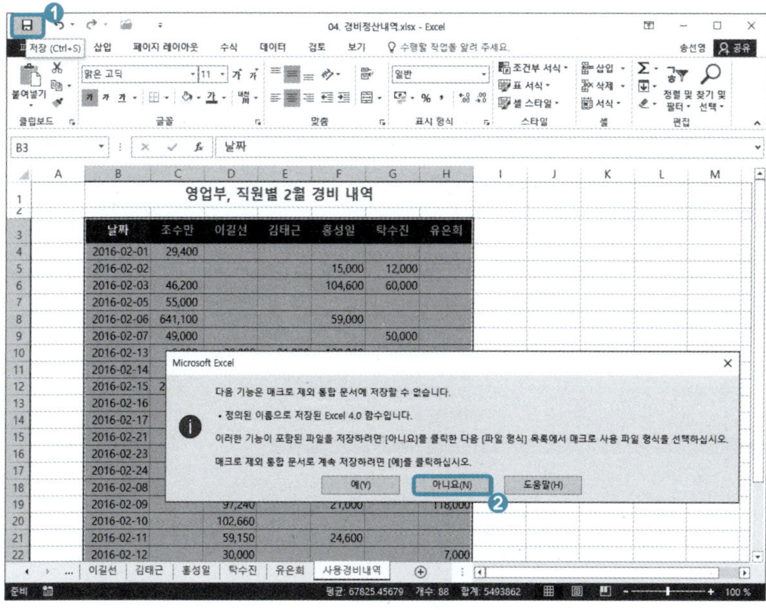

> **실력향상**
>
> GET.WORKBOOK() 매크로 함수를 사용하고 있으므로 일반 형식으로 저장하면 매크로 함수 기능이 제외되고 저장된다는 안내입니다. [예]를 클릭하면 [이름 관리자]에 지정해 놓은 매크로 함수는 제거된 채 저장되므로 [아니오]를 클릭합니다.

13 [다른 이름으로 저장] 대화상자에서 저장할 위치를 선택한 후 [파일 이름]에는 **경비정산내역**을 입력합니다. [파일 형식]에는 [Excel 매크로 사용 통합 문서 (*.xlsm)]를 선택하고 [저장]을 클릭합니다.

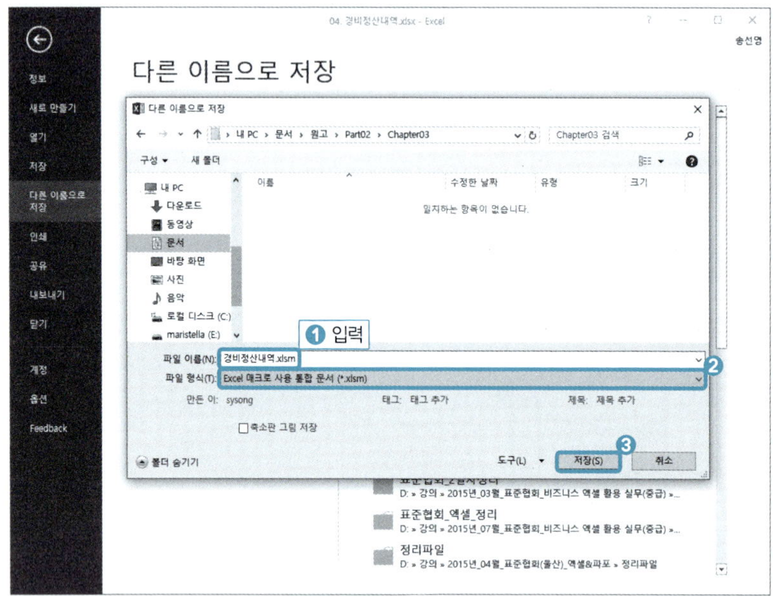

매크로 함수를 사용한 파일은 [매크로 사용 통합 문서]로 저장해야 합니다.

14 매크로 문서로 저장된 '직원별 2월 경비 내역' 보고서가 완성됩니다.

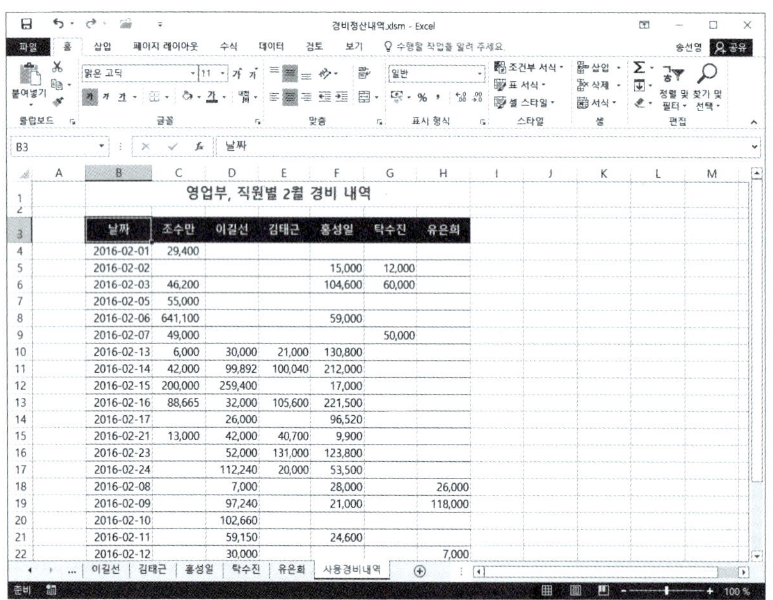

필터 페이지로 자동 완성하는
담당자별 매출 보고서 작성하기

실습 파일 | PART 02 \ CHAPTER 03 \ 거래처 매출금액 현황.xlsx   **완성 파일** | PART 02 \ CHAPTER 03 \ 거래처 매출금액 현황(완성).xlsx

✔ 프로젝트 시작하기

거래처 데이터 목록으로 분기별, 월별 매출금액 현황을 확인할 수 있도록 피벗 테이블을 작성하고 담당자와 사업자명 슬라이서로 필요한 데이터를 필터링하는 방법을 알아보겠습니다. 또 보고서 필터 페이지를 이용하여 선택한 담당자의 관련 데이터를 시트별로 따로 작성하는 방법도 알아봅니다.

여기에서 다루는 기능은 실제 업무에서 사용되는 피벗 테이블을 이용하여 문서를 정리하고 자동화는 작업에서 응용할 수 있습니다.

✔ 핵심기능 미리 보기

STEP 01

피벗 테이블 보고서에 디자인과 레이아웃 설정하기 **피벗 테이블 디자인**

❶ 피벗 테이블 보고서에 디자인을 설정할 수 있습니다. [피벗 테이블 스타일 옵션]에서 [행 머리글], [열 머리글] 등의 중요한 부분에 체크 표시하여 강조할 수 있습니다.

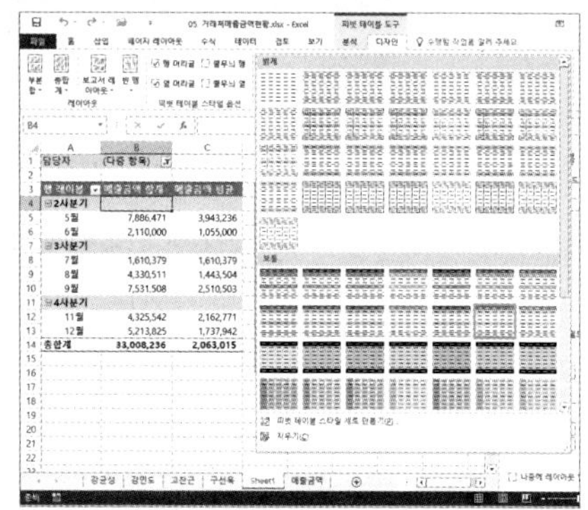

STEP 02

여러 조건의 데이터 추출하기 **피벗 테이블 슬라이서**

❶ 필터와 같은 기능을 하는 슬라이서를 추가하여 필요한 데이터를 간단하게 추출할 수 있습니다.

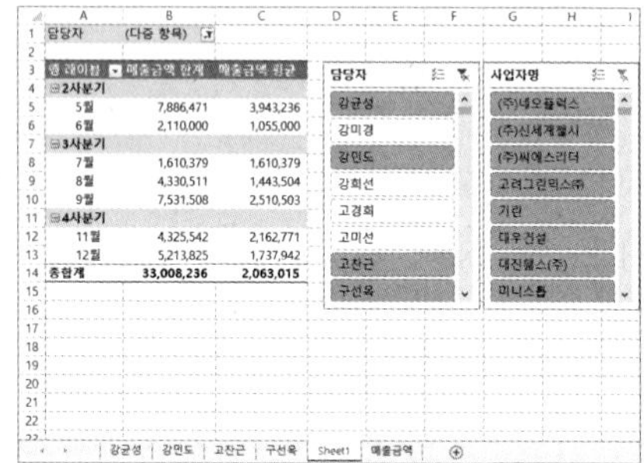

STEP 03

보고서 필터의 데이터를 시트로 정리하기 **피벗 테이블 보고서 필터 페이지**

❶ 필터에서 선택한 담당자와 관련된 데이터만 시트별로 구분하여 결과를 따로 확인합니다.

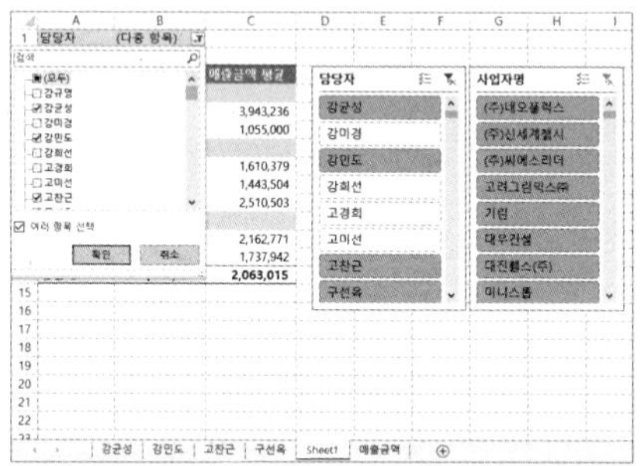

피벗 테이블 보고서에 디자인과 레이아웃 설정하기

STEP 01

피벗 테이블 디자인

거래처 매출금액 현황 데이터를 이용하여 분기별, 월별 매출금액의 합계와 평균을 확인할 수 있도록 피벗 테이블을 작성해보겠습니다. 피벗 테이블을 작성한 후 값 필드명을 수정하고 디자인을 설정하는 방법을 알아보겠습니다.

1 [B3] 셀을 클릭하고 [삽입] 탭–[표] 그룹–[피벗 테이블]을 클릭합니다. [피벗 테이블 만들기] 대화상자의 [표 또는 범위 선택]에 선택한 셀과 관련된 데이터 범위가 자동으로 선택되어 보입니다. 피벗 테이블 보고서를 넣을 위치에도 [새 워크시트]가 기본으로 선택되어 있습니다. [확인]을 클릭합니다.

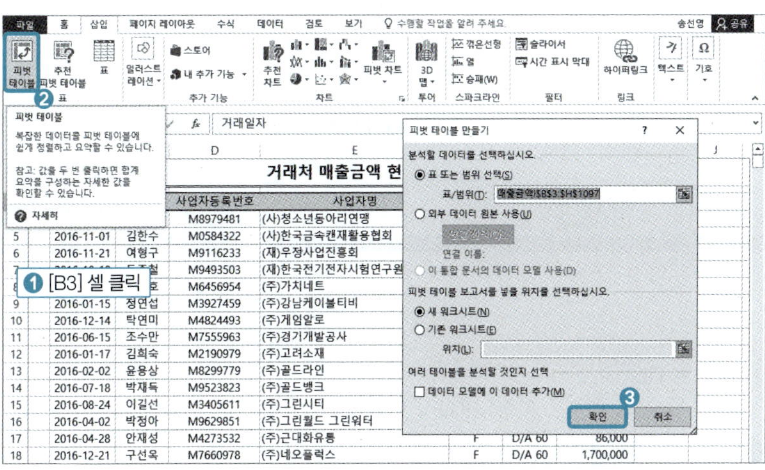

2 새로운 시트에 피벗 테이블 보고서 작업 영역이 표시됩니다. [피벗 테이블 필드] 작업 창에서 [담당자] 필드를 [필터] 영역으로 드래그합니다. [거래일자] 필드는 [행] 영역, [매출금액] 필드는 [값] 영역으로 드래그합니다. [A4] 셀을 클릭하고 마우스 오른쪽 버튼을 클릭한 후 [그룹]을 선택합니다. [그룹화] 대화상자에서 [월]과 [분기]를 선택한 후 [확인]을 클릭합니다.

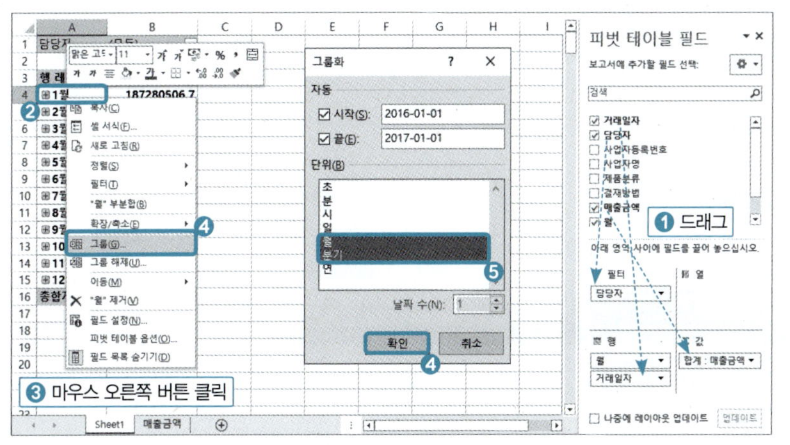

3 분기별, 월별로 거래처 매출 금액의 합계를 볼 수 있습니다. [값] 영역의 [합계 : 매출금액]을 클릭합니다. [값 필드 설정]을 선택합니다. [값 필드 설정] 대화상자의 [사용자 지정 이름]을 **매출금액 합계**로 변경하고 [확인]을 클릭합니다.

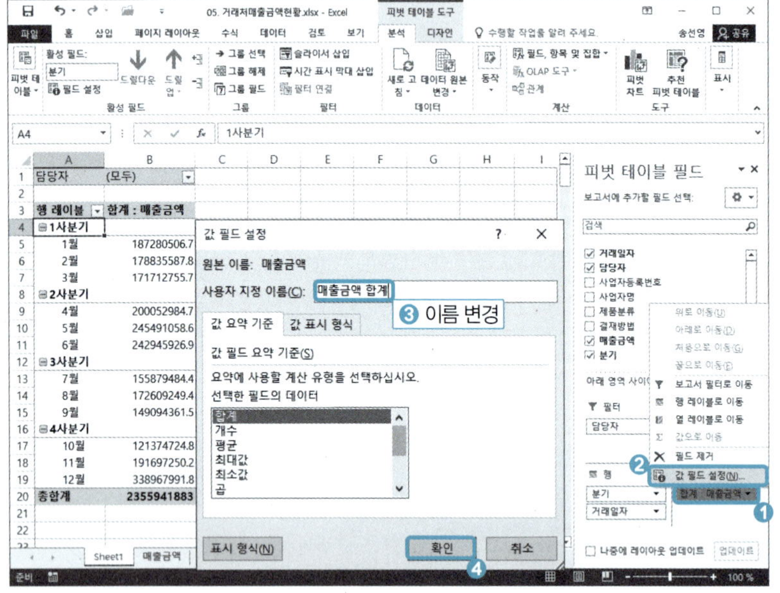

실력향상

[사용자 지정 이름]을 설정할 때 기존에 사용되는 필드 이름으로는 변경할 수 없습니다.

4 필드 목록에서 [매출금액] 필드를 [값] 영역으로 한 번 더 드래그한 후 추가된 [합계 : 매출금액]을 클릭합니다. [값 필드 설정]을 선택합니다. [값 필드 설정] 대화상자의 [선택한 필드의 데이터]에서 [평균]을 선택합니다. [사용자 지정 이름]을 **매출금액 평균**으로 변경합니다. [확인]을 클릭합니다.

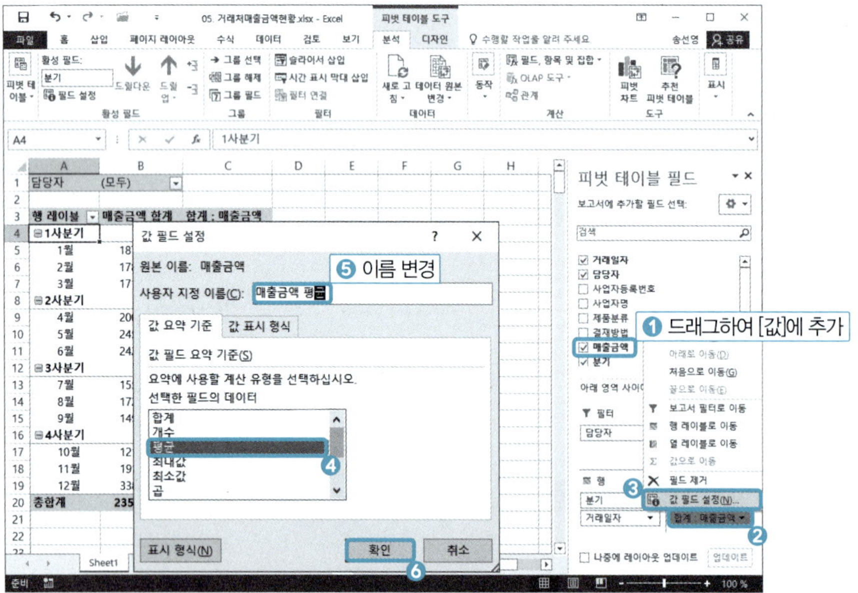

5 [피벗 테이블 도구]-[디자인] 탭-[피벗 테이블 스타일] 그룹의 [자세히(▼)]를 클릭합니다. 나타난 스타일 목록에서 [피벗 스타일 보통 13]을 선택합니다. [B5:C20] 셀 범위를 선택합니다. [홈] 탭-[표시 형식] 그룹-[쉼표 스타일]을 클릭합니다.

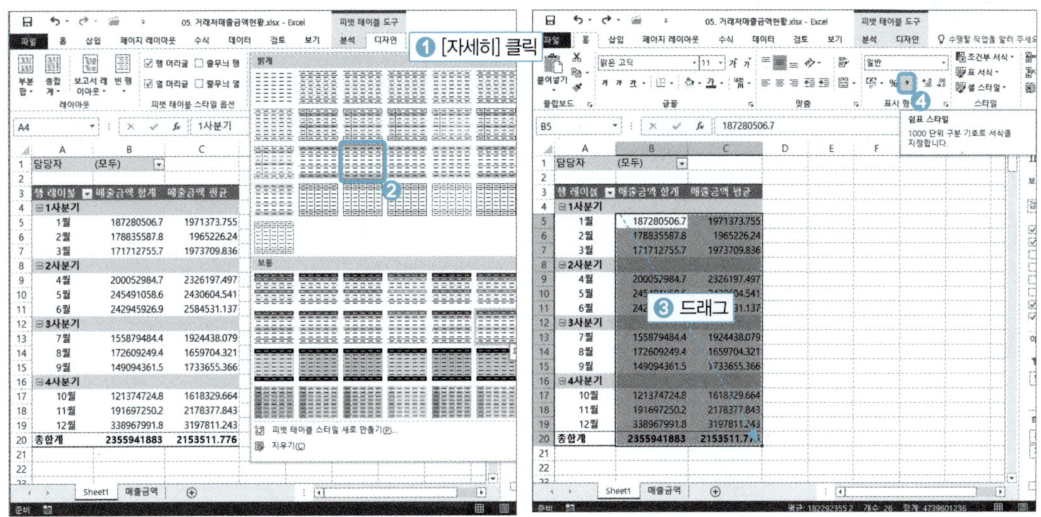

6 [B:C] 열 범위를 선택합니다. B열의 오른쪽 경계선에 마우스 포인터를 위치시킨 후 오른쪽으로 드래그하여 열 너비를 넓게 조절합니다.

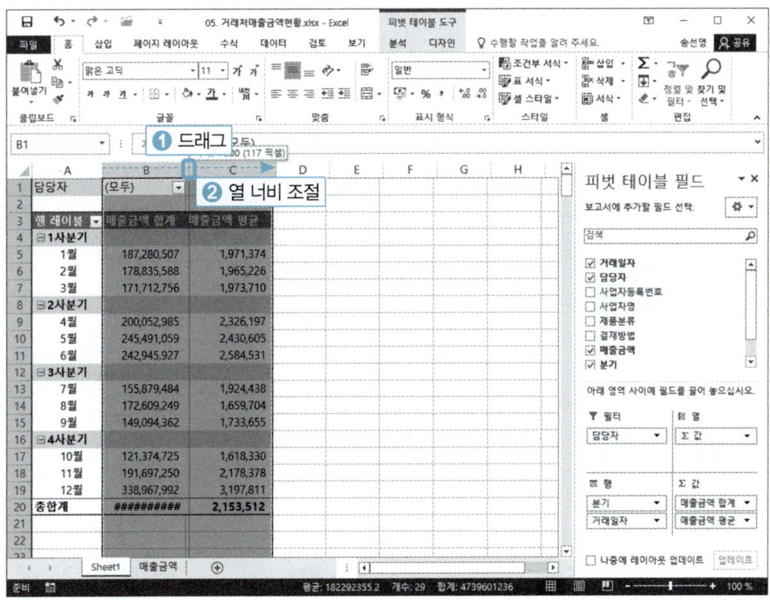

여러 조건의 데이터 추출하기
피벗 테이블 슬라이서

피벗 테이블의 필터 기능 중 하나인 슬라이서를 이용하여 선택한 담당자와 사업자명의 관련 데이터만을
추출하여 보는 다중 조건 필터를 적용해보겠습니다. 또한 필터를 지우는 방법도 알아보겠습니다.

7 [피벗 테이블 도구]-[분석] 탭-[필터] 그룹-[슬라이서 삽입]을 클릭합니다. [슬라이서 삽입] 대화상자
의 필드 목록에서 [담당자]와 [사업자명] 필드에 체크 표시합니다. [확인]을 클릭합니다. [담당자] 슬라이
서와 [사업자명] 슬라이서를 드래그하여 피벗 테이블 오른쪽에 배치합니다.

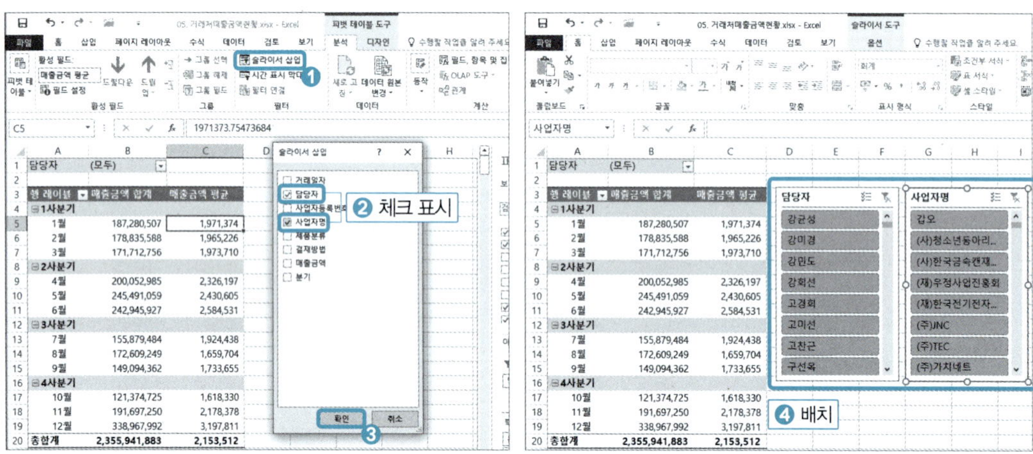

8 [담당자] 슬라이서에서 [강균성]을 선택합니다. '강균성'이 담당하는 '(주)씨에스리더'와 '대진휄스(주)',
'서울시시설관리공단' 항목만 필터되어 표시됩니다. 담당자를 추가로 더 선택해보겠습니다. Ctrl 을 누른
상태에서 [담당자] 슬라이서의 [강민도], [고경희], [고미선] 담당자를 클릭하여 선택합니다. 선택된 담당
자들의 사업자명 목록과 요약 결과를 확인할 수 있습니다. [담당자] 슬라이서의 [필터 지우기]를 선택하
여 필터를 해제합니다.

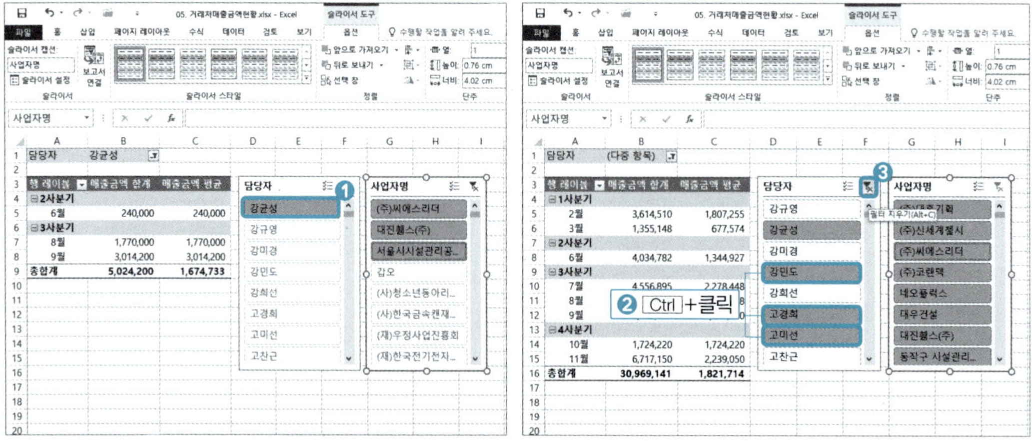

슬라이서의 [다중 선택]을 클릭하여 활성화해놓으면 [Ctrl]을 누르지 않고 각 항목을 간단하게 클릭하여 다중 항목을 선택할 수 있습니다. [다중 선택]은 엑셀 2016에서 추가된 기능입니다.

보고서 필터의 데이터를 시트로 정리하기

피벗 테이블의 보고서 필터 페이지 표시

[필터]에서 담당자를 선택하여 해당 담당자의 매출금액 통계를 확인할 수 있습니다. 피벗 테이블의 [보고서 필터 페이지 표시]를 이용하여 담당자별 통계 결과를 시트로 구분하여 보고서를 작성해보겠습니다.

9 몇몇 담당자만 선택하여 만들기 위해 담당자 필터 단추를 클릭한 후 [모두]의 체크 표시를 해제합니다. 담당자 목록 중 추출하여 보고 싶은 담당자인 [강균성], [강민도], [고찬근], [구선옥]에 각각 체크 표시한 후 [확인]을 클릭합니다. [피벗 테이블 도구]–[분석] 탭–[피벗 테이블] 그룹–[옵션]의 [자세히]를 클릭하여 [보고서 필터 페이지 표시]를 선택합니다.

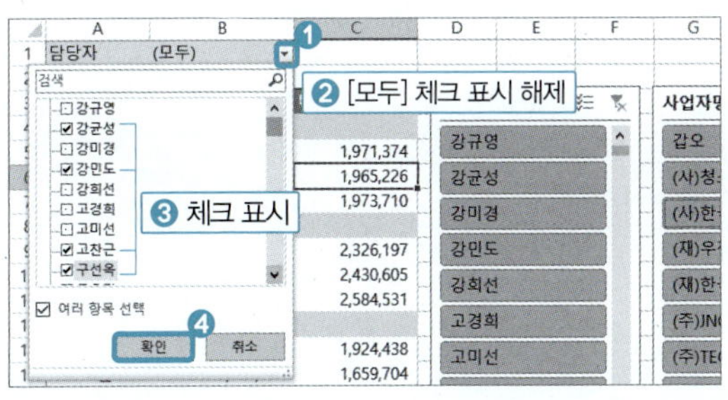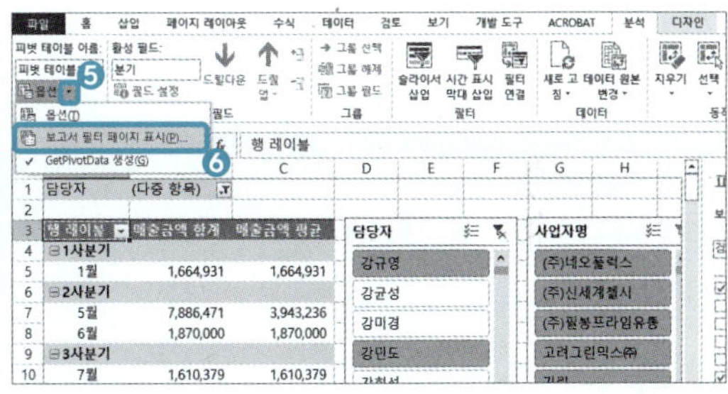

10 [보고서 필터 페이지 표시] 대화상자의 [담당자] 필드가 선택되어 있습니다. [확인]을 클릭합니다. 선택한 담당자들만 통계 결과가 시트별로 구분되며, 해당 담당자의 이름으로 시트명이 자동 설정됩니다.

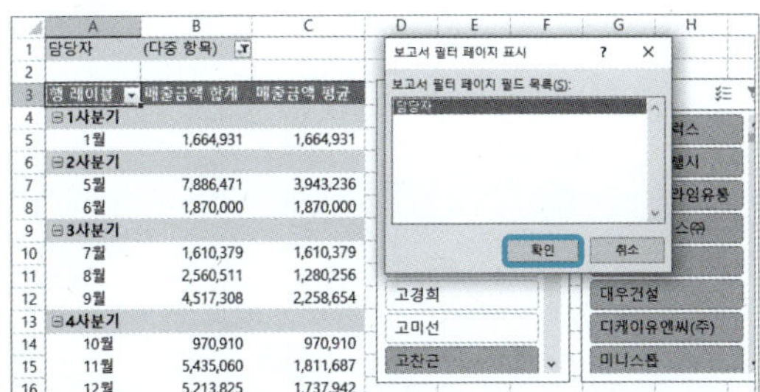

요약 데이터 차트를 활용하여 시각 보고서 작성하기

자동 필터, 부분합, 통합, 피벗 테이블 등
엑셀의 분석 도구를 사용하거나 함수 수식을 이용하면
크고 방대한 자료를 간단하고 보기 쉽게 요약해
정리할 수 있습니다. 또 이렇게 정리되어 있는 자료를
차트로 표현하면 데이터가 시각화되어 확실한
의사전달을 하거나 정확한 예측을 하는 데 도움이 됩니다.
CHAPTER 03에서 사용한 분석 도구와 함수를
이용하여 데이터를 정리하고 정리된 데이터에
적절한 차트를 적용하는 방법, 작성한 차트를
수정하는 방법에 대해 알아보겠습니다.

용도별 판매계획을
원형 대 원형 그래프로 파악하기

실습 파일 | PART 02 \ CHAPTER 04 \ 제품 판매계획.xlsx   **완성 파일** | PART 02 \ CHAPTER 04 \ 제품 판매계획(완성).xlsx

✔ 프로젝트 시작하기

인쇄하기 편한 상태로 다운로드한 '2016년 제품에 대한 월별 판매계획' 데이터를 분석하기 편한 형태로 정리하고 차트를 작성하는 방법을 알아보겠습니다. 자동 필터는 필요한 데이터를 추출할 때 사용되기도 하지만 필요 없는 데이터를 추출하여 제거할 때도 많이 사용됩니다. 자동 필터를 이용하여 데이터 안의 필요 없는 부분, 즉 중복된 열 머리글이나 날짜 요약 정보 등을 정리하고, 정리된 자료를 용도 순으로 정렬하여 용도별 2016년 연간 판매계획 합계를 부분합으로 요약하는 방법에 대해 알아보겠습니다. 또한 부분합으로 요약된 결과를 원형 대 원형 차트로 표현하여 각 용도의 비율을 한눈에 확인할 수 있도록 차트를 수정해보겠습니다.

여러 도구를 이용하여 데이터를 정리하고 요약하는 방법을 익혀두면 자동 필터를 필터 기능 외에 정리 도구로도 사용할 수 있으며 부분합의 결과를 간단히 보고서로 작성할 수 있습니다.

핵심기능 미리 보기

필요 없는 데이터 제거하기 자동 필터

❶ 자동 필터로 필요하지 않은 데이터를 추출합니다. 추출된 데이터의 행 머리글을 드래그하여 선택한 후 [행 삭제]를 이용하여 삭제합니다.

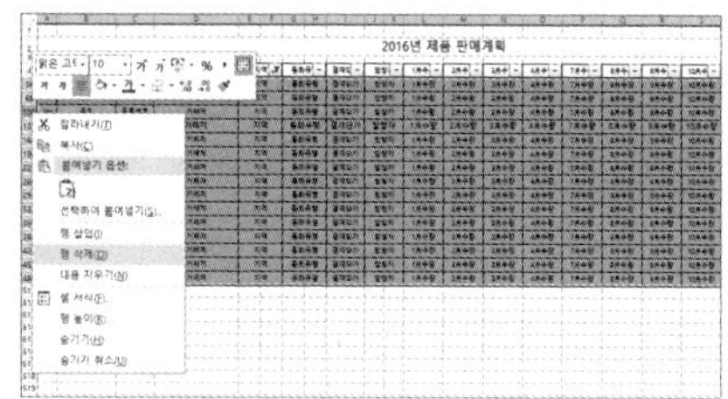

그룹별 데이터 요약하고 보고서 작성하기 부분합, 부분합 결과 추출

❶ 부분합을 이용하여 용도별 판매금액의 합계를 구합니다.

❷ 요약 결과의 범위를 선택한 후 이동 옵션 도구를 이용하여 화면에 보이는 내용만 선택하여 복사합니다.

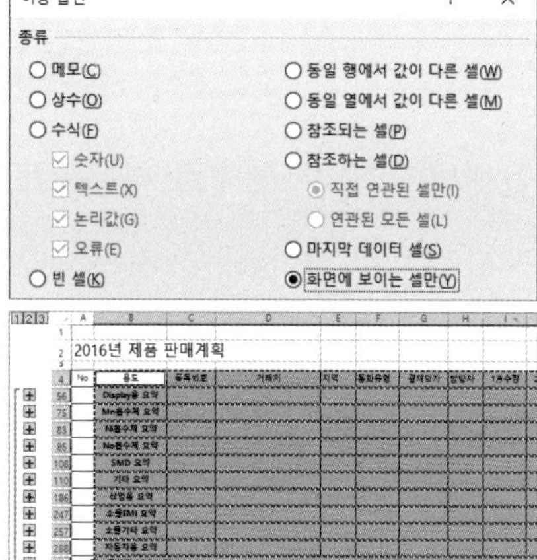

요약 자료를 차트로 표현하기 원형 대 원형 차트

❶ 용도별 2016년 제품 판매계획 금액의 전체 대비 비율을 확인할 수 있도록 레이블이 표시된 원형 대 원형 차트로 표현합니다.

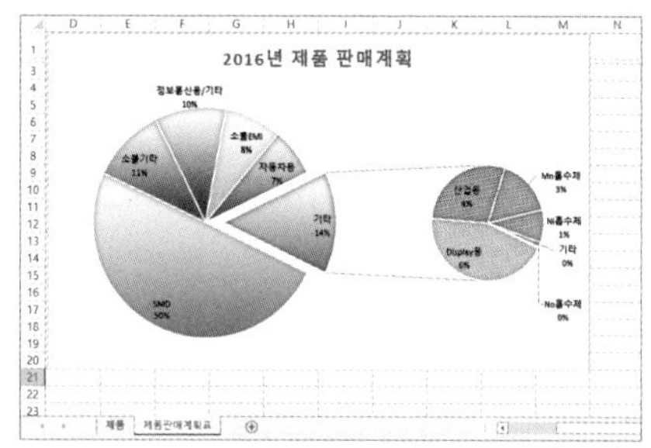

필요 없는 데이터 제거하기

자동 필터

자동 필터는 필요한 데이터를 추출할 때 사용되기도 하지만 필요 없는 데이터를 추출하여 제거할 때도 많이 사용됩니다. 25개씩 구분되어 인쇄용으로 정리된 데이터의 병합된 셀을 병합 해제하고, 자동 필터를 이용하여 빈 행 또는 중복된 열 머리글을 제거해보겠습니다.

1 [제품] 시트의 '지역', '통화유형', '담당자', '합계' 데이터가 병합되어 있습니다. 셀이 병합되어 있으면 분석 도구 사용에 제한이 있으므로 병합을 해제하겠습니다. 전체 셀을 선택한 후 [홈] 탭-[맞춤] 그룹-[병합하고 가운데 맞춤]을 클릭합니다.

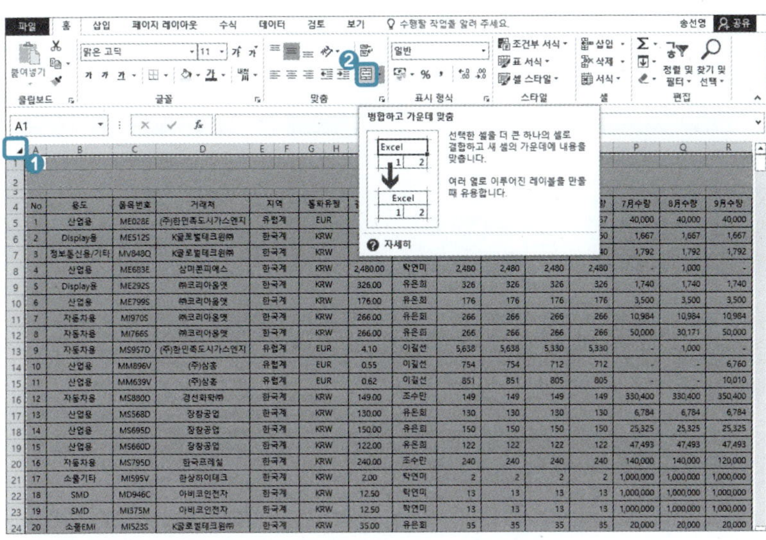

2 병합을 해제한 후 값이 없는 빈 열을 삭제하기 위해 F열을 선택합니다. 마우스 오른쪽 버튼을 클릭한 후 [삭제]를 선택합니다. 같은 방법으로 G열, J열, V열을 삭제합니다.

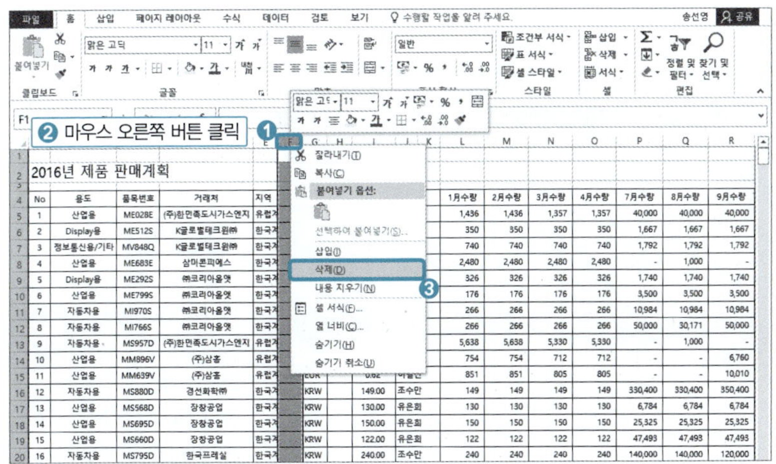

3 [A4] 셀을 클릭합니다. Ctrl + Shift + →를 한 번 누르고, Ctrl + Shift + ↓를 길게 눌러 S열의 마지막 행인 1,048,576행까지 모두 선택합니다. 데이터가 선택된 상태에서 Ctrl + Shift + ↑를 한 번만 눌러 508행의 위쪽 데이터 마지막 위치까지 선택합니다. Shift + ↓를 두 번 눌러 아래쪽의 날짜 데이터까지 추가로 선택합니다. [데이터] 탭-[정렬 및 필터] 그룹-[필터]를 클릭합니다. 필터가 적용되면서 데이터 위쪽으로 자동 이동합니다. [E4] 셀, [지역]의 필터 단추를 클릭합니다. [모두 선택]에 체크 표시를 해제한 후 목록 맨 아래쪽 [필드 값 없음]에 체크 표시한 후 [확인]을 클릭합니다.

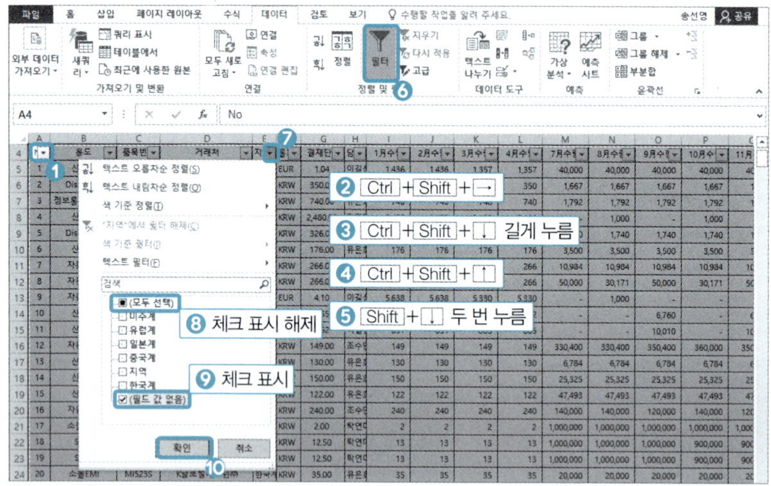

실력향상

데이터 중간중간 빈 행이 있는 경우에는 하나의 데이터로 인식하지 못하기 때문에 [필터]를 사용해도 29행의 데이터까지만 필터 범위로 지정합니다. 이때는 단축키를 이용하여 아래쪽의 데이터까지 범위를 지정한 후 [필터]를 사용합니다.

시간단축 Ctrl + Shift + ↓를 이용하여 셀의 마지막 행까지 선택한 후 Ctrl + Shift + ↑를 한 번 더 누르면 표의 연속된 데이터 마지막인 507행까지만 선택됩니다. 507행 아래의 코드와 날짜 모두 자동 필터를 이용하여 삭제해야 할 데이터이므로 Shift + ↓를 두 번 눌러 코드와 날짜도 범위 안에 포함시킵니다.

4 [지역] 필드에서 값이 없는 불필요한 데이터만 추출됩니다. 추출된 빈 데이터를 삭제하겠습니다. 필터된 행 중 첫 번째 행인 30행부터 아래쪽에 필터된 행인 510행까지 모두 선택한 후 마우스 오른쪽 버튼을 클릭합니다. [행 삭제]를 선택하여 데이터를 삭제합니다.

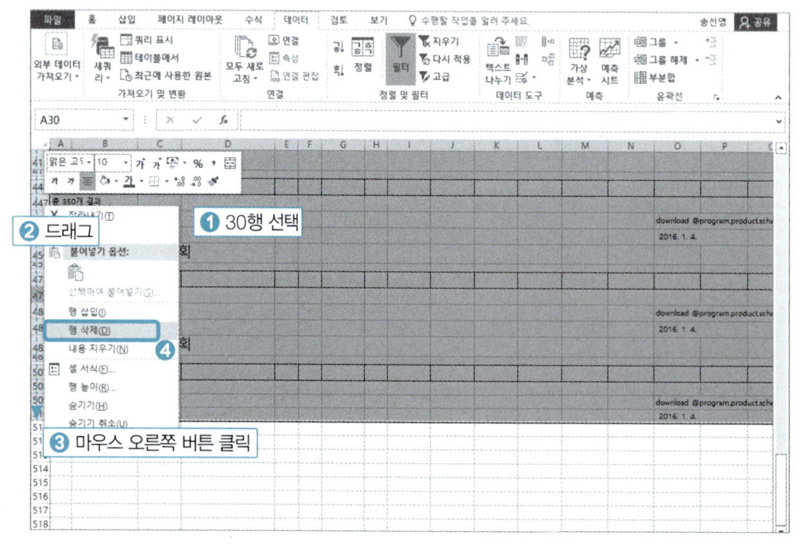

실력향상

추출된 데이터가 모두 삭제할 데이터라도 마우스 오른쪽 버튼을 클릭하면 선택된 범위가 모두 해제됩니다. 데이터가 추출된 상태에서 삭제할 데이터를 다시 선택합니다.

5 표 사이사이에 있던 중복된 열 머리글을 삭제하겠습니다. [지역]의 필터 단추를 클릭합니다. 데이터 목록 중 [지역]에만 체크 표시한 후 [확인]을 클릭합니다.

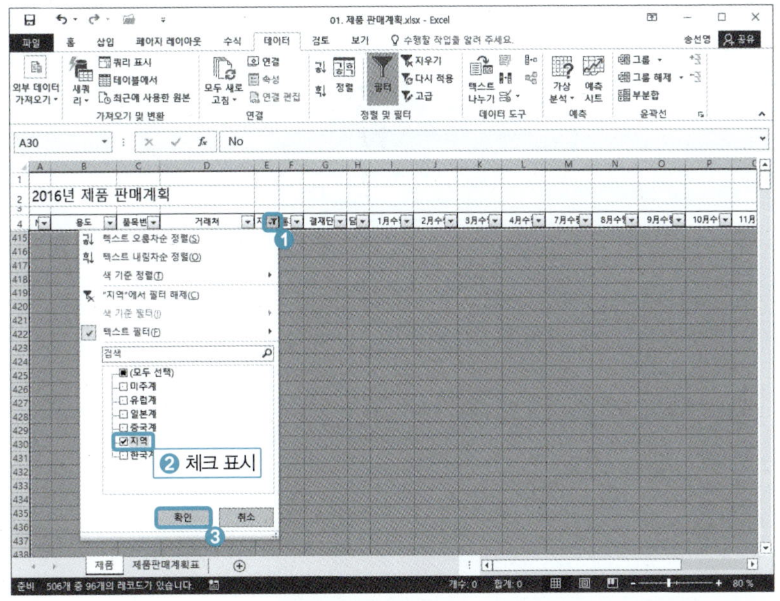

6 추출된 중복 열 머리글을 삭제하겠습니다. 30행부터 아래쪽에 필터된 행인 392행까지 모두 선택합니다. 마우스 오른쪽 버튼을 클릭하여 [행 삭제]를 선택합니다. 필터 기능을 해제하기 위해 [데이터] 탭–[정렬 및 필터] 그룹–[필터]를 클릭합니다.

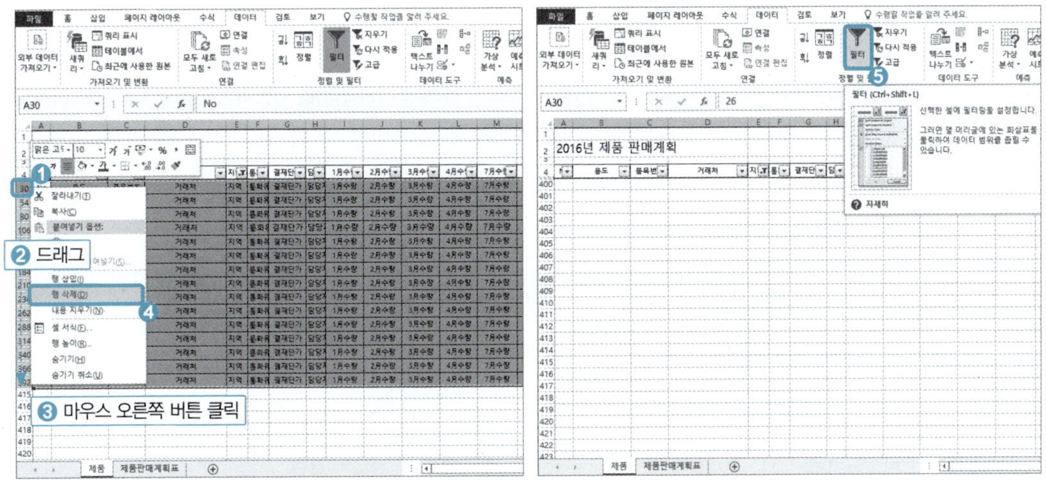

실력 향상 필터 단추는 그대로 두고 현재 필터만 제거하려면 [데이터] 탭–[정렬 및 필터] 그룹–[지우기]를 클릭합니다.

7 데이터 사이에 있었던 빈 행이나 중복된 열 머리글이 모두 제거되고 요약에 필요한 데이터만 표시됩니다. [B:S] 열 범위를 선택합니다. [홈] 탭-[셀] 그룹-[서식]을 클릭하여 [열 너비 자동 맞춤]을 선택합니다. 열 너비가 자동으로 조정됩니다.

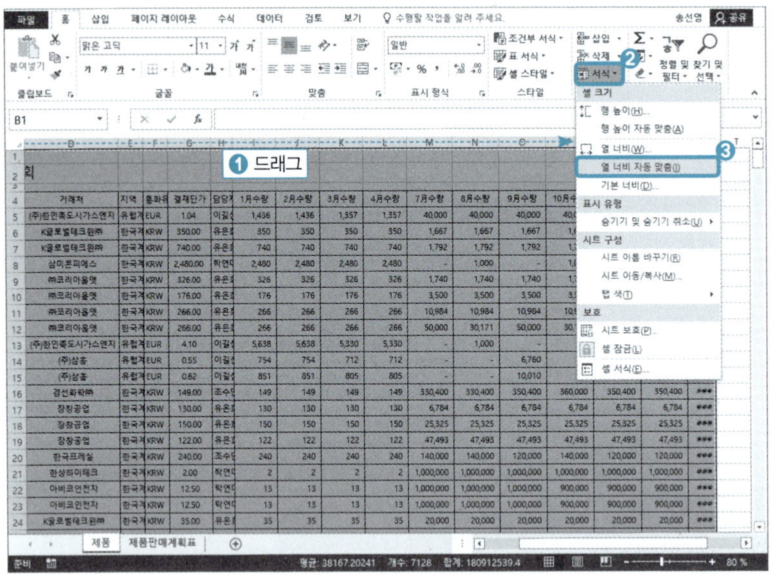

그룹별 데이터 요약하고 보고서 작성하기

부분합, 부분합 결과 추출

정리된 데이터를 용도별로 그룹 설정할 수 있도록 정렬하고 [부분합]을 이용하여 용도별 판매계획 금액의 합계를 구해보겠습니다. 또 용도별 판매금액 현황 결과를 보고서 시트에 따로 정리해보겠습니다.

8 용도 데이터의 열 머리글인 [B4] 셀을 클릭합니다. [데이터] 탭-[정렬 및 필터] 그룹-[텍스트 오름차순 정렬]을 클릭하여 가나다순으로 정렬합니다. [데이터] 탭-[윤곽선] 그룹-[부분합]을 클릭합니다.

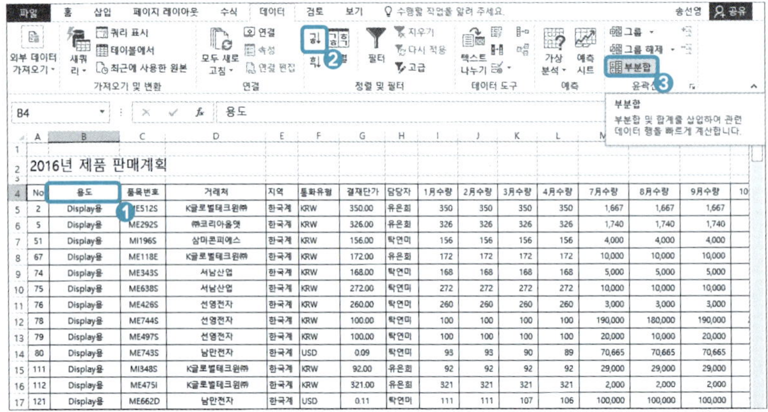

9 [부분합] 대화상자에서 [그룹화할 항목]은 [용도], [사용할 함수]는 [합계], [부분합 계산 항목]은 [합계]를 선택한 후 [확인]을 클릭합니다. 용도별 합계가 구해지고, 데이터 왼쪽에 윤곽선이 표시됩니다. 요약 내용을 표시하기 위해 왼쪽 윤곽선 중 ②를 클릭합니다.

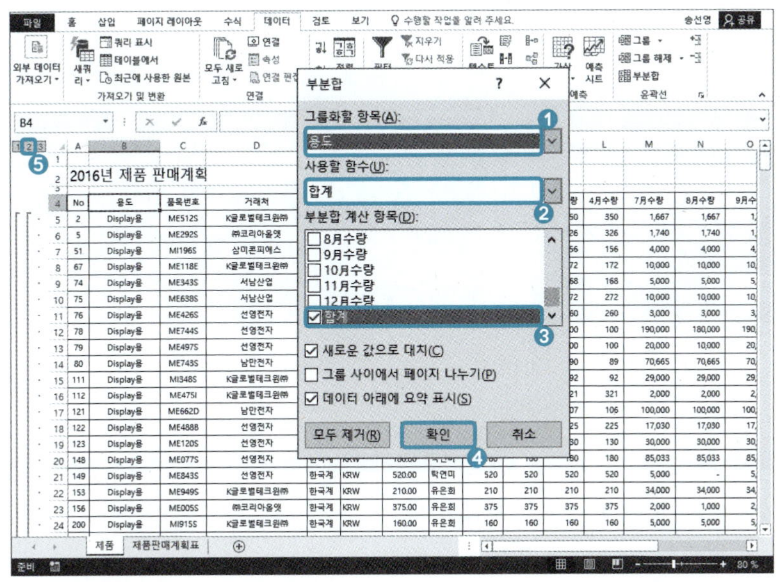

10 요약된 결과만 표시됩니다. 용도별 합계만 따로 모아 보고서로 만들기 위해 [B4] 셀을 클릭합니다. Ctrl + Shift + →를 눌러 데이터 오른쪽 끝 열까지 선택합니다. Ctrl + Shift + ↓를 눌러 아래쪽 데이터까지 모두 선택합니다. [홈] 탭-[편집] 그룹-[찾기 및 선택]을 클릭한 후 [이동 옵션]을 선택합니다. [이동 옵션] 대화상자에서 [화면에 보이는 셀만]을 선택한 후 [확인]을 클릭합니다.

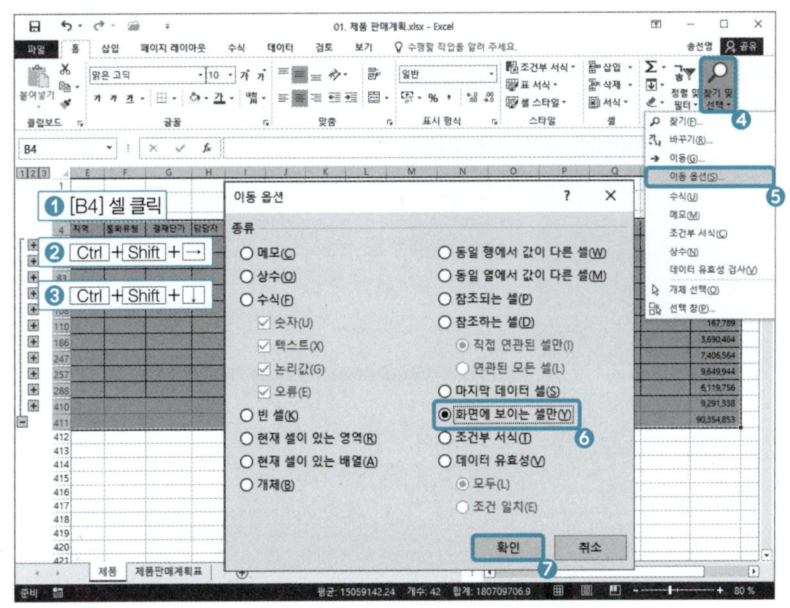

실력향상

합계 이외의 숨겨진 데이터들까지 모두 선택되어 있으므로 화면에 보이는 결과만 선택하기 위해 [이동 옵션]을 사용합니다.

11 숨겨진 데이터는 제외되고 화면에 보이는 셀만 선택됩니다. Ctrl + C 를 눌러 복사합니다. [제품판매계획표] 시트를 선택합니다. [B3] 셀을 클릭한 후 Enter 를 눌러 붙여넣기합니다.

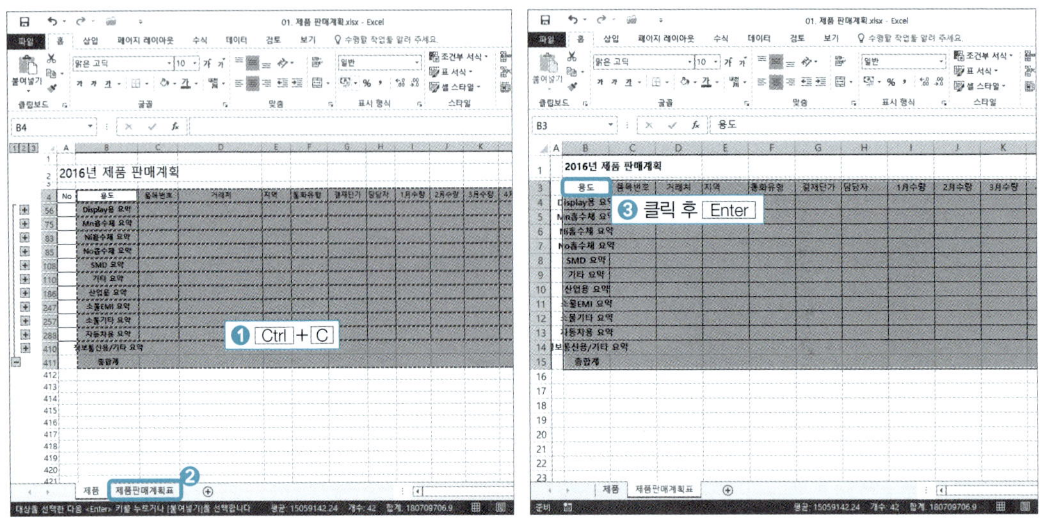

실력 향상   Enter 를 눌러 붙여넣기하면 [붙여넣기] 옵션 메뉴는 표시되지 않습니다.

12 [C:R] 열 범위를 선택합니다. 마우스 오른쪽 버튼을 클릭한 후 [삭제]를 선택합니다. [B3:C15] 셀 범위를 선택합니다. [홈] 탭-[셀] 그룹-[서식]을 클릭한 후 [열 너비 자동 맞춤]을 선택합니다. 열의 너비가 자동으로 조절됩니다.

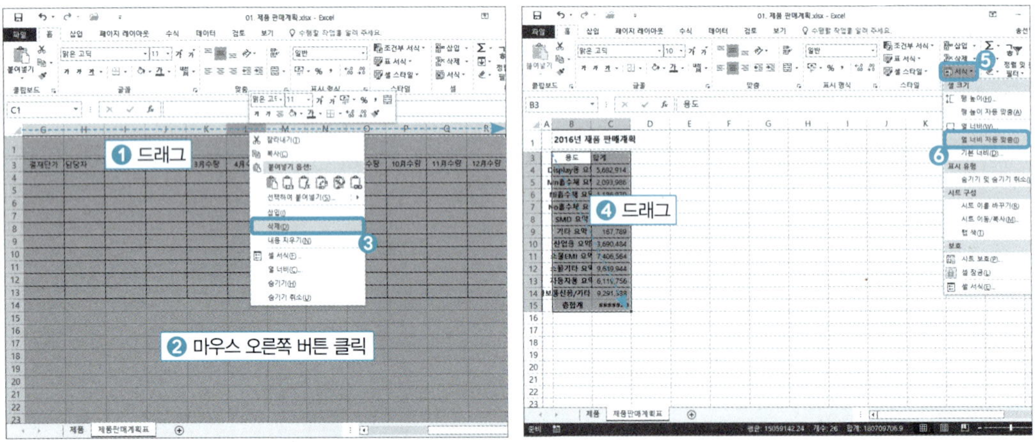

13 [홈] 탭-[편집] 그룹-[찾기 및 선택]을 클릭하여 [바꾸기]를 선택합니다. [찾기 및 바꾸기] 대화상자에서 [찾을 내용]에는 **공백 1칸(Space Bar)**과 **요약**을 입력합니다. [바꿀 내용]에는 아무것도 입력하지 않습니다. [모두 바꾸기]를 클릭하여 용도 데이터 오른쪽에 있는 '요약' 데이터를 제거합니다. 변경된 개수를 보여주는 메시지가 표시되면 [확인]을 클릭합니다. [찾기 및 바꾸기] 대화상자에서 [닫기]를 클릭합니다.

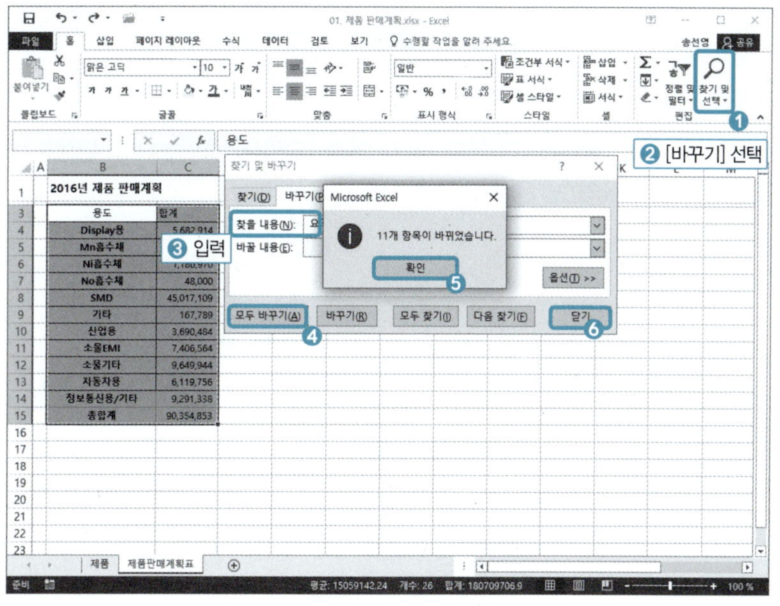

14 서식을 적용해보겠습니다. [B3:C3] 셀 범위를 선택합니다. [홈] 탭-[글꼴] 그룹-[채우기 색]에서 [검정, 텍스트1]을 채우기 색으로 선택합니다. [홈] 탭-[글꼴] 그룹-[글꼴 색]에서 [흰색, 배경1]을 글꼴 색으로 선택합니다. [홈] 탭-[맞춤] 그룹-[가운데 맞춤]을 클릭하여 열 머리글을 가운데 표시합니다. [B3:C15] 셀 범위를 선택합니다. 테두리 설정을 위해 [홈] 탭-[글꼴] 그룹-[테두리]를 클릭하여 [모든 테두리]를 선택합니다.

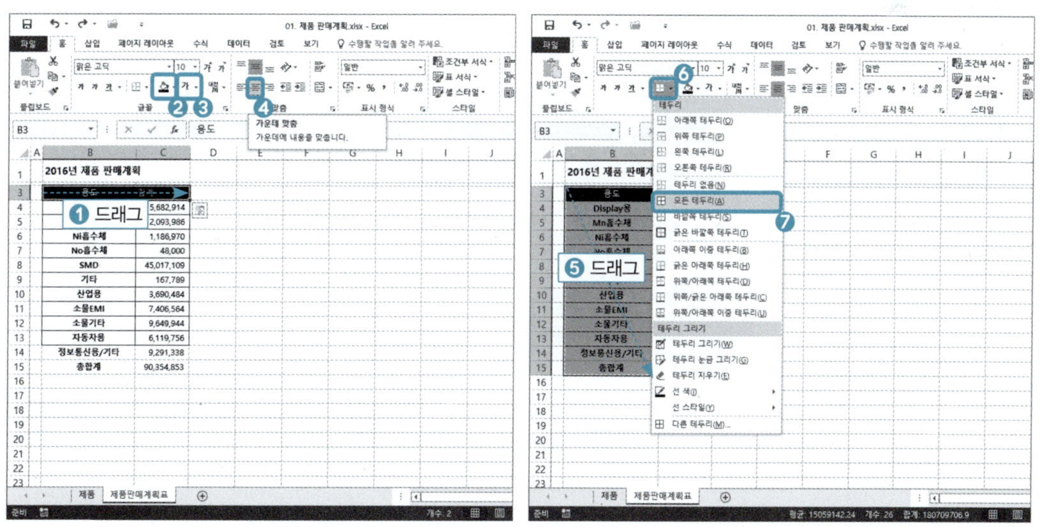

요약 자료를 차트로 표현하기
원형 대 원형 차트

정리해놓은 2016년 제품 판매계획 데이터의 용도별 비율을 확인하기 위해 원형 대 원형 차트를 작성해
보겠습니다. 원형 대 원형 차트에서 데이터 레이블을 설정하고 디자인을 수정하는 방법을 알아보겠습니다.

15 [B4:C14] 셀 범위를 선택합니다. [데이터] 탭-[정렬 및 필터] 그룹-[정렬]을 클릭합니다. [정렬] 대
화상자에서 [열]은 [합계], [정렬]은 [내림차순]으로 선택하고 [확인]을 클릭합니다.

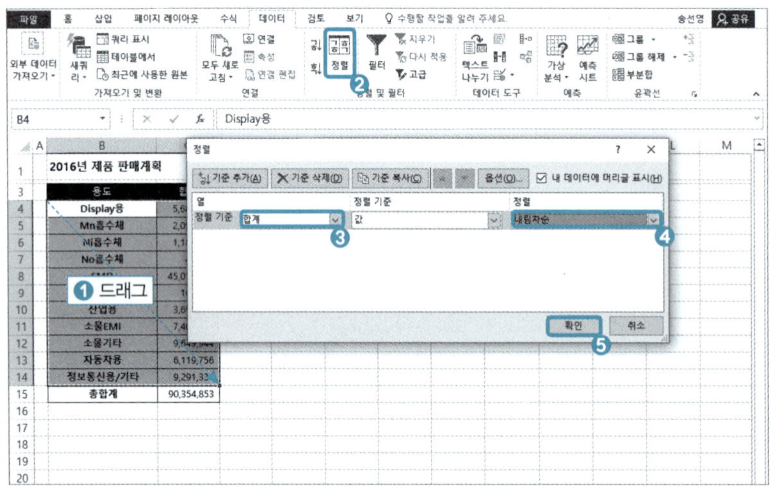

16 차트에 표현할 데이터인 [B3:C14] 셀 범위를 선택합니다. [삽입] 탭-[차트] 그룹-[원형 또는 도넛형
차트 삽입]을 클릭합니다. 차트 종류 중 [2차원 원형]의 [원형 대 원형] 차트를 선택합니다.

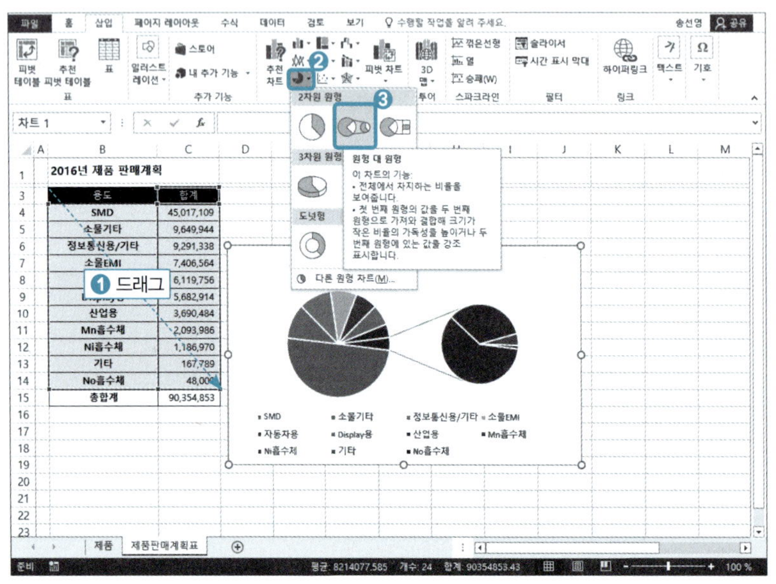

> **시간단축**
>
> '총합계' 데이터는 제외하고 정
> 렬해야 하므로 [B3:C14] 셀
> 범위를 선택합니다. 표의 데이
> 터 순서대로(위쪽→아래쪽) 차
> 트가 그려지므로 값이 큰 데이
> 터와 값이 작은 데이터를 구분
> 해서 차트에 표현하려면 내림
> 차순으로 정렬해놓습니다.

17 차트를 드래그하여 왼쪽 위 모서리를 [D1] 셀에 맞춥니다. 차트의 오른쪽 아래, 크기 조절점을 드래그하여 크기를 조절합니다. 차트를 선택합니다. [차트 도구]−[디자인] 탭−[차트 스타일] 그룹−[빠른 스타일] 목록에서 [스타일 2]를 선택합니다.

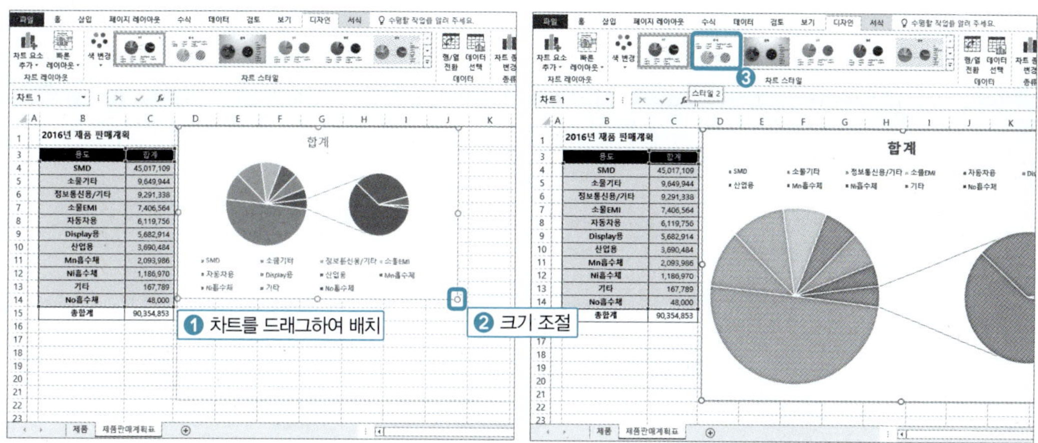

18 차트 제목을 클릭합니다. 수식 입력줄을 클릭하여 =을 입력하고 [B1] 셀을 클릭한 후 Enter 를 눌러 입력을 완료합니다. 차트가 선택된 상태에서 [차트 도구]−[디자인] 탭−[차트 레이아웃] 그룹−[차트 요소 추가]를 클릭합니다. [범례]를 클릭한 후 [없음]을 선택하여 범례가 표시되지 않도록 설정합니다.

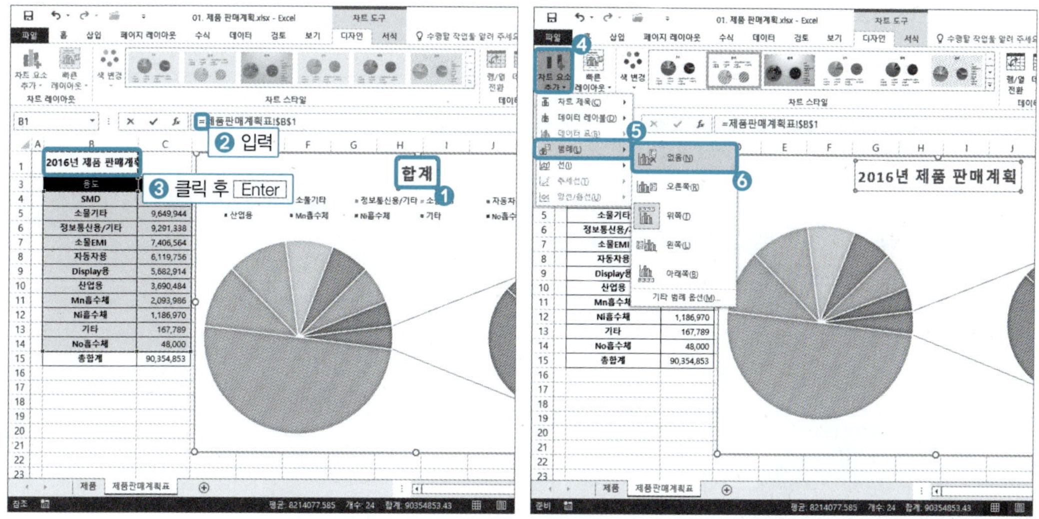

19 [차트 도구]–[디자인] 탭–[차트 레이아웃] 그룹–[차트 요소 추가]를 클릭합니다. [데이터 레이블]을 선택한 후 [기타 데이터 레이블 옵션]을 선택합니다. 화면 오른쪽에 나타난 [데이터 레이블 서식] 작업 창의 [레이블 옵션]을 클릭합니다. [레이블 내용]에서 [값]의 체크 표시를 해제하고 [항목 이름]과 [백분율]에 체크 표시합니다.

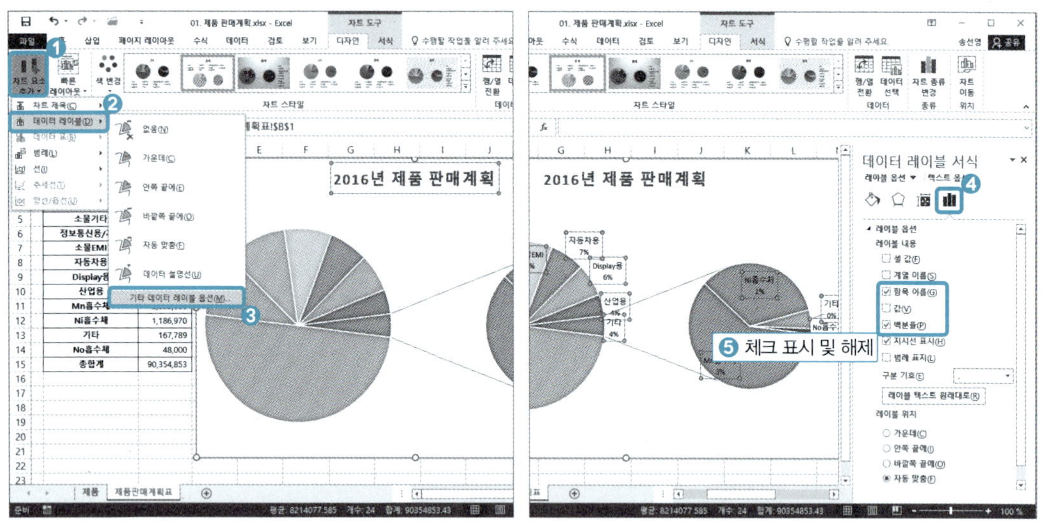

실력
향상

원형 차트는 각 값의 비율을 확인하는 목적으로 주로 사용됩니다. 따라서 [레이블 옵션]에서 기본으로 제공되는 [값] 레이블보다 [항목 이름]과 데이터 값의 비율을 나타내는 [백분율] 레이블을 더 많이 사용합니다.

20 원형 차트를 선택합니다. [데이터 계열 서식] 작업 창으로 변경됩니다. [계열 옵션]을 클릭한 후 [데이터 계열 지정]에서 [둘째 영역 값]은 **6**, [둘째 영역 크기]의 값은 **50%**로 수정합니다.

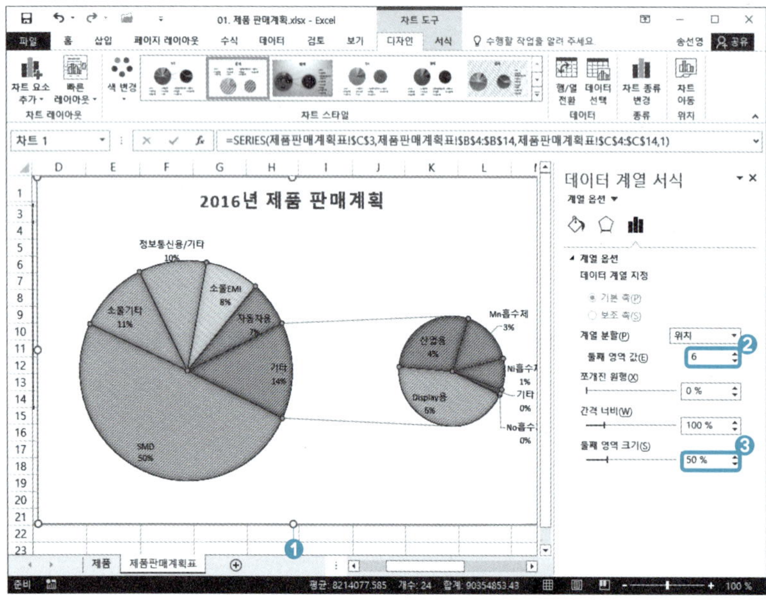

21 왼쪽 원형 차트에서 'SMD' 요소를 선택합니다. 작업 창이 [데이터 요소 서식]으로 변경됩니다. [데이터 요소 서식] 작업 창의 [채우기 및 선]을 클릭합니다. [채우기]에서 [그라데이션 채우기]를 선택합니다. [그라데이션 중지점]에서 두 번째 중지점을 클릭합니다. [그라데이션 중지점 제거]를 클릭합니다. 남아 있는 가운데 중지점도 선택하여 [그라데이션 중지점 제거]를 클릭하여 제거합니다.

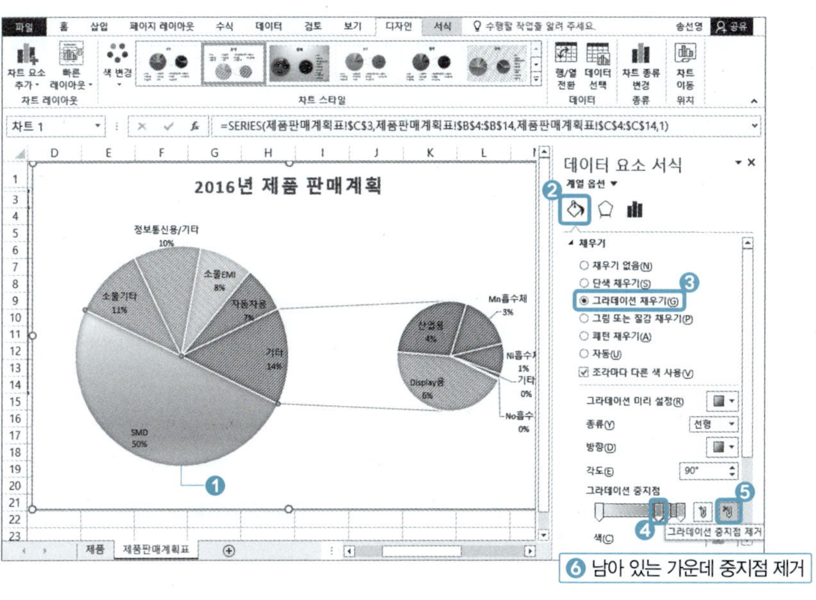

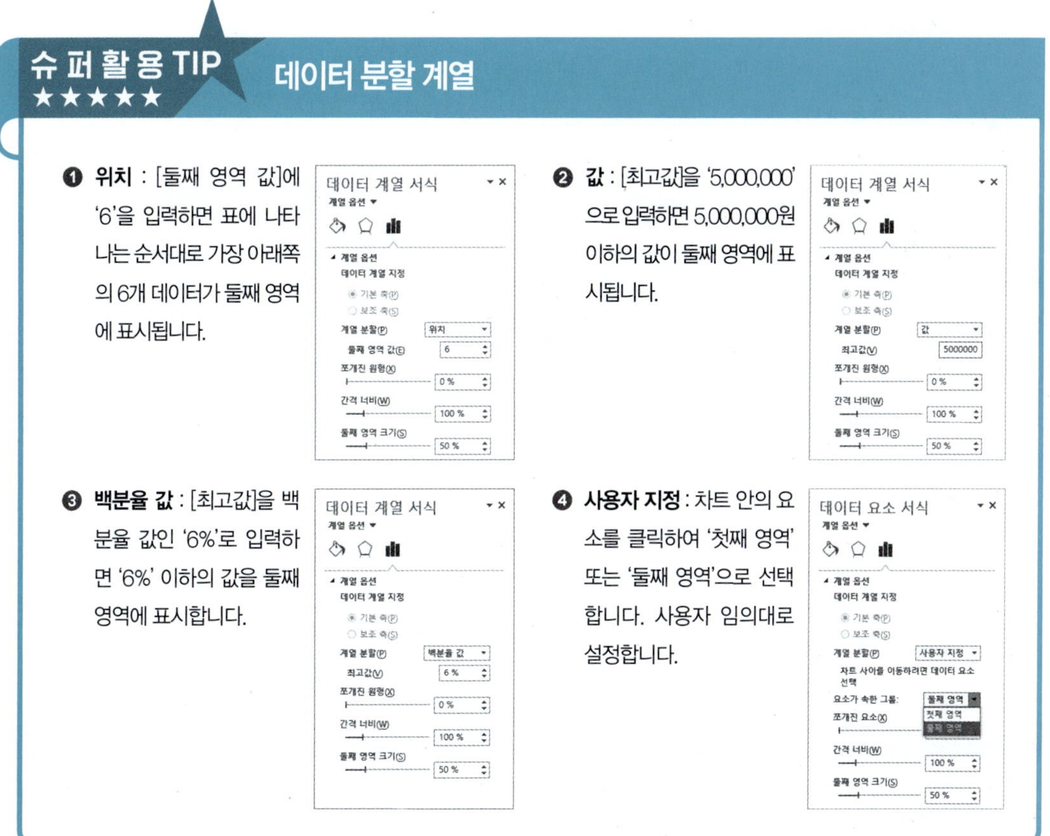

22 오른쪽 중지점을 선택합니다. [색]에서 [연한 파랑]을 선택합니다. 왼쪽 원형 차트의 요소 중 '기타'는 [그라데이션 채우기]의 [그라데이션 중지점]에서 오른쪽 끝 중지점의 색을 [녹색]으로 선택합니다. '자동차용'은 [파랑], '소물EMI'는 [주황], '정보통신용/기타'는 [진한 파랑], '소물 기타'는 [진한 빨강]으로 각각 적용한 후 [데이터 요소 서식] 작업 창을 닫습니다.

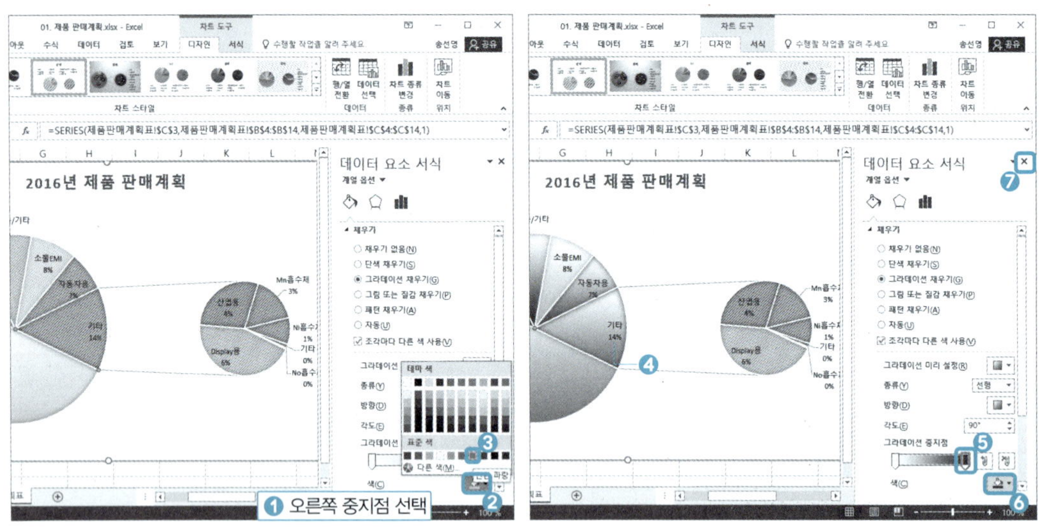

실력 향상 각 요소 선택 시에는 항상 왼쪽 중지점이 선택되어 있습니다. 오른쪽 중지점을 다시 선택하여 채우기를 적용해야 각각 다른색으로 표시됩니다.

23 잘 보이지 않는 데이터 레이블에 서식을 적용해보겠습니다. 차트의 레이블을 선택하고 [차트 도구]-[서식] 탭-[WordArt 스타일] 그룹-[빠른 스타일]을 클릭합니다. 스타일 목록 중 [채우기-검정, 텍스트 1, 그림자]를 선택합니다. 차트 중 왼쪽 원형 차트를 선택하고 차트의 요소 중 '기타'를 한 번 더 선택합니다. '기타'를 오른쪽으로 드래그하여 강조 표시합니다.

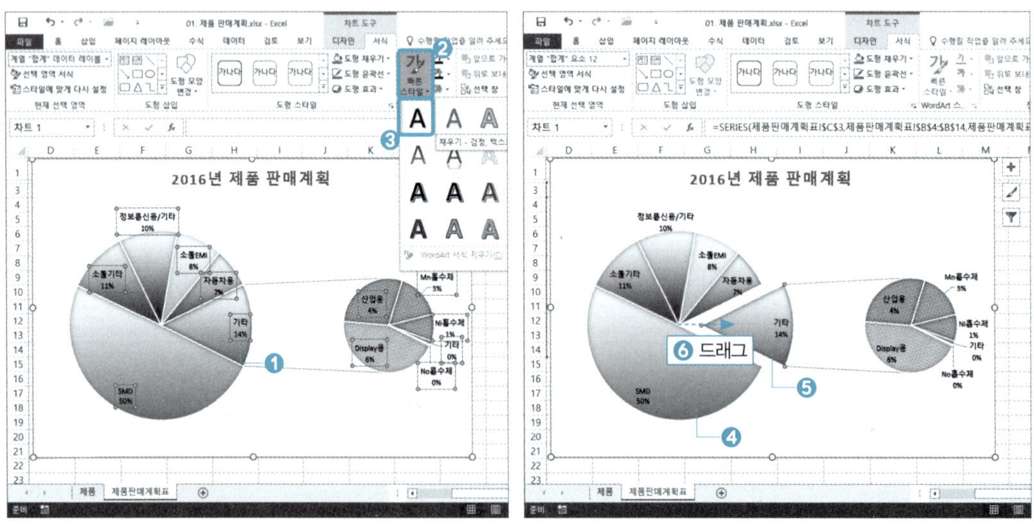

시간 단축 레이블이 잘 선택되지 않는다면 차트 선택 후 [차트 도구]-[서식] 탭-[현재 선택 영역] 그룹에서 [차트 요소] 목록 버튼를 이용하여 레이블을 선택할 수 있습니다.

17

요일별 매출금액을 분석하는
보고서 작성하기

실습 파일 | PART 02 \ CHAPTER 04 \ 매장별 1사분기 매출현황.xlsx　**완성 파일 |** PART 02 \ CHAPTER 04 \ 매장별 1사분기 매출현황(완성).xlsx

✔ 프로젝트 시작하기

1월~3월까지의 날짜별 지점 매출현황 데이터를 요일별로 비교해보겠습니다. 유효성 검사로 요일을 간단하게 선택할 수 있도록 설정하고 SUMIFS 함수를 이용해 선택한 요일의 지점별 매출합계를 바로 확인할 수 있도록 설정합니다. 이렇게 정리한 데이터를 세로 막대 차트로 작성하여 시각적으로 표현하고, 평균값에 대한 내용도 차트에 추가하여 각 지점 매출금액과 비교할 수 있도록 작성해보겠습니다.

유효성 검사와 함수만을 이용해 얼마든지 유동적인 차트를 작성할 수 있습니다. 선택한 항목에 따라 값이 변하는 유동적인 차트와 다양한 종류의 차트를 표현하는 방법을 익혀보겠습니다.

STEP 01

요일별, 지점별 판매금액의 합계 구하기

CHOOSE 함수, WEEKDAY 함수, 유효성 검사, SUMIFS 함수

❶ 요일별로 판매된 금액의 합계를 구하기 위해 날짜 데이터에 맞는 요일을 CHOOSE 와 WEEKDAY 함수를 이용해 구합니다.

❷ 유효성 검사로 요일을 선택할 수 있도록 설정하고 SUMIFS 함수로 월별, 지점별 판매금액 합계를 구합니다.

STEP 02

요일별, 매장별 매출현황 차트 만들기 **세로 막대 차트**

❶ 선택한 요일의 지점별 판매금액 합계, 매출현황을 세로 막대 차트를 이용하여 시각적으로 표현합니다.

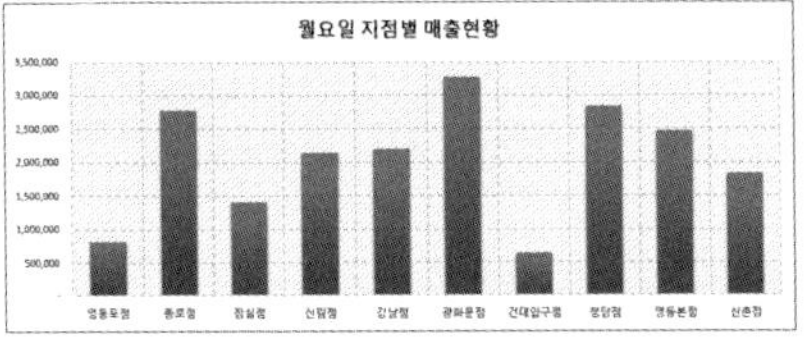

STEP 03

평균 매출금액과 비교해보는 지점별 매출현황 표시하기 **분산형 차트, 오차 막대**

❶ 평균 매출액을 계산하여 각 지점 매출액과 비교할 수 있도록 분산형 차트, 오차막대를 추가하여 작성합니다.

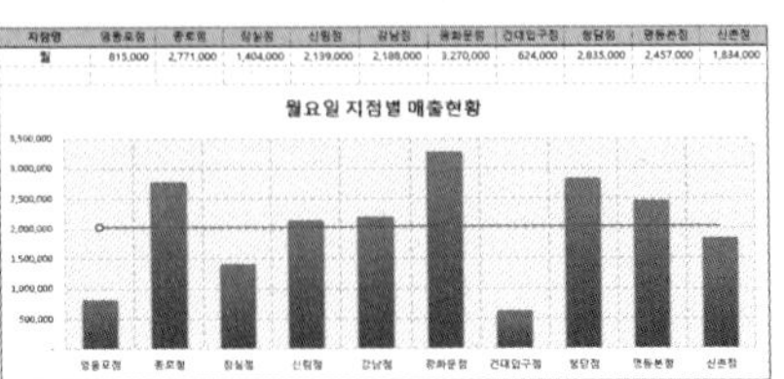

요일별, 지점별 판매금액의 합계 구하기

CHOOSE 함수, WEEKDAY 함수, 유효성 검사, SUMIFS 함수

1사분기 매출현황 데이터로 요일별 통계를 구하기 위해 날짜를 숫자 값으로 반환하는 WEEKDAY 함수와 반환된 숫자 값을 CHOOSE 함수를 이용하여 '월', '화', '수' … 형식으로 표현하는 방법을 알아보겠습니다. 또 SUMIFS 함수를 이용하여 선택한 요일의 지점별 판매금액 합계를 파악해보겠습니다.

1 요일을 표시할 열을 추가해보겠습니다. C열을 선택하고 마우스 오른쪽 버튼을 클릭하여 [삽입]을 선택합니다. [C4] 셀을 클릭하고 **요일**을 입력합니다. [C5] 셀을 클릭한 후 **=CHOOSE(WEEKDAY(B5,2),"월", "화","수","목","금","토","일")**을 입력합니다. 수식 입력 후 채우기 핸들을 더블클릭하여 자동 채우기합니다.

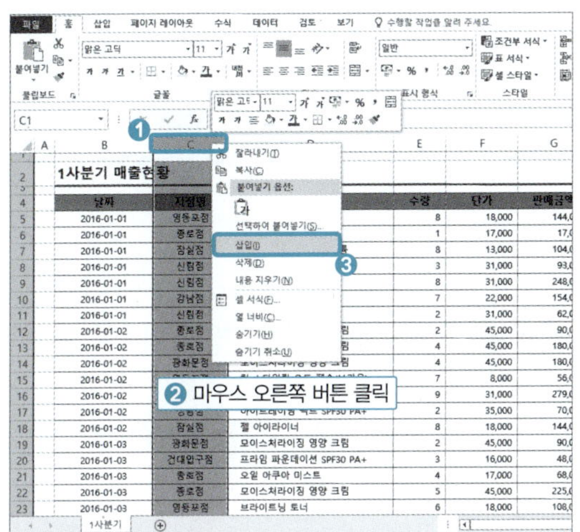

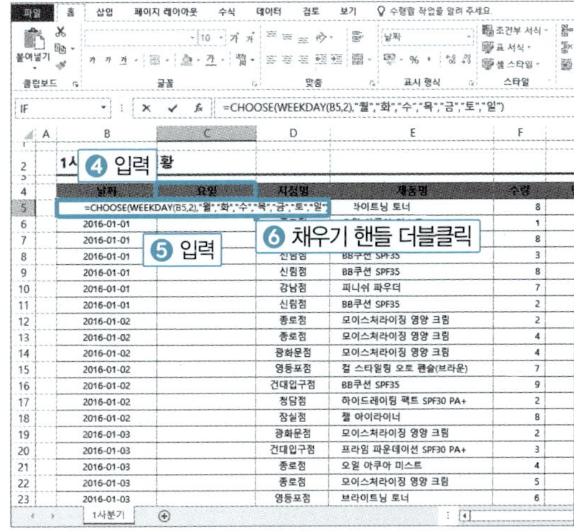

 WEEKDAY 함수는 선택한 날짜의 요일을 숫자로 알려주는 함수입니다. WEEKDAY 함수를 이용하여 해당 요일을 숫자로 확인한 후 숫자에 맞는 요일을 CHOOSE 함수로 표시합니다.

슈퍼활용 TIP ★★★★★ WEEKDAY와 CHOOSE 함수

❶ **WEEKDAY**(Serial_number, Return_type) : Serial_number에 입력된 날짜의 요일을 숫자로 알려줍니다. Return_type을 '1'로 설정하면 날짜 형식에 입력된 날짜가 일요일인 경우 '1', 월요일은 '2'… 토요일 '7'로 결과 값을 반환하고, Return_type을 '2'로 설정하면 날짜 형식에 입력된 날짜가 월요일인 경우 '1', 화요일은 '2', 수요일 '3'… 일요일 '7'로 결과 값을 반환합니다.

❷ **CHOOSE**(Index_num, Value1, Value2…) : Index_num에 입력된 숫자 값에 따라 결과 값을 Value에 각각 입력하여 결과 값을 반환합니다. Index_num의 숫자가 1이면 Value1에 '월'을, 2이면 Value2에 '화'… 7이면 Value7에 '일'까지 숫자에 맞는 요일을 결과 값으로 입력합니다.

2 머리글이 입력된 [C4] 셀을 클릭한 후 [홈] 탭-[셀] 그룹-[서식]을 클릭합니다. [열 너비 자동 맞춤]을 선택하여 너비를 조절합니다. 몇 개의 지점이 있는지 정리해보겠습니다. D열을 선택합니다. Ctrl + C 를 눌러 복사합니다. J열을 선택한 후 Enter 를 눌러 붙여넣기합니다. [데이터] 탭-[데이터 도구] 그룹-[중복된 항목 제거]를 클릭합니다. [중복된 항목 제거] 대화상자에서 [확인]을 클릭합니다.

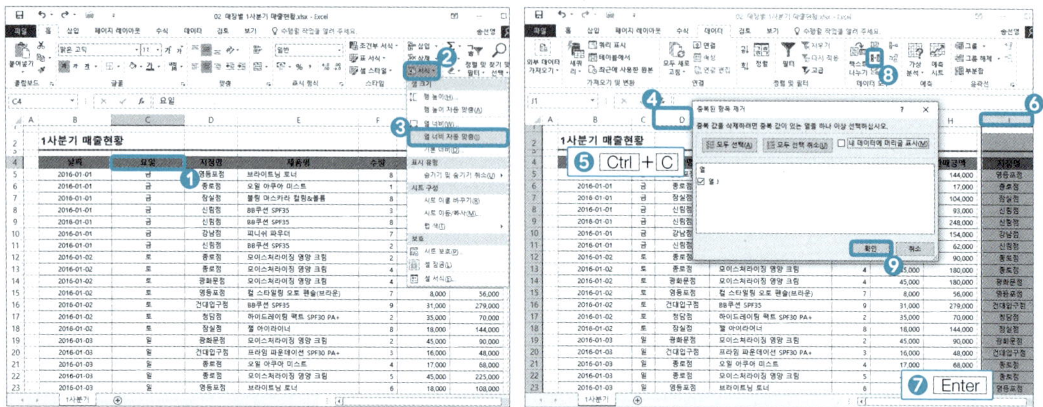

실력 향상 선택한 셀의 텍스트 길이에 맞춰 열 너비가 자동 맞춤으로 설정되므로 가장 긴 텍스트가 입력된 [C4] 셀을 클릭하여 너비를 조절합니다.

3 중복된 데이터 개수와 고유 데이터 개수를 보여주는 메시지가 표시됩니다. [확인]을 클릭하여 중복된 항목을 제거합니다. 지점명이 입력된 [J3:J12] 셀 범위를 선택한 후 Ctrl + C 를 눌러 복사합니다. [K4] 셀을 클릭합니다. 마우스 오른쪽 버튼을 클릭한 후 [붙여넣기 옵션]에서 [바꾸기]를 선택하여 행 방향으로 붙여넣기합니다.

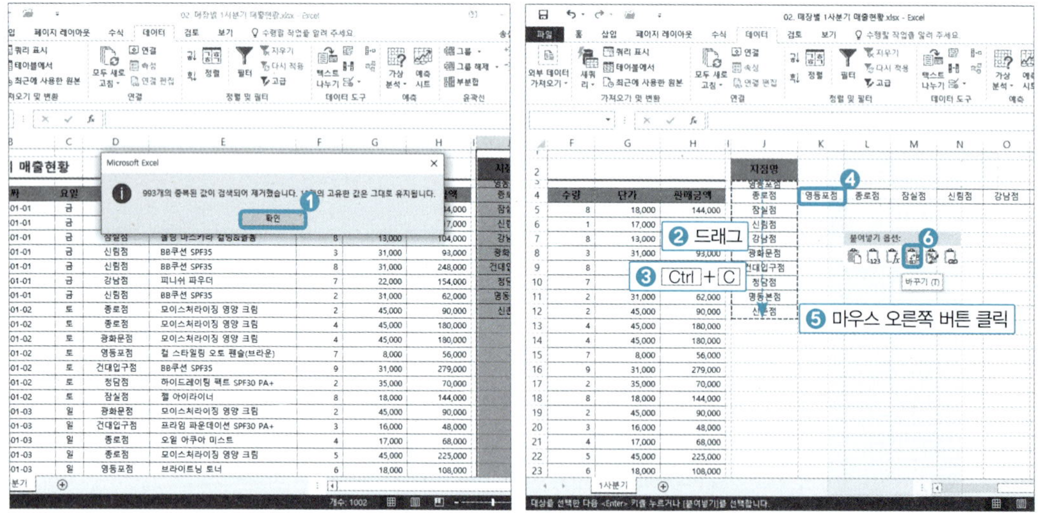

4 [J2:J12] 셀 범위를 선택합니다. [홈] 탭-[편집] 그룹-[지우기]를 클릭한 후 [모두 지우기]를 선택하여 모두 삭제합니다. [J4] 셀을 클릭하여 열 머리글 **지점명**을 입력합니다. [J4:T4] 셀 범위를 선택합니다. [홈] 탭-[글꼴] 그룹-[채우기]를 [흰색, 배경1, 15% 더 어둡게]로 선택합니다. [글꼴 크기]는 **10**으로 설정하고, [홈] 탭-[글꼴] 그룹-[테두리]에서 [위쪽/굵은 아래쪽 테두리]를 선택합니다.

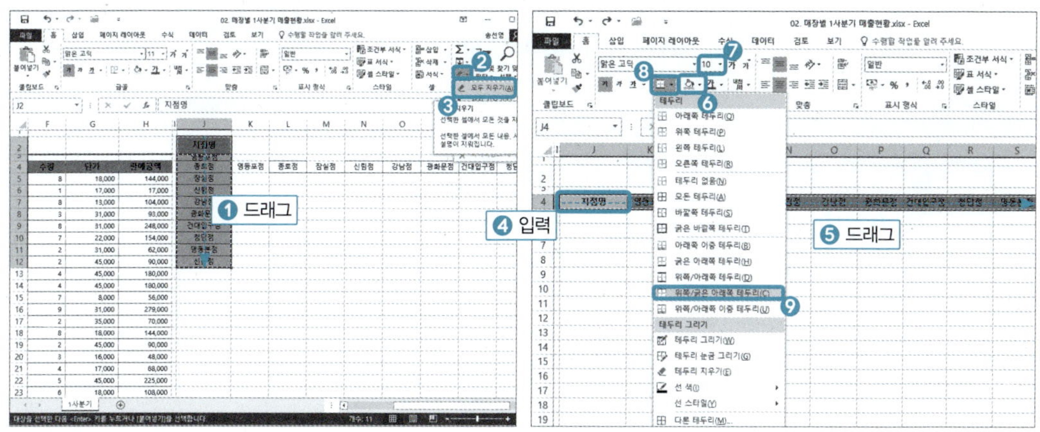

시간 단축 [J4] 셀을 클릭한 후 Ctrl + Shift + → 를 눌러 지점명 범위를 한 번에 선택할 수 있습니다.

5 '지점명' 아래에 요일 목록을 표시해보겠습니다. [J5] 셀을 클릭합니다. [데이터] 탭-[데이터 도구] 그룹-[유효성 검사]를 클릭합니다. [데이터 유효성] 대화상자의 [제한 대상]은 [목록]을 선택합니다. [원본]에는 **월,화,수,목,금,토,일**을 입력한 후 [확인]을 클릭합니다.

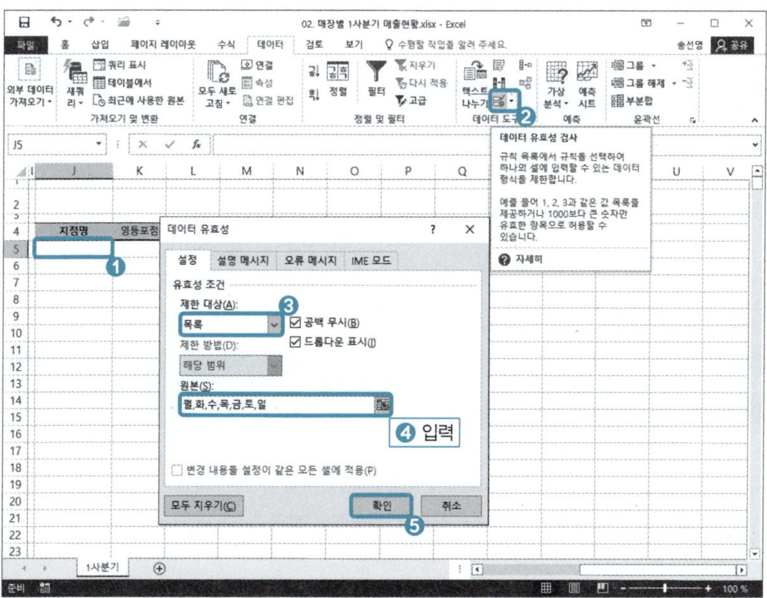

6 선택한 셀에 목록 단추가 표시됩니다. 목록 단추를 클릭하여 나타난 요일 중 '화'요일을 선택합니다. [홈] 탭-[글꼴] 그룹-[글꼴 크기]를 **10**으로 수정합니다. [홈] 탭-[맞춤] 그룹-[가운데 맞춤]을 클릭합니다.

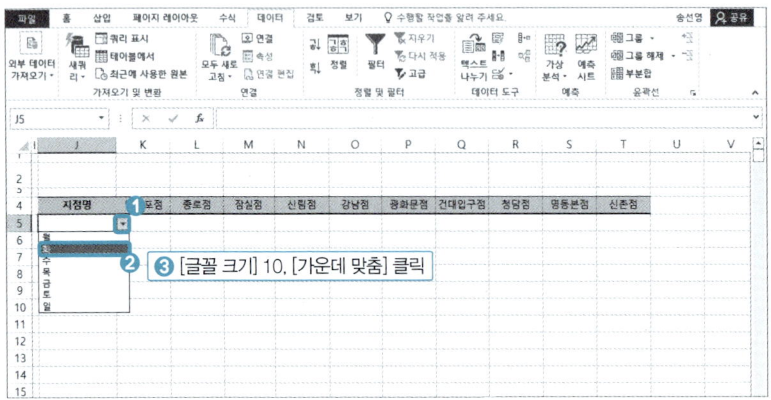

7 선택한 요일의 지점별 매출금액을 계산하겠습니다. [K5] 셀에 **=SUMIFS($H$5:$H$1005,$C$5:$C$1005,$J5,$D$5:$D$1005,K$4)**를 입력한 후 Enter 를 누릅니다. [K5] 셀의 채우기 핸들을 [T5] 셀까지 드래그하여 각 지점의 매출금액을 계산합니다. [K5:T5] 셀 범위를 선택합니다. [홈] 탭-[글꼴] 그룹-[글꼴 크기]를**10**으로 수정합니다. [홈] 탭-[표시 형식] 그룹-[쉼표 스타일]을 클릭합니다.

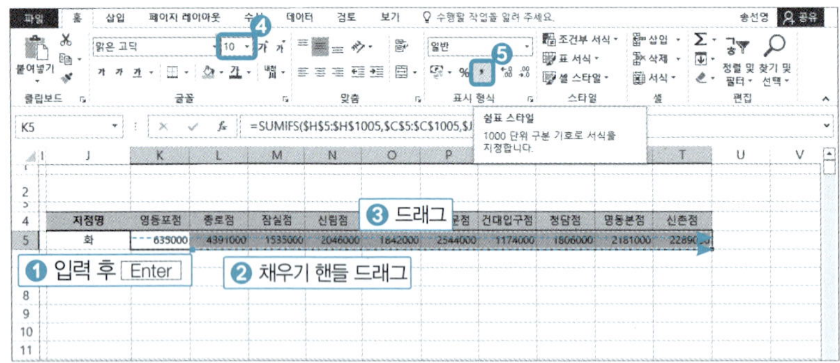

실력향상

SUMIFS는 여러 조건에 만족되는 합을 구할 때 사용되는 함수로 각 지점과 해당 요일이 모두 만족되는 데이터들의 판매합계를 구하기 위해 사용합니다.

슈퍼활용 TIP ★★★★★ SUMIFS 함수

=SUMIFS(Sum_range, Criteria_range 1, Criteria 1, Criteria_range 2, Criteria 2…) : Criteria_range에 조건을 찾을 범위를 지정하고 Criteria에 찾을 조건을 입력합니다. 조건이 여러 개인 경우 Criteria_range(조건 찾을 범위)와 Criteria(조건)을 맞추어 입력한 후 Sum_range에 합계를 구할 범위를 지정합니다.

요일이 입력된 [C5:C1005] 셀 범위에서 [J5] 셀에 입력된 요일과 같은 조건을 찾고, 지점이 입력된 [D5:D1005] 셀 범위에서 [K4] 셀에 입력된 지점과 같은 조건을 찾아 두 조건이 모두 만족되는 경우의 숫자 값을 [H5:H1005] 셀 범위에서 찾아 합계를 구합니다.

요일별, 매장별 매출현황 차트 만들기

세로 막대 차트

각 지점의 요일 매출현황 데이터를 세로 막대 차트를 이용하여 시각적으로 표현하는 방법과 선택한 요일의 지점별 매출금액을 한눈에 파악할 수 있도록 수식을 이용하여 차트 제목을 표현하고 수정하는 방법에 대해 알아보겠습니다.

8 차트로 표현할 [J4:T5] 셀 범위를 선택합니다. [삽입] 탭-[차트] 그룹-[세로 또는 가로 막대형 차트 삽입]을 클릭합니다. 차트 종류 중 [2차원 세로 막대형]의 [묶은 세로 막대형] 차트를 선택합니다. 차트를 드래그하여 왼쪽 모서리를 [J7] 셀에 맞추고, 오른쪽 아래 꼭지점을 드래그하여 [T22] 셀에 맞춥니다. [차트 도구]-[디자인] 탭-[차트 스타일] 그룹-[빠른 스타일]의 [자세히]를 클릭합니다. 스타일 목록에서 [스타일 8]을 선택하여 차트에 적용합니다.

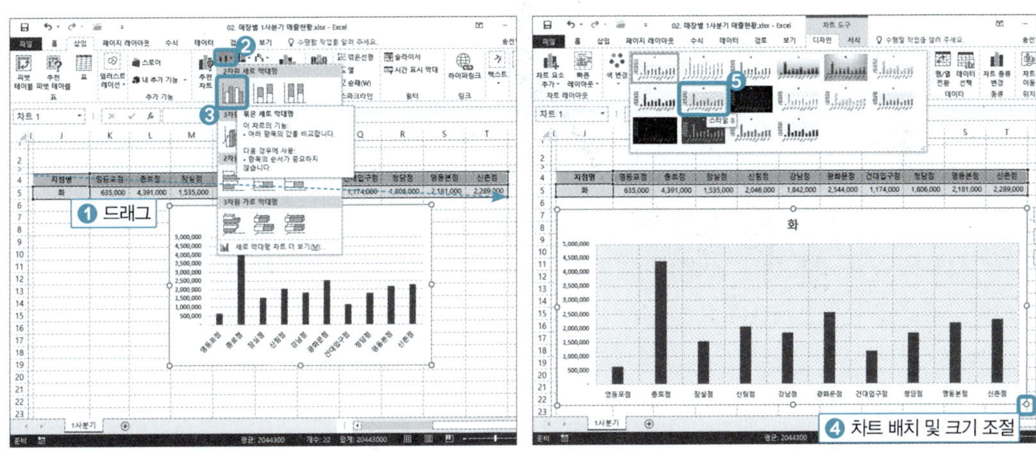

9 세로 막대 차트의 화요일 계열을 선택합니다. 마우스 오른쪽 버튼을 클릭하여 [데이터 계열 서식]을 선택합니다.

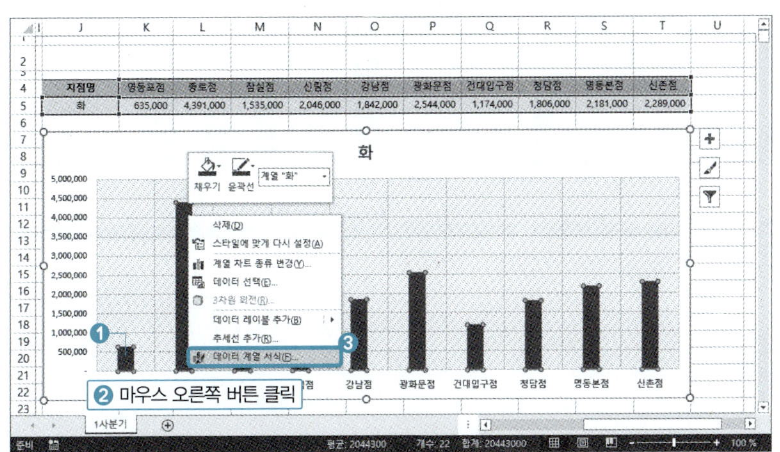

10 [데이터 계열 서식] 작업 창의 [계열 옵션]을 클릭합니다. [데이터 계열 지정]의 [간격 너비]를 [100%]로 설정하여 세로 막대 차트의 너비를 넓게 설정합니다. [데이터 계열 서식] 작업 창을 닫습니다.

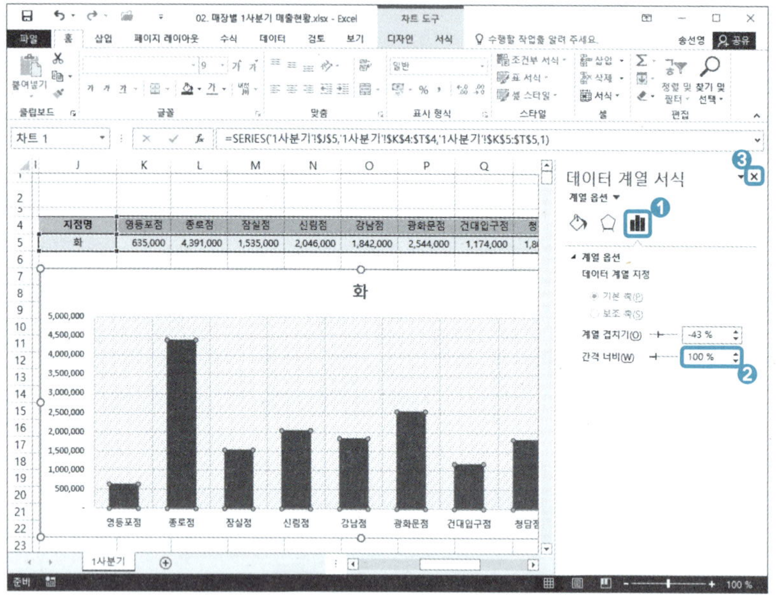

11 [차트 도구]-[서식] 탭-[도형 스타일] 그룹-[빠른 스타일]의 [자세히]를 클릭한 후 스타일 목록에서 [보통 효과-바다색, 강조 5]를 선택합니다. [J2] 셀을 클릭한 후 수식 **=J5&"요일 지점별 매출현황"**을 입력합니다. Enter 를 눌러 입력을 완료합니다.

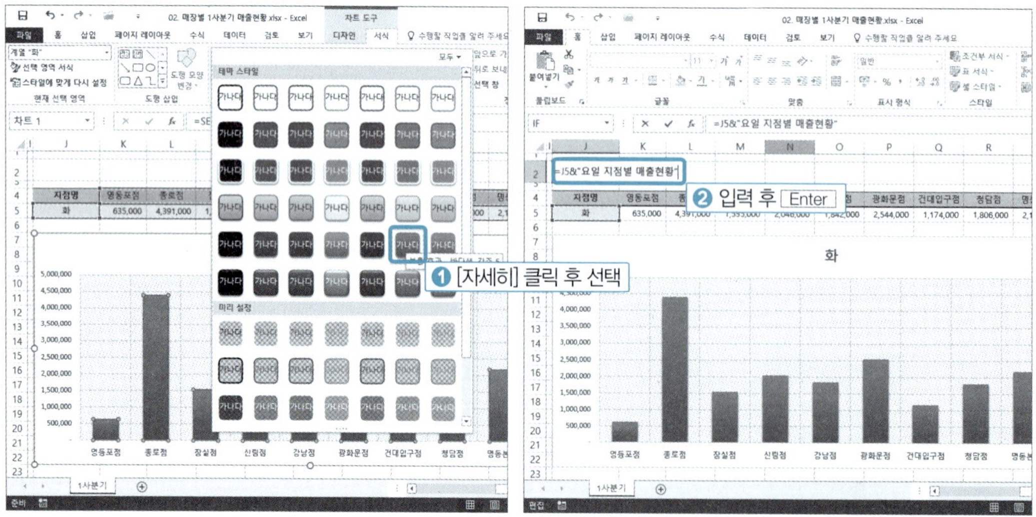

12 차트 제목을 선택합니다. 수식 입력줄을 클릭하여 **=**를 입력하고 [J2] 셀을 클릭합니다. Enter 를 눌러 입력을 완료합니다. [J2] 셀을 클릭합니다. [홈] 탭-[글꼴] 그룹-[글꼴 색]을 클릭한 후 [흰색, 배경1]을 선택하여 보이지 않도록 설정합니다.

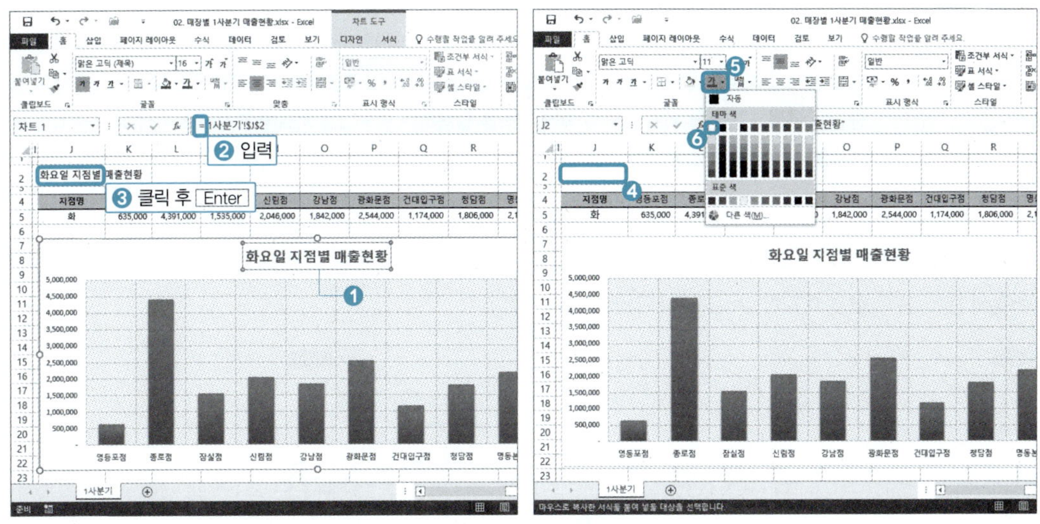

시간 단축 ▶ 차트 제목에는 수식 입력이 되지 않으므로 셀에 수식을 작성한 후 차트 제목과 연결하여 사용합니다.

13 차트 제목을 선택합니다. [차트 도구]-[서식] 탭-[WordArt 스타일] 그룹-[빠른 스타일]을 클릭하여 목록 중 [채우기-검정, 텍스트 1, 그림자]를 선택합니다. [J5] 셀을 클릭하여 요일 목록 중 '목'요일로 선택합니다. 목요일 지점별 매출현황 차트가 표시됩니다.

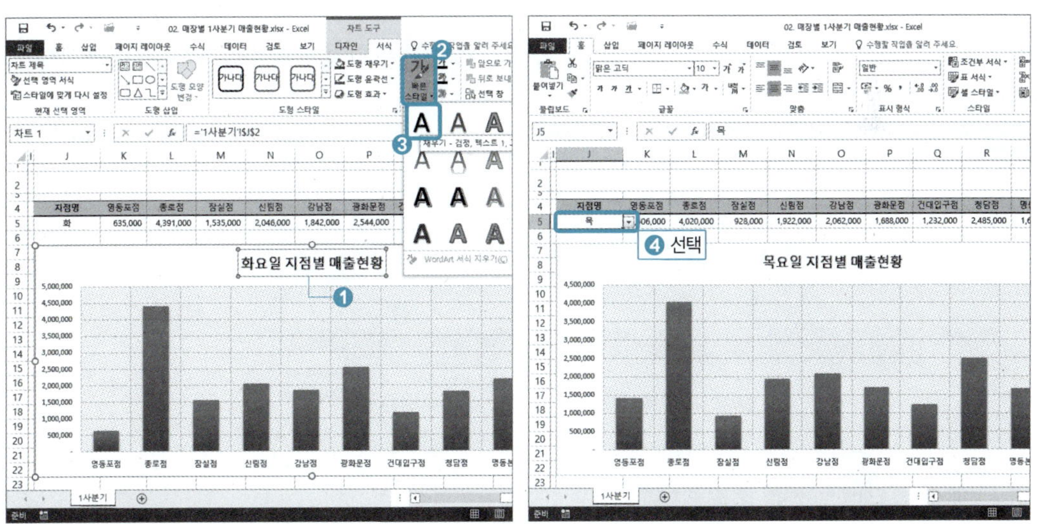

평균 매출금액과 비교해보는 지점별 매출현황 표시하기

분산형 차트, 오차 막대

선택한 요일의 지점별 매출현황이 표시되어 있는 차트에 전체 지점의 매출 평균을 추가로 표시하여 평균 매출 금액과 지점별 금액을 비교할 수 있도록 차트를 수정해보겠습니다. AVERAGE 함수를 이용하여 평균값을 구하고 분산형 차트의 오차 막대 기능을 활용하여 평균값을 차트에 표시하고 지점 매출 금액과 비교해볼 수 있도록 작성합니다.

14 U열을 선택합니다. [홈] 탭–[셀] 그룹–[서식]을 클릭한 후 [열 너비]를 선택합니다. [열 너비] 대화상자에서 [열 너비] 값을 **0.7**로 설정하고 [확인]을 클릭합니다.

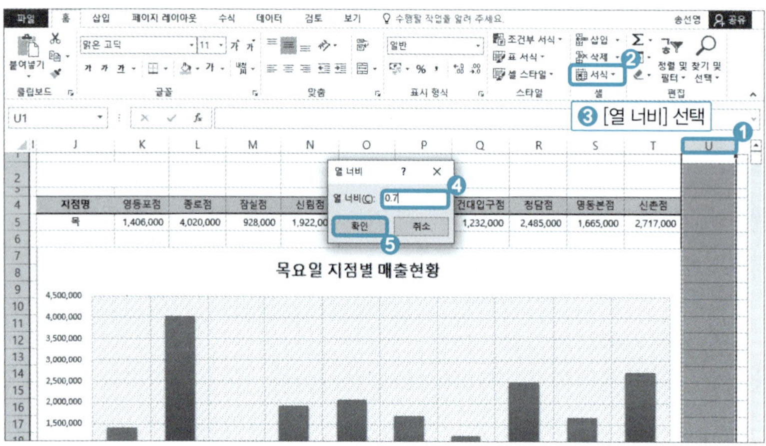

15 [V4] 셀을 클릭하고 열 머리글인 **평균**을 입력합니다. [V5] 셀을 클릭한 후 수식 **=AVERAGE(K5:T5)**를 입력하여 지점의 매출 평균을 계산합니다.

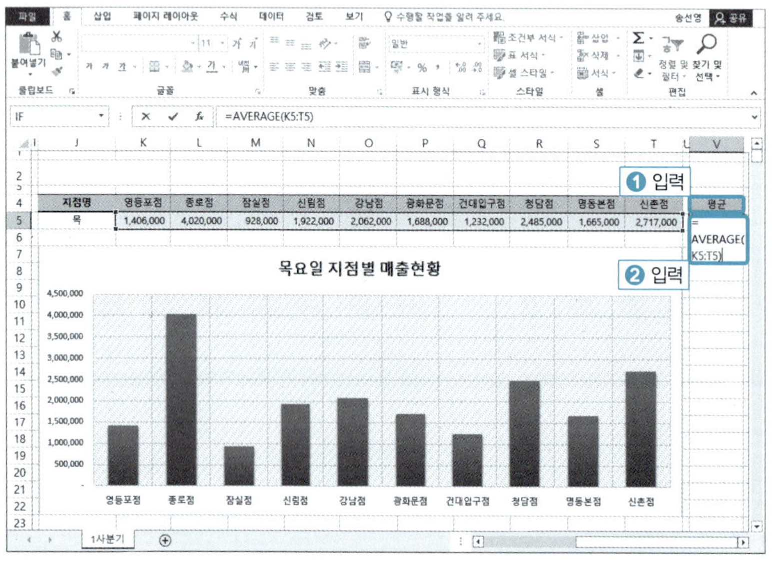

16 [T4:T5] 셀 범위를 선택합니다. [홈] 탭–[클립보드] 그룹–[서식 복사]를 선택합니다. [V4:V5] 셀 범위를 드래그하여 서식을 붙여넣기합니다. [V5] 셀에 구한 전체 지점의 매출 평균금액을 기존 차트에 추가하여 표시해보도록 하겠습니다. 차트를 선택합니다. [차트 도구]–[디자인] 탭–[데이터] 그룹–[데이터 선택]을 클릭합니다.

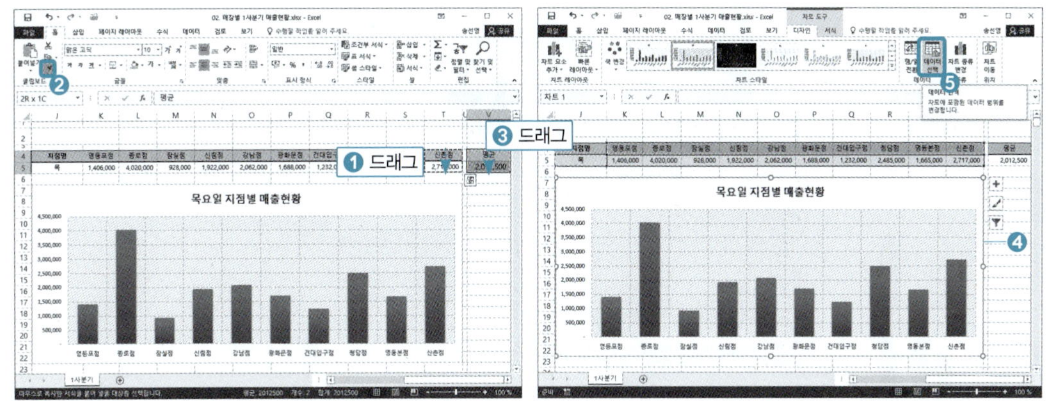

17 [데이터 원본 선택] 대화상자의 [범례 항목(계열)]에서 [추가]를 클릭합니다. [계열 편집] 대화상자에서 [계열 이름] 입력란을 클릭하고 '평균'이 입력되어 있는 [V4] 셀을 클릭합니다. [계열 값] 입력란을 클릭하고 매출 평균값인 [V5] 셀을 클릭합니다. [확인]을 클릭합니다.

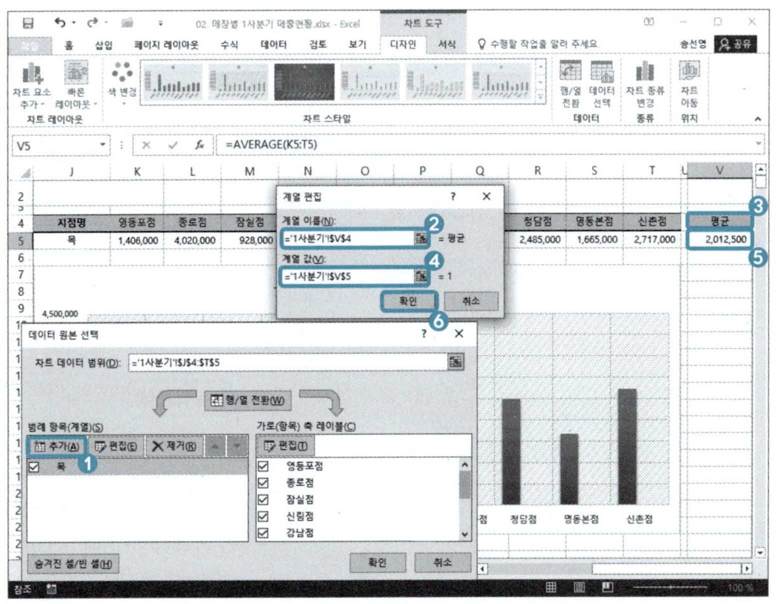

18 [데이터 원본 선택] 대화상자에 추가된 평균 항목이 표시됩니다. [확인]을 클릭합니다. 차트에 추가된 '평균' 계열을 선택하고 [차트 도구]-[디자인] 탭-[종류] 그룹-[차트 종류 변경]을 클릭합니다.

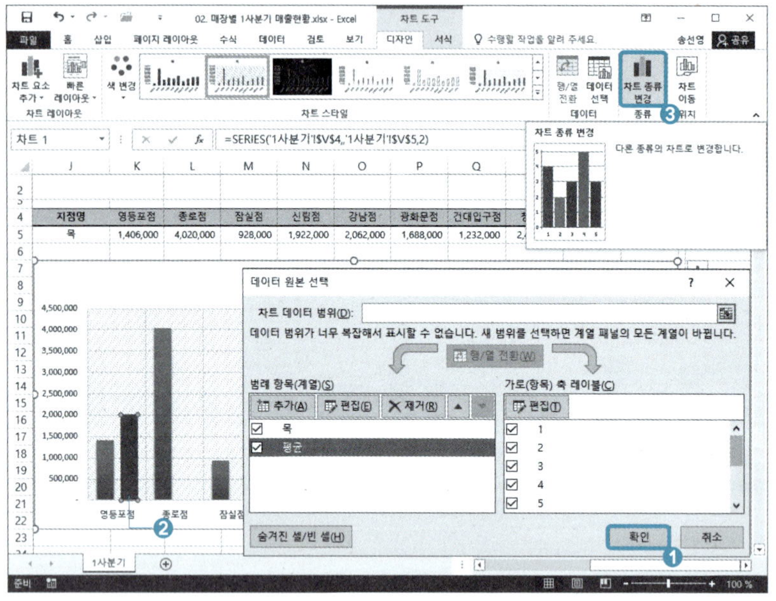

19 [차트 종류 변경] 대화상자에서 [평균] 계열의 [차트 종류]를 [분산형]으로 선택하고 [확인]을 클릭합니다. 분산형 차트로 변경된 '평균' 계열을 선택합니다. [차트 도구]-[디자인] 탭-[차트 레이아웃] 그룹-[차트 요소 추가]를 클릭합니다. [오차 막대]를 선택한 후 [표준 오차]를 선택합니다.

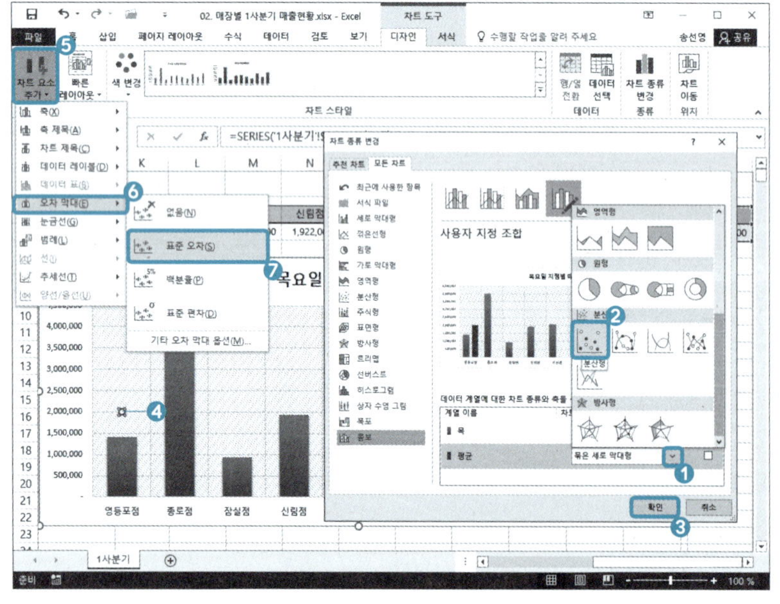

실력향상

가로 방향으로 표시되는 오차 막대를 적용하기 위해 분산형 차트로 차트 종류를 변경합니다. 세로 막대 차트에 가로 방향으로 선을 표시할 때 유용하게 사용할 수 있는 기능입니다. 차트의 평균값을 표시하기 위해 [표준 오차]를 선택합니다.

20 '평균' 계열이 선택된 상태에서 다시 한 번 [차트 도구]–[디자인] 탭–[차트 레이아웃] 그룹–[차트 요소 추가]를 클릭합니다. [오차 막대]를 다시 선택한 후 [기타 오차 막대 옵션]을 선택합니다.

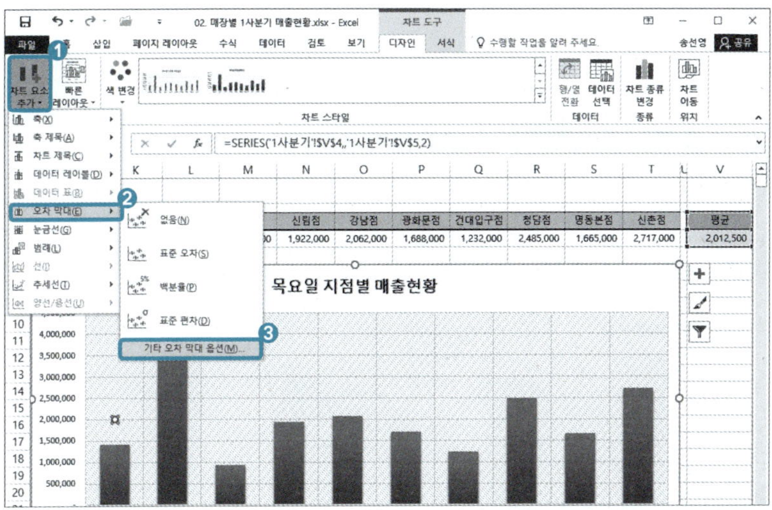

21 [오차 막대 서식] 작업 창의 [오차 막대 옵션]을 선택합니다. [오차 막대 옵션]–[가로 오차 막대]의 [끝 스타일]을 [끝 모양 없음]을 클릭합니다. [오차량]의 [사용자 지정]을 선택하고 [값 지정]을 클릭합니다. [오차 막대 사용자 지정] 대화상자에서 [양의 오류 값]은 **9**, [음의 오류 값]은 **0**으로 입력하고 [확인]을 클릭합니다.

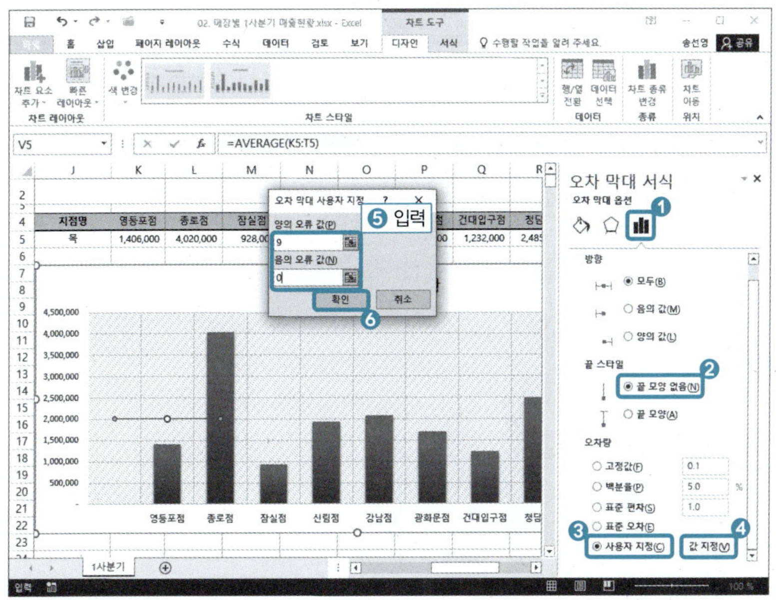

실력 향상 평균값에 대해 설정하는 것이므로 '평균' 계열이 선택된 상태에서 오차 막대 메뉴를 선택합니다. [끝 스타일]의 [끝 모양 없음]을 선택하여 가로 선 오른쪽의 선 모양을 표시하지 않도록 설정합니다.

[오차 막대 사용자 지정] 대화상자의 [양의 오류 값]에는 오른쪽 방향으로 표시할 가로 선의 길이 값을 입력합니다. 가로 축에 항목이 모두 10개이므로 오른쪽으로 9칸 이동하기 위해 '9'를 입력합니다. [음의 오류 값]에는 왼쪽 방향으로 표시할 길이 값을 입력합니다. 왼쪽으로는 표시된 가로 항목이 없으므로 '0'을 입력합니다.

22 평균이 표시된 가로 선을 강조하기 위해 [오차 막대 서식] 작업 창에서 [채우기 및 선]을 클릭합니다. [선]에서 [실선]을 선택합니다. [색]은 [주황, 강조 6, 25% 더 어둡게], [너비]는 **1.25pt**로 수정합니다. [오차 막대 서식] 작업 창을 닫습니다.

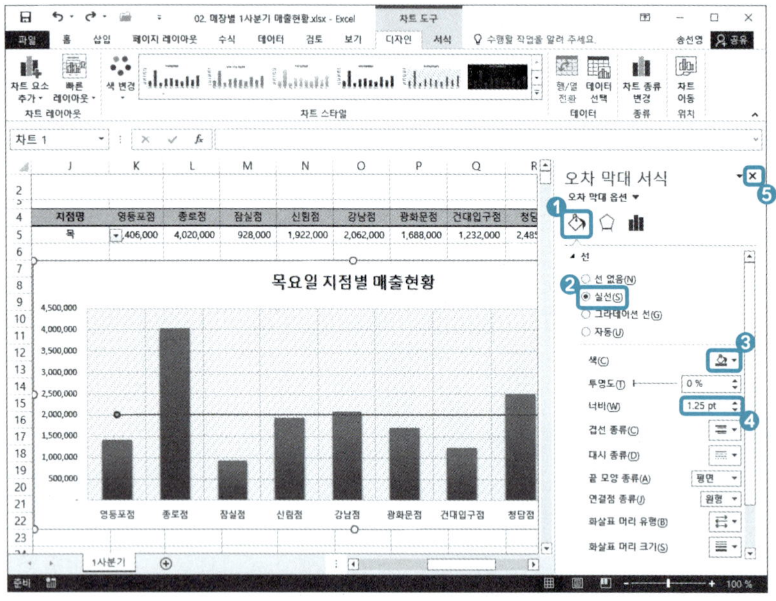

23 [J5] 셀을 클릭하여 요일을 [월]로 수정합니다. 해당 요일의 지점별 매출현황과 매출 평균을 확인하여 평균을 넘은 지점과 평균을 넘지 않은 지점을 구분하여 확인할 수 있습니다.

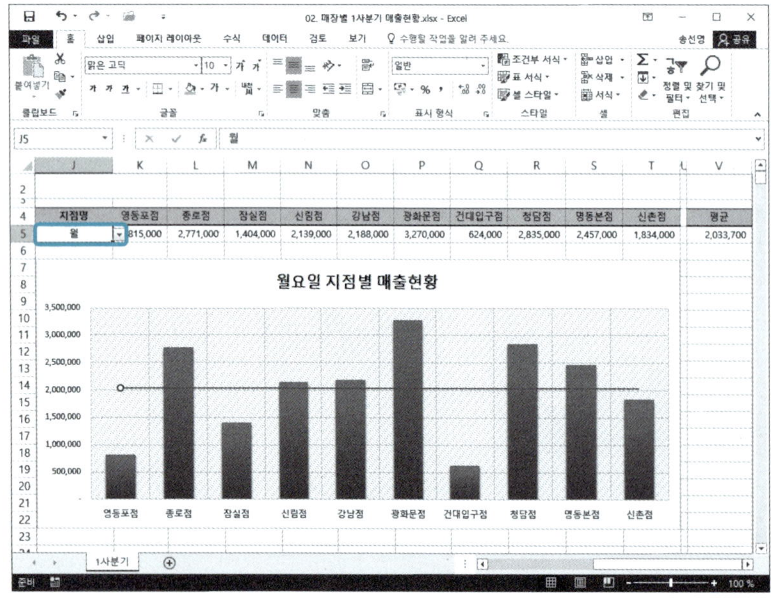

콤보 차트로
주간 판매이익과 순이익 확인하기

실습 파일 | PART 02 \ CHAPTER 04 \ 가맹점 2월 매출현황.xlsx　　**완성 파일 |** PART 02 \ CHAPTER 04 \ 가맹점 2월 매출현황(완성).xlsx

☑ 프로젝트 시작하기

모든 가맹점의 매출금액과 소요경비, 순이익이 계산되어 있는 일일 매출 관련 데이터를 일자별로 구분하고 총 매출금액과 순이익 현황은 통합을 활용하여 요약 정리하려고 합니다. 날짜를 7일씩, 일주일 단위로 구분하여 매출금액과 순이익을 차트로 표현하는 방법을 알아보겠습니다. 7일씩, 1주~4주로 구분되어 차트가 작성되어야 하므로 OFFSET 함수를 이용하여 동적 범위를 지정하고 움직이는 해당 범위를 차트에서 인식할 수 있도록 차트의 가로와 세로 항목의 값을 수정해보겠습니다. OFFSET 함수의 활용 및 차트의 동적 범위를 지정하는 다양한 방법, 양식 컨트롤을 사용하여 자동 보고서를 작성하는 방법을 익힐 수 있습니다.

✔ 핵심기능 미리 보기

날짜별 매출금액과 순이익 요약하기 **통합**

❶ [통합]을 이용하여 매출날짜별 총 매출금액과 총 순이익 금액의 합계를 구합니다.

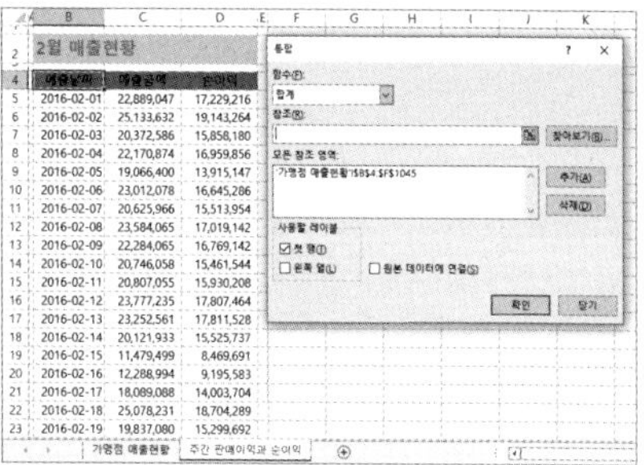

동적 범위 설정하기 **이름 관리자, OFFSET 함수**

❶ [G2] 셀에서 차트에 표시할 주를 선택합니다. [이름 관리자]에서 OFFSET 함수로 [G2] 셀에서 선택한 주에 해당하는 동적 범위를 지정하도록 수식을 작성합니다.

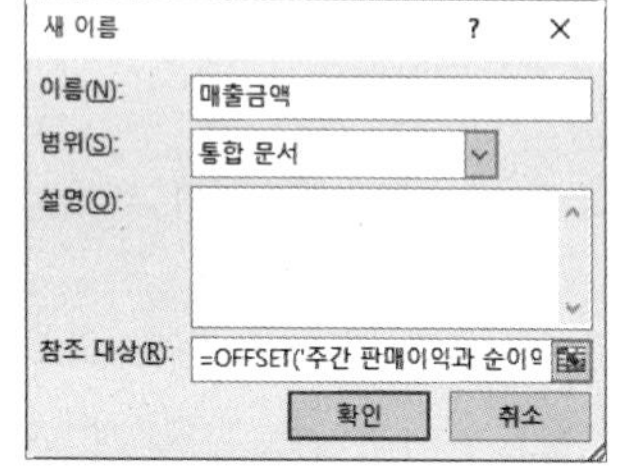

주간 매출금액과 순이익 차트 만들기 **양식 컨트롤의 스크롤 막대, 콤보 차트**

❶ 1주~4주를 양식 컨트롤의 스크롤 막대로 클릭하여 편하게 선택하도록 작성합니다.

❷ 선택한 주의 매출금액과 순이익이 차트에 표시되도록 설정합니다.

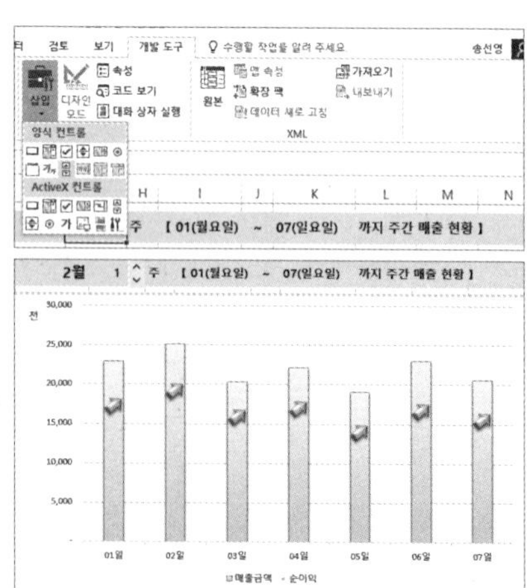

날짜별 매출금액과 순이익 요약하기

통합

가맹점별 일일 매출관련 데이터를 [통합]을 이용하여 일자별 총 매출금액과 총 순이익 합계를 구해보겠습니다. [통합]을 사용하기 전에 미리 머리글을 만들어두고 좀 더 수월하게 작업하는 방법에 대해 알아보겠습니다.

1 요약할 데이터의 머리글을 미리 설정해보겠습니다. [가맹점 매출현황] 시트의 [B4] 셀을 클릭합니다. Ctrl 을 누른 상태에서 [D4] 셀과 [F4] 셀을 추가로 선택합니다. Ctrl + C 를 눌러 복사합니다.

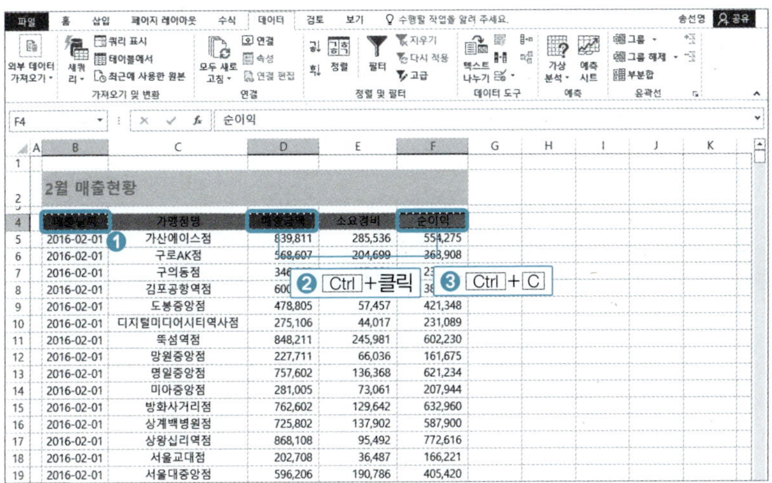

2 [주간 판매이익과 순이익] 시트를 선택합니다. [B4] 셀을 클릭합니다. Enter 를 눌러 붙여넣기합니다. 붙여 넣은 [B4:D4] 셀 범위가 선택된 상태에서 [데이터] 탭-[데이터 도구] 그룹-[통합]을 클릭합니다.

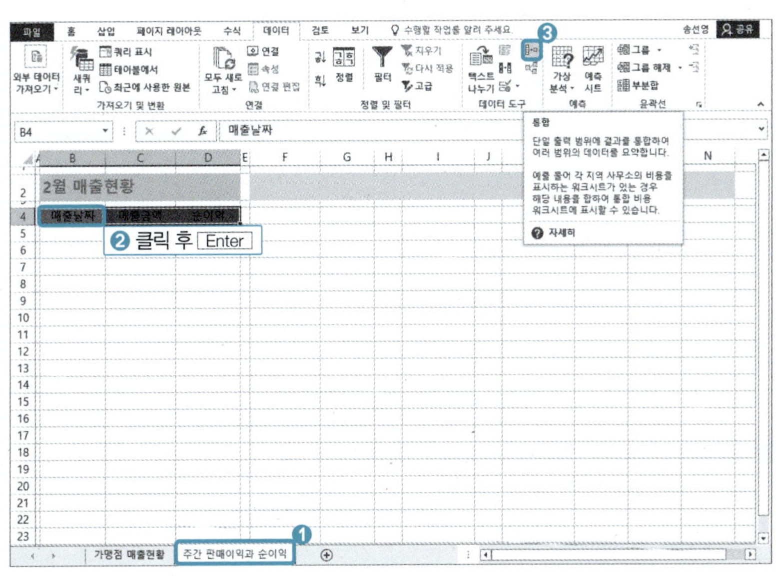

시간단축

가맹점명과 소요경비 데이터는 제외하고, 미리 만들어놓은 매출날짜별 매출금액과 순이익에 대해서만 결과를 보고자 할 때는 해당 머리글 범위를 드래그하여 선택한 후 [통합]을 사용합니다.

3 [통합] 대화상자에서 [함수]에는 [합계], [참조]에는 [가맹점 매출현황] 시트의 [B4:F1045] 셀 범위를 선택해 입력합니다. [추가]를 클릭하여 [모든 참조 영역]에 저장합니다. [사용할 레이블]의 [첫 행]과 [왼쪽 열]에 모두 체크 표시한 후 [확인]을 클릭합니다.

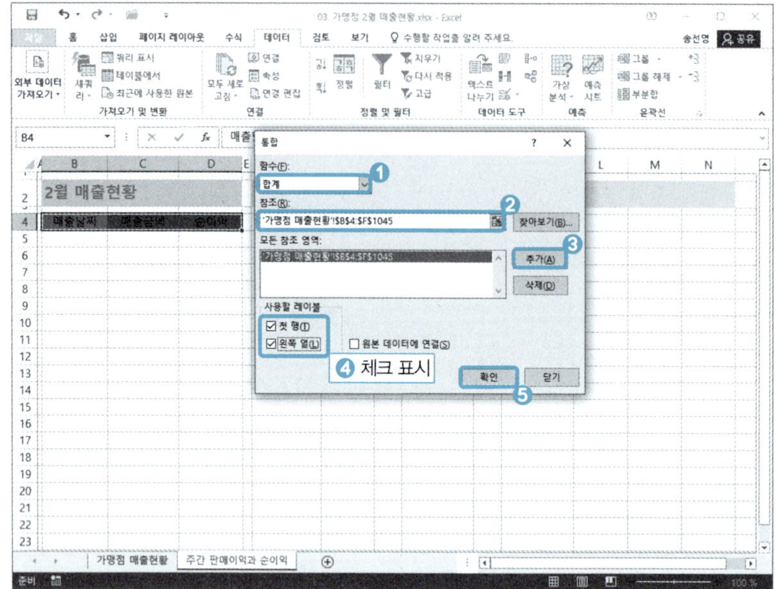

4 날짜별로 데이터가 요약되어 보입니다. [B5] 셀을 클릭합니다. Ctrl + Shift + ↓ 를 눌러 마지막 날짜 데이터까지 일반 형식으로 자동 설정된 매출 날짜 범위를 선택합니다. [홈] 탭-[표시 형식] 그룹-[일반]의 [자세히]를 클릭하여 [간단한 날짜]를 선택합니다.

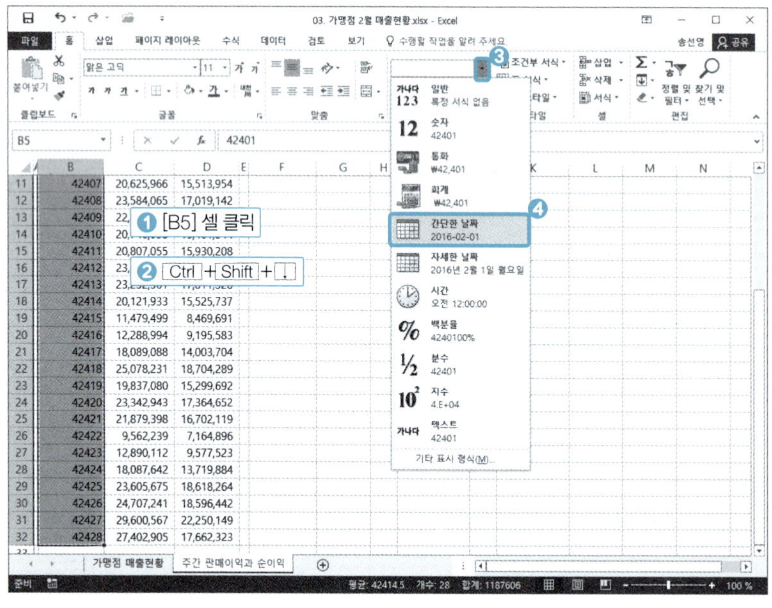

동적 범위 설정하기

이름 관리자, OFFSET 함수

일자별로 정리된 데이터를 한 주씩 묶어 표현해보겠습니다. 차트 위쪽에 제목을 표시하고 주를 입력하면 해당 주의 날짜가 표시되도록 합니다. 또 OFFSET 함수를 이용하여 선택한 주에 해당하는 일주일간의 데이터 범위를 지정하는 수식 작성 방법을 알아보겠습니다.

5 2월의 첫째 주를 표시하고 날짜를 입력해보겠습니다. 날짜가 입력되어 있는 [F2] 셀에 **=**을 입력합니다. [B2] 셀을 클릭한 후 Enter 를 눌러 입력을 완료합니다. [B2] 셀과 연결된 [F2] 셀을 다시 클릭한 후 Ctrl + 1 을 누릅니다. [셀 서식] 대화상자의 [표시 형식] 탭에서 [사용자 지정]을 선택합니다. [형식]에 **m 월**을 입력한 후 [확인]을 클릭합니다.

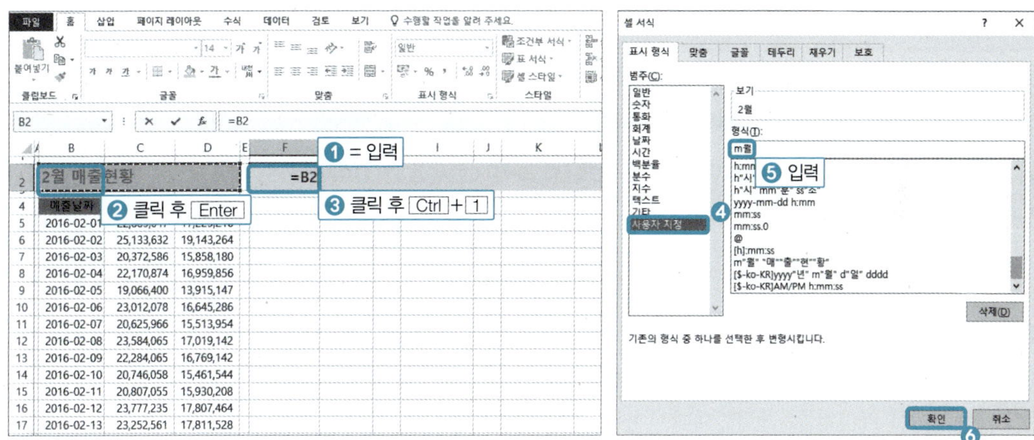

6 [G2] 셀을 클릭하여 **1**, [H2] 셀에는 **주**를 입력합니다. [I2] 셀에는 수식 **=7*(G2-1)+1**, [J2] 셀에는 **~** 을 입력합니다. [K2] 셀에는 수식 **=7*(G2-1)+1+6**을 입력합니다. [L2] 셀을 클릭하여 **까지 주간 매출 현황]** 을 입력합니다.

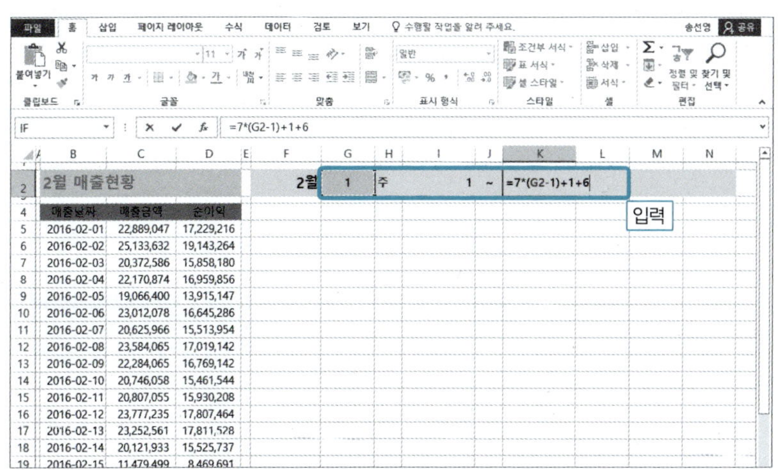

실력향상

[I2] 셀의 수식은 각 주에 맞는 시작 날짜를 계산합니다. 첫째 주는 1일, 둘째 주는 8일, 셋째 주는 15일, 넷째 주는 22일로 표시됩니다.

[K2] 셀의 수식은 각 주에 맞는 끝 날짜를 계산합니다. 첫째 주는 7일, 둘째 주는 14일, 셋째 주는 21일, 넷째 주는 28일로 표시됩니다.

7 [I2] 셀을 클릭한 후 Ctrl + 1 을 누릅니다. [셀 서식] 대화상자의 [표시 형식] 탭에서 [사용자 지정]을 선택하여 [형식]에 **『"00"(월요일)』**을 입력한 후 [확인]을 클릭합니다. [K2] 셀을 클릭한 후 Ctrl + 1 을 누릅니다. [셀 서식] 대화상자의 [표시 형식] 탭에서 [사용자 지정]을 선택하여 [형식]에 **00"(일요일)"**을 입력하고 [확인]을 클릭합니다.

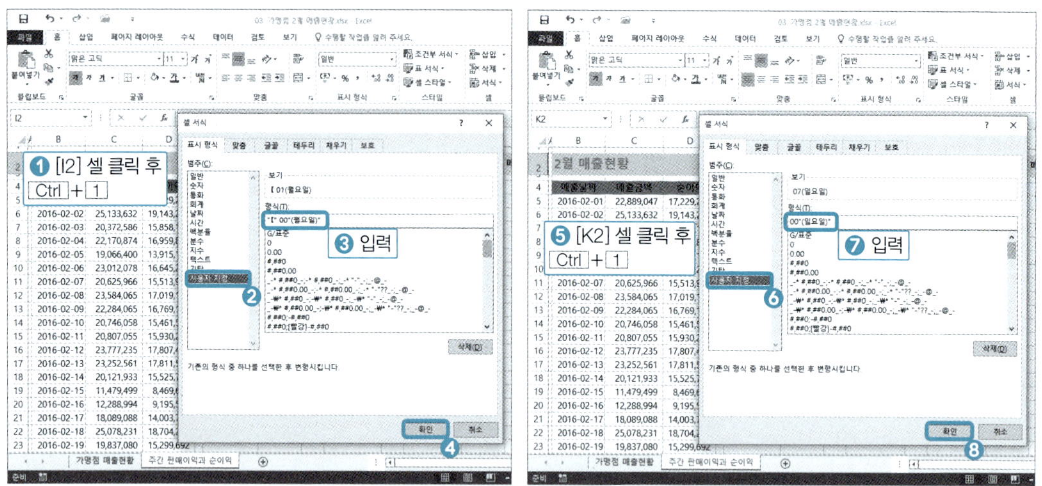

시간 단축 『 』 괄호는 한글 자음 'ㄴ'을 입력한 후 한자 를 눌렀을 때 표시되는 괄호 중에서 선택하여 사용합니다.

8 [G2] 셀의 숫자를 **2**로 변경합니다. [G2] 셀에 입력하는 숫자에 따라 일주일간의 날짜가 표시됩니다. [G2] 셀에 입력된 주에 맞춰 7일씩 날짜 범위를 지정하는 수식을 작성하겠습니다. [수식] 탭-[정의된 이름] 그룹-[이름 관리자]를 클릭합니다. [이름 관리자] 대화상자에서 [새로 만들기]를 클릭합니다.

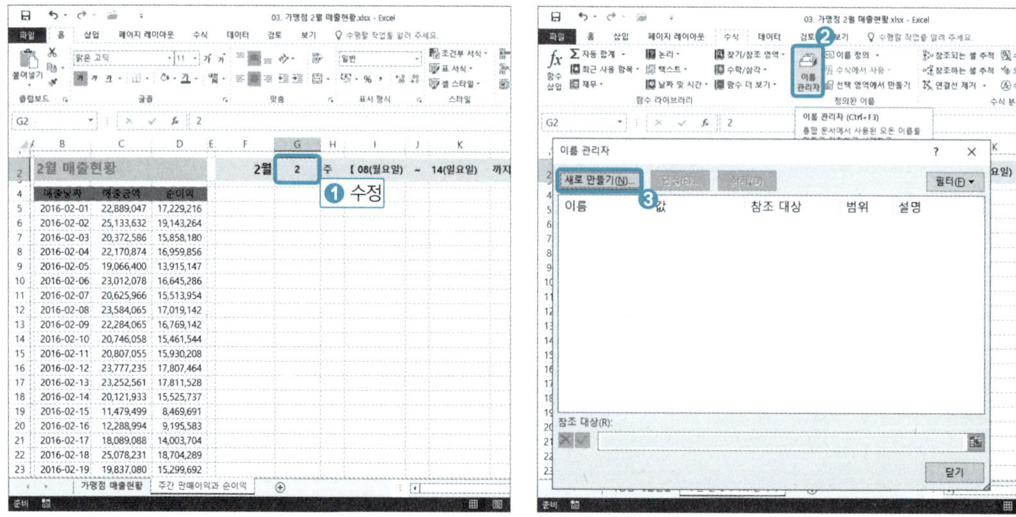

실력 향상 입력된 주에 따라 날짜 범위가 매번 달라지므로 동적 범위 지정이 가능한 OFFSET 함수를 이용하여 작성합니다. 또 입력된 주에 따라 범위가 달라지는 동적 범위를 다른 수식이나 차트에서도 사용할 수 있도록 [이름 관리자]에서 이름을 지정하여 만듭니다.

9 [새 이름] 대화상자에서 [이름]에는 **날짜**를 입력합니다. [참조 대상]에는 **=OFFSET($B$4,7*($G$2-1)+ 1,0,7,1)**을 입력하고 [확인]을 클릭합니다. [이름 관리자] 대화상자에서 [새로 만들기]를 클릭합니다. [새 이름] 대화상자에서 [이름]에는 **매출금액**을 입력합니다. [참조 대상]에는 **=OFFSET($C$4,7*($G$2-1) +1,0,7,1)**을 입력한 후 [확인]을 클릭합니다.

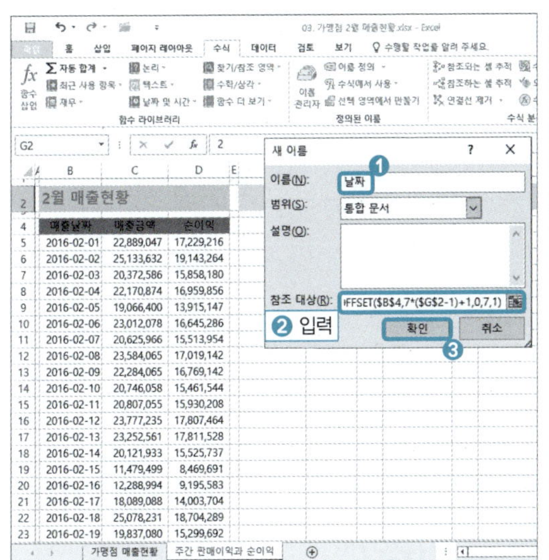
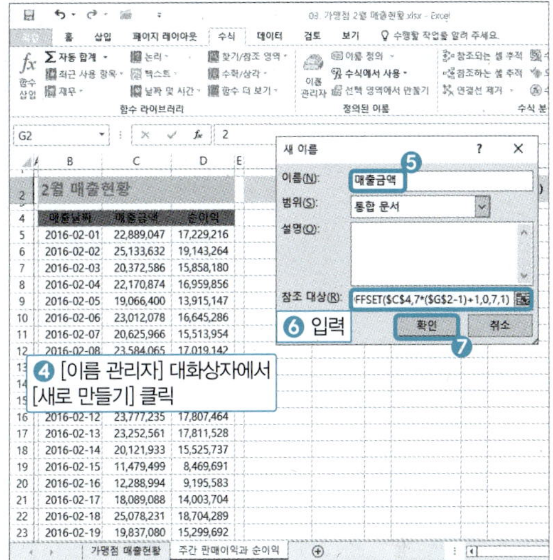

실력 향상 OFFSET 함수는 동적 범위를 지정할 때 주로 사용하는 함수입니다. [G2] 셀에 입력된 숫자가 1이면 'OFFSET(B4, 1, 0, 7, 1)'으로, [B4] 셀부터 아래로 1칸 이동하여 총 7개의 행과 한 개의 열 범위인 [B5:B11] 셀 범위를, [G2] 셀에 입력된 숫자가 2이면 'OFFSET(B4, 8, 0, 7, 1)'으로, [B4] 셀부터 아래로 8칸 이동하여 총 7개의 행과 한 개의 열 범위인 [B12:B18] 셀 범위를 지정합니다. [G2] 셀에 입력된 주에 따라 매번 범위가 변경됩니다.

슈퍼활용 TIP ★★★★★ OFFSET 함수

=OFFSET(기준 셀, 이동할 행 수, 이동할 열 수, 행 범위 개수, 열 범위 개수) : 동적 참조 범위를 지정할 때 사용합니다.

❶ '매출 날짜', **=OFFSET($B$4,7*($G$2-1)+1,0,7,1)** : 첫째 주인 경우 [B4] 셀부터 시작하여 아래로 1칸, 오른쪽으로 0칸 이동합니다. 이동한 [B5] 셀을 포함하여 7개의 행, 한 개의 열만큼 범위를 설정합니다.

❷ '매출금액', **=OFFSET($C$4,7*($G$2-1)+1,0,7,1)** : 첫째 주인 경우 [C4] 셀부터 시작하여 아래로 1칸, 오른쪽으로 0칸 이동합니다. 이동한 [C5] 셀을 포함하여 7개의 행, 한 개의 열만큼 범위를 설정합니다.

❸ '순이익', **=OFFSET($D$4,7*($G$2-1)+1,0,7,1)** : 첫째 주인 경우 [D4] 셀부터 시작하여 아래로 1칸, 오른쪽으로 0칸 이동합니다. 이동한 [D5] 셀을 포함하여 7개의 행, 한 개의 열만큼 범위를 설정합니다.

10 [이름 관리자] 대화상자에서 [새로 만들기]를 클릭합니다. [새 이름] 대화상자의 [이름]에는 **순이익**을 입력합니다. [참조 대상]에는 **=OFFSET($D$4,7*($G$2-1)+1,0,7,1)**을 입력한 후 [확인]을 클릭합니다. [이름 관리자] 대화상자의 [닫기]를 클릭합니다.

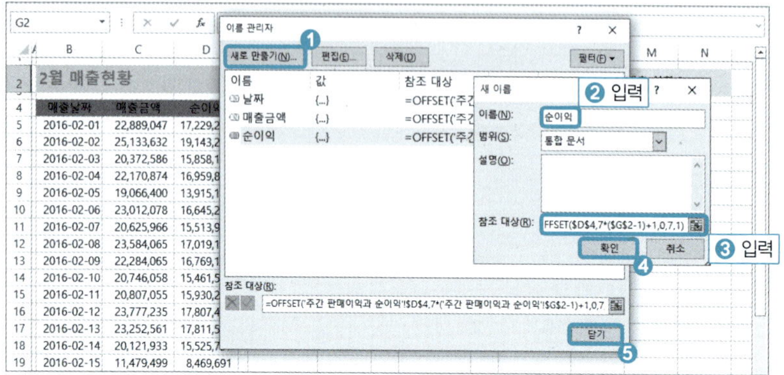

주간 매출금액과 순이익 차트 만들기

양식 컨트롤의 스크롤 막대, 콤보 차트

일주일간의 데이터를 이용해 매출금액과 순이익의 콤보 차트를 작성한 후 주를 수정하면 해당 주의 날짜 데이터가 차트에 표시되도록 데이터 범위를 수정합니다. 또 양식 컨트롤의 스크롤 막대를 사용할 수 있도록 [개발 도구] 메뉴를 표시하고 입력을 편하게 할 수 있도록 양식 컨트롤의 서식을 설정해보겠습니다.

11 2월 매출현황 중 첫째 주 매출금액과 순이익 차트를 작성해보겠습니다. 전체 범위 중 1주차에 해당하는 [B4:D11] 셀 범위를 선택합니다. [삽입] 탭-[차트] 그룹-[콤보 차트]를 클릭합니다. 콤보 차트에서 [사용자 지정 콤보 차트 만들기]를 클릭합니다. [매출금액] 계열은 [묶은 세로 막대형], [순이익] 계열은 [분산형]을 선택합니다. [순이익] 계열에서 [보조 축]의 체크 표시를 해제합니다. [확인]을 클릭합니다.

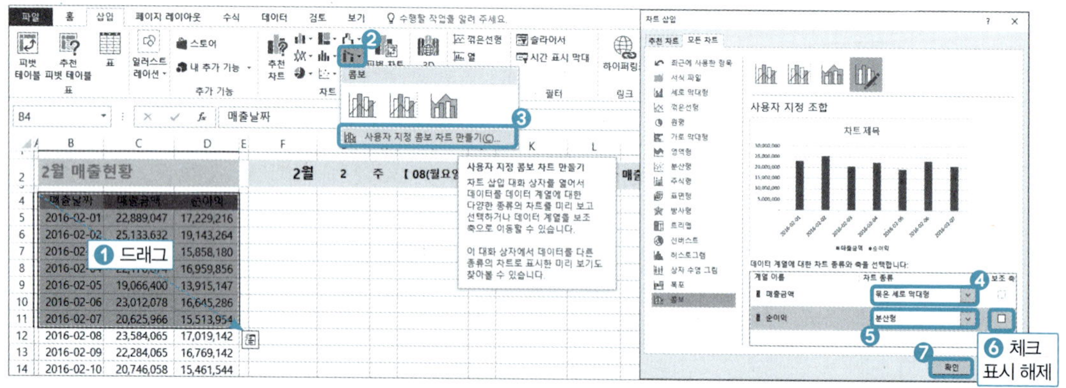

12 차트의 왼쪽 모서리를 [F4] 셀에 맞추고, 오른쪽 아래의 크기 조절점을 드래그하여 오른쪽 모서리를 [N21] 셀에 맞춥니다. 차트가 선택된 상태에서 [차트 도구]–[디자인] 탭–[차트 레이아웃] 그룹–[차트 요소 추가]를 클릭합니다. [차트 제목]을 선택하고 [없음]을 선택하여 차트 제목이 표시되지 않도록 설정합니다.

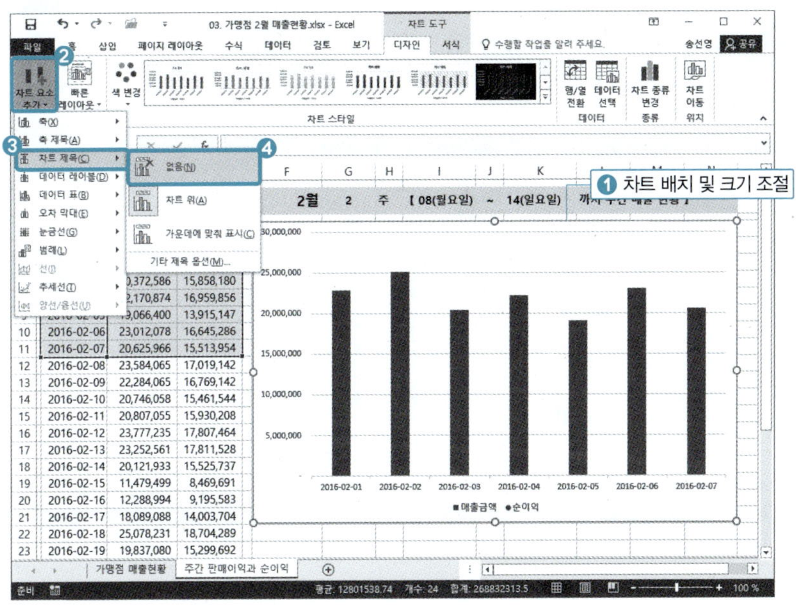

13 차트의 세로축을 선택합니다. 마우스 오른쪽 버튼을 클릭하여 [축 서식]을 선택합니다.

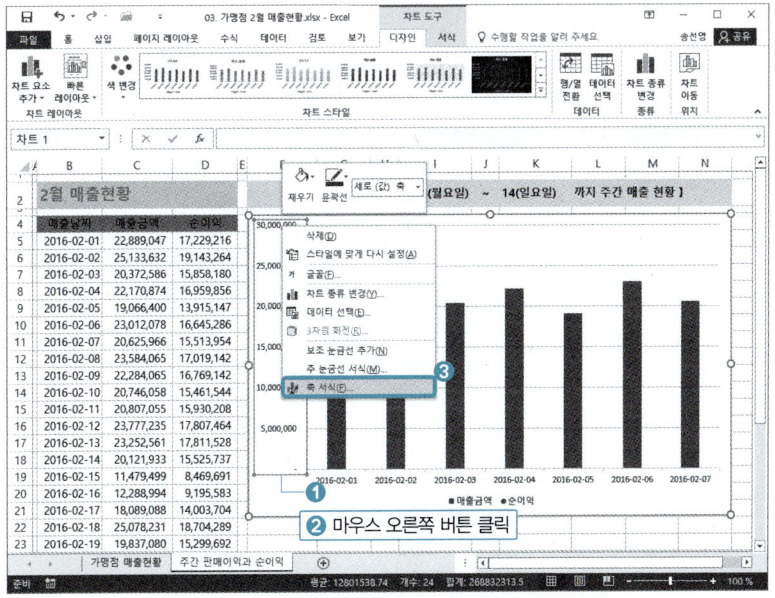

14 [축 서식] 작업 창의 [축 옵션]을 클릭합니다. [표시 단위]에서 [천]을 선택합니다. 차트에 표시된 '천'을 클릭합니다. 변경된 [표시 단위 레이블 서식] 작업 창의 [크기 및 속성]을 클릭합니다. [맞춤]의 [텍스트 방향]을 [가로]로 선택합니다.

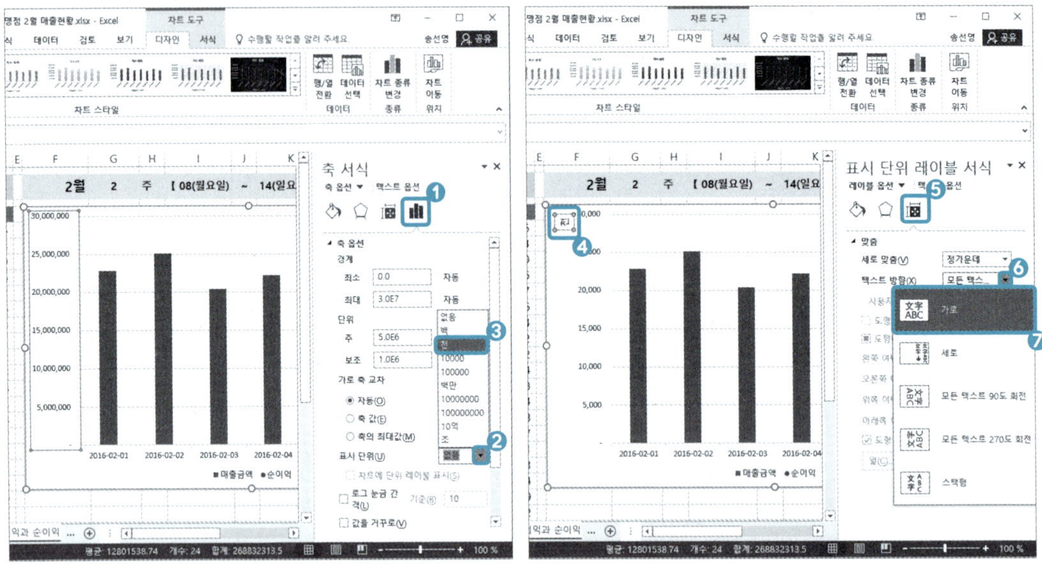

15 날짜가 입력된 차트의 가로축을 선택합니다. [축 서식] 작업 창의 [축 옵션]을 클릭합니다. [표시 형식]의 [서식 코드]에 **dd"일"**을 입력한 후 [추가]를 클릭합니다. [축 서식] 작업 창을 닫습니다. 차트의 '매출금액' 계열을 선택합니다. [차트 도구]-[서식] 탭-[도형 스타일] 그룹-[빠른 스타일]의 [자세히]를 클릭합니다. 스타일 목록에서 [미세 효과-바다색, 강조 5]를 선택합니다.

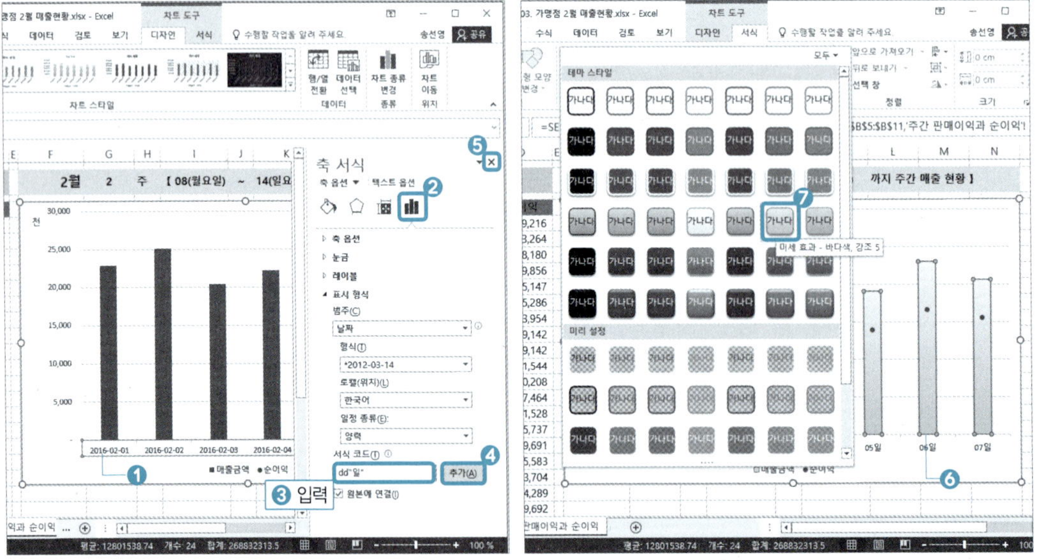

16 [P2] 셀에 있는 화살표 도형을 선택합니다. Ctrl+C를 눌러 복사합니다. 차트의 '순이익' 계열을 선택한 후 Ctrl+V를 눌러 화살표 도형을 붙여넣기합니다. [G2] 셀에 입력된 주에 따라 차트의 데이터 내용이 자동으로 변경되도록 차트의 데이터 범위를 수정하겠습니다. [차트 도구]–[디자인] 탭–[데이터] 그룹–[데이터 선택]을 클릭합니다.

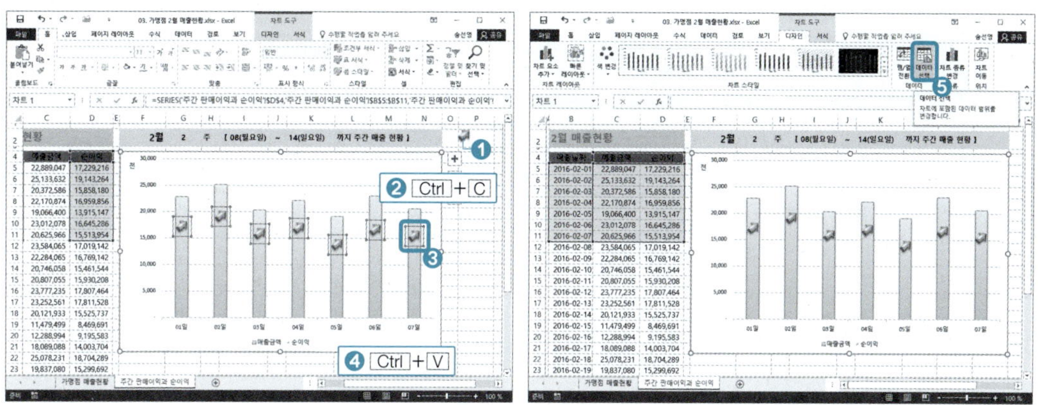

시간 단축 차트를 작성하기 위해 설정한 데이터 범위는 [데이터 선택]에서 확인할 수 있습니다. 또 데이터 범위를 수정, 삭제할 때도 [데이터 선택]에서 작업합니다.

17 [데이터 원본 선택] 대화상자에서 세로 막대 차트의 세로축인 [범례 항목(계열)]의 [매출금액]을 선택합니다. [편집]을 클릭합니다. [계열 편집] 대화상자의 [계열 값]에 [이름 관리자]에서 동적 범위로 지정해둔 **매출금액**을 사용하기 위해 **'주간 판매이익과 순이익'!매출금액**을 입력합니다. [확인]을 클릭합니다.

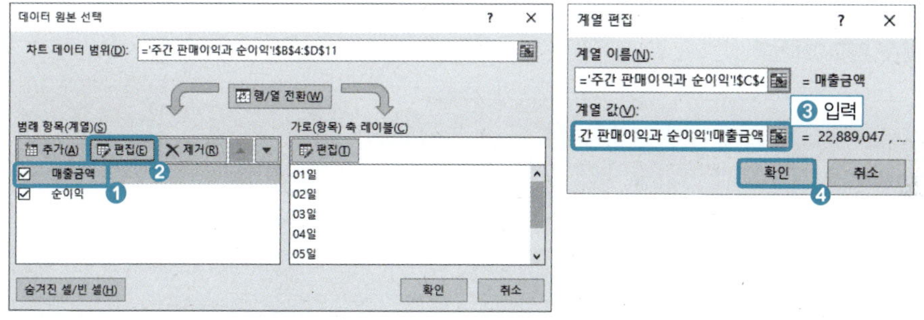

실력 향상 [계열 이름]은 범례에 표시될 텍스트이므로 수정하지 않습니다. [계열 값]은 차트 작성 시 지정해둔 고정된 [C5:C11] 셀 범위가 아니라 [이름 관리자]에서 작성한 [G2] 셀에 입력된 주에 따라 범위가 변경되는 '매출금액'으로 수정합니다.

18 세로 막대 차트의 가로축인 날짜를 수정하겠습니다. [가로(항목) 축 레이블]의 [편집]을 클릭합니다. [축 레이블] 대화상자에서 [축 레이블 범위]에 [이름 관리자]에서 동적 범위로 지정해둔 **날짜**를 사용하기 위해 **'주간 판매이익과 순이익'!날짜**를 입력합니다. [확인]을 클릭합니다.

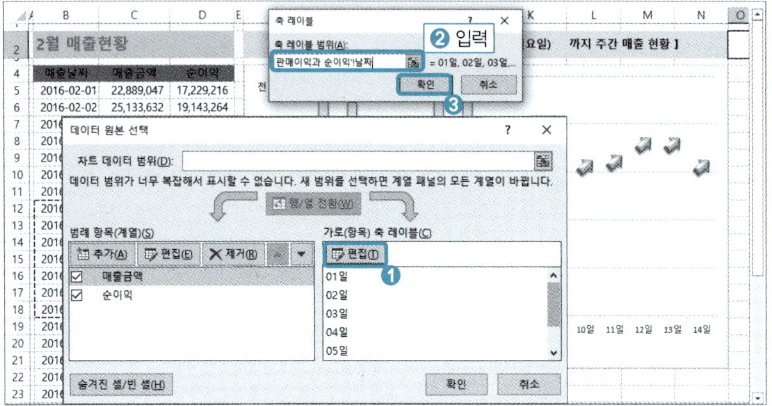

:실력
:향상
세로 막대 차트는 [범례 항목(계열)]이 '세로축' 데이터, [가로(항목) 축 레이블]이 '가로축' 데이터입니다.
세로 막대 차트의 범위는 [G2] 셀에 입력된 숫자에 맞춰 둘째 주 데이터로 수정되고, 분산형 차트의 범위는 아직 수정되지 않아 고정된 첫째 주 데이터인 [B5:B11], [D5:D11] 셀 범위가 지정되어 있으므로 2주간의 날짜가 표시됩니다.

19 분산형 차트의 데이터 범위도 수정하기 위해 [데이터 원본 선택] 대화상자에서 [범례 항목]의 '순이익'을 선택한 후 [편집]을 클릭합니다. [계열 편집] 대화상자의 [계열 X 값]에 [이름 관리자]에서 동적 범위로 지정해둔 '날짜'로 수정하기 위해 **'주간 판매이익과 순이익'!날짜**를 입력합니다. [계열 Y 값]에도 **'주간 판매이익과 순이익'!순이익**을 입력합니다. [확인]을 클릭합니다. [데이터 원본 선택] 대화상자에서도 [확인]을 클릭하여 차트 범위 수정을 완료합니다.

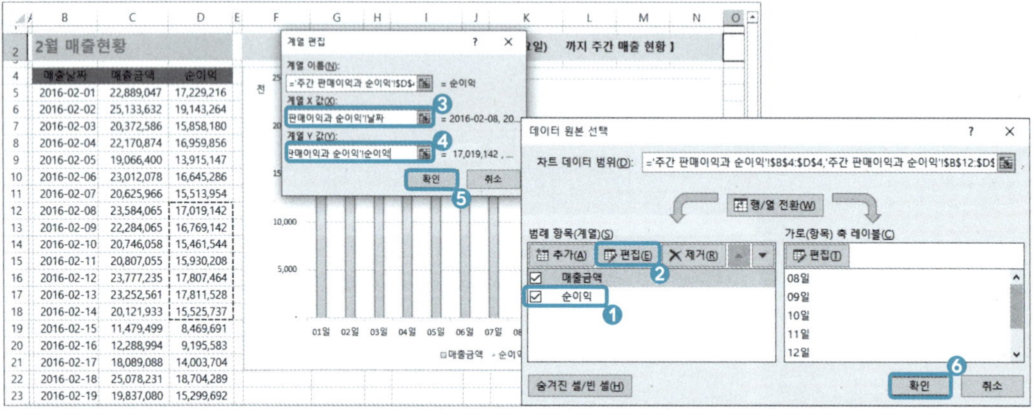

:실력
:향상
[계열 이름]은 범례에 표시될 텍스트이므로 수정하지 않습니다. [계열 X 값]은 가로축에 표시될 날짜입니다. 날짜를 [B5:B11] 셀 고정 범위가 아닌 [G2] 셀에 입력된 주에 따라 범위가 자동으로 변경되는 '날짜'로 수정합니다. [계열 Y 값]은 세로축에 표시되는 순이익입니다. 순이익을 [D5:D11] 셀 고정 범위가 아니라 [G2] 셀에 입력된 주에 따라 범위가 자동으로 변경되는 '순이익'으로 수정합니다. 분산형 차트는 가로축인 날짜가 [계열 편집] 대화상자의 계열 X 값이고, 세로축인 순이익이 [계열 편집] 대화상자의 계열 Y 값입니다.

20 [G2] 셀의 숫자를 **3**으로 변경합니다. 입력한 숫자에 맞춰 셋째 주의 매출금액과 순이익 현황을 확인할 수 있습니다. 양식 컨트롤을 사용하기 위해 [개발 도구]를 설정하겠습니다. [파일] 탭-[옵션]을 클릭합니다.

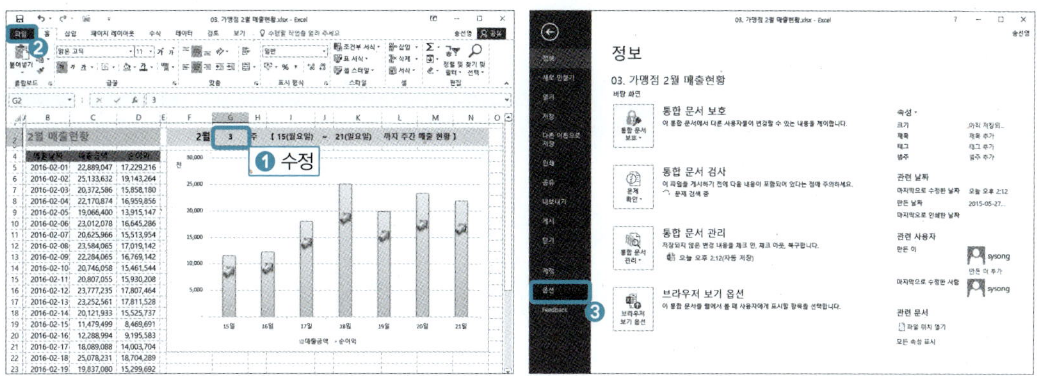

21 [Excel 옵션] 대화상자에서 [리본 사용자 지정]을 선택합니다. [리본 메뉴 사용자 지정] 목록에서 [개발 도구]에 체크 표시한 후 [확인]을 클릭합니다. [개발 도구] 메뉴가 표시됩니다.

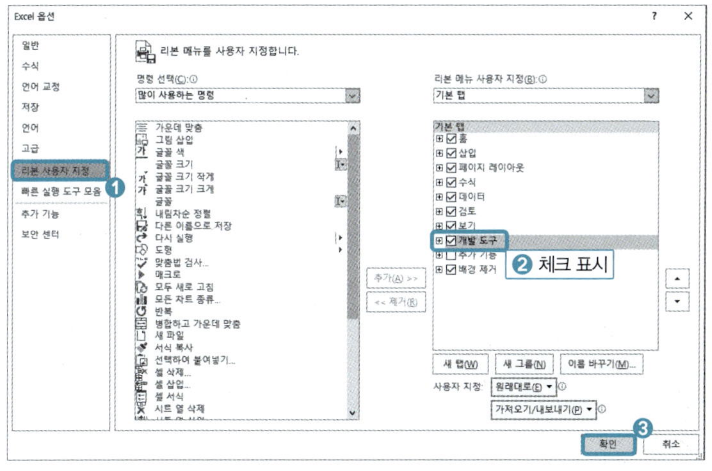

22 [개발 도구] 탭-[컨트롤] 그룹-[삽입]을 클릭합니다. [양식 컨트롤] 그룹에서 [스크롤 막대(양식 컨트롤)]을 선택합니다.

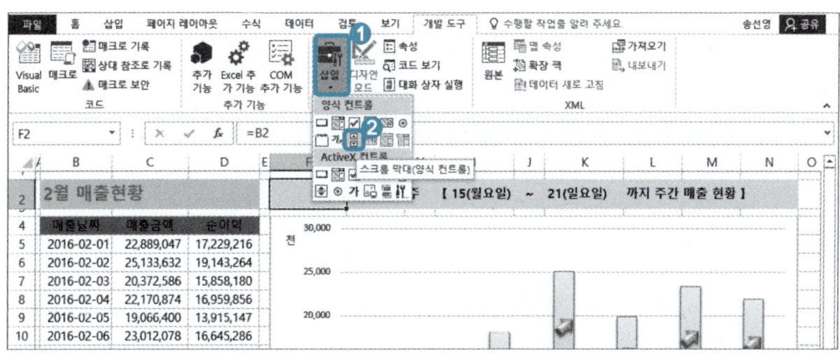

23 [G2] 셀의 오른쪽 부분에 적당한 크기로 드래그하여 스크롤 막대를 삽입합니다. 삽입한 스크롤 막대 컨트롤을 선택한 후 마우스 오른쪽 버튼을 클릭합니다. [컨트롤 서식]을 선택합니다.

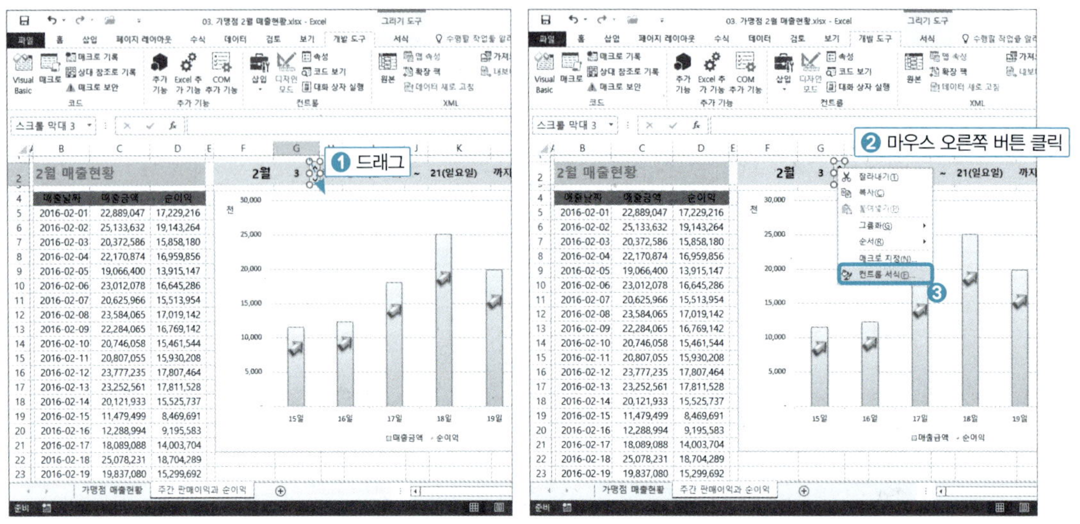

24 [컨트롤 서식] 대화상자에서 [현재값]에 **3**, [최소값]에 **1**, [최대값]에 **4**를 입력합니다. [셀 연결] 입력 란을 클릭한 후 [G2] 셀을 클릭합니다. [확인]을 클릭합니다. [F2] 셀을 클릭하여 스크롤 막대 컨트롤 선 택을 해제합니다. 스크롤 막대의 아래쪽을 클릭하면 컨트롤 상자와 연결된 [G2] 셀의 숫자가 4로 변경됩 니다. 4주차, 22일~28일 날짜의 매출금액과 순이익 현황을 파악할 수 있습니다.

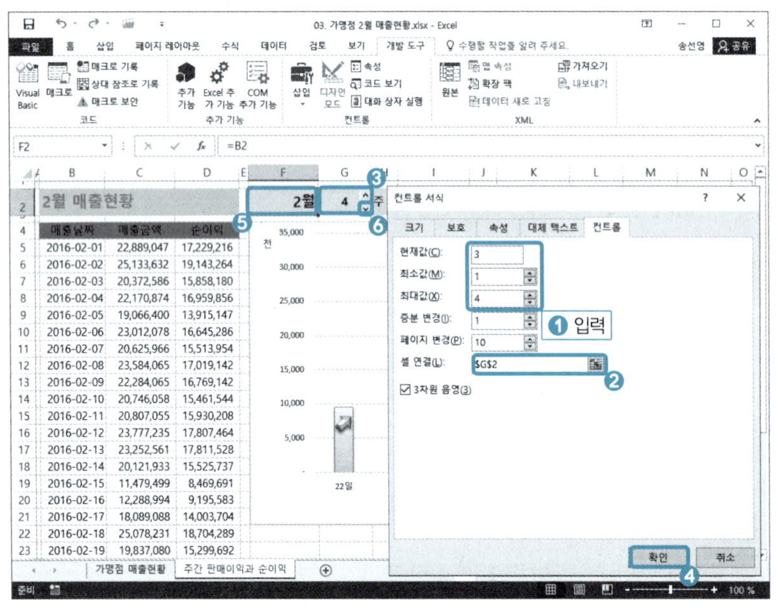

실력 향상 1주~4주까지 표시하기 때문에 [최소값]은 '1', [최대값]은 '4'로 입력합니다. 스크롤 막대 를 클릭하여 변경되는 값은 [G2] 셀에 표시되도록 연결 설정합니다.

19

사업장별 부품 통계와 현황 파악하는
동적 보고서 작성하기

실습 파일 | PART 02 \ CHAPTER 04 \ 사업장 부품 구입 대장.xlsx   **완성 파일** | PART 02 \ CHAPTER 04 \ 사업장 부품 구입 대장(완성).xlsx

✅ 프로젝트 시작하기

사업장 부품 구입 대장에는 사업장에서 부품을 구입한 날짜와 부품 이름, 구입 수량, 단가, 금액 등이 기록되어 있습니다. 많은 양의 데이터를 피벗 테이블로 만들어 사업장별로 월마다 신청한 부품의 총 수량과 구입한 부품의 금액을 합한 결제 예정 금액을 구해보겠습니다. 또 수량에 따라 할인금액을 적용하여 재계산된 결제 금액을 피벗 테이블의 계산 필드를 이용해 작성하고, 해당 내용을 피벗 차트를 이용하여 시각적으로 표현하는 방법에 대해서도 알아보겠습니다.

여기에서는 필요한 데이터를 피벗 테이블로 추출하고 그에 해당하는 요약 값을 확인하면서 시각적인 차트로 데이터 현황을 바로 확인할 수 있는 동적 보고서를 작성할 수 있습니다.

STEP 01

사업장별 최종 결제 금액 구하기 피벗 테이블 계산 필드

❶ 피벗 테이블의 '계산 필드'를 이용하여 새로운 수식이 입력된 필드를 만듭니다.

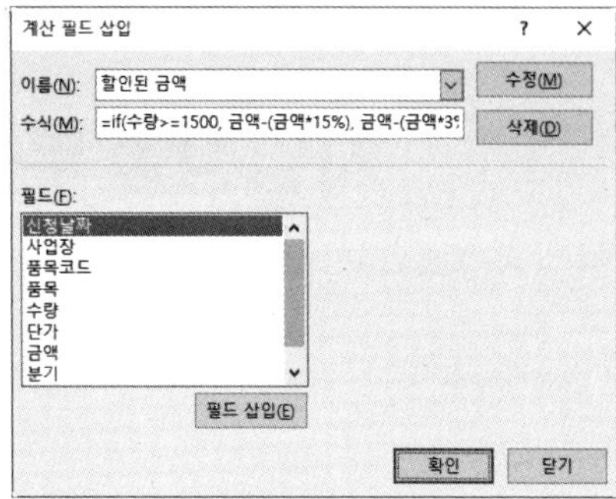

STEP 02

사업장별 요약과 차트를 한 번에 확인하기 피벗 차트

❶ 피벗 테이블로 작성한 요약 보고서에 어울리는 피벗 차트를 작성합니다. 피벗 테이블의 데이터 내용이 수정되면 피벗 차트도 함께 수정되어 보입니다.

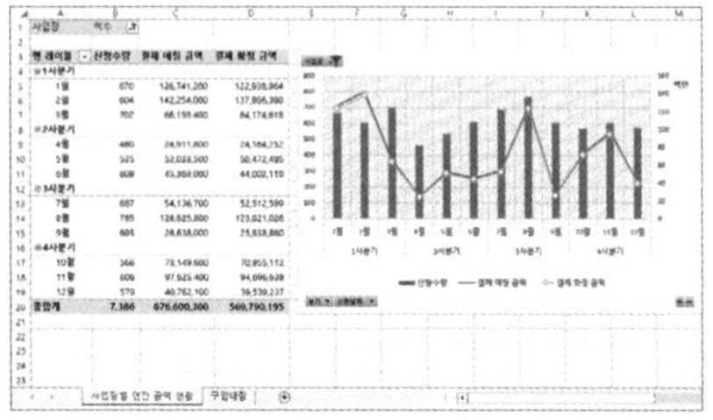

STEP 03

사업장별 현황 파악하기 피벗 테이블 슬라이서

❶ 삽입된 [사업장] 슬라이서에서 사업장을 클릭하여 데이터 현황을 바로 파악할 수 있습니다. Ctrl 을 누른 채 다른 사업장을 추가로 선택하여 다중 조건이 적용된 현황도 바로 확인할 수 있습니다.

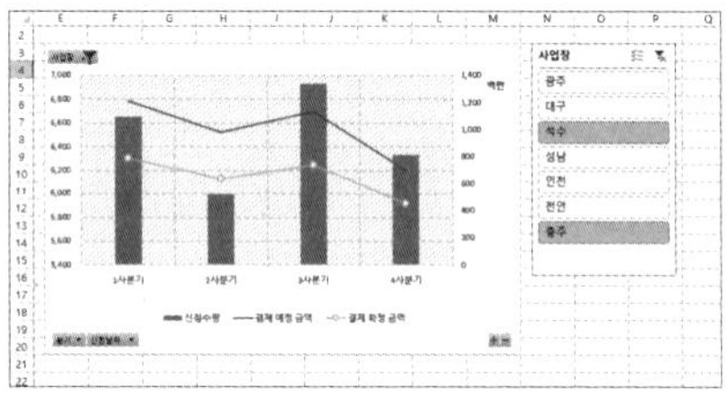

사업장별 최종 결제 금액 구하기

피벗 테이블 계산 필드

피벗 테이블에서는 기존의 필드를 이용해 새로운 필드를 만들 수 있습니다. 사업장마다 부품을 구입한 내용이 기록된 데이터로 피벗 테이블을 구성하고, 신청한 부품 개수에 따라 총 결제금액을 할인해주는 새로운 필드를 작성해보겠습니다.

1 피벗 테이블을 만들어보겠습니다. [B4] 셀을 클릭합니다. [삽입] 탭—[표] 그룹—[피벗 테이블]을 클릭합니다. [피벗 테이블 만들기] 대화상자에서 [표 또는 범위 선택]의 [표/범위]에 [B4:H4003] 셀 범위가 자동 설정됩니다. [보고서를 넣을 위치]에도 [새 워크시트]가 자동으로 선택됩니다. [확인]을 클릭합니다.

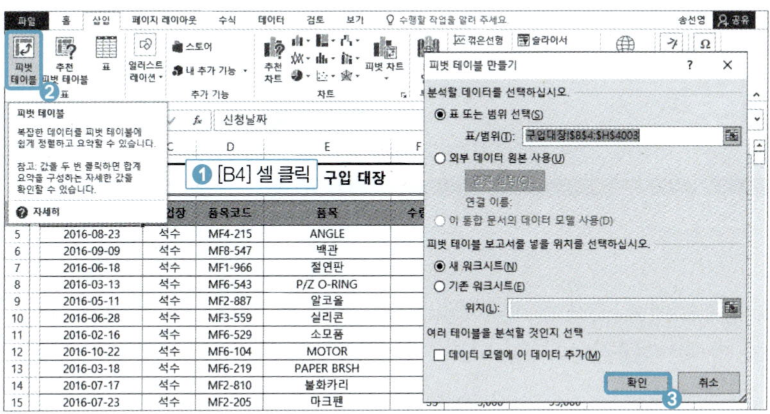

2 새로운 시트에 피벗 테이블 보고서 작업 영역이 표시됩니다. [피벗 테이블 필드] 작업 창에서 [사업장] 필드는 [필터] 영역으로 드래그합니다. [신청날짜] 필드는 [행] 영역으로, [수량]과 [금액] 필드는 [값] 영역으로 각각 드래그해 이동합니다. 날짜를 분기별로도 구분해보겠습니다. [A4] 셀을 클릭합니다. 마우스 오른쪽 버튼을 클릭한 후 [그룹]을 선택합니다. [그룹화] 대화상자에서 날짜의 [단위]를 [월]과 [분기]로 선택합니다. [확인]을 클릭합니다.

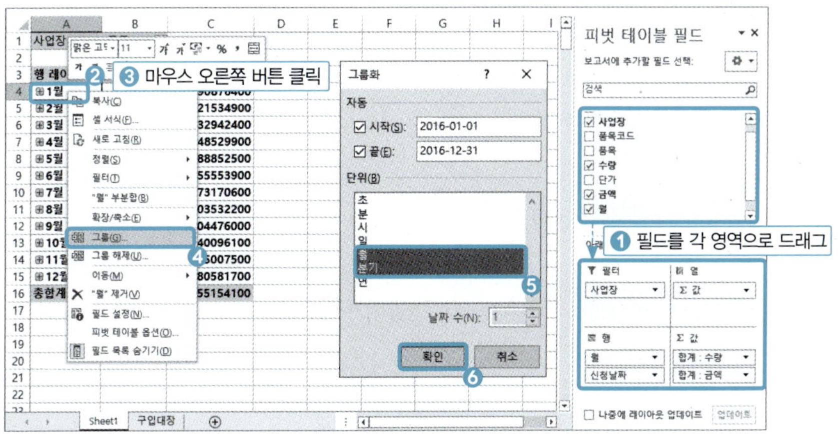

3 [피벗 테이블 필드] 작업 창에서 [값] 영역의 [합계 : 수량]을 클릭합니다. [값 필드 설정]을 선택합니다. [값 필드 설정] 대화상자에서 [표시 형식]을 클릭합니다.

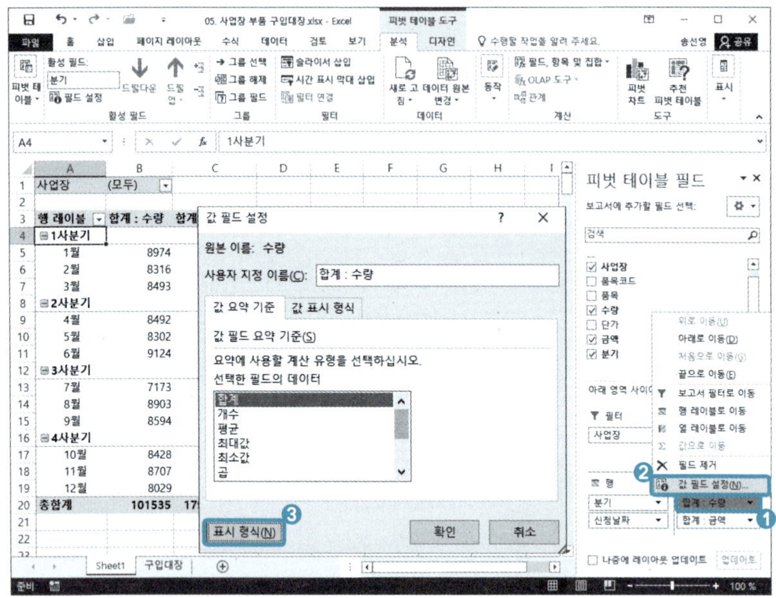

4 [셀 서식] 대화상자의 [표시 형식]에서 [숫자]를 선택하고 [1000 단위 구분 기호 사용]에 체크 표시합니다. [확인]을 클릭하여 숫자 서식을 적용합니다. [값 필드 설정] 대화상자에서 [사용자 지정 이름]에 **신청수량**을 입력하고 [확인]을 클릭합니다.

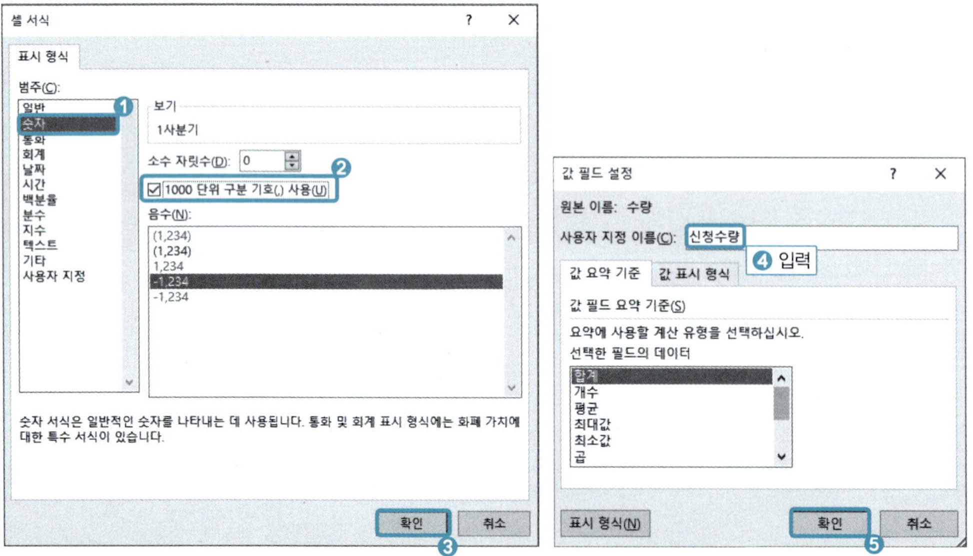

5 [피벗 테이블 필드] 작업 창에서 [값] 영역의 [합계 : 금액]을 클릭합니다. [값 필드 설정]을 선택합니다.

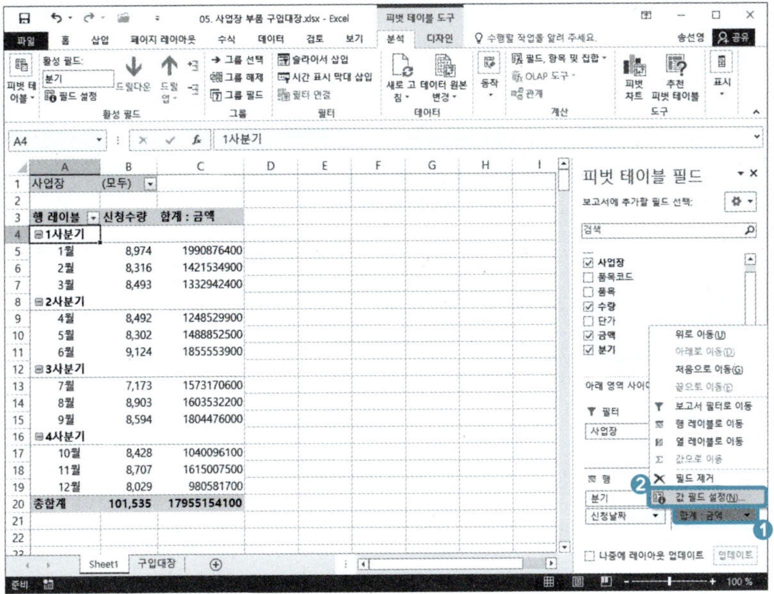

6 [값 필드 설정] 대화상자에서 [표시 형식]을 클릭합니다. [셀 서식] 대화상자에서 [숫자]를 선택하고 [1000 단위 구분 기호 사용]에 체크 표시합니다. [확인]을 클릭합니다. [값 필드 설정] 대화상자에서 [사용자 지정 이름]에 **결제 예정 금액**을 입력합니다. [확인]을 클릭합니다.

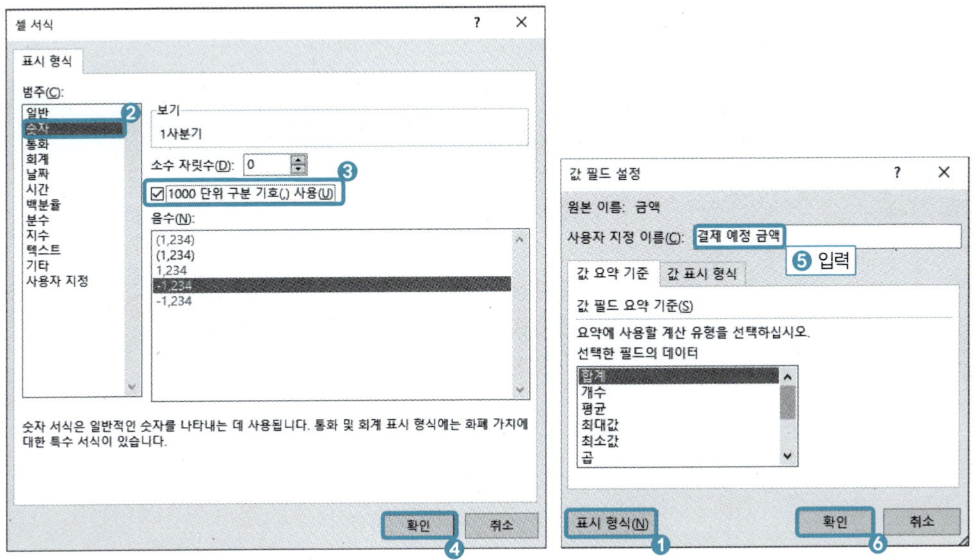

7 [피벗 테이블 도구]–[분석] 탭–[계산] 그룹–[필드, 항목 및 집합]을 클릭하여 [계산 필드]를 선택합니다. [계산 필드 삽입] 대화상자에서 [이름]에 **할인된 금액**을 입력하고 [수식]에 **=IF(수량)=1500, 금액–(금액*15%), 금액–(금액*3%))**를 입력합니다. [추가]를 클릭하여 필드에 추가하고 [확인]을 클릭합니다.

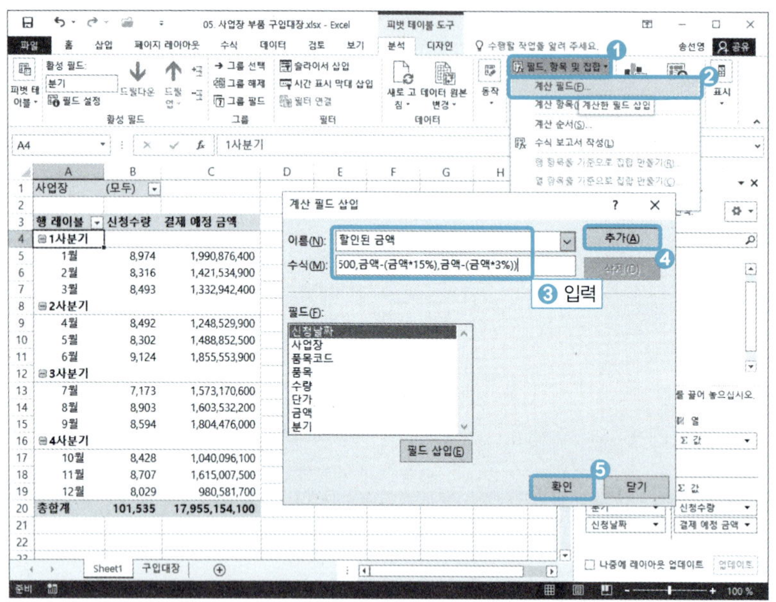

> **실력**
> **향상**
> 신청한 수량의 합계가 1,500 이상이면 결제할 금액에서 15%를 할인해주고, 그렇지 않을 때는 3%를 적용하여 실제 결제할 금액을 계산하는 필드입니다.

슈퍼활용 TIP ★★★★★ [계산 필드 삽입] 대화상자 알아보기

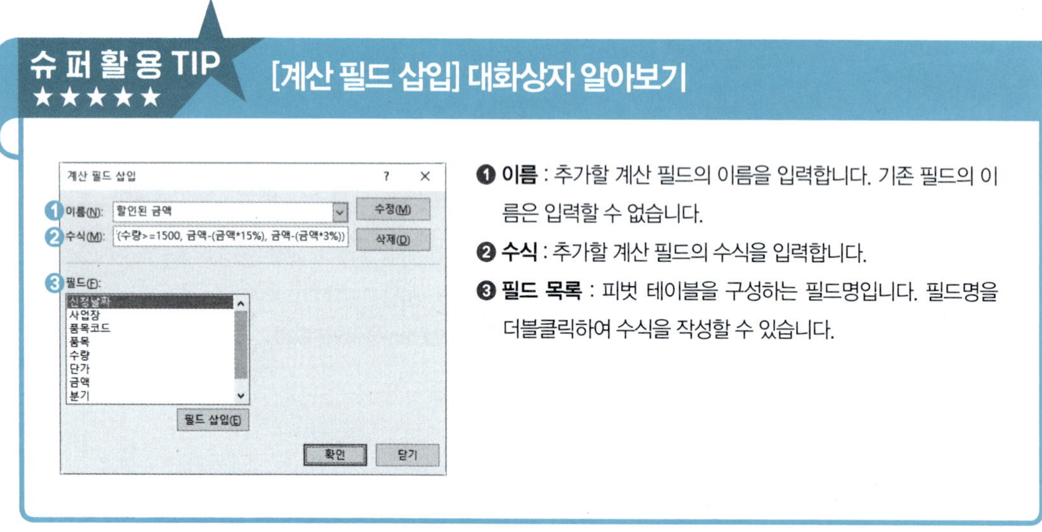

❶ **이름** : 추가할 계산 필드의 이름을 입력합니다. 기존 필드의 이름은 입력할 수 없습니다.

❷ **수식** : 추가할 계산 필드의 수식을 입력합니다.

❸ **필드 목록** : 피벗 테이블을 구성하는 필드명입니다. 필드명을 더블클릭하여 수식을 작성할 수 있습니다.

8 [피벗 테이블 필드] 작업 창의 [값] 영역에서 추가된 [합계 : 할인된 금액]을 클릭한 후 [값 필드 설정]을 선택합니다. [값 필드 설정] 대화상자에서 [사용자 지정 이름]에 **결제 확정 금액**을 입력하고 [확인]을 클릭합니다.

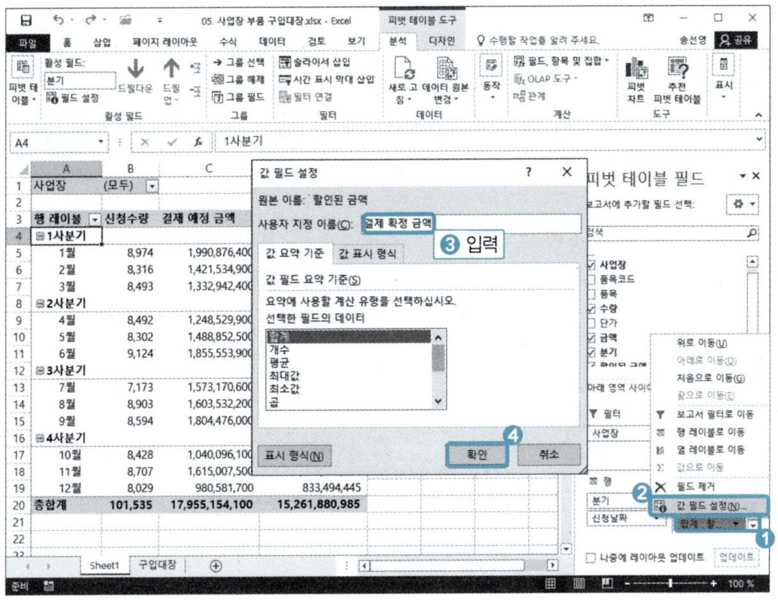

9 보고서가 완성된 시트의 이름을 수정하겠습니다. [Sheet 1]을 더블클릭합니다. 시트 이름을 **사업장별 연간 금액 현황**으로 입력합니다.

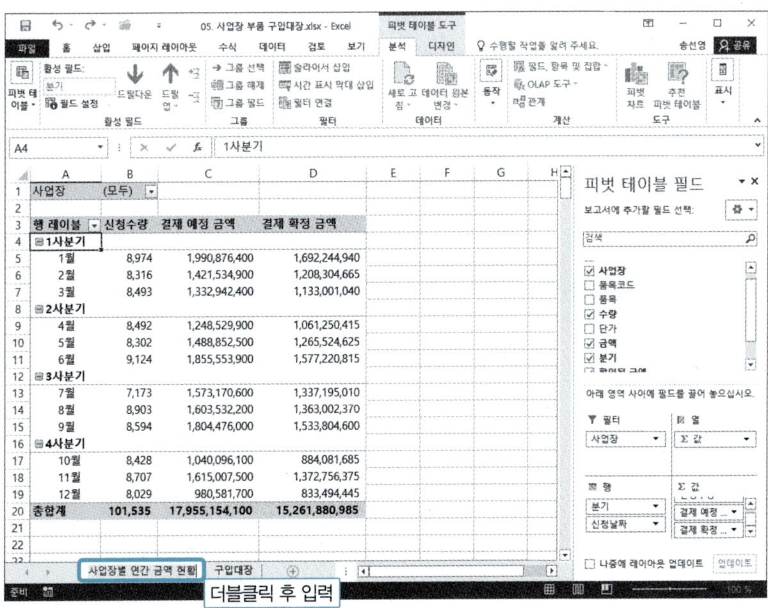

사업장별 요약과 차트를 한 번에 확인하기

피벗 차트

부품 구입 데이터를 피벗 테이블로 요약 작성하여 보고서를 간단하게 만들었습니다. 요약 정리된 보고서의 데이터를 좀 더 명확하게 파악할 수 있도록 피벗 차트를 추가해보겠습니다. 피벗 차트는 피벗 테이블의 내용과 함께 보이며 피벗 테이블의 추출할 데이터나 값이 변경되면 피벗 차트에도 같이 변경 적용됩니다.

10 피벗 차트를 작성하겠습니다. [A3] 셀을 클릭합니다. [피벗 테이블 도구]–[분석] 탭–[도구] 그룹–[피벗 차트]를 클릭합니다. [차트 삽입] 대화상자에서 [콤보]를 선택합니다. [신청수량] 계열은 [묶은 세로 막대형] 차트를 선택합니다. [결제 예정 금액]과 [결제 확정 금액] 계열은 [꺾은선형] 차트를 선택하고 [보조축]에 체크 표시합니다. [확인]을 클릭합니다. [피벗 차트 필드] 작업 창을 닫습니다.

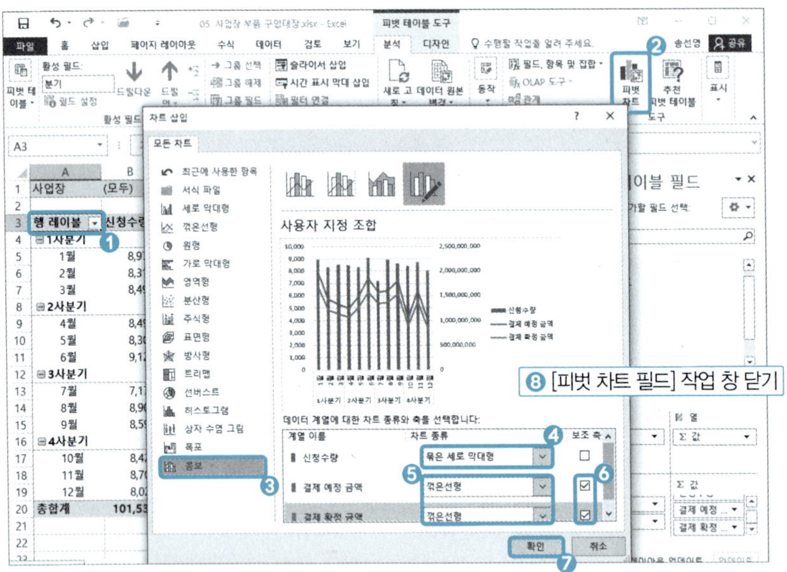

11 삽입된 차트를 선택합니다. 차트의 왼쪽 위 모서리를 [E3] 셀에 맞춥니다. 차트 오른쪽 아래의 크기 조절점을 드래그해 크기를 조절합니다.

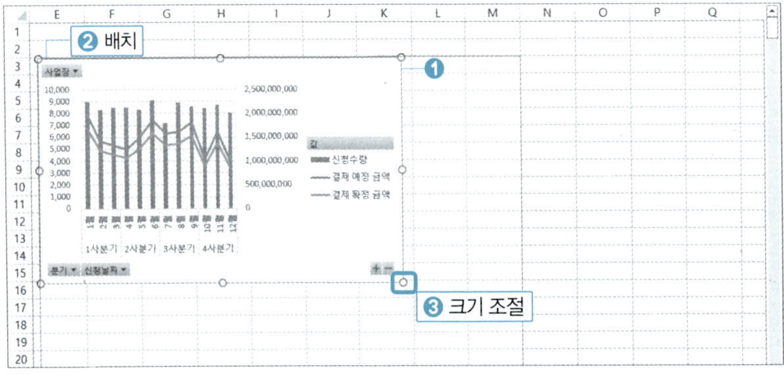

12 [피벗 차트 도구]–[디자인] 탭–[차트 레이아웃] 그룹–[차트 요소 추가]를 클릭합니다. [범례]를 선택하고 [아래쪽]을 선택하여 범례의 위치를 차트 아래쪽으로 설정합니다.

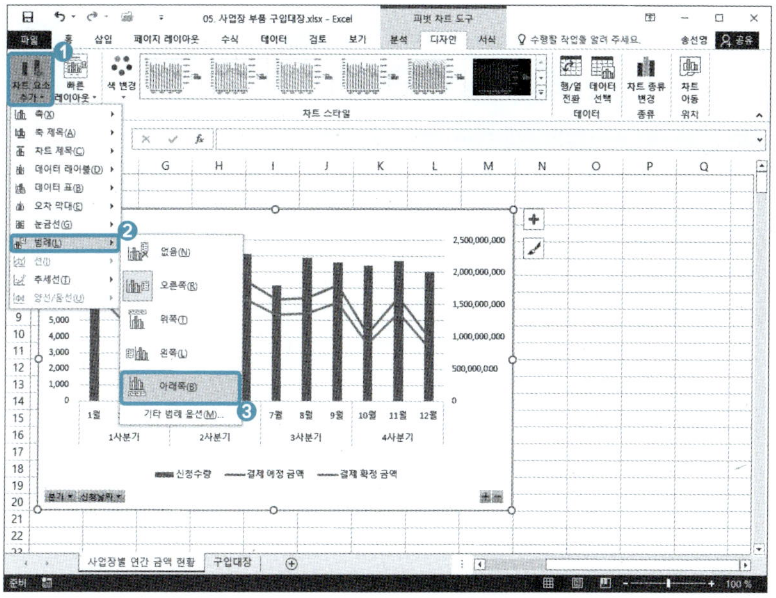

13 차트의 색상 구성을 수정하겠습니다. [피벗 차트 도구]–[디자인] 탭–[차트 스타일] 그룹–[색 변경]을 클릭합니다. 색상 목록 중 [색 4]를 선택합니다. [피벗 차트 도구]–[디자인] 탭–[차트 스타일] 그룹–[빠른 스타일]에서 [스타일 5]를 선택합니다.

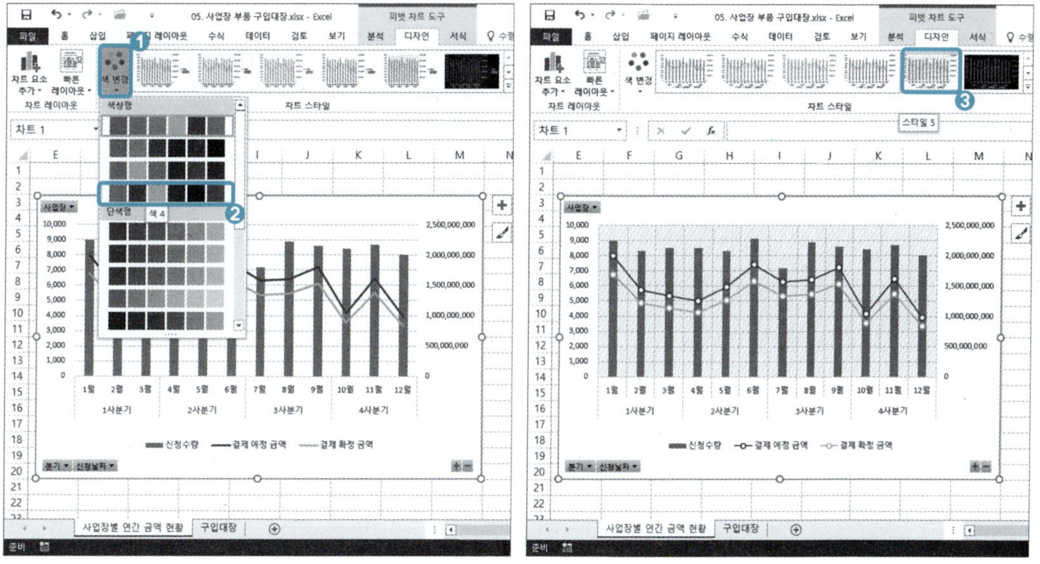

14 차트에서 [결제 예정 금액] 계열을 선택합니다. 마우스 오른쪽 버튼을 클릭하여 [데이터 계열 서식]을 선택합니다.

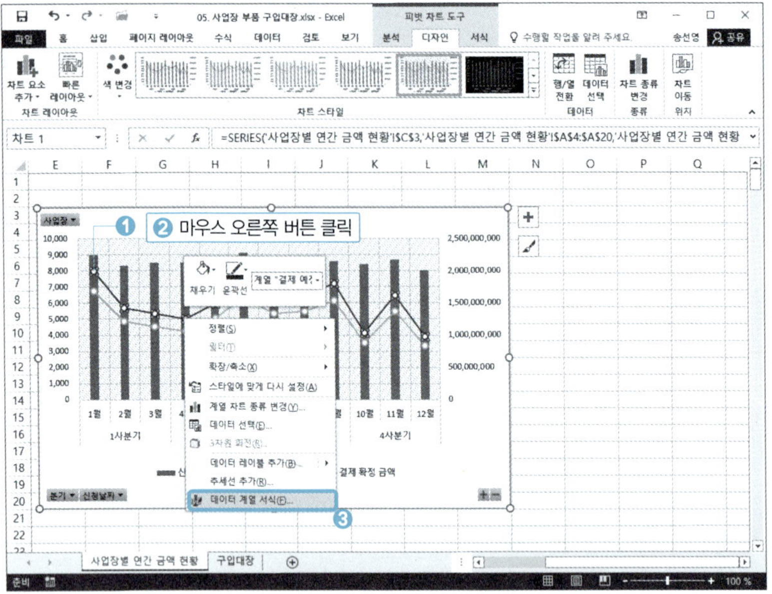

15 [데이터 계열 서식] 작업 창에서 [채우기 및 선]을 클릭합니다. [표식]-[표식 옵션]에서 [없음]을 선택하여 표식을 제거합니다.

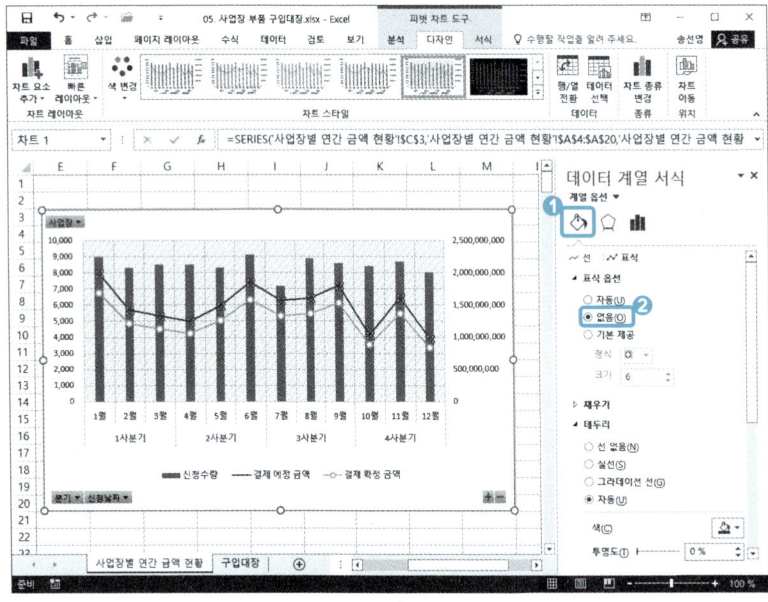

16 차트의 보조 세로축을 선택합니다. [축 서식] 작업 창에서 [축 옵션]을 클릭합니다. [표시 단위]에서 [백만]을 선택합니다.

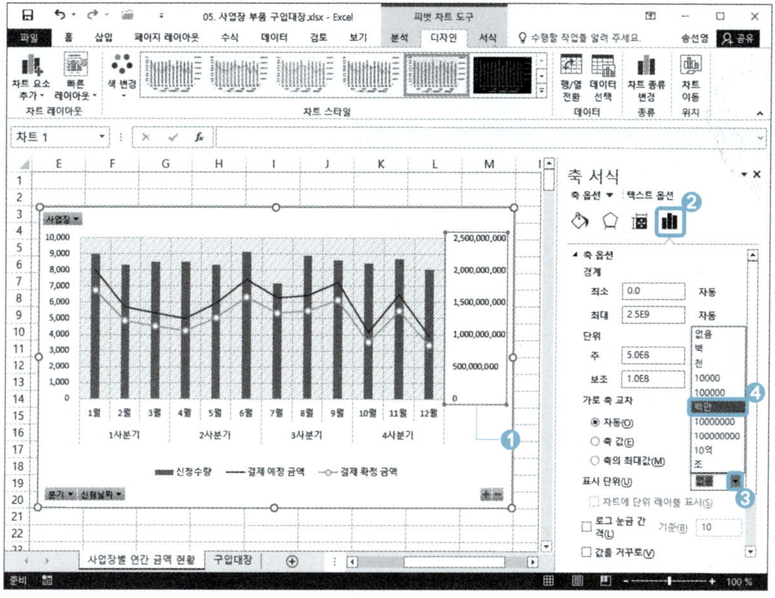

17 차트의 보조 세로축에 표시된 '백만' 단위 텍스트를 선택합니다. [표시 단위 레이블 서식] 작업 창의 [크기 및 속성]을 클릭합니다. [맞춤]의 [텍스트 방향]을 [가로]로 선택합니다. 작업 창을 닫습니다.

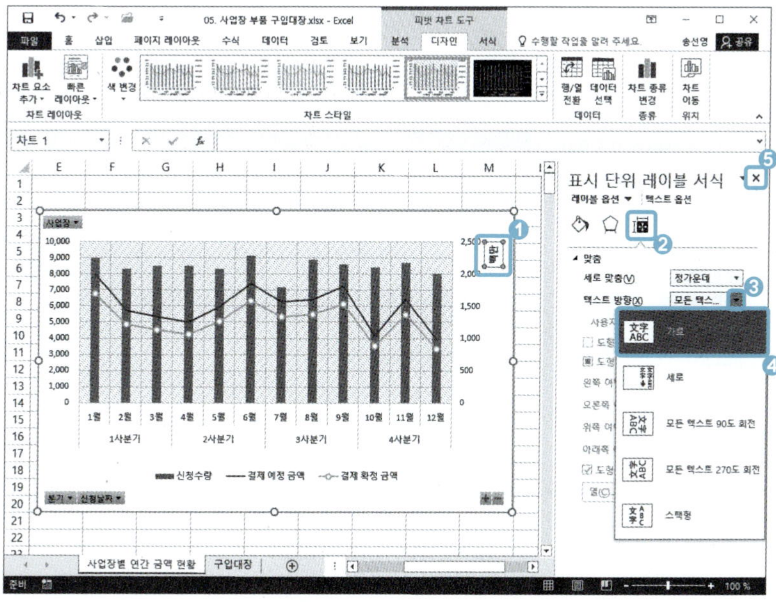

사업장별 현황 파악하기
피벗 테이블 슬라이서

완성된 피벗 테이블과 피벗 차트에서 확인할 항목을 필터 단추로 추출하여 확인할 수 있습니다. 그러나 피벗 차트에서 확인할 항목이 많거나 자주 변경된다면 필터 단추보다는 피벗 테이블의 슬라이서를 이용하여 데이터를 추출하는 것이 효율적입니다. 슬라이서를 추가하는 방법과 제거하는 방법을 알아보겠습니다.

18 추출할 사업장을 좀 더 간단하게 선택하기 위해 [피벗 차트 도구]–[분석] 탭–[필터] 그룹–[슬라이서 삽입]을 클릭합니다. [슬라이서 삽입] 대화상자의 목록 중 [사업장]과 [품목] 필드에 체크 표시하고 [확인]을 클릭합니다.

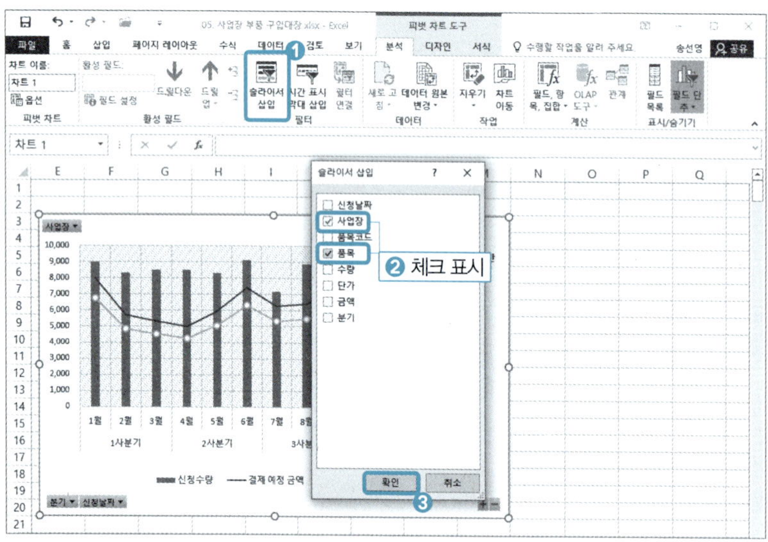

19 [사업장] 슬라이서와 [품목] 슬라이서를 드래그하여 차트 오른쪽으로 나란히 위치시킵니다. 사업장 슬라이서의 [광주]를 선택합니다. 광주 사업장에서 구입한 품목 목록이 [품목] 슬라이서에 표시되고, 피벗차트에서 월별 신청수량과 금액 현황을 확인할 수 있습니다.

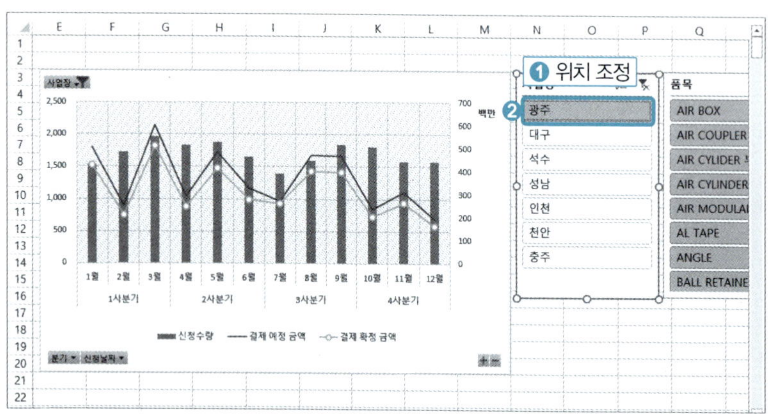

20 [품목] 슬라이서 위에서 마우스 오른쪽 버튼을 클릭합니다. ["품목" 제거]를 선택하여 [품목] 슬라이서를 제거합니다.

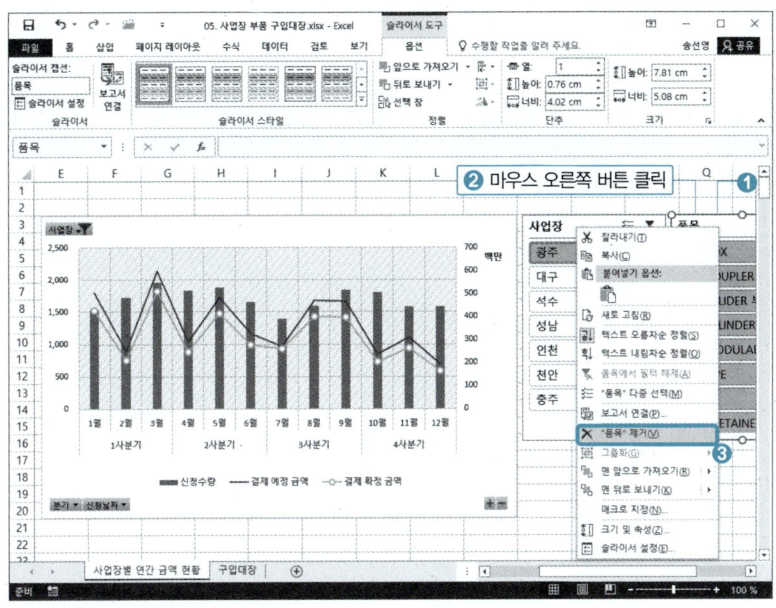

21 날짜가 그룹별로 설정된 [A4] 셀을 클릭합니다. [피벗 테이블 도구]-[분석] 탭-[활성 필드] 그룹-[필드 축소]를 클릭합니다. 피벗 테이블의 신청날짜가 분기별로 요약되어 보입니다. 피벗 차트에도 월별이 아닌 분기별 신청수량과 금액 현황이 표시됩니다.

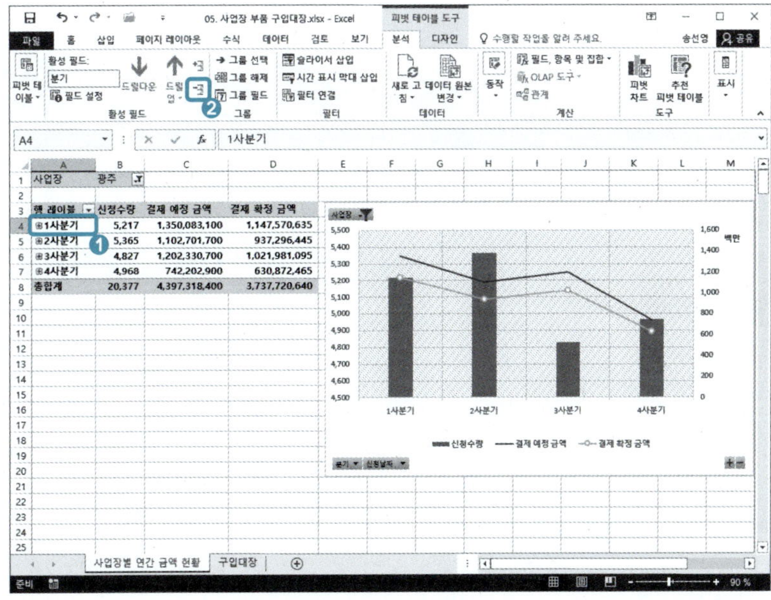

빅데이터 관리를 위한 기초, 엑셀과 액세스 협업하기

지금까지 엑셀을 이용해 외부 데이터의 가공과 편집,
수식과 함수를 활용한 데이터 집계, 분석 도구나 차트를
이용하여 시각적으로 보고서를 작성하는 방법 등
데이터 관리에 관련된 실습을 해보았습니다. 이처럼
엑셀은 다양한 작업을 할 수 있는 프로그램입니다.
그러나 엑셀 시트 안의 수식이나 함수들로 작성된
데이터의 양이 많아지면 속도가 많이 느려집니다.
또 입력할 수 있는 행과 열, 데이터의 양이 제한되어
있습니다. 엑셀의 이러한 단점을 보완해주고, 데이터
관리를 엑셀보다 더 전문적으로 다룰 수 있는 프로그램이
바로 액세스입니다. 액세스는 대량의 데이터로
간단하고 빠르게 요약 및 통계 작업을 할 수 있으며,
전체 저장 데이터의 용량이 2GB가 넘지 않는다면
거의 무한대의 데이터를 저장하고 관리할 수 있습니다.
또 따로 저장되어 있는 파일의 수합 작업도
좀 더 수월하게 진행할 수 있습니다.
액세스의 테이블 개체를 이용해 엑셀 원본 데이터를
가져오는 방법과 데이터의 요약 및 통계 작업을
할 수 있는 쿼리 작성 방법, 데이터를 보고서 형태로
작업하는 방법, 엑셀과 연동하는 방법 등에 대해 알아보겠습니다.

20

대용량 데이터를
테이블로 정리하기

실습 파일 | PART 02 \ CHAPTER 05 \ 지역별 기상 데이터 \ 기상데이터0.xlsx~기상데이터9.xlsx
완성 파일 | PART 02 \ CHAPTER 05 \ 지역별 기상 데이터 \ 기상데이터(완성).accdb

✔ 프로젝트 시작하기

지난 5년간의 지역별, 일별 기상 현황이 총 10개의 엑셀 파일로 구분되어 있습니다. 몇천 개 또는 만 개가 넘어가는 데이터가 입력된 각각의 엑셀 파일을 액세스의 테이블로 수합하여 하나의 표로 정리해보겠습니다. 액세스의 테이블로 데이터를 정리하기 위해 데이터베이스를 만들고, 엑셀의 파일을 가져오는 다양한 방법에 대해 알아보겠습니다.

STEP 01

데이터베이스 만들기 **액세스 파일 생성**

❶ 데이터를 관리하는 액세스 파일로 데이터베이스를 만듭니다.

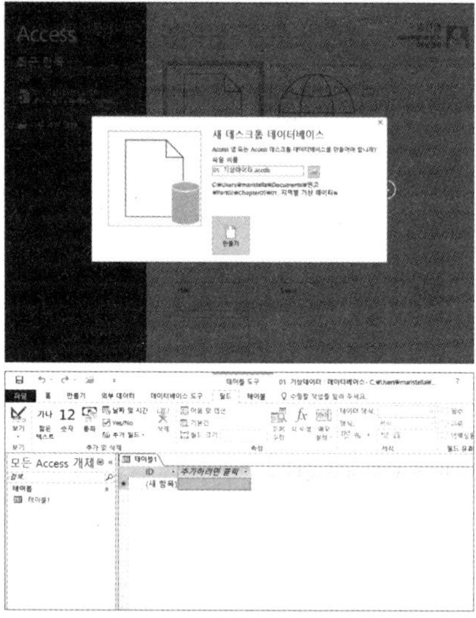

STEP 02

새 테이블 만들기 **외부 데이터 가져오기**

❶ 엑셀 파일의 데이터를 [외부 데이터 가져오기]를 이용해 새 테이블로 만듭니다.

ID	지역	지역명	관측시점	풍속	최대풍속	최대순간풍	기온	최고기온	최저
1	강원도	강릉	2011-07-10	1.2	2.9	4.5	22.2	25.5	
2	강원도	강릉	2011-07-11	1.6	3.2	5	19.8	21.3	
3	강원도	강릉	2011-07-12	1.8	5.1	7.7	21.7	24.5	
4	강원도	강릉	2011-07-13	1.8	5.1	7.7	21.4	25.4	
5	강원도	강릉	2011-07-14	1.3	3.4	5.6	21.3	25.1	
6	강원도	강릉	2011-07-15	1.5	3.4	5.9	21.9	25.1	
7	강원도	강릉	2011-07-16	1.1	3.1	5	22.5	25.8	
8	강원도	강릉	2011-07-17	1.7	5.5	9.2	25.3	29.7	
9	강원도	강릉	2011-07-18	2.6	5.9	10.9	29.9	34.2	
10	강원도	강릉	2011-07-19	2.2	5.4	8.9	28.6	32.8	
11	강원도	강릉	2011-07-20	2.1	4.4	6	29.6	33.5	
12	강원도	강릉	2011-07-21	2.6	5.2	8.4	30.3	35.6	
13	강원도	강릉	2011-07-22	2.7	5.3	9	29.6	33.5	
14	강원도	강릉	2011-07-23	2.7	7.1	11.6	27.4	29.1	
15	강원도	강릉	2011-07-24	1.7	3.5	6.3	27.5	33	
16	강원도	강릉	2011-07-25	1.7	3.4	5.8	27.1	31.1	
17	강원도	강릉	2011-07-26	2.5	6.1	9.8	29	32.7	
18	강원도	강릉	2011-07-27	3.2	6.9	11.9	30	35.3	
19	강원도	강릉	2011-07-28	2.5	5.6	8.6	28.7	33.5	
20	강원도	강릉	2011-07-29	1.6	3.4	5.2	28.9	32.9	
21	강원도	강릉	2011-07-30	1.1	3.5	5.5	27.8	31.7	
22	강원도	강릉	2011-07-31	2.7	6.8	11.4	30.4	34.1	
23	강원도	강릉	2011-08-01	2.9	8.1	13.9	29.1	34.6	
24	강원도	강릉	2011-08-02	1.4	3.1	5.3	22.7	24.1	

STEP 03

데이터 수합하기 **가져오기 과정을 저장하여 데이터 가져오기**

❶ 엑셀 파일의 데이터를 기존 테이블에 추가로 가져오기한 후 가져오기 과정을 저장하여 여러 파일의 데이터를 손쉽게 수합합니다.

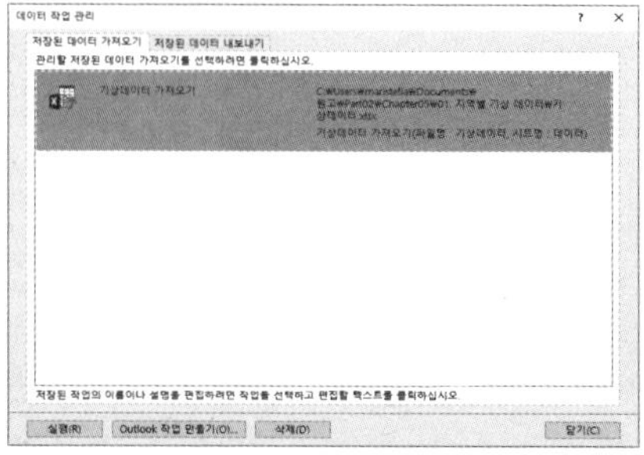

데이터베이스 만들기
액세스 파일 생성

액세스는 문서를 작성하고 저장하는 일반 프로그램과 달리 먼저 저장하여 작업할 공간을 만든 후에 여러 가지 작업을 수행하는 프로그램입니다. 액세스에서 사용하는 데이터는 하나의 데이터베이스로 묶어 관리하며 데이터를 저장하는 테이블, 저장된 데이터로 가공 작업을 하는 쿼리, 데이터를 보기 좋게 표현하는 폼, 보고서 등 여러 개체를 새롭게 만들고 관리할 수 있습니다. 이러한 개체를 한곳에 묶어 관리할 수 있도록 데이터베이스를 만들어보겠습니다.

1 액세스 프로그램을 실행합니다. 첫 화면에서 [새 데스크톱 데이터베이스]를 선택합니다. [새 데스크톱 데이터베이스] 대화상자에서 [찾아보기] 아이콘을 클릭합니다.

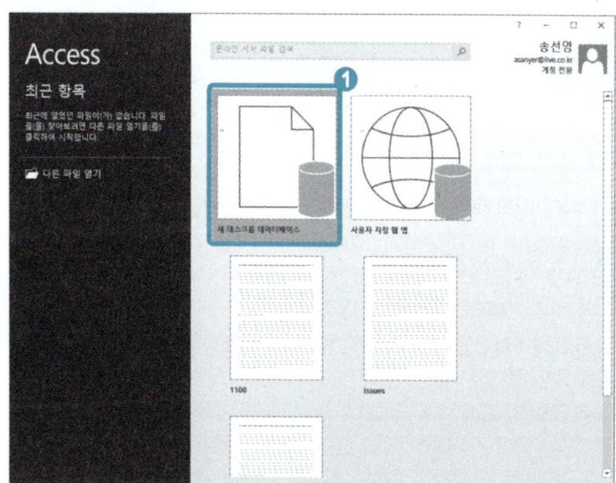
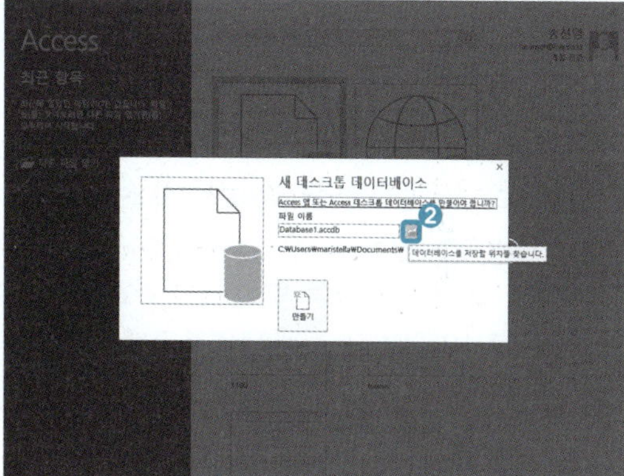

2 [새 데이터베이스 파일] 대화상자에서 데이터베이스를 저장할 위치를 지정하고, [파일 이름]에 **기상데이터**를 입력합니다. [확인]을 클릭합니다. [새 데스크톱 데이터베이스] 대화상자에서 저장할 위치와 [파일 이름]을 확인한 후 [만들기]를 클릭합니다.

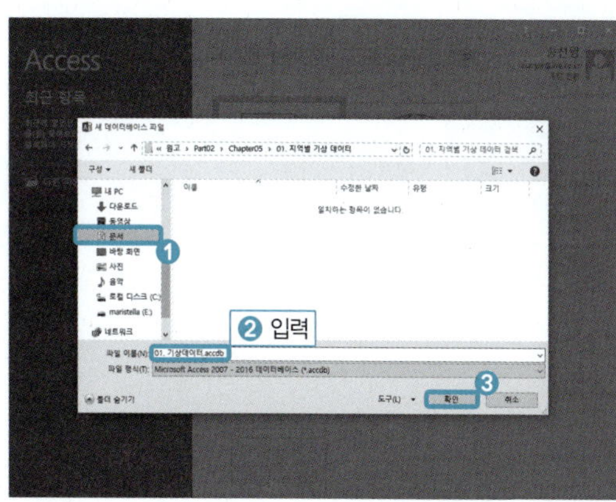
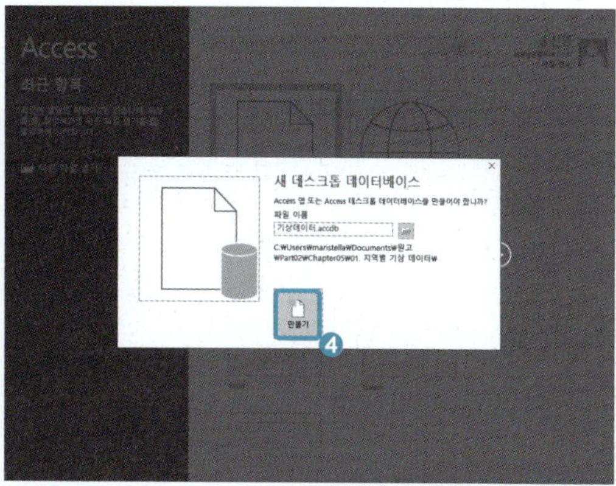

실력 향상 데이터베이스인 액세스 파일의 확장자는 Access 2007 버전부터 '*.accdb' 형식으로 저장됩니다.

3 데이터베이스가 새로 만들어지고, 데이터를 저장할 테이블이 실행되어 나타납니다. 데이터 입력 작업을 하는 것이 아니므로 테이블 오른쪽 상단의 [닫기]를 클릭해 테이블을 닫습니다.

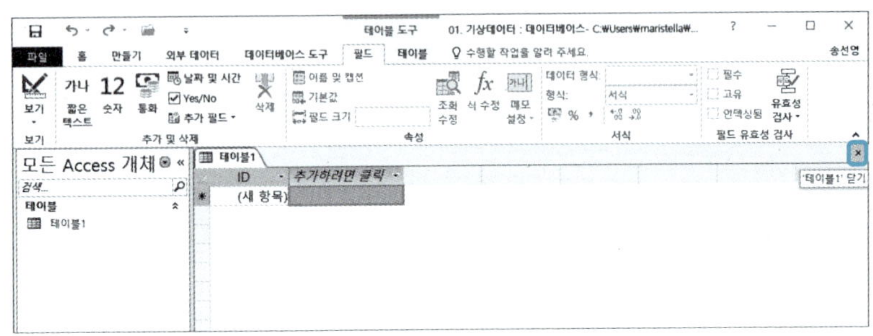

슈퍼 활용 TIP　액세스의 개체

❶ **테이블** : 데이터베이스의 기초가 되는 개체로, 기본 데이터가 저장되는 곳입니다.

❷ **쿼리** : 테이블의 데이터 중 필요한 데이터만 추출해 보거나 여러 가공 작업을 하는 개체입니다. 쿼리는 사용하는 방법에 따라 선택 쿼리, 조건 쿼리, 매개 변수 쿼리 등 여러 형태로 만들 수 있습니다.

❸ **폼** : 테이블 또는 쿼리에 저장된 데이터를 좀 더 보기 쉽게 만드는 사용자 인터페이스입니다.

❹ **보고서** : 테이블 또는 쿼리에 저장된 데이터를 보고서로 작성하기 위해 요약과 출력을 목적으로 만드는 개체입니다.

슈퍼 활용 TIP　테이블 구조

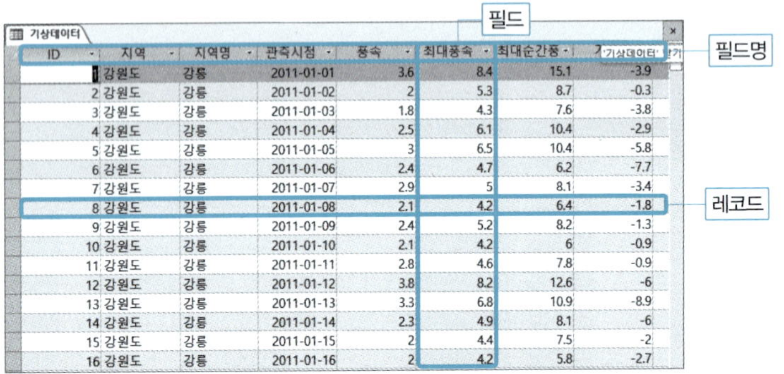

❶ **테이블** : 레코드가 모여 이루어진 연관된 데이터의 모음입니다.

❷ **필드명** : 필드의 이름을 정의하는 곳으로, 그 필드가 저장하는 데이터의 내용이나 의미 등이 반영되어야 합니다.

❸ **필드** : 테이블의 열을 의미하며, 가장 작은 단위로 같은 속성에 맞는 값이 나열됩니다.

❹ **레코드** : 테이블의 행을 의미하며, 필드에 해당하는 내용이 합쳐져 하나의 레코드가 이루어집니다.

새 테이블 만들기

외부 데이터 가져오기

엑셀과 액세스는 서로 잘 연동됩니다. 엑셀에 저장되어 있는 기상 데이터를 액세스의 테이블 개체로 가져오는 방법에 대해 알아보겠습니다.

4 [외부 데이터] 탭–[가져오기 및 연결] 그룹–[Excel]을 클릭합니다.

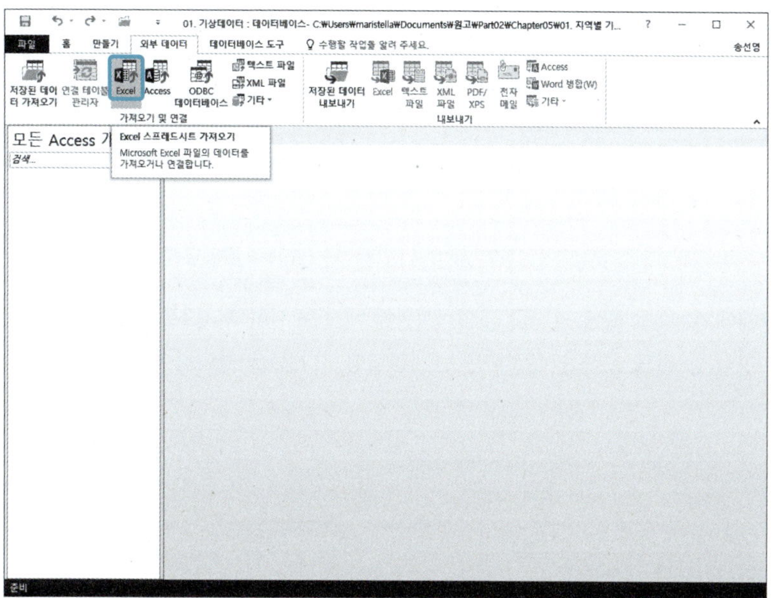

5 [외부 데이터 가져오기] 대화상자의 [찾아보기]를 클릭합니다. [파일 열기] 대화상자에서 가져올 엑셀 파일인 '기상데이터0.xlsx'를 선택하고 [열기]를 클릭합니다.

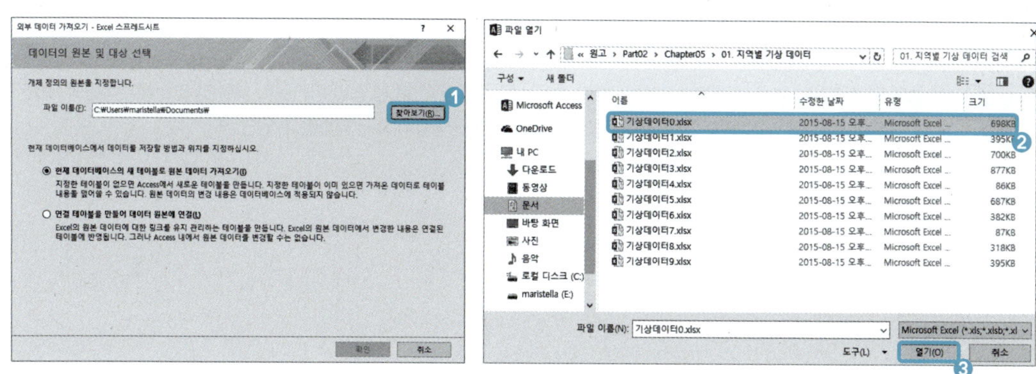

6 가져오기한 파일 이름과 경로를 확인합니다. [현재 데이터베이스의 새 테이블로 원본 데이터 가져오기]를 선택하고 [확인]을 클릭합니다. [스프레드시트 가져오기 마법사] 대화상자의 [워크시트 표시]가 선택되어 있습니다. 엑셀 통합 문서의 [데이터] 시트를 선택한 후 [다음]을 클릭합니다.

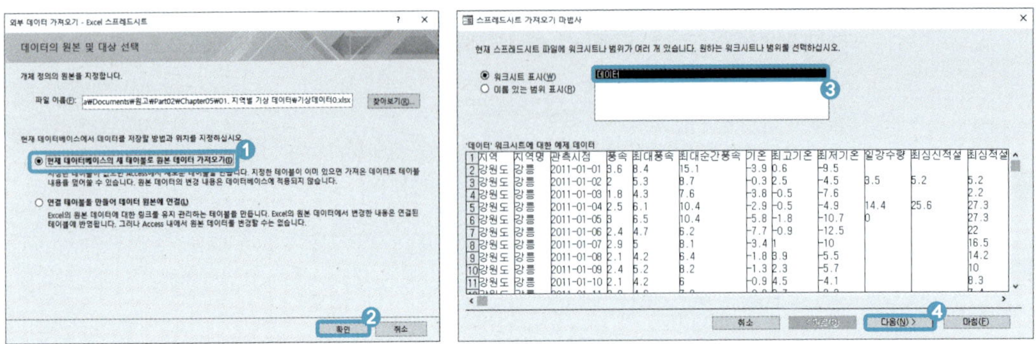

> **실력향상** 엑셀 문서에 이름으로 설정된 범위가 있는 경우에는 [이름 있는 범위 표시]를 선택하여 해당 범위의 데이터를 가져올 수 있습니다.

7 열 머리글을 지정하는 단계에서는 [첫 행에 열 머리글이 있음]에 체크 표시한 후 [다음]을 클릭합니다. 각 필드의 이름이나 데이터 형식 등 필드 옵션을 수정하는 단계입니다. [다음]을 클릭하여 자동으로 데이터 형식을 설정합니다.

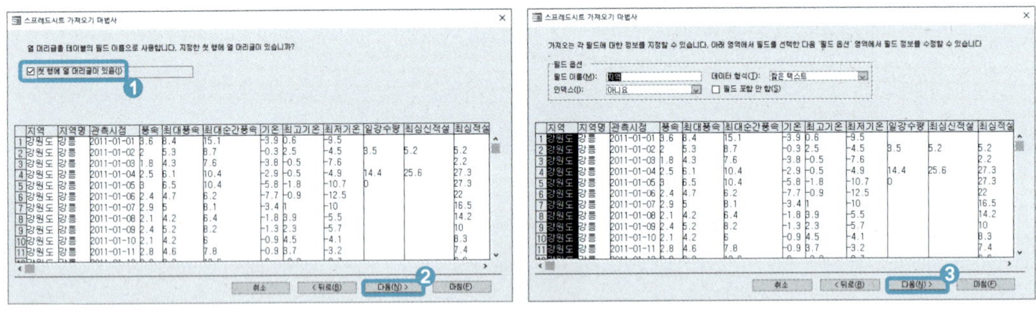

> **시간단축** 필드 옵션에서 따로 설정하지 않아도 숫자는 숫자로, 문자는 문자로 형식이 자동 설정됩니다.

> **실력향상** [첫 행에 열 머리글이 있음]에 체크 표시하여 엑셀 데이터 목록 중 첫 번째 행을 열 머리글로 설정합니다. 엑셀 파일의 데이터 중 필요하지 않은 필드는 [필드 포함 안 함]에 체크 표시하여 가져올 데이터에서 제외할 수 있습니다.

8 기본 키를 선택하는 창입니다. [Access에서 기본 키 추가]를 선택하여 [지역] 데이터 왼쪽에 일련번호가 자동 생성되도록 설정합니다. [다음]을 클릭합니다. 데이터가 저장될 새 테이블 이름에 **기상데이터**를 입력하고 [마침]을 클릭합니다.

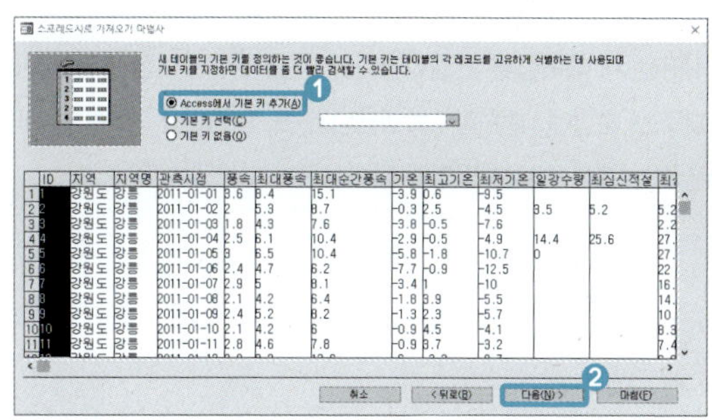 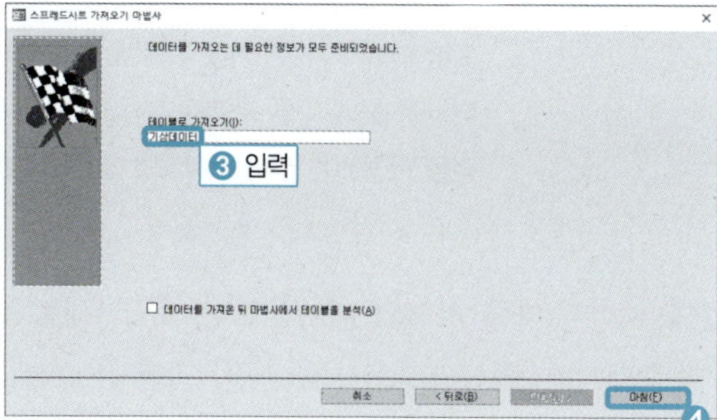

시간
단축 　[Access에서 기본 키 추가]를 선택하면 데이터를 구분지어 확인할 수 있도록 일련번호 열이 추가됩니다.

9 가져오기 단계를 저장하는 창입니다. 저장하지 않기 위해 [닫기]를 클릭하면 [기상데이터] 테이블이 만들어집니다. [기상데이터] 테이블을 더블클릭하여 가져온 '강원도' 지역의 데이터를 확인할 수 있습니다. 테이블 가장 아래쪽에 '강원도' 지역의 데이터 개수, 총 13,597이 표시됩니다.

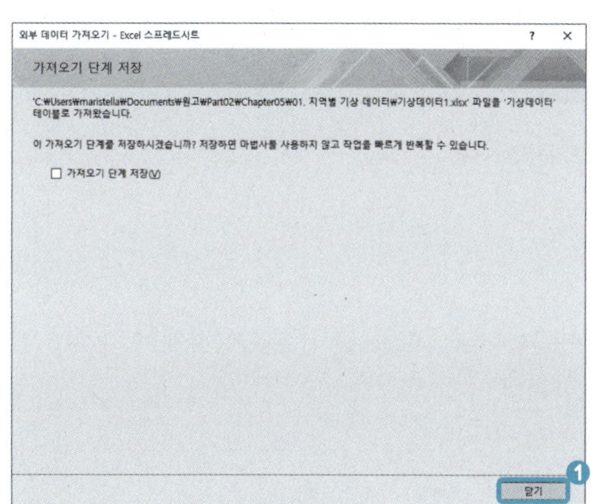 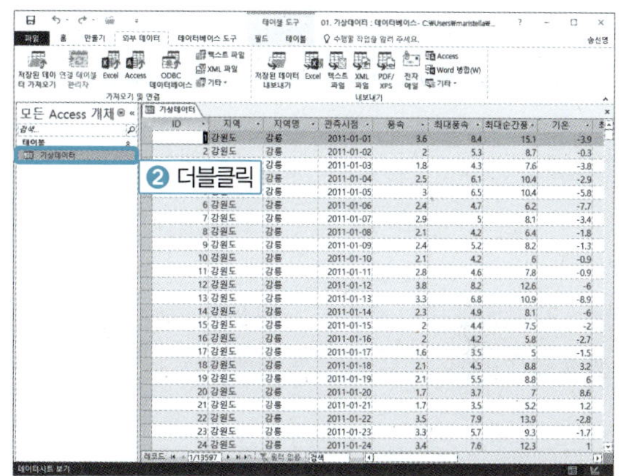

시간
단축 　[가져오기 단계 저장]에 체크 표시하면 같은 파일을 가져오기할 때 한 번 클릭만으로 같은 작업을 간단하게 처리할 수 있습니다.

슈 퍼 활 용 TIP ★★★★★ 기본 키

테이블 안에서 다른 데이터와 구별할 수 있는 유일한 필드로, 주민등록번호나 사업자 등록번호 같이 고유한 식별자를 말합니다. 필드에 중복된 값이 있거나 비어 있는 값이 있는 경우에는 기본 키로 설정할 수 없습니다. 데이터 목록에서 해당 데이터를 유일하게 확인할 수 있는 일련번호 필드, 기본 키가 설정되어 있어야 연관성 있는 여러 데이터 작업을 할 수 있습니다.

데이터 수합하기

가져오기 과정을 저장하여 데이터 가져오기

외부 데이터 가져오기를 이용해 [기상데이터]라는 새 테이블을 만들었습니다. 새롭게 만들어진 [기상데이터] 테이블에 다른 지역의 기상데이터를 추가하는 방법에 대해 알아보겠습니다. 또 데이터를 가져오는 과정을 저장하여 또 다른 지역의 데이터를 조금 더 쉽게 가져오는 방법에 대해서도 알아보겠습니다.

10 나머지 다른 지역의 데이터도 가져오기해보겠습니다. 먼저 열어놓은 [기상데이터] 테이블을 닫고 [외부 데이터] 탭-[가져오기 및 연결] 그룹-[Excel]을 클릭합니다.

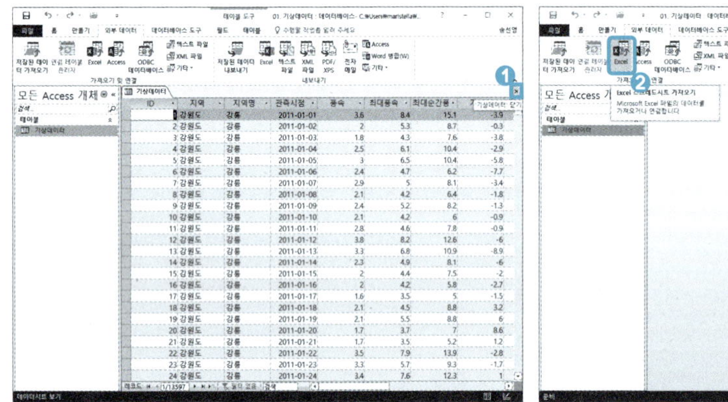
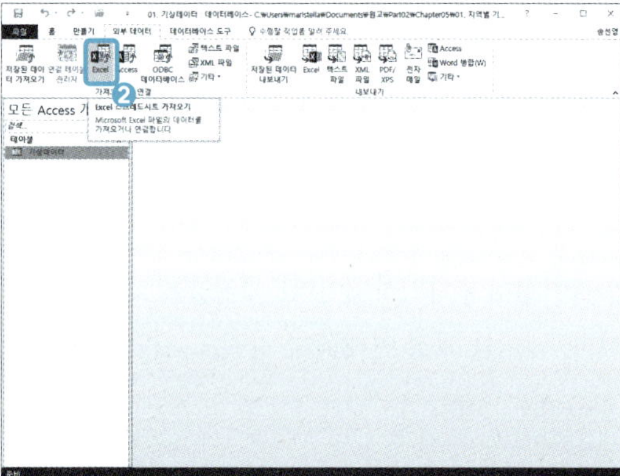

실력 향상 데이터를 추가할 테이블이 닫혀 있어야 데이터를 추가로 가져올 수 있습니다.

11 [외부 데이터 가져오기] 대화상자에서 [찾아보기]를 클릭합니다. [파일 열기] 대화상자에서 가져올 엑셀 파일 '기상데이터1.xlsx'를 선택합니다. [열기]를 클릭합니다.

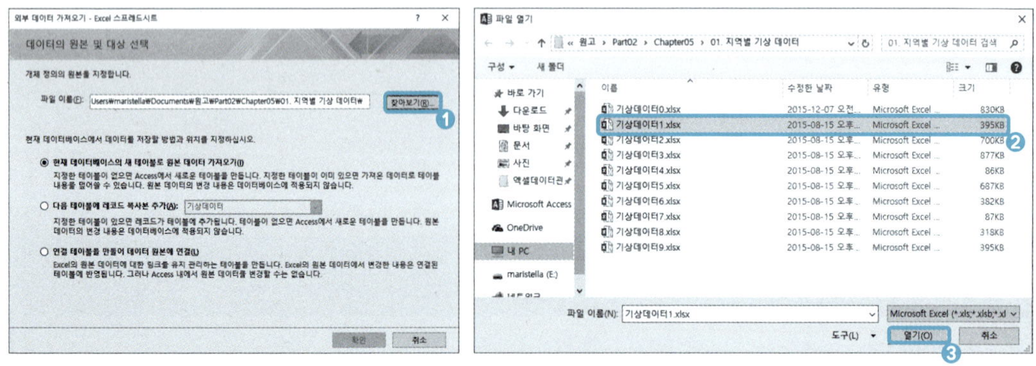

12 [외부 데이터 가져오기] 대화상자에서 [다음 테이블에 레코드 복사본 추가]를 선택합니다. [기상데이터] 테이블을 선택하고 [확인]을 클릭합니다. [스프레드시트 가져오기 마법사] 대화상자의 [워크시트 표시]에서 엑셀 파일의 [데이터] 시트를 선택하고 [다음]을 클릭합니다.

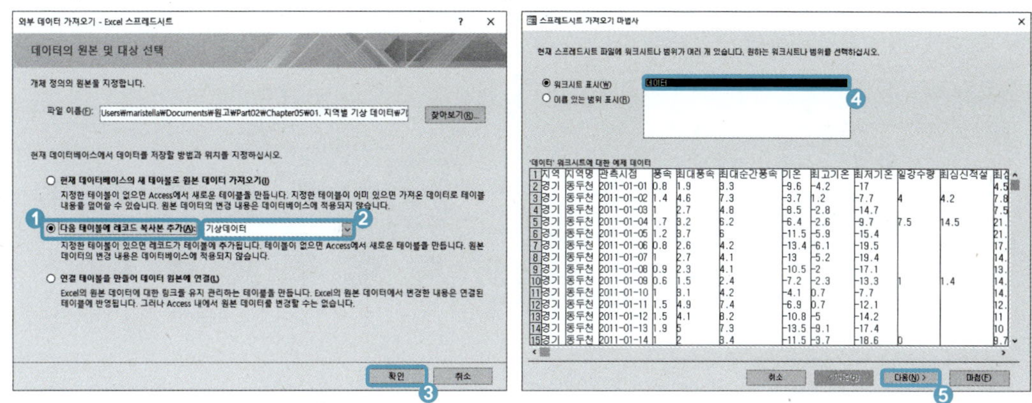

13 [스프레드시트 가져오기 마법사] 대화상자의 [첫 행에 열 머리글이 있음]이 비활성화되어 있습니다. [마침]을 클릭하여 가져오기 과정을 마칩니다. 테이블명이 표시된 마지막 단계입니다. [마침]을 클릭합니다.

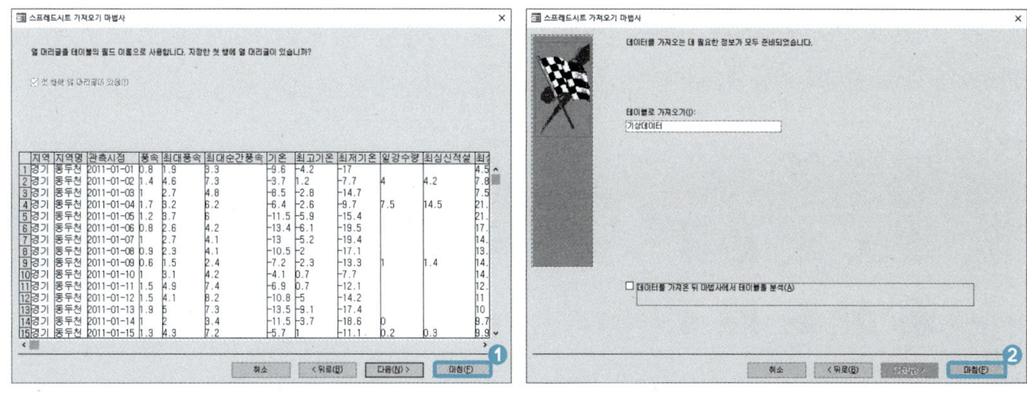

14 [외부 데이터 가져오기] 대화상자에서 [가져오기 단계 저장]에 체크 표시합니다. [다른 이름으로 저장]에는 **기상데이터 가져오기**를 입력합니다. [설명]에는 **기상데이터 가져오기(파일명 : 기상데이터1, 시트명 : 데이터)**를 입력하고 [가져오기 저장]을 클릭합니다. [윈도우 탐색기]를 실행합니다. [홈] 탭-[새로 만들기] 그룹-[새 폴더]를 선택합니다. 폴더 이름을 **가져오기 완료**로 수정합니다.

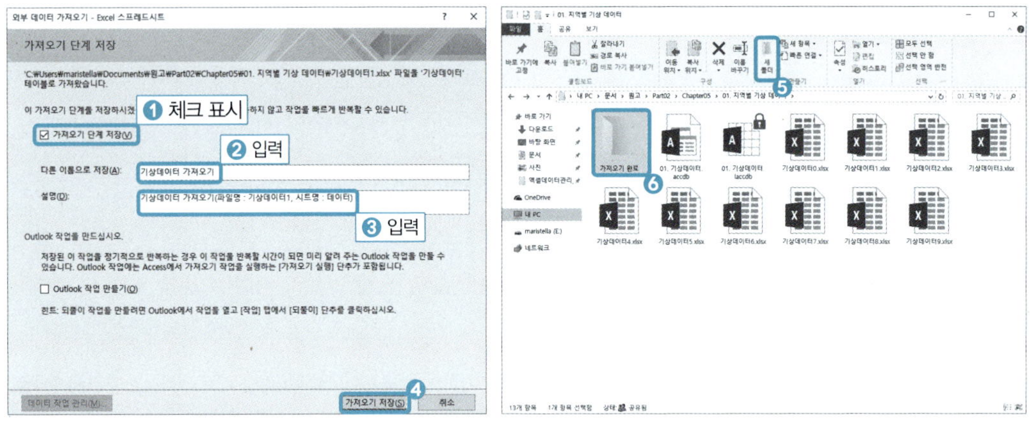

> **시간단축** 파일명과 시트명이 같은 데이터를 반복해서 가져오기를 하는 경우 가져오기 단계를 저장하여 클릭 한 번만으로 엑세스 테이블에 데이터를 가져올 수 있습니다.

15 [지역별 기상 데이터] 폴더 안에서 액세스의 테이블에 데이터를 추가 완료한 '기상데이터1.xlsx' 파일을 선택합니다. 마우스 오른쪽 버튼을 클릭하여 메뉴 목록 중 [잘라내기]를 선택합니다. [가져오기 완료] 폴더를 선택한 후 마우스 오른쪽 버튼을 클릭합니다. 메뉴 목록 중 [붙여넣기]를 선택하여 해당 파일을 [가져오기 완료] 폴더로 이동시킵니다.

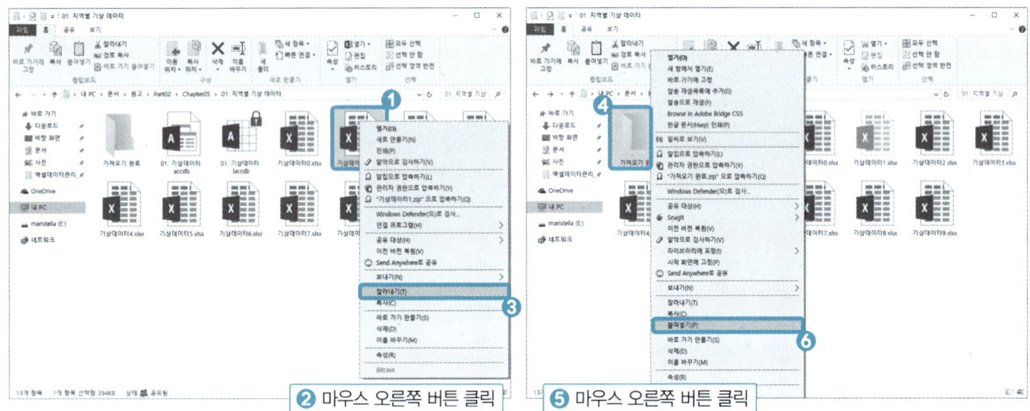

16 '기상데이터2.xlsx' 파일을 선택합니다. F2 를 눌러 파일 이름을 **기상데이터1.xlsx**로 수정합니다.

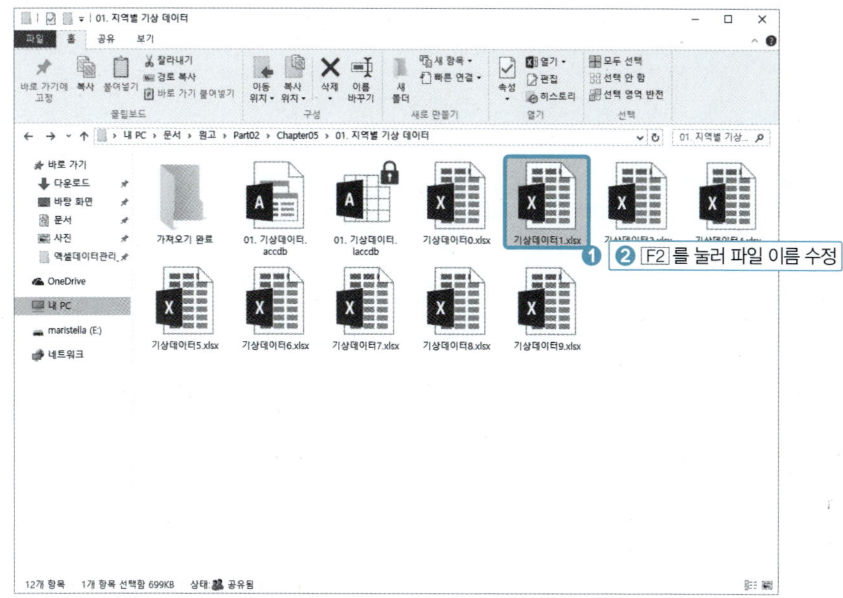

17 다시 액세스 프로그램을 선택합니다. [외부 데이터] 탭-[가져오기 및 연결] 그룹-[저장된 데이터 가져오기]를 클릭합니다.

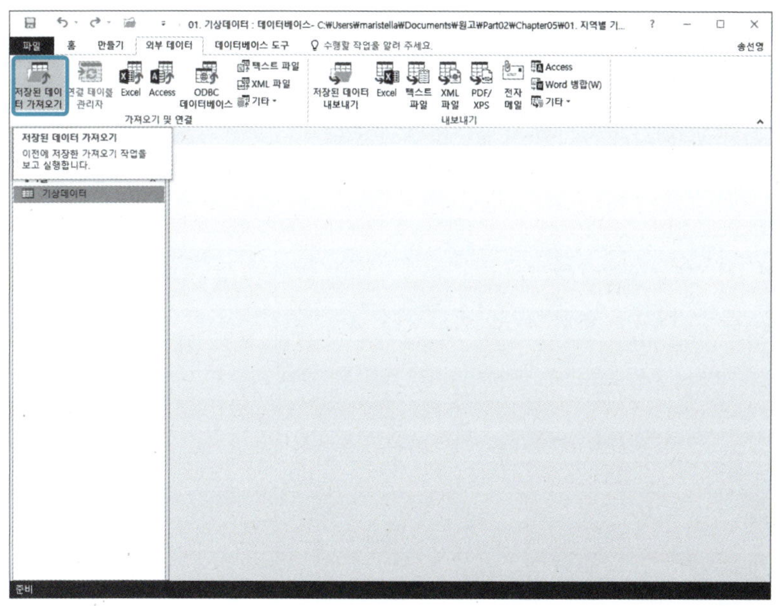

실력
향상
저장한 가져오기 단계를 이용해 파일을 가져오려면 파일명과 시트명이 같아야만 합니다.

18 [데이터 작업 관리] 대화상자에서 [가상데이터 가져오기] 작업을 선택합니다. [실행]을 클릭합니다. 개체 가져오기를 성공했다는 메시지가 나타나면 [확인]을 클릭합니다. [데이터 작업 관리] 대화상자의 [닫기]를 클릭합니다.

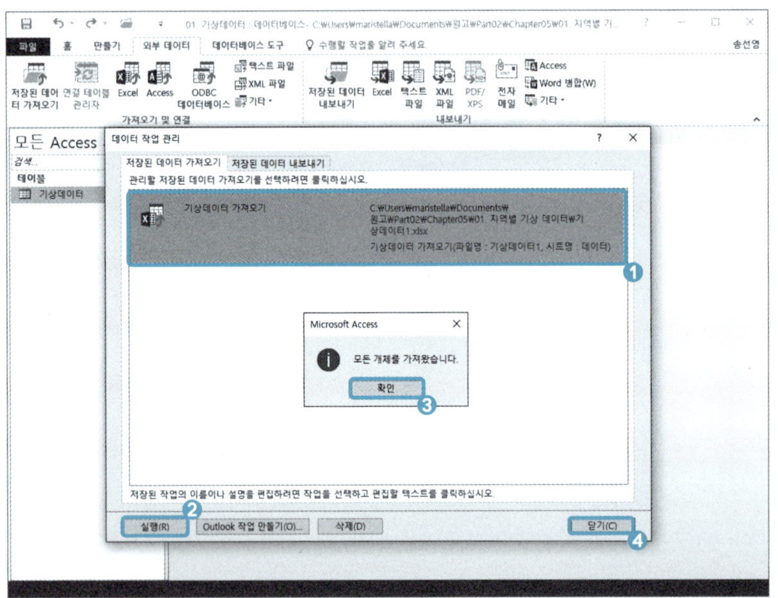

실력 향상 ┃ 가져올 파일명을 '기상데이터1.xlsx'로 수정한 후 [외부 데이터] 탭-[가져오기 및 연결] 그룹-[저장된 데이터 가져오기]에서 [가상데이터 가져오기]를 선택한 후 파일 가져오기를 반복 작업해 지역 데이터를 테이블로 모두 가져올 수 있습니다.

19 [기상데이터] 테이블을 더블클릭합니다. 각 [지역] 필드의 오른쪽 필터 단추를 클릭하여 [경기] 지역 값이 추가된 것을 확인할 수 있습니다.

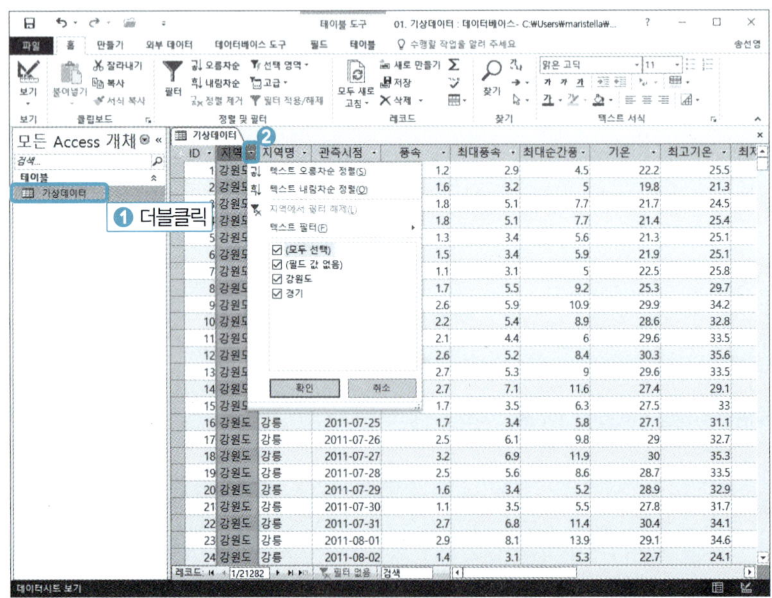

21

기상 데이터 통계를
요약 쿼리로 완성하기

실습 파일 | PART 02 \ CHAPTER 05 \ 기상 현황 요약 쿼리 \ 기상 현황 요약 쿼리.accdb
완성 파일 | PART 02 \ CHAPTER 05 \ 기상 현황 요약 쿼리 \ 기상 현황 요약 쿼리(완성).accdb, 기상통계현황.xlsx

✔ 프로젝트 시작하기

5년간의 지역별 기상 정보가 입력된 10만 개 이상의 데이터를 이용하여 지역별, 연도별 통계 등을 내보려고 합니다. 이때 엑셀을 사용하면 SUMIF나 AVERAGEIF 등의 조건 함수를 이용해야 하는데, 수식을 작성했을 때는 작업의 속도가 느려질 수 있습니다. 이러한 작업은 엑셀이 아닌 액세스를 이용하면 좀 더 편리합니다. 액세스에서 데이터를 불러와 쿼리 개체를 이용할 수 있다면 짧은 시간 안에 간단한 방법으로 지역별, 연도별 통계 작업을 처리할 수 있습니다.

액세스의 테이블 개체에 입력된 10만 개 이상의 일자별 기상 데이터를 쿼리를 이용하여 지역별 기상 통계와 최근 2년간의 기상 통계 현황을 구해보겠습니다. 통계 작업이 완료되면 결과를 엑셀 파일로 가져오는 방법에 대해서도 알아보겠습니다.

STEP 01

지역별 기상 통계 현황 작성하기 **요약 쿼리**

❶ 지역별 기상 통계 현황을 요약 쿼리로 작성합니다.

STEP 02

연도별, 월별 기상 통계 현황 작성하기 **날짜 함수를 이용한 요약 쿼리**

❶ 날짜 함수와 조건식을 이용해 최근 2년간의 년/월별 기상 통계 현황을 확인합니다.

STEP 03

지역별, 날짜별로 작성한 기상 통계 현황을 엑셀과 연동하기 **엑셀의 외부 데이터 가져오기**

❶ 엑셀에서 액세스의 쿼리를 가져와 결과를 확인합니다.

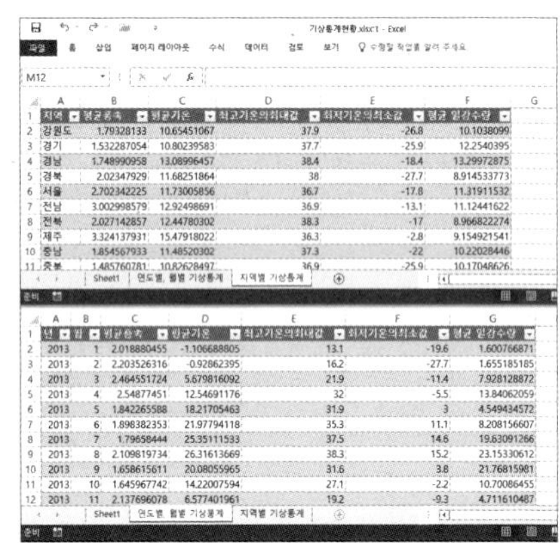

지역별 기상 통계 현황 작성하기

요약 쿼리

쿼리는 테이블의 데이터 또는 다른 쿼리의 데이터를 이용하여 필요한 내용을 추출하거나 데이터의 요약, 통계 등 여러 가공 작업을 할 때 사용하는 개체입니다. 2011년 1월부터 2015년 3월까지의 기상 정보가 저장되어 있는 [기상데이터] 테이블의 데이터로 지역별 평균 풍속과 평균 기온, 최고 기온과 최저 기온, 평균 일강수량을 확인하는 쿼리를 작성해보겠습니다.

1 [만들기] 탭-[쿼리] 그룹-[쿼리 디자인]을 클릭합니다. [테이블 표시] 대화상자에서 [기상데이터] 테이블을 선택합니다. [추가]를 클릭하여 [쿼리 디자인] 창에 추가합니다. 테이블 추가 후 [닫기]를 클릭하여 창을 닫습니다.

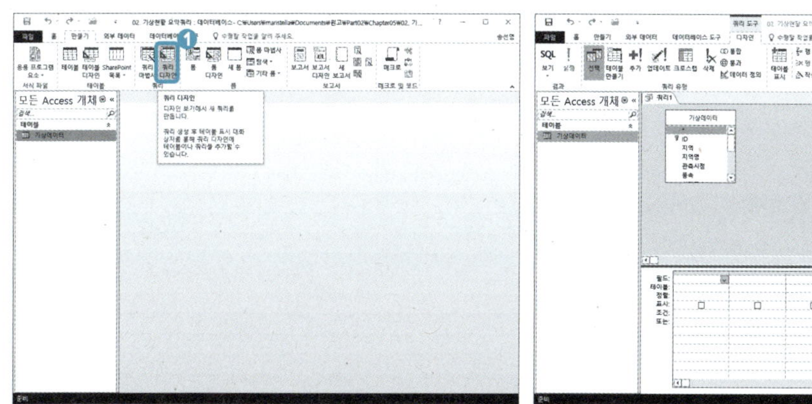

실력 향상 [테이블 표시] 대화상자의 테이블을 더블클릭하여 [쿼리 디자인] 창에 추가할 수도 있습니다.

슈 퍼 활 용 TIP ★★★★★ 쿼리

기본 데이터가 저장되어 있는 테이블의 데이터에서 필요한 항목만 추출하거나 데이터를 이용하여 계산 작업, 함수를 이용하여 필요한 결과를 확인할 때 '쿼리' 개체를 이용합니다. 액세스에서는 기본 데이터, 원본 데이터가 저장되어 있는 '테이블'은 그대로 두고 '쿼리' 개체로 데이터의 여러 통계 결과를 작성합니다. 쿼리는 실제 데이터가 저장되지 않고 테이블의 데이터를 추출하여 보여주는 개체입니다.

2 [쿼리 디자인] 창의 [필드]란을 클릭하면 [자세히]가 표시됩니다. [자세히]를 클릭하여 [지역] 필드를 선택합니다. [풍속], [기온], [최고기온], [최저기온], [일강수량]도 필드란에 차례대로 추가합니다.

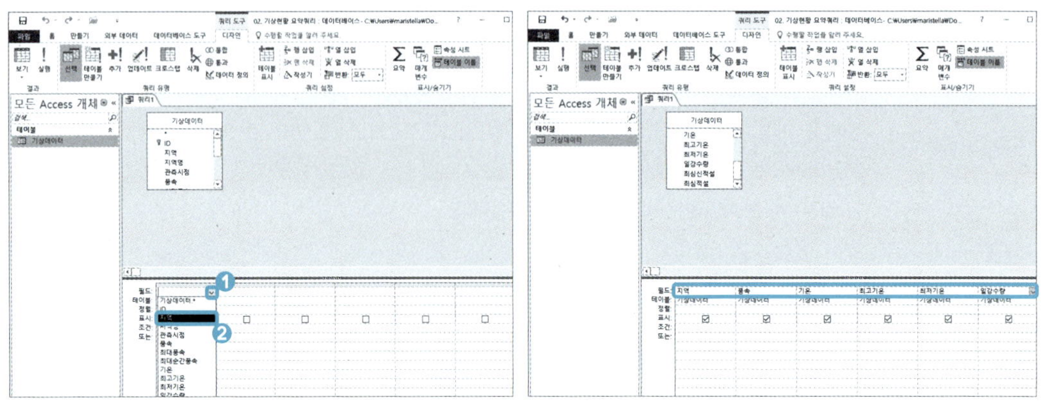

시간단축 : 쿼리 디자인 창 위쪽에 표시된 [기상데이터] 테이블의 필드를 더블클릭하여 추가할 수도 있습니다.

슈퍼활용 TIP ★★★★★   [쿼리 디자인] 창 알아보기

❶ **필드** : [쿼리 디자인] 창 위쪽에 표시된 테이블의 필드명을 입력하는 곳입니다. 테이블에 없는 필드명은 입력할 수 없습니다.

❷ **테이블** : 선택한 필드가 속한 테이블이 표시됩니다.

❸ **요약** : [쿼리 도구]-[디자인] 탭-[표시/숨기기] 그룹의 [요약]을 클릭하면 나타나는 메뉴입니다. 기본 함수가 표시되는 곳으로 그룹별 통계를 구하는 [묶는 방법]과 [합계], [평균] 등 총 11개의 계산 관련 메뉴가 포함되어 있습니다.

❹ **정렬** : 선택한 필드의 데이터를 정렬할 때 사용합니다.

❺ **표시** : 선택한 필드의 표시 여부를 설정합니다. 체크 표시를 해제하면 해당 필드는 [데이터시트 보기] 화면에서 표시되지 않습니다.

❻ **조건** : 선택한 필드에서 필요한 조건을 입력합니다.

3 [쿼리 도구]-[디자인] 탭-[표시/숨기기] 그룹-[요약]을 클릭합니다.

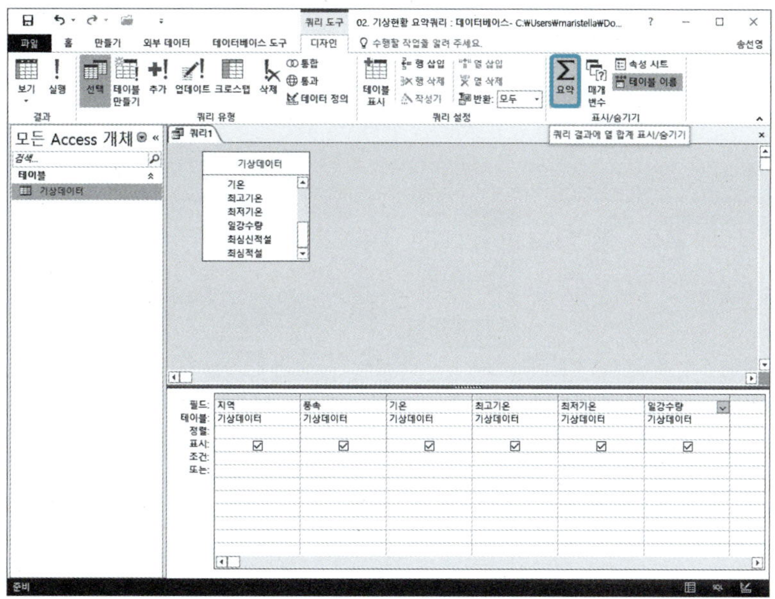

실력 향상 [요약]은 그룹별 통계 작업 또는 합계, 평균 등 기본 함수를 이용하여 계산 작업을 할 때 사용합니다.

4 [쿼리 디자인] 창에 추가된 [요약]에서 각 필드에 사용할 함수를 선택합니다. 지역별로 결과를 확인하기 위해 [지역]은 [묶는 방법]으로, [풍속]과 [기온]과 [일강수량] 필드는 [평균]으로, [최고기온] 필드는 [최대값], [최저기온] 필드는 [최소값]으로 각각 설정합니다.

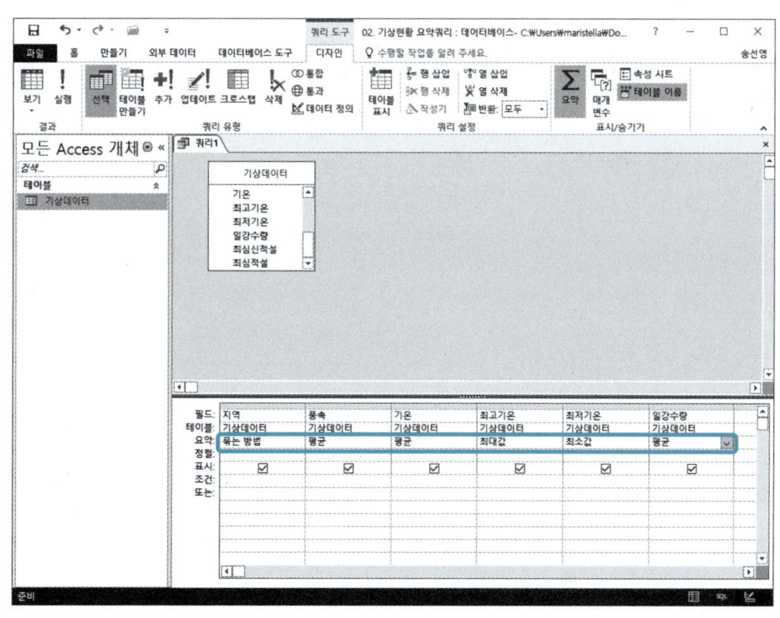

실력 향상 지역 필드는 [묶는 방법]으로 설정해야 같은 지역끼리 그룹화되어 통계 결과를 볼 수 있습니다.

5 [지역] 필드의 [정렬]을 [오름차순]으로 선택합니다. [쿼리 도구]–[디자인] 탭–[결과] 그룹–[보기]에서 [데이터시트 보기]를 선택합니다. 지역별로 오름차순 정렬된 기상 통계 결과가 보입니다. 그러나 [풍속의 평균], [기온의 평균], [일강수량의 평균]은 너비가 좁아서 결과가 제대로 표시되지 않고, 필드명도 자동으로 변경되어 있습니다. 다시 수정하기 위해 [홈] 탭–[보기] 그룹–[보기]에서 [디자인 보기]를 선택합니다.

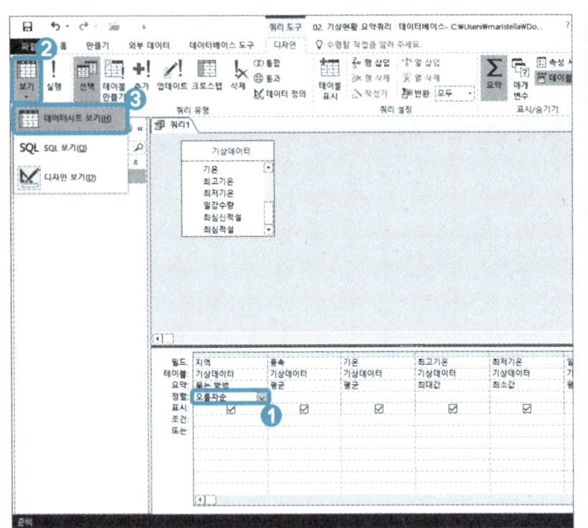
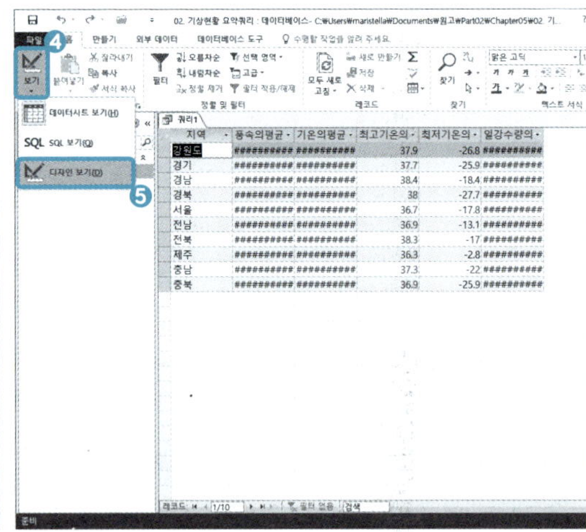

 숫자 데이터의 길이가 긴 경우 데이터가 '#' 기호로 표시됩니다. 해당 필드의 너비를 조절하거나 [속성]에서 형식을 수정하여 숫자 데이터를 제대로 보이도록 설정할 수 있습니다.

[요약]의 [평균] 함수를 사용하면 필드명이 '~의 평균' 형식으로 자동 설정됩니다.

6 [풍속] 필드 위에서 마우스 오른쪽 버튼을 클릭하며 [속성]을 선택합니다. [속성 시트] 작업 창에서 [형식] 속성의 [자세히]를 클릭합니다. 숫자 형식 중 [표준]을 선택합니다.

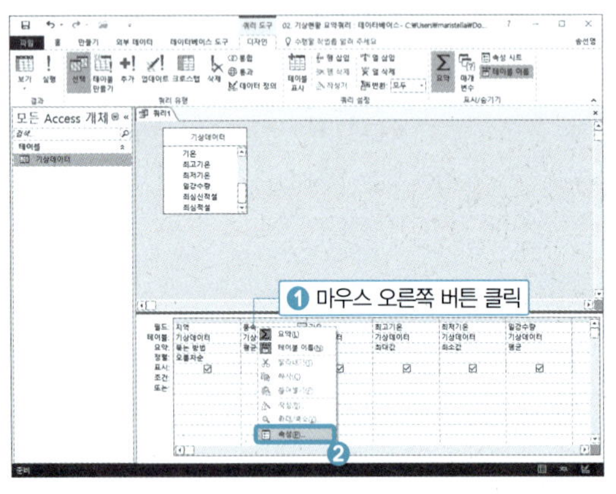

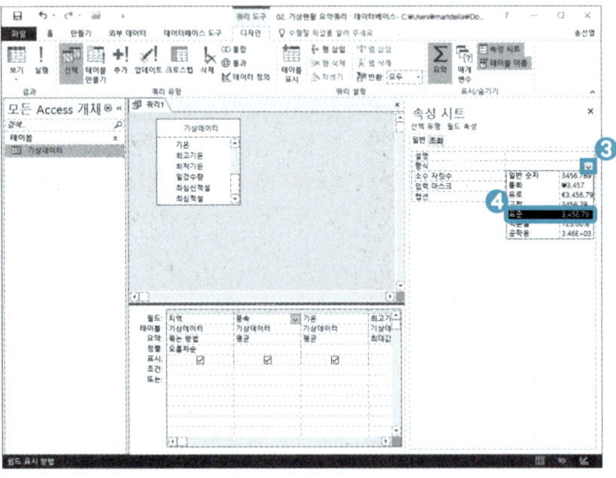

[표준]은 엑셀의 '쉼표' 표시 형식과 같이 백 단위마다 쉼표 기호를 표시합니다. 예를 들어 '123,456' 등으로 숫자를 표시하는 형식입니다.

7 [소수 자릿수] 속성의 [자세히]를 클릭해 숫자 목록 중 [1]을 선택합니다. [기온] 필드와 [일강수량] 필드도 [형식] 속성은 [표준], [소수 자릿수]는 [1]로 설정합니다. [속성 시트] 작업 창을 닫습니다.

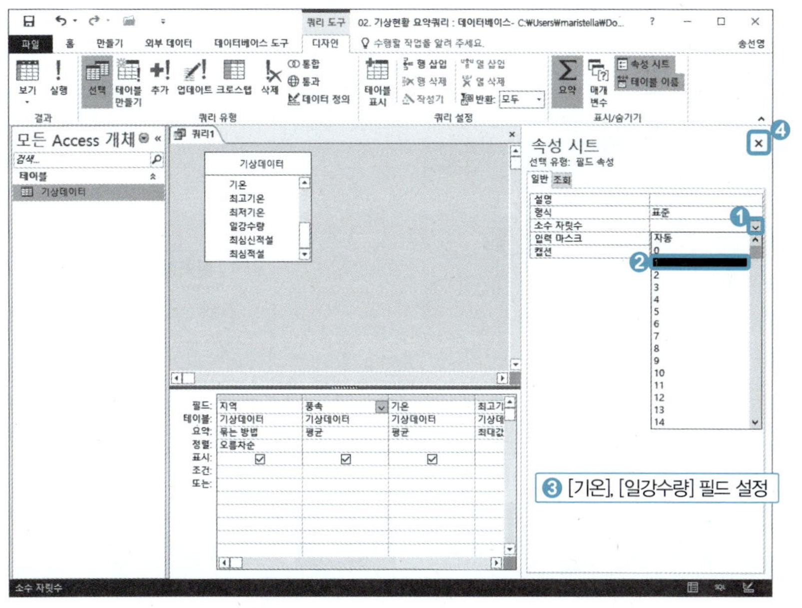

실력향상 [표준] 형식은 소수점 아래 둘째 자리까지 표시되도록 설정되어 있습니다. 소숫점 아래 첫째 자리까지 표시하기 위해 1로 수정합니다.

8 필드명을 수정하겠습니다. [풍속] 필드를 **평균 풍속: 풍속**으로 수정합니다. [기온] 필드는 **평균 기온: 기온**, [최고기온]은 **최고 기온: 최고기온**, [최저기온]은 **최저 기온: 최저기온**, [일강수량]은 **평균 일강수량: 일강수량**으로 수정합니다. [쿼리 도구]–[디자인] 탭–[결과] 그룹–[보기]에서 [데이터시트 보기]를 선택합니다.

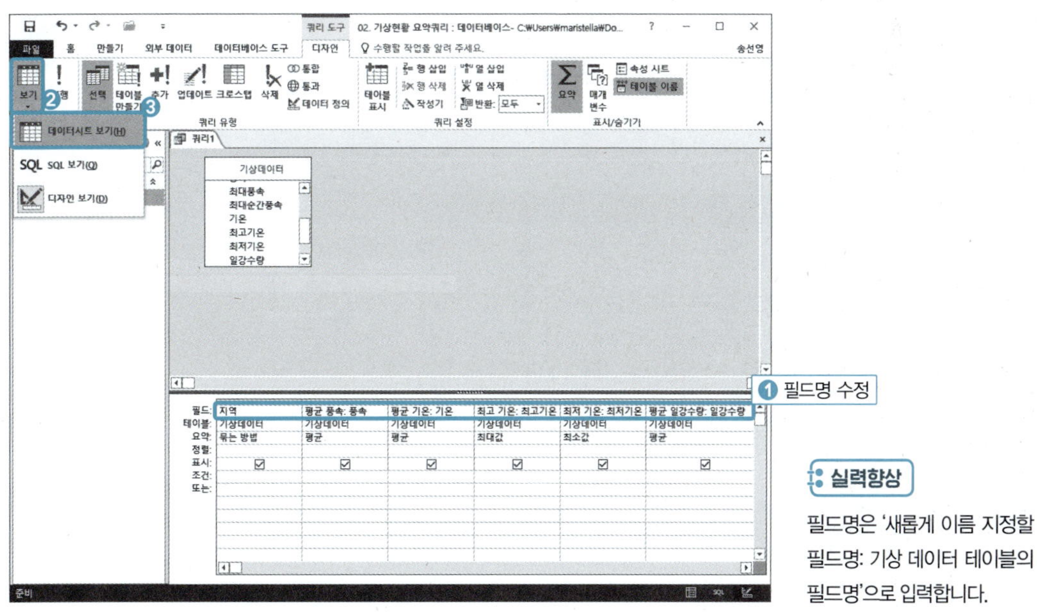

실력향상

필드명은 '새롭게 이름 지정할 필드명: 기상 데이터 테이블의 필드명'으로 입력합니다.

9 지역별 기상 통계 현황 결과를 확인하고 [저장]을 클릭합니다. [다른 이름으로 저장] 대화상자에서 [쿼리 이름]에 **최근 5년 지역별 기상 통계**를 입력한 후 [확인]을 클릭합니다.

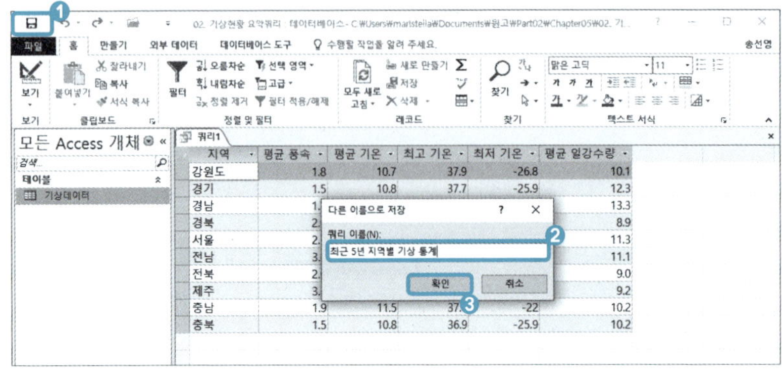

실력향상

현재 데이터베이스에 쿼리 개체로 저장됩니다.

슈퍼활용 TIP ★★★★★ 필드명 수정

요약을 이용해 계산을 한 필드는 자동으로 필드명이 변경됩니다. 사용자가 원하는 필드명으로 표시할 때는 '[새로운 필드명: 기존 필드명]' 형식으로 필드란에 입력해야 합니다. 기존 필드명이 입력되는 곳에는 필드명을 이용해 단순 수식을 작성하거나 함수를 이용한 수식도 작성할 수 있습니다.

---

10 [최근 5년 지역별 기상 통계]라는 쿼리 이름으로 저장되면서 [모든 Access 개체]에 쿼리 개체로 표시됩니다.

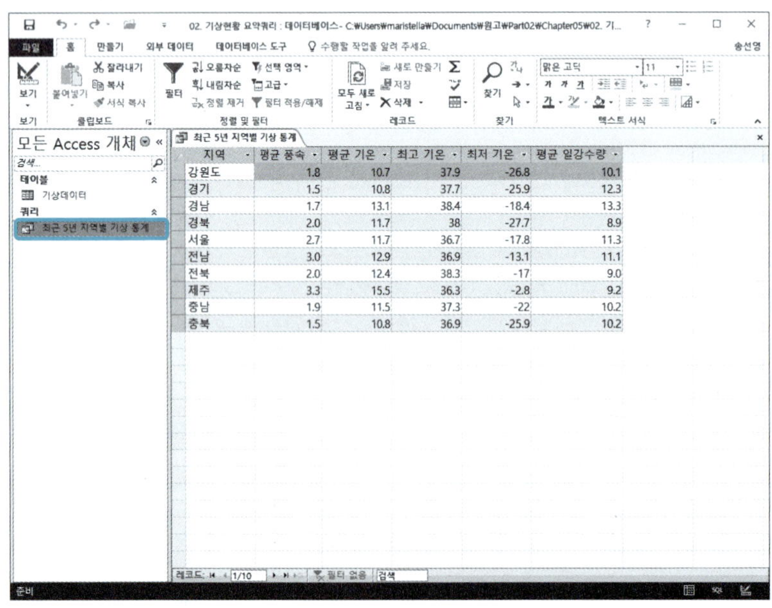

연도별, 월별 기상 통계 현황 작성하기

날짜 함수를 이용한 요약 쿼리

[기상데이터] 테이블의 데이터로 연도별, 월별 평균풍속과 평균기온, 최고 기온과 최저 기온, 일강수량의 평균을 확인하는 쿼리를 작성해보겠습니다. 날짜 데이터는 함수를 이용하여 연도별, 월별로 구분하여 정리하고 2013년, 2014년의 기상 현황만 추출할 수 있도록 조건을 설정하는 방법을 알아보겠습니다.

11 [만들기] 탭-[쿼리] 그룹-[쿼리 디자인]을 클릭합니다. [테이블 표시] 대화상자에서 [기상데이터] 테이블을 더블클릭하여 [쿼리 디자인] 창에 추가합니다. [닫기]를 클릭하여 창을 닫습니다.

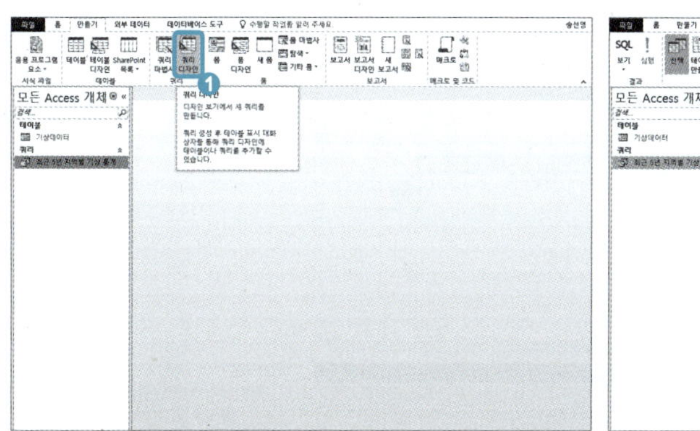
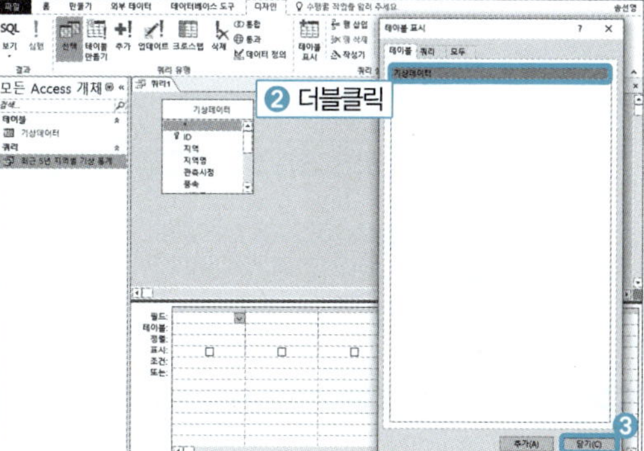

12 연도별, 월별로 통계 현황을 확인하기 위해 [쿼리 디자인] 창의 첫 번째 [필드]란에는 **년: Year([관측시점])**을 입력합니다. 두 번째 [필드]란에는 **월: Month([관측시점])**을 입력하여 필드를 먼저 수정합니다.

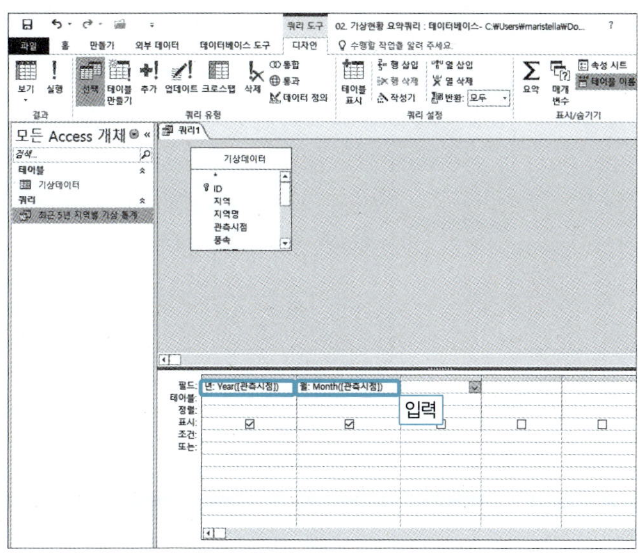

> **실력향상**
>
> 함수 작성 시 입력하는 필드명에는 항상 앞뒤로 괄호를 입력해야 합니다. 입력할 때 '년: Year(관측시점)'으로만 입력하고 Enter 를 누르면 괄호가 자동 입력됩니다.
>
> [관측시점] 날짜 데이터에서는 Year( ) 함수를 이용하여 연도를, Month( ) 함수를 이용하여 월을 추출합니다.
> - Year([관측시점]) : 날짜가 입력된 [관측시점] 데이터에서 연도만 추출합니다.
> - Month([관측시점]) : 날짜가 입력된 [관측시점] 데이터에서 월만 추출합니다.

시간단축 [년]과 [월] 필드는 함수로 작성하여 테이블명이 표시되지 않습니다.

13 다른 필드를 추가하겠습니다. [풍속] 필드는 **평균 풍속: 풍속**, [기온] 필드는 **평균 기온: 기온**, [최고기온] 필드는 **최고 기온: 최고기온**, [최저기온] 필드는 **최저 기온: 최저기온**, [일강수량]은 **평균 일강수량: 일강수량**으로 수정하여 추가합니다. [쿼리 도구]-[디자인] 탭-[표시/숨기기] 그룹-[요약]을 클릭하여 [쿼리 디자인] 창에 [요약]을 표시합니다.

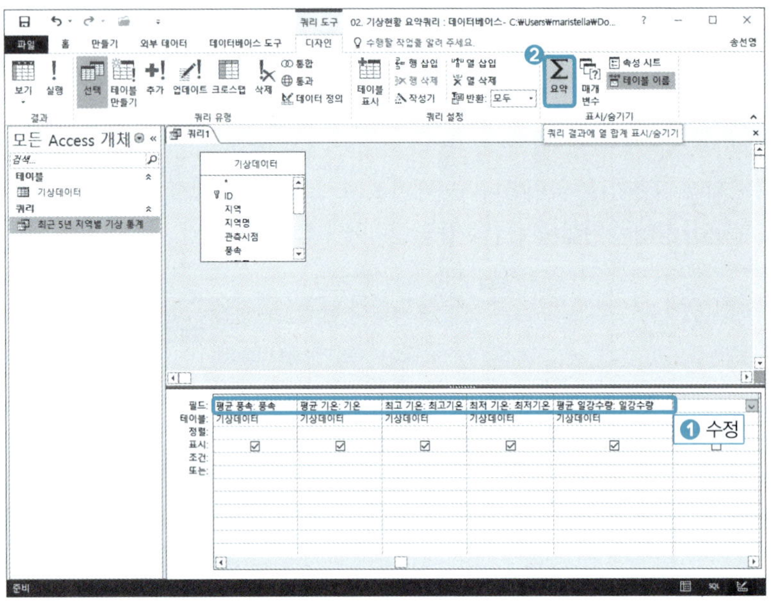

14 표시된 [요약]에서 각 필드에 사용할 함수를 선택해보겠습니다. 연도별, 월별로 표시해야 하므로 [년]과 [월] 필드는 [묶는 방법], [풍속]과 [기온]과 [일강수량] 필드는 [평균], [최고기온] 필드는 [최대값], [최저기온] 필드는 [최소값]으로 각각 설정합니다. 속성 값을 설정하겠습니다. [년] 필드 위에서 마우스 오른쪽 버튼을 클릭하여 [속성]을 선택합니다.

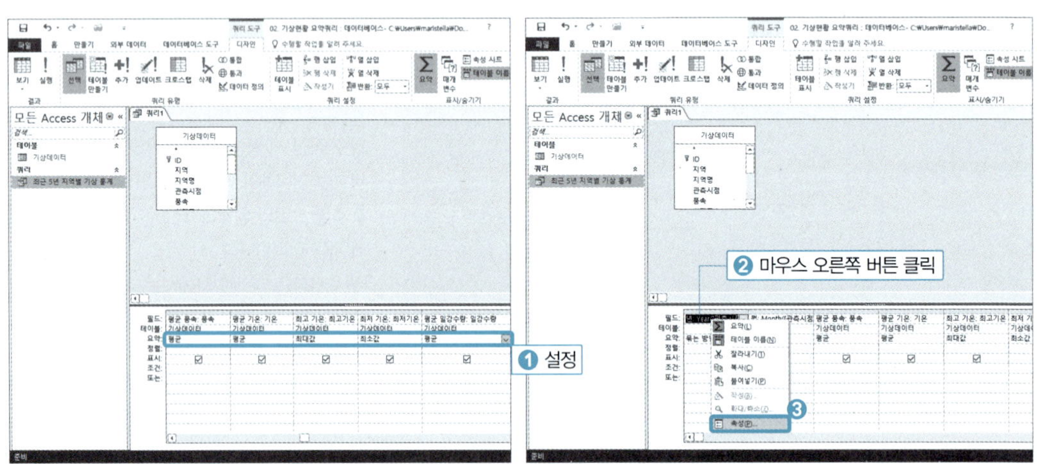

15 [년] 필드의 [속성 시트] 작업 창에서 [형식]에는 **0000년**을 입력한 후 Enter 를 누릅니다. [월] 필드를 클릭합니다. [월] 필드의 [형식]에는 **00월**을 입력한 후 Enter 를 누릅니다.

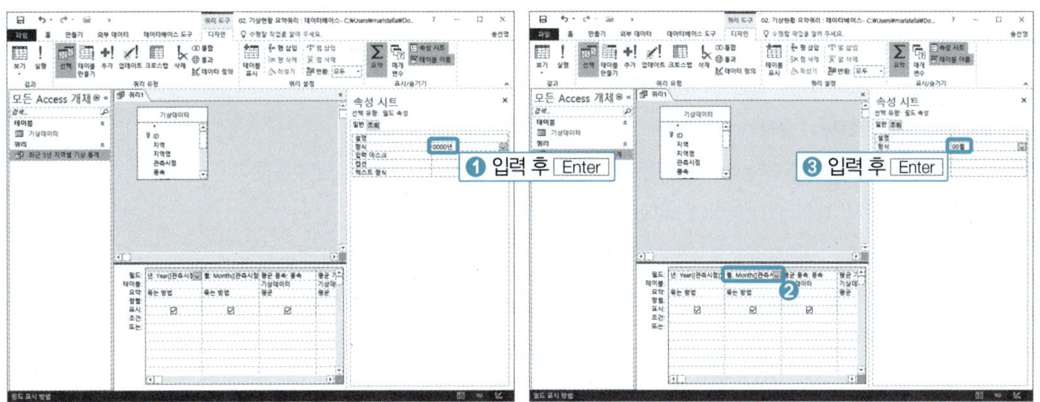

실력 향상 함수를 이용해 추출한 연도와 월은 숫자 데이터이므로 숫자 형식으로 설정합니다. 년도를 추출한 숫자 네 개와 '년'이 함께 표시되도록 형식을 '0000년', 월을 추출한 숫자 한 개 또는 두 개가 두 자리에 맞춰 '월'이 함께 표시되도록 '00월'로 설정합니다.

시간 단축 형식 입력 후 Enter 를 누르면 '0000\년', '00\월'로 바뀌어 표시됩니다. 숫자 뒤의 '년'과 '월'이 문자라는 것을 표시하기 위해 '\' 기호가 자동으로 입력됩니다.

16 [평균 풍속] 필드와 [평균 기온], [평균 일강수량] 필드는 각각 [속성 시트]의 [형식]을 [표준], [소수 자릿수]를 [1]로 각각 설정합니다. [속성 시트] 작업 창을 닫습니다. 2013년부터 2014년까지 2년간의 통계 현황을 보기 위해 [년] 필드의 [조건]에 **>=2013 And <=2014**를 입력합니다.

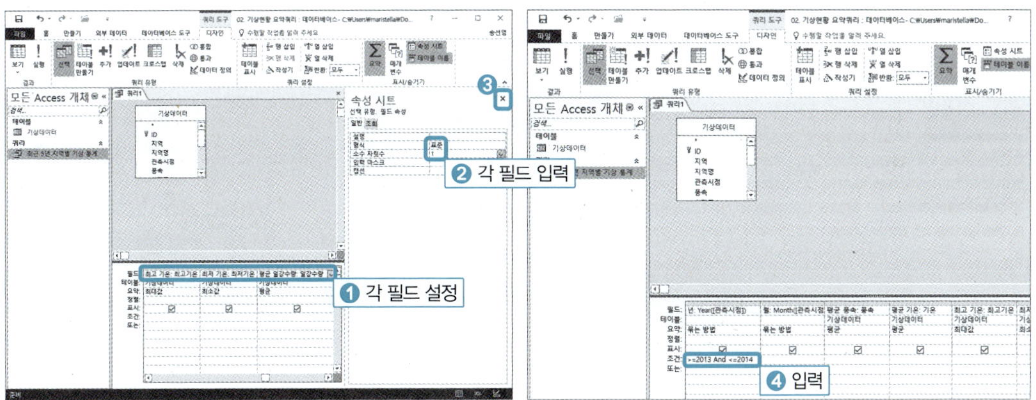

❶ 부등호 연산자 : 〉, 〈, 〉=, 〈=, 〈〉, =

예) 〉= 9 : 9보다 크거나 같은 숫자만 추출합니다.

❷ 범위 지정 연산자 : 〉숫자 And 〈 숫자

예) 〉= 5 And 〈=8 : 5보다 크거나 같고, 8보다 작거나 같은 5에서 8 사이의 값만 추출합니다.

❸ 텍스트 연산자 : 데이터 Or 데이터, In(데이터, 데이터)

예) "개발부" Or "구매부" Or "해외부" : 개발부, 구매부, 해외부의 데이터만 추출됩니다.

In("개발부", "구매부", "해외부") : 개발부, 구매부, 해외부의 데이터만 추출됩니다.

❹ 와일드 카드 연산자

예) Like "김*" : '김'으로 시작하는 문자만 추출됩니다.

Like "?현" : '현'으로 끝나는 두 개의 문자만 추출됩니다.

Like "*액세스*" : 앞뒤 상관없이 '액세스'라는 단어가 포함된 데이터가 추출됩니다.

❺ 날짜 연산자

예) 〉=#2016-01-01# And 〈=#2016-01-31# : 2016년 1월의 데이터만 추출됩니다.

17 [쿼리 도구]–[디자인] 탭–[결과] 그룹–[보기]에서 [데이터시트 보기]를 선택합니다. 연도별, 월별 기상 통계 현황 결과를 확인하고 [저장]을 클릭합니다. [다른 이름으로 저장] 대화상자에서 [쿼리 이름]에 **최근 2년 월별 기상 통계**를 입력하고 [확인]을 클릭합니다.

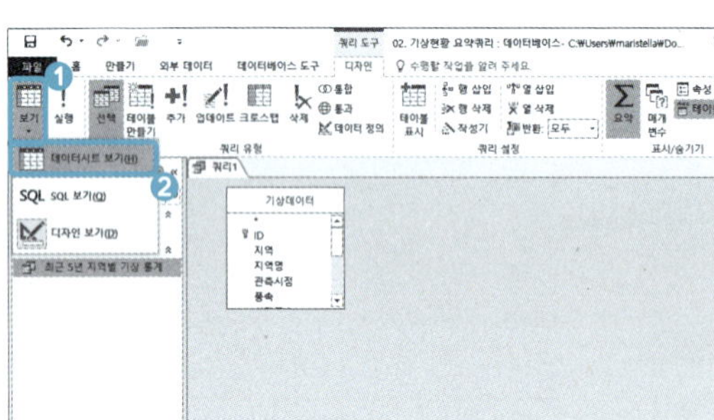
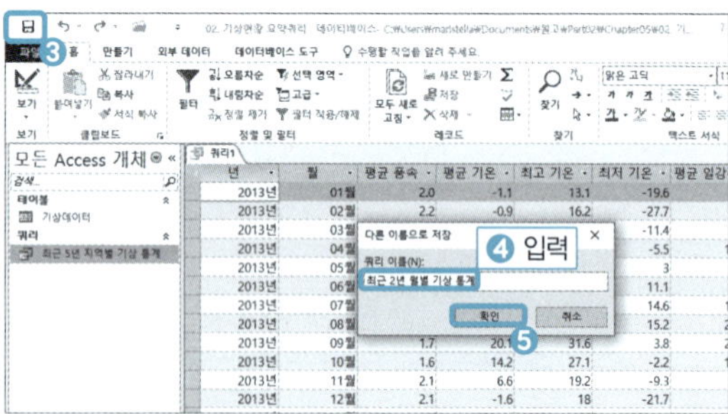

❶ 개체별 저장 : 각 해당 개체(테이블, 쿼리)가 열려 있는 상태에서 화면 왼쪽 위의 [저장]을 선택하면 개체별로 저장됩니다.

❷ 데이터베이스 저장 : [파일]–[다른 이름으로 저장]을 선택하면 데이터베이스인 액세스 파일로 저장됩니다. 현재 데이터베이스 안에 있는 테이블, 쿼리 등 모든 개체가 저장됩니다.

지역별, 날짜별로 작성한 기상 통계 현황을 엑셀과 연동하기

엑셀의 외부 데이터 가져오기

액세스의 쿼리를 이용하여 작성한 '지역별 기상 통계 현황'과 '최근 2년간 월별 기상 통계 현황'을 엑셀에서 확인할 수 있습니다. 엑셀에서 액세스의 데이터를 가져오는 여러 가지 방법이 있지만 여기에서는 액세스의 테이블이나 쿼리의 데이터를 한 번에 엑셀로 가져오는 방법에 대해 알아보겠습니다.

18 엑셀에서 데이터를 확인하기 위해 엑셀 프로그램을 실행합니다. [데이터] 탭–[외부 데이터 가져오기] 그룹–[Access]를 클릭합니다. [데이터 원본 선택] 대화상자에서 가져올 액세스 파일로 '기상현황 요약쿼리'를 선택합니다. [열기]를 클릭합니다.

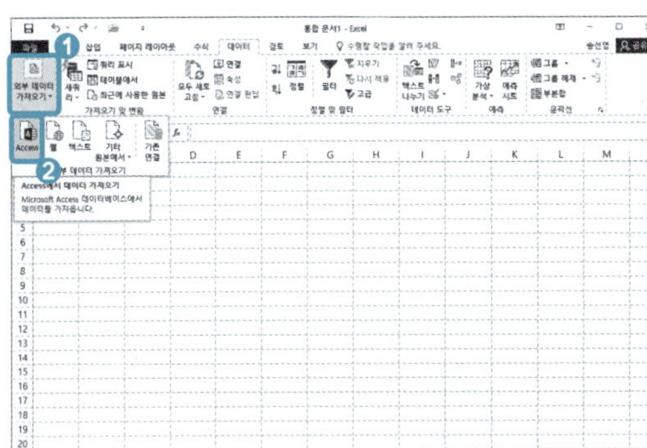
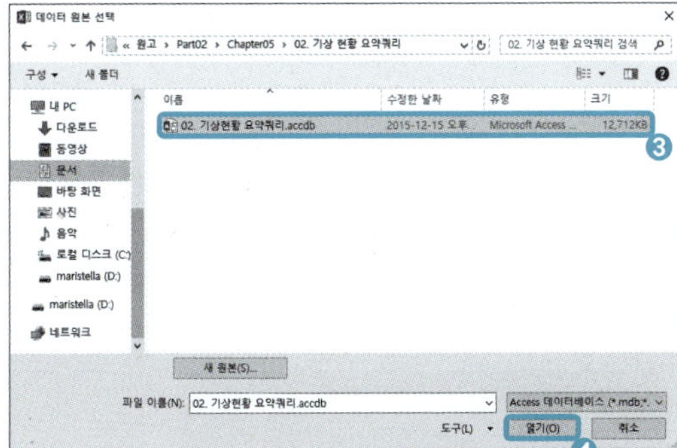

19 [데이터 연결 속성] 대화상자에서 [데이터 원본]의 파일명을 확인한 후 [확인]을 클릭합니다. [데이터베이스 엔진 OLE DB 초기화 정보] 대화상자입니다. [데이터 원본]에서 파일명을 확인하고, [열기 모드]가 [DB_MODE_READWRITE]로 되어 있는지 확인합니다. [OK]를 클릭합니다.

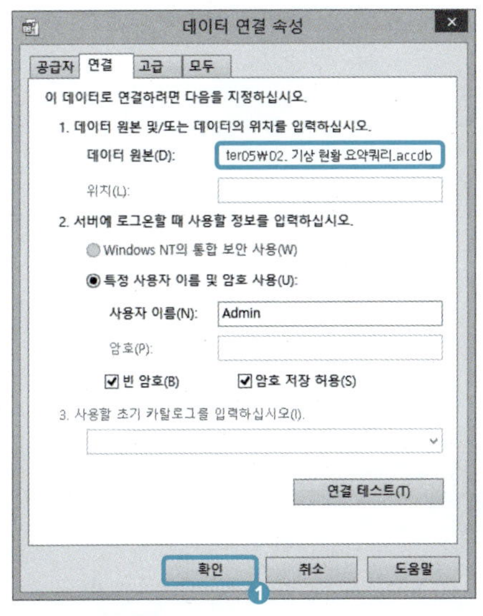
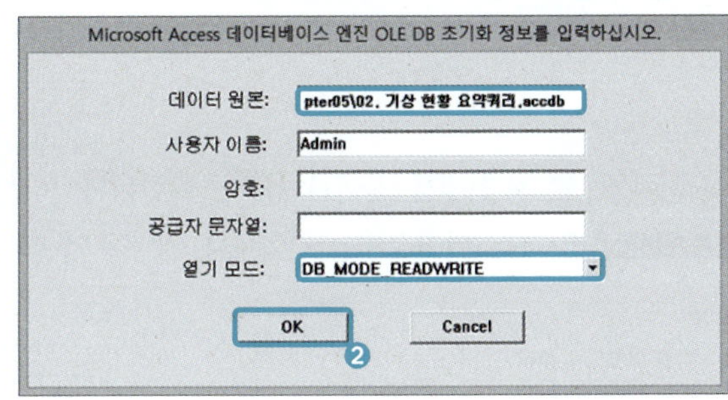

실력향상

[데이터 연결 속성]과 [데이터베이스 엔진 OLE DB 초기화 정보] 대화상자는 해당 파일을 처음 가져올 때만 나타납니다.

20 [테이블 선택] 대화상자에서 [여러 테이블 선택 사용]에 체크 표시합니다. 엑셀로 가져올 [최근 2년 월별 기상 통계]와 [최근 5년 지역별 기상 통계] 쿼리에 각각 체크 표시하고 [확인]을 클릭합니다. [데이터 가져오기] 대화상자에서 데이터를 표시할 방법으로 [표]를 선택하고 [확인]을 클릭합니다.

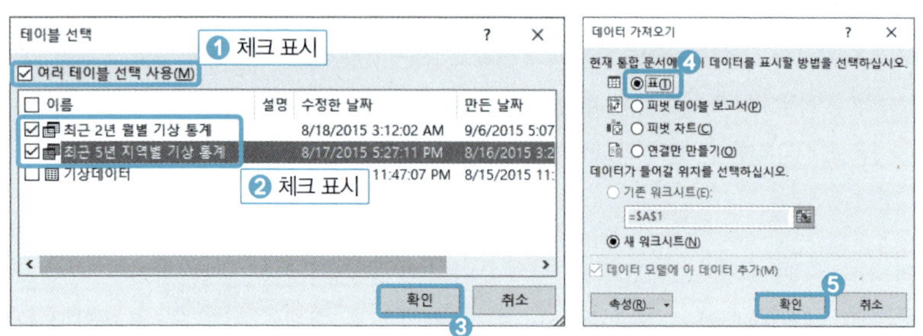

실력향상

[표]를 선택하면 데이터가 들어갈 위치에 자동으로 [새 워크시트]가 선택됩니다.

21 [최근 2년 월별 기상 통계]와 [최근 5년 지역별 기상 통계] 쿼리가 각각 다른 시트에 표 형식으로 표시됩니다. [Sheet2] 시트 이름을 더블클릭하여 **연도별, 월별 기상통계**로 시트 이름을 수정합니다. [Sheet3] 시트 이름을 더블클릭하여 **지역별 기상통계**로 수정하고 [저장]을 클릭합니다.

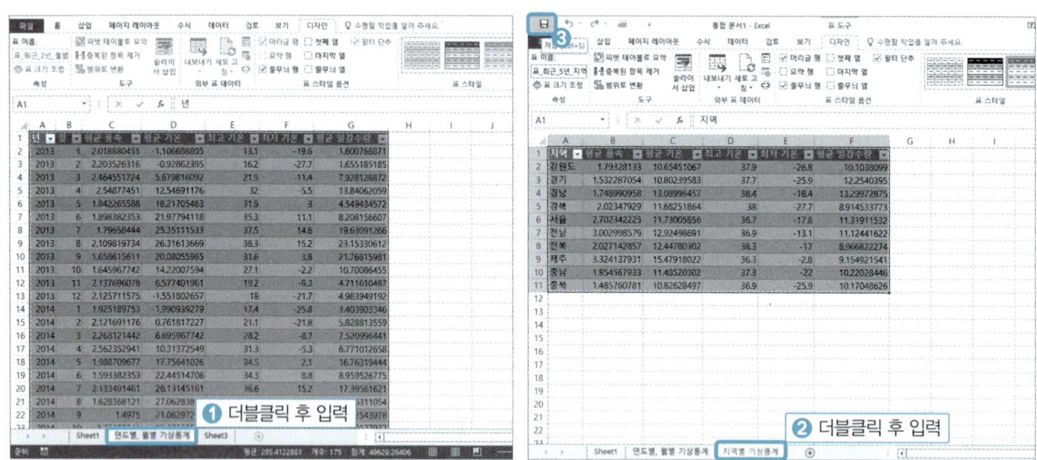

22 [다른 이름으로 저장]에서 [찾아보기]를 클릭합니다. [다른 이름으로 저장] 대화상자에서 [파일 이름]에 **기상통계현황**을 입력하고 [저장]을 클릭합니다. 저장된 엑셀 파일로 추가적인 통계 작업을 할 수 있습니다.

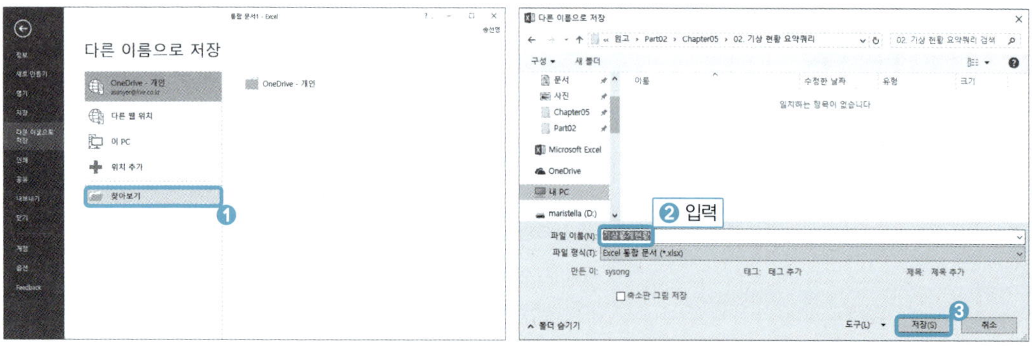

매개 변수로 교육과정별
신청 명단 추출하기

실습 파일 | PART 02 \ CHAPTER 05 \ 교육과정 매개 변수 쿼리 \ 교육과정 매개 변수 쿼리.accdb
완성 파일 | PART 02 \ CHAPTER 05 \ 교육과정 매개 변수 쿼리 \ 교육과정 매개 변수 쿼리(완성).accdb

☑ 프로젝트 시작하기

직원들의 인사고과, 근태관리 점수가 입력된 [직원 인사고과] 테이블과 교육과정을 이수한 직원의 해당 교육과정의 교육점수가 입력된 [교육 이수자 명단] 테이블이 있습니다. 두 테이블에 관계를 설정하여 소속별 기존 인사고과와 교육점수의 집계, 교육과정을 신청한 인원수와 교육과정별 신청 명단을 추출하고, 사용자가 그때그때 입력한 데이터의 요약만 확인하는 매개 변수 쿼리를 작성해보겠습니다. 엑셀에서 여러 함수와 도구를 이용해 확인할 수 있는 요약 데이터를 액세스에서는 좀 더 쉽게 확인할 수 있습니다.

STEP 01 소속별 인사고과, 근태관리, 교육점수 현황 확인하기 **매개 변수 쿼리**

❶ 입력한 소속의 인사고과와 근태관리의 평균, 교육점수 합계를 확인합니다.

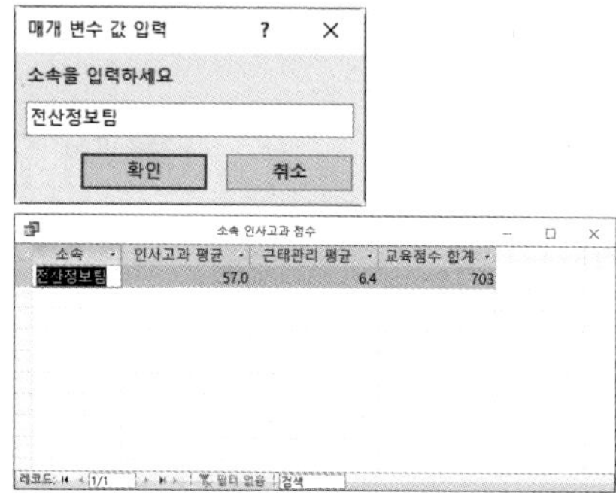

STEP 02 교육과정별 신청 명단 작성하기 **Like 연산자를 사용한 매개 변수 쿼리**

❶ 강좌명의 일부만 입력하고, 입력한 단어와 연관된 강좌의 교육생 명단을 추출합니다.

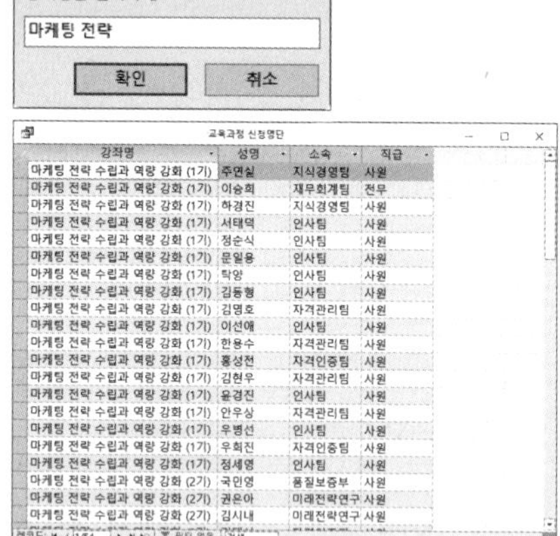

STEP 03 교육과정별 신청 인원 확인하기 **요약을 추가한 매개 변수 쿼리**

❶ 강좌명의 일부만 입력하고, 입력한 단어와 연관된 교육과정의 신청 인원을 확인합니다.

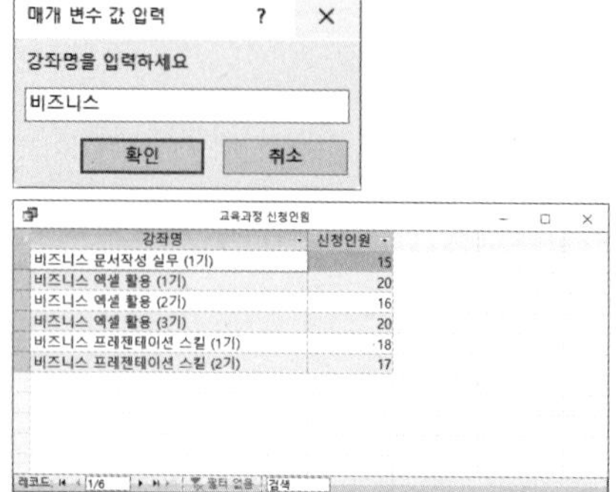

소속별 인사고과, 근태관리, 교육점수 현황 확인하기

매개 변수 쿼리

[직원 인사고과] 테이블의 데이터 중 인사고과와 근태관리 점수, [교육이수자 명단] 테이블의 데이터 중 교육점수를 추출하여 소속별로 확인하려면 두 테이블 간의 연관성이 있어야 합니다. 두 테이블에 공통으로 입력된 사번으로 연관성을 설정하면 직원의 교육점수 합계를 확인하고 [직원 인사고과] 테이블에서 해당 직원의 소속을 확인하여 결과를 추출할 수 있습니다. 액세스의 관계 기능을 이용해 두 테이블을 연결 설정하고, 두 테이블 간 필요한 데이터를 중복 없이 추출하는 과정에 대해 알아보겠습니다.

1 [데이터베이스 도구] 탭-[관계] 그룹-[관계]를 클릭합니다. [관계] 창이 열리며 [테이블 표시] 대화상자가 함께 표시됩니다. [테이블 표시] 대화상자에서 [교육이수자 명단] 테이블과 [직원 인사고과] 테이블을 각각 더블클릭하여 관계 창에 추가합니다. [닫기]를 클릭하여 창을 닫습니다.

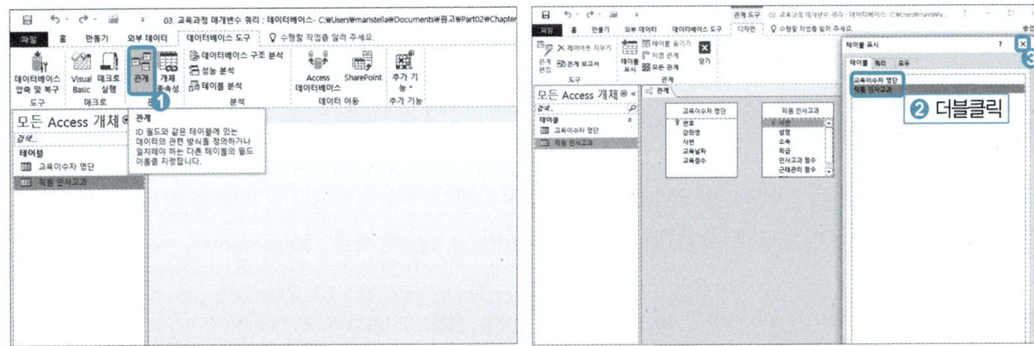

시간단축 [테이블 표시] 대화상자가 표시되지 않거나 테이블을 추가로 표시하고자 할 경우에는 [관계 도구]-[디자인] 탭-[관계] 그룹-[테이블 표시]를 클릭한 후 [테이블 표시] 대화상자를 다시 열어 작업할 수 있습니다.

2 [교육이수자 명단] 테이블의 [사번] 필드를 선택한 후 [직원 인사고과] 테이블의 [사번] 필드로 드래그합니다. [관계 편집] 대화상자에서 [항상 참조 무결성 유지]와 [관련 필드 모두 업데이트], [관련 레코드 모두 삭제]에 체크 표시합니다. [만들기]를 클릭합니다.

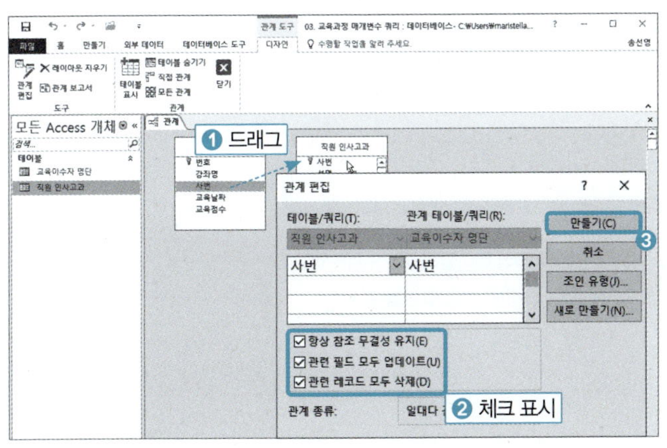

실력향상

테이블의 노란색 열쇠가 표시된 필드는 '기본 키' 필드입니다.

관계 설정은 두 테이블에서 서로 공통적으로 포함하고 있는 필드를 기준으로 관계 설정합니다. 관계를 설정할 때 공통된 두 필드가 하나의 테이블에서는 '기본 키'로 지정되어야 하며, 공통된 두 필드의 데이터는 데이터 형식과 필드의 크기가 같아야 합니다.

두 테이블 간의 관계를 설정하는 대화상자입니다. 관계 설정 옵션을 설정합니다.

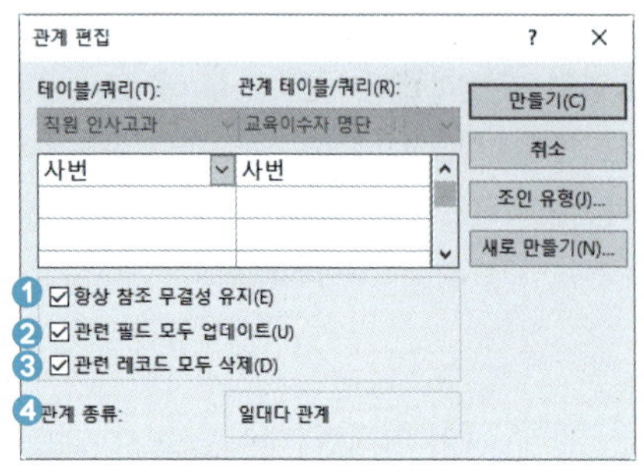

❶ **항상 참조 무결성 유지** : [직원 인사고과] 테이블의 [사번] 필드에 없는 값은 [교육이수자 명단] 테이블의 [사번] 필드에 저장할 수 없습니다.

❷ **관련 필드 모두 업데이트** : [직원 인사고과] 테이블의 [사번] 필드의 값이 변경되면 [교육이수자 명단] 테이블의 [사번] 필드의 값이 자동으로 변경됩니다.

❸ **관련 레코드 모두 삭제** : [직원 인사고과] 테이블의 [사번] 필드의 값이 삭제되면 [교육이수자 명단] 테이블에서 [직원 인사고과] 테이블의 삭제된 [사번]을 참조하는 레코드가 함께 삭제됩니다.

❹ **관계 종류** : 각 테이블의 [사번] 필드의 레코드 수에 따라 자동 설정됩니다. [직원 인사고과] 테이블의 유일한 [사번] 레코드가 [교육이수자 명단] 테이블에서는 여러 개의 레코드로 입력되어 있어 [일대다 관계]로 자동 설정됩니다.

3 [교육이수자 명단]과 [직원 인사고과] 두 테이블 간에 관계가 설정됩니다. [닫기]를 클릭합니다. 관계 형식을 저장하겠냐는 메시지가 나타나면 [예]를 클릭하여 설정한 관계를 저장합니다.

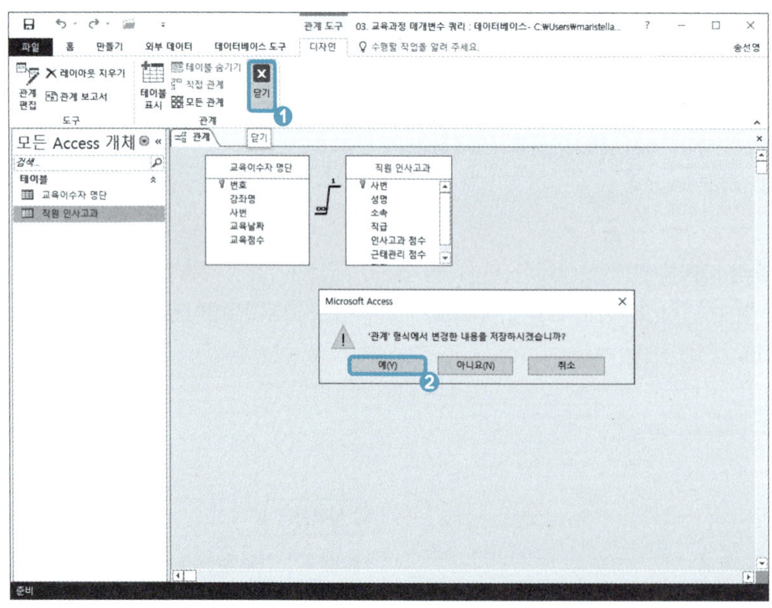

시간 단축 한 직원이 여러 교육과정을 이수한 형태이므로 [직원 인사고과] 테이블의 [사번] 필드와 [교육이수자 명단] 테이블의 [사번] 필드 간의 관계는 [일대다 관계]로 자동 설정됩니다.

4 [만들기] 탭-[쿼리] 그룹-[쿼리 디자인]을 클릭합니다. [테이블 표시] 대화상자에서 [교육이수자 명단] 테이블과 [직원 인사고과] 테이블을 각각 더블클릭하여 [쿼리 디자인] 창에 추가합니다. [닫기]를 클릭하여 창을 닫습니다.

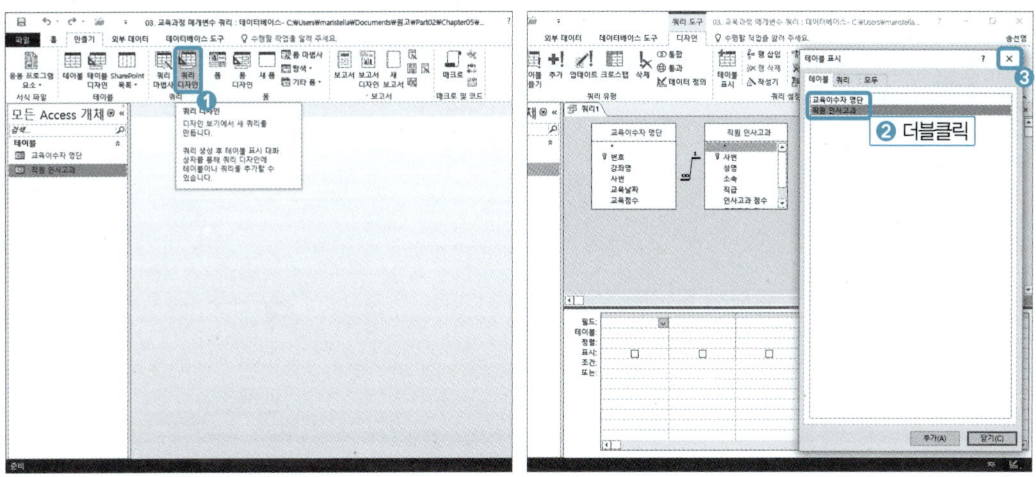

실력 향상 [쿼리 디자인] 창의 [직원 인사고과] 테이블과 [교육이수자 명단] 테이블에 연결된 선은 관계 설정이 되어 있을 때 표시되는 선입니다. 여러 개의 테이블을 [쿼리 디자인] 창에 추가하면 추가된 테이블 간의 관계 설정 유무를 확인할 수 있습니다.

5 [쿼리 디자인] 창의 [필드]란에는 [직원 인사고과] 테이블의 [소속], [인사고과 점수], [근태관리 점수]를 차례대로 추가합니다. [교육이수자 명단] 테이블의 [교육점수]를 추가합니다. [쿼리 도구]-[디자인] 탭-[표시/숨기기] 그룹-[요약]을 클릭합니다. [요약]란에 각 필드에서 사용할 함수를 선택해보겠습니다. [소속]은 [묶는 방법], [인사고과 점수]와 [근태관리 점수]는 [평균], [교육점수]는 [합계]를 각각 선택합니다.

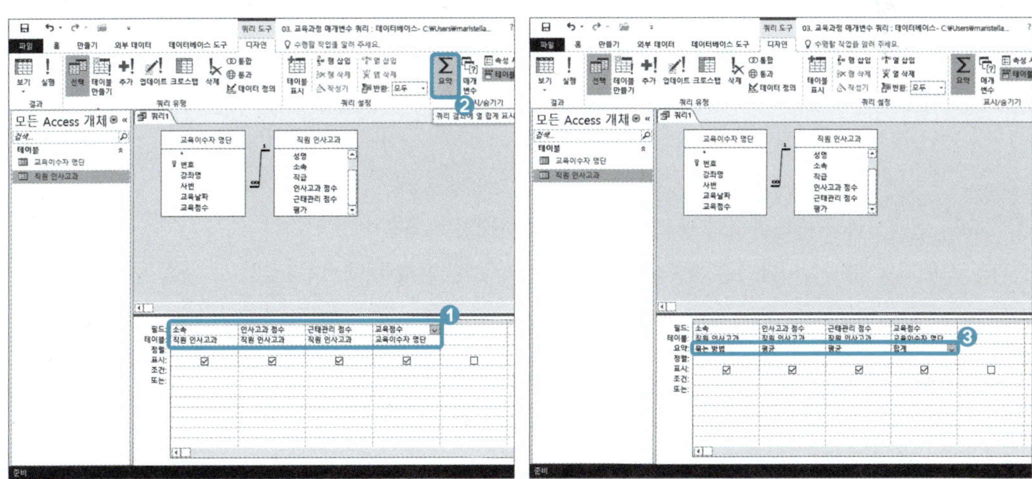

실력 향상 필드란의 [자세히]를 클릭하면 필드명 목록이 '테이블명.필드명' 형식으로 보입니다. 두 개 이상의 테이블을 이용하여 쿼리를 작성할 때 테이블은 다르지만 같은 필드명이 있을 수 있으므로 '테이블명.필드명'으로 구분되어 표시됩니다.

6 [필드]에서 [인사고과 점수]는 **인사고과 평균: 인사고과 점수**로 수정합니다. [근태관리 점수]는 **근태관리 평균: 근태관리 점수**, [교육점수]는 **교육점수 합계: 교육점수**로 수정합니다. [인사고과 평균] 필드 위에서 마우스 오른쪽 버튼을 클릭한 후 [속성]을 선택합니다.

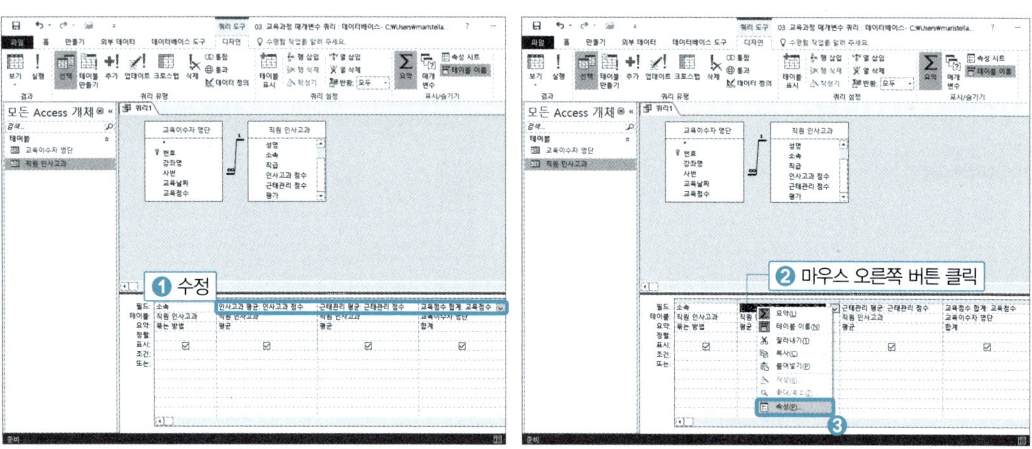

7 [속성 시트] 작업 창에서 [형식]은 [표준], [소수 자릿수]는 [1]로 설정합니다. [근태관리 평균] 필드도 [형식]은 [표준], [소수 자릿수]는 [1]로 설정합니다. [속성 시트] 작업 창을 닫습니다. [쿼리 도구]-[디자인] 탭-[결과] 그룹-[보기]에서 [데이터시트 보기]를 선택합니다.

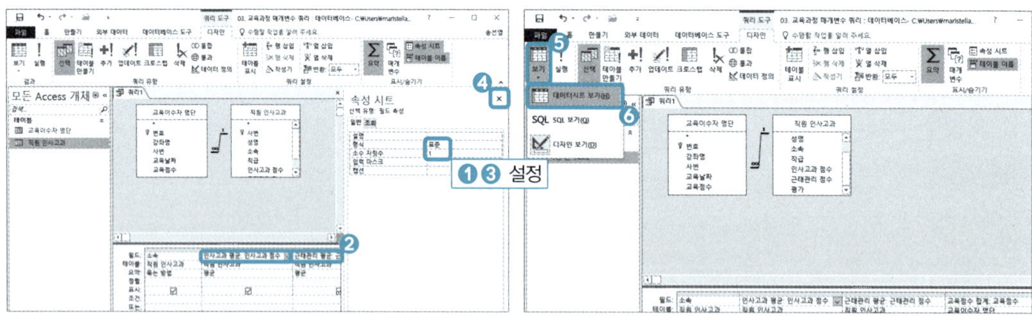

8 소속별 인사고과와 근태관리의 평균, 교육점수의 합계가 요약되어 보입니다. 사용자가 입력한 소속의 결과만 보이도록 수정합니다. [홈] 탭-[보기] 그룹-[보기]의 [자세히]에서 [디자인 보기]를 선택합니다.

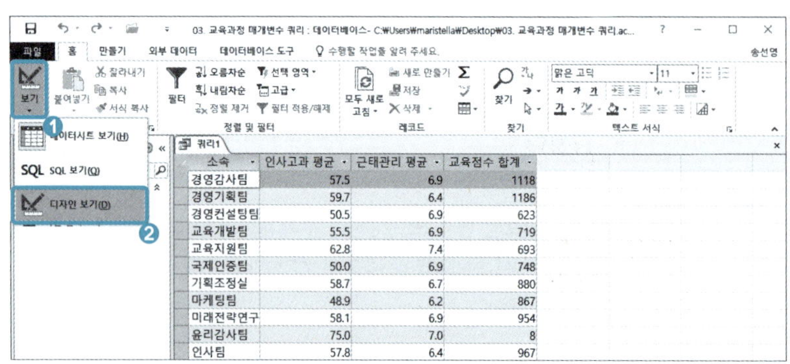

소속	인사고과 평균	근태관리 평균	교육점수 합계
경영감사팀	57.5	6.9	1118
경영기획팀	59.7	6.4	1186
경영컨설팅팀	50.5	6.9	623
교육개발팀	55.5	6.9	719
교육지원팀	62.8	7.4	693
국제인증팀	50.0	6.9	748
기획조정실	58.7	6.7	880
마케팅팀	48.9	6.2	867
미래전략연구	58.1	6.9	954
윤리감사팀	75.0	7.0	8
인사팀	57.8	6.4	967

⏱ 시간단축

필드의 너비는 필드명 사이의 구분선을 드래그하여 조절하거나 구분선을 더블클릭하여 자동 조절할 수 있습니다.

9 [소속] 필드의 [조건]에 **소속을 입력하세요**를 입력합니다. [쿼리 도구]-[디자인] 탭-[결과] 그룹-[보기]에서 [데이터시트 보기]를 선택합니다. 결과가 바로 보이지 않고 [매개 변수 값 입력] 대화상자가 나타납니다. [매개 변수 값 입력] 대화상자에서 [소속을 입력하세요]에 확인하려는 소속인 **전산정보팀**을 입력하고 [확인]을 클릭합니다.

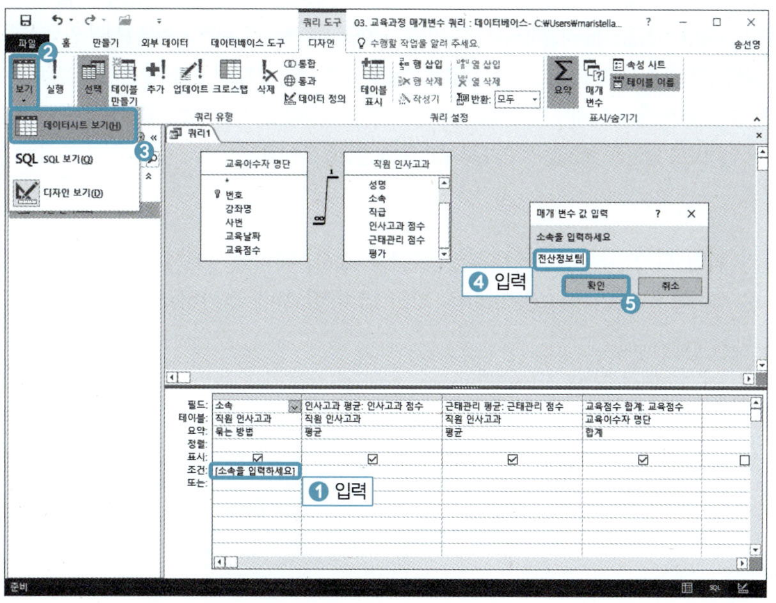

실력 향상 조건란의 '['와 ']' 사이에 입력된 텍스트는 입력할 매개 변수에 대한 질문입니다. 소속은 정확히 입력해야만 요약 결과를 확인할 수 있습니다.

10 입력한 '전산정보팀' 소속의 요약 정보를 확인한 후 [저장]을 클릭합니다. [다른 이름으로 저장] 대화상자에서 [쿼리 이름]에 **소속 인사고과 점수**를 입력하고 [확인]을 클릭합니다.

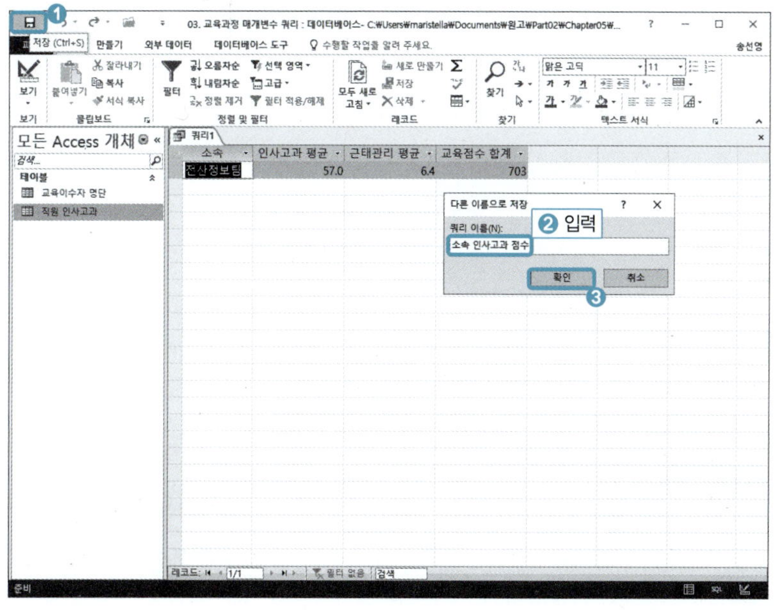

교육과정별 신청 명단 작성하기

Like 연산자를 사용한 매개 변수 쿼리

[교육이수자 명단] 테이블에는 교육과정을 이수한 직원의 사번과 교육을 받은 날짜, 교육점수가 입력되어 있습니다. 해당 과정의 신청명단을 작성하려면 [교육이수자 명단] 테이블에 입력된 사번을 [직원 인사고과] 테이블에서 검색하여 해당 사번의 성명, 소속, 직급을 추출해야 합니다. STEP 01에서 관계를 설정해둔 쿼리로 과정명별 신청명단을 간단하게 작성하고, 앞서 소속명을 정확히 입력해야 했던 불편함을 수정하여 과정명 일부만 입력해도 명단을 확인할 수 있도록 쿼리를 작성해보겠습니다.

11 [만들기] 탭-[쿼리] 그룹-[쿼리 디자인]을 클릭합니다. [테이블 표시] 대화상자에서 [교육이수자 명단] 테이블과 [직원 인사고과] 테이블을 각각 더블클릭하여 [쿼리 디자인] 창에 추가합니다. [닫기]를 클릭하여 [테이블 표시] 대화상자를 닫습니다.

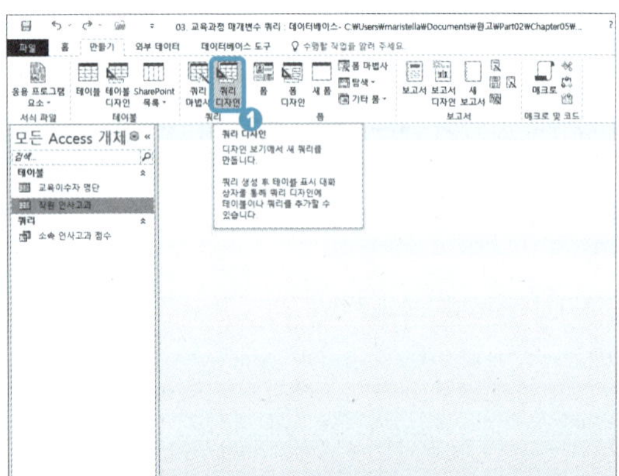
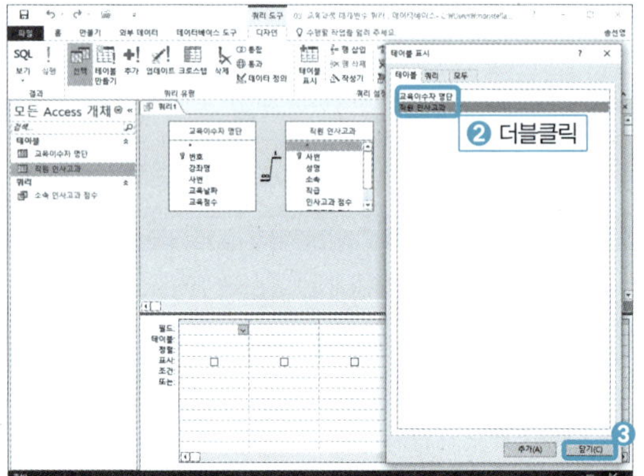

12 [쿼리 디자인] 창의 [필드]란에 [교육이수자 명단] 테이블의 [강좌명]과 [직원 인사고과] 테이블의 [성명], [소속], [직급]을 차례대로 추가합니다. [강좌명] 필드의 [정렬]을 [오름차순]으로 선택합니다. [강좌명] 필드의 [조건]에 **Like "*" & [강좌명을 입력하세요] & "*"**를 입력합니다.

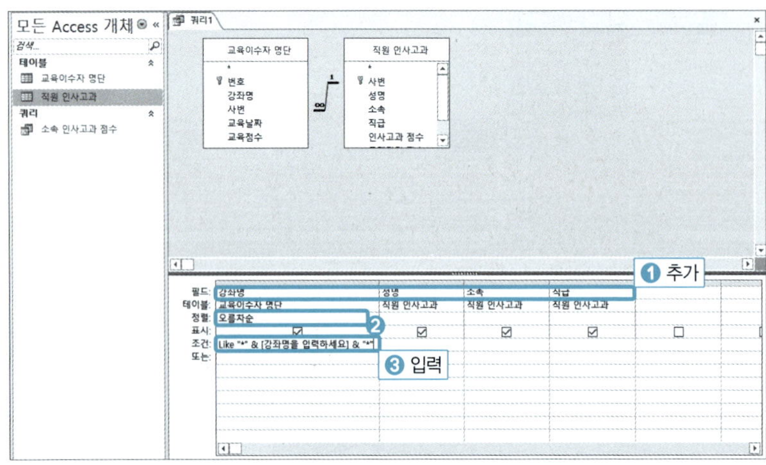

실력향상

& 연산자는 서로 다른 내용을 연결해주는 연산자입니다.

Like "*" & [강좌명을 입력하세요] & "*" Like 연산자를 이용해 조건란에 'Like "*마케팅*"'을 입력하면 '마케팅' 텍스트가 포함된 과정의 요약을 확인할 수 있습니다. 그러나 매개 변수로 작성할 때는 물어볼 질문을 매개 변수 값으로 입력하여 [매개 변수 입력] 대화상자에 해당 질문이 표시되고 사용자가 [매개 변수] 대화상자에 텍스트를 입력하면 입력한 텍스트가 포함된 과정명을 추출하여 결과가 표시됩니다. 'Like "*[강좌명을 입력하세요]*"'로 작성하면 강좌명 필드에서 '[강좌명을 입력하세요]'란 글씨가 포함된 데이터를 찾습니다. 큰따옴표(")로 묶어 표시한 와일드카드와 매개 변수를 따로 구분하여 표시("*"[강좌명을 입력하세요] "*")한 후 & 연산자로 연결하여 'Like "*"& [강좌명을 입력하세요] & "*"'로 작성합니다.

13 [쿼리 도구]-[디자인] 탭-[결과] 그룹-[보기]에서 [데이터시트 보기]를 선택합니다. [매개 변수 값 입력] 대화상자에 명단을 확인할 강좌명 일부인 **마케팅 전략**을 입력합니다. [확인]을 클릭합니다.

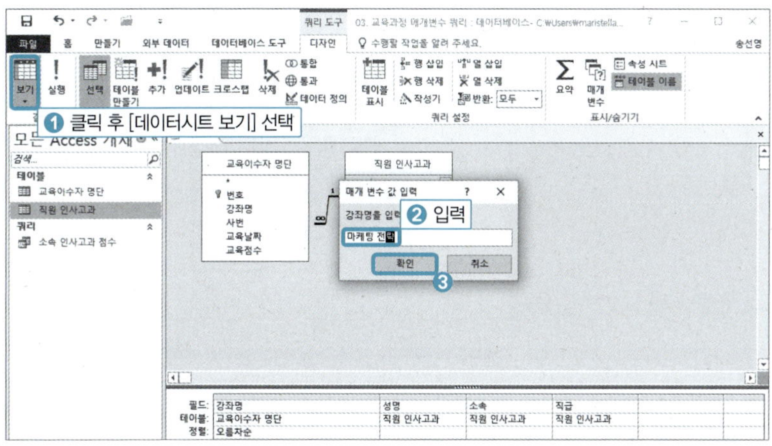

14 입력한 '마케팅 전략'과 관련된 강좌의 신청 명단을 확인합니다. [저장]을 클릭합니다. [다른 이름으로 저장] 대화상자에서 [쿼리 이름]에 **교육과정 신청명단**을 입력합니다. [확인]을 클릭합니다.

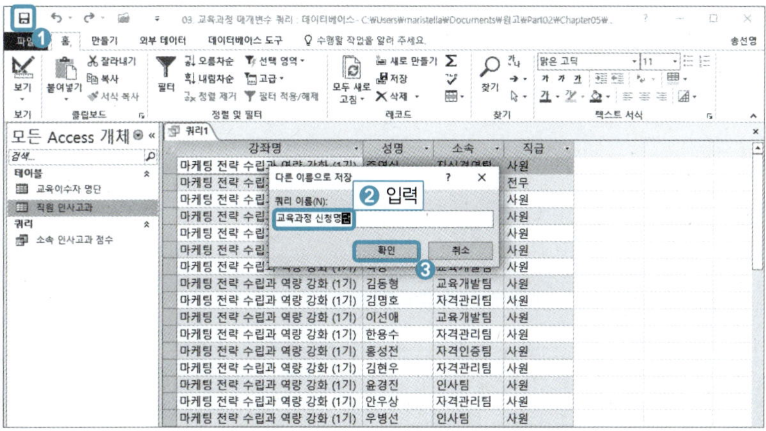

교육과정별 신청 인원 확인하기

요약을 추가한 매개 변수 쿼리

사용자가 입력한 교육과정을 이수한 사람이 몇 명인지 인원수를 확인해보겠습니다. 엑셀에서는 함수 사용 방법을 알아야만 사용자가 필요로 하는 교육과정의 인원수를 구할 수 있는데, 쿼리를 사용하면 요약 기능을 추가하여 함수를 선택하는 방법으로 인원수를 확인할 수 있습니다. 앞서 작성해본 매개 변수 쿼리에 요약, 즉 함수를 선택하는 기능을 추가하여 사용자가 입력한 교육과정과 그 과정을 이수한 인원수를 구해보겠습니다.

15 [만들기] 탭-[쿼리] 그룹-[쿼리 디자인]을 클릭합니다. [테이블 표시] 대화상자에서 [교육이수자 명단] 테이블과 [직원 인사고과] 테이블을 각각 더블클릭하여 [쿼리 디자인] 창에 추가합니다. [닫기]를 클릭하여 창을 닫습니다.

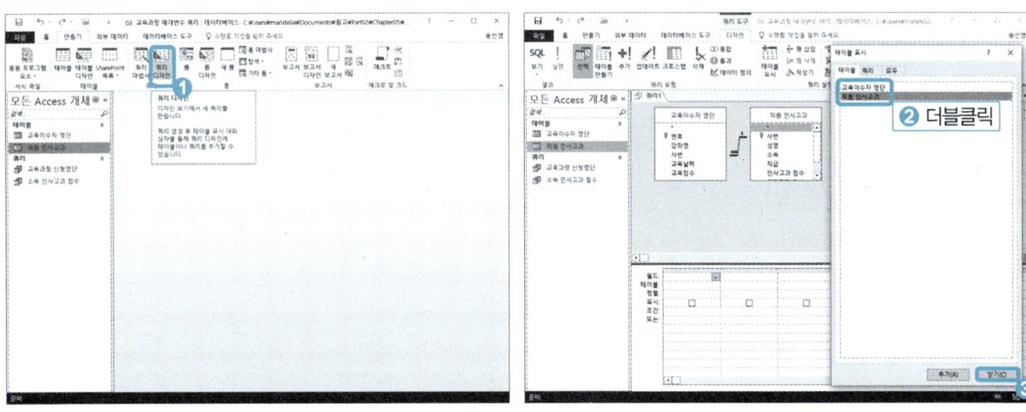

16 [쿼리 디자인] 창의 [필드]란에 [교육이수자 명단] 테이블의 [강좌명]과 [직원 인사고과] 테이블의 [성명]을 차례대로 추가합니다. [쿼리 도구]-[디자인] 탭-[표시/숨기기] 그룹-[요약]을 클릭합니다. [요약]란에 [강좌명]은 [묶는 방법], [성명]은 [개수]로 설정합니다.

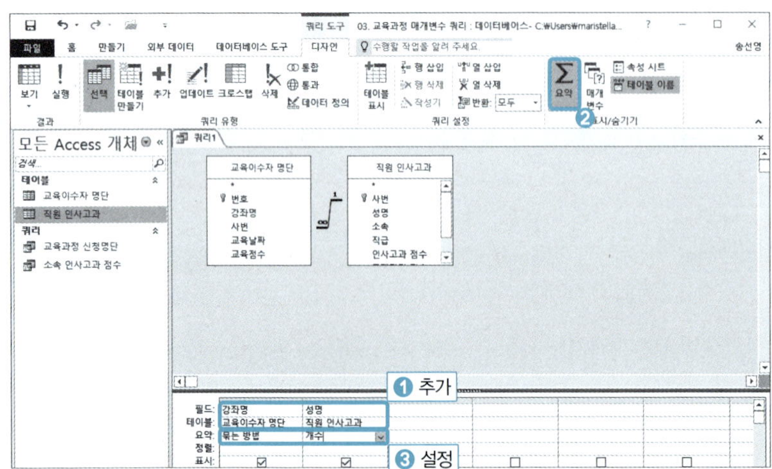

17 성명의 필드명을 **신청인원: 성명**으로 수정합니다. 수정한 필드 위에서 마우스 오른쪽 버튼을 클릭합니다. 메뉴 목록 중 [속성]을 선택합니다. [속성 시트] 작업 창의 [형식]에 **0명**을 입력합니다. [속성 시트] 작업 창을 닫습니다.

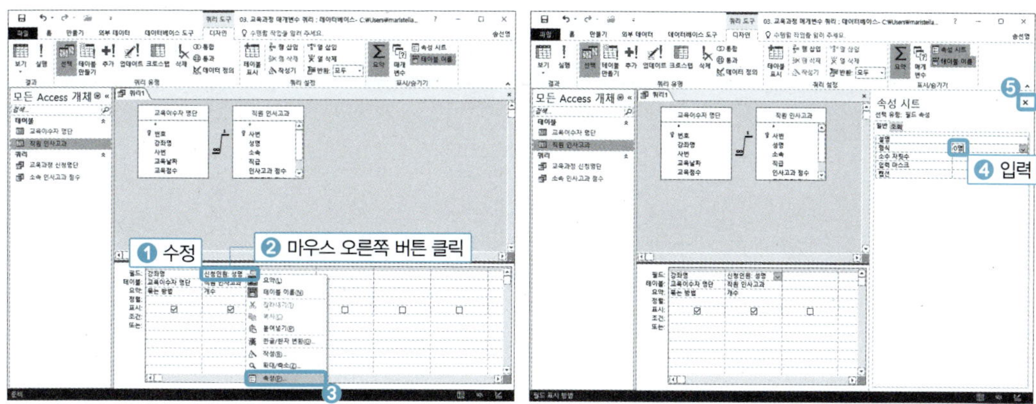

18 [쿼리 도구]–[디자인] 탭–[결과] 그룹–[보기]에서 [데이터시트 보기]를 선택합니다. 교육과정의 강좌명별 신청인원이 요약되어 보입니다. 입력한 강좌에 대한 결과만 보이도록 수정하기 위해 [홈] 탭–[보기] 그룹–[보기]에서 [디자인 보기]를 선택합니다.

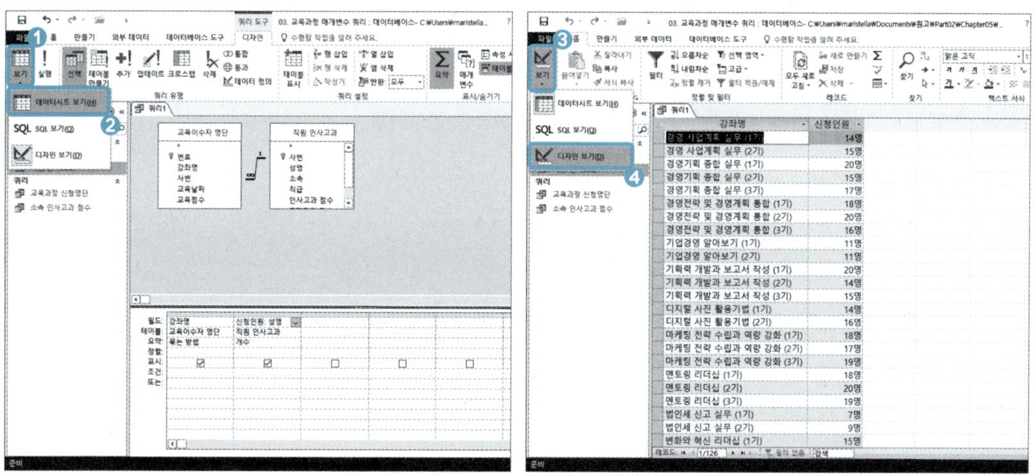

19 [강좌명] 필드의 [조건]에 **Like "*" & [신청인원을 확인할 강좌명을 입력하십시오] & "*"**를 입력합니다. [쿼리 도구]–[디자인] 탭–[결과] 그룹–[보기]에서 [데이터시트 보기]를 선택합니다. [매개 변수 값 입력] 대화상 자에 신청한 인원을 확인할 강좌명의 일부인 **비즈니스**를 입력합니다. [확인]을 클릭합니다.

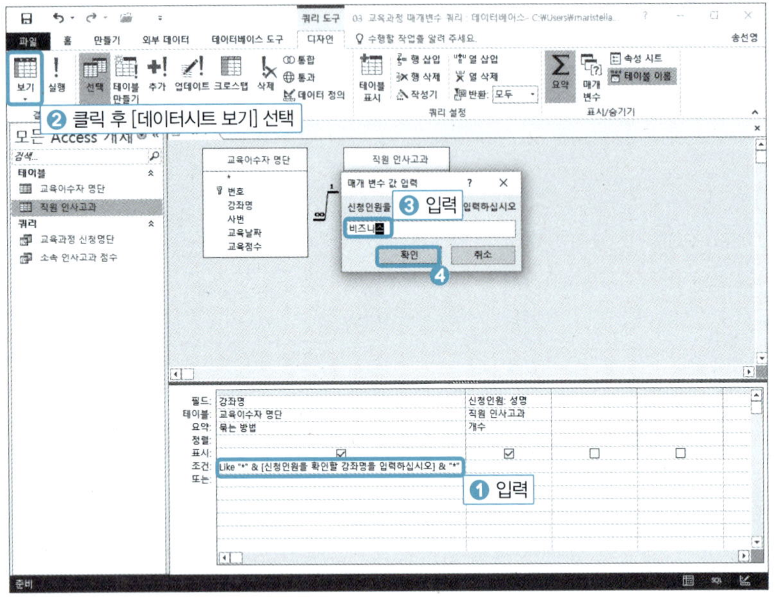

20 입력한 '비즈니스' 텍스트가 포함된 과정의 신청인원을 확인할 수 있습니다. [저장]을 클릭합니다. [다른 이름으로 저장] 대화상자에서 [쿼리 이름]에 **교육과정 신청인원**을 입력합니다. [확인]을 클릭하여 저 장합니다.

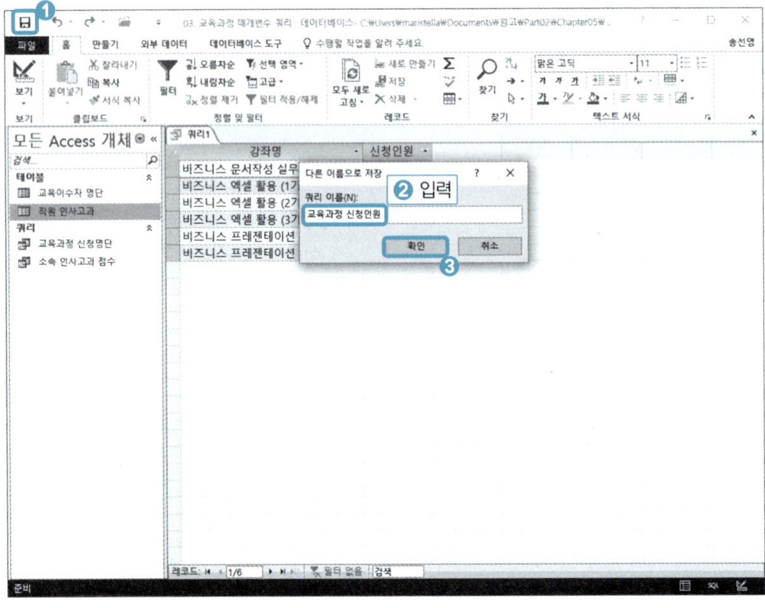

23

상품의 단가 수정과 추출을
업데이트 쿼리로 한 번에 해결하기

실습 파일 | PART 02 \ CHAPTER 05 \ 상품데이터 업데이트 쿼리 \ 상품데이터 업데이트 쿼리.accdb
완성 파일 | PART 02 \ CHAPTER 05 \ 상품데이터 업데이트 쿼리 \ 상품데이터 업데이트 쿼리(완성).accdb, 판매가 변동 데이터.xlsx

✔ 프로젝트 시작하기

액세스에서 원본 데이터는 모두 테이블에 저장하고, 필요한 데이터를 추출하거나 통계, 요약 결과를 나타낼 때는 쿼리를 이용합니다. 쿼리는 통계, 요약 작업뿐 아니라 테이블의 데이터를 수정, 삭제하는 용도로도 사용됩니다. 원본 데이터인 테이블의 특정 필드 값을 한꺼번에 수정할 수 있는 업데이트 쿼리, 즉 실행 쿼리를 만드는 방법에 대해 알아보겠습니다. 판매하고 있는 상품이 정리된 [상품데이터] 테이블에서 '잉크' 관련 상품만 10% 할인된 가격에 판매할 수 있도록 업데이트 쿼리를 만들어 테이블의 데이터 값을 수정하고, [상품데이터] 테이블에서 판매가가 수정된 데이터를 엑셀에서 추출하여 가져오는 방법에 대해 알아보겠습니다.

STEP 01

특정 상품의 단가를 한 번에 수정하기 업데이트 쿼리

❶ 특정 상품을 추출하고, 수정할 업데이트 값을 입력한 업데이트 쿼리를 작성합니다.

❷ 쿼리를 실행하여 테이블의 단가 값을 한 번에 수정합니다.

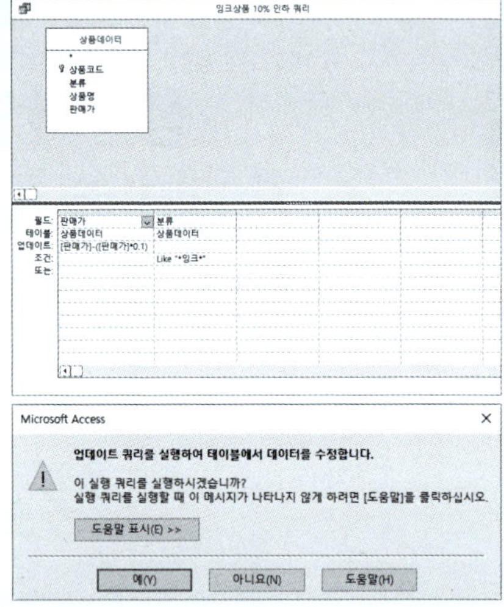

STEP 02

엑셀에서 단가가 수정된 항목만 추출하기 엑셀에서 외부 데이터 가져오기

❶ 엑셀의 [외부 데이터 가져오기]-[기타 원본에서]-[Microsoft Query]를 선택합니다.

❷ 액세스의 쿼리에서 특정 조건을 만족하는 데이터만 추출하여 가져오기합니다.

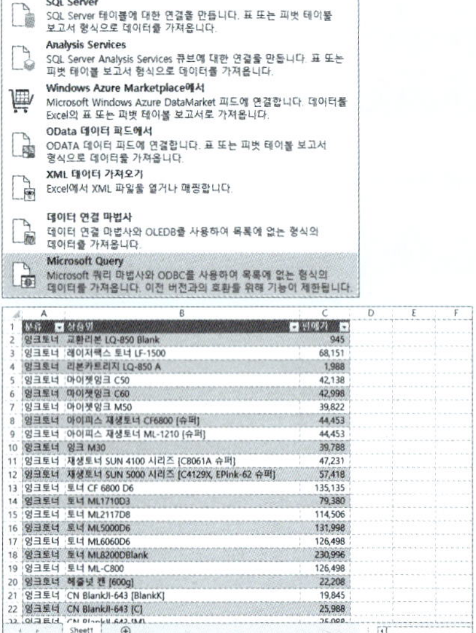

특정 상품의 단가를 한 번에 수정하기

업데이트 쿼리

추가 쿼리, 업데이트 쿼리, 삭제 쿼리 등은 액세스의 대표적인 실행 쿼리입니다. 실행 쿼리는 쿼리 작성 후 결과를 확인하는 것이 아니라 쿼리를 실행하여 테이블에 있는 데이터 값을 변경 또는 삭제하는 쿼리입니다. 업데이트 쿼리를 이용해 [상품데이터] 테이블의 '잉크' 관련 상품을 찾아 해당 상품의 판매가만 10% 인하한 값으로 수정해보겠습니다.

1 [상품데이터] 테이블을 더블클릭합니다. 상품코드와 분류, 상품명, 판매가 등을 확인합니다. 창을 닫습니다. [만들기] 탭-[쿼리] 그룹-[쿼리 디자인]을 클릭합니다.

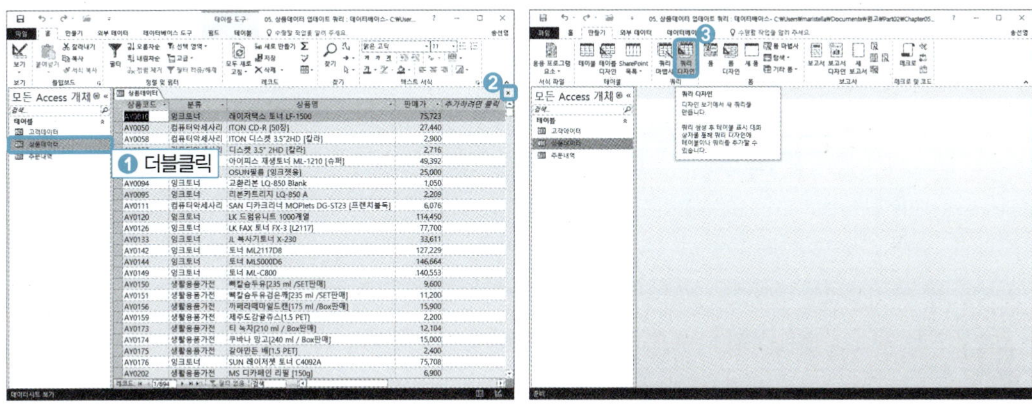

2 [테이블 표시] 대화상자에서 [상품데이터] 테이블을 더블클릭하여 [쿼리 디자인] 창에 추가합니다. [닫기]를 클릭합니다.

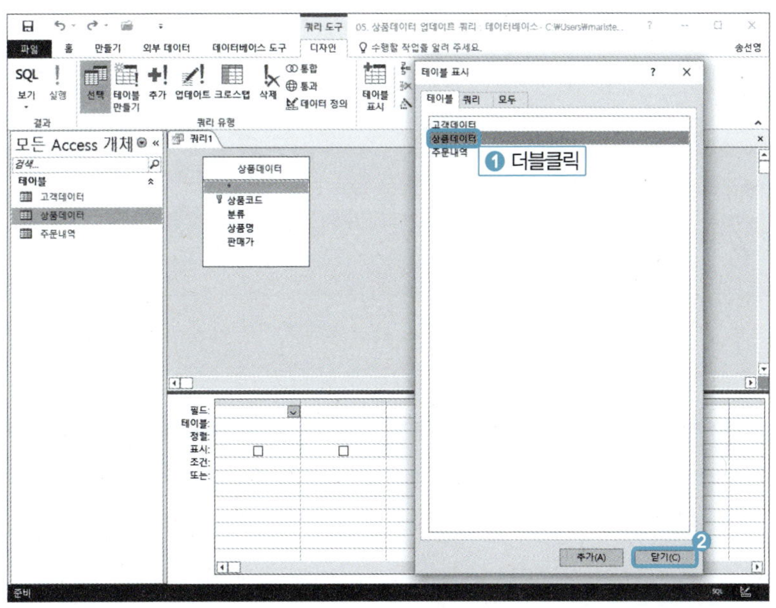

3 [쿼리 도구]-[디자인] 탭-[쿼리 유형] 그룹-[업데이트]를 클릭합니다. [상품데이터] 테이블에서 업데이트할 상품을 표시하기 위해 [분류] 필드를 더블클릭합니다. [조건]에 **Like "*잉크*"**를 입력합니다. [상품데이터] 테이블의 [판매가] 필드를 더블클릭하여 추가합니다. [업데이트]에 **[판매가]-([판매가]*0.1)**을 입력합니다.

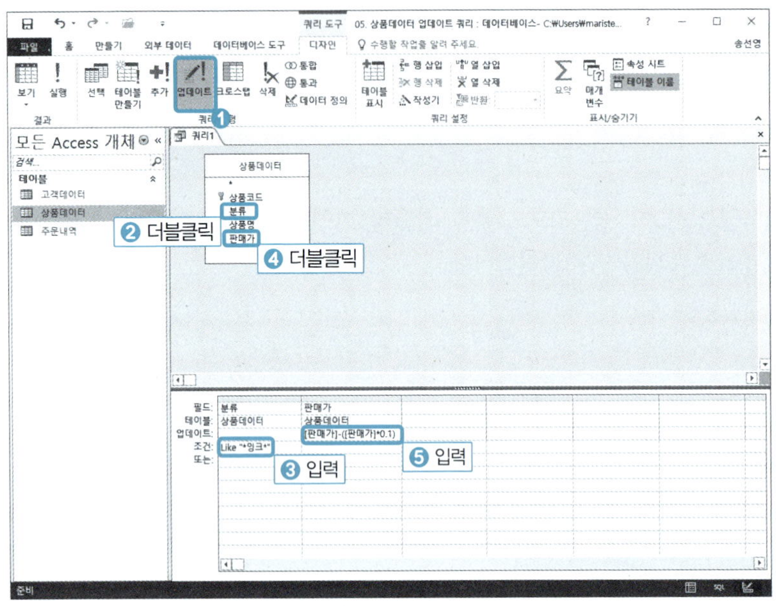

> **실력 향상** [상품데이터] 테이블의 [분류] 필드에서 '잉크' 텍스트가 포함된 데이터를 찾는 조건식입니다.

4 [쿼리 도구]-[디자인] 탭-[결과] 그룹-[실행]을 클릭합니다. 업데이트되는 행의 개수를 확인하는 메시지가 표시됩니다. [예]를 클릭하여 업데이트합니다. [저장]을 클릭합니다. [다른 이름으로 저장] 대화상자에서 [쿼리 이름]에 **잉크상품 10% 인하 쿼리**를 입력합니다. [확인]을 클릭합니다.

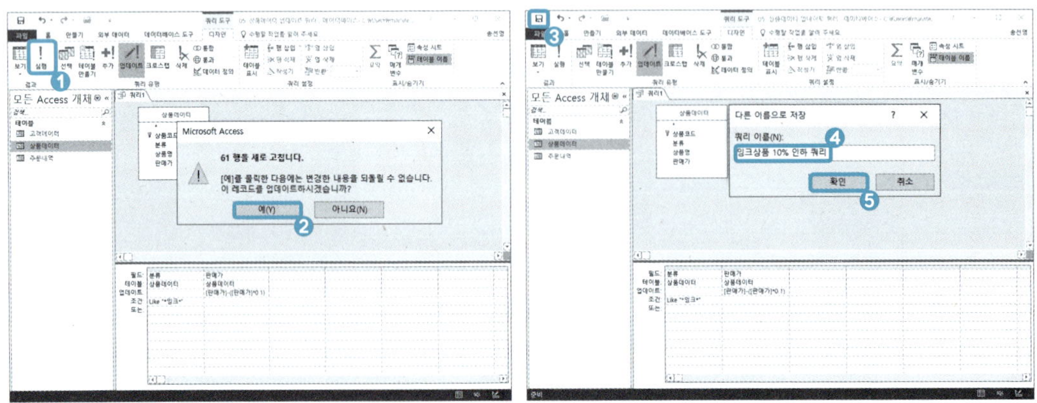

> **실력 향상** [데이터시트 보기]를 선택하면 [판매가]의 데이터만 확인됩니다. 업데이트 쿼리는 [실행]을 클릭해 테이블의 데이터를 바로 업데이트하는 실행 쿼리입니다.

5 [상품데이터] 테이블을 더블클릭합니다. 테이블의 데이터 중 [분류] 필드에 '잉크' 텍스트가 포함된 상품의 판매가가 10% 인하된 가격으로 수정되어 있습니다.

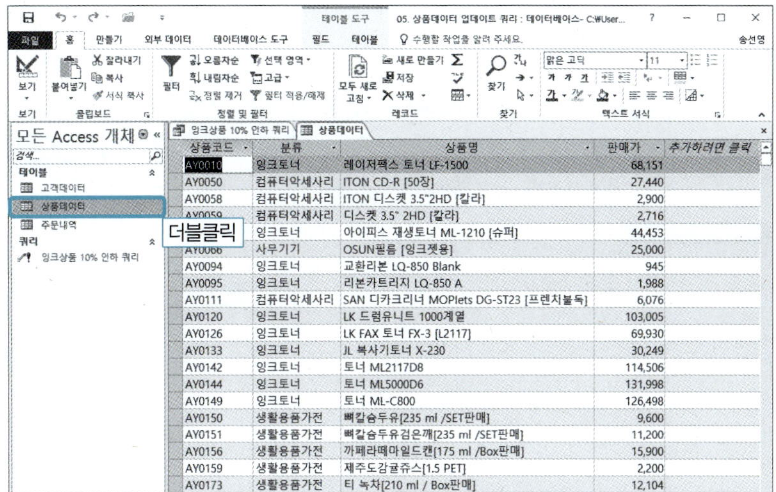

엑셀에서 단가가 수정된 항목만 추출하기

STEP 02

엑셀에서 외부 데이터 가져오기

단가가 변경된 [상품데이터] 테이블의 데이터를 엑셀의 [외부 데이터 가져오기] 메뉴를 이용해 가져오도록 하겠습니다. 이때 [외부 데이터 가져오기]-[Access]를 이용해 테이블이나 쿼리를 통째로 가져오지 않고 [외부 데이터 가져오기]-[기타 원본에서]-[Microsoft Query]를 이용해 필요한 데이터만 추출하여 가져오는 방법을 알아보겠습니다.

6 엑셀에서 데이터를 확인하기 위해 Excel 프로그램을 실행합니다. [데이터] 탭-[외부 데이터 가져오기] 그룹-[기타 원본에서]를 클릭합니다. [기타 원본에서] 목록 중 [Microsoft Query]를 선택합니다.

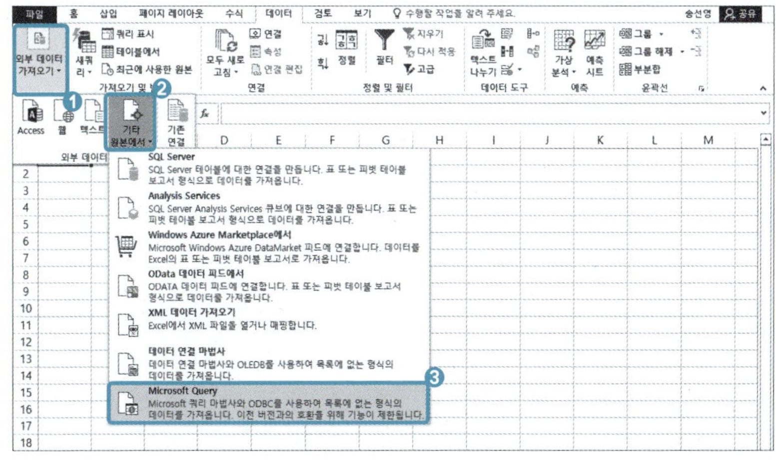

실력향상

액세스의 쿼리처럼 필요한 데이터만 추출하여 가져올 수 있는 기능입니다.

7 [데이터 원본 선택] 대화상자에서 [MS Access Database]를 선택합니다. [확인]을 클릭합니다. [데이터베이스 선택] 대화상자의 [드라이브]에서 드라이브 위치를 선택한 후 [디렉터리]에서 폴더 위치를 찾습니다. 선택한 폴더 안의 액세스 파일이 [데이터베이스 이름]에 표시되어 보입니다. '상품데이터 업데이트 쿼리.accdb' 파일을 선택합니다. [확인]을 클릭합니다.

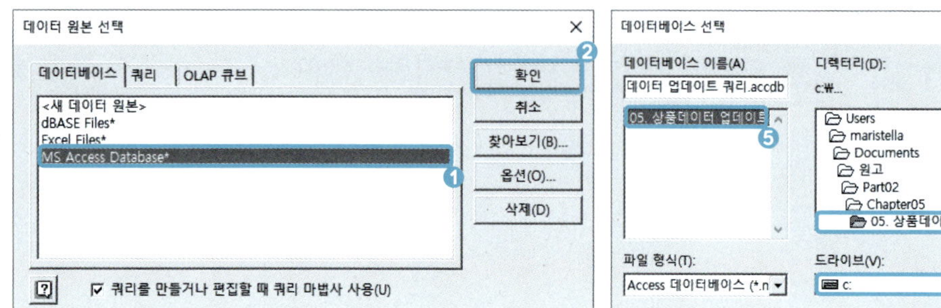

8 [쿼리 마법사 – 열 선택] 대화상자에 액세스 파일의 테이블 목록이 보입니다. 데이터를 가져올 [상품데이터] 테이블을 더블클릭합니다. [상품데이터] 테이블의 [분류] 필드, [상품명] 필드, [판매가] 필드를 더블클릭하여 [쿼리에 포함된 열]로 이동합니다. [다음]을 클릭합니다.

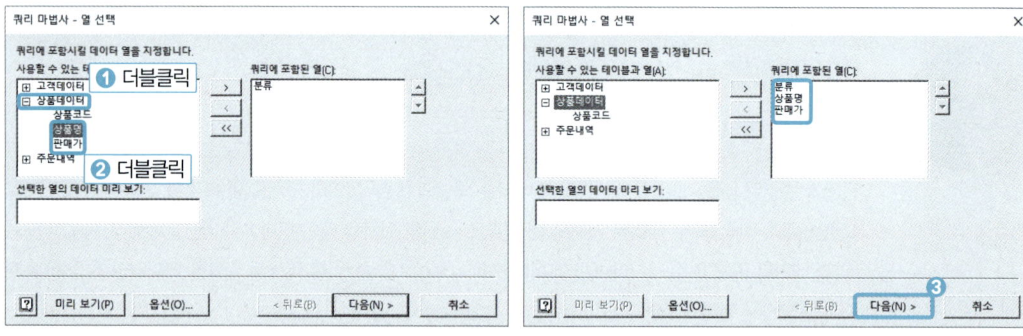

9 [쿼리 마법사 – 데이터 필터] 대화상자의 [필터할 열]에서 [분류]를 선택합니다. [포함할 행에 대한 조건]의 수식에는 [포함하는 값]을 선택하고 값에는 **잉크**를 입력합니다. [다음]을 클릭합니다. [쿼리 마법사 – 정렬 순서] 대화상자에서 [첫째 기준]에 [상품명] 필드를 선택하고 [오름차순]을 선택합니다. [다음]을 클릭합니다. 한 필드당 조건은 최대 세 개까지 지정할 수 있습니다.

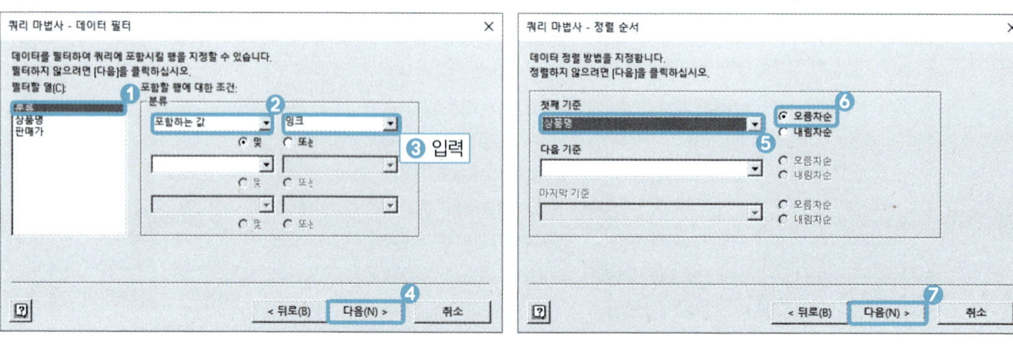

10 [쿼리 마법사–마침] 대화상자에서 [마침]을 클릭합니다. [데이터 가져오기] 대화상자에서 [속성]을 클릭합니다.

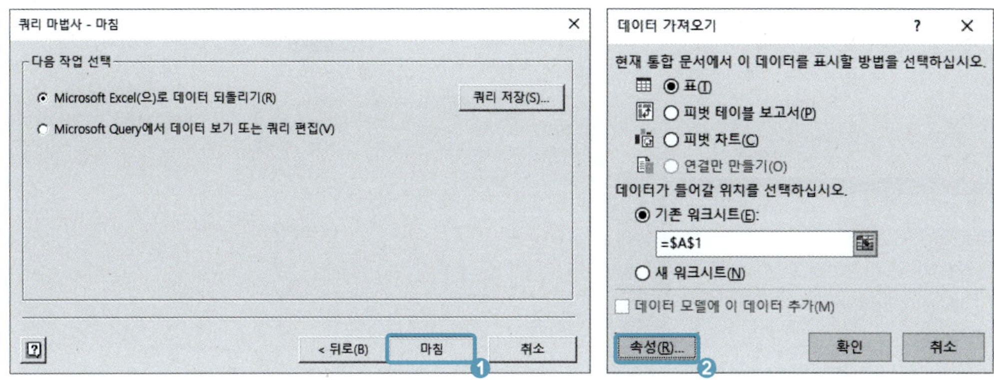

11 [연결 속성] 대화상자에서 [다른 작업하면서 새로 고침]은 체크 표시를 해제하고 [파일을 열 때 데이터 새로 고침]에 체크 표시합니다. [확인]을 클릭합니다. [데이터 가져오기] 대화상자에서 데이터를 표시할 방법으로 [표]를 선택하고 데이터가 들어갈 위치에는 [기존 워크시트]의 [A1] 셀을 클릭합니다. [확인]을 클릭합니다.

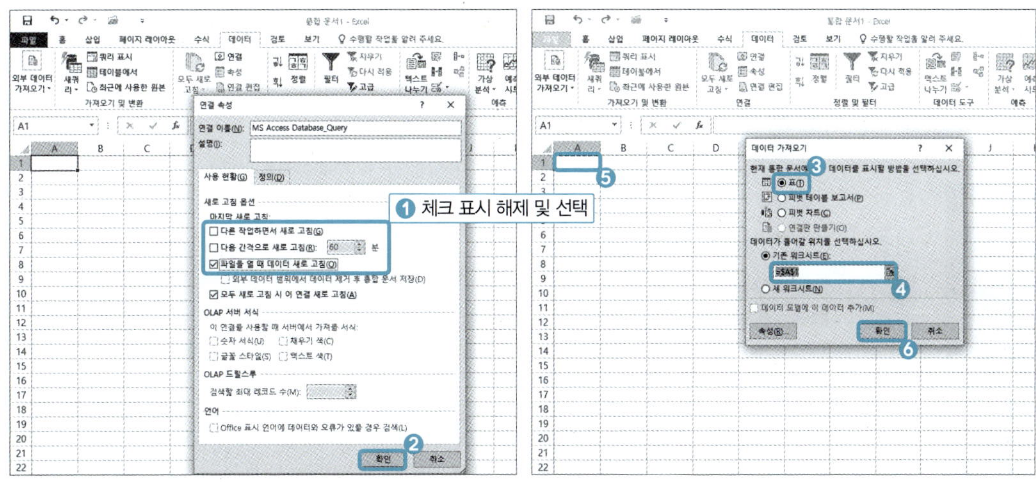

 **시간 단축** 액세스 데이터와의 연결 속성은 [데이터] 탭–[연결] 그룹–[속성]에서도 수정할 수 있습니다.

실력 향상 액세스 파일에서 가져온 데이터는 연결되어 있어 액세스의 [상품 데이터] 테이블 데이터가 변경되면 엑셀 파일의 데이터도 변경됩니다. 실시간 업데이트가 아닌 엑셀 파일을 열 때만 변경된 데이터를 가져오도록 속성 설정을 변경합니다.

12 판매가가 변경된 데이터만 확인할 수 있습니다. [판매가]가 입력된 C열을 선택합니다. [홈] 탭-[표시 형식] 그룹-[쉼표 스타일]을 클릭합니다.

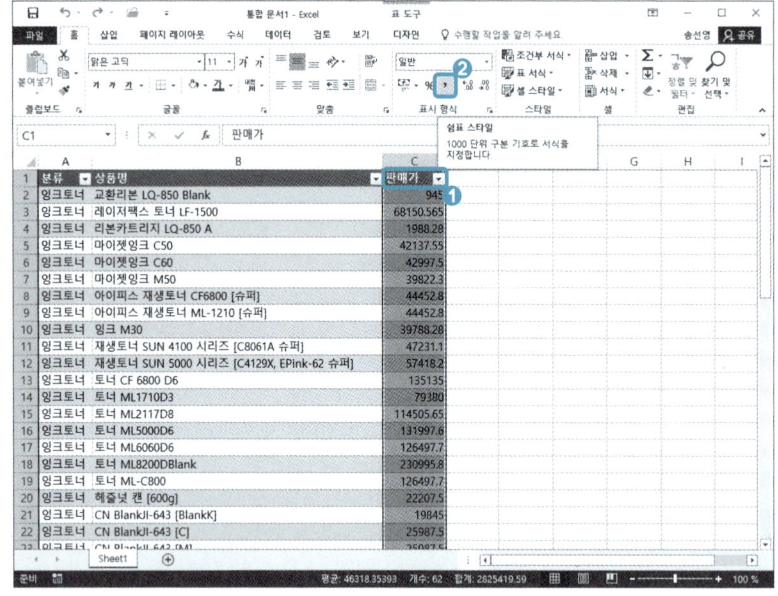

> **실력향상**
>
> 엑셀로 데이터를 가져올 때 데이터 형식은 가져오지 않습니다.

13 판매가가 변동된 데이터를 저장하겠습니다. [파일] 탭-[다른 이름으로 저장]을 선택한 후 [찾아보기]를 클릭합니다. [다른 이름으로 저장] 대화상자에서 저장할 위치를 지정한 후 [파일 이름]에 **판매가 변동 데이터**를 입력합니다. [저장]을 클릭합니다.

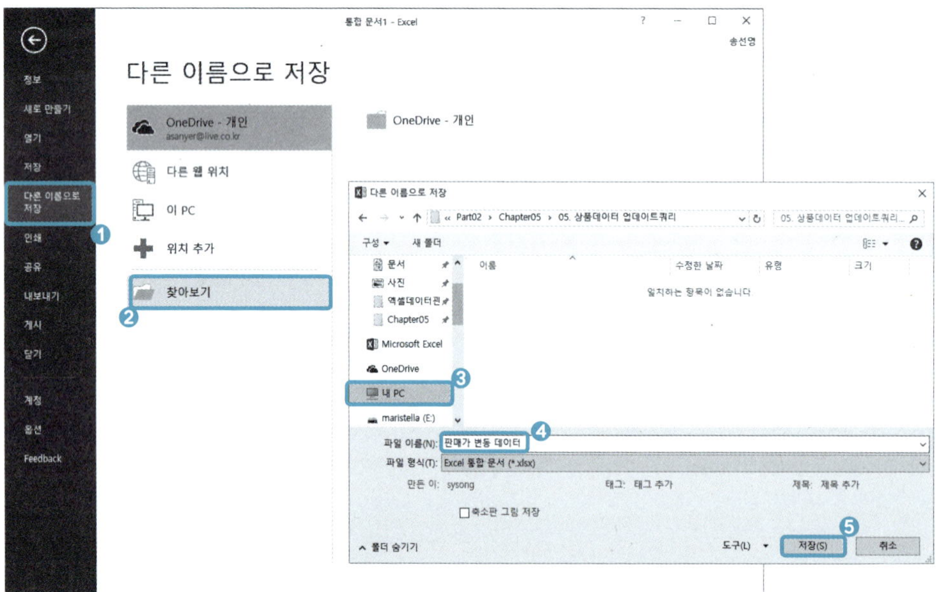

14 액세스 프로그램의 쿼리를 이용한 '판매가 변동 데이터'가 엑셀 보고서로 작성되었습니다.

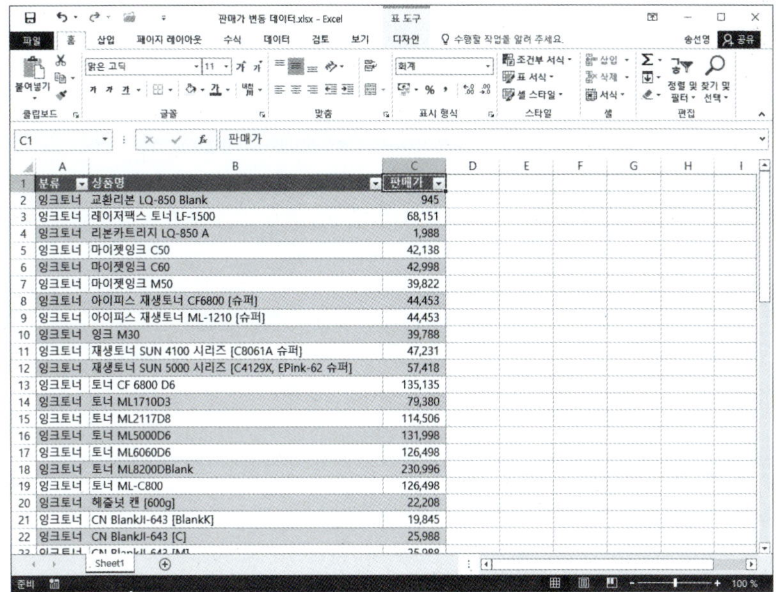

★ 슈퍼활용 새 쿼리 가져오기

엑셀 2016 버전부터 추가된 기능으로 [외부 데이터 가져오기]의 [Microsoft Query]와 다른 방식으로 액세스 데이터를 가져오는 메뉴입니다. [쿼리 편집기] 창에서 엑셀의 [필터] 기능과 똑같이 구성되어 있는 메뉴를 이용하여 데이터를 가져오기할 수 있습니다. [쿼리 편집기] 창에서 특정 행 또는 열을 제거하거나 그룹화하는 등 추가 기능이 제공됩니다.

1 [데이터] 탭-[가져오기 및 변환] 그룹-[새쿼리]를 클릭하고 [데이터베이스에서]-[Microsoft Access 데이터베이스에서]를 선택합니다.

2 [데이터 가져오기] 대화상자에서 액세스 파일 '상품데이터 업데이트쿼리.accdb'를 선택합니다. [가져오기]를 클릭합니다.

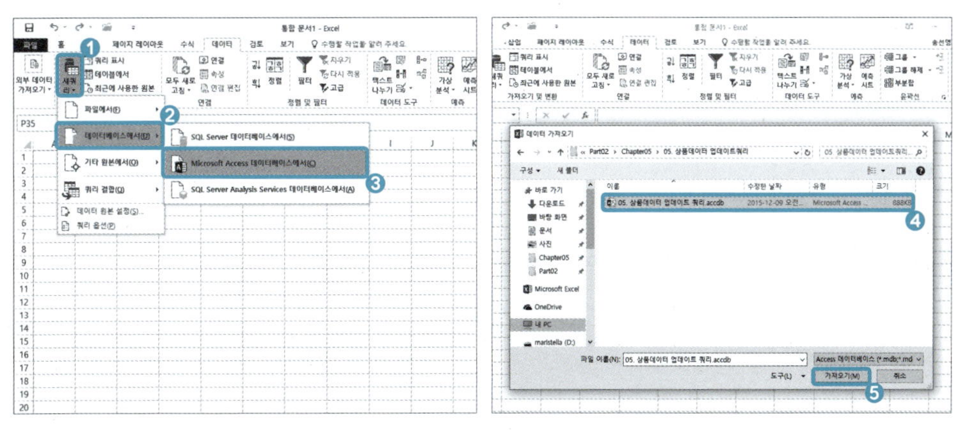

3 [탐색 창]의 왼쪽 화면에서 [상품 데이터] 테이블을 선택한 후 [편집]을 클릭합니다.

4 [쿼리 편집기] 창에서 [상품 데이터] 테이블의 데이터에 필터 단추가 적용된 것을 확인할 수 있습니다. [분류]의 필터 단추를 클릭합니다. 필터 목록 중 [텍스트 필터]에서 [포함]을 선택합니다.

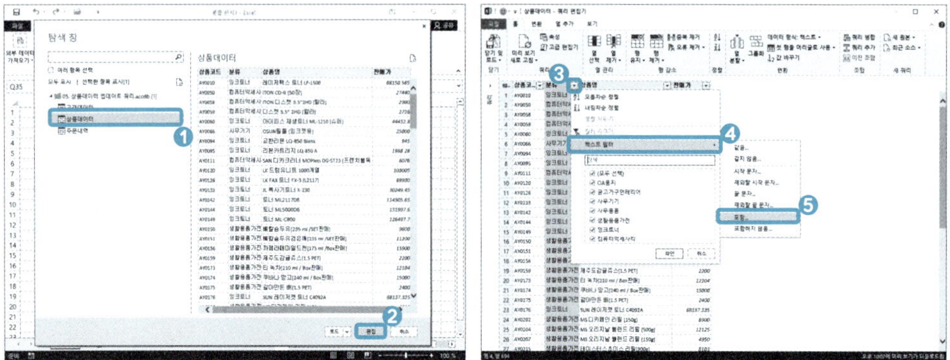

5 [포함]이 선택되어 있는 행 옆에 추출할 '잉크' 텍스트를 입력한 후 [확인]을 클릭합니다.

6 [홈] 탭–[닫기] 그룹–[닫기 및 로드]를 클릭합니다.

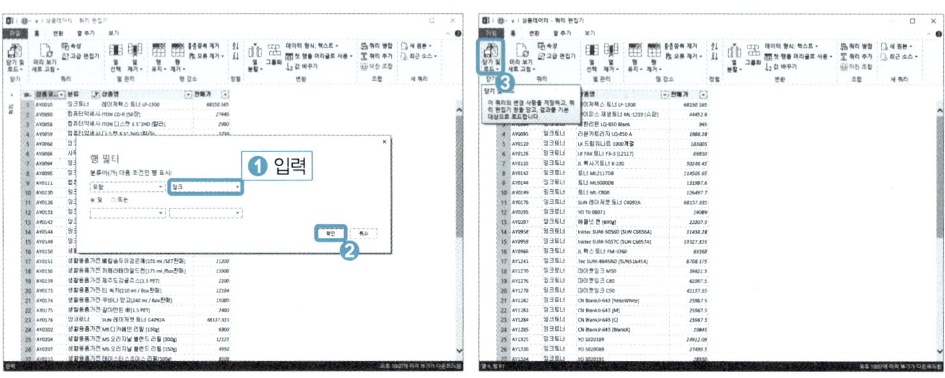

7 [Microsoft Query]와 적용된 서식만 다르고 똑같은 결과로 데이터가 추출됩니다.

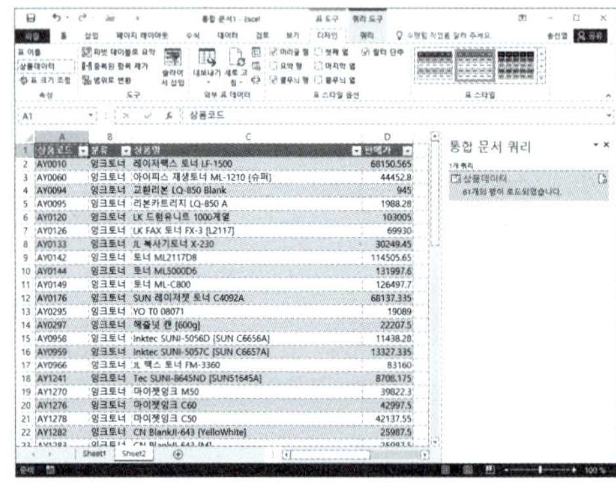

판매되지 않는 상품을 쿼리로 추출하기

실습 파일 | PART 02 \ CHAPTER 05 \ 상품데이터 삭제 쿼리 \ 상품데이터 삭제 쿼리.accdb
완성 파일 | PART 02 \ CHAPTER 05 \ 상품데이터 삭제 쿼리 \ 상품데이터 삭제 쿼리(완성).accdb, 반품할 상품 목록.xlsx

✔ 프로젝트 시작하기

판매되지 않은 상품을 추출하여 반품할 상품 보고서를 작성해보겠습니다. [주문내역] 테이블의 상품코드와 [상품데이터] 테이블의 상품코드를 비교하여 한 번도 주문되지 않았던 상품을 쿼리 마법사에서 제공하는 '불일치 검색 쿼리'로 추출하고, 해당 상품만 엑셀 파일로 내보내기해 반품 목록 보고서를 작성해보겠습니다. 또 판매되지 않은 상품을 추출한 후 삭제 쿼리를 이용해 [상품데이터] 테이블에서 한 번에 제거해보도록 하겠습니다.

엑셀을 사용한다면 많은 시간이 소요되는 보고서 작성도 액세스의 쿼리를 이용해 손쉽고 빠르게 작업할 수 있습니다.

 **핵심기능 미리 보기**

STEP 01 판매되지 않은 상품 추출하기 **불일치 검색 쿼리**

❶ 상품목록 데이터와 주문내역 데이터를 비
교하여 주문되지 않은 상품 목록을 불일치
검색 쿼리로 추출합니다.

STEP 02 반품 목록 엑셀 파일로 저장하기 **외부 데이터 내보내기**

❶ 완성된 쿼리를 엑셀 파일, 즉 외부 데이터
로 내보내기합니다.

❷ 엑셀 파일로 결과를 확인합니다.

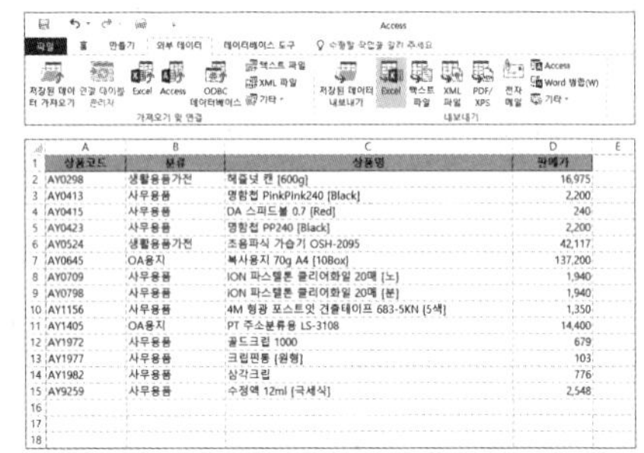

STEP 03 판매되지 않는 상품을 데이터 목록에서 제거하기 **삭제 쿼리**

❶ 불일치 검색 쿼리로 추출한 판매되지 않은
상품 데이터를 삭제 쿼리로 제거합니다.

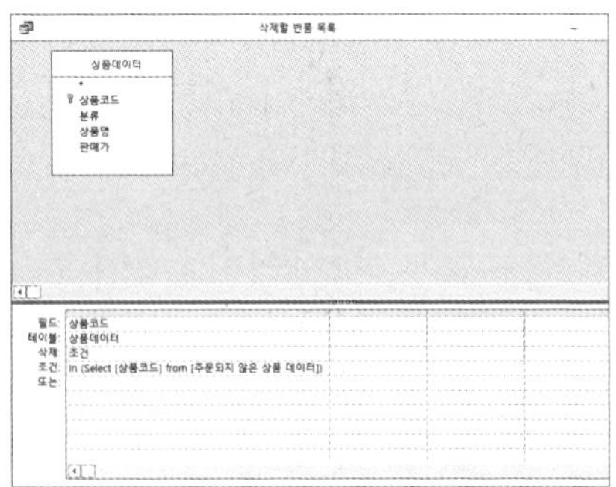

판매되지 않은 상품 추출하기

불일치 검색 쿼리

[상품데이터] 테이블의 상품코드 데이터와 [주문내역] 테이블의 상품코드 데이터를 비교하여 [주문내역] 테이블에 없는 상품코드, 즉 한 번도 판매되지 않은 상품을 쿼리 마법사를 이용해 추출해보겠습니다.

1 [만들기] 탭-[쿼리] 그룹-[쿼리 마법사]를 클릭합니다. [새 쿼리] 대화상자에서 [불일치 검색 쿼리 마법사]를 선택합니다. [확인]을 클릭합니다.

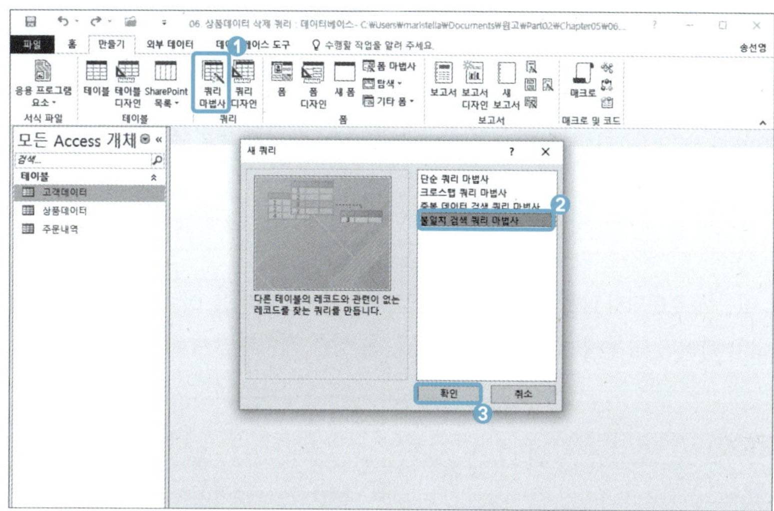

2 [불일치 검색 쿼리 마법사] 대화상자에서 상품의 기본 데이터가 입력되어 있는 [상품데이터] 테이블을 선택합니다. [다음]을 클릭합니다. 두 번째 단계에서는 [상품데이터]·테이블과 비교할 데이터가 있는 [주문내역] 테이블을 선택합니다. [다음]을 클릭합니다.

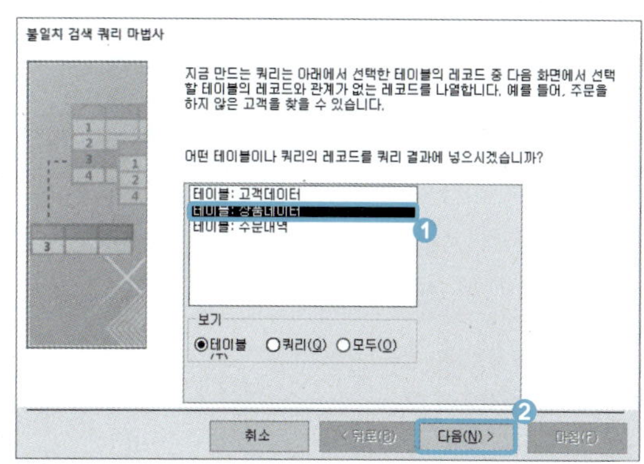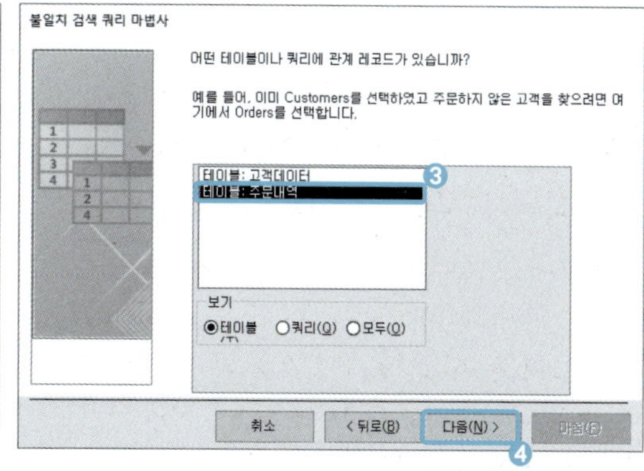

3 세 번째 단계에서는 두 테이블의 데이터를 비교할 공통 필드인 [상품코드]를 각각 선택합니다. 필드 사이의 일치 단추(<=>)를 클릭합니다. [다음]을 클릭합니다. 네 번째 단계에서는 쿼리 결과로 볼 필드인 [상품코드], [분류], [상품명], [판매가]를 더블클릭하여 [선택한 필드]로 이동합니다. [다음]을 클릭합니다.

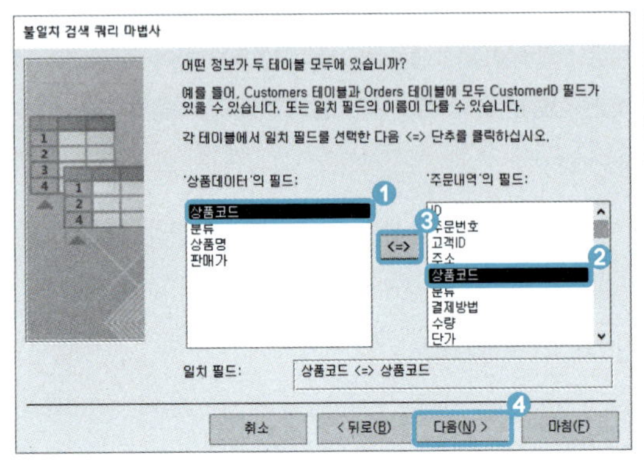

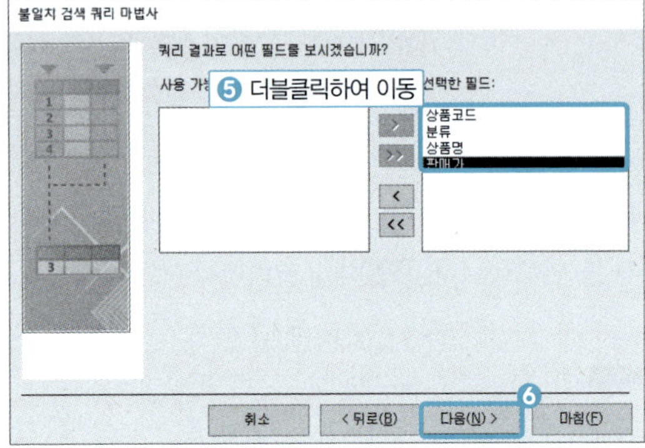

> **실력향상** 일치 단추를 꼭 클릭해야만 공통 필드의 데이터끼리 비교하여 한쪽 테이블에는 데이터가 있고, 한쪽 테이블에는 없는 데이터를 추출합니다.

4 마지막 단계에서는 쿼리 이름에 **주문되지 않은 상품 데이터**를 입력합니다. [마침]을 클릭합니다. 상품데이터 목록에는 있지만 주문내역 데이터 목록에는 없는 판매되지 않은 상품 데이터만 추출되어 보입니다.

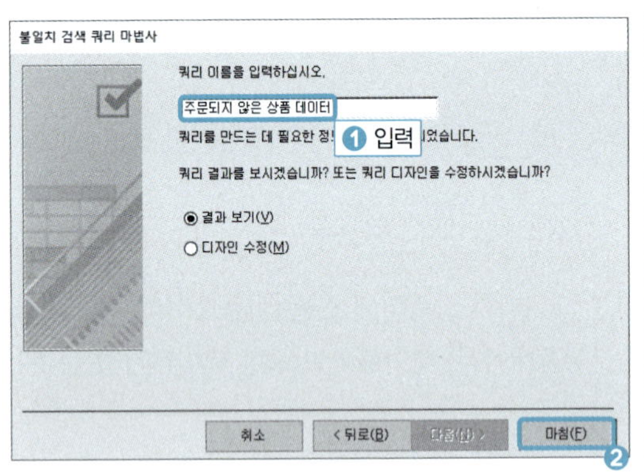

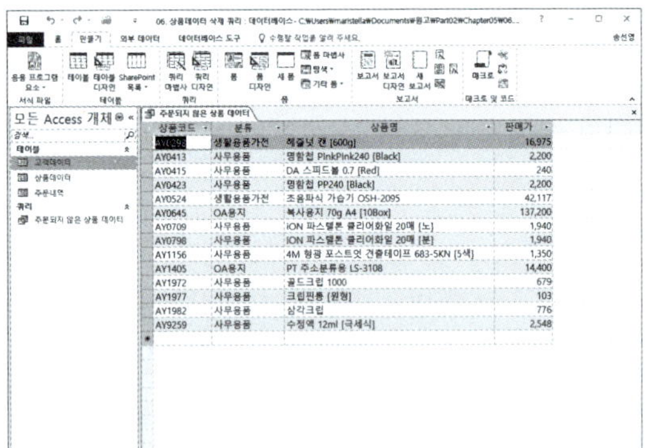

반품 목록 엑셀 파일로 저장하기

외부 데이터 내보내기

판매되지 않은 상품 데이터만 추출된 결과를 액세스의 내보내기 기능을 이용하여 엑셀 파일로 저장해보 겠습니다. 엑셀 파일로 내보내기할 때는 엑셀에서 액세스 파일을 가져오거나 쿼리 형태로 가져오는 방법 과 달리 서식을 함께 저장하여 내보내기할 수 있습니다.

5 [외부 데이터] 탭-[내보내기] 그룹-[Excel]을 클릭합니다. [내보내기-Excel 스프레드시트] 대화상자 에서 [찾아보기]를 클릭합니다.

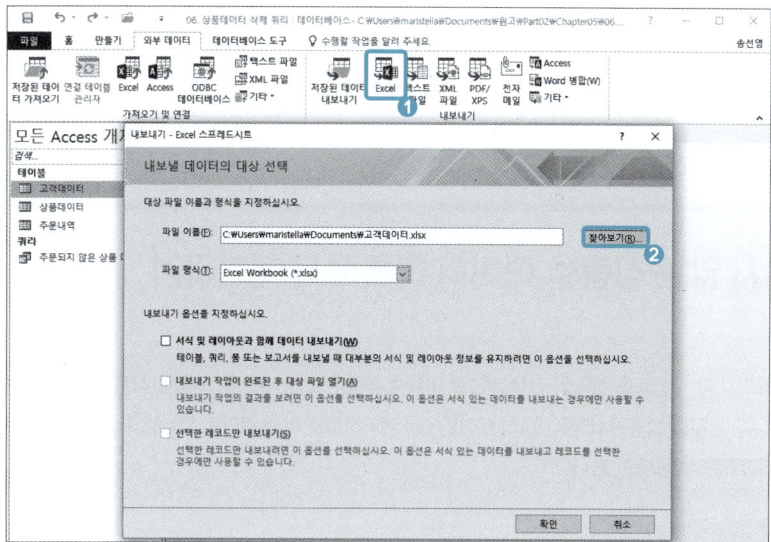

6 데이터를 내보낼 위치를 지정한 후 파일 이름에 **반품할 상품 목록**을 입력합니다. [저장]을 클릭합니다. [내보내기-Excel 스프레드시트] 대화상자에서 내보내기 옵션인 [서식 및 레이아웃과 함께 데이터 내보 내기]와 [내보내기 작업이 완료된 후 대상 파일 열기]에 체크 표시합니다. [확인]을 클릭합니다.

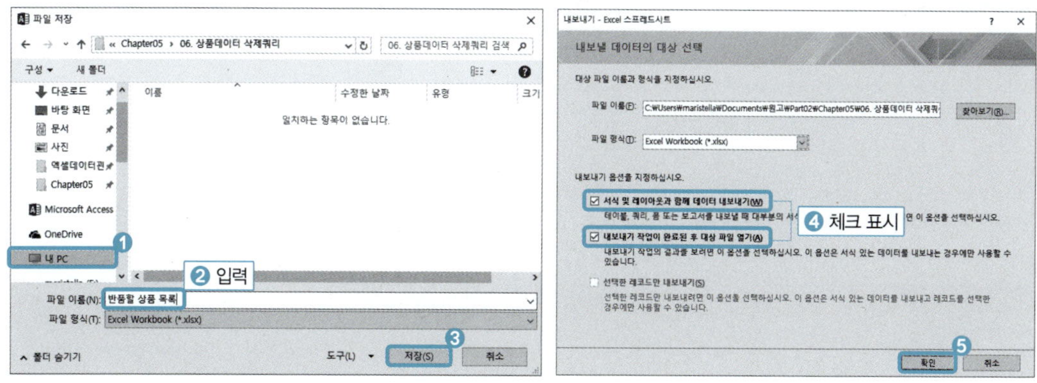

실력 향상 [서식 및 레이아웃과 함께 데이터 내보내기]를 선택하면 쿼리 작성 시 사용한 숫자 형식이 함께 저장되어 내보내기됩니다.

7 내보내기한 '반품할 상품 목록' 파일이 열려 데이터를 바로 확인할 수 있습니다. 파일을 닫습니다. [내보내기-Excel 스프레드시트] 대화상자에서 [닫기]를 클릭합니다.

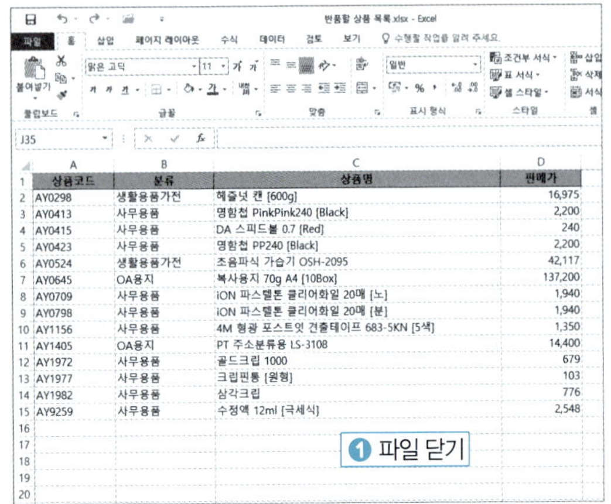

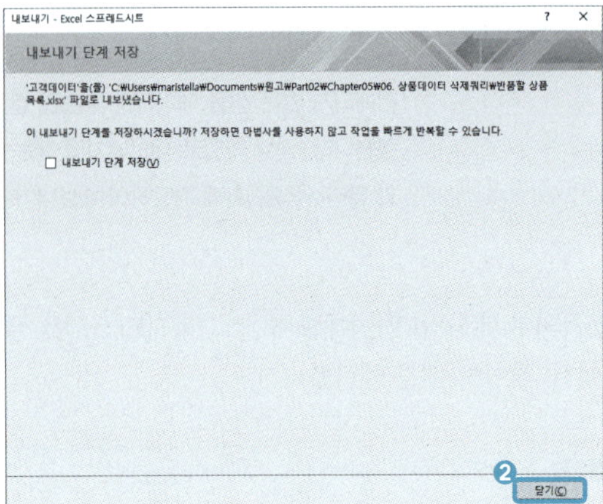

판매되지 않는 상품을 데이터 목록에서 제거하기

삭제 쿼리

한 번도 판매되지 않은 상품을 불일치 검색 쿼리를 이용해 추출하고 그 결과를 '반품할 상품 목록'으로 내보내기했습니다. 반품할 상품을 [상품데이터] 테이블에서 제거하도록 삭제 쿼리로 작성하고 실행하여 한꺼번에 해당 데이터를 삭제해보겠습니다.

8 [만들기] 탭-[쿼리] 그룹-[쿼리 디자인]을 클릭합니다. [테이블 표시] 대화상자에서 [상품데이터] 테이블을 더블클릭합니다. [닫기]를 클릭하여 대화상자를 닫습니다.

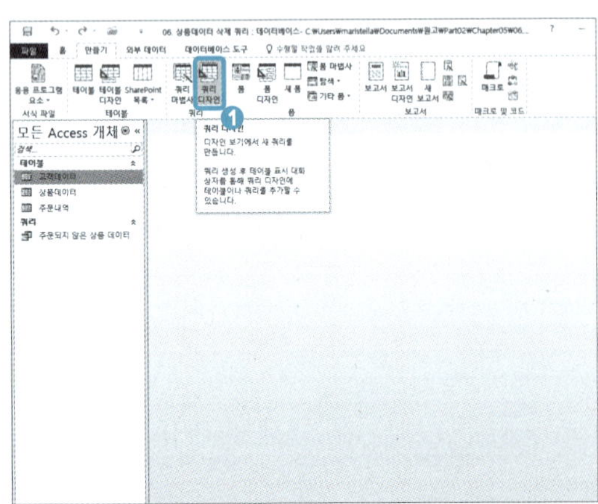

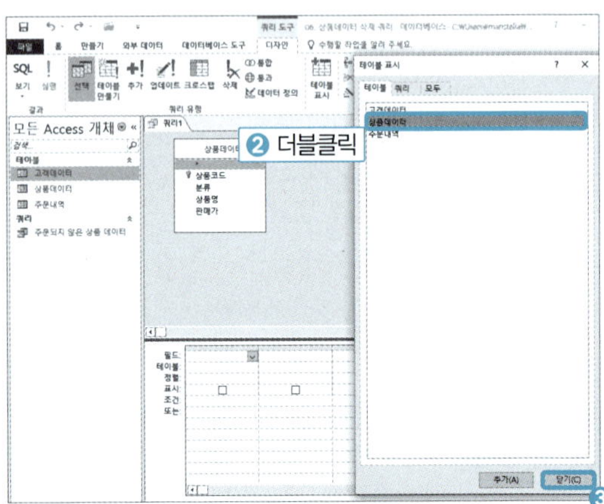

9 [쿼리 도구]–[디자인] 탭–[쿼리 유형] 그룹–[삭제]를 클릭합니다. [상품 데이터] 테이블의 [상품코드] 필드를 더블클릭하여 [쿼리 디자인] 창의 필드에 추가합니다. [조건]에는 **In(Select [상품코드] from [주문되지 않은 상품 데이터])**를 입력합니다. [저장]을 클릭합니다. [다른 이름으로 저장] 대화상자에서 쿼리 이름에 **삭제할 반품 목록**을 입력합니다. [확인]을 클릭한 후 쿼리 창을 닫습니다.

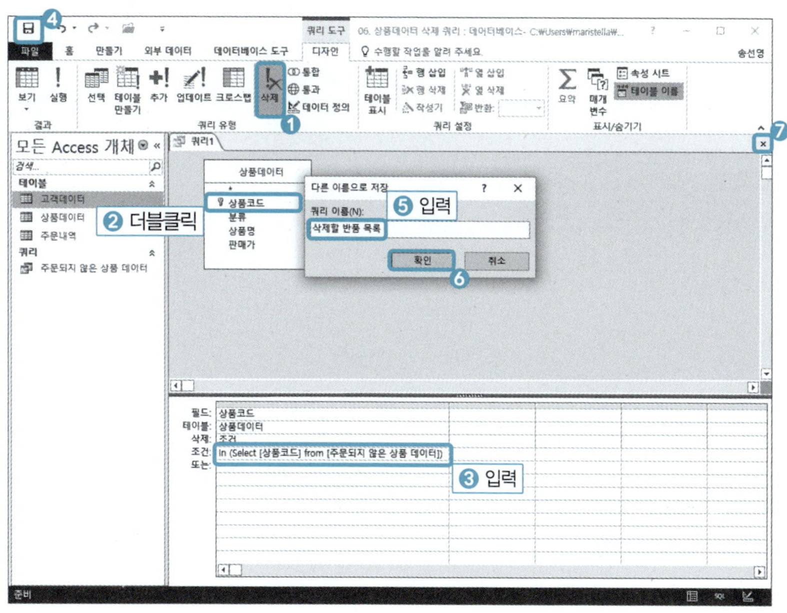

실력 향상 [주문되지 않은 상품 데이터] 쿼리의 [상품코드] 데이터를 [상품데이터] 테이블에서 검색하는 조건식입니다.

슈퍼 활용 TIP ★★★★★ In(Select [상품코드] from [주문되지 않은 상품 데이터])

❶ **Select [상품코드] from [주문되지 않은 상품 데이터]** : [주문되지 않은 상품 데이터] 테이블에 저장된 상품코드 데이터를 추출하는 SQL 구문입니다.

❷ 추출한 상품코드를 In 연산자 안에 조건으로 넣습니다. [상품데이터] 테이블의 상품코드를 In 연산자 안의 상품코드와 비교하여 In 연산자 안에 포함되어 있는 상품코드, 즉 [주문되지 않은 상품 데이터] 테이블에 있는 상품코드만 추출합니다.

10 Access 개체 목록에서 [삭제할 반품 목록] 쿼리를 더블클릭하여 실행합니다. 쿼리 실행을 확인하는 메시지가 표시됩니다. [예]를 클릭합니다.

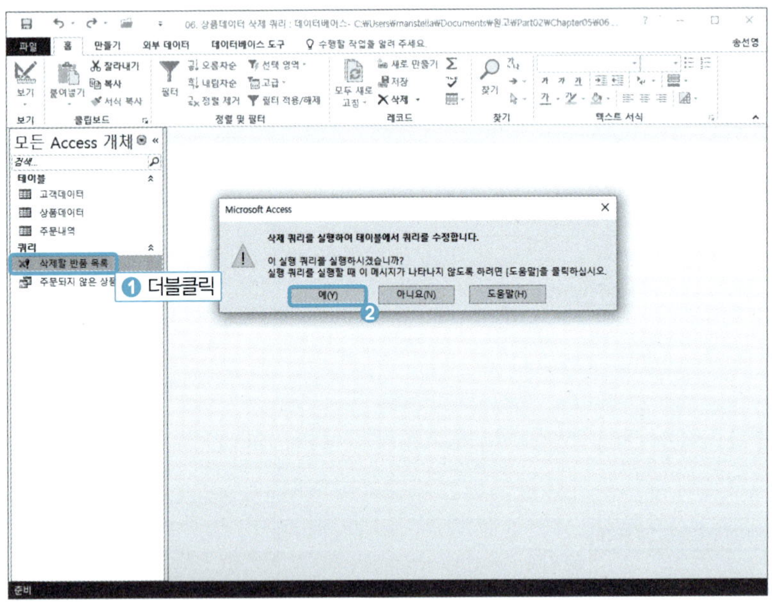

> **시간단축** 실행 쿼리를 더블클릭하면 다른 일반 쿼리와 다르게 해당 쿼리가 실행되어 내용이 수정되거나 삭제됩니다.

11 삭제할 데이터의 개수를 표시하는 메시지가 표시됩니다. [예]를 클릭하여 삭제를 완료합니다.

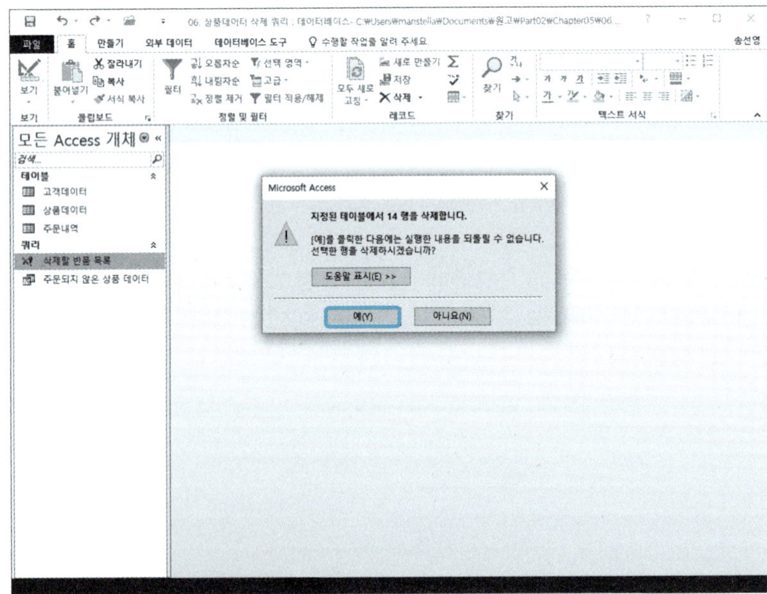

12 [주문되지 않은 상품 데이터] 쿼리를 실행한 후 [데이터시트 보기]를 선택합니다. 주문되지 않았던 상품 목록이 모두 제거되어 표시되지 않습니다.

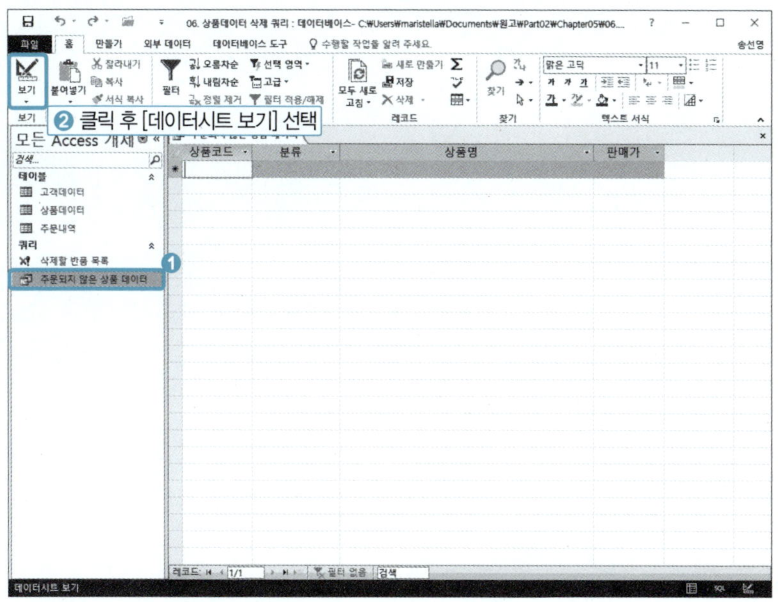

실력
향상
쿼리는 테이블의 데이터 결과를 뽑아 표시하는 개체입니다. [상품데이터] 테이블의 데이터가 삭제되었으므로 [상품데이터] 테이블의 데이터를 표시하는 [주문되지 않은 상품 데이터] 쿼리의 데이터도 표시되지 않습니다.

반복 작업을 일괄 처리하는 매크로 프로그램 제작하기

2016 버전으로 업그레이드되면서 더욱 강력해진 엑셀은
세계적으로 인정받는 스프레드시트 프로그램입니다.
그러나 아무리 뛰어난 프로그램이라 하더라도 전 세계 각지에서
일하고 있는 모든 기업과 사람들이 원하는
기능을 제공하기는 어렵습니다. 많은 종류의 함수가 있지만
내 입맛에 딱 맞는 함수는 없고, 여러 단계를 거쳐야만 결과를
도출할 수 있다거나 매번 반복되는 단순 작업으로 데이터를
가공하는 데 시간을 다 보내기도 합니다.
엑셀로 업무를 처리하면서 이러한 불편함을 느끼는 사용자라면
매크로 예제를 배워 업무에 응용하면서
업무 처리 능력을 향상할 수 있습니다.
매크로는 사용자가 원하는 기능을 추가로 직접 만들 수
있으므로 어떻게 활용하느냐에 따라 업무를
매우 효율적으로 처리할 수 있습니다.
여기서 다루는 매크로는 엑셀 데이터 목록을 가공, 편집, 추출할
때 단순 작업을 반복하지 않고
자동화하여 일괄 처리할 수 있는 방법을 설명합니다.

주문처별로 데이터를 추출해 다른 시트에 자동으로 분리하는 매크로 제작하기

실습 파일 | PART 02 \ CHAPTER 06 \ 식자재 주문현황.xlsm
완성 파일 | PART 02 \ CHAPTER 06 \ 식자재 주문현황(완성).xlsm, 식자재 주문현황(코드).txt

✅ 프로젝트 시작하기

매주 식당에서 필요로 하는 식자재 주문목록이 한 시트에 정리되어 있는데, 이 데이터 목록을 주문처별로 나눠 시트를 분리하고자 합니다. 먼저 [주문현황] 시트에는 주문처가 입력되어 있지 않으므로 [참고] 시트에 정리된 식품명과 상세식품명을 기준으로 주문처를 입력합니다. 이렇게 입력된 주문처별로 시트를 삽입하고, 해당 시트에 주문할 식자재 목록을 복사해보겠습니다.

[주문현황]에 주문처를 입력하는 작업은 VLOOKUP 함수를 사용하고, 주문처별로 시트를 분리하여 데이터를 복사하는 작업은 주문처 개수만큼 반복해야 하므로 매크로 기능을 이용하겠습니다. 매크로는 직접 코딩하지 않고 필터 기능 실행 작업을 자동 매크로로 기록한 후 매크로 코드를 수정하는 방식으로 제작해보겠습니다.

이동, 복사, 삭제 등 단순한 작업을 많이 반복할 경우에는 자동 매크로를 통해 일괄 처리하는 방법을 익혀 업무에 응용할 수 있습니다.

 **핵심기능 미리 보기**

STEP 01

식품명과 상세식품명을 기준으로 주문처 찾아오기 VLOOKUP 함수, & 연산자

❶ 함수에 사용할 [참고] 시트의 '식품명/상세식품명'과 '주문처' 셀 범위를 이름으로 정의합니다.

❷ VLOOKUP 함수를 사용하여 식품명과 상세식품명에 맞는 주문처를 찾아 입력합니다.

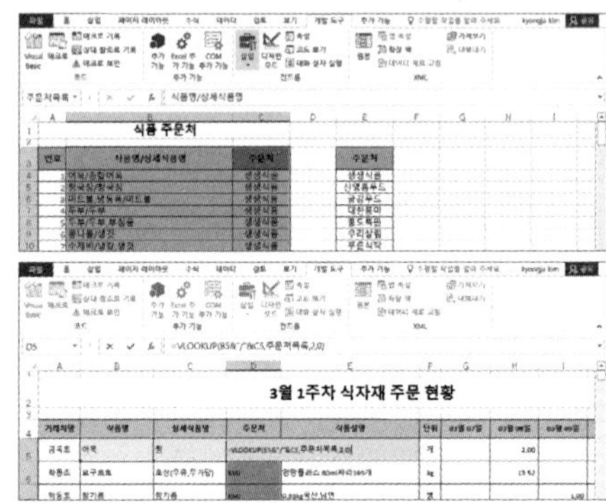

STEP 02

한 개의 주문처를 필터하여 복사하는 매크로로 기록하기 매크로 기록, 자동 필터

❶ 데이터 목록에 필터를 설정한 후 한 개의 주문처만 표시되도록 주문처에 필터 조건을 설정하고 필터된 데이터 목록을 복사하여 새로운 시트에 붙여넣기하는 동작을 매크로로 기록합니다.

❷ 자동 매크로 기록을 종료하고 비주얼 베이식(Visual Basic) 편집기에서 기록된 매크로를 확인합니다.

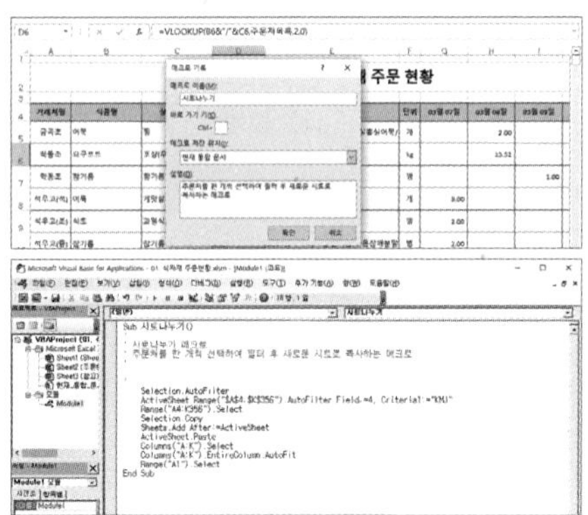

STEP 03

자동으로 반복하도록 매크로 수정하기
비주얼 베이식 편집기에서 매크로 코드 수정, 매크로 실행

❶ 주문처 개수만큼 매크로 프로그램이 반복실행 되도록 코드를 수정합니다.

❷ 수정 완료된 매크로를 [매크로] 대화상자에서 실행합니다.

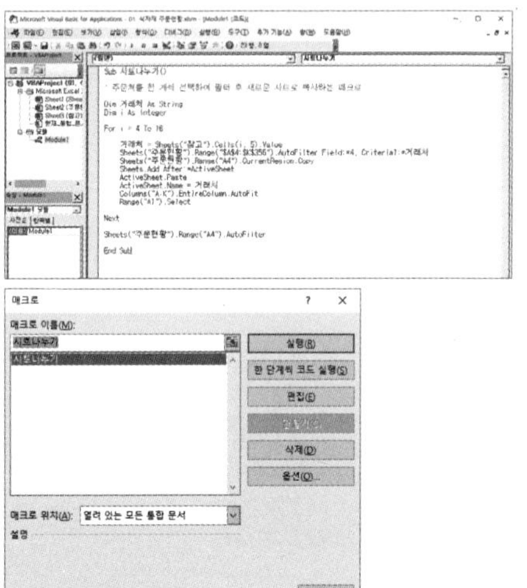

식품명과 상세식품명을 기준으로 주문처 찾아오기

VLOOKUP 함수, & 연산자

[주문현황] 시트에 주문처를 입력해야 합니다. 주문처는 [참고] 시트에 입력된 '식품 주문처'를 기준으로 VLOOKUP 함수를 사용해 식품명과 상세식품명에 해당하는 주문처를 찾아오겠습니다. VLOOKUP 함수에 사용할 '찾을 기준 값'이 되는 '식품명/상세식품명'이 [주문현황] 시트에는 B열과 C열로 분리되어 있으므로 이 두 셀의 데이터를 & 연산자로 합쳐서 VLOOKUP 함수에 사용하겠습니다.

1 [참고] 시트를 선택합니다. [B3:C293] 셀 범위를 선택합니다. [이름 상자]에 **주문처목록**을 입력한 후 Enter 를 누릅니다.

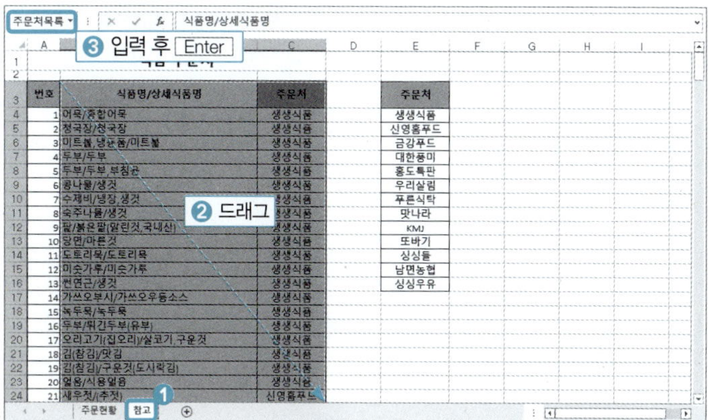

실력향상

이름을 정의할 때는 반드시 B열과 C열만 선택해야 합니다. VLOOKUP 함수에 사용할 기준 범위는 첫 열에 찾고자 하는 식품명이 있어야 하기 때문입니다. 만약 A열의 번호가 이름 범위에 포함된다면 VLOOKUP 함수를 사용할 수 없습니다.

2 [주문현황] 시트에서 [D5] 셀에 **=VLOOKUP(B5&"/"&C5,주문처목록,2,0)**을 입력합니다. [D5] 셀의 채우기 핸들을 더블클릭하여 수식을 복사합니다. 모든 주문처가 입력되었습니다.

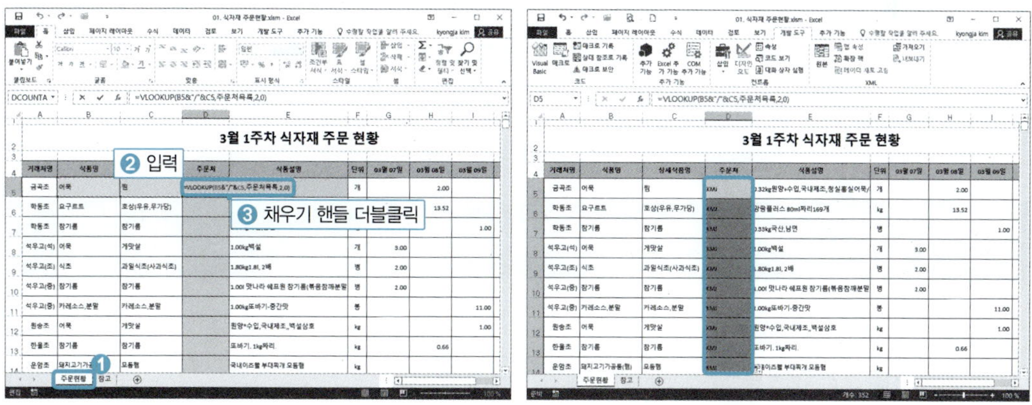

실력향상 시트 식품 주문처 목록에는 식품명과 상세식품명이 한 셀에 모두 입력되어 있으므로 VLOOKUP 함수에서도 'B5&"/"&C5' 수식으로 동일하게 만들어줍니다. 그리고 '주문처목록' 으로 이름을 정의한 셀 범위의 첫 열에서 값을 찾아 두 번째 열 값인 '주문처'를 셀에 입력합니다.

• 함수 형식 : =VLOOKUP(찾을 기준 값, 기준 범위, 가져올 열 번호, 찾는 방법)

한 개의 주문처를 필터하여 복사하는 매크로 기록하기

매크로 기록, 자동 필터

주문처별로 데이터를 분리하여 다른 시트에 복사하는 필터 작업을 거래하는 주문처 개수만큼 반복해야 할 때 빠르게 일괄 처리하기 위해 자동 매크로를 사용해보겠습니다. 자동 매크로는 기록 시작부터 기록 종료 전까지 시트에서 이루어지는 키보드와 마우스의 모든 움직임을 매크로 프로그램으로 만들어줍니다. 이렇게 기록된 매크로는 비주얼 베이식(Visual Basic) 편집기에 작성되고 이 매크로를 실행하면 기록된 내용이 시트에서 그대로 실행됩니다.

3 [개발 도구]의 [매크로 기록]를 이용하여 기록을 시작하고, 데이터 목록에 필터를 설정한 후 한 개의 주문처만 표시되도록 주문처에 필터 조건을 설정합니다. [개발 도구] 탭–[매크로 기록]을 클릭합니다. [매크로 기록] 대화상자에서 각 항목에 대해 다음과 같이 입력합니다. [확인]을 클릭합니다.

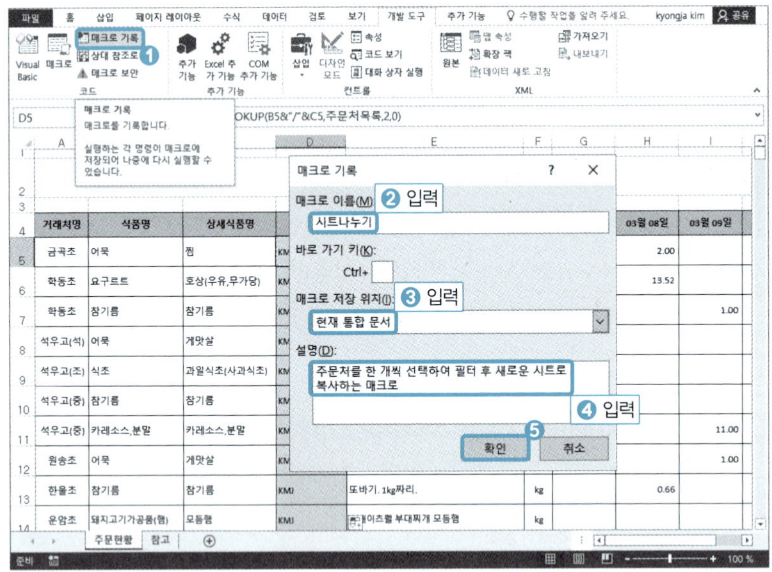

💡 실력향상

[바로 가기 키]는 입력하지 않습니다.

슈퍼 활용 TIP ★★★★★ 매크로 기록에 포함되지 않는 동작들

❶ 단순히 리본 메뉴의 탭만 클릭할 때

❷ 대화상자를 열고 특정한 속성을 지정하더라도 [취소]를 클릭할 때

❸ 키보드의 한/영 을 누를 때

❹ 엑셀 이외의 다른 프로그램을 조작할 때

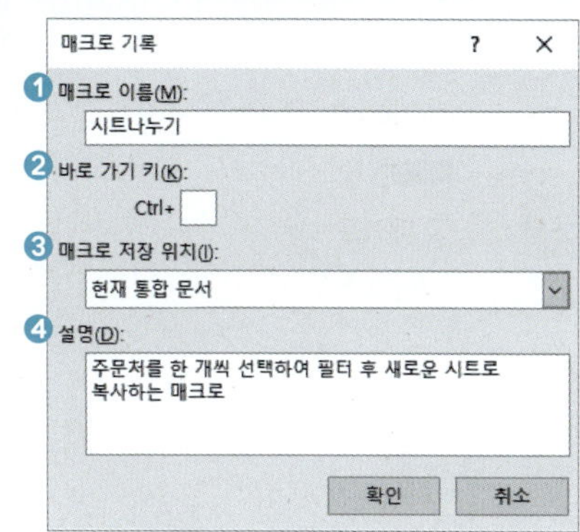

❶ **매크로 이름** : 매크로 이름은 필수 항목으로 한글 또는 영문으로 간략하게 입력합니다. 반드시 첫 글자는 문자로 시작해야 하며 이후에는 문자나 숫자, 밑줄 등을 사용할 수 있습니다. 공백과 특수 문자(!,@,#,$,%,^ 등)는 사용할 수 없지만 언더바(_)를 사용하여 단어를 구분할 수 있습니다. 이미 사용하고 있는 매크로 이름을 지정할 경우 기존 매크로는 삭제되고 같은 이름으로 새 매크로가 기록됩니다.

❷ **바로 가기 키** : [바로 가기 키]는 선택 항목으로 매크로를 실행하는 단축키를 지정합니다. Ctrl 과 영어 소문자를 조합하여 지정합니다. 대문자로 지정하면 Shift 가 함께 단축키로 지정되므로 실행할 때 Shift 를 누르거나 Caps Lock 이 선택되어 있어야 합니다. 엑셀 프로그램에서 이미 설정되어 있는 단축키를 지정하면 사용자가 매크로에서 지정한 단축키가 우선으로 작동됩니다. 현재 열려 있는 통합 문서의 다른 매크로에서 이미 사용하고 있는 단축키는 지정할 수 없습니다.

❸ **매크로 저장 위치** : 선택 항목으로 기록되는 매크로를 저장할 통합 문서를 지정합니다. 대부분 [현재 통합 문서]를 설정하여 작업 중인 통합 문서에 저장합니다. 이 외에도 저장 문서에는 [새 통합 문서]와 [개인용 매크로 통합 문서]가 있습니다. [새 통합 문서]는 새로운 통합 문서를 생성하여 그 문서에 매크로를 저장하고, [개인용 매크로 통합 문서]는 현재 컴퓨터에 설치된 엑셀에서 공통으로 사용하는 매크로를 작성하는 것입니다. 엑셀의 시작 폴더인 [XLStart]에 [PERSONAL.XLSB]이라는 이름으로 저장됩니다.

❹ **설명** : 선택 항목으로 기록하는 매크로의 기능이나 용도에 대한 설명으로 사용자가 추가로 입력할 수 있습니다. 매크로 실행과는 아무런 상관이 없으며 프로그램에서는 주석으로 처리됩니다. 비주얼 베이식 편집기 창에서는 작은따옴표(')가 코드 맨 앞에 붙습니다.

4 매크로 기록이 시작되었습니다. [데이터] 탭–[정렬 및 필터] 그룹–[필터]를 클릭합니다.

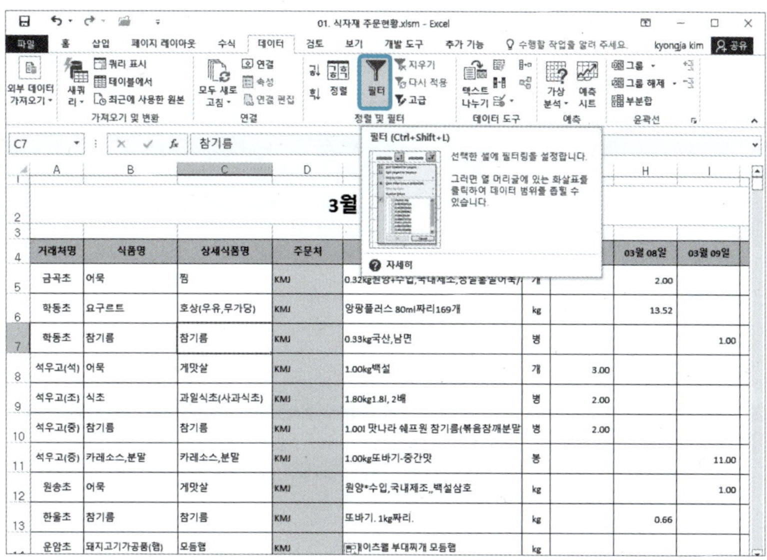

5 데이터 목록에 필터가 설정되었습니다. 필터된 데이터 목록을 복사하여 새로운 시트에 붙여 넣어보겠습니다. 매크로 기록을 종료하면 기록 시작 후부터 종료 전까지의 필터 설정과 결과를 복사하는 동작이 프로그램으로 만들어집니다. [주문처] 필터 목록 단추를 클릭합니다. [모두 선택]을 해제하고 [KMJ]를 선택합니다. [확인]을 클릭합니다.

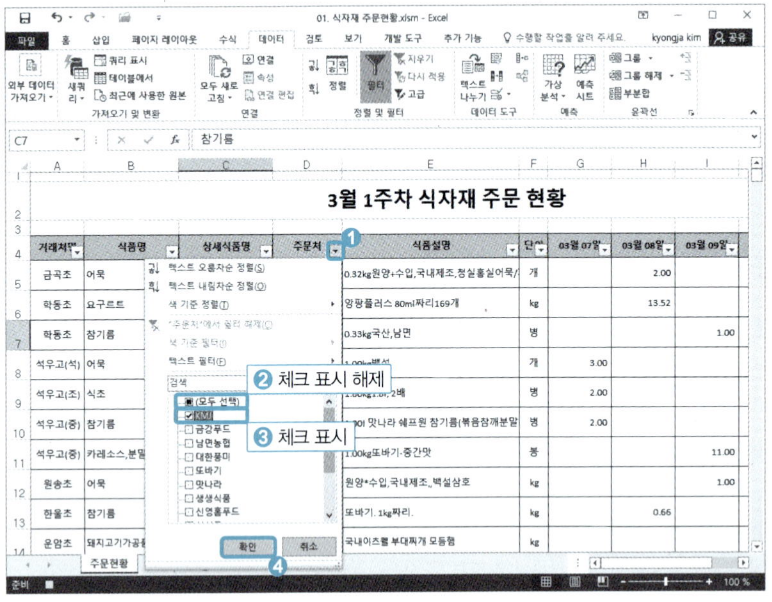

6 주문처가 'KMJ'인 레코드만 필터되었습니다. [A4] 셀을 클릭한 후 Ctrl + A 를 누릅니다. 필터된 데이터 목록만 선택됩니다. Ctrl + C 를 눌러 복사합니다. [새 시트]를 클릭한 후 새로 추가된 시트에서 Ctrl + V 를 눌러 붙여넣기합니다.

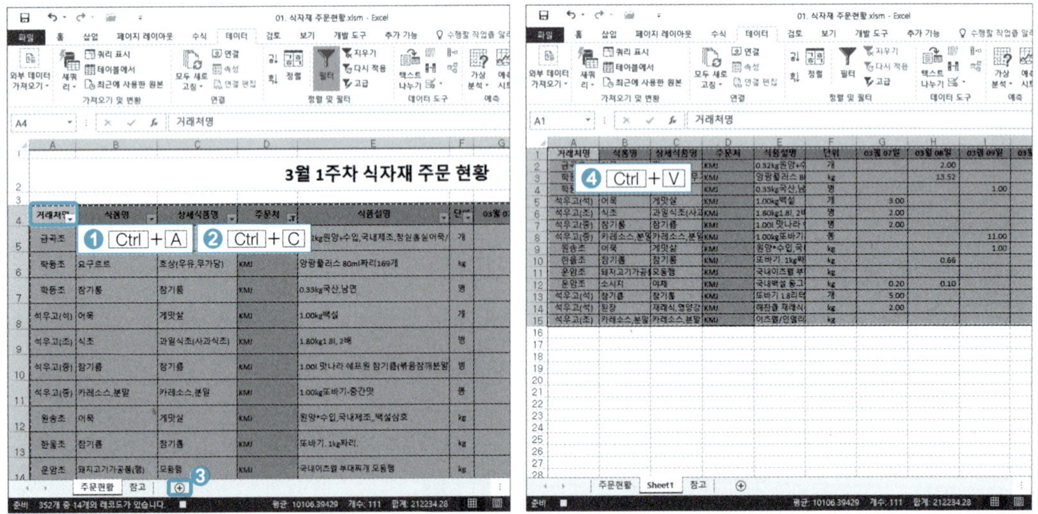

7 [A:K] 열을 선택합니다. 선택한 열 중 임의의 열 머리글 경계선에 마우스 포인터를 위치한 후 더블클릭합니다. 열 너비가 자동 맞춤됩니다. [A1] 셀을 클릭하면 선택된 범위가 해제됩니다. [개발 도구] 탭–[코드] 그룹–[기록 중지]를 클릭합니다.

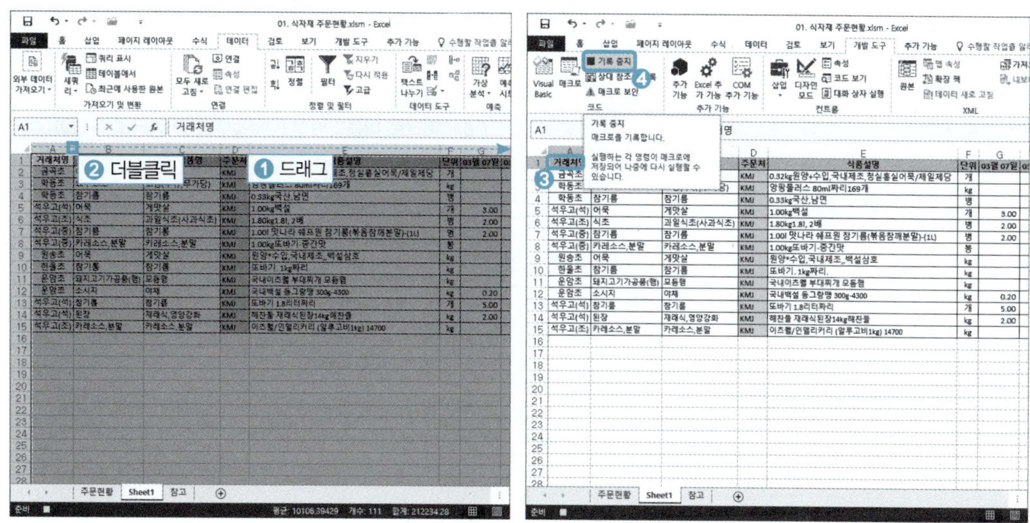

> **시간단축** 매크로 기록 중지는 상태 표시줄에서도 할 수 있습니다. [개발 도구] 탭이 선택된 상태가 아니라면 상태 표시줄에서 기록 중지를 하는 것이 더 편리합니다.

> **실력향상** 매크로에 기록할 작업이 완료되었다면 반드시 [기록 중지]를 클릭해야 하는데, [기록 중지]를 잊어버리고 계속 다른 작업을 하는 경우도 많습니다. [기록 중지]를 하지 않은 상태에서 다른 작업을 하면 해당 작업의 내용이 추가로 기록됩니다. 또한 [기록 중지]를 하지 않은 상태에서 기록된 매크로가 동작하는지 확인하고자 기록 중인 자신의 매크로를 실행하면 무한 루프되어 매크로에 오류가 발생합니다.

8 [개발 도구] 탭–[코드] 그룹–[매크로]를 클릭합니다. [매크로] 대화상자에서 [시트나누기]를 선택합니다. [편집]을 클릭합니다. 비주얼 베이식 편집기 창이 나타나고 기록된 [시트나누기] 매크로 코드를 확인할 수 있습니다.

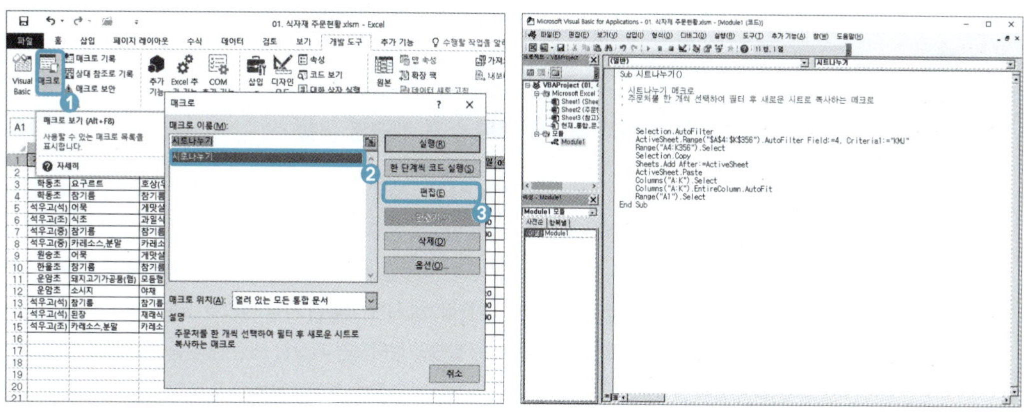

[개발 도구] 탭–[코드] 그룹–[매크로]를 클릭하면 [매크로] 대화상자가 나타납니다. [매크로] 대화상자에서는 현재 통합 문서뿐만 아니라 열려 있는 다른 문서의 매크로 목록도 함께 볼 수 있으며 기록된 매크로의 실행, 삭제, 옵션 변경 등을 설정할 수 있습니다.

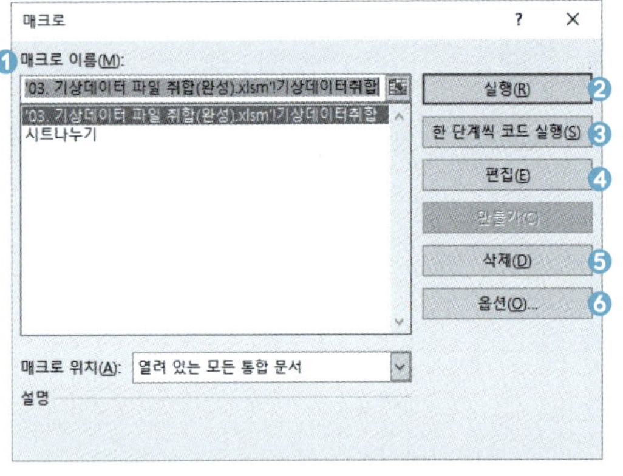

❶ **매크로 이름** : 통합 문서에 저장된 매크로 목록이 표시됩니다. 현재 작업 중인 통합 문서에 있는 매크로만 표시하고자 할 경우 매크로 위치에서 [현재 통합 문서]를 선택합니다. 매크로 위치에서 [열려 있는 모든 통합 문서]를 선택할 경우 다른 문서에 있는 매크로는 '파일명!매크로명'으로 이름이 표시됩니다.

❷ **실행** : 매크로 이름에서 선택한 매크로가 실행됩니다.

❸ **한 단계씩 코드 실행** : 선택한 매크로를 처음부터 끝까지 실행하지 않고 이 버튼을 누를 때마다 한 문장씩만 실행합니다. 프로그램에 오류가 발생했을 경우 오류 점검을 위해 사용합니다.

❹ **편집** : 선택된 매크로를 수정할 수 있도록 비주얼 베이식 편집기가 표시되고, 해당 매크로의 코드로 커서가 이동합니다.

❺ **삭제** : 선택한 매크로를 삭제합니다. [매크로] 대화상자에서 삭제되면 비주얼 베이식 편집기에서도 함께 삭제됩니다.

❻ **옵션** : 선택한 매크로의 단축키를 설정하거나 설명을 추가하고 수정할 수 있습니다. 매크로를 기록할 때 설정한 단축키를 조회하거나 변경할 수 있습니다.

STEP 03

자동으로 반복하도록 매크로 수정하기
비주얼 베이식 편집기에서 매크로 코드 수정, 매크로 실행

자동 매크로로 기록한 프로그램은 한 번만 실행되고, 필터 조건도 매크로 기록에서 사용한 거래처 한곳만 설정되어 있어 주문처 개수만큼 프로그램이 반복 실행되려면 매크로 코드를 수정해야 합니다. 기록한 자동 매크로가 작성되는 곳과 수정할 수 있는 곳은 비주얼 베이식 편집기입니다. 시트에서는 자동 매크로를 기록하고 실행할 수 있으며, 비주얼 베이식 편집기에서는 기록된 자동 매크로 코드를 확인하고 수정할 수 있습니다. 비주얼 베이식 편집기는 시트와는 별개의 창이지만 저장할 때는 해당 통합 문서에 시트와 함께 저장됩니다. 비주얼 베이식 편집기 창에서 기록된 매크로를 수정해 완벽한 프로그램으로 만들어보겠습니다.

9 비주얼 베이식 편집기 창에서 기록된 [시트나누기] 매크로를 다음과 같이 수정합니다.

• **기록된 매크로**

```
Sub 시트나누기()
'                              → 삭제
' 시트나누기 매크로            → 삭제
' 주문처를 한 개씩 선택하여 필터 후 새로운 시트로 복사하는 매크로
'                              → 삭제
'                              → 삭제
 Selection.AutoFilter          → 삭제
    ActiveSheet.Range("$A$4:$K$356").AutoFilter Field:=4, Criteria1:="KMJ"
                              → ActiveSheet와 "KMJ" 코드 수정
    Range("A4:K356").Select    → 삭제
    Selection.Copy             → Selection 코드 수정
    Sheets.Add After:=ActiveSheet
    ActiveSheet.Paste
    Columns("A:K").Select       → 삭제
    Columns("A:K").EntireColumn.AutoFit
    Range("A1").Select
End Sub
```

• **수정한 매크로**

```
❶ Sub 시트나누기()
❷ ' 주문처를 한 개씩 선택하여 필터 후 새로운 시트로 복사하는 매크로
❸ Dim 거래처 As String    → 추가 입력
❹ Dim i As Integer        → 추가 입력
❺ For i = 4 To 16          → 추가 입력
❻    거래처 = Sheets("참고").Cells(i, 5).Value  → 추가 입력
❼    Sheets("주문현황").Range("$A$4:$K$356").AutoFilter Field:=4, Criteria1:=거래처  → 수정
❽    Sheets("주문현황").Range("A4").CurrentRegion.Copy  → 수정
❾    Sheets.Add After:=ActiveSheet
❿    ActiveSheet.Paste
⓫    ActiveSheet.Name = 거래처  → 추가 입력
⓬    Columns("A:K").EntireColumn.AutoFit
⓭    Range("A1").Select
⓮ Next  → 추가 입력
⓯ Sheets("주문현황").Range("A4").AutoFilter  → 추가 입력
⓰ End Sub
```

❶ 매크로를 시작합니다. Sub 다음에 나오는 문자가 매크로 이름입니다. [매크로 기록] 대화상자에서 [이름]에 입력한 이름이 그대로 나타납니다.

❷ 주석문으로 프로그램 실행에는 아무런 영향이 없습니다. [매크로 기록] 대화상자에서 [설명]에 입력한 내용입니다.

❸ 변수를 선언합니다. 필터에서 [거래처] 필드에 사용할 조건 값을 저장할 문자형 변수입니다.

❹ 변수를 선언합니다. 반복 작업을 위한 카운터 변수입니다.

❺ 반복문이 시작되고 Next 문을 만날 때까지 ❻~❽을 13번 반복합니다. 반복 카운터 변수의 초기 값을 '4'로 지정하고 ❻~❽까지를 한 번 반복할 때마다 카운터 변수 i 값은 1씩 증가합니다. 카운터 변수를 4부터 16이 될 때까지 반복하는 이유는 [참고] 시트의 주문처 목록이 [E4:E16] 셀에 입력되어 있어 행 번호를 맞추기 위해서입니다.

❻ 거래처 변수에 값을 대입합니다. [참고] 시트의 [E4] 셀 값을 대입합니다. 'Cells(i, 5)' 코드는 Cells(4번 행, 5번 열)의 의미로 [E4] 셀을 뜻합니다.

❼ [주문현황] 시트의 [$A$4:$K$356] 셀 범위에 필터를 설정하고, 네 번째 필드명의 조건으로 '거래처' 변수에 입력된 값을 설정합니다.

❽ 필터가 설정된 데이터 목록을 복사합니다. 'Range("A4").CurrentRegion'는 [A4] 셀을 클릭한 후 Ctrl + A 를 누른 것과 같은 의미입니다.

❾ 현재 시트 뒤에 새로운 시트를 추가합니다.

❿ 새로 추가한 시트에 복사한 내용을 붙여 넣습니다.

⓫ 새로 추가한 시트의 이름을 '거래처' 변수에 저장된 값으로 변경합니다.

⓬ [A:K] 열의 너비를 자동 맞춤 설정합니다.

⓭ [A1] 셀을 클릭합니다. 설정된 범위를 해제하기 위해 필요합니다.

⓮ 반복문을 종료합니다.

⓯ 자동 필터를 해제합니다.

⓰ 매크로를 종료합니다.

10 수정된 매크로를 실행해보겠습니다. [개발 도구] 탭–[코드] 그룹–[매크로]를 클릭합니다. [매크로] 대화상자에서 [시트나누기]를 선택합니다. [실행]을 클릭합니다. 매크로가 실행되어 주문처별로 시트가 분리되고 데이터가 복사되었습니다.

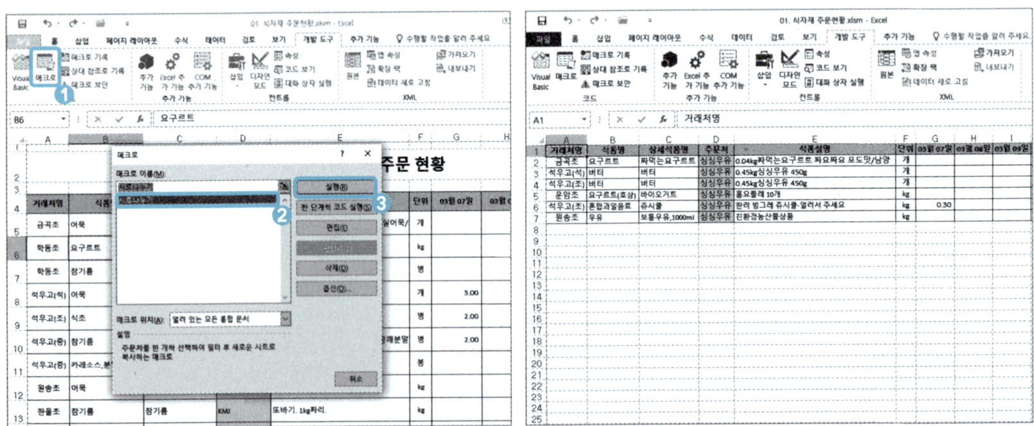

실력 향상 매크로를 실행할 때 '중단 모드에서는 코드를 실행할 수 없습니다'라는 메시지가 나타날 경우 비주얼 베이식 편집기 창의 [표준] 도구 모음 중 [재설정] ▮ ▮ ☒ 을 클릭합니다.

제작된 프로그램을 실행하는 도중 오류가 발생하면 [종료] 또는 [디버그]를 선택할 수 있습니다. [종료]를 클릭하면 실행하던 프로그램이 종료됩니다. [디버그]를 클릭하면 매크로는 중단 모드로 전환되고 오류가 발생한 문으로 이동하여 위치를 표시합니다.

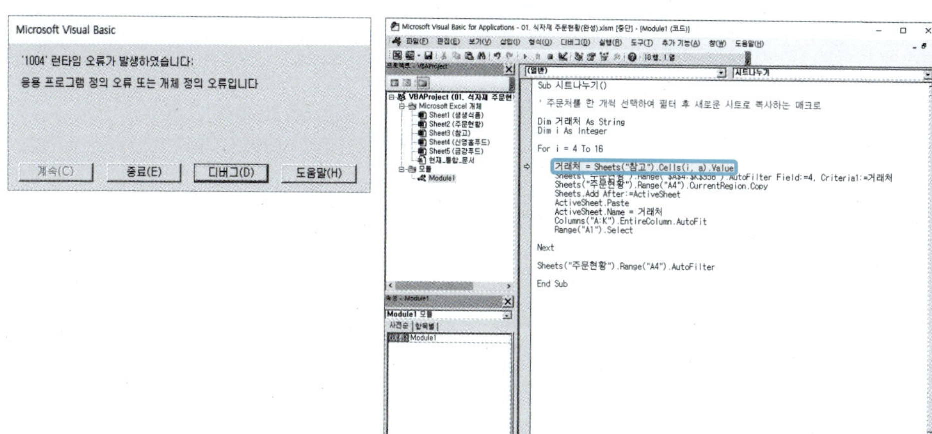

[디버그]를 클릭하여 중단 모드로 전환되면 매크로도 실행이 중단됩니다. 이때는 엑셀의 일반적인 작업을 할 수 없도록 시트가 비활성화됩니다. 중단된 매크로를 종료하기 위해서 비주얼 베이식 편집기 창의 [표준] 도구 모음 중 [재설정]을 클릭합니다.

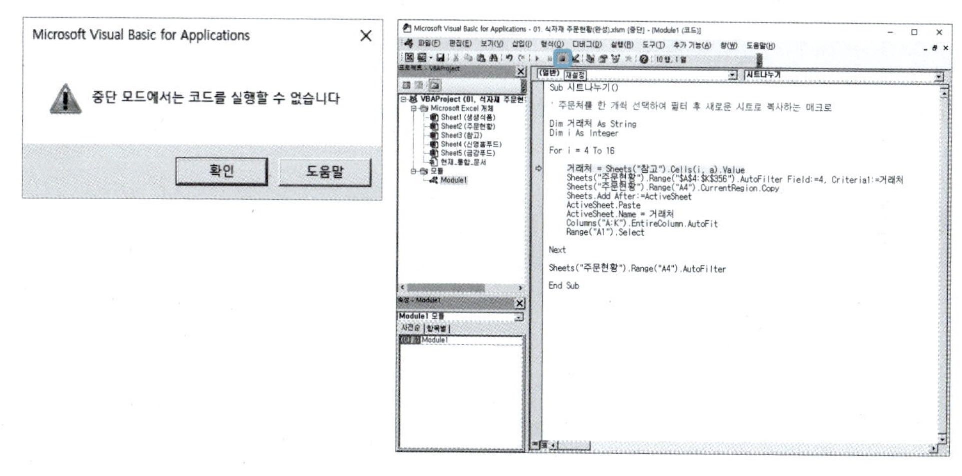

❶ 매크로가 포함된 파일 저장

매크로가 포함된 문서는 반드시 저장할 때 '매크로 사용 통합 문서(*.xlsm)'로 저장해야 합니다. 만약 매크로가 포함된 문서인데 '통합 문서(*.xlsx)'로 저장하면 비주얼 베이식 편집기 창에 있는 내용은 모두 삭제되고 시트의 내용만 저장됩니다. [다른 이름으로 저장] 대화상자에서 [파일 형식]을 [Excel 매크로 사용 통합 문서(*.xlsm)]로 선택한 후 [저장]을 클릭합니다.

매크로가 포함된 통합 문서를 [Excel 통합 문서(*.xlsx)] 형식으로 저장하면 다음과 같은 메시지가 나타납니다. [예]를 클릭하면 매크로를 제외한 상태에서 저장하고, [아니요]를 클릭하면 [다른 이름으로 저장] 대화상자에서 다시 형식을 변경할 수 있습니다.

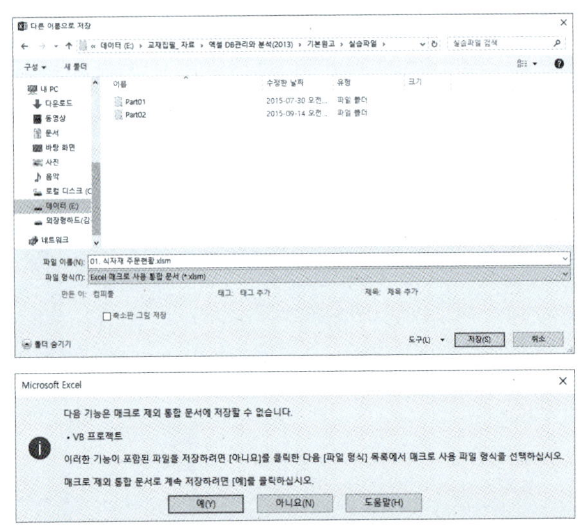

❷ 매크로가 포함된 파일 열기

매크로가 포함된 통합 문서를 열면 기본적으로 매크로를 제외된 상태에서 시트 내용만 열리게 됩니다. 비주얼 베이식 편집기 창에서 코드가 보이더라도 매크로는 실행되지 않습니다. 매크로가 포함된 파일을 열면 리본 메뉴 아래에 [보안 경고] 메시지가 표시되는데 이때 [콘텐츠 사용]을 클릭하면 메시지가 사라지고 매크로가 포함되어 파일이 열립니다. 보안 경고 메시지는 파일을 처음 열었을 때만 표시되며 [콘텐츠 사용]을 클릭했던 파일은 다음에 다시 열었을 때 보안 경고 메시지를 표시하지 않고 바로 매크로를 포함하여 열어줍니다.

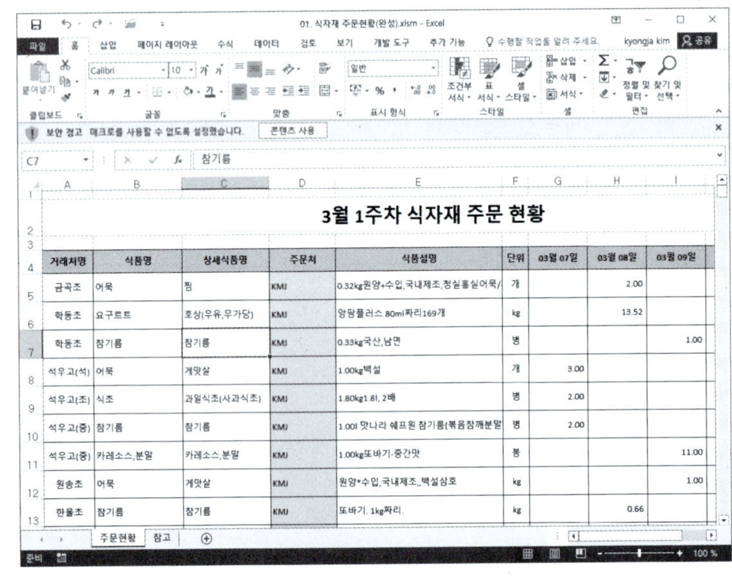

지역별로 분리된 여러 파일 DB를
한 시트에 통합하는 매크로 제작하기

실습 파일 | PART 02 \ CHAPTER 06 \ 기상데이터 \ 기상데이터 파일 취합.xlsm, 서울 기상데이터.xlsx 외 9개 파일
완성 파일 | Part 02 \ Chapter06 \ 기상데이터 \ 기상데이터 파일 취합(완성).xlsm, 기상데이터-파일 취합(코드1).txt, 기상데이터-파일 취합(코드2).txt

✔ 프로젝트 시작하기

같은 양식의 데이터가 여러 파일에 분리된 것을 하나의 시트에 모으는 작업을 자주 하게 됩니다. [기상데이터] 폴더 안에는 10개 지역의 기상정보가 저장된 데이터 목록이 있습니다. 이 데이터 목록을 모두 한 시트에 모으고자 할 때 각 파일을 하나씩 열어서 데이터를 복사한 후 붙여 넣는 단순 작업을 반복하게 되는데, 이 작업을 자동화하여 일괄 처리할 수 있는 매크로 프로그램을 제작해보겠습니다.

통합할 파일의 개수가 10개나 20개 이상일 경우도 있으므로 매크로 프로그램으로 통합할 파일을 선택할 수 있는 [열기] 대화상자를 표시하고, 사용자가 통합할 파일을 직접 선택해주면 그 파일의 데이터를 복사해오는 방법으로 매크로를 제작합니다. 이러한 기능은 엑셀의 자동 매크로로 기록이 어려우므로 직접 코딩하여 매크로를 작성해보겠습니다.

STEP 01

변수 선언과 [열기] 대화상자 보여주기 변수 선언, [열기] 대화상자를 표시하는 메서드 입력

❶ 비주얼 베이식 편집기 창에서 새로운 모듈을 삽입합니다.

❷ 삽입한 모듈에 '기상데이터취합' 매크로를 직접 코딩하여 제작합니다. 프로그램 준비 작업으로 변수를 선언하고 [열기] 대화상자를 표시하는 문을 작성합니다.

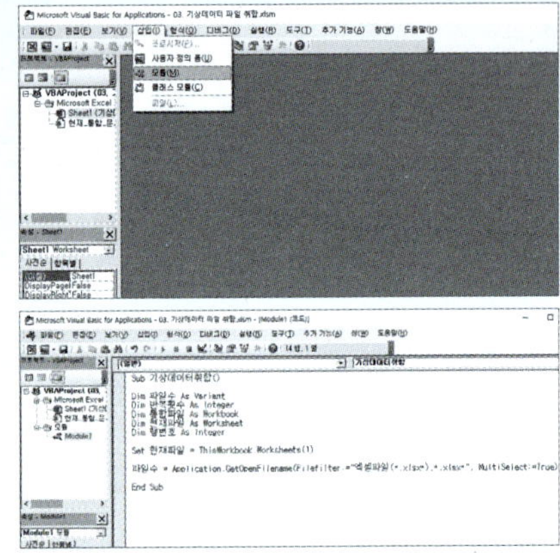

STEP 02

선택한 파일을 열고 파일 내용을 통합 시트에 복사하기 파일 복사 반복 실행문 입력, 매크로 실행

❶ [열기] 대화상자에서 선택한 파일을 한 개씩 열어서 각 파일의 내용을 [기상데이터 파일 취합] 문서의 [기상데이터 통합] 시트로 복사하는 반복문을 추가 입력합니다.

❷ 작성 완료된 매크로를 실행하면 통합할 파일을 선택하라는 [열기] 대화상자가 나타나고 파일을 선택하면 각 파일의 내용이 복사됩니다.

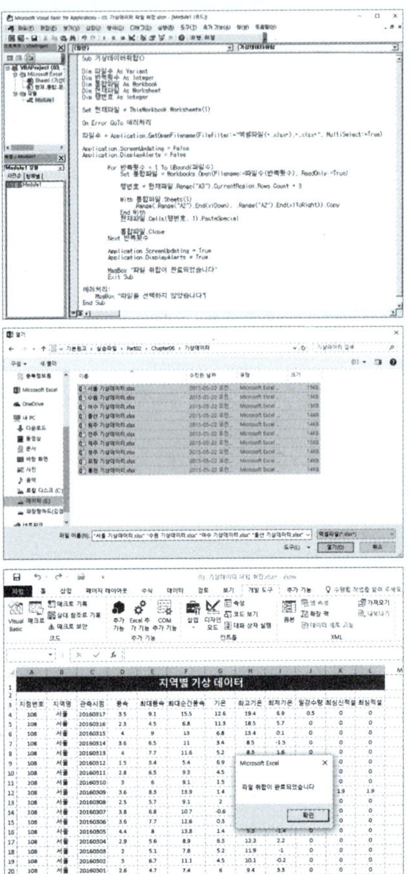

변수 선언과 [열기] 대화상자 보여주기
변수 선언, [열기] 대화상자를 표시하는 메서드 입력

입력해야 할 매크로의 내용이 많으므로 변수 선언과 [열기] 대화상자를 표시하는 매크로 코드를 먼저 입력합니다. 이 매크로는 여러 개의 파일과 서로 다른 시트를 열고 선택하면서 복사와 붙여넣기 작업을 진행하므로 파일과 통합 문서, 셀 등을 저장하는 다섯 개의 변수가 필요합니다. 비주얼 베이식 편집기 창에서 모듈을 삽입하고 삽입한 모듈에 매크로를 입력해보겠습니다.

1 [개발 도구] 탭-[코드] 그룹-[Visual Basic]을 클릭합니다. 비주얼 베이식 편집기 창에서 [삽입]-[모듈]을 클릭합니다.

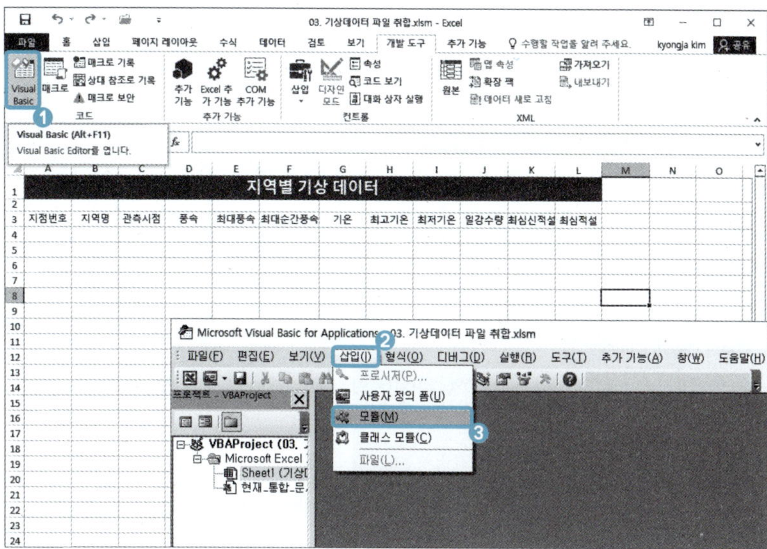

2 [Module1]이 삽입되었습니다. 매크로를 만들어보겠습니다. 모듈 창에 **Sub 기상데이터취합**을 입력합니다. Enter 를 누릅니다. Sub와 매크로 이름을 입력한 후 Enter 를 누르면 매크로의 시작문과 종료문이 자동으로 완성됩니다.

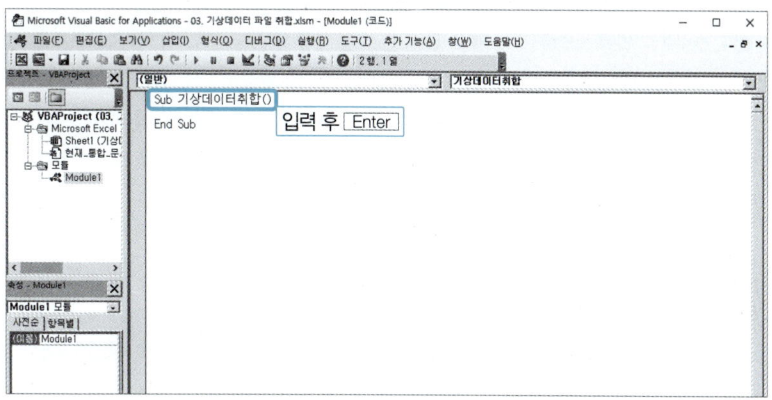

3 '기상데이터취합' 매크로에 다음과 같이 코드를 입력합니다.

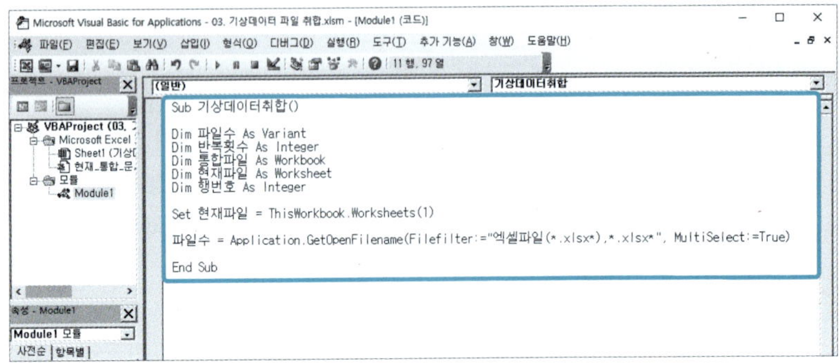

이 코드는 '기상데이터 파일 취합(코드1).txt' 파일로 제공합니다.

- **기록된 매크로**

```
Sub 기상데이터취합()
❶      Dim 파일수 As Variant
❷      Dim 반복횟수 As Integer
❸      Dim 통합파일 As Workbook
❹      Dim 현재파일 As Worksheet
❺      Dim 행번호 As Integer
❻      Set 현재파일 = ThisWorkbook.Worksheets(1)
❼      파일수 = Application.GetOpenFilename(Filefilter:="엑셀파일(*.xlsx*),*.xlsx*", MultiSelect:=True)
End Sub
```

❶ 'GetOpenFilename' 메서드에 의해 [열기] 대화상자가 나타나면 통합할 파일을 선택하게 되는데, 이 파일의 정보를 저장할 변수를 선언합니다. 'GetOpenFilename' 메서드로 나타난 [열기] 대화상자에서 파일을 선택하면 파일명이 배열로 변수에 대입되고, [취소]를 누르면 'Fasle'가 대입되므로 변수 자료 형식을 설정할 수 없어서 Variant(가변형)로 선언합니다.

❷ 파일 복사를 위한 반복문에 사용할 카운터 변수를 선언합니다.

❸ 통합할 파일이 열리면 그 파일을 저장할 워크북형 개체 변수를 선언합니다.

❹ [기상데이터통합] 시트를 저장할 개체 변수를 선언합니다.

❺ 통합할 시트에 데이터를 붙여 넣을 행 번호를 저장하는 정수형 변수를 선언합니다.

❻ 현재 프로그램이 작업 중인 통합 문서의 첫 번째 시트를 '현재 파일' 변수에 대입합니다. 이 프로그램은 두 개 이상의 파일이 열린 상태에서 작업되므로, 반드시 'ThisWorkbook.WorkSheets(1)' 형태로 개체를 설정해야 합니다.

❼ 'GetOpenFilename' 메서드를 이용하여 확장자가 'xls'로 시작하는 파일만 표시하는 [열기] 대화상자를 표시합니다. 'xlsx'로 확장자를 설정하면 엑셀 2007 이상 파일만 표시됩니다. MultiSelect 인수를 'True'로 설정하여 두 개 이상의 파일을 선택할 수 있도록 합니다.

> **실력 향상** GetOpenFilename 메서드는 [열기] 대화상자를 표시하고 사용자가 선택한 파일 이름을 가져옵니다. 그러나 파일을 열지는 않으므로 파일 열기 작업이 필요하다면 GetOpenFilename 메서드에서 반환하는 값을 가지고 WorkBooks.Open 메서드로 열기를 해야 합니다. 형식은 'Application.GetOpenFilename(FileFilter, FilterIndex, Title, ButtonText, MultiSelect)'로 작성합니다.

4 작성된 매크로를 실행해보겠습니다. [개발 도구] 탭-[코드] 그룹-[매크로]를 클릭합니다. [매크로] 대화상자에서 [기상데이터취합]을 선택합니다. [실행]을 클릭합니다.

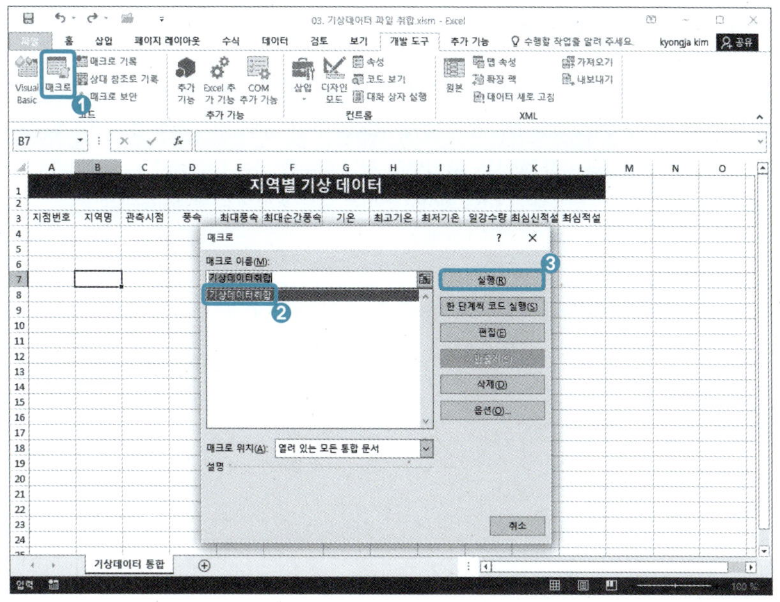

> **실력 향상** [매크로] 대화상자에 표시되는 매크로 이름이 'Module1.기상데이터취합'로 나타나는 경우는 동일한 이름을 가진 매크로가 두 개 이상 있기 때문입니다. 매크로 이름을 변경하거나 동일한 매크로일 경우 하나를 삭제합니다.

5 [열기] 대화상자가 나타납니다. 파일이 있는 폴더로 이동하여 통합할 파일을 선택할 수 있는데 현재는 [열기] 대화상자를 표시하는 작업까지 매크로가 작성되었으므로 파일을 선택하고 [확인]을 클릭해도 화면에는 변화가 없습니다.

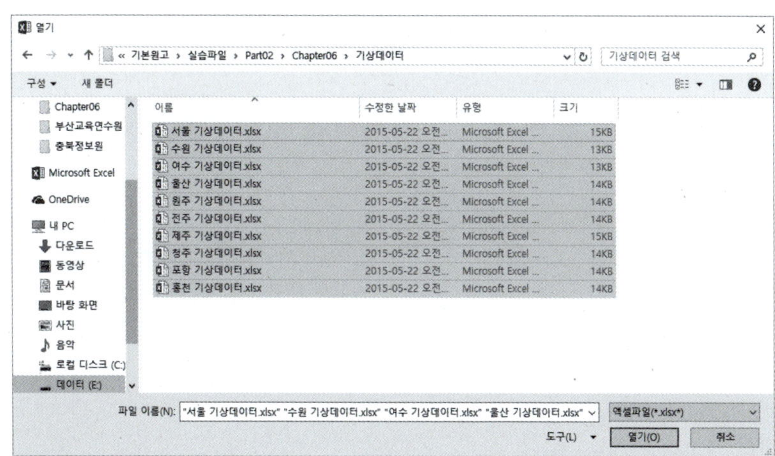

> **실력 향상** [열기] 대화상자에서 Ctrl 이나 Shift 로 두 개 이상의 파일을 선택할 수 있습니다. 그러나 파일이 직접 열리지는 않고, '파일수' 변수에 선택한 파일의 정보만 저장됩니다.

선택한 파일을 열고 파일 내용을 통합 시트에 복사하기

파일 복사 반복 실행문 입력, 매크로 실행

GetOpenFilename 메서드에 의해서 표시된 [열기] 대화상자에서 선택한 파일을 한 개씩 각각 열어서 내용을 복사하는 반복문을 입력해보겠습니다. 만약 [열기] 대화상자에서 [취소]를 클릭하면 오류가 발생하고 정상적으로 프로그램이 실행되는 과정에서도 클립보드 저장 여부를 묻는 대화상자가 나타납니다. 이러한 사항은 프로그램에서 오류가 발생할 수 있는 원인이 되므로 문을 추가해서 해결해보겠습니다.

6 비주얼 베이식 편집기 창의 [기상데이터취합] 매크로에 다음과 같이 추가합니다.

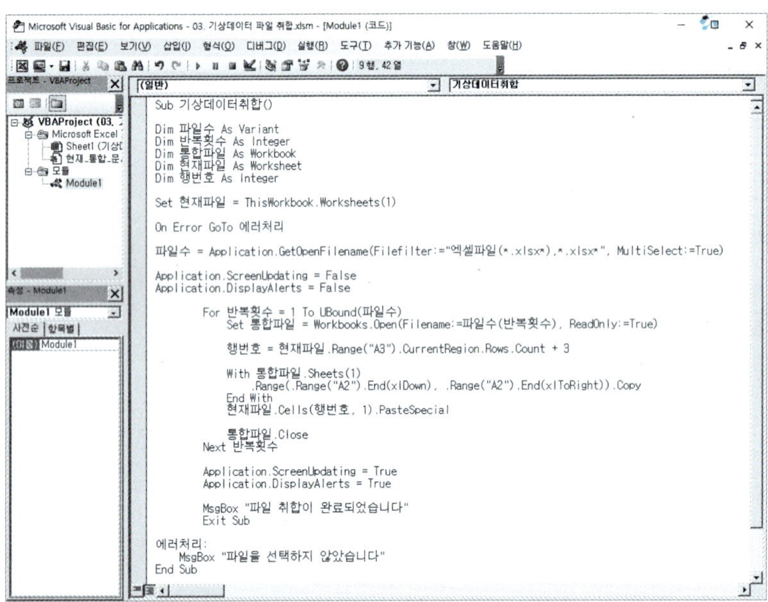

시간 단축 비주얼 베이식 편집기 창에서 작성해놓은 매크로가 보이지 않을 경우 화면 왼쪽의 [Moduel1]을 더블클릭합니다.

이 코드는 '기상데이터 파일 취합(코드2).txt' 파일로 제공합니다.

• 기록된 매크로

```
Sub 기상데이터취합()
Dim 파일수 As Variant
Dim 반복횟수 As Integer
Dim 통합파일 As Workbook
Dim 현재파일 As Worksheet
Dim 행번호 As Integer
Set 현재파일 = ThisWorkbook.Worksheets(1)
❶ On Error GoTo 에러처리
  파일수 = Application.GetOpenFilename(Filefilter:="엑셀파일(*.xlsx*),*.xlsx*", MultiSelect:=True)
```

```
❷ Application.ScreenUpdating = False
❸ Application.DisplayAlerts = False
❹       For 반복횟수 = 1 To UBound(파일수)
❺           Set 통합파일 = Workbooks.Open(Filename:=파일수(반복횟수), ReadOnly:=True)
❻           행번호 = 현재파일.Range("A3").CurrentRegion.Rows.Count + 3
❼           With 통합파일.Sheets(1)
❽               .Range(.Range("A2").End(xlDown), .Range("A2").End(xlToRight)).Copy
❾           End With
❿           현재파일.Cells(행번호, 1).PasteSpecial
⓫           통합파일.Close
⓬       Next 반복횟수
⓭       Application.ScreenUpdating = True
⓮       Application.DisplayAlerts = True
⓯       MsgBox "파일 취합이 완료되었습니다"
⓰       Exit Sub
⓱ 에러처리:
⓲       MsgBox "파일을 선택하지 않았습니다"
End Sub
```

❶ 오류가 발생하면 '에러처리' 레이블이 있는 ⓱로 이동합니다.

❷ 화면 업데이트 과정을 표시하지 않습니다. 선택한 파일이 열리고 복사되는 과정이 나타나지 않습니다.

❸ 클립보드의 내용을 저장할 것인지 확인하는 대화상자를 표시하지 않고, 기본으로 선택된 단추로 프로그램이 진행됩니다.

❹ 반복문의 시작으로 'UBound(파일수)' 코드를 이용하여 반복 횟수를 계산합니다. 파일수 변수에는 [열기] 대화상자에서 선택한 파일이 배열 형태로 저장되어 있고, UBound 함수를 사용하여 변수에 저장된 가장 큰 인덱스 값을 계산합니다.

❺ 선택된 파일을 읽기 전용으로 열어서 '통합파일' 변수에 대입합니다. 파일이 수정되지 않도록 하기 위해 [ReadOnly] 속성을 'True'로 설정하여 읽기 전용으로 열어 작업하는 것이 안전합니다.

❻ '현재파일' 변수에는 저장된 시트에 붙여 넣을 행 번호를 계산하여 '행번호' 변수에 대입합니다. 현재파일 변수에는 데이터를 모을 현재 통합 문서의 첫 번째 시트(기상데이터 통합)가 저장되어 있습니다.

❼~❾ 통합할 파일의 첫 번째 시트 [A2] 셀에서부터 아래쪽과 오른쪽 방향으로 모든 데이터를 복사합니다. 복사할 범위를 선택하는 문은 한 개지만 '통합파일.Sheets(1)' 코드가 많이 사용되므로 With 문으로 반복되는 '통합파일.Sheets(1)'을 묶어서 입력합니다.

❿ 복사한 데이터를 [기상데이터 취합] 시트에 붙여 넣습니다.

⓫ 열었던 파일을 닫습니다.

⓬ 반복문의 종료로 반복 횟수가 남아 있으면 For 문으로 이동합니다.

⓭~⓮ 화면 업데이트 과정과 대화상자 표시를 다시 기본 값으로 설정합니다.

⓯ 파일 '취합이 완료되었습니다' 메시지 창을 표시합니다.

⓰ 매크로를 종료합니다. 오류 없이 정상적으로 실행되었을 때는 ⓱~⓲을 실행하지 않아야 하므로 이 문이 필요합니다.

⓱ 오류가 발생했을 때 이동할 레이블입니다.

⓲ 파일이 선택되지 않았다는 메시지를 표시합니다.

7 작성 완료된 매크로를 실행해보겠습니다. [개발 도구] 탭–[코드] 그룹–[매크로]를 클릭합니다. [매크로] 대화상자에서 [기상데이터취합]을 선택합니다. [실행]을 클릭합니다.

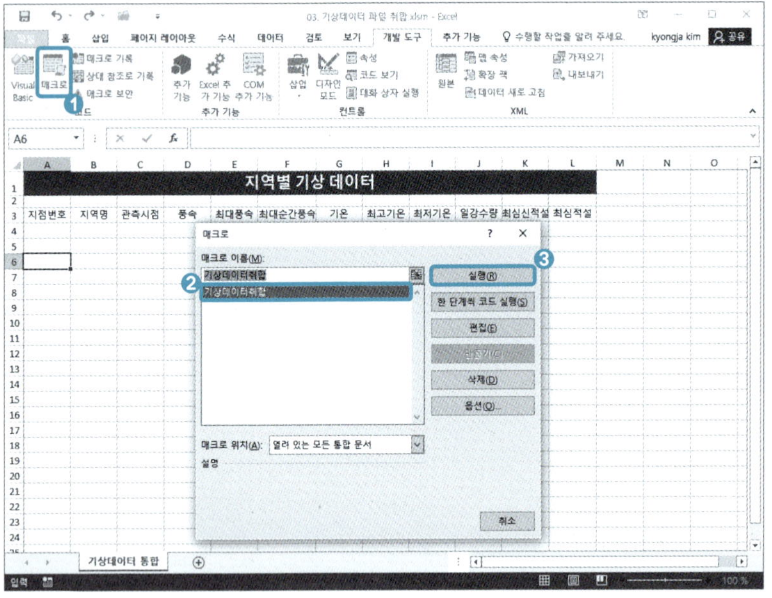

8 [열기] 대화상자가 나타나면 [기상데이터] 폴더로 이동합니다. Shift 를 이용하여 모든 파일을 선택합니다. [열기]를 클릭합니다.

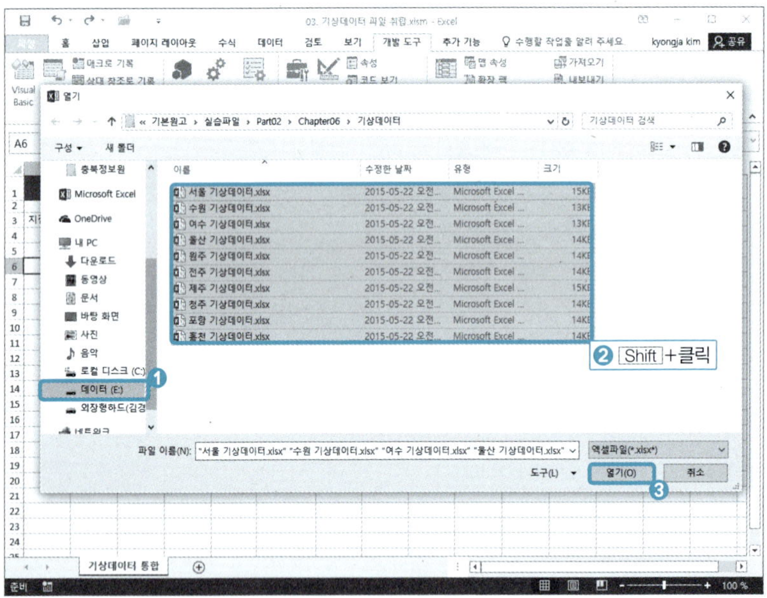

9 선택한 파일의 내용이 모두 [기상데이터 통합] 시트로 복사됩니다.

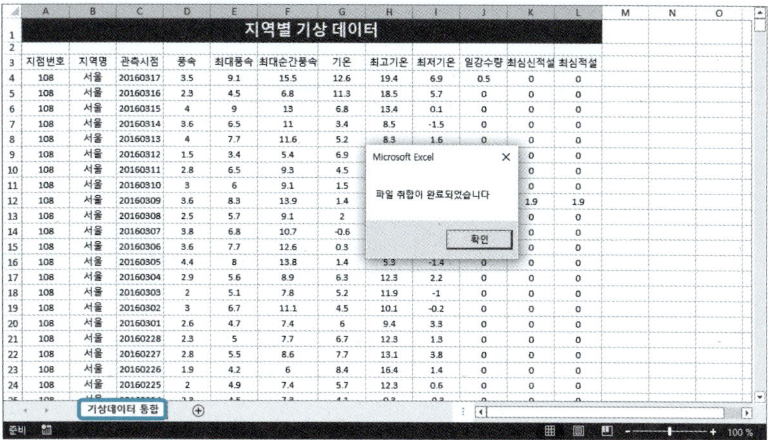

10 다시 매크로를 실행한 후 [열기] 대화상자에서 [취소]를 클릭해보겠습니다.

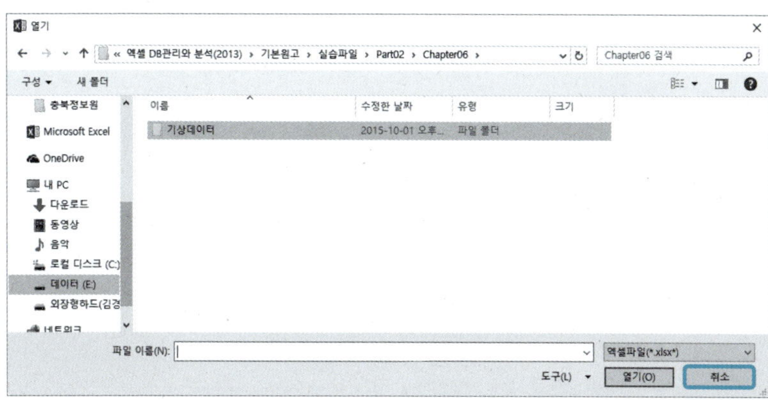

11 프로그램에서 에러처리 문에 입력해 둔 '파일을 선택하지 않았습니다'라는 메시지가 나타납니다.

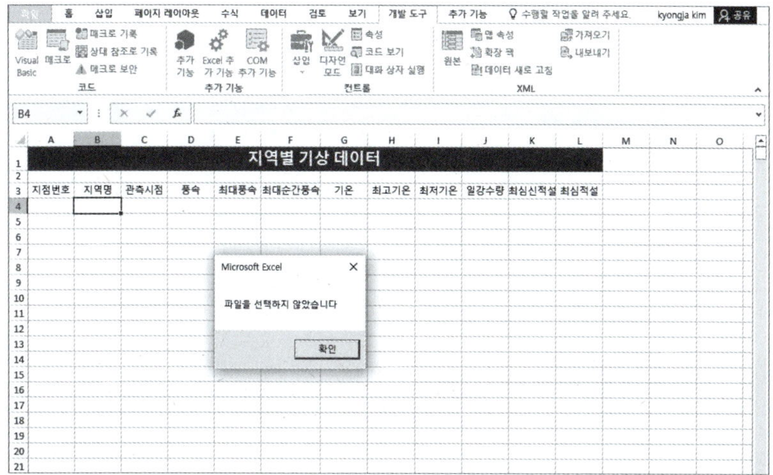

실습 및 완성 파일 다운로드

이 책에 사용된 모든 실습 및 완성 예제 파일은 한빛미디어 홈페이지(www.hanbit.co.kr/media)에서 다운로드할 수 있습니다.
예제 파일은 따라 하기를 진행할 때마다 사용되므로 컴퓨터에 복사해두고 활용합니다.

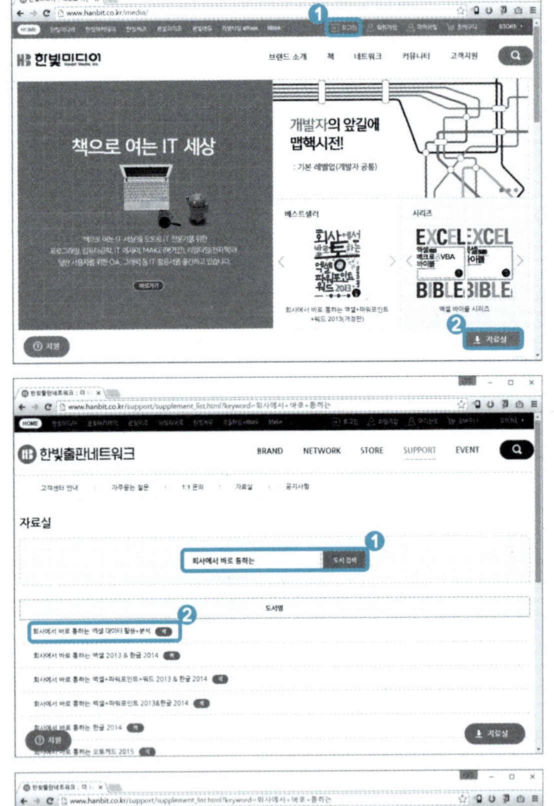

1 한빛미디어 홈페이지 (www.hanbit.co.kr/media)로
접속합니다. 로그인 후 화면 오른쪽 아래에서
[자료실] 버튼을 클릭합니다.

2 자료실 도서 검색란에 도서명을 입력하고,
찾는 도서의 제목 부분을 클릭합니다.

3 선택한 도서 정보가 표시되면 오른쪽에 있는
다운로드 아이콘을 클릭합니다.

- 다운로드한 예제 파일은 일반적으로
  [다운로드] 폴더에 저장되며,
  사용하는 웹브라우저 설정에 따라 다를 수 있습니다.

독자 Q&A

학습하다 부딪히는 문제가 있다면 한빛미디어 홈페이지(www.hanbit.co.kr/media)에서 화면 왼쪽 아래에 있는
[지원] 버튼을 클릭해 문의하거나 저자 이메일로 보내 쉽게 해결할 수 있습니다.